Nasr · *Die Erkenntnis und das Heilige*

Seyyed Hossein Nasr

Die Erkenntnis und das Heilige

Aus dem Amerikanischen von
Clemens Wilhelm

Eugen Diederichs Verlag

Die Originalausgabe erschien unter dem Titel
Knowledge & the Sacred
bei Crossroad Publishing Company, New York
© S. H. Nasr 1981

CIP-Titelaufnahme der Deutschen Bibliothek
Nasr, Seyyed Hossein:
Die Erkenntnis und das Heilige/Seyyed Hossein Nasr. Aus d. Amerikan.
von Clemens Wilhelm. – München: Diederichs, 1990
Einheitssacht.: Knowledge and the sacred <dt.>
ISBN 3-424-01031-6

© der deutschsprachigen Ausgabe Eugen Diederichs Verlag,
München 1990
Alle Rechte vorbehalten

Umschlaggestaltung: Zembsch' Werkstatt, München
Produktion: Tillmann Roeder, München
Satz: Fertigsatz GmbH, München
Druck und Bindung: Kösel, Kempten

ISBN 3-424-01031-6

Printed in Gemany

Inhalt

Vorwort 7

I Erkenntnis und ihre Entheiligung 11

II Was ist Tradition? 93

III Die Wiederentdeckung des Heiligen:
Die Wiederbelebung der Tradition 129

IV Scientia Sacra 177

V Der pontifikale und der prometheische Mensch 216

VI Der Kosmos als Theophanie 253

VII Zeit und Ewigkeit 294

VIII Traditionale Kunst als Quelle
der Erkenntnis und Gnade 335

IX Prinzipielle Erkenntnis und die
Vielfalt heiliger Formen 370

X Die Erkenntnis des Heiligen als Erlösung 408

يَا مَرْيَمُ عَلَيْكِ السَّلَامُ   بِسْمِ اللهِ الرَّحْمٰنِ الرَّحِيمِ

Yā Maryam^u ʾalayka' l-salām
Bismi' Llāh al-raḥmān al-raḥīm

Vorwort

Mit den Gifford Lectures, die erstmals im Jahre 1889 an der Universität von Edinburgh gehalten wurden, sind die Namen einiger der berühmtesten Theologen, Philosophen und Wissenschaftler Europas und Amerikas verknüpft, und die Frucht dieser Vorlesungsreihe waren Bücher, die in der modernen Welt nachhaltigen Einfluß ausgeübt haben. Die meisten dieser Werke sind spezifisch modernem Gedankengut verpflichtet, das den Westen seit der Renaissance geprägt hat und seit einhundert Jahren in zunehmendem Maße auch in den Osten eindringt. Als wir daher vor einigen Jahren eingeladen wurden, diese angesehene Vorlesungsfolge zu gestalten, war dies für uns nicht nur eine große Ehre, sondern auch eine Gelegenheit, die traditionale Perspektive der jahrtausendealten Zivilisationen des Orients darzustellen, in dem uns der Ruf zu diesen Vorlesungen erreichte. Als erster Muslim und überhaupt der erste Orientale, der die Gifford Lectures seit ihrer Begründung an der Universität von Edinburgh vor über einem Jahrhundert abhalten durfte, hielten wir es für unsere Pflicht, dem westlichen Publikum nicht eine Version gewisser moderner Ideen oder -ismen aus zweiter Hand und in pseudo-orientalischem Gewand vorzulegen, wie es heute so oft der Fall ist, sondern gemäß der Weltsicht, die unsere eigene ist, einige Aspekte jener Wahrheit darzulegen, die den Kern der orientalischen Traditionen und im Grunde jeglicher Tradition überhaupt bildet, ob sie im Osten oder im Westen entstanden ist.

Im Orient war Erkenntnis immer mit dem Heiligen und der spirituellen Vervollkommnung verbunden. Erkennen bedeutete letztlich, durch den Erkenntnisprozeß selbst transformiert zu werden, wie es auch die westliche Tradition über die Jahrhunderte hin bekräftigte, bis sie durch die nachmittelalterliche Säkularisierung und den Humanismus verdunkelt wurde, die die Trennung der Erkenntnis vom Sein und der Intelligenz vom Heiligen erzwangen. Der orientalische Weise hat immer spirituelle Vollkommenheit verkörpert; die Intelligenz wurde letztlich als Sakrament betrachtet, und die Erkenntnis stand in einem unwiderruflichen Zusammenhang mit dem Heiligen und seiner Aktualisierung im Wesen des Erkennenden. Dieses Verhältnis galt und gilt immer und überall dort, wo die Tradition noch überlebt hat, ungeachtet aller Irrungen und Wirrungen der modernen Welt.

In den letzten beiden Jahrhunderten haben zahllose westliche Orientalisten gewollt oder ungewollt an der Säkularisierung des Ostens durch Zerstörung seiner Traditionen mitgewirkt, indem sie dessen heilige Lehren einer historizistischen, evolutionistischen, szientistischen und all den anderen Betrachtungsweisen unterzogen haben, die das Heilige auf das Profane reduzieren. Das Studium des Ostens durch die Mehrzahl dieser sogenannten Orientalisten, die selbst von den verschiedenen Säkularisierungswellen im Westen beeinflußt sind, ist keineswegs bloß eine harmlose, neutrale Gelehrtenübung, sondern hat keine geringe Rolle für die Transformation ihres Studienobjekts gespielt. Darüber hinaus waren diese gelehrten Bemühungen kaum von einer Liebe zum Gegenstand oder von Nächstenliebe getragen, trotz vieler bemerkenswerter und rühmlicher Ausnahmen, die Werke der Liebe waren und wertvolle Studien zu verschiedenen Aspekten der orientalischen Zivilisation geliefert haben. Die meisten Arbeiten moderner Gelehrter über den Osten sind die Frucht eines säkularisierten Verstandes, der sich zergliedernd Traditionen heiligen Charakters nähert.

Die vorliegende Arbeit dient in gewissem Sinne der Umkehrung dieses Prozesses. Sie sieht ihren Zweck in der Wiedererweckung der heiligen Qualität der Erkenntnis und der Wiederbelebung der wahren geistigen Tradition des Westens aus dem Geiste der noch lebendigen Traditionen des Orients, in denen die Erkenntnis niemals vom Heiligen getrennt war. Unser Ziel war in erster Linie die Darlegung eines Aspekts der Wahrheit als solcher, der in der Natur der Intelligenz selbst liegt, und zweitens die Wiederbelebung der Weisheitsperspektive im Westen, ohne die keine Zivilisation, die dieses Namens würdig sein soll, überleben kann. Wenn wir dabei nicht wenige Aspekte der westlichen Kultur scharf kritisiert haben, geschah dies nicht aus einer Haltung der Geringschätzung und des Hasses oder einer Art von »Okzidentalismus«, der einfach die Rolle eines gewissen Typs von Orientalismus umkehren würde, welcher den Orient in der Hoffnung studierte, seine heiligen Lebensmuster transformieren, wenn nicht gar alles zerstören zu können, was den Orient als solchen über die Jahrhunderte hin geprägt hat. Bei der Kritik desjenigen, was aus traditionaler Sicht reiner und schlichter Irrtum ist, haben wir aber auch versucht, die jahrtausendealte Tradition des Westens zu verteidigen und jene ewige Weisheit oder sophia perennis zutage zu fördern, die sowohl ewig als auch universal ist und die weder der Osten noch der Westen für sich alleine beanspruchen kann.

Als uns die Einladung zu den Gifford Lectures erreichte, lebten wir im Schatten der südlichen Hänge des majestätischen Alborz-Gebirges. Wir konnten uns damals kaum vorstellen, daß der Text der Vorlesungen selbst nicht in der Nähe dieser hohen Gipfel geschrieben werden würde, sondern im Anblick der grünen Wälder und blauen Seen der Ostküste der Vereinigten Staaten. Der Mensch aber lebt im Geist und nicht in Raum und Zeit, so daß trotz der unvorstellbaren Wirren und Aufregungen in unserem persönlichen Leben während dieser Zeit, die auch den Verlust unserer Bibliothek und des Konzepts zu dieser Arbeit mit sich brachten, der Inhalt der folgenden Seiten dem ursprünglich empfangenen Samen entsprossen ist, als wir die Einladung zu dieser Vorlesungsreihe annahmen. Die Kontinuität des Gedankens ist somit bei der intellektuellen Genesis dieser Arbeit gewahrt, auch wenn sich die materiellen und menschlichen Bedingungen während des Zeitraums der Verwirklichung dieses ursprünglichen Gedankens einschneidend geändert haben.

Da dieses Werk metaphysischen wie auch Gelehrtenanspruch hat, setzt es sich aus dem Text zusammen, der die Grundlage der Vorlesungsreihe bildete, und umfangreichen Fußnoten, die einerseits den Text ergänzen und andererseits weiterführende Literatur für diejenigen enthalten, die sich von den Argumenten und Thesen des Texts angesprochen fühlen. Als wir die Vorlesungen in der beeindruckenden Hauptstadt Schottlands im Frühjahr hielten, als sich Edinburgh in prächtigem Blumenschmuck präsentierte, wuchs unsere Überzeugung immer mehr, daß diese recht umfangreichen Fußnoten unerläßlich waren. Die lebhaften Reaktionen der Zuhörerschaft und viele persönliche Gespräche nach den Vorlesungen ließen ein reges Interesse erkennen, die in diesem Werk dargelegten Argumente weiter zu verfolgen, obwohl der Standpunkt dieser Arbeit derjenige der Tradition ist und sich erheblich von demjenigen unterscheidet, was das Anliegen meiner Vorgänger über die Jahre hin war.

Für die Durchführung dieser Arbeit sind wir insbesondere allen unseren traditionalen Meistern im Osten und Westen zu Dank verpflichtet, die uns über die Jahre hin zu den Quellen heiliger Erkenntnis geführt haben. Unser besonderer Dank gilt Frithjof Schuon, dessen unerreichte Darlegung traditionaler Lehren auf vielen der folgenden Seiten ihren – wenn auch unvollkommenen – Niederschlag findet. Danken möchten wir auch Kathleen O'Brien, die uns in vielerlei Weise dabei behilflich war, das Manuskript für die Veröffentlichung vorzubereiten.

I
DIE ERKENNTNIS UND IHRE ENTHEILIGUNG

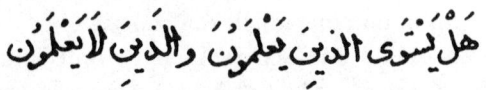

Sind die Wissenden und die Unwissenden gleich?
KORAN

Warum bist Du uns ferne, o Herr?
Warum verbirgst Du Dich in Zeiten der Not?
PSALMEN

Im Anfang war die Wirklichkeit Sein, Erkenntnis und Freude zugleich (das *sat, chit* und *ānanda*¹ der hinduistischen Tradition, oder *qudra, ḥikmah* und *raḥmah*, die im Islam zu den Namen Allahs gehören), und auch in diesem »Jetzt«, das das allgegenwärtige »Im Anfang« ist, besitzt die Erkenntnis noch einen tiefinneren Zusammenhang mit jener prinzipiellen und uranfänglichen Wirklichkeit, die das Heilige *ist* und die Quelle all desjenigen, was geheiligt ist. Durch den nach abwärts gerichteten Strom der Zeit und die vielfältigen Brechungen und Widerspiegelungen der Wirklichkeit in den unzähligen Spiegeln makrokosmischer und mikrokosmischer Manifestation hat sich die Erkenntnis aber vom Sein und der Freude oder Ekstase getrennt, die aus der Einheit von Erkenntnis und Sein entspringt. Die Erkenntnis ist fast vollständig externalisiert und entheiligt, und zwar vor allem bei jenen Teilen der menschlichen Rasse, die durch den Prozeß der Modernisierung transformiert wurden. Und jene Freude, die die Frucht des Einsseins mit dem Einen und ein Aspekt des Duftes des Heiligen ist, ist heute beinahe unerreichbar und der großen Mehrheit der Menschen entzogen, die auf Erden wandeln. Die Wurzel und Essenz der Erkenntnis aber bleibt untrennbar mit dem Heiligen verbunden, denn die Substanz der Erkenntnis ist die Erkenntnis jener Wirklichkeit, die die Höchste Substanz ist, das Heilige an sich, im Verhältnis zu dem alle Ebenen des Seins und alle Formen der Mannigfaltigkeit nur Akzidenzien sind.² Der Intellekt, das Instrument der Erkenntnis im Menschen, ist mit der Fähigkeit zur Erkenntnis des Absoluten ausgestattet. Er ist wie ein Strahl, der vom Absoluten ausgeht und zu ihm zurückkehrt, und sein wunderbares Funktionieren ist selbst der beste Beweis für diese Wirklichkeit, die absolut und unendlich zugleich ist.

Im Paradies hatte der Mensch die Frucht vom Baum des Lebens genossen, die einsmachende Erkenntnis symbolisiert.³ Er sollte aber auch vom Baum der Erkenntnis von Gut und Böse essen, und es widerfuhr ihm, daß er die Dinge externalisiert, in einem Zustand der Andersheit und Getrenntheit sah. Diese Vision der Dualität machte ihn blind für die »ursprüngliche« Erkenntnis, die den Kern seines Intellekts ausmacht. Weil aber die einsmachende Erkenntnis in seiner Wesensmitte ihren Sitz hat und die Wurzel seines Intellekts ist, ist die Erkenntnis nach wie vor das Zugangsmittel zum Heiligen, und geheiligte Erkenntnis bleibt der höchste Pfad zur Vereinigung mit jener Wirklichkeit, in der Erkenntnis, Sein und Freude vereinigt sind. Trotz des Genusses der Frucht vom Baum der Erkenntnis von Gut und Böse und aller späteren Sündenfälle des Menschen, von der die verschiedenen Weltreligionen in unterschiedlicher Weise berichten, bleibt daher die Erkenntnis potentiell der höchste Weg zum Heiligen, und der Intellekt ist ein Strahl, der die Dicke und Verdichtung der kosmischen Manifestation durchdringt und der in seinem aktualisierten Zustand nichts anderes als das Göttliche Licht selbst ist, das sich im Menschen und überhaupt in allen Dingen in unterschiedlicher Art und Weise spiegelt.

Der menschliche Intellekt ist trotz des Sündenfalls und aller daraus hervorgegangenen Behinderungen und Beschränkungen in der menschlichen Seele, die die Funktion des Intellekts in den meisten Fällen Stückwerk bleiben lassen, die zentrale Theophanie dieses göttlichen Lichtes und der direkte Zugangsweg zu jener ursprünglichen Wirklichkeit, die »im Anfang« die Quelle der kosmischen Wirklichkeit »war« und zugleich der Ursprung aller Dinge in diesem ewigen »Jetzt« ist, in diesem Augenblick, der immer ist und niemals wird, dem »Jetzt«, das das unaufhörlich wiederkehrende »Im Anfang« ist.⁴

Der moderne Mensch hat heute die Empfindung für das Wunderbare verloren, eine Folge der verlorenen Wahrnehmung des Heiligen, und zwar in einem solchen Maße, daß ihm kaum mehr bewußt ist, wie wunderbar das Mysterium des Intellekts wie auch die Macht der Objektivität und die Möglichkeit der objektiven Erkenntnis ist. Der Mensch bedenkt nicht mehr das Geheimnis, daß er sich nach innen zur unendlichen Welt in ihm selbst wenden, aber auch die äußere Welt objektivieren kann. So, daß ihm innere, subjektive Erkenntnis wie auch eine Erkenntnis ganz objektiven Ranges zuteil werden kann. Der Mensch ist mit jener kostbaren Gabe des Verstandes ausgestattet, die es ihm erlaubt, die letzte Wirklichkeit als das Transzendente, als das Jenseits, die objektive Welt als eine spezifische Realität auf ihrer eigenen Ebene, und die letzte Wirklichkeit als das Immanente, als das Höchste Selbst zu erkennen, das sich hinter allen Schleiern der Subjektivität und den vielen »Selbsten« oder Bewußtseinsebenen in ihm verbirgt. Erkenntnis kann das Heilige sowohl jenseits des erkennenden Subjekts als auch im Herzen eben dieses Subjekts anrühren, denn letztlich ist jene letzte Wirklichkeit, die das Heilige an sich *ist*, sowohl der Erkennende als auch das Erkannte, inneres Bewußtsein und äußere Realität, das reine immanente Subjekt und das transzendente Objekt, das unbegrenzte Selbst und das Absolute Sein, was Jenseitiges Sein nicht ausschließt. Trotz der Trümmerschichten der Vergeßlichkeit, die das »Auge des Herzens« oder den Sitz der Vernunft infolge der langen Reise des Menschen in der Zeit verschüttet haben, die nichts anderes ist als eine Geschichte der Vergeßlichkeit mit gelegentlichen Umkehrungen des abwärts gerichteten Zeitenstroms durch göttliches Eingreifen in den kosmischen und historischen Prozeß, bleibt der menschliche Intellekt doch mit dieser wunderbaren Gabe der Erkenntnis des Inneren und des Äußeren ausgestattet, bleibt das menschliche Bewußtsein mit der Möglichkeit begabt, die Wirklichkeit betrachtend zu erkennen, die ganz anders und doch nichts anderes ist als das Herz des Selbst, das Selbst unser selbst.

Das Bewußtsein selbst ist der Beweis für den Primat des Geistes oder des göttlichen Bewußtseins, dessen Abspiegelung und Widerhall das menschliche Bewußtsein ist. Die ganz natürliche Neigung des menschlichen Intellekts, dem Geist den Primat gegenüber dem Materiellen einzuräumen und das Bewußtsein auf eine höhere Wirklichkeitsebene zu stellen als selbst das größte materielle Objekt im Universum, beweist für sich schon den Primat der Substanz der Erkenntnis gegenüber dem von ihr Erkannten. Denn die raison d'être des Intellekts ist es, die Wirklichkeit objektiv, umfassend und adäquat[5] zu erkennen, gemäß dem berühmten Adäquationsprinzip der mittelalterlichen Scholastik.[6] Das menschliche Bewußtsein oder die menschliche Subjektivität, die Erkenntnis möglich macht, ist an sich der Beweis, daß der Geist die Substanz ist, im Vergleich zu der alle materielle Manifestation, auch das, was als Substantiellstes erscheint, nur Akzidens ist. Es liegt in der Natur und in der Bestimmung des Menschen, das Absolute und das Unendliche mittels seines Intellekts zu erkennen und endgültig zu erkennen, der total und objektiv ist und von dem Heiligen nicht getrennt werden kann, das sein Ursprung und Ziel zugleich ist.

Natürlich ist der Mensch aus einem bestimmten Blickpunkt das rationale Wesen, als das ihn die Philosophen definiert haben; seine Verstandsfähigkeiten, die sowohl Ausfluß als auch Abspiegelung der Weltvernunft sind, können aber zu einer luziferischen Kraft und Fähigkeit werden, wenn sie von der göttlichen Vernunft und der Offenbarung getrennt werden, die alleine dem Intellekt seine numinose Qualität und seinen heiligen Inhalt verleihen. Deshalb könnte man den Menschen, statt ihn nur als »verständiges Tier« zu charakterisieren, prinzipieller als ein Wesen definieren, das mit einer umfassenden Vernunft begabt ist, die auf das Absolute zentriert ist und zur Erkenntnis des Absoluten geschaffen ist. Menschsein heißt, sich zu erkennen und gleichzeitig zu transzendieren. Erkennen heißt daher letztlich die Höchste Substanz erkennen, die die Quelle all dessen, was die objektive Welt umfaßt, und zugleich das Höchste Selbst ist, das in der Mitte des menschlichen Bewußtseins leuchtet und im selben Verhältnis zum Intellekt wie die Sonne zu ihren Strahlen steht. Trotz des teilweisen Verlustes und Erlöschens dieser eigentlichen Vernunftbegabtheit und ihrer Verdrängung durch den Verstand bleiben die Wurzeln der Erkenntnis aber in den Urgrund des Heiligen eingesenkt und heilige Erkenntnis bleibt das Wesensmerkmal der Hinwendung des Menschen zum Heiligen. Es ist in der Tat unmöglich, das Heilige wiederzuentdecken, ohne zugleich die Heiligkeit der prinzipiellen Erkenntnis zu entdecken. Für diesen Prozeß ist es hilfreich, den Entwicklungsgang der Erkenntnis zu verfolgen, die diese als einstige Frucht vom Baum des Lebens in die Beschränkungen einer profanen Erkenntnis geführt hat, welche in ihrem expansionistischen Drang und totalitaristischen Anspruch den Sturz des Menschen aus dem Zustand der Ganzheit und dem Reich der Gnade immer mehr beschleunigt, was schließlich zu einer Entheiligung allen menschlichen Lebens in immer größerem Ausmaß geführt hat. Die Wiedereinsetzung des Menschen in seinen Zustand des Menschseins ist nur dann möglich, wenn als grundlegende Funktion des Intellekts seine Eigenschaft erkannt wird, zum Zentralen und Essentiellen hinzuführen, zur Göttlichen Wirklichkeit, aus der alle Religion und alle Weisheit, aber auch die nicht weisheitsbedingten Vervollkommnungswege wie der Pfad der guten Werke und der Liebe hervorgehen.

Die Reduzierung des Intellekts auf den Verstand und die Verkürzung der Intelligenz auf Gewitztheit und Gerissenheit hat in der modernen Welt nicht nur dazu geführt, daß heilige Erkenntnis unerreichbar und für manche sogar sinnleer wurde, sondern hat auch jene natürliche Theologie zerstört, die im christlichen Kontext immerhin eine Abspiegelung einer Erkenntnisfähigkeit heiligen Ranges, der Weisheit oder *sapientia* darstellte, die das zentrale Mittel der spirituellen Vervollkommnung und Erlösung war. Die natürliche Theologie, die ursprünglich *sapientia* in dem von Platon im *Staat* und den *Gesetzen*[7] gebrauchten Sinne war und die später vom heiligen Augustinus und anderen Kirchenlehrern zu einer geringerwertigen, aber dennoch wertvollen Form der Erkenntnis der göttlichen Dinge herabgestuft wurde, wurde schließlich ganz von der Feste der Wissenschaft wie des Glaubens verbannt, als der Prozeß der Entheiligung der Erkenntnis und die Reduzierung des Verstandes auf ein rein menschliches und diesseitiges Wahrnehmungsinstrument mit den letzten Entwicklungsschritten der modernen westlichen Philosophie einen Endpunkt erreichte. Die Wiederherstellung der übernatürlich natürlichen Funktion der Erkenntnis, die Wiedervermählung des Verstandes (*ratio*) mit der Vernunft (*intellectus*) und die Wiederentdeckung der Möglichkeit, zu heiliger Erkenntnis zu gelangen, bedeuten daher auch eine Wiederanerkennung der natürlichen Theologie auf ihre eigene Ebene, die niedrigeren Ranges ist als dasjenige, was man *scientia sacra* nennen könnte, aber dennoch in der Landschaft des traditionalen Denkens der westlichen Welt von großer Bedeutung war.

Gleichzeitig mit dem Erlöschen der natürlichen Theologie geriet auch der essentiell heilige Charakter der logischen wie der mathematischen Gesetze in Vergessenheit, die Aspekte des Seins selbst und, wie man es nennen könnte, die »Ontologie des menschlichen Mikrokosmos«[8] sind. Was ist der Ursprung dieser logischen und mathematischen Gewißheit im menschlichen Geist, und warum decken sich diese Gesetze mit Aspekten der objektiven Wirklichkeit? Ihr Ursprung ist nichts anderes als die göttliche Weltvernunft, deren Abspiegelung auf der menschlichen Ebene die Gewißheit, Kohärenz und Ordnung der logischen und mathematischen Gesetze konstituiert und die gleichzeitig die Quelle jener objektiven Ordnung und Harmonie ist, die der menschliche Geist mittels dieser Gesetze betrachten kann. Die Gesetze der Logik wurzeln im Gegensatz zu den subjektiven Beschränkungen und individuellen Ideosynkrasien, die durch die luziferischen Tendenzen des Rationalismus bedingt sind, im Göttlichen[9] und haben ontologische Realität. Diese logischen Gesetze, die wie die prinzipielle Erkenntnis traditionell mit Weisheit verknüpft sind, haben grundsätzlich heiligen Charakter, was auch immer gewisse antirationale Theologen behaupten mögen, die ängstlich darauf bedacht sind, die Erstürmung der Festung des Glaubens durch den Rationalismus zu verhindern. Als Ergebnis der verlorengegangenen Weisheitsperspektive in unserer Zeit und der Entheiligung der Erkenntnis wurde aber nicht nur die natürliche Theologie als irrelevant verworfen, sondern auch die Logik und die Mathematik wurden so sehr von jedem Zusammenhang mit dem Heiligen geschieden, daß gerade sie als die Hauptwerkzeuge für die Säkularisierung und Profanisierung eben des Erkenntnisakts eingesetzt wurden. Viele Theologen sind gegenüber den Leistungen der mathematischen Wissenschaften in die Defensive gegangen, weil ihnen nicht bewußt ist, daß in der Gewißheit, die die Propagandisten dieser Wissenschaften beanspruchen, bloß eine Abspiegelung jener Vernunft[10] liegt, die der Königsweg zum Heiligen und die selbst von heiliger Natur ist, jene Weltvernunft, ohne deren Abspiegelung es keine logischen und mathematischen Gesetze gäbe und jegliche Geistestätigkeit bloße Willkürlichkeit wäre.

Die Entheiligung der Erkenntnis und Schaffung einer »profanen« Wissenschaft, mit der dann selbst die heiligsten Lehren und Formen im innersten Kern der Religion untersucht werden, hat dazu geführt, daß der Primat der Weisheitsdimension in verschiedenen Traditionen in Vergessenheit geriet und das traditionale Menschenbild über Bord geworfen wurde, das ihm die Fähigkeit zuschrieb, Dinge im Prinzip und die Prinzipien aller Dinge zu erkennen, wodurch ihm schließlich die Erkenntnis der letzten Wirklichkeit zuteil wurde. In der Tat wurde die Weisheitsperspektive so sehr vergessen und der Anspruch des Rationalismus, der die Erkenntniskraft des Menschen auf die bloße, nach außen gekehrte und analytische Denkfunktion reduzierte, die sich dann gegen die Fundamente der Religion selbst kehrte, so sehr verabsolutiert, daß nicht wenige religiös empfindende Menschen im Westen ihre Zuflucht in der religiösen Herzensüberzeugung alleine suchten und die Glaubenslehre der Willkür der ständig sich ändernden Paradigmen oder Theorien überließen, die dem Prozeß der Relativierung und ständigen Transformierung ausgeliefert waren.[11] Ohne in irgendeiner Weise die zentrale Rolle des Glaubens und die entscheidende Bedeutung der Offenbarung für die Aktualisierung der dem mikrokosmischen Intellekt inhärenten Möglichkeiten schmälern zu wollen, ein Punkt, mit dem wir uns noch an anderer Stelle befassen werden, muß doch daran erinnert werden, daß aus der Weisheitsperspektive der Glaube selbst untrennbar mit der Erkenntnis verbunden ist, so daß nicht nur das anselmische Diktum *Credo ut intelligam* aus einer gewissen Perspektive berechtigt ist, sondern daß auch *intelligo ut credam* behauptet werden kann, womit gemeint ist, daß eben nicht vor allen Dingen der Verstand, sondern die Vernunft oder Erkenntniskraft benutzt werden sollte, deren bloße Abspiegelung und Fortsetzung die Ratio ist.

Darüber hinaus schließen die Grundlehren der Religionen, die sowohl der Hintergrund wie auch das Ziel des Glaubens sind, in der einen oder anderen Weise die Weisheitsperspektive mit ein, deren Sicht die letztendliche Verbindung der Erkenntnis mit der göttlichen Vernunft und dem Ursprung alles Heiligen ist. Ein kurzer Blick auf die verschiedenen lebenden Traditionen der Menschheit belegt die Gültigkeit dieser Behauptung. Im Hinduismus, jener ältesten Religion und dem einzigen Echo der »Urreligion«, das wir heute noch haben, ist das Thema der heiligen Texte, die als Ursprung der ganzen Tradition dienen, nämlich der Veden, die Erkenntnis. Etymologisch geht *veda* und *vedanta* auf die Wurzel *vit* zurück, was »sehen« und »erkennen« bedeutet und mit dem lateinischen *videre*, »sehen«, und dem griechischen *oida*, »erkennen« verwandt ist.[12] Die Upanishaden, Hymnen der Urseele des Menschen, die sich nach dem Absoluten sehnt, bedeuten wörtlich »nahebei sitzen«, was Śaṅkara, der Meister der hinduistischen Gnosis[13], als jene *Erkenntnis* oder *Wissenschaft* von Brahma erklärt, die das, was als die Welt erscheint, zugleich mit dem Nichtwissen, das deren Wurzel ist, »zur Ruhe bringt« oder vernichtet. Die Ursache aller Trennung, Teilung, Andersheit und letztlich allen Leidens ist das Nichtwissen (*avidyā*), das Heilmittel Erkenntnis. Der Kern der Tradition ist höchste Erkenntnis (*jñāna*)[14], während die verschiedenen »Schulen«, die man gewöhnlich Philosophien nennt, die *darśanas*, Perspektiven oder Standpunkte sind. Die hinduistische Tradition stellt, ohne freilich Liebe und Handeln zu vernachlässigen, den heiligen Charakter der Erkenntnis in den Mittelpunkt ihrer Perspektive und erblickt in der eingeborenen Fähigkeit des Menschen, zwischen *Ātman* und *māyā* zu unterscheiden, den Schlüssel zur Erlösung. Der Hinduismus wendet sich an jenes Element im Menschen, das schon göttlich ist und das der Mensch nur durch Selbsterkenntnis erkennen kann. Das Heilige befindet sich im Herzen des Menschen und ist auf dem direktesten Wege durch Erkenntnis zu erlangen, die durch die Schleier der *māyā* zu der Erhabenen Sonne vorstößt, die allein ist. In dieser Tradition, in der die Gotteserkenntnis besser Autologie statt Theologie genannt werden müßte[15], wird die Funktion der Erkenntnis als der Königsweg zum Heiligen und der zutiefst heilige Charakter aller authentischen Erkenntnis mit eindringlichster Klarheit immer und immer wieder in den heiligen Schriften dargelegt und drückt sich sogar in den Namen der heiligen Texte aus, die die Grundlagen der ganzen Tradition bilden.

Der Buddhismus, der eine ganz andere Perspektive einnimmt als der Hinduismus und sogar als Auflehnung gegen viele brahmanische Doktrinen und Praktiken seinen Anfang nahm, hat doch mit diesem die Betonung des Primats der Erkenntnis gemeinsam. Die höchste Erfahrung des Buddha war die Erleuchtung, die Erkenntnis impliziert. Der Anfang des Buddhismus war *Boddhisattvayāna*, was »Geburt des Bewußtseins, daß alle Dinge leer sind« bedeutet. Der Kern des Buddhismus ist also Erkenntnis, die später zu der hochentwickelten Metaphysik der Leerheit führen sollte, die die Grundlage des ganzen Buddhismus ist und die nirgends meisterlicher dargestellt ist als bei Nagarjuna.[16] Auch alle Tugenden des Bodhisattva, die *pāramitās*, kulminieren in Weisheit oder *prajñā*. Sie alle tragen zum Aufdämmern jener Erkenntnis bei, die befreit und die als Möglichkeit im Wesen aller Menschen beschlossen ist. Das Buddhabildnis selbst spiegelt innere Erkenntnis und jene Betrachtung der Leerheit wieder, die das Tor ist, durch das der innere Friede fließt und die auch die äußere Manifestation durchtränkt, während diese Kontemplation aus einem anderen Blickwinkel auch als Stütze und »Sitz« für die höchste Erkenntnis dient.[17] Man kann sich schwerlich mit dem Buddhismus befassen, ohne unmittelbar der zentralen Rolle der Erkenntnis gewahr zu werden, obwohl natürlich auch der Pfad der Liebe und Barmherzigkeit in einer solchen Weltreligion nicht fehlen kann, wie der Amidhismus und die Gestalt der Avalokiteśvara oder Kwan Yin selbst zeigen.

Auch in der chinesischen Tradition ist es sowohl im Konfuzianismus als auch im Taoismus wiederum die Erkenntnis, die das zentrale Mittel zur Erlangung von Vollkommenheit ist. Dies gilt insbesondere für den Taoismus, in der der vollkommene Mensch derjenige ist, der das Tao *kennt* und nach dieser Erkenntnis lebt, was auch beinhaltet, daß er nach seiner eigenen »Natur«[18] lebt. Wie Chuang-Tzŭ sagt:

Der Tugendhafte ... kann sehen, wo alles dunkel ist. Er kann hören, wo alles still ist. In der Dunkelheit kann er allein Licht sehen. In der Stille kann er allein Harmonie entdecken.[19]

Es ist die prinzipielle oder heilige Erkenntnis, die es dem Weisen erlaubt, »Gott überall zu sehen«, Harmonie zu erblicken, wo andere Zwietracht finden, und Licht wahrzunehmen, wo andere die Dunkelheit blind macht. Der Wissende erreicht in der Transzendierung seiner selbst den Himmel und auf diesem Wege das Tao seiner selbst, das nichts anderes ist als der heilige Grund seines eigenen Wesens, die ursprüngliche »Dunkelheit«, die nicht wegen der Abwesenheit von Licht, sondern wegen der Überfülle von Helle dunkel ist, wie die heilige dunkle Höhle in mittelalterlichen Erzählungen, aus der die Quelle des Lebens fließt.

Der göttliche Mensch reitet auf der Glorie des Himmels, wo seine Form nicht mehr wahrnehmbar ist. Dies nennt man die Aufnahme in das Licht. Er erfüllt sein Schicksal. Er handelt im Einklang mit seiner Natur. Er ist eins mit Gott und den Menschen. Für ihn hören alle Dinge auf zu existieren, und alle Dinge kehren in ihren Urzustand zurück. Dies nennt man die Einhüllung in die Dunkelheit.[20]

Wenn wir den Blick zum westlichen Asien wenden, finden wir die nämliche Betonung der Erkenntnis als dem Schlüssel zur Erlangung des Heiligen und die Lehre, daß die Substanz der Erkenntnis selbst heilig ist, im Zoroastrismus und anderen iranischen Religionen wie dem Manichäismus, für den das Ziel der ganzen Religion die Befreiung der Lichtteilchen, die infolge der Opferung des Urmenschen im ganzen Kosmos verteilt sind, durch Askese und Erkenntnis ist.[21] Neben den mystischen Erzählungen über die Suchfahrt des Gnostikers nach Erkenntnis, an denen die mazdaische Literatur so reich ist, basiert die ganze mazdaische Angelologie auf der Lehre der Erleuchtung der Seele durch verschiedene Instanzen der göttlichen Weltvernunft. Alle religiösen Riten dienen dem Zweck, ein engeres Band zwischen den Menschen und der Engelwelt zu schaffen, und die Glückseligkeit des Menschen liegt in der Vereinigung mit seinem himmlischen und engelhaften Gegenstück, dem *Fravarti*.[22] Das religiöse Leben und alle Fühlungnahme mit dem Heiligen stehen unter der Herrschaft von Engelmächten, die ihrem Wesen nach Lichtelemente sind, deren Aufgabe es ist, zu erleuchten und zu führen. Die Beschäftigung mit der Erkenntnis des Heiligen und der heiligen Erkenntnis sind Kernelemente des Zoroastrismus, während die mehr philosophischen mazdaischen religiösen Texte wie z. B. das *Dēnkart* der Frage der Erkenntnis intensiver nachgegangen sind und dabei die Lehre von der eingeborenen und der erworbenen Weisheit und deren Komplementarität und Verbundenheit, die zur Erlangung heiliger Erkenntnis führt, weiterentwickelt haben.[23]

Dieses Erkenntnisstreben ist auch den abrahamischen Traditionen keineswegs fremd; die Entheiligung des Instruments der Erkenntnis in unserer Zeit hat aber dazu geführt, daß in modernen Interpretationen des Judaismus und Christentums die Weisheitsdimensionen dieser Religionen vielfach vernachlässigt, geschmälert oder sogar negiert werden. Dieser Prozeß ist in gewissem Umfang sogar im Islam zu beobachten, der ganz auf dem Primat der Erkenntnis beruht und dessen Botschaft die Natur der Wirklichkeit zum Inhalt hat.

Im Judaismus kann die Bedeutung der *ḥokhmah* oder Weisheit auch in der Gesetzesdimension der Religion, bei der es naturgemäß mehr um gottgefälliges Handeln als um Erkenntnis geht, nicht hoch genug veranschlagt werden. In der Genesis (3:22) gilt die Erkenntnis als wesentliches Attribut, das Gott allein zukommt, und in den Weisheitsschriften wird die Bedeutung des Gebetes zum »Herrn der Weisheit« betont. Dem jüdischen Volk galten die Sprüche, Hiob und Ekklesiastes als Weisheitsbücher, denen die Christen später die Psalmen und das Hohelied hinzufügten. In der jüdischen Weisheitsliteratur war die Weisheit zwar gotteigentümlich, aber sie war auch ein göttliches Geschenk an den Menschen und denjenigen zugänglich, die bereit waren, sich der Disziplin der traditionalen Lehrmethoden zu unterwerfen, die in Unterweisung (*musar*) und Überzeugung (*ʿeṣah*) bestanden. Dies bedeutet, daß der Judaismus die Erlangung von Weisheit oder heiliger Erkenntnis für den menschlichen Intellekt als möglich erachtete, wenn sich der Mensch der notwendigen Disziplin unterwarf, die für ein solches Beginnen erforderlich war. Diese Lehre wurde von späteren jüdischen Philosophen, Kabbalisten und Chassidim zu höchster Blüte geführt, doch liegen die Wurzeln all ihrer Darlegungen in der Bibel selbst, in der in den drei Büchern Hiob, den Sprüchen und Ecclesiastes der Ausdruck *ḥokhmah* (später als *sophia* übersetzt) fast einhundertmal vorkommt.[24] Lange bevor diese späteren Ausarbeitungen verfaßt wurden, galten die *maskilim* der Qumran-Gemeinde als Empfänger und Vermittler heiliger Erkenntnis der göttlichen Mysterien ähnlich den *pneumatikoi*, von denen der heilige Paulus spricht.

Die Juden glaubten auch, daß die Thora selbst die Verkörperung der Weisheit war, und in manchen Werken wie dem Buch Jesus Sirach wird die Thora mit der präexistenten Weisheit Gottes identifiziert, während die Kabbalisten als die Urthora die Ḥokhmah betrachteten, die zweite der *Sephiroth*. Die ganze kabbalistische Perspektive beruht auf der Möglichkeit, daß der innere Mensch heilige Erkenntnis erlangen und der menschliche Geist für die Erleuchtung durch die geistige Welt geöffnet werden kann, durch die er geheiligt und mit deren Urgrund vereinigt werden kann.[25]

In dem berühmten Chabad Chassidus-Text, dem Liqquṭei Amarim [Tanya] heißt es:»Jede Seele besteht aus *nefesh, ruaḥ* und *neshamah* (den drei traditionellen Elementen der Seele). Dennoch ist die Wurzel jedes *nefesh, ruaḥ* und *neshamah*, vom Ranghöchsten bis zum Gemeinsten, das sich im Ungebildeten verkörpert, und das Unwürdigste aus dem Höchsten Geist hergeleitet, der Erhabenen Weisheit *Ḥokhmah Ila ʿah*).«[26] Weiter heißt es in diesem Text:

In ähnlicher Weise verlangt die *neshamah* des Menschen, die die Qualität des *ruaḥ* und *nefesh* in sich schließt, in natürlicher Weise danach, sich vom Körper zu trennen und diesen zu verlassen, um sich mit ihrem Ursprung und ihrer Quelle in Gott zu vereinigen, dem Born alles Lebens, gesegnet sei Er.[27]

Der Drang, sich mit dem Einen zu vereinigen, ist »ihr Wille und Trieb von Natur aus«, und »diese Natur stammt aus der Eigenschaft der *ḥokhmah*, die man in der Seele findet, in der das Licht des gesegneten *En Sof* wohnt«.[28]

Eine explizitere Feststellung der Anwesenheit des Funkens göttlicher Erkenntnis in der Substanz der Seele des Menschen und der Erreichbarkeit des Heiligen durch eben diese übernatürlich natürliche Erkenntnisfähigkeit im Menschen könnte man in einer Tradition nicht finden, die, wenn auch von dem Gedanken der Auserwähltheit des Volkes und der Verkündigung eines göttlichen Gesetzes durch Gott für sein Volk getragen, von Anfang an eine Offenbarung besaß, in der der Primat der Weisheit eine unbestreitbare Rolle spielt. Diese Lehre wurde teilweise offen ausgesprochen, wie z. B. in den Sprüchen, teilweise aber auch symbolisch und esoterisch dargelegt wie im Hohenlied, in dem die Verse »Er küsse mich mit dem Kuß seines Mundes: Denn Deine Liebe ist besser als Wein« und »Ich bin schwarz, aber hübsch...« sich zweifellos auf esoterisches oder Weisheitswissen (auf die Sophia, die später mit der Jungfrau Maria gleichgesetzt wurde) und dessen Weitergabe beziehen, wiewohl auch andere Deutungen möglich sind. In Zeiten der profanen Erkenntnis erscheint heilige Weisheit freilich als dunkel, und durch den Mund wird der Name Gottes ausgesprochen, der Name, dessen Anrufung der Schlüssel zum Schatz aller Weisheit ist, der Name, der in sich jene heilige Erkenntnis birgt, deren Innewerdung von jener erhabenen Ekstase begleitet ist, von der die Ekstase des Kusses des irdischen Geliebten nur ein blasser Abglanz ist.[29]

Im Islam, der wie der Judaismus seiner formalen Struktur nach auf dem Fundament der abrahamischen Spiritualität ruht, kreist die Botschaft der Offenbarung um den Pol der Erkenntnis, und die Offenbarung spricht den Menschen als eine Intelligenz an, die der Unterscheidung zwischen dem Wirklichen und dem Unwirklichen und der Erkenntnis des Absoluten fähig ist.[30] Obwohl das irdische Gefäß dieser Botschaft, d. h. die semitisch-arabische Mentalität, gewissen Manifestationen dieser Religion ein Element der emotionalen Glut, des Affekts und einen Zug zum Inspirationalismus eingeprägt hat, der sich auf der theologischen Ebene als »antiintellektueller« Voluntarismus seitens der Ashʿariten geäußert hat, bleibt der Inhalt der islamischen Botschaft der Weisheitsperspektive und dem Primat der Erkenntnis verbunden. Das Glaubensbekenntnis *Lā ilāha illaʾ Llāh* (Es gibt keine Göttlichkeit als das Göttliche) ist eine Aussage, die mit dem Erkennen, nicht dem Empfinden oder dem Wollen zu tun hat. Sie enthält die Quintessenz der metaphysischen Erkenntnis im Hinblick auf das göttliche Prinzip und seine Manifestation. Der Prophet des Islam sagt: »Sprich *Lā ilāha illaʾ Llāh* und werde erlöst«, womit er unmittelbar den sakramentalen Charakter der prinzipiellen Erkenntnis zum Ausdruck bringt. Die traditionellen Namen, die in der heiligen Schrift des Islam verwendet werden, stehen alle in einem Bezug zur Erkenntnis: *al-qurʾān* »Vortrag«, *al-furqān* »Unterscheidung«, und *umm al-kitāb* »die Mutter der Bücher«. Der Koran selbst verweist in praktisch jeder Sure auf die Bedeutung der Einsicht und der Erkenntnis, und schon in den allerersten geoffenbarten Versen wird auf das Lesen (*iqraʾ*), das Erkenntnis impliziert, und auf Wissenschaft verwiesen (*ʿilm*, daher *taʿlīm*, lehren, und *ʿallama*, gelehrt):

> Trag vor [*iqraʾ*] im Namen deines Herrn, der erschaffen hat,
> den Menschen aus einem Embryo erschaffen hat!
> Trag vor [*iqraʾ*]! Dein höchst edelmütiger Herr ist es ja,
> der den Gebrauch des Schreibrohrs gelehrt [*ʿallama*] hat,
> den Menschen gelehrt hat, was er nicht wußte.
>
> [Sure 96, 1–5, Übers. v. R. Paret]

Sogar die Etymologie des arabischen Wortes für islamische Rechtsgelehrtheit (*fiqh*) hängt mit der Einsicht oder der Erkenntnis zusammen. Im Islam und der von ihm geschaffenen Kultur gab es einen wahren Kult der Erkenntnis[31], der in allen seinen Ausprägungen in irgendeiner Weise sich auf das Heilige bezog und sich in einer Hierarchie von der »empirischen« und rationalen Art der Erkenntnis bis hin zu jener höchsten Erkenntnisform (*al-maʿrifah* oder *irfān*) erstreckte, die die vereinigende Erkenntnis Gottes nicht durch ein Individuum, sondern durch die göttliche Mitte der menschlichen Erkenntniskraft ist, die, gnostisch gesprochen, Subjekt wie Objekt der Erkenntnis ist. Aus diesem Grund heißt der Gnostiker oder erleuchtete Weise *al-ʿarif biʾ Llāh*, der »Gnostiker, der durch oder aus Gott weiß«, nicht bloß der Gnostiker, der Gott erkennt. Das arabische Wort für die Vernunft, *al-ʿaql*, hängt mit dem Wort »binden« zusammen, denn sie ist das, was den Menschen an seinen Ursprung bindet; etymologisch ist es mit dem Begriff der Religion selbst zu vergleichen, denn *religio* ist ebenfalls das, was den Menschen mit Gott rückverbindet. Auch das arabische Wort für Dichtkunst (*alshiʿr*) hängt mit einer Wurzel zusammen, die »Bewußtsein« und »Erkenntnis« bedeutet, nicht mit dem Verfertigen, wie es beim griechischen *poiēsis* der Fall ist. Die islamische Tradition läßt keinen Zweifel an dem letztlich heiligen Charakter der Erkenntnis und der zentralen Stellung der Weisheitsperspektive im spirituellen Leben, einer Perspektive, die der Heilsfunktion der Erkenntnis und der Tatsache verpflichtet ist, daß der Intellekt seiner Natur nach ein Geschenk Gottes ist, das, sobald es durch die Offenbarung aktualisiert ist, zum wichtigsten Zugangsmittel zum Heiligen wird, wobei der Intellekt letztlich selbst heiligen Charakter hat. Bevor wir uns der christlichen Tradition zuwenden, die in dieser Studie eine besondere Rolle spielt, weil es das christliche Abendland war, in dem ein rein säkularer Erkenntnisbegriff aufkam, noch ein Wort zur griechischen Tradition. Diese Tradition wird üblicherweise entweder vom Standpunkt des modernen Rationalismus oder demjenigen des Hauptstroms des frühen Christentums betrachtet, das sich die Aufgabe gestellt hatte, eine ganze Menschheit von den Exzessen des Rationalismus und Naturalismus zu retten und daher den Gegensatz zwischen der griechischen Weisheit als einer Erkenntnis diesweltlicher Art und der Liebe und Erlösung stärker betonte, die eine Frucht der Gnade Christi und seiner Verkörperung in der menschlichen Geschichte waren. Eine Neubewertung der Bedeutung des griechischen *sophia* und *philo-sophia* als heilige Erkenntnis im Gegensatz zu den sophistischen und skeptischen Formen von Rationalismus in der späteren griechischen Zivilisation und Religion wird in einem späteren Abschnitt vorgenommen werden, in dem auch die christliche Einschätzung dieses Aspekts des griechischen Erbes betrachtet werden wird. Es genüge hier der Hinweis, daß die orphisch-dionysische Dimension der griechischen Tradition, die später in der pythagoreisch-platonischen Schule in eine endgültige Form gegossen werden sollte, ebenso wie die Hermetik, die aus der Verschmelzung gewisser Aspekte der ägyptischen und der griechischen Tradition hervorging, nicht anders als die metaphysischen Lehren des Hinduismus als heilige Erkenntnis und nicht bloß als profane Philosophie gewürdigt werden müssen.[32] Diese Weisheitsformen stehen in einem Bezug zur griechischen religiösen Tradition und sind aus dieser Sicht zu betrachten, nicht nur in ihrem Gegensatz zur »geoffenbarten Wahrheit«.[33] Im universaleren Sinne von »Offenbarung« sind sie in der Tat die Frucht der Offenbarung, d. h. einer Erkenntnis, die sich nicht von einem rein menschlichen Mittler herleitet, sondern von der göttlichen Weltvernunft, wie diese Weisheitsformen auch in der langen Tradition der islamischen, jüdischen und christlichen Philosophie vor der Moderne gesehen wurden. Es gibt einen Aspekt der griechischen Philosophie, nämlich die *Sapientia*, ohne dessen rechte Würdigung man jene Weisheitsschulen innerhalb des Christentums und sogar des Judaismus nicht verstehen kann, deren innere Einheit jenseits der gängigen Dichotomie zwischen dem sogenannten griechischen »Intellektualismus« und dem hebräischen »Inspirationalismus« steht. Ein Hauptproblem für die Wiederentdeckung der heiligen Wurzel der Erkenntnis und der Erkenntnis des Heiligen ist die Art der Interpretation der griechischen Philosophie, die in der Moderne den Hauptstrom des westlichen Denkens beherrscht hat; diese hat zu einer Verdunkelung des Weisheitscharakters gewisser Aspekte des griechischen geistigen Erbes geführt und den wahren Inhalt und Sinn der Botschaft vieler christlicher und jüdischer Weiser verdeckt, die man als »Neuplatoniker« abgetan hat, wie wenn eine solche Etikettierung in irgendwie magischer Weise die innere Bedeutung von Lehren mit Weisheitscharakter zunichte machen könnte.

Was nun die christliche Tradition betrifft, so wird diese häufig als ein Weg der Liebe bezeichnet; insbesondere in der Moderne wird ihre Weisheitsdimension meist außer Acht gelassen, als ob diese nur ein Fremdkörper in einer rein ethisch religiösen Botschaft wäre, deren Basis die Gottes- und Nächstenliebe und das zentrale Element des Glaubens ist. Gewiß, das Christentum ist zunächst und vor allem ein Weg der Liebe; da es aber eine umfassende und in sich geschlossene Religion ist, kann ihr der Weg der Erkenntnis und der Weisheit nicht gänzlich fremd sein. Daher wurde auch das johanneische »Im Anfang war das Wort« jahrhundertelang als Bekräftigung des Primates des Logos als Quelle der Offenbarung wie auch der Erkenntnis interpretiert, bevor mit dem Skalpell der sogenannten höheren Kritik, selbst das Produkt eines durch und durch säkularisierten Verstandes, das spezifisch weisheitliche Johannesevangelium als eine Aneinanderreihung von Aussagen diskreditiert wurde, die einer leicht befremdlichen Denkungsart entsprangen und »eigentlich« mit der Botschaft und Absicht des »wirklichen« historischen Christus nicht ganz im Einklang standen. Darüber hinaus hat die christliche Tradition dadurch, daß sie das alte Testament als Teil ihrer heiligen Schrift akzeptierte, nicht nur die hebräische Weisheitstradition übernommen, sondern sogar gewisse Bücher der Bibel mehr noch als die judaische Tradition als Weisheitsquelle betont. In Kapitel 8 der Sprüche spricht die personifizierte Weisheit in einer berühmten Passage wie folgt:

> Ich, die Weisheit, weile bei der Klugheit, und Erkenntnis kluger Pläne finde ich... Ich wandle auf dem Wege der Gerechtigkeit und mitten auf des Rechtes Pfaden. Ich spende meinen Freunden reiche Gaben und fülle ihre Speicher an mit Schätzen. Mich schuf der Herr als Erstling seines Wirkens vor seinen Werken in der grauen Urzeit. In fernster Zeit bin ich gebildet worden, im Anfang vor dem Anbeginn der Erde. Als noch kein Weltmeer war, bin ich geboren; als es nicht Quellen gab, an Wassern reich... Als er noch nicht gemacht die Erde und die Fluren, noch insgesamt die Schollen auf dem Festland, als er den Himmel schuf, war ich zugegen, als er die Wölbung abmaß über Wassertiefen. Als er befestigte die Wolken oben, als er erstarken ließ die Quellen aus der Tiefe... da stand ich als Beraterin an seiner Seite. Und ich war seine Wonne Tag für Tag, indem ich vor ihm spielte allezeit; ... Nun denn, ihr Söhne, hört auf mich, und selig, wer auf meine Wege achtet![34]

Christliches Denken glaubte in dieser und ähnlichen Passagen die geoffenbarten Quellen eines Weisheitspfades zu finden, der zur Erkenntnis Gottes und *theosis* führt. Noch im vorigen Jahrhundert nannte ein Philosoph wie Schelling diese Passage »einen Windhauch von einer heiligen Morgendämmerung«. Im Vor-Nikäanischen Frühchristentum betrachtete eine Gestalt wie der heilige Maximus der Bekenner sogar die Nächstenliebe als »eine gute Haltung der Seele, die sie die Erkenntnis Gottes allen anderen Dingen vorziehen läßt«, und die Wonne, die in dieser Erkenntnis und der Liebe Gottes liegt, galt ihm als die Quelle für die Erleuchtung der Erkenntnis.[35] Auch die früheren Formen der Christologie betonten die Rolle Christi für die Erleuchtung des menschlichen Geistes und die Erlangung göttlicher Erkenntnis durch die Berufenen.[36]

Die frühen Christen betrachteten die Sophia sogar als eine beinahe »göttliche Wesenheit« eigenen Ranges, als ein »Komplement« der Trinität. Die orthodoxen Christen verehrten sie ganz besonders und errichteten ihr zu Ehren den vielleicht schönsten Sakralbau des frühen Christentums, die Hagia Sophia. Die Sophia erschien Heiligen in ihren Visionen und erleuchtete sie mit Erkenntnis. Vielfach zeigte sie sich als weibliches Wesen von himmlischer Schönheit und wurde von vielen Weisen und Heiligen in ähnlicher Weise mit der Jungfrau Maria identifiziert, wie bei einigen der muslimischen Weisen die Weisheit als herrliche Himmelsgestalt erschien, die mit Fatima, der Tochter des Propheten und, im spezifischeren Kontext der islamischen Tradition, einer »zweiten Maria« identifiziert wurde. Für die Christen stand die Weisheit in einer Beziehung zum Sohn, zur Gestalt Christi selbst, und zugleich zum weiblichen Prinzip, das untrennbar mit der unantastbaren Reinheit und Schönheit der Jungfrau Maria verbunden war. Man darf nicht vergessen, daß Dante, jener unerreichte Dichter christlicher Spiritualität, im *Paradiso* von einer Frau geleitet wird, Beatrice, die die weibliche Gestalt der Sophia symbolisiert, ohne daß dies in irgendeiner Weise der Bedeutung Christi als Spender wie auch Verkörperung der Weisheit Abbruch tut. Im Christentum besteht wie in anderen Traditionen eine Komplementarität des aktiven und des passiven, des männlichen und des weiblichen Elements bei der Weisheit wie bei der Liebe.

Mit Blick zurück auf die Ursprünge der christlichen Tradition dürfen wir nicht übersehen, daß die Betonung der Weisheitsdimension im Christentum auf den heiligen Paulus selbst zurückgeht, der Christus als die neue Thora sah, die mit der göttlichen Weisheit gleichgesetzt wurde. In den Paulusbriefen finden sich Hinweise auf die Inhaber göttlicher Erkenntnis, die *pneumatikoi*, die die Weisheit (*sophia*) Gottes reden und innere Erkenntnis (*gnosis*) besitzen, wobei *sophia* und *gnosis* »pneumatische« Gaben waren, die den Pneumatikern von Gott verliehen wurden. Obwohl die heutigen Gelehrten sich intensiv mit der Bedeutung der Stelle »das Wort der Weisheit ... und das Wort der Erkenntnis« in 1 Korinther 12,8 befaßt haben[37], gelang es auch mit weltlichen Methoden auf der Grundlage ausschließlich historischer und philologischer Anhaltspunkte und unter Außerachtlassung der mündlichen Tradition nicht, eine griechische oder sonstige Quelle fremden Ursprungs für die paulinische Lehre von der Gotteserkenntnis zu finden.[38] Es findet sich in diesen Texten eine Gnosis definitiv christlichen Ursprungs, die nicht mit dem sektiererischen Gnostizismus des zweiten Jahrhunderts verwechselt werden darf, denn die heilige Erkenntnis ist, wie der heilige Paulus betont, eine der kostbarsten Gaben Christi, nach der diejenigen ernsthaft streben sollten, die berufen sind, sie zu empfangen und zu verkünden. Wenn es keine solche christliche Gnosis gegeben hätte, hätte die christliche Tradition ja auch die griechische Weisheit integrieren und griechisch-alexandrinische metaphysische Formulierungen für die Darlegung ihrer eigenen Lehren übernehmen können.

Die fast 2000 Jahre christlicher Geschichte sollten trotz aller Hindernisse zum Zeugnis des Fortbestands dieser Weisheitsdimension der christlichen Tradition wie auch ihrer graduellen Verdunkelung werden, wobei letzteres zur Säkularisierung des Erkenntnisbegriffs selbst führte. Die Geschichte dieser langen Tradition von den frühen Kirchenvätern bis zur Jetztzeit nachzuzeichnen, würde eine eigene Studie monumentalen Ausmaßes erfordern. Es möge hier genügen, kurz auf einige Vertreter der Weisheitsperspektive innerhalb der christlichen Tradition einzugehen, Gestalten, die die Möglichkeit bejahen, daß der Mensch Kenntnis vom Heiligen erlange, und die die Wurzel der Erkenntnis selbst in den Boden des Heiligen und Geheiligten eingesenkt sahen. Wenn man die sakramentale Qualität der Erkenntnis im heutigen Westen bekräftigen und neu entdecken will, ist es gewiß hilfreich, diese lange vernachlässigte Dimension der christlichen Tradition ins Gedächtnis zurückzurufen, eine Dimension, die in den üblicherweise verfügbaren Werken über das westliche Geistesleben entweder übergangen und bewußt ignoriert oder, wenn sie denn in solchen Quellen Erwähnung findet, als unbedeutende Anleihe abgetan wird, die höchstens als geistesgeschichtliche Marginalie interessant ist. Freilich muß man sich hierüber nicht wundern, denn Gleiches kann nur von Gleichem erkannt werden. Wie sollte ein Geist, dem die Empfindung für das Heilige völlig abhanden gekommen ist, die Bedeutung des Heiligen als Heiliges erfassen?

Den Weisheitsstrom in der christlichen Spiritualität, der nichts mit dem sogenannten Gnostizismus zu tun hat, findet man bei vielen der Hauptgestalten des frühen Christentums wie z. B. dem heiligen Gregor von Nyssa und dem heiligen Gregor von Nazianz sowie den frühen Wüstenvätern und der Gemeinde, von der die Nag Hammadi-Texte stammen. Besonders machtvoll ist er jedoch bei den alexandrinischen Kirchenvätern, deren Schriften ein

Born christlicher Gnosis sind und die die zentrale Rolle der heiligen Erkenntnis und der Erkenntnis des Heiligen für die Erlangung der Heiligkeit betonen. Die herausragende Rolle unter ihnen spielte Clemens von Alexandrien (140–ca. 220), der das Christentum als einen Weg zur Weisheit betrachtete.[39] In seinen Werken wird Christus mit der universalen Vernunft gleichgesetzt, die Gott auch in die Mitte des Kosmos und in das Herz des Menschen gesetzt hat.[40] Clemens, der lange Jahre seines Lebens in Alexandrien verbrachte, war mit der griechischen Weisheit gut vertraut, die er nicht im Gegensatz zum Christentum sah, sondern als aus derselben Weltvernunft hervorgegangen betrachtete, zu der die Christen durch Christus vollen Zugang hatten. Für ihn war wahre Philosophie keine »profane Erkenntnis« im Gegensatz zum christlichen Glauben, sondern Erkenntnis von einem letztlich heiligen Charakter, die sich aus der göttlichen Vernunft herleitete, die Gott in Christus und durch die Heilige Schrift geoffenbart hatte. Der wirkliche Weise, einer, der heilige Erkenntnis erlangt hat, ist derjenige, der zunächst rein geworden und moralische Vollkommenheit erlangt[41] und dann ein »wahrer Gnostiker«[42] geworden ist. Bezüglich eines solchen Menschen »kann man nicht mehr sagen, daß er Wissenschaft habe oder Gnosis besitze, sondern er ist vielmehr Wissenschaft und Gnosis.«[43]

Was die Möglichkeit eines Initiationsweges auf der Grundlage der Erkenntnis innerhalb des Christentums betrifft, so kommt dem Fall des Clemens außergewöhnliche Beweiskraft zu, denn Clemens besaß nicht nur heilige Erkenntnis, sondern schreibt auch, daß er sie von einem menschlichen Vermittler solcher Erkenntnis empfing. In Alexandrien begegnete er einem Meister namens Pantaenus, der, so Clemens, »reine Gnosis« in die Herzen der Menschen senkte und der sie wiederum von denjenigen empfangen hatte, die das ihnen mündlich und im Geheimen von den Aposteln und letztlich Christus selbst übertragene esoterische Wissen weitergegeben hatten. Über diese ununterbrochene Übertragungskette einer »göttlichen Weisheit« hatte Clemens jene Gnosis empfangen, die ein Wissen von Gott und der Engelwelt, die Erkenntnis der spirituellen Signifikanz der Heiligen Schrift und die Erlangung vollkommener Gewißheit implizierte. Clemens sollte selbst zu einem spirituellen Lehrer werden, ausweislich solcher Werke wie *Protrepticus* und *Stromateis*, die Abhandlungen zur spirituellen Führung sind, sowie des Resümees seiner *Hypotypis*, die Photius zusammengefaßt hat. Bemerkenswert ist freilich im Hinblick auf die spätere Geschichte der christlichen Tradition und den Platz der Gnosis in ihr, daß er nicht heiliggesprochen wurde und daß die Kontinuität der Weitergabe heiliger Erkenntnis nicht lange anhielt, obwohl Clemens Lehrer des Origenes war, einer weiteren wichtigen Gestalt des frühen Christentums, der sich mit Weisheit und der Rolle der Erkenntnis für die Erlangung des Heiligen beschäftigte.

Wie Clemens war Origenes (185–253 oder 254) mit der griechischen Philosophie gut vertraut, die er in Alexandrien studierte.[44] Sein Lehrer war der geheimnisvolle Ammonias Saccas, der Lehrer des Plotin, und die philosophische Erziehung ähnelt überhaupt sehr derjenigen des Plotin, dessen Name mit der universalsten und zentralsten Darlegung der esoterischen und metaphysischen Aspekte der griechischen Weisheit verbunden ist. Für Clemens wie für Origenes war das Christentum selbst »Philosophie« im Sinne von Weisheit und die griechische Philosophie der Hort jenes heiligen Wissens, das in seiner ganzen Fülle in der christlichen Botschaft aufscheinen sollte. Origenes führte in gewisser Weise die Lehren des Clemens fort, soweit es um die Beziehung zwischen Christentum und Philosophie ging, jedoch legte er mehr den Schwerpunkt auf die Askese.

Der zentrale Hinterlegungsort für heiliges Wissen ist für Origenes die Heilige Schrift, die die Seele des Menschen nährt und seinen Erkenntnishunger befriedigen kann. Die Schrift ist aber nicht nur das geschriebene Wort. Wie der Mensch ist die Heilige Schrift aus Leib, Seele und Geist oder der buchstäblichen, moralischen und weisheitlichen oder spirituellen Dimension zusammengesetzt.[45] Nicht allen Lesern ist es gegeben, die dem Text innewohnende Bedeutung zu verstehen, aber auch diejenigen, die diese Weisheit nicht begreifen können, ahnen, daß im Buch der Bücher irgendeine Botschaft verborgen *ist*.[46] Origenes stellt einen direkten Zusammenhang zwischen heiliger Erkenntnis und der Heiligen Schrift her und meint, daß es die Aufgabe spiritueller Wesen ist, diese innere Bedeutung geoffenbarter Wahrheit zu entdecken und bei der Betrachtung der spirituellen Realitäten ihre

Intelligenz zu benutzen. Das spirituelle Leben des Menschen besteht in nichts anderem als der allmählichen Entwicklung der Fähigkeit der Seele, den spirituellen Gehalt der Schrift zu fassen, die, wie Christus selbst, Labsal der Seele ist. Durch die Gegenwart des Logos im Herzen des Menschen und an der Wurzel seines Intellekts wird der Mensch in den Stand gesetzt, die innere Bedeutung der Heiligen Schrift zu fassen und durch diese Erkenntnis erleuchtet zu werden. Der Logos ist der Erleuchter der Seele[47], das Licht, das intellektuelles Sehen ermöglicht. In der Tat ist der Logos, der *in divinis* existiert, die Wurzel des Intellekts im Menschen und das Medium, durch das der Mensch heilige Erkenntnis empfängt.[48] Insofern der Logos der Ursprung der menschlichen Intelligenz und die Quelle des menschlichen Erkenntnisinstruments ist, ist Erkenntnis des Heiligen der letzte Grund der Erkenntnis an sich wie auch ihr Ziel.

Als einer der herausragenden Repräsentanten der Weisheitskommentatoren zur Bibel schrieb Origenes umfangreiche spirituelle und esoterische Kommentare zu verschiedenen Teilen des Alten wie des Neuen Testaments, worin er das heilige Wissen zu enthüllen suchte, das ein Mensch ergreifen kann, dessen Intellekt bereits durch den Logos geheiligt und erleuchtet ist. Bei Origenes findet sich jene harmonische Verbindung einer sakramentalen Konzeption der Erkenntnis mit dem Studium der Heiligen Schrift, die in späteren Phasen der christlichen Geschichte sehr die Ausnahme wurde – mit der Folge, daß die Hermeneutik als die Wissenschaft vom Eindringen in die innere Bedeutung der Heiligen Schrift auf der Basis einer wahrhaftigen *scientia sacra* und mittels eines Intellekts, der schon vom Wort oder Logos erleuchtet ist, zur Entheiligung des Heiligen Buches selbst durch eine Denkungsart führte, der die Empfänglichkeit für das Heilige verloren gegangen war. Die Perspektive des Origenes ist daher besonders wertvoll, wenn die Bedeutung der Weisheitsperspektive in der christlichen Tradition im Hinblick auf die zentrale Realität eines geoffenbarten Buches untersucht werden soll. In den Kommentaren des Origenes finden sich direkte Anspielungen auf die esoterische Natur von Schriftpassagen und die heilige Erkenntnis, die sie denjenigen geben, die ihre Botschaft zu ergreifen vermögen. So schreibt z. B. Origenes bezüglich des bereits zitierten Verses aus

dem Hohenlied »Mit den Küssen seines Mundes küsse er mich«
(der auch in der jüdischen Esoterik eine überragende Rolle spielt):

Aber wenn sie begonnen hat, für sich zu unterscheiden, was dunkel war, zu entwirren, was verwirrt war, zu erschließen, was verschlossen war, Parabeln und Rätsel und die Worte der Weisen an der Richtschnur ihres eigenen verständigen Denkens zu erkunden, dann möge sie glauben, daß sie nun die Küsse des Bräutigams selbst empfangen hat, d. h. des Wortes Gottes.[49]

Auch hier wiederum wird der »Kuß seines Mundes« als nichts anderes betrachtet als die Übertragung innerer Erkenntnis durch jenes Organ, dem die Fähigkeit gegeben ist, Seinen Namen anzurufen und Sein Wort auszusprechen.

Obwohl das in den verschiedenen Glaubens- und Lehrsätzen formalisierte westliche Christentum mehr den Fall des Menschen und seine Sündhaftigkeit betonte und eine Christologie schuf, die Christus weniger als Quelle der Erkenntnis und als Erleuchter des menschlichen Geistes, sondern mehr als den Erretter des Menschen aus seinen Sünden in den Mittelpunkt stellte, geriet die Bedeutung der Erkenntnis als eines Mittels zur Erlangung des Heiligen nicht gänzlich in Vergessenheit. Selbst der heilige Augustinus, dessen Anthropologie recht pessimistisch war und der im Menschen nicht mehr sehen wollte als ein gefallenes, in Sünden wandelndes Geschöpf, akzeptierte doch die eingeborene Macht der Vernunft als Geschenk Gottes, damit diese göttliche Erleuchtung empfinge.[50] Um die Wahrheit denken zu können, braucht der Mensch, dem heiligen Augustinus zufolge, die Erleuchtung, die von Gott kommt.[51] Obwohl also der heilige Augustinus im Glauben den Schlüssel zum Heil sieht, behält er die grundsätzlich sakramentale Funktion des Intellekts bei, auch wenn er ihm eine etwas indirekte Rolle zudiktiert. Man findet bei ihm noch nicht jene Gegensätzlichkeit zwischen Wissen und Glauben, die das spätere christliche Denken so sehr prägen sollte.

Die Weisheitsdimension im Christentum fand einen ihrer beredtesten und tiefgründigsten Verkünder in jener geheimnisvollen Gestalt des Dionysius Areopagita, den ein indischer Metaphysiker vom Range eines A. K. Coomaraswamy den größten aller Europäer nächst Dante nannte. Dieser Weise, der seine Abstammung auf den heiligen Paulus zurückführte und dessen Schriften von heutigen Gelehrten dem fünften und sechsten Jahrhundert zugeordnet werden, erscheint uns mehr als intellektuelle Funktion denn als Individuum. Von Hilduin und später von Scotus Erigena in das Lateinische übersetzt, sollte Dionysius nicht nur die christliche Weisheitstradition durch Erigena selbst, die Viktorinischen Mystiker und die deutschen Theosophen beeinflussen, sondern auch die christliche Kunst.[52] Die beiden Hierarchien, denen Dionysius zwei seiner Werke widmen sollte, nämlich das himmlische oder Engelreich und das kirchliche Reich, stehen selbst in einem Bezug zu Stufen des Heiligen (*taxis hiera*) und der Erkenntnis (*epistēmē*). Für ihn ist sakramentales Handeln, das zur *theosis* oder Divinisierung des Wesens des Menschen führt, vom Erkenntnisfortschritt nicht zu trennen, der letztlich in der Vereinigung jenes »Nichtwissen« von der letzten Wirklichkeit erreicht, die, wiewohl sie viele Namen hat, »namenlos« (*anonymos*) ist. Bei Dionysius findet man die Wurzel jener Weisheitperspektive, deren Verfahren das »Nichtwissen« war, das aber in Wirklichkeit im Heiligen in seinem höchsten Sinne wurzelndes Wissen ist und zum Heiligen führt, denn dieses »Nichtwissen« ist die Auflösung alles begrenzten und separativen Wissens, alles peripheren Schauens, das das Zentrum nur undeutlich werden läßt, welches das Heilige an sich ist.

Die ausführliche Darlegung der wesentlichen Elemente der Dionysischen Lehren, soweit sie für das Schicksal der Weisheitstradition innerhalb des Christentums von Bedeutung sind, erfolgte im neunten Jahrhundert im Werk seines lateinischen Übersetzers, Johannes Scotus Erigena, der in Irland geboren wurde und sein Hauptwerk *De divisione naturae* (*Periphyseon* mit dem griechischen Titel) zwischen 864 und 866 schrieb.[53] In diesem gewaltigen Zeugnis christlicher Gnosis, das lange vernachlässigt wurde und später wegen seiner Nähe zu albigensischen und katharischen Kreisen sogar ängstlich gemieden wurde, wird der Erkenntnis eine zentrale Rolle und Funktion zugewiesen, weil sie im Heiligen wurzelt und das Mittel zu seiner Erlangung ist. Den Darlegungen des Johannes Scotus kommt in der Weisheitsdimension der christlichen Tradition einzigartige Bedeutung zu, trotz aller Versuche, sie auf eine bloße neuplatonische oder pantheistische Position zu reduzieren, wie wenn man irgend eine Wahrheit einfach dadurch ihres Gewichts berauben könnte, daß man ihr ein gegenwärtig pejoratives oder bedeutungsloses Epitheton gibt.[54]

Erigena war ein frommer Christ, der freilich auch im Herzen des Christentums eine heilige Erkenntnis oder Weisheit erblickte, die für ihn nichts anderes war als die authentische Philosophie. »Wahre Religion ist wahre Philosophie«, bekräftigte Erigena immer wieder.[55]

In der Weisheit vereinigen sich Philosophie und Religion, und die Weisheit ist eine Tugend, die dem Menschen mit den Engeln gemeinsam ist.[56] Die Quelle dieser Weisheit liegt in Christus, in dem man nicht nur die Heilige Schrift findet, sondern auch die freien Künste, die ein Bild Christi sind und seine Weisheit widerspiegeln.[57]

Folgerichtig betonen die erigenischen Lehren die Rolle des Logos nicht nur als Ursprung der geoffenbarten Wahrheit, sondern als Quelle heiliger Erkenntnis hier und jetzt. Das *erat* oder *in principio erat verbum* wird von Erigena als *est* oder »*ist*« gedeutet, denn es gilt nicht nur »im Anfang *war* das Wort«, sondern auch »im Anfang« – was, wie oben dargelegt, nichts anderes ist als das gegenwärtige »Jetzt« – »*ist*« das Wort. Zwar ist der Logos allgegenwärtig, aber der Mensch hat sich von Gott getrennt, weshalb göttliches Wissen dem Menschen nicht mehr direkt verfügbar ist. Der Mensch unseres Zeitalters kann nicht mehr »zu Gott sprechen« und Dinge *in divinis* sehen, wie es Adam im Paradies oder den Menschen des Goldenen Zeitalters möglich war. Und doch bleibt dieses Licht durch die Schrift und die Natur zugänglich, jene beiden großen Bücher der Gotteserkenntnis, die der Mensch auch heute noch lesen kann, wenn er nur die Gnade des Lichtes Gottes annehmen wollte und könnte, das in der Substanz des Menschen selbst wohnt.[58] Erigena sah im Buch der Natur das Mittel zur Erlangung jener heiligen Erkenntnis, die in der Substanz des menschlichen Mikrokosmos selbst liegt, und er steht damit der griechischen Theologie mit ihrer Betonung der Anwesenheit des Lichtes Gottes in der Natur näher als der westlichen Theologie, die den Nachdruck auf die Anwesenheit Gottes in der Geschichte legt.[59]

Nach Erigena beginnt die menschliche Vervollkommnung und das Streben nach heiliger Erkenntnis, die Zweck und Ziel dieser Vervollkommnung ist, mit dem Aufscheinen des Bewußtseins im menschlichen Geist, daß alle Ursachen von Gott kommen. Nach dieser Stufe wird *scientia* in *sapientia* verwandelt, und die Seele des Menschen wird von Gott erleuchtet, der sich in denjenigen betrachtet, die er erleuchtet hat.[60] Diese Erleuchtung wiederum befähigt den Menschen zur Erkenntnis, daß die Essenz der Dinge Gottes Wissen von ihnen ist[61] und daß eine Reziprozität und schließlich Identität zwischen Erkenntnis und Sein besteht. Die Vernunft wird in das transformiert, was sie erkennt, wobei das höchste Erkenntnisobjekt Gott ist. Die Erkenntnis der Gottheit ist dem Menschen aber in seiner gegenwärtigen Verfassung nicht unmittelbar zugänglich. Vor dem Sündenfall besaß der Mensch Erkenntnis von allem *in divinis*, und zwar innerlich als Abspiegelung Gottes und Abspiegelung in Gott. Nach dem Sündenfall jedoch wurde diese Erkenntnis externalisiert. Um diese heilige Erkenntnis wiederzuerlangen, muß die Seele die acht Stufen durchlaufen, bei denen der irdische Leib in Lebensbewegung, die Lebensbewegung in Sinneswahrnehmung, Sinneswahrnehmung in den Verstand, Verstand in die Seele, die Seele in Erkenntnis, die Erkenntnis in Weisheit übergeht und schließlich die übernatürliche Auflösung (*occasus*) der gereinigten Seele in Gott erfolgt.[62]

Das endgültige Ziel ist *theosis*, die Ergreifung jener göttlichen Wirklichkeit, die weder schafft noch geschaffen ist, durch Gnosis, die die Stufen *ephesis, erōs* und *agapē* umfaßt. Die menschliche Vernunft kann dieses Ziel, das Erkenntnis Gottes ist, durch die Wiederentdeckung ihres eigenen Wesensgrundes erreichen. Diese Wiederentdeckung wiederum ist nur möglich auf jenem »negativen« Weg, der ein »kosmolytischer« Prozeß ist, welcher den kosmogonischen umkehrt. Die Vernunft ist bereits eine Gabe Gottes (*datum*), die durch eine spezielle Gnade (*dotum*) zur *theosis* gelangen kann, dem wahren Ziel des menschlichen Daseins und der wahren Substanz der Vernunft selbst.[63]

Obwohl Erigena seltsam vernachlässigt wurde, sollten seine Lehren doch so wichtige Gestalten wie Richard und Hugo von St. Viktor, Ramón Lull und später Nikolaus von Kues beeinflussen. Er stand freilich nicht im Zentrum der Arena des europäischen Geisteslebens, das nach einer Zeit intensiver Diskussion bezüglich des Verhältnisses zwischen Glauben und Wissen sich der Ausbildung jener großen theologischen Synthese zuwandte, die wir mit den Namen eines heiligen Bonaventura, Thomas von Aquin und Duns Scotus verbinden. Diese Lehrer entwickelten Sprechweisen und eine Systematik des Diskurses, die für die Darlegung der traditionellen Metaphysik ideal geeignet waren, und sie alle waren sich der Weisheitsdimension des spirituellen Lebens bewußt – der heilige Bonaventura, der eine Theologie entwickelte, die auf dem Primat der Kontemplation beruht, und der heilige Thomas, der seine Feder für ein kontemplatives Schweigen beiseite legte, das sein gewaltiges theologisches und metaphysisches Denkgebäude krönt. Und doch hatten diese Synthesen, insbesondere die thomistischen, einen Zug zu einem übersteigerten Rationalismus, da sie Intuitionen metaphysischen Ranges in syllogistische Kategorien zwängten, die ihren im eigentlichen Sinne vernünftigen und nicht rein rationalen Charakter mehr verbargen als enthüllten. In der Tat spiegelt sich der rein weisheitliche Aspekt des mittelalterlichen Christentums wohl unmittelbarer in den mittelalterlichen Kathedralen und jener zentralen Epiphanie der christlichen Spiritualität, der *Göttlichen Komödie* Dantes – einer literarischen Kathedrale –, als in den theologischen Synthesen, die, wiewohl sie christliche Sophia enthielten, diese auch verschleierten. Diese Theologien charakterisieren daher, wiewohl sie in gewisser Weise der Weisheitsdimension der christlichen Tradition angehören, die kritischen Zwischenstufen des Prozesses, durch den die Erkenntnis entheiligt und die Philosophie allmählich von der Weisheit geschieden wurde, auch wenn diese Elemente durch den gewaltigen Geist und die Feder einer Gestalt wie dem heiligen Thomas zu einer Synthese zusammengeführt wurden.[64]

Die großen mittelalterlichen Theologen waren Männer des Glaubens und des Wissens, denen die Rebellion des Verstandes gegen den Glauben nicht anzulasten ist, die wenig später einsetzte, nachdem ihre Synthesen das Licht der Welt erblickt hatten. Und doch hätte der philosophische Agnostizismus, der in Europa innerhalb von zwei Jahrhunderten nach Thomas von Aquin an die

Oberfläche kam, sich nicht entwickeln können, wenn nicht das intellektuelle Leben der Christenheit den Geist der Gnosis aufgegeben hätte, wenn nicht die schlichte Realität der Erkenntnis als *theosis* in die Frage abgewandelt worden wäre, wie man rationale Erkenntnis einsetzen könnte, um den Glauben vor der Aushöhlung und Schwächung durch die Angriffe des Rationalismus zu bewahren, und wenn nicht jene Geistigkeit, wie sie der Zeitgenosse des Thomas von Aquin, Meister Eckhart, repräsentierte, gegenüber dem Hauptstrom der Theologie und Philosophie im christlichen Europa eine periphere Erscheinung geblieben wäre.

Die mächtigste und majestätischste Äußerung christlicher Gnosis im Mittelalter finden wir in der Tat bei Meister Eckhart. Seine Lehren haben in den letzten Jahrzehnten im Westen zunehmendes Interesse gefunden, als man sich auf die Suche nach einer Lehre westlichen Ursprungs machte, die den großen metaphysischen Lehren des Orients gewachsen wäre, welche heute im Westen immer größere Bekanntheit erlangen. Mehr und mehr wird der deutsche Weise für viele zur Autorität par exellence der christlichen Gnosis.[65]

Für Eckhart ist die Wurzel der Vernunft in der Gottheit gegründet, denn die Vernunft ist *increatus et increabilis*; in der Tat ist Gott zuerst und vor allem *intelligere* und erst in zweiter Linie *esse*. In der Seele des Menschen blitzt etwas auf, das Eckhart *Seelenfünklein* nennt.[66] Dieses ist der Sitz des Bewußtseins, durch das der Mensch Erkenntnis von der Gottheit oder vom »Grund« erlangen kann. Die Seele hat Zugang zu Erkenntnisebenen, die vom sinnlich Erfahrbaren zu »abstrakten« Formen und schließlich zum »Seelenfünklein« führen, das sowohl das Herz oder die Wurzel des Verstandes wie auch das Mittel ist, durch das Gott erkannt wird. Diese Möglichkeit liegt in der Natur des Verstandes selbst, wenn auch das Wirken der Gnade notwendig ist, damit diese Erkenntnis *per speculum et in lumine* aktualisiert werden kann.[67] Für Eckhart ist das Auge, mit dem der Mensch Gott erblickt, das Auge, mit dem Gott den Menschen ansieht. Dieses Auge ist nichts anderes als jene höchste Vernunft oder Intelligenz, die den Menschen direkt mit dem Heiligen verbindet und die die Erkenntnis zum zentralen Zugangsmittel zum Heiligen werden läßt. Nirgendwo im westlichen Christentum gibt es eine explizitere

Formulierung der sakramentalen Natur der Vernunft und der Erkenntnis als bei Meister Eckhart, der dank der Funktion des Fünkleins in der Mitte seiner eigenen Seele eine der bemerkenswertesten Expositionen jener *scientia sacra* vorlegen konnte, die in Ost und West immer der Kern der traditionalen Erkenntnis war und ist.

Die Renaissance markierte den Anfang des Prozesses der radikalen Säkularisierung von Mensch und Erkenntnis, woraus der diese Epoche prägende Humanismus entstand; und doch behauptet sich auch in dieser Zeit die Weisheitsperspektive in einer fast kosmischen Reaktion auf das rapide Dahinschwinden der traditionalen Weltsicht im Westen. Aus dem Wirken eines Gemistus Plethon und insbesondere eines Marsiglio Ficino erwuchs eine neue Wertschätzung der griechisch-alexandrinischen Weisheit in ihren pythagoreischen, platonischen, neuplatonischen und hermetischen Formen, wenn sich auch ein Großteil dieser Wertschätzung außerhalb des Rahmens der im Westen dominierenden Tradition, d. h. des Christentums abspielte. Daneben gab es auch spezifisch christliche Formen der Gnosis wie die christliche Hermetik, Erleuchtungslehren, die Gestalten wie Franceso Patrizzi *Cognitio matutina* nannten, und eine christliche Kabbala von ausgeprägtem Weisheitscharakter. Die Renaissance sah auch einen der hervorragendsten Meister christlicher Weisheitslehren, Nikolaus von Kues. Er legte eine traditionale Metaphysik von bemerkenswerter Tiefe aus einer im Kern gnostischen Perspektive vor, wiewohl er wiederum den Prozeß der Nichterkenntnis und die Lehre vom »Nichtwissen« just in dem Augenblick propagierte, als der neuentdeckte Humanismus, der Nichtwissen anderer Art war, machtvoll die europäische Bühne betrat.[68]

Nikolaus von Kues (1401–1464), der Kosmologe, Physiker und Mathematiker und zugleich Metaphysiker und Theologe war, sah keine andere Möglichkeit, als die übermäßig beschränkenden und rationalistischen Kategorien aufzulösen und niederzureißen, in denen die spätmittelalterliche Theologie sich dem Göttlichen genähert hatte, bevor er zur Darlegung der Metaphysik schreiten konnte.[69] Er war aber auch gezwungen, die Wirkung des Nominalismus zu berücksichtigen, der ihm vorausgegangen war, ohne daß er jedoch in die Fallgrube des Zweifels und Nihilismus gestürzt wäre. Obwohl der Nominalismus definitiv ein Hauptfaktor für die Zerstörung der Gewißheitsgrundlage war, auf der die frühmittelalterliche Philosophie geruht hatte[70], haben jüngere Forschungen auf seinen positiven Gehalt als eine Theologie hinzuweisen versucht, die nach der göttlichen Unmittelbarkeit strebte.[71] Wie auch immer, Nikolaus von Kues mußte jedenfalls die begrifflichen Beschränkungen beseitigen, mit denen man die Gottesvorstellung umgeben hatte, und die durch verschiedene Formen des Rationalismus, der Theologie und anderweitig bekämpft wurden, um eine Erkenntnis wahrhaft gnostischen und metaphysischen Ranges darlegen zu können, womit er gleichzeitig in die Fußstapfen der früheren vorscholastischen christlichen Denker wie Dionysius und der Mitglieder der Viktorinischen Schule trat. Nikolaus von Kues betonte daher, daß »die höchste Weisheit darin besteht, zu erkennen, ... wie das Unerreichbare erlangt oder unerreichbar erreicht werden kann.«[72] Mit den folgenden Zeilen erläutert Nikolaus von Kues in einem Kommentar zu dem Wort Salomons, daß »die Weisheit und der Sitz der Erkenntnis den Augen aller Lebenden verborgen sind«, was er mit Wissen als Nichtwissen meint:

... wir können uns mit Eulen vergleichen, die versuchen, in die Sonne zu blicken; da aber der natürliche Erkenntnistrieb in uns nicht ohne Zweck ist, ist sein unmittelbares Ziel unser eigenes Nichtwissen. Nichts konnte auch dem eifrigsten Erkenntnissuchenden nützlicher sein, als bezüglich eben jenes Nichtwissens, das gerade ihm eigentümlich ist, höchste Gelehrsamkeit zu haben; und je besser ein Mensch sein eigenes Nichtwissen erkennt, desto größer wird seine Gelehrsamkeit sein.[73]

Diese *docta ignorantia* zielt freilich auf jene partielle Erkenntnis, die heilige Erkenntnis als solche ersetzen möchte. Sie bezieht sich auf den Verstand, nicht die Vernunft, die die *coincidentia oppositorum* erkennen kann. Nikolaus von Kues unterscheidet in der Tat streng zwischen der Erkenntniskraft, die er als *ars coincidentiarum* bezeichnet, und jener relativen und entheiligten Erkenntnis, die ihm zufolge bloße Vermutung ist und die er *ars conjecturarum* nennt.[74] Das Nichtwissen des Menschen, das sich als Wissen geriert und das Nikolaus von Kues' gelehrtes Nichtwissen zu heilen versucht, rührt vom Sündenfall des Menschen her. Im übrigen glaubt Nikolaus von Kues wie die christlichen Weisen vor ihm an die Göttliche Weisheit, die dem Menschen zugänglich ist und die mit dem Göttlichen Wort gleichgesetzt wird. Diese Erkenntnis kann aber nur erlangt werden, indem sie erfahren und gekostet wird. Sie ist *sapientia* gemäß der etymologischen Bedeutung des Ausdrucks (vom lateinischen *sapere*, »schmecken«).[75] Freilich führt das kusanische Nichtwissen nicht zum Agnostizismus oder Nihilismus oder zur Leugnung heiliger Erkenntnis. Es ist im Gegenteil das Instrument, das dem Strahl der Gnosis einen Weg öffnet, damit er in einen bereits durch die übertriebenen rationalistischen Kategorien verdunkelten Raum scheine, welche schon die bloße Möglichkeit vereinheitlichender Erkenntnis zu negieren schienen und zum Skeptizismus und sogar Nihilismus führten. Dies ist der Grund, warum er die Bedeutung des Prozesses des Nichtwissens und die Einsicht betont, daß unser sogenanntes positives Wissen Nichtwissen ist, und warum er die Realität und Zentralität jener Weisheit bekräftigt, bezüglich deren alles beschränkte und beschränkende Wissen Nichtwissen *ist*.[76] Es gibt keinen Zweifel, daß die Lehren des Nikolaus von Kues, die in gewissem Sinne die Krönung der Schule des »Nichtwissens« sind, eine wesentliche Säule der Weisheitsdimension der christlichen Tradition sind.[77]

Das auf Nikolaus von Kues folgende Jahrhundert, das zur eigentlichen Neuzeit hinüberführte, wurde durch das Aufkommen des Protestantismus mit seiner Ablehnung der scholastischen Synthesen des Mittelalters wie auch der katholischen Mystik wesentlich geprägt. Wiewohl auch die spätere Ausbreitung des Protestantismus ihren Teil zu dem Prozeß der Säkularisierung der Erkenntnis beigetragen hat, steht doch auch fest, daß zumindest in den Lehren Luthers gewisse Aspekte vorhanden sind, die einer Weisheitsdimension des Christentums zugehören. Unnötig zu erwähnen, daß Luther dem Glauben den höchsten Rang zuwies, wie der Katholizismus die Liebe betonte. Aber ebenso, wie die christliche Liebe mit der Erkenntnis durch die Einigung, die das Ziel sowohl der Liebe als auch der Erkenntnis ist, verbunden ist oder jedenfalls sein kann, so ist der Glaube mit der Erkenntnis durch die Tatsache verbunden, daß es ohne eine irgendwie beschaffene Kenntnis keinen Glauben geben kann, denn ohne eine solche Kenntnis könnte man an alles mögliche glauben, und das Objekt des Glaubens wäre beliebig. Jedenfalls ließ die lutheranische Spiritualität bei all ihrer Betonung des Glaubens und der Ablehnung der katholischen Theologie und einer christlichen Weisheitstradition, wie sie von den mittelalterlichen christlichen Weisen ausgelegt wurde, doch die Möglichkeit einer Mystik von grundsätzlich weisheitlicher Art zu.[78] Man weiß, daß es viele lutheranische Hermetiker und Rosenkreuzer gab – Luthers Wappen selbst enthielt das Kreuz und die Rose. Die von Luther initiierte evangelische Bewegung umfaßte auch Gestalten wie Sebastian Franck, Paracelsus, Valentin Weigel, Jacob Böhme, Gottfried Arnold, Johann Georg Gichtel, Friedrich Ötinger und viele andere Theosophen, Mystiker und spirituelle Alchemisten und schuf ein Klima einer gewissermaßen »abrahamischen« Qualität, in dem die Vermählung von Wissen und Glauben eine definitive Möglichkeit war. Das Phänomen der Existenz einer Theosophie im Schoße des Lutheranismus, die in ihrem traditionalen Sinne nichts anderes als heilige Erkenntnis ist, ist überhaupt für die Frage des Vorhandenseins einer Weisheitstradition im Westen von außerordentlicher Bedeutung.[79] Selbst die Musik, die sich auf dem Boden der lutheranischen Bewegung entwickelt hat, ist in Teilen von kontemplativer Art im Sinne der Weisheitsperspektive.[80] Wiewohl also die Spaltung der christlichen Kirche in der Renaissance für die Säkularisierung der westlichen Welt eine entscheidende Rolle gespielt hat, so lebte doch auch innerhalb der lutheranischen Tradition mit all ihrer Betonung des Glaubens zu Lasten aller anderen Elemente eine Spiritualität fort, die auf heiliger Erkenntnis und Wissen vom Heiligen beruhte.

Mit Jakob Böhme (1575–1624), der schrieb, daß er als Kind ein Liebling der göttlichen Sophia war, erreicht die Weisheitsdimension der christlichen Tradition in der jüngeren Geschichte einen Höhepunkt.[81] Böhme war ein eifriger Bibelleser, zu der er im Jahre 1623 kurz vor seinem Tode in seinem *Mysterium Magnum* einen Kommentar schrieb. Darüber hinaus betrachtete er sich als einen von der Göttlichen Sophia Erleuchteten und als befähigt, in die innere Bedeutung des heiligen Textes durch »innere Erleuchtungen« vorzudringen. Allen seinen Schriften und Aussagen liegt der Standpunkt zugrunde, daß er diese *sapientia* sowohl aus der

Heiligen Schrift wie der inneren Erleuchtung oder der objektiven und der subjektiven Art der Offenbarung empfing. Böhme betrachtete den Menschen nicht nur als das gefallene Geschöpf, wie es in den meisten Werken der christlichen Theologie dargestellt wird, sondern auch als ein Geschöpf, in dem sich noch ein Element befindet, das vom Sündenfall unberührt geblieben ist und sich nach dem Unendlichen und Ewigen sehnt, weil es aus jenem göttlichen Grund stammt, der sowohl grenzenlos als auch ewig ist.[82] Es ist der Zustand der Reinheit und Unschuld, den er *Temperatur* nennt. In gleicher Weise gibt es einen Aspekt der Schöpfung, der ebenfalls noch rein und paradiesisch und nicht von jener im Satan personifizierten Kraft verdorben ist, welchen Aspekt Böhme das *heilige* oder *paradiesische Element* nennt. Dieses Element bleibt aber den meisten Menschen bis auf denjenigen verschlossen, die sich ihrer eigenen paradiesischen und ursprünglichen Natur bewußt bleiben, die spontan und natürlich der Weisheit und dem Ewigen zustrebt. Dieses Streben nach dem Ewigen ist durch die Möglichkeit der vollkommenen Gotteserkenntnis nicht nur in ihm selbst, sondern auch in der Natur und in der menschlichen Seele bedingt.[83] Die Sendung des Menschen in dieser Welt ist in der Tat die Erlangung dieser Erkenntnis, mit deren Hilfe er befähigt wird, die verschiedenen »Signaturen« zu entziffern, die zusammen das Universum ausmachen.[84]

Im Paradies besaß der Mensch noch die »natürliche Sprache«, die die Sprache des Paradieses und die wesenhafte Erkenntnis aller Dinge zugleich war. Die Wurzel sowohl der menschlichen Sprache wie auch Erkenntnis war identisch mit der heiligen oder quintessentiellen Erkenntnis der Schöpfung selbst. Nach dem Sündenfall jedoch ging er dieser Sprache verlustig, zumindest in jenem Teil seines Wesens, das von den Folgen des Sündenfalls betroffen war. Und doch ist diese Urerkenntnis heiligen Ranges in den Tiefen des Menschenwesens beschlossen, in jenem Aspekt seines Seins, der noch im Zustand der paradiesischen Unschuld ist.[85]

Diese Lehre von der Sprache hängt eng mit der Rolle und der Funktion zusammen, die Böhme dem Verstand als dem Instrument zur Erkenntnis des Heiligen zuweist, einem Verstand, der erst in Funktion gesetzt wird, wenn der Mensch innere Erleuchtung empfangen hat. Böhme betont auch immer wieder die überragende Bedeutung der Weisheit oder Sophia als der »Fülle von Gottes Universum«[86] und als einer ontologischen Wirklichkeit von überragendem Glanz, die den Weg zur göttlichen Gegenwart in einem von der Weisheitsperspektive getragenen Universum öffnet.

In der ausgehenden Renaissance und unter dem Eindruck des Rationalismus des 17. Jahrhunderts sollte ein weiterer Zweig am Baum der christlichen Weisheitstradition auf der anderen Seite des europäischen Kontinents entsprießen, als in England die sogenannte Schule der Cambridger Platoniker, die Coleridge Plotiniker nannte, das Licht der Welt erblickte. Dort sollten Gestalten wie Benjamin Whichcote, Ralph Cudworth, Henry More und John Smith wesentliche Elemente traditionaler Weisheit darlegen, insbesondere im Hinblick auf die Erkenntnis der »Zwischenwelt«, des *mundus imaginalis*[87], die More, einer der führenden Köpfe dieser Schule, *spissitudo spriritualis* nennt. Bezüglich der heiligen Erkenntnis war diese Schule auch insofern bedeutsam, als sie die Möglichkeit einer Erkenntnis betonte, die unmittelbar ist wie diejenige der Sinne, jedoch nicht sinnlich in der üblichen Bedeutung des Wortes, wobei sie zugleich mit dem in England stark aufkommenden Empirismus den epistemologischen Dualismus kartesischer Manier ablehnte, der so wesentlich zur Säkularisierung der Erkenntnis im 17. Jahrhundert beitrug. John Smith spricht von »spiritueller Wahrnehmung«, womit er die unmittelbare, konkrete Wahrnehmung des Heiligen im Gegensatz zur »abstrakten« Erkenntnis meint, die die Philosophie jener Zeit gegen die »konkrete« setzte, mit der sie ausschließlich die äußere, sinnenhafte Erkenntnis meinte.[88] Er bekräftigt auch die traditionale Lehre, daß heilige Erkenntnis nicht nur durch den Geist, sondern auch durch das Herz erlangt werden kann, wenn dieses gereinigt ist und das »Auge des Herzens«, wie es die Sufis nennen würden, sich geöffnet hat.[89] Durch die Reinigung des Herzens, so John Smith mit einem Plotin-Zitat, »verwebt der kontemplative Mensch seine eigene Mitte mit der Mitte des göttlichen Seins.«[90] Die Schule der Cambridger Platoniker ist durch das Wiederaufgreifen gewisser Weisheitsaspekte in einem geistigen Klima, das im Religiösen von einem von Calvin ausgehenden Voluntarismus beeinflußt war, und insbesondere in einem England, das sich fast geschlossen einem Empirismus zuwandte, in dem die heiligende Funktion der Erkenntnis überhaupt keine Bedeutung mehr hatte, zum Rufer in der Wüste geworden. Es muß bemerkt werden, daß trotz allem, was sich späterhin philosophisch und theologisch ereignen sollte, der Einfluß dieser Schule wie auch anderer Formen traditionaler Lehren bis zu einem gewissen Grade in England lebendig blieb – wenn auch am Rande der Hauptarena der philosophischen, und, wie man es heute nennen würde, intellektuellen Aktivitäten.

Wie weithin der Einfluß Böhmes auch reichte, von den französischen und deutschen Theosophen und Esoterikern bis zu den russischen Kontemplativen, so findet man doch den vielleicht künstlerisch machtvollsten Ausdruck reiner Weisheitslehren, die tief von Böhme beeinflußt waren, in jenen Hymnen christlicher Gnosis, wie sie der *Cherubinische Wandersmann* von Angelus Silesius (1624–1677) enthält, eines der bemerkenswertesten Werke deutscher Literatur überhaupt.[91] Diese Sammlung, die in Form und Inhalt der sufischen Poesie so nahe ist, hat die Rückkehr zu Gott durch Erkenntnis zum zentralen Thema. Der Pfad des Wanderers ist kein anderer als der Pfad der Erkenntnis[92]; er ist die *alma ʿrifah* des Islam oder *jñāna* des Hinduismus und steht in einer bemerkenswerten Übereinstimmung mit Werken dieser Thematik, ob sie Arabisch, Persisch oder in Sanskrit abgefaßt sind.[93]

Für Silesius ist der Mensch der Spiegel, in dem sich Gott selbst spiegelt, sein anderes »Selbst«:

Ich bin Gott's ander Er, in mir find't er allein,
Was ihm in Ewigkeit wird gleich und ähnlich sein.[94]

Dieser Funktion wird der Mensch durch heilige Erkenntnis gerecht, die nichts anderes als Weisheit ist:

Die ew'ge Weisheit baut: ich werde der Palast,
Wann sie in mir und ich in ihr gefunden Rast.[95]

Um diese Erkenntnis zu erlangen, muß der Mensch alles Zufällige abstreifen und zu seiner Mitte und seinem Wesen zurückkehren, das reines Bewußtsein und Erkenntnis *ist*, das ewige Sein, das allen Wandel und alles Werden überdauert:

Mensch, werde wesentlich: denn wann die Welt vergeht,
So fällt der Zufall weg, das Wesen, das besteht.[96]

Die Erlangung dieser Mitte, die auch das Aufschlagen des »Auges des Herzens« und die Anschauung Gottes bedeutet, darf auch nicht auf die Zeit nach dem Grabe verschoben werden. Die selige Schau muß hier und jetzt durch jenen spirituellen Tod erlangt werden, der den Gnostiker zu einem »wandelnden Toten« in diesem Leben macht. Die selige Schau gehört dem ewigen Jetzt an, das sich in eben diesem gegenwärtigen Augenblick zum Unendlichen öffnet:

Halt an, wo läufst du hin, der Himmel ist in dir:
Suchst du Gott anderswo, du fehlst ihn für und für.[97]

Es ist die Funktion des Menschen, Gott hier und jetzt durch das Wissen zu erkennen, das von Gott selbst kommt. Die Großartigkeit des Menschen und das, was ihn sogar über die Engel hinaushebt, liegt in der Möglichkeit der vereinigenden Erkenntnis, durch die er zur »Braut« Gottes wird und die seligmachende Einswerdung erlangt:

Den Engeln geht es wohl; noch besser uns auf Erden,
Denn keiner ihr's Geschlechts kann Gott's Gemahlin werden.[98]

Trotz der sich immer enger zuziehenden Schlinge des Rationalismus und Empirismus konnte die von Böhme und Silesius weitergetragene Weisheitstradition ihr Dasein am Rande des europäischen Geisteslebens behaupten, während sich in der Bühnenmitte immer mehr diejenigen in Szene setzten, die sich brüsteten, erleuchtet (also »aufgeklärt«) zu sein, während sie dem Geist jegliche Möglichkeit des Erleuchtetwerdens durch die innere Vernunft absprachen. In der Tat wurden im 18. Jahrhundert die Lehren solcher Weiser wie Böhme von denjenigen gegen die sogenannte Aufklärung ins Feld geführt, die den Würgegriff des neuen, alles in seinen Bann ziehenden Rationalismus zu sprengen versuchten. Es ist daher neben dem Wirken der allbekannten Philosophen der Aufklärung in Europa das Auftreten des Illuminismus und der von verschiedener Seite gemachte Versuch festzustellen, sich dem Anbranden des Rationalismus, Empirismus, Mechanismus, der

Säkularisierung der Wissenschaft und des Kosmos und sonstigen vorherrschenden Ideen und -ismen der Zeit durch den Rückgriff auf verschiedene esoterische Lehren entgegenzustemmen.[99] In Frankreich und Deutschland traten zahlreiche Gestalten auf, deren Bedeutung man erst in der Gegenwart zu erkennen und die man jetzt allmählich dem Vergessen zu entreißen beginnt, das die nachgerade systematische Vernachlässigung durch die spätere akademische Gelehrtenschaft herbeigeführt hat. In Frankreich selbst, der Hochburg des neuen Rationalismus kartesischer und Wolfscher Prägung sah das 18. Jahrhundert einen Martines de Pasqually, der einige der traditionalen Wissenschaften wiederbelebte und Christ und Freimaurer zugleich war, einen Claude Saint-Martin, Meister der französischen Prosa, der das Interesse an Böhme in Frankreich wiederbelebte, einen Joseph de Maistre, Katholik und Freimaurer zugleich, der das Christentum als Initiationsweg betrachtete, einen Fabre d'Olivet, der die alten Sprachen und Weisheitslehren studierte und den Pythagoreismus wiederbelebte, der zu jener Zeit großes Interesse fand, und einen Höné Wronski, aus Polen gebürtig und in Frankreich lebend, der sich wie Fabre d'Olivet insbesondere für die traditionalen mathematischen Lehren und die sogenannte »Arithmasophie« interessierte.

Mit sogar noch größerer Intensität war man in Deutschland dabei, esoterische und theosophische Lehren im Umfeld der Werke und des Denkens Böhmes wiederzuerwecken und fortzuführen. Es gab den Kabbala-Kenner Friedrich Ötinger, der sich von Malebranche abwandte, um Böhme zu studieren, und der versuchte, die Lehren Böhmes mit der lurianischen Kabbala zu verbinden; einen Jakob Obereit, der dem Skeptizismus der Aufklärung esoterisches Wissen entgegensetzte und Streitschriften gegen viele der Thesen Kants verfaßte; einen Karl von Eckartshausen, Wissenschaftler und Theosoph, der den von Kant geschaffenen Gegensatz zwischen Phänomen und Numen zu überwinden und alle Erkenntnisebenen zu verbinden suchte, und zahlreiche weitere Gestalten.[100] Die Böhmeschen Lehren beeinflußten auch literarische und philosophische Gestalten wie Novalis, der seine im zartesten Jugendalter verstorbene Braut Sophie von Kühn später mit der Sophia gleichsetzte, und Friedrich Schelling, den berühmten Philosophen, in dessen späteren Werken, wie z. B.

den *Weltaltern*, der Einfluß der frühen deutschen Theosophen, insbesondere Böhmes, deutlich spürbar ist.

In Nordeuropa übte die rätselhafte Gestalt Swedenborgs, Naturforscher und Visionär zugleich, großen Einfluß in England wie auch in Skandinavien aus, der bestimmte theosophische Thesen insbesondere hinsichtlich der Geistleiblichkeit propagierte, die zur Gründung einer neuen protestantischen Kirche führen sollten und einen ausgeprägt polemischen Aspekt enthielten.[101] In England selbst, wo der Einfluß Böhmes weniger ausgeprägt war als im kontinentalen Europa, gab es doch einige Gestalten wie John Hutchinson, die tief in die Böhmeschen Lehren eindrangen. Die wohl bemerkenswerteste Gestalt, die in diesem Zusammenhang zu erwähnen ist, ist freilich Sir Isaac Newton.[102] Der Vater der klassischen Physik, der nicht nur die *Principia* schrieb, die entgegen den Absichten des Autors eine entscheidende Rolle bei der Säkularisierung der Welt und der Ausbreitung des wissenschaftlichen Rationalismus spielen sollten, sondern auch die *Observations upon the Prophecies of Daniel* sowie Arbeiten über die Alchemie verfaßte, gilt manchen Gelehrten als Anhänger Böhmes.[103] Das Studium solcher Persönlichkeiten macht freilich auch deutlich, daß der Einfluß der einstigen Weisheitslehrer im Schwinden war und statt eines vollständigen und umfassenden Wissens heiligen Charakters nur mehr ein partielles und segmentiertes Wissen weitergegeben werden konnte.

Es sollte nicht unerwähnt bleiben, daß die Weiheitslehren des deutschen Schusters auch manche Denker in Rußland beeinflußten, das sich jetzt dem Westen zuwandte. Iwan Lopuschin, der sowohl Freimaurer als auch der hesychastischen Tradition innerhalb des orthodoxen Christentums verbunden war, stand in Verbindung mit esoterischen Kreisen in Frankreich und Deutschland, während Alexander Labsin Böhme in das Russische übersetzte. Die orthodoxe Welt besaß eine reiche Tradition bezüglich der Sophia, die in dieser hauptsächlich dem Westen gewidmeten Studie nicht behandelt werden kann; interessant ist aber, daß vielen Anhängern der Weisheitslehren im Westen sehr daran gelegen war, die Orthodoxie dem westlichen Christentum näher zu bringen, und daß in der neueren Zeit Böhme den stärksten Einfluß auf Russen wie P. Florenskij, V. Solowew und S. Bulgakow hatte.

Von besonderer Bedeutung unter den späteren Vertretern der Weisheitsperspektive in Europa ist Franz von Baader (1765–1841), vielleicht der letzte Gnostiker und Theosoph im Westen im vollen Wortsinne, bevor es im 19. Jahrhundert zur Zersplitterung und Verdunkelung der Weisheitstradition kam. Dieser *Boehmius redivivus*, wie ihn A. W. Schlegel nannte, wiederbelebte die Böhmesche Theosophie und versuchte – freilich erfolglos –, die katholische und die orthodoxe Kirche auf der Grundlage einer gemeinsamen weisheitlichen Spiritualität einander näher zu bringen. Von Baader studierte zunächst Medizin, Mineralogie und Ingenieurwesen, bevor er sich dem Studium der Philosophie und Metaphysik zuwandte.[104] Er wandte sich gegen die Hauptthesen der europäischen Philosophie seiner Zeit, einschließlich des *cogito* des Descartes und des »Agnostizismus« Kants[105] und versuchte, der Erkenntnis ihre sakramentale Qualität wiederzugeben. Da Gott sich in allen Dingen spiegele, so seine Argumentation, ist alle Erkenntnis in gewissem Sinne Erkenntnis eines bestimmten Aspektes des Göttlichen und hat daher eine heilige Qualität.[106] Zutiefst zum Studium der Natur hingezogen, betrachtete er seine frühe Philosophie als »Naturweisheit«, die direkt zu jener Theosophie hinführen sollte, die er in seinem späteren Leben entwickelte. Seiner Weisheitsperspektive entsprechend unterschied er nicht absolut zwischen dem Natürlichen und dem Übernatürlichen. Er sah in der Natur eine Abspiegelung des Heiligen, das die offizielle Theologie strikt in das Reich des Übernatürlichen verwiesen hatte.

Von Baader legte den Nachdruck auf den Weisheitsaspekt der religiösen Praxis wie auch des religiösen Denkens. Wie Böhme identifizierte er die Sophia mit der Jungfrau Maria, der er in besonderer Weise ergeben war. Er sprach von der Weisheit als dem »Bildnis des Vaters« und betonte den sakramentalen Charakter der Erkenntnis. Für ihn führte alle authentische Erkenntnis letztlich zu Gott, und er wurde nicht müde, auf die positive Funktion des Verstandes und der Logik hinzuweisen, da sie Kanäle seien, durch die das Licht der Vernunft in das menschliche Dasein schiene und die den Menschen in die Bezirke heiliger Erkenntnis führten.[107] Freilich blieb er trotz seiner Bedeutung für das Aufkommen der Neuscholastik als Anwalt der Weisheitsperspektive ein einsamer Rufer in der spirituellen Wüste des 19. Jahrhunderts. Wenn es auch noch hie und da Gestalten wie einen Antonio Rosmini in Italien gab, der im 19. Jahrhundert in Nachfolge von Baader und aus einer seinen Werken kongenialen Perspektive[108] die *Theosophia* schrieb, ging nun in der Hauptarena des europäischen Denkens die Saat der Säkularisierung, der Erkenntnis in Gestalt antirationalistischer Philosophien auf, die es bald sogar ablehnten, auch nur die Möglichkeit der Erlangung einer gewissen Erkenntnis und Gewißheit in Erwägung zu ziehen. Was von den Weisheitslehren übriggeblieben war, wurde immer mehr und mehr fragmentarisiert, von der Gnade einer lebendigen christlichen Tradition ausgeschlossen und zu einer »Esoterik« verformt, die richtiger gesagt ein Okkultismus und ein Wissen geworden war, das zwar ursprünglich heiligen Charakter hatte, aber jetzt ein Körper ohne Seele war. Es war der Leichnam der heiligen Erkenntnis, in der nichts Heiliges mehr war und die von der rein metaphysischen weitgehend auf die kosmologische Ebene abgedrängt worden war. Die christliche Mystik war praktisch all ihres geistigen und metaphysischen Gehalts entkleidet und zu einem passiven Weg der Liebe geworden, die, wie bedeutsam sie im allgemein religiösen Kontext ist, die totale Entheiligung der Erkenntnis ebensowenig aufhalten konnte wie die existierenden Okkultismen, die teilweise ein Restwissen von traditionalen Lehren beinhalteten, während andere von antitraditionalen Tendenzen geprägt waren, die allem feindlich gesinnt waren, was das Heilige nur bedeuten kann. Um aber verstehen zu können, wie im Westen eine solche Erscheinung möglich war, ist es notwendig, einen Blick in frühere Jahrhunderte der europäischen Geschichte zu werfen und den Prozeß nachzuzeichnen, der zur allmählichen Entheiligung der Erkenntnis führte.

Der Prozeß der Entheiligung der Erkenntnis im Westen nimmt bereits bei den alten Griechen seinen Ausgang, bei denen der erste Ansatz zum Auftauchen einer antitraditionalen Gesellschaft in diesem Menschheitszyklus festzustellen ist. Der Verlust des symbolischen Denkens, den schon Platon beklagte, das Verschwinden des heiligen Gehalts des Kosmos in der olympischen Religion, die zur ionischen Naturphilosophie führte, das Aufkommen des von der Intuition abgekoppelten Rationalismus und viele andere bedeutsame Umwandlungen kennzeichnen diesen Prozeß der Entheiligung. Die griechische Tradition, die nicht so vielfältige geistige Perspektiven wie die *darśanas* des Hinduismus hervorbrachte, sah das Aufkommen des Sophismus, Epikureismus, Pyrrhonismus, der Neuen Akademie und vieler anderer Schulen, die einen Rationalismus oder Skeptizismus lehrten, der die sakramentale Funktion der Erkenntnis fast völlig auslöschte und Erkenntnis auf bloßes Schlußfolgern oder geistige Gymnastik reduzierte, wodurch die Unterscheidung zwischen Erkenntnis und Weisheit[109] notwendig und eine Reaktion gegen die griechische Philosophie insgesamt – in Gestalt des Christentums – ausgelöst wurde. Was die Postrenaissance das »griechische Wunder« nannte, ist aus traditionaler Sicht ein umgekehrtes Wunder, weil es die Vernunft durch den Verstand und die innere Erleuchtung durch Sinneserkenntnis ersetzte.[110]

Es gab freilich ein veritables griechisches Wunder, das aber im Erscheinen jener Weisheitslehren und systematischen Metaphysik in Griechenland zu suchen ist, die sich aus den orphischen und dionysischen Mysterien herleiteten. Diese Metaphysik ist mit Gestalten wie Pythagoras, Empedokles, Plato, den Neuplatonikern, insbesondere Plotin und Proklus, und sogar Aristoteles verknüpft, die Lehren einer wahrhaft metaphysischen Natur vorlegten, wenn auch Aristoteles die Erkenntnis in einem syllogistischen Modus unkenntlich machte und er in gewisser Weise das Bindeglied zwischen Metaphysik und der Philosophie in ihrer späteren Ausprägung bildet.[111] Manche Muslims haben Platon einen Propheten genannt, und er muß, ebenso wie Gestalten wie Pythagoras und Plotin, als Metaphysiker und Seher ähnlich den indischen *ṛṣis* und nicht als profaner Philosoph betrachtet werden. Ihre Lehren basieren auf der erleuchtenden Vernunft und nicht auf dem bloßen Schlußfolgern. Bei ihnen ist Erkenntnis noch mit einer heiligen Qualität behaftet und das Mittel zur Erlangung der *theosis*. Diese Weisen sind Gnostiker, deren Lehren providentiell das Rüstzeug für viele der Weisheitsschulen des Islam, des Judaismus und des Christentums lieferten. Die Wiederentdeckung des heiligen Charakters der Erkenntnis würde heute in erster Linie zu einer Neuentdeckung der griechischen Weisheit führen, eines Platon, Plotin und anderer griechisch-alexandrinischer Weiser, und

Schriften wie der Hermetik, und zwar nicht einfach als menschliche Philosophien, sondern als heilige, göttlich inspirierte Lehren, die mehr mit hinduistischen *darśanas* als mit philosophischen Schulen nach gegenwärtigem Verständnis zu vergleichen wären. Die Ansicht der muslimischen Philosophen, daß die griechischen Philosophen von den Propheten empfangen hätten, insbesondere von Salomon, und daß »Philosophie in der Prophetie ihren Ursprung hat«[112], ist zwar nicht historisch verifizierbar, enthält aber eine tiefe Wahrheit, nämlich die Verwurzelung dieser Weisheit im Heiligen und in der Offenbarung, auch wenn diese Offenbarung nicht im streng abrahamischen Sinne auf eine bestimmte Gestalt oder einen bestimmten Propheten fixiert werden kann.

Das Christentum verbreitete sich in einer Welt, die schon an einem Rationalismus und Naturalismus litt, der den Geist erstickt und das Herz als Sitz der Vernunft verhärtet hatte, wodurch der Verstand von seiner ontologischen Wurzel abgeschnitten wurde. Es mußte sich daher als Weg der Liebe profilieren, der alle bisherigen »Wege der Erkenntnis« hinwegfegen mußte, wobei in den allgemeinen theologischen Formulierungen zwischen Erkennen und logischem Schlußfolgern nicht unterschieden und einer richtigen Theologie und falschen Kosmologie ganz folgerichtig der Vorzug gegenüber einer richtigen Theologie und wahren Kosmologie gegeben wurde. Bei dem Versuch, die drohende Gefahr einer Kosmolatrie zu bannen, zog das Christentum in seinen weithin akzeptierten theologischen Formulierungen nicht nur eine übertrieben scharfe Grenze zwischen dem Übernatürlichen und dem Natürlichen, was zu einer verarmten Naturbetrachtung führte, sondern beschwor auch das Schwinden der übernatürlich natürlichen Funktion der Vernunft herauf. Im Dialog zwischen dem Hellenischen und dem Christlichen[113], bei dem beide Seiten einen Aspekt der Wahrheit vertraten und in dem das Christentum unter einem bestimmten Blickwinkel triumphierte, weil es vom Himmel gesandt war, um eine ganze Welt vom Verlust des religiösen Glaubens zu erretten, wurde die Weisheitsdimension des griechischen Denkens kritisiert und zugleich mit dem Skeptizismus und Rationalismus abgelehnt.[114] Alle Erkenntnis erschien einer großen Zahl christlicher Theologen als »Hochmut des Verstandes«, und es entstand ein Klima, das von Anfang an der Weisheitsperspektive keineswegs günstig war. Obwohl, wie bereits dargestellt, eine christliche Gnosis von Anfang an bestand und sich durch die Jahrhunderte fortsetzte, stand die Rolle und Funktion der Vernunft niemals zentral wie in manchen anderen Traditionen wie dem Hinduismus und Islam. Folgerichtig beharrte die Hauptströmung der christlichen Theologie, vor allem nach den ersten Jahrhunderten, auf dem *credo ut intelligam*, einer Formel, die später dem heiligen Anselm zugeschrieben wurde, wobei die Erkenntniskraft zu einer Magd des Glaubens statt zu einem Mittel zur Heiligung wurde, was das Element des Glaubens ja keineswegs ausschließen würde. Was aber die herrschende christliche Theologie des Mittelalters ausschloß, war der ekstatische oder »rhapsodische Intellekt«;[115] die Ekstase, die aus der Erkenntnis resultierte, wurde als Möglichkeit abgelehnt und zugleich mit der sexuellen Ekstase religiös geächtet, deren spirituelle Dimension außerhalb des Blickpunkts der offiziellen Theologie blieb und die nur in den christlichen hermetischen Schriften wie auch in der Kabbala zur Darlegung kam.

Im Hinblick auf die frühen Jahrhunderte ist daran zu erinnern, daß in der *Geschichte Petri und der zwölf Apostel* aus der Nag Hammadi-Sammlung, die die älteste Form einer Christologie enthält, Christus als der *Christos Angelos* beschrieben wird, als Bote und Engel zugleich.[116] Er ist die Himmelsgestalt, der engelhafte Mensch, der himmlische Archetypus der menschlichen Seele, der, wie die *Fravarti* des Zoroastrismus, Seele und Geist erleuchtet und ihm Erkenntnis heiligen Ranges vermittelt. Darüber hinaus besteht ein direkter Zusammenhang zwischen dieser Christologie und der alchemistischen und mineralischen Symbolik und ein direkter Bezug zu der Perle, die auch im »Hymnus der Seele« im Evangelium des Thomas auftaucht. Die Perle ist das universelle Symbol der Gnosis, die reinigt, heiligt und erlöst, die Perle, die man, wie Christus seine Jünger lehrte, nicht vor die Säue werfen darf. In allen diesen frühen Dokumenten finden sich immer wieder Hinweise auf eine Christologie, die den gnostischen Charakter sowohl Christi selbst als des Weisheitsspenders als auch denjenigen seiner Botschaft betont, da sie eine innere Bedeutung gnostischer und esoterischer Art enthielte. Um die Gefahr der unterschiedlichsten Schismen im Zusammenhang mit der Gnostik zu bannen, wurde eine offizielle Christologie formuliert, die diesen Aspekt der Natur Christi in gewissem Umfang verdeckte und damit der Weisheitsdimension des Christentums eine mehr marginale und untergeordnete Funktion zuwies, ohne sie freilich ganz auslöschen oder zerstören zu können.

Zu einer weiteren Verdunkelung der Weisheitsdimension und zur Säkularisierung der Erkenntnis kam es im 12. und 13. Jahrhundert mit der Ausbreitung des Aristotelismus und Averroismus im Westen und deren Verschmelzung mit verschiedenen Formen christlicher Theologie, insbesondere durch die Schulen, die in der Tradition des heiligen Thomas standen. Bis dahin hatte der Augustianismus am Primat der Erleuchtung im Erkenntnisakt festgehalten, während der heilige Thomas, der den Nachdruck auf den Primat der Schrift legte, die Möglichkeit der Erleuchtung des Geistes durch die göttliche Vernunft ablehnte und als Ursprung der Erkenntnis die sinnliche Erfahrung setzte. Wie beeindruckend die Theologie des heiligen Thomas auch ist, so hat er doch durch die Übernahme aristotelischer Kategorien für die Darlegung christlicher Doktrinen und die Betonung des sinnlichen Ursprungs der Erkenntnis die weitere Entheiligung der Erkenntnis gefördert, wiewohl er selbst die Trennung zwischen Glaube und Vernunft, die er in der Tat miteinander zu versöhnen suchte, nicht billigte.[117] Die Harmonisierung von Vernunft und Glaube ist freilich eine Sache, die heiligende Funktion der Erkenntnis eine andere. Wäre der Thomismus im weiteren von einem Meister Eckart interpretiert worden, wäre das geistige Schicksal des Westens ein völlig anderes gewesen. So aber ließen die übertrieben positiven Kategorien der Theologie (oder kataphatischen Theologie) im Verein mit einer Dämpfung der intellektuellen Intuition die wirkliche Bedeutung des Realismus bald in Vergessenheit geraten; der daraus entstehende Nominalismus markierte den Schwanengesang des mittelalterlichen Christentums und zerstörte die Harmonie, die in einer vom Heiligen beherrschten Welt zwischen Verstand und Glaube bestanden hatte.

Der Thomismus war zweifellos Religionsphilosphie auf höchster Ebene und christliche Theologie in ihrer reifsten und umfassendsten Form. Er war aber nicht die reine *sapientia* auf der Grundlage einer unmittelbaren Erleuchtung des Verstandes durch die göttliche Vernunft, obwohl er auch in dieser Hinsicht eine vollkommen passende Sprache und eine Weltsicht bereitstellte, die zu einer rein weisheitlichen Weltschau führen konnte, wie in der Tat bei Dante zu beobachten ist. Die übermäßige Betonung des Verstandes zu Lasten der Vernunft in der Scholastik trug im Verein mit der Zerstörung bzw. dem Untergang des Templerordens, der *fedeli d'amore* und anderer Horte christlich-esoterischer und gnostischer Lehren zweifellos zur Entstehung einer Atmosphäre bei, die den Aufstieg des Rationalismus und den Niedergang einer wahrhaft vernunftgemäßen Perspektive eher begünstigte. Im geistigen Leben einer religiösen Kultur wie dem Christentum oder Islam oder in diesem Zusammenhang auch der jüdischen Tradition sind drei und nicht nur zwei große Schulen oder Denkansätze zu unterscheiden: Philosophie, Theologie und Gnosis oder Metaphysik (oder Theosophie) im traditionalen Wortsinn. Thomas von Aquin war ein großer Philosoph und zweifellos ein herausragender Theologe. Aber wiewohl er selbst vielleicht sogar ein christlicher Gnostiker war, als er die Feder niederlegte und das Schweigen wählte, verbreitete er mit seinen Werken im Westen mehr die herkömmliche Philosophie und Theologie als jene Art von Weisheitslehren, deren unmittelbare Grundlage die heiligende Funktion der Vernunft ist. Jedenfalls sind diejenigen, die heute den heiligen Thomas kritisieren, meist nicht von so hehrer Geisteskraft und metaphysischer Einsicht, daß ihnen die thomistischen Kategorien einfach zu eng wären, sondern sie verstehen einfach nicht, worum es dem heiligen Thomas eigentlich geht. Ein wahrer Gnostiker müßte zuerst die gewaltige Bedeutung des Thomismus begreifen, so wie im Islam Gestalten wie Suhrawardī und Mullā Sadrā, deren Epistemologie auf der sakramentalen Funktion der Erkenntnis und ihrer Erleuchtung durch die göttliche Vernunft beruhte, als erste auf die Bedeutung der muslimischen Peripatetiker (*mashsā'īs*) hinwiesen, deren Perspektive in vielerlei Hinsicht derjenigen des heiligen Thomas ähnelte und die der *doctor angelicus* so häufig zitiert.

Für das Verständnis des Prozesses der allmählichen Entheiligung der Erkenntnis im Westen ist auch die Aufnahme der Lehren von Ibn Sīnā und Ibn Rushd in der lateinischen Welt von einiger Bedeutung.[118] Die avicennische Philosophie, die in der islamischen Welt einem Suhrawardī und vielen späteren Weisen zur Grundlage für die Bekräftigung der sakramentalen Funktion der Erkenntnis und der Vernunft wurde, erreichte den Westen nur als Torso und in sehr viel rationalistischer Färbung.[119] Das, was überhaupt in den Westen gelangte und zum sogenannten lateinischen Avicennismus[120] führte, erlangte zudem nie jenes Ansehen oder jenen Einfluß wie der rationalistischere lateinische Averroismus. Dabei gibt es auch im Falle des Ibn Rushd (Averroes), der natürlich rationalistischer war als Ibn Sīnā und nicht wie dieser den Nachdruck auf die Erleuchtung des Geistes durch den Engel legte, keinen Zweifel, daß wiederum der lateinische Averroes ein viel weltlicherer und rationalistischerer Philosoph ist als der ursprüngliche Ibn Rushd, wenn man ihn im arabischen Original liest. Das Studium des Schicksals dieser beiden Meister der islamischen Philosophie in der islamischen und der christlichen Welt zeigt exemplarisch, in welchem Maße der Westen zu einer rationalistischeren Interpretation dieser philosophischen Schule tendierte, während die islamische Welt in die andere Richtung ging und den Primat der *intellectio* vor der *ratiocinatio* betonte. Das Erscheinen Suhrawardīs und der Schule der Erleuchtung (*al-ishrāq*) bezeugt die neue Bekräftigung der heiligen Natur der Erkenntnis und den letztlich »illuminativen« (also in der Grundbedeutung aufklärerischen) Charakter aller Erkenntnis in der islamischen Geisteswelt.[121]

Im Westen dagegen entwickelte sich nicht die Illuminationslehre eines Suhrawardī, sondern der Nationalismus, der die Reaktion gegen die positive Theologie des 13. Jahrhunderts war. Zwar bereitete, wie bereits erwähnt, ein Teilaspekt des Nominalismus mit den Boden für jene apophatische und mystische Theologie, die man mit dem Namen des Nikolaus von Kues identifiziert, doch markierte die Bewegung als ganze die Endphase des Prozesses, der den Verstand von der Gewißheit abschnitt. Dadurch entstand ein philosophischer Agnostizismus, der auch in der Welt des Glaubens eine Aushöhlung der Verstandeskraft und der Erkenntnisfunktion im Hinblick auf das Heilige nach sich zog und ein Vakuum erzeugte, das schwere Folgen für die christliche Welt hatte. Auch wenn der religiöse Glaube noch zu stark war, um einen offenen agnostischen Rationalismus zuzulassen, wie er in den späteren Jahrhunderten auftreten sollte, förderte doch der Nominalismus in Verbindung mit gewissen anderen Kräften den Untergang jenes Typs heiliger Erkenntnis, die jede Religion braucht, wenn sie vollständig und umfassend sein will und den geistigen und seelischen Bedürfnissen aller ihrer Anhänger gerecht werden will. Die Folge war, daß manche intellektuell orientierte Christen außerhalb des Christentums nach Antworten suchten, die ihr Bedürfnis nach Kausalität und Erklärung der Natur der Dinge befriedigen könnten, Antworten, die in vielen Fällen nur die Esoterik und eine echte Metaphysik liefern können. Diese Bestrebungen wiederum hatten die Zerstörung der homogenen und integralen christlichen Weltsicht zur Folge, die das Mittelalter beherrscht hatte. Der Mensch suchte jetzt Gewißheit und eine feste Erkenntnisgrundlage auf einer anderen Basis und einer anderen Ebene; hieraus entstand die moderne Philosophie, an deren Anfang Descartes zu setzen ist.[122]

In der Renaissance gab es natürlich auch eine Suche nach ursprünglicher Weisheit, nach verlorenem Wissen, nach einem neuen Gewißheitsgrund. Gemistus Plethon, der so großen Einfluß auf die italienische Renaissance hatte, hatte Platon und Zoroaster Väter einer heiligen Sophia genannt, während Ficino das ganze Korpus platonischer Weisheit wiederbeleben wollte und in das Lateinische übersetzte. Es gab ein neues Interesse an der Hermetik und selbst den alten orientalischen Mysterien, jedoch fand trotz solcher Gestalten wie Ficino und Nikolaus von Kues die Suche nach heiliger Erkenntnis de facto außerhalb des Hauptstroms der christlichen Tradition in Formen statt, die »heidnisch« im theologischen Sinne des Ausdrucks waren. Der Gegenstand, den man studierte, war heilige Erkenntnis, aber der Geist, der dieses Studium betrieb, erlag in vielen Fällen immer mehr einem Individualismus und Humanismus, der nichts anderes als den bald aufkommenden Rationalismus nach sich ziehen konnte. Obwohl ein großes Interesse an der Orphik bestand, die, wie die Hermetik,[123] in der Renaissance weit verbreitet war, büßte der »orphische Christus«, der eine so bedeutende Figur der lateinischen Literatur gewesen war,[124] seine einstige zentrale Bedeutung ein. Man könnte sagen, daß sich die Wege Orpheus' und Christi trennten. Die alte Weisheit, die auf der Lehre von der Heiligkeit des Verstandes basierte, begann nun ein Eigenleben neben dem Christentum zu führen, der lebendigen Tradition des Westens. Da aber nur eine lebendige Tradition die Qualität des Heiligen wirksam weitertragen und vermitteln kann, hatte gerade die Wiederbelebung alter Weisheit weitgehend die weitere Schwächung der noch übriggebliebenen traditionalen christlichen Intellektualität zur Folge.

Zwangsläufig führte daher die Wiederbelebung antiker Weisheit in der Renaissance und danach und die Ablehnung der Scholastik durch die meisten Anhänger dieser »neu gefundenen« Weisheit trotz des Vorhandenseins von Gruppen und Kreisen mit authentischer Erkenntnis heiligen Charakters – Gruppen wie den Rosenkreuzern, den Kabbalisten, den Hermetikern und der Schule des Paracelsus – eben nicht zur Integrierung der Scholastik in eine höhere Weisheitsperspektive innerhalb des Christentums,[125] sondern zur Erosion der Scholastik »von unten«, was die fast völlige Säkularisierung der Erkenntnis in den Hauptströmungen der europäischen Philosophie im 17. Jahrhundert zur Folge hatte. Die Verbreitung von esoterischen und Weisheitslehren während der Renaissance, im Grunde doch auch nur eine Veräußerlichung und Profanisierung von Wissen, das man im Mittelalter im Stillen gehütet hatte, führte nicht zur Wiedereinsetzung der Weisheitsdimension im Kern der christlichen Tradition, sondern zu einem weiteren Zerfall der christlichen Geisteswelt und zur Säkularisierung der Erkenntnis, was wiederum die mehr oder weniger radikale Trennung der Vernunft vom Glauben und der Mystik von der Gnosis zur Folge hatte, ein Prozeß, der den Hauptstrom der westlichen Geistesgeschichte seit der Renaissance prägte. Da der Mensch seiner Natur nach ein Wesen ist, das nach Gewißheit strebt, mußte der philosophische Agnostizismus, der dem nominalistischen Angriff gegen die mittelalterliche Philosophie folgte, in der einen oder anderen Weise überwunden werden. Dies gelang in der Tat in der späteren europäischen Geschichte, allerdings nicht durch die Wiederbelebung der antiken Weisheit während der Renaissance – die freilich alle notwendigen Lehren enthielt, wenn man nur ihre wahre Art verstanden hätte – sondern durch die Entwicklung jenes radikalen Individualismus und Rationalismus, der die moderne europäische Philosophie als solche kennzeichnet. Descartes wird mit Recht der Vater der modernen Philosophie genannt, denn bei ihm finden wir mehr als bei seinen Zeitgenossen Spinoza und Leibniz exemplarisch den Kerngehalt der modernen Philosophie und sogar der modernen Naturwissenschaft, nämlich die Reduktion der Erkenntnis auf die Funktion des individuellen Verstandes, der von der mikrokosmischen und makrokosmischen Vernunft abgeschnitten ist.

Auf der Suche nach einer neuen Basis der Erkenntnisgewißheit stützte sich Descartes weder auf die göttliche Vernunft, die im Herzen des Menschen wirkt und die Quelle des Verstandes ist, noch auf die Offenbarung, sondern auf das individuelle Bewußtsein des denkenden Subjekts. Das berühmte *cogito* hätte sich durchaus auf den Primat des Subjekts gegenüber dem Objekt in dem Sinne beziehen können, wie die Vedantiker *Ātman* als die primäre Wirklichkeit betrachten, im Verhältnis zu der alles veräußerlichte Sein und alle Objektivierung *māyā* ist. In der Tat ist das *cogito ergo sum* von tiefer metaphysischer Bedeutung, wenn man es in diesem vedantischen Sinne versteht. Mit seinem »Ich denke, daher bin ich« meinte aber Descartes nicht das göttliche Ich, das rund 700 Jahre vor Descartes durch den Mund des Manṣūr al-Ḥallāj[126] »Ich bin die Wahrheit« (*ana'l-Ḥaqq*) gesprochen hatte, das göttliche Selbst, das allein »ich« sagen *kann*: Es war vielmehr Descartes' individuelles und daher aus gnostischer Sicht »unwirkliches« Selbst, das die Erfahrung und das Bewußtsein seiner Denktätigkeit zur Grundlage aller Epistomologie und Ontologie und zur Quelle der Gewißheit machte. Sogar das Sein wurde diesem Selbst durch das *ergo* untergeordnet und als dessen Folge gesetzt. Wenn Descartes schon mit dem Akt des Denkens begann, hätte er mit *est* statt *sum* schließen und damit sagen können, daß mein Denken und Bewußtsein an sich der Beweis dafür sind, daß Gott ist, nicht daß »ich« als ein Individuum bin.[127] Damit hätte er sich in eine bestimmte Perspektive der traditionalen Philosophie gestellt und die zentrale Rolle der Ontologie in der Philosophie gewahrt.

So aber machte er das Denken des individuellen Ichs zum Zentrum der Wirklichkeit und zum Kriterium aller Erkenntnis, womit er der Philosophie die Wende zum reinen Rationalismus gab und den Schwerpunkt der europäischen Philosophie von der Ontologie auf die Epistemologie verlagerte. Von nun an wurzelte die Erkenntnis, auch wenn sie sich auf die fernsten Galaxien richten sollte, im *cogito*. Das erkennende Subjekt war von nun an dem Reich des Verstandes verhaftet und sowohl von der göttlichen Vernunft wie auch der Offenbarung getrennt, die beide hinfort nicht mehr als mögliche Quellen einer objektiven Erkenntnis galten. Das Erkennen wurde damit so sehr seines heiligen Gehalts beraubt, daß alles, was an der Wirklichkeit teilhat, vom Heiligen geschieden werden *kann*, das doch letztlich von der Wirklichkeit nicht zu trennen ist, weil die letzte Wirklichkeit das Heilige an sich ist. Im Denken derjenigen aber, die im Spinngewebe des jetzt auf den Schild gehobenen Rationalismus gefangen waren, dieser »vernünftigsten« Art, unvernünftig zu sein, waren Erkenntnis und Wissenschaft hinfort völlig vom Heiligen getrennt, selbst wenn man dem Heiligen eine Wirklichkeit zubilligte. Diesem Denken erschien der Begriff einer *scientia sacra* als Widerspruch in sich, und er erscheint in der Tat nach wie vor nicht nur denjenigen als widersprüchlich oder nichtssagend, die bewußt oder unbewußt dem in der kartesianischen Epistemologie liegenden Rationalismus anhängen, sondern auch denjenigen, die »von unten« auf diesen Rationalismus mit jenem Irrationalismus reagiert haben, der einen Großteil des modernen Denkens prägt.

Nach dem 17. Jahrhundert war es nur mehr ein Schritt zum Humeschen Zweifel und der »agnostischen« Position Kants, die aus einem typisch subjektiven Ansatz der Vernunft die Möglichkeit bestritt, den Urgrund der Dinge zu erkennen, wie wenn man sagen wollte: »Wenn meine Verstandesfähigkeiten das Nominose nicht erkennen können, ist der Verstand als solcher zu solcher Erkenntnis unfähig, und wenn mein Verstand nicht von der göttlichen Vernunft erleuchtet wird, was es mir erlauben würde, das Numinose durch vernünftige Intuition zu erkennen, dann kann auch niemand anders eine solche geistige Fähigkeit haben.«

Im Falle Descartes' wie Kants ist aber wenigstens die Funktion des Verstandes noch unbestritten, und der Erkenntnis, die er erlangen kann, wird jene Unwandelbarkeit zugebilligt, die allem Geistigen eigentümlich ist. Obwohl diese Philosophen den letztlich heiligen Charakter der Kategorien der Logik selbst nicht anerkannten, der dem Menschen schon auf der Ebene der gewöhnlichen Logik ein Erkennen überhaupt erst ermöglicht, setzten sie doch die logischen Kategorien als dauerhaft und unwandelbar, die trotz der Tatsache, daß ihnen selbst deren wahre Natur verborgen blieb, vom metaphysischen Standpunkt eine Abspiegelung des Heiligen sind, das in der Tat das Dauerhafte und Ewige als solches und in seinen Einspiegelungen in die Reiche des Wandels und Werdens ist. Mit dem weiteren Fortschreiten dieses Säkularisierungsprozesses verschwand jedoch auch diese Reflexion mit jenen Philosophien des 19. Jahrhunderts wie dem Hegelianismus und Marxismus, die die Wirklichkeit im dialektischen Wandel und Werden selbst sahen und von der Betrachtung der Unwandelbarkeit der Dinge zur Betrachtung ihrer fortwährenden Veränderung übergingen, ob dieser Prozeß nun als ein spiritueller oder als ein materieller aufgefaßt wurde. Hegel wird natürlich auf vielerlei Art interpretiert, und seine komplizierten Gedankengänge lassen Raum für die verschiedensten Deutungen, von denjenigen konservativer Theologen im Deutschland des 19. Jahrhunderts bis hin zu den linken Agnostikern. Was jedoch den ganzen dialektischen Denkprozeß in seiner Entwicklung im 19. Jahrhundert prägt und ihn von vielen traditionalen Philosophien des Wandels abhebt, ist nicht seine Beschäftigung mit dem Werden und dem Wandel, sondern die Reduktion der Wirklichkeit auf den zeitlichen Prozeß, des Seins auf das Werden, der umwandelbaren Kategorien der Logik – ganz zu schweigen von der Metaphysik – auf unaufhörlich sich ändernde Denkprozesse. Dieser Verlust des Bewußtseins der Permanenz in philosophischen Schulen, die im Hauptstrom des modernen westlichen Denkens stehen, markiert neben dem krassen Positivismus eines Auguste Comte eine fortgeschrittene Phase nicht nur der Entheiligung der Erkenntnis, sondern auch den Verlust der Empfindung für das Heilige, der den modernen – aber nicht notwendig zeitgenössischen – Menschen als solchen charakterisiert. Alles Folgende, entweder in Form irrationaler Philosophien im Gegenstrom gegen den Hegelianismus oder verschiedener späteren Formen des Positivismus oder der analytischen Philosophie betreibt das Geschäft der endgültigen und vollständigen Auslöschung des heiligen Charakters der Erkenntnis, und zwar entweder durch die radikale Trennung der Religion und der Suche nach dem Heiligen von der Ratio und Logik oder durch die Entkleidung der Sprache und des Denkens, das natürlich in einem inneren Zusammenhang mit der Sprache steht, von allen metaphysischen Bedeutungsinhalten, die noch – als Relikte aus der Zeit, als das Erkenntnisstreben des Menschen noch untrennbar mit seinem Streben nach dem Heiligen verbunden war – in irgendwelchen Schlupfwinkeln überdauert haben könnten.[128] Das Ergebnis war die Herausbildung von Philosophien, die aus traditionaler Sicht nur monströs genannt werden können und die der deutsche Gelehrte H. Türck mit Recht »Misosophien« genannt hat, d. h. Haß der Weisheit statt Liebe zur Weisheit, von anderen auch als »Antiphilosophien«[129] bezeichnet.

Da Gleiches nur von Gleichem erkannt werden kann, mußte der säkularisierte Verstand, der in der modernen Zeit zum alleinigen Erkenntnisinstrument erhoben wurde, zwangsläufig das prägen, dem er sich zuwandte. Allen Gegenständen, die ein säkularisiertes Erkenntnisinstrument betrachtete, schien die Qualität des Heiligen zu mangeln. Der profane Standpunkt konnte nur eine profane Welt beobachten, in der das Heilige keine Rolle spielte. In der Tat ist das ganze Streben des typischen modernen Menschen darauf gerichtet, die »Götter zu töten«, wo immer er sie antrifft, und das Heilige aus einer Welt zu verbannen, deren Antlitz durch die Tätigkeit eines säkularisierten Denkens innerhalb kürzester Zeit völlig verändert wurde.

Die Folgen des entheiligten Erkennens sollten im Bereich des Denkens selbst zuerst zutage treten. Im Gegensatz zu den christlichen Platonikern und Aristotelikern, zu Renaissance-Hermetikern wie Ficino, der die hermetische Gnosis wiederzubleben versuchte, die von Pico della Mirandola um eine christianisierte Version der Kabbala bereichert wurde,[130] oder auch zu manchen späteren Theosophen und Esoterikern machen die meisten von denjenigen, die sich in der modernen Welt mit solchen Themen befassen, keinen Unterschied zwischen heiliger Weisheit auf der Grundlage geistiger Schau und profaner Philosophie. Die Großartigkeit metaphysischer Lehren wird auf die Trivialität profanen Denkens verkürzt, wobei die Begriffskategorie des »Denkens« – wie »Kultur« – selbst eine moderne Erfindung ist, derer man sich im zeitgenössischen Diskurs bedienen muß. Die sublimste Form von Weisheit wird zu einer bloßen historischen Anleihe gemacht, wobei der Begriff des Neuplatonismus, wie schon erwähnt, die Rolle des praktischen historischen Aufhängers spielen muß, mit dem man die tiefsten Weisheitslehren mühelos entwerten kann. Es genügte und genügt, einen Gedankengang als neuplatonisch zu bezeichnen, um ihm – spirituell gesprochen – jegliche Bedeutung zu nehmen. Wo dies nicht gelingt, werden und wurden mit Etikettierungen wie pantheistisch, animistisch, naturalistisch, monistisch oder sogar mystisch – im Sinne von verschwommen – Doktrinen gebrandmarkt, deren Bedeutung man auslöschen oder nicht zu Kenntnis nehmen möchte.

Platon, Plotin und Proklus werden als ganz gewöhnliche Philosophen hingestellt, wie wenn sie Professoren an irgendeiner nahen Universität wären, und diejenigen Christen, die deren metaphysische Gedanken übernommen haben, gelten als verirrte Schäflein, die unter den Einfluß griechischen Denkens geraten sind. Wie unterschiedlich ist doch die Bewertung eines Pythagoras, Platon oder sogar Aristoteles bei al-Farabi und selbst in den Werken von Thomas Taylor oder K. S. Guthrie und bei denjenigen, für die alle Philosophie die Frucht des Verstandes ist, der von seinen Wurzeln abgeschnitten und der Empfindung für das Heilige beraubt ist.

Die Wiederentdeckung der Tradition und die Wiedereinsetzung der Heiligkeit der Erkenntnis könnte nicht nur zu einer Neueinschätzung der Philosophie überhaupt und zu einer Neubewertung der griechischen Weisheit und Philosophie führen, sondern würde es auch dem zeitgenössischen Menschen erlauben, die weitreichende Bedeutung dieser Philosophie für die drei monotheistischen Religionen zu begreifen, die nach dem Zusammenbruch der griechisch-römischen Zivilisation im Mittelmeergebiet und in Europa Verbreitung fanden. Die Neubewertung des griechischen geistigen Erbes im Lichte der Tradition ist eine der wichtigsten Aufgaben, die unsere zeitgenössische Welt zu leisten hat, eine Aufgabe, die, konsequent durchgeführt, tiefgreifende Auswirkungen nicht nur auf den heutigen Zustand der Philosophiebetrachtung, sondern auch der Theologie und sogar den vergleichenden Religionswissenschaften hätte.

Die Säkularisierung des Kosmos stand auch in einem Zusammenhang mit der Säkularisierung des Verstandes. Es gibt zwar eine Vielzahl geistiger und historischer Gründe für die Entheiligung des Kosmos,[131] doch war die Reduzierung des erkennenden Geistes oder des Subjekts des kartesianischen *cogito* auf die rein rationalistische Ebene zweifellos einer der wichtigsten. Es ist kein Zufall, daß die Mechanisierung des Kosmos und die Extirpation des Heiligen aus der Substanz der Welt zeitlich zusammenfiel mit der Entheiligung der Erkenntnis und der endgültigen Scheidung des wissenschaftlich »erkennenden« Verstandes von der Welt des Glaubens einerseits und der prinzipiell und essentiell erkennenden Vernunft andererseits. Man hat sogar das spirituelle Chaos der heutigen Zeit dieser Mechanisierung der Welt in der Wissenschaft des 17. Jahrhunderts zugeschrieben.[132] Es ist außerordentlich bedeutsam, daß fast alle Philosophen und Theologen, die die Reduzierung der Erkenntnis auf die Ebene des bloßen Verstandes ablehnten, auch die mechanistische Weltauffassung ablehnten,[133] und daß diejenigen – wie die Anhänger Böhmes in Deutschland, die seine auf der Erleuchtung des Geistes durch die göttliche Vernunft beruhenden Lehren fortführen wollten – auch die entschiedensten Befürworter der Naturphilosophie waren, die sich in ausgesprochenen Gegensatz zum mechanistischen Standpunkt stellte.[134] Es gibt jedenfalls kaum einen Zweifel daran, daß die Entheiligung der Erkenntnis mit der Entheiligung des Kosmos Hand in Hand ging.

Auch die Geschichte und der Zeitprozeß blieben von dem Schicksal nicht verschont, das den Kosmos ereilte. Der von seinen Wurzeln abgeschnittene Intellekt mußte zwangsläufig die Wirklichkeit auf eine Abfolge von Geschehnissen, die Zeit auf eine reine Quantität und die Geschichte auf einen Prozeß ohne transzendente Entelechie und gleichzeitig ohne die Mutter und Erzeugerin all dessen reduzieren, was das moderne Denken für Wirklichkeit hält. Die Zeit und nicht die Ewigkeit wurde zur Quelle aller Dinge. Ideen wurden nicht mehr für sich genommen als wahr oder falsch beurteilt, sondern in den engen Kontext des geschichtlichen Wandels gestellt und ausschließlich als geschichtliche Ereignisse als signifikant erachtet. Ein Historizismus wurde geboren, der in derselben Entheiligung der Geschichte und des Zeitprozesses gipfelte, wie man ihn auch in der Philosophie und Naturwissenschaft findet. Wenn auch viele zeitgenössische Kritiker das Elend des Historizismus[135] erkannt und versucht haben, den historischen Prozeß aus anderen Standpunkten zu begreifen, ist der Historizismus nach wie vor der beherrschende Denkansatz in einer Welt, in der für viele Menschen der Verstand von der zweifachen Quelle der Permanenz, nämlich der göttlichen Vernunft und der Offenbarung, abgeschnitten bleibt und alle Permanenz auf einen Werdeprozeß reduziert wird. Sowohl die Zerstörung des qualitativen Aspekts der Zeit wie auch die Reduktion aller Wirklichkeiten auf ihre Abspiegelung am Werdestrom sind dadurch entstanden, daß der Mensch seine geistigen Fähigkeiten von seiner unmittelbaren Mitte weg auf die schwankende Peripherie seines Daseins hin orientiert hat. Vom Herzen abgeschnitten, das der Sitz der Vernunft ist, mußte der Verstand zwangsläufig in den Sog der Vergänglichkeit und des Wandels geraten, die dann die Rolle und die Funktion des Dauerhaften an sich zu reißen begannen. Durch die Reduzierung des Absoluten auf das Relative und des Dauerhaften auf das Unbeständige beraubte der profane Standpunkt auch das Relative und das Unbeständige der Heiligkeit, die sie auf ihrer eigenen Ebene haben.

Da formulierte Erkenntnis nicht ohne Sprache möglich ist, mußte die Entheiligung der Erkenntnis notwendigerweise auch den Sprachgebrauch beeinflussen. Wenn die europäischen Sprachen immer symbolärmer und immer eindimensionaler wurden, wobei sie viel von dem inneren Gehalt der klassischen Sprachen verloren, so hängt dies damit zusammen, daß ihnen Denkmuster eindimensionalen Charakters eingeprägt wurden. Die antimetaphysische Arroganz eines Großteils der modernen Philosophie hat zu dem Versuch geführt, die Sprache aller metaphysischen Bedeutungsgehalte zu entkleiden, ein Versuch, der freilich nie ganz gelingen kann, weil die Sprache wie der Kosmos letztlich göttlichen Ursprungs ist und niemals ganz ihrer metaphysischen Bedeutungsgehalte beraubt werden kann, in die ihre Wurzeln und Strukturen eingebettet sind. Trotzdem begannen schon im 17. Jahrhundert der aufkommende Rationalismus und die Mechanisierung der Welt die europäischen Sprachen schon gleich in Richtung einer Säkularisierung zu drängen. Galilei akzeptierte noch die traditionale Vorstellung, daß die Natur ein großes Buch sei, das man entziffern müsse,[136] jedoch war für ihn die Sprache dieses Buches nicht mehr die heilige Sprache eines heiligen Bonaventura, eines Dante oder der Kabbalisten, die einen symbolischen und anagogischen Gehalt hatte, sondern Mathematik in ihrem rein quantitativen und nicht pythagoreischen Sinne.[137] Auch Kepler glaubte, daß sich Gott im Universum in Quantitäten ausdrückte, (*Dico quantitatum Deo propositam*),[138] auch wenn er im Gegensatz zu Galilei niemals den symbolischen und qualitativen Aspekt der Mathematik aus dem Auge verlor, der mit der pythagoreischen Philosophie der Harmonie und der Symbolik von Zahlen und geometrischen Formen verbunden war, welcher er zutiefst ergeben war.

In der Folge versuchten viele europäische Philosophen sogar, eine Sprache auf der Basis der Mathematik zu schaffen, was Mersenne mit der Musik versuchte. Diese Strömung bildete auch die Grundlage der von Leibniz geforderten, nach logischen Prinzipen aufgebauten Symbolsprache, der das Denken mit der Mathematik zu verbinden versuchte, während in der traditionalen Perspektive gerade Denken und Sprache untrennbar miteinander verbunden sind. In vielen traditionalen Quellen sind *logos* und *ragione* (diskursives Denken) miteinander verknüpft und meinen in gewissen Zusammenhängen dasselbe.

Jedenfalls wirkte sich diese Polarisierung der Sprache und der Versuch, beim Lesen des kosmischen Textes an die Stelle des symbolischen Bedeutungsgehaltes der Sprache reine Quantitäten zu setzen, auch auf die Sprache der Heiligen Schrift selbst aus, die bis dahin als Geschenk Gottes gegolten hatte und von manchen katholischen und auch protestantischen Theologen in einem Zusammenhang mit dem Buch der Natur gesehen worden war. Da aber nun die menschliche Sprache degradiert worden war und die Mathematik als die »richtige« Sprache der Natur galt, erschien die Sprache der Heiligen Schrift eher als »die unbedarfte Erfindung eines Analphabeten denn als Geschenk des allwissenden Gottes«.[139] Das Kettenglied zwischen göttlicher Sprache und menschlicher Sprache war gesprengt,[140] wodurch letztere den aufeinanderfolgenden »Sündenfällen« oder Stufen der Säkularisierung preisgegeben war, die zu den verschiedenen Formen der Bastardisierung der heutigen Sprachen und – auf einer anderen Ebene – zur Preisgabe der mit dem Lateinischen verbundenen liturgischen

Kunst zugunsten von Gebrauchssprachen führte, die sich schon sehr weit von ihren heiligen Urformen entfernt haben und als die Idiome einer bereits säkularisierten, von trivialen Erfahrungen erfüllten Welt nur allzu vertraut sind. Es besteht ein mehr oder weniger direkter Zusammenhang zwischen dem Verschwinden des Heiligen aus der Erkenntnis und der Entheiligung der mit ihr verknüpften Sprache, sowie es umgekehrt den Versuch gibt, die Sprache wieder auf ihre symbolische und anagogische Ebene emporzuheben, wo auch immer es eine Neubelebung oder Bekräftigung heiliger Erkenntnis oder *scientia sacra* gegeben hat, die dann in der vorhandenen, ihr aber auch angemessenen Sprache ausgedrückt werden will.[141]

Zuletzt erreichte der Prozeß der Entheiligung der Erkenntnis die Feste des Heiligen selbst, die Religion. Als Folge des letzten Schrittes, den Hegel mit der Reduzierung des ganzen Erkenntnisprozesses auf eine dem Wandel und Werden unausweichlich unterworfene Dialektik vollzog, tat sich fortan eine tiefe Kluft auf zwischen der Welt des Glaubens und dem Boden, auf dem der »denkende« Mensch stand. Die Reaktion auf Hegel war Kierkegaard, der die theistische wie die atheistische Existentialtheologie und Existentialphilosophie vorbereitete. Für Denker wie Jaspers, Marcel und selbst Heidegger ist der Versuch des Menschen, die Wirklichkeit zu verstehen und sinnvoll zu ordnen, ein hoffnungsloses Unterfangen, so daß er einen Sprung unternehmen muß, um den Dingen einen Sinn zu geben. In ähnlicher Weise fordert in der Theologie das Denken Karl Barths einen Sprung »in das obere Stockwerk des Glaubens«[142]. Die Theologie hat den Kontakt mit der Welt der Natur wie auch zur menschlichen Geschichte verloren.[143] Die vereinheitlichende Sicht, die Erkenntnis mit Liebe und Glauben, Religion mit Wissenschaft und Theologie mit allen Disziplinen des geistigen Strebens verband, ist endgültig und vollständig verloren gegangen; zurückgeblieben ist eine Welt der Schubladenkategorien, in der es keine Ganzheit mehr gibt, weil die Heiligkeit nicht mehr im zentralen Blickpunkt steht oder, bestenfalls noch, zur Empfindungsfrömmigkeit herabgesunken ist. In einer so gearteten Welt haben Menschen von spiritueller und intellektueller Einsicht versucht, außerhalb der Grenzen dieses Schauplatzes zu ihren traditionalen Wurzeln und zur ganzheitlichen Funktion der Intelligenz zurückzufinden, was der Erkenntnis ihre sakramentale Funktion wiedergeben und es dem Menschen ermöglichen könnte, sein Leben auf der Grundlage dieses vereinigenden Prinzips zu reintegrieren, das von Liebe und Glauben nicht getrennt werden kann. Für andere, denen eine solche Kritik der modernen Welt und die Wiederentdeckung des Heiligen nicht möglich war und die gleichzeitig die verarmte geistige und spirituelle Landschaft nicht ruhen ließ, die man ihnen als modernes Leben vorsetzte, blieb nur Klagen und Verzweiflung, was in der Tat für weite Teile der modernen Literatur typisch ist. Der begabte walisische Dichter Dylan Thomas hat dies in einem Gedicht exemplarisch dargestellt, das zu seiner eigenen Elegie werden sollte:

Too proud to die, broken and blind he died
The darkest way, and did not burn away,
A cold kind man brave in his narrow pride
Being innocent, he dreaded that he died
Hating his God, but what he was was plain.
An old kind man brave in his burning pride.

Weil Gott aber sowohl gnädig als auch gerecht ist, konnte das Licht der göttlichen Vernunft nicht völlig verdunkelt werden, noch konnte diese Verzweiflung der Abgesang des modernen Menschen sein.

ANMERKUNGEN

1 Der hinduistische Ausdruck *Sat-Chit-Ānanda* ist einer der Namen Gottes. *Sat-Chit-Ānanda* wird meist als »Sein-Bewußtsein-Freude« übersetzt, jedoch ist die »grundlegendste« Übersetzung, die den metaphysischen Gehalt dieser Ausdrücke am besten verdeutlicht, »Objekt-Subjekt-Vereinigung«. Auf der höchsten Ebene kann diese Dreiheit auch als »Erkanntes-Erkennender-Erkenntnis« oder »Geliebtes-Liebender-Liebe« übersetzt werden. Diese Dreiheit hat auch eine operative oder spirituelle Bedeutung im Zusammenhang mit dem anrufenden Gebet wie z. B. dem Vaterunser (Christentum), *japa* (Hinduismus) und *dhikr* (Islam). In diesem Fall lautet sie »Angerufenes-Anrufender-Anrufung« (mit der islamischen Bezeichnung *madhkūr-dhākir-dhikr*).
2 »Die Substanz des Erkennens ist Erkentnnis der Substanz, d. h. die Substanz der menschlichen Intelligenz in ihrer tiefsten Realfunktion ist die Wahrnehmung der göttlichen Substanz.« »Atmā-Māyā«, *Studies in Comparative Religion*, Sommer 1973, S. 130.
3 Gen 2:17 und 3:24.
Der heilige Bonaventura beschreibt den Menschen im Zustand der vereinheitlichenden Erkenntnis wie folgt: »Im Anfangszustand der Schöpfung war der Mensch für die gelassene Beschaulichkeit geschaffen, und deshalb *setzte Gott ihn in den Garten Eden* (Gen 2:15). Weil er sich aber vom wahren Licht dem wandelbaren Gut zuwandte, wurde der Mensch unter das Joch seiner eigenen Schuld gebeugt, und das ganze Menschengeschlecht unter die Erbsünde, die die Menschennatur in zweierlei Weise schlug: den Geist mit Unwissenheit und das Fleisch mit Begierde. So sitzt nun der Mensch, geblendet und gebeugt, in Finsternis und kann das Licht des Himmels nicht erblicken, bis ihm Gnade mit der Gerechtigkeit gegen die Begierde zu Hilfe kommen, und bis Erkenntnis mit Weisheit ihm gegen seine Unwissenheit zu Hilfe kommen.« *Bonaventure, The Soul's Journey into God*, übers. und eingeleitet von E. Cousins, New York 1978, S. 62.
4 Die muslimischen Weisen sagen bei der Erörterung metaphysischer Gegenstände, insbesondere wenn es um die Natur Gottes geht, daß sie als solche war und fügen dann, häufig ganz unvermittelt, hinzu *al-ān kamā kān* (»Und es ist jetzt, wie es damals war") womit sie die Identität des gegenwärtigen »Jetzt« mit jenem »damals« oder Augenblick »im Anfang« bekräftigen, der der Ursprung der Zeitlichkeit war, aber selbst noch außerhalb der Zeit lag.
5 »Ce qui est naturel à la conscience humaine prouve *ipso facto* sa vérité essentielle, la raison d'être de l'intelligence étant l'adéquation au réel.« F. Schuon, »Conséquences découlant du mystère de la subjectivité«, *Sophia Perennis* 4/1 (Frühjahr 1978): 12; s. a. *Du Divin à l'humain* des Autors.

6 Das bekannte scholastische Prinzip lautet *adaequatio rei et intellectus*, auf das sich der heilige Thomas bezieht, wenn er sagt: »Erkenntnis kommt insofern zustande, als das erkannte Objekt im Erkennenden ist.«
7 Für Platon war *theologia* die höchste Form der Philosophie, nämlich die Erkenntnis des Höchsten Gutes durch die Vernunft. Der heilige Augustinus übernahm den Ausdruck *theologica naturalis* in seinem *De civitate Dei*, wobei er sich auf die Unterscheidung des M. Terentius Varro zwischen natürlicher Theologie und den auf den Mythos und den Staat bezogenen Ideen stützte. Auf die augustinischen Lehren geht die Unterscheidung zwischen geoffenbarter und natürlicher Theologie zurück, die in der Scholastik als Zweig der Philosophie behandelt wurde. S. hierzu W. Jäger, *The Theology of the Greek Thinkers*, Oxford 1947, S. 1–5. Es ist bemerkenswert, daß mit der radikalen Säkularisierung des Verstandes und des Erkenntnisprozesses die natürliche Theologie unterging und erst in den letzten Jahren mit der zunehmenden Hinwendung zu der traditionaleren Auffassung des Verstandes in seinem Verhältnis sowohl zur Vernunft wie zur Offenbarung wiederbelebt wurde.
8 »Les lois de la logique sont sacrées, – comme aussi celles des mathématiques, – car elles relèvent essentiellement de l'ontologie, qu'elles appliquent à un domaine particulier: la logique est l'ontologie de ce microcosme qu'est la raison humaine.« F. Schuon, »Pas de droit sacré à l'absurdité«, *Etudes Traditionnelles* 79/460 (April-Mai-Juni 1978): 59.
9 »Nous ajouterons – et c'est même ce qui import le plus – que les lois de la logique se trouvent enracinées dans la nature divine, c'est-à-dire qu'elles manifestent, dans l'esprit humain, des rapports ontologiques; la délimitation même de la logique est extrinsèquement chose logique, sans qui elle est arbitraire. Que la logique soit inopérante en l'absence des données objectives indispensables et des qualifications subjectives, non moins nécessaires, c'est l'évidence même, et c'est ce qui réduit à néant les constructions lucifériennes des rationalistes, et aussi, sur un tout autre plan, certains spéculations sentimentales et expéditives des théologiens.« F. Schuon, »L'énigme de l'Epiclèse.« *Etudes Traditionnelles* 79/459 (Jan.-Febr.-März 1978): 7; s. auch vom selben Autor *Christianisme/Islam – Visions d'œucuménisme ésotérique.*
10 Schuon, »Pas de droit sacré à l'absurdité, S. 52.
11 S. z. B. W. C. Smith, *Faith and Belief*, Princeton 1979, wo scharf zwischen Herzensüberzeugung (Faith) und Glaubensmeinung (Belief) im modernen Wortsinn unterschieden wird, da letzteres von allen Elementen doktrinärer Gewißheit abgeschnitten und von einer Erkenntnis getrennt ist, die im Göttlichen wurzelt. Der Autor unterscheidet zu Recht zwischen der Bedeutung von Glauben als Erkenntnisgewißheit im traditionalen Kontext und seiner Reduktion auf Konjektur und mit Zweifeln gemischte Erkenntnis in der heutigen Welt.
12 S. R. Guénon, *Man and His Becoming According to the Vedanta*, Übers. R. C. Nicholson, London 1945, S. 14.

13 In der vorliegenden Arbeit wird »Gnosis« sets im Sinne von Weisheitserkenntnis oder Weisheit als einer Erkenntnis gebraucht, die vereinigt und heiligt, und nicht in einem verkürzten Sinne als »Gnostizismus« oder auch in dem engen theologischen Sinne mancher frühchristlicher Autoren, die Gnosis in einen Gegensatz zur *sophia* setzten.
14 Der Ausdruck *jñāna* meint Urerkenntnis, die zur Erlösung führt, und hängt etymologisch mit Gnosis zusammen; die Wurzel *gn* oder *kn* bedeutet in verschiedenen indogermanischen Sprachen »Erkenntnis«.
15 S. A. K. Coomaraswamy, *Hinduism and Buddhism*, New York 1943.
16 S. T. R. V. Murti, *The Central Philosophy of Buddhism*, London 1964; F. I. Stcherbatsky, *The Conception of Buddhist Nirvāna*, New York, 1973; und K. Venkata Ramanan, *Nāgārjuna, Siddha-Nāgārjuna's Philosophy as presented in the Mahā-prajñā pāramitā-sāstra*, Rutland, Vt. 1966.
17 »Wenn man das kanonische Bild des Buddha betrachtet, kann folgende Beobachtung gemacht werden: ... Wenn er die höchste Erkenntnis ist, ist der Lotus die Kontemplation mit allen darin implizierten Tugenden.« F. Schuon, *In the Tracks of Buddhism*, Übers. M. Pallis, London 1968, S. 157.
18 Diese »Natur« könnte in der islamischen Tradition als *al-fiṭrah* oder die Urnatur gedeutet werden, d. h. die Natur, die der Mensch besaß, als er in der Nähe des Baumes des Lebens wohnte und die Frucht der einsmachenden Erkenntnis oder Weisheit aß, also die Natur er nach wie vor in der Mitte seines Wesens trägt.
19 H. A. Giles, *Chuang-Tzŭ-Taoist Philosopher and Chinese Mystic*, London 1961, S. 119.
20 Ebenda, S. 127. Damit wird aus chinesischer Sicht dargelegt, daß es die prinzipielle Erkenntnis dem Menschen erlaubt, Dinge *in divinis* zu sehen und schließlich selbst zum göttlichen Ursprung aller Dinge zurückzukehren. Dieses Thema wird auch in vielen Kapiteln des *Tao-Te King* im Hinblick auf den vollkommenen Menschen dargelegt, den die prinzipielle Erkenntnis auszeichnet, die natürlich immer an die Tugend gebunden ist. Siehe C. Elorduy, *Lao-Tse – La Gnosis Taoista del Tao Te King*, Ona, Burgos 1961, insbesondere *El hombre perfecto*, S. 53–58.

Die scheinbare Ablehnung der Weisheit durch Lao-Tse betrifft die zur Schau getragene »Weisheit« und nicht die Erkenntnis als solche, wie die Verse des Kapitels 33, »Andere zu kennen bedeutet Weisheit; das Selbst zu kennen bedeutet Erleuchtung« belegen. Lao-Tse betont auch die »Urnatur« des Menschen, des »unbehauenen Klotzes«, und die Wichtigkeit des »Nichtwissens« für das Erreichen dieses Zustandes. S. hierzu die Verse von Kapitel 81 (G. Feng und J. English, in Lao-Tsu: Tao Te Ching, New York 1972, deutsch Tao-Te King, Haldenwang 1):
Wer weiß, ist nicht gelehrt.
Die Gelehrten wissen nicht.
Hier bedeutet Gelehrsamkeit das Sammeln von Fakten und Weltwissen, dem die prinzipielle Erkenntnis entgegengesetzt ist.

Aus diesem Grund heißt es (ebenda, Kapitel 48):
Im Streben nach Gelehrsamkeit wird Tag für Tag etwas erworben.
Im Befolgen des Tao wird Tag für Tag etwas aufgegeben.
Dieses »etwas aufgegeben« bezieht sich auf den Prozeß, den man auch »Unwissenheit« nennt und der für die Erlangung heiliger Erkenntnis von zentraler Bedeutung ist, wie einige der bedeutendsten Weisheitsschulen des Westens, denen wir uns noch zuwenden werden, betont haben.

21 Über die manichäische Gnosis siehe N. C. Puech, *Le Manichéisme: son fondateur, sa doctrine*, Paris 1949.
22 Über diese Lehre und die zoroastrische Angelologie im allgemeinen s. A. V. W. Jackson, *Zoroastrian Studies*, New York 1928; R. C. Zaehner, *Zurvan, A Zoroastrian Dilemma*, Oxford 1955; G. Widengren, *The Great Vohu Manah and the Apostle of God: Studies in Iranian and Manichaean Religion*, Leipzig 1945; ders. *Die Religionen Irans*, Stuttgart 1965; M. Molé, *Culte, mythe et cosmologie dans l'Iran ancien; le problème zoroastrien et la tradition mazdéenne*, Paris 1963; H. S. Nyberg, *Die Religionen des alten Iran*, Leipzig 1938; und viele der Arbeiten von Corbin einschließlich seines *En Islam iranien*, 4 Bde., Paris 1971—72, und *Celestial Body and Spiritual Earth, from Mazdean Iran to Shiʿite Iran*, Übers. N. Pearson, Princeton 1977.
23 »Es gibt viele Arten von Männlichkeit und Weiblichkeit. Männlichkeit und Weiblichkeit sind immer dies: eingeborene Weisheit und erworbene Weisheit.
Erworbene Weisheit hat den Platz des Männlichen inne, und eingeborene Weisheit hat den Platz des Weiblichen inne... Eingeborene Weisheit ohne erworbene Weisheit ist wie eine Frau ohne einen Mann, die nicht empfängt und keine Frucht trägt. Ein Mann, der erworbene Weisheit besitzt, und dessen eingeborene Weisheit nicht vollkommen ist, ist wie eine Frau, die sich keinem Manne ergeben will.« *Aturpāt-i-Ēmētān, The Wisdom of the Sasanian Sages (Denkard VI)*, Übers. S. Shaked, Boulder 1979, S. 103.
24 S. G. von Rad, *Wisdom in Israel*, London 1972.
25 S. L. Schaya, *The Universal Meaning of the Kabbalah*, Übers. N. Pearson, London 1971.
26 *Liqqutei Amarim [Tanya] von Rabbi Schneur Zalman of Liadi*, Übers. N. Mindel, Brooklyn, New York 1965, S. 26—27.
27 Ebenda S. 113.
28 Ebenda S. 113—14.
29 Auch die jüdische Esoterik bedient sich einer erotischen Sprache bei der Erörterung der drei *Sephiroth, Chachma, Binah, Daʿath*, zusammen kurz *Chabad* genannt, d. h. Weisheit, unterscheidende Vernunft und Erkenntnis sowohl auf der uranfänglichen, göttlichen Ebene und im menschlichen Mikrokosmos in ihrer Gesamtheit. *Chachma* wird als der Vater betrachtet, *Binah* als die Mutter und *Daʿath* als der aus ihrer Verbindung hervorgegangene Sohn (*Daʿath* bedeutet auch sexuelle Vereinigung,

womit der symbolische Zusammenhang zwischen der Ekstase der sexuellen Vereinigung und der Gnosis angedeutet wird).
»*Chachma* wird *Abba* (Vater) und *Binah* wird *Imma* (Mutter) genannt. Metaphorisch gesprochen wird der Same des *Abba* in den Schoß der *Imma* eingepflanzt, und dort entwickelt, weitet, externalisiert und beseelt sich das aufkeimende Pflänzchen. *Daʿath* wird *Ben* (Sohn) genannt, d. h. die Frucht dieser Verbindung von *Chachma* und *Binah*«. Rabbi Jacob Immanuel Sebochet, *Introduction to the English Translation* des IGERETH HAKODESH, Brooklyn, New York 1968, S. 35.
30 F. Schuon, *Comprendre l'Islam*, Kapitel 1, und S. H. Nasr, *Ideals and Realities in Islam*, London 1980, Kapitel 1. Wir haben uns in vielen unserer sonstigen Schriften ausführlich mit der islamischen Auffassung der Erkenntnis und der zentralen Rolle der Vernunft als dem Zugangsmittel zum Göttlichen befaßt, u. a. in *Science and Civilization in Islam*, Cambridge, Mass. 1968 und *An Introduction to Islamic Cosmological Doctrines*, London-Boulder 1978.
31 S. F. Rosenthal, *Knowledge Triumphant: The Concept of Knowledge in Medieval Islam*, Leiden 1970, wo dieses Thema zwar mehr vom wissenschaftlichen als vom metaphysischen Standpunkt behandelt wird, doch findet sich dort eine sehr gute Dokumentation. Rosenthal, der als Historiker die Bedeutung der Erkenntnis in der islamischen Perspektive untersucht, wie sie sich in den Worten des Propheten äußert, schreibt: »In der Weltsicht des Propheten besteht »Erkenntnis«, die für ihn in ihrem vollen Bedeutungsumfang eine außerordentlich wichtige Rolle spielt, aus zwei grundlegenden Teilen. Es gibt menschliche Erkenntnis, d. h. ein säkulares Wissen einer elementaren oder mehr fortgeschrittenen Art, und eine religiöse menschliche Erkenntnis; letztere bildet die höchste Erkenntnisstufe, die der Mensch erlangen kann... Neben dieser säkularen und religiösen menschlichen Erkenntnis gibt es aber auch noch eine göttliche Erkenntnis. Sie ist im Grunde mit der menschlichen Erkenntnis identisch, jedoch ist sie quantitativ und qualitativ irgendwie höherrangig. Die wichtigsten Merkmale dieser Erkenntnisaspekte betrachtet und achtet der Prophet als miteinander verknüpft und voneinander abhängig.« Ebenda S. 31.
Über den islamischen Erkenntnisbegriff s. a. ʿAbd al-Ḥalīm Maḥmūd, »*Islam and Knowledge*«, Al-Azhar Academy of Islamic Research:; First Conference of the Academy of Islamic Research, Cairo, 1971, S. 407–53.
32 Die Zusammenhänge zwischen griechischer und hinduistischer Weisheit, wie sie z. B. A. K. Coomaraswamy verglichen und erforscht hat, sind grundsätzlicher und nicht bloß historischer Art, auch wenn es gewisse historische Verbindungen gegeben haben mag, wie viele jüngere Autoren wie z. B. J. W. Sedlar in *India and the Greek World*, Totowa, N. J. 1980 ausgeführt haben.
33 Es gibt hervorragende Studien, in denen das Band zwischen der griechischen Philosophie und verschiedenen Dimensionen der griechischen Re-

ligion klar erkannt wird. Siehe u. a. F. Conford, *Principium sapientiae: the Origins of Greek Philosophical Thought*, Cambridge 1952; ders. *From Religion to Philosophy: a Study in the Origins of Western Speculation*, New York 1957; und ders. *The Unwritten Philosphy and Other Essays*, Cambridge 1967.

34 Zitiert nach: Die Heilige Schrift, Paul Pattloch Verl. 1974.

35 Zitiert von F. Schuon in *Perspectives spirituelles et faits humains*. Wenn das Leben des Geistes die Erleuchtung der Erkenntnis ist, und wenn es die Liebe zu Gott ist, die diese Erleuchtung bewirkt, dann folgt daraus, daß es nichts Höheres gibt als die Liebe zu Gott«. Maximus Confessor, *Centuries of Charity*. Und »heilige Erkenntnis zieht der gereinigte Geist an, so wie ein Magnet durch eine natürliche Kraft, die ihm innewohnt, Eisen anzieht.« Evagrius Ponticus, *Centuries of Charity* (beides zitiert aus Schuon, *Perspectives spirituelles et faits humains* S. 153). Das Kapitel »Liebe und Erkenntnis« in *Perspectives spirituelles et faits humains* enthält die Essenz dessen, was zum Weg der Erkenntnis oder zum Weisheitspfad in der christlichen Spiritualität sowie in anderen Traditionen zu sagen ist.

36 Zweifellos besaßen bestimmte Formen der Christologie, die das westliche Christentum in den späteren Jahrhunderten zur Abwehr verschiedener Arten theologischer Häresie bekämpfte, eine tiefe metaphysische Bedeutung, wenn man sie nicht nur theologisch und wörtlich, sondern metaphysisch und symbolisch interpretiert. S. F. Schuon, *Logique et transcendence*, Übers. P. N. Townsend, New York 1975, insbesondere S. 96 ff.

37 S. A. Feuillet, *Le Christ sagesse de Dieu*, Paris 1966 und E. E. Ellis, *Prophecy and Hermeneutic in Early Christianity*, Grand Rapids 1978, insb. S. 45 ff.

38 S. u. a. J. Dupont, *La Connaissance religieuse dans les Epitres de Saint Paul*, Paris 1960.

39 Zu Clemens und seinen gnostischen Lehren s. T. Camelot, *Foi et gnose. Introduction à l'étude de la connaissance mystique chez Clément d'Alexandrie*, Paris 1945; J. Daniélou, *Histoire des doctrines chrétiennes avant Nicée*. Bd. II: *Message évangélique et culture hellénistique au IIe et IIIe siècles*, Paris 1961; J. Munck, *Untersuchungen über Klemens von Alexandria*, Kopenhagen/Stuttgart, 1933; E. F. Osborn, *The Philosphy of Clement of Alexandria*, Cambridge 1954; und W. Völker, *Der wahre Gnostiker Clemens Alexandrianus*, Berlin 1952. Hier wie überhaupt in diesem Buch sind die Literaturhinweise natürlich nicht erschöpfend, sondern nur zur Orientierung für diejenigen gedacht, die sich weiter in das Thema vertiefen möchten. Unnötig zu sagen, daß es eine sehr umfangreiche Literatur über Clemens gibt, die weitgehend in den Bibliographien der oben genannten wissenschaftlichen Werke erfaßt ist.

40 Vernunft wird natürlich in diesem Zusammenhang und in diesem Buch in seiner ursprünglichen Bedeutung als *intellectus* oder *nous* gebraucht, im Unterschied zum Verstand oder zur *ratio*, die ihre Abspiegelung ist.

41 »Wer schon *reinen Herzens* ist, nicht wegen der Gebote, sondern um der Erkenntnis selbst willen, dieser *ist ein Freund Gottes*.« *Clement of Alexandria. Miscellanies Book VII*, Übers. mit einer Einleitung und Anm. versehen von F. J. A. Hort, London 1902, S. 31.

42 »Unsere Aufgabe ist es also, zu beweisen, daß der Gnostiker allein heilig und fromm ist und den wahren Gott verehrt, wie es diesem gefällt, und die gottgefällige Verehrung bedeutet sowohl, Gott zu lieben, als auch von ihm geliebt zu werden. Dem Gnostiker erscheint jegliches Vorzügliche im Verhältnis seiner Bedeutung der Ehrerbietung wert. In der Welt des Sinnes sind Herrscher und Eltern und überhaupt Ältere zu ehren, in Angelegenheiten der Lehre die älteste Philosophie und die früheste Prophezeiung, in der spirituellen Welt das, was älteren Ursprungs ist, der Sohn, der Anfang und die Erstgeburt aller existierenden Dinge selbst zeitlos und ohne Anfang; von ihm glaubt der Gnostiker die Erkenntnis der letzten Ursachen zu erlangen, des Vaters des Universums, der frühesten und wohltätigsten aller Existenzen, von dem nicht mehr mündlich berichtet wird, sondern der, wie es ihm zukommt, in stummer Ehrfurcht und heiliger Scheu verehrt und angebetet wird, er, den der Herr so weit in Erscheinung treten ließ, wie es die Lernenden verstehen, diejenigen aber ergreifen konnten, denen der Herr Erkenntnis gegeben hat, von denen der Apostel sagt, daß sie ihre Sinne geübt haben.« Library of Christian Classics, Bd. II, *Alexandrian Christianity*, ausgewählt und übers. von J. E. L. Oulton und H. Chadwick, London 1954.

43 *Stromateis* IV.6.

44 Über Origenes s. W. R. Inge, *Origen*, London 1946; M. Harl, *Origène et la fonction révélatrice du verbe incarné*, Paris 1958; H. de Lubac, *Histoire et Esprit, l'intelligence de l'Ecriture d'après Origène*, Paris 1950; J. Oulton und H. Chadwick, *Alexandrian Christianity; Selected Translations of Clement and Origen*, Philadelphia 1954; H. Urs von Balthasar, *Geist und Feuer, Ein Aufbau aus seinen Schriften*, Salzburg 1951; und E. R. Redepenning, *Origenes, Eine Darstellung seines Lebens und seiner Lehre*, 2 Bde., Bonn 1966.

45 »Wie also der Mensch aus Körper, Seele und Geist besteht, so auch die Heilige Schrift, die Gottes gnädige Fügung zum Heil des Menschen geschenkt hat.« Aus *De principiis*, Buch 4, zitiert bei Greer (Hrsg.), *Origen*, New York 1979.

46 »Und wer die Offenbarungen des Johannes liest, wie könnte er nicht über die dunkle Fülle unauslöschlicher Mysterien erstaunt sein, die hier dargelegt werden? Es ist offensichtlich, daß auch die, die das in ihnen Verborgene nicht verstehen können, doch wahrnehmen, daß etwas verborgen liegt. Und sind nicht auch die Apostelbriefe, die manchen klarer erscheinen, so voller tiefer Gedanken, daß durch sie wie durch eine kleine Öffnung der strahlende Glanz eines unermeßlichen Lichtes hervorzubrechen scheint für diejenigen, die den Sinn der göttlichen Weisheit begreifen können?« Ebenda S. 181.

47 Siehe de Lubac, a.a.O. Origenes widmet einen großen Teil seines *De principiis* der Frage des Logos in seinem Verhältnis zur Erkenntniserlangung durch den Menschen»... das christliche Leben sich für Origenes als eine fortschreitende Läuterung und darauffolgende Erkenntnis gestaltet.« H. Koch, *Pronoia und Paideusis*, Berlin und Leipzig, 1932, S. 84. Koch gibt eine Analyse der »Erkenntnistheorie« des Origenes auf S. 49–62 dieses Werkes.

48 »Le *logos* est présent, en l'homme, chez qui il est l'intelligence. Parce qu'il se trouve à la fois en Dieu et en l'homme, comme en deux extrémités, il peut les relier et il le fait, d'autant mieux qu'il est également entre les deux, comme un interemédiaire de connaissance. Il joue le rôle que joue la lumière pour la vision des objets: la lumière rend l'objet lumineux et elle permet à l'œil de voir, elle est lumière de l'objet et lumière du sujet, intermédiaire de vision. De la même façon, le *logos* est à la fois intelligibilité de Dieu et l'agent d'intellection de l'homme, médiateur de connaissance.« Harl, a.a.O. S. 94.

49 Origenes, *The Song of Songs – Commentary and Homilies*, Übers. und kommentiert von R. P. Lawson, London 1957, S. 61.

50 »Insofern der Mensch vernunftbegabt ist, ist er von Natur aus ein von Gott erleuchtetes Wesen«. E. Gilson, *The Christian Philosophy of Saint Augustine*, New York 1960, S. 80.

51 »Gott nimmt also nicht den Platz unserer Vernunft ein, wenn wir die Wahrheit denken. Seine Erleuchtung ist nur insofern nötig, als sie unsere Vernunft befähigt, die Wahrheit zu denken, und dies auf Grund einer natürlichen Ordnung der Dinge, die er ausdrücklich so gefügt hat.« Ebenda S. 79. Dieses Zitat zeigt auch, daß schon die augustinische Epistemologie den heiligen Charakter der Erkenntnis etwas indirekter auffaßt als die »gnostische« Perspektive der alexandrinischen Väter.

52 Bei der Beschreibung der Weisheitsdimension im Christentum könnte man sich angesichts der Bedeutung seiner Lehren praktisch auf Dionysios beschränken. Im Rahmen dieses Buches genüge jedoch der Hinweis auf die Bedeutung seiner weithin bekannten Lehren, deren Weiterwirken bei Erigena, Eckhart, Nikolaus von Kues und vielen anderen westlichen Weisheitslehrern zu beobachten ist.
Über Dionysios, den man ganz ungerechtfertigt als »Pseudo-Dionysios« bezeichnet, wie um dadurch die Bedeutung seines Werks zu schmälern, s. M. de Gandillac (Hrsg.), *Œuvres complètes du pseudo-Denys l'Aréopagite*, Paris 1943; R. Roques, *Structures théologiques de la gnose à Richard de Saint-Victor*, Paris 1962; ders. *L'Univers dionysien. Structure hiérarchique du monde selon le pseudo-Denys*, Paris 1954; W. Voelker, *Kontemplation und Ekstase bei Pseudo-Dionysius Ar.*, Wiesbaden 1954; und A. M. Greeley, *Ecstasy: A Way of Knowing*, Englewood Cliffs, N.J. 1974.

53 Zu Erigena gibt es eine sehr reichhaltige Literatur in verschiedenen europäischen Sprachen. Ich verweise u.a. auf R. Roques, *Libres sentiers vers l'Erigénisme*, Rom 1975; G. Allegro, G. *Scoto Eriugena – Antropologia*,

Rom 1976, insb. »Intelletto umano et intelletto angelico«, S. 62ff.; ders. G. *Scoto Eriugena, Fede e ragione,* Rom 1974; J.J. O'Meara und L. Bieler (Hrsg.), *The Mind of Erigena,* Dublin 1973; E. Jeanneau (Übers.), Jean Scot, *Homélie sur le prologue de Jean,* Paris 1969, das die große Verehrung aufzeigt, die Erigena für Johannes empfindet, den er fast als »übermenschlich« vergöttlicht; G. Kaldenbach, *Die Kosmologie des Johannes Scotus Erigena,* München 1963; G. Bonafede, *Scoto Eriugena,* Palermo 1969; C. Albanese, *Il Pensiero di Giovanni Eriugena,* Messina 1929; H. Bett, *Johannes Scotus Erigena, A Study in Medieval Philosophy,* Cambridge 1925; A. Gardner, *Studies in John The Scot,* New York 1900; M. S. Taillandier, *Scot Erigène et la philosophie scholastique,* Straßburg-Paris 1843, T. Gregory, *Giovanni Scoto Eriugena, Tre studi,* Florenz 1963.
54 S. hierzu u. a. W. Seul, *Die Gotteserkenntnis bei Johannes Skotus Eriugena,* Bonn 1932 und A. Schneider, *Die Erkenntnislehre des Johannes Erigena,* Berlin und Leipzig 1923. In beiden Werken findet sich eine sehr rationalistische Interpretation Erigenas, die dessen Lehren auf einen »harmlosen« neuplatonischen Einfluß reduzieren. Spätere Studien haben seinen christlichen Charakter etwas stärker betont, jedoch entgeht auch ihnen weitgehend, daß sich in seinem Werk ein wesentliches Element der Weisheitsdimension des Christentums kristallisiert.
55 »Spesso ci si è creduti costretti a doner scegliere una posizione di fronte alle celebre riduzioni, o identificazioni, che Scoto compie fra »vera religio« e vera philosophia«. Allegro, G. *Scoto Eriugena, Fede e ragione,* S. 63.
56 »C'est la sagesse, la sapience, qui est cette vertu commune à l'homme et à l'ange; c'est elle qui donne à l'esprit la pure contemplation, et lui fait apercevoir l'Eternel, l'Immuable«. Taillandier, a. a. O., S. 84.
57 »Alle natürlichen (freien) Künste sind insgesamt der symbolische Ausdruck Christi, und in ihren Grenzen ist die Gesamtheit der Heiligen Schrift beschlossen.« *Expositiones super hierarchiam caelestiam sancti Dionysii,* Hrsg. H. J. Floss in *Patrologia Latina 122,* I. 140A. Erigena sagt, daß so, wie *nous* ein Bild Gottes ist, *artes* ein Bild Christi ist. S. Roques, *Libres sentiers,* S. 62.
58 »Wenn [unser Verstand] die Gegenwart des Wortes Gottes besitzt, weiß er von den erkennbaren Wirklichkeiten und von Gott selbst, aber nicht aus eigener Kraft, sondern durch die Gnade des göttlichen Lichtes, das ihm eingegeben ist«. Jeanneau (Übers.), a. a. O. S. 266.
59 S. Allegro, G. *Scoto Eriugena, Fede e ragione,* »Il mondo come teofania«, S. 285 ff. Dieser Zusammenhang zwischen der Weisheitsperspektive und dem Interesse am Studium der Natur als dem Schauplatz des göttlichen Wirkens findet sich in der gesamten westlichen Weisheitstradition und ist einer der ganz wenigen Grundsätze, in denen alle westlichen esoterischen Schulen der späteren Jahrhunderte übereinstimmen, auch diejenigen, die nur ein Teilwissen haben.
60 »Et puisque Dieu se crée dans sa manifestation, celle-ci *se crée elle-même* sous la motion divine en exprimant Dieu et elle-même. Dieu passe du

Rien au Tout en suscitant les causes primordiales et l'esprit. Indivisiblement, l'esprit crée tire de cette nuit illuminatrice le déploiement qui le fait esprit, c'est-à-dire conscience du tout et de soi-même. Il y a une *noophanie* à l'intérieur de la théophanie. Si bien qu'on peut dire à la fois que Dieu se pense dans les esprits qu'il illumine et que cette pensée est leur autoréalisation.« J. Trouillard, »Erigène et la théophanie créatrice«, in O'Mears und Bieler (Hrsg.), a. a. O. S. 99.

61 Gemäß dem Diktum des Dionysios: *Cognitio earum, quae sunt, ea quae sunt, est.*
62 S. Bett, a. a. O. S. 86.
63 S. R. Roques, »Remarques sur la signification de Jean Scot Erigène«, in *Miscellanea A. Combes*, Rom 1967.
64 Zweifellos waren sowohl der heilige Bonaventura wie auch der heilige Thomas Metaphysiker im eigentlichen Sinne wie auch Theologen, wie sich aus einer nicht nur theologischen, sondern metaphysischen Betrachtungsweise ergibt, wie sie etwa A. K. Coomaraswamy angewandt hat. Tatsache bleibt trotzdem, daß ihre rein weisheitlichen Lehren, insbesondere diejenigen des heiligen Thomas, durch eine Theologie mehr oder weniger verschleiert wurden, deren hoher Rang unbestritten ist, die aber mit ein geistiges Klima geschaffen hat, in dem die Gnosis weniger wichtig und auch immer weniger zugänglich wurde, so daß in der Renaissance viele Denker jene Weisheit oder Gnosis, die in den ersten Jahrhunderten der christlichen Geschichte in der westlichen christlichen Tradition noch leichter zugänglich war, außerhalb der herrschenden christlichen theologischen Orthodoxie suchen mußten. Für den heiligen Thomas war der vom Glauben durchtränkte und gestützte Verstand gewiß wichtiger als die Erkenntnis in ihrer sakramentalen Funktion. Der heilige Thomas war sicherlich kein Gegner der Vernunft, aber er stellt die Rolle und Funktion der Erkenntnis nicht zentral als Sakrament, weil er dem Aristotelismus anhing, der der durchdringenden und verinnerlichenden Erkenntnis einen veräußerlichten und veräußerlichenden Willen entgegensetzt. »Beim Stagiriten strebt die Erkenntnis in die Tiefe, während der Wille nach außen drängt, was übrigens der Kosmolatrie der Mehrheit der Griechen entspricht; dadurch wurde es dem heiligen Thomas möglich, die religiöse These bezüglich des »natürlichen« Charakters der Erkenntnis aufrecht zu erhalten, die er als solche bezeichnete, weil sie weder geoffenbart noch sakramental ist, sowie auch die Reduktion der Erkenntnis auf den vom Glauben erleuchteten Verstand, wobei nur ersterer Anspruch auf das Prädikat »übernatürlich« hat.« F. Schuon, *Logique et transcendence*, S. 174–175.
Der heilige Bonaventura bleibt näher an der augustinischen Position und betont mehr die Erleuchtung und jene »Kotuition«, um seine eigene Terminologie zu benutzen, die für ihn die sechste und krönende Stufe der Reise des Geistes zu Gott ist, die noch über den Bereich der Betrachtung Gottes als Wesen hinaus zur göttlichen Finsternis führt. S. St. Bonaven-

ture, *The Mind's Journey to God – Itinerarium Mentis in Deum*, Übers. L. S. Cunningham, Chicago 1975.

Auf alle Fälle kann keine Studie der christlichen Weisheitslehren, die einigen Anspruch auf Vollständigkeit haben will, über die Theologie des heiligen Bonaventura oder auch diejenige von Thomas von Aquin, Duns Scotus und anderer hinweggehen, die in unserer eher beiläufigen Darlegung unberücksichtigt bleiben müssen. Ein weiterer Grund dafür, daß wir über die mittelalterliche Theologie verhältnismäßig rasch hinweggehen, ist der, daß diese Schulen im Gegensatz zu den eigentlichen gnostischen Lehren relativ gut bekannt sind.

65 Über Eckharts Erkenntnislehre im Zusammenhang mit dem Heiligen s. E. Heinrich, *Verklärung und Erlösung im Vedânta, bei Meister Eckhart und bei Schelling*, München 1961, insb. »Von der Verklärung und von der Einung mit der Gottheit«, S. 80 ff.; J. Kopper, *Die Metaphysik Meister Eckharts*, Saarbrücken 1955, insb. S. 73–121; J. Hammerich, *Über das Wesen der Götterung bei Meister Eckhart*, Speyer, 1939; H. Schlötermann, »Logos und Ratio, Die platonische Kontinuität in der deutschen Philosophie des Meister Eckhart«, in *Zeitschrift für philosophische Forschung* 3 (1949): 219–39; O. Spann, »Meister Eckharts mystische Erkenntnislehre,« in *Zeitschrift für philosophische Forschung* 3 (1949): 339–55; G. Stephenson, *Gottheit und Gott in der spekulativen Mystik Meister Eckharts*, Bonn 1954; insb. S. 73–96; V. Lossky, *Théologie négative et connaissance de Dieu chez Maître Eckhart*, Paris 1969; J. M. Clark, *Meister Eckhart. An Introduction to the Study of His Works*, New York 1957; E. Soudek, *Meister Eckhart*, Stuttgart 1973; C. Clark, *The Great Human Mystics*, Oxford 1949; V. Brandstätter und E. Sulek, *Meister Eckharts mystische Philosophie*, Graz 1974; F. Brunner, *Maître Eckhart, introduction suivi de textes traduits pour la première fois du latin en francais*, Paris 1969; hierin findet sich eine vorzügliche Behandlung Meister Eckharts vom Standpunkt der traditionellen Metaphysik oder der *scientia sacra*, mit der wir uns noch befassen werden. Wie groß in jüngster Zeit das Interesse an Eckhart ist, läßt sich an der Vielzahl aktueller Arbeiten über den Meister ermessen, u. a. C. F. Kelley, *Meister Eckhart on Divine Knowledge*, New Haven 1977; R. Shurmann, *Meister Eckhart: Mystic & Philosopher*, Bloomington, Indiana 1978; M. C. Walshe, *Meister Eckhart: Sermons and Treatises*, London 1980, und vielen Neuübersetzungen und Ausgaben älterer Übersetzungen wie z. B. der bekannten Ausgabe von F. Pfeiffer sowie zahlreichen vergleichenden Studien über ihn und verschiedene Meister östlicher Weisheit. Hierzu gehört auch das unerreichte und meisterhafte Werk von A. K. Coomaraswamy, *The Transformation of Nature in Art*, das eine Darlegung der kunstvollen Metaphysik Meister Eckharts und der aus dem Hinduismus hervorgegangenen traditionalen Lehren enthält.

66 Thomas von Aquin hat diesen Ausdruck schon vor Eckhart im Lateinischen (*scintilla animae*) benutzt, jedoch spielt dieser Begriff bei Eckhart eine zentralere Rolle, insbesondere im Hinblick auf die Epistemologie.

67 S. V. Lossky, a. a. O. S. 180, wo man eine meisterhafte Analyse vieler Thesen Eckharts findet.
68 E. Cassirer, der wesentlichen Anteil an der Wiederbelebung des Interesses an Nikolaus von Kues hatte, glaubte in der Tat, daß dieser einen dritten Weg oder eine dritte Schule neben der scholastischen und der humanistischen Schule schaffen wollte, die sich während der Renaissance bekämpften. S. Cassirer, *Individuum und Kosmos in der Philosophie der Renaissance*, Leipzig 1927.
69 Zu Nikolaus von Kues siehe E. van Steenberghe, *Le Cardinal Nicholas de Cues*, Paris 1920; H. Bett, *Nicholas of Cusa*, London 1932, insb. Kap. 5, in dem seine Erkenntnistheorie erörtert wird, wenn auch sehr rationalistisch; P. de Gandillac, *La Philosophie de Nicholas de Cues*, Paris 1941; A. Bonetti, *La ricerca metafisica nel pensiero de Nicolo Cusano*, Brescia 1973; N. Herold, *Menschliche Perspektive und Wahrheit*, Münster 1975; A. Bruntrup, *Können und Sein*, München 1973, G. Schneider, *Gott – das Nichtandere, Untersuchungen zum metaphysischen Grunde bei Nikolaus von Kues*, Münster 1970; K. Jacobi, *Die Methode der Cusanischen Philosophie*, München 1969; N. Henke, *Der Abbildbegriff in der Erkenntnislehre des Nikolaus von Kues*, Münster 1967; A. Lubke, *Nikolaus von Kues, Kirchenfürst zwischen Mittelalter und Neuzeit*, München 1968.
70 Siehe E. Gilson, *The Unity of Philosophical Experience*, New York 1937.
71 Siehe z. B. H. Oberman, »The Theology of Nominalism«, *Harvard Theological Review* 53 (1960): 47−79.
72 J. P. Dolan (Hrsg.), *Unity and Reform – Selected Writings of Nicholas of Cusa*, Chicago 1962, S. 105.
73 Ebenda, S. 8−9.
74 Hiermit befaßt sich Gandillac ausführlich in seinem in Anm. 69 zitierten Werk.
75 »So wie jedes Wissen vom Geschmack einer Sache, die man niemals gekostet hat, ganz eitel ist, bis man sie verkostet, so kann man den Geschmack dieser Weisheit nicht durch Hörensagen, sondern nur durch tatsächliche Anrührung mit seinem inneren Sinn erlangen, und man wird dann Zeugnis ablegen nicht nur von demjenigen, was man gehört hat, sondern was man als innere Erfahrung erlebt hat.« Aus *De sapientia*, zitiert bei Dolan, a. a. O. S. 111−112.
76 »Weisheit ist die unbegrenzte und unerschöpfliche Lebensspeise, von der unser Geist ewiglich lebt, da er nichts anderes lieben kann als Weisheit und Wahrheit. Jeglicher Verstand strebt nach dem Sein, und sein Sein ist Leben; sein Leben ist Erkennen; sein Erkennen nährt sich von Weisheit und Wahrheit. So kommt es, daß das Erkennen, das nicht die reine Weisheit kostet, wie ein Auge in der Dunkelheit ist. Es ist ein Auge, das aber nicht sieht, weil es nicht im Licht ist. Weil es aber kein ersprießliches Leben führen kann, das für es im Sehen besteht, empfindet es Schmerz und Qual, und dies ist nicht Leben, sondern Tod. So befindet sich auch die Vernunft, die sich irgendetwas anderem zuwendet als der Speise der

ewigen Weisheit, außerhalb des Lebens, der Finsternis der Unwissenheit zugewandt, mehr tot als lebendig. Dies ist die unaufhörliche Qual, einen Verstand zu haben und niemals zu verstehen. Denn nur in der ewigen Weisheit kann jeglicher Verstand verstehen.« Dolan, a. a. O. S. 108—9.
77 S. A. Conrad, »La docte ignorance cusaine«, *Etudes Traditionnelles 78/458* (Okt. Dez. 1977): 164—71.
78 S. F. Schuon, »Le problème de l'évangélisme«, in seinem *Christianisme/ Islam*, Kap. 3.
79 Interessanterweise überlebte diese Theosophie in den letzten vier Jahrhunderten fast ausschließlich in lutheranischen oder lutheranisch beeinflußten Kreisen. Der deutsche Mystiker Tersteegen unterscheidet in der Tat klar zwischen christlichen Mystikern und Theosophen, und zwar sind ihm zufolge alle Theosophen Mystiker, aber nicht alle Mystiker Theosophen, »deren Geist die Tiefen des Göttlichen unter göttlicher Führung erkundet und der solche Wunder dank einer untrüglichen Schau erfahren hat.« Aus seinem *Kurzer Bericht von der Mystik*.
80 Das Werk von J. S. Bach ist ein vollkommenes Beispiel für diese Art von Musik, in der das tiefste Sehnen der europäischen Seele nach dem Heiligen in einer Zeit ihren Hort gefunden zu haben scheint, in der aus den übrigen Kunstformen die Empfindung des Heiligen so sehr verschwunden war. Noch die Kaffeekantate von Bach hat mehr religiösen Charakter als viele der heutigen musikalischen Fassungen der Psalmen. In einem Werk wie der h-Moll-Messe mit ihrem von kraftvoller Frömmigkeit und einer Empfindung für das Heilige geprägten Aufbau spricht sich die Weisheitsperspektive deutlich aus. Über die Metaphysik der musikalischen Polyphonie und des Kontrapunkts, die in Bach ihren Höhepunkt fanden, s. M. Pallis, »Metaphysics of Musical Harmony«, in seinem *A Buddhist Spectrum*, London 1980, S. 121 ff.
81 »Pour Böhme, la Sagesse est une Vierge éternelle, symbole de Dieu, reflet du Ternaire, image dans laquelle ou par laquelle le Seigneur s'exprime en dévoilant la richesse infinie de la virtualité. Dans le mirroir de la Sagesse la volonté divine trace le plan, la figure de son action créatrice. Elle »imagine« dans ce mirroir, acte qui représente l'acte magique par excellence. Ainsi s'accomplit le mystère d'exprimer, de traduire, dans des images finies la pensée infinie de Dieu«, A. Faivre, *L'Esotérisme au XVIIIe siècle en France et en Allemagne*, Paris 1973, S. 38.
Über Böhme siehe A. Koyré, *La Philosophie de Jacob Böhme*, Paris 1929; E. Benz, »Über die Leiblichkeit des Geistigen zur Theologie der Leiblichkeit bei Jakob Böhme«, in S. H. Nasr (Hrsg.), *Mélanges offerts à Henry Corbin*, Paris-Teheran 1977, S. 451—520; Benz, *Der vollkommene Mensch nach Jakob Böhme*, Stuttgart 1937; *Revue Hermès*, (Hrsg. J. Masui) 3 (1964—65), mit Aufsätzen über Böhme; R. M. Jones, *Spiritual Reformers in the 16th and 17th Centuries*, London 1914, Kap. 9—11; H. T. Martensen, *Jacob Böhme: His Life and Teaching*, Übers. T. Rhys Evans, London 1885; H. Tesch, *Vom Dreifachen Leben*, Bietigheim/Württ., 1971; G. Wehr, *Ja-*

kob Böhme in Selbstzeugnissen und Bilddokumenten, Hamburg, 1971; V. Weiss, Die Gnosis Jakob Böhmes, Zürich 1955; V. Hans Grunsky, Jakob Böhme, Stuttgart 1956; H. H. Brinton, The Mystic Will, New York, 1930; A. J. Penny, Studies in Jacob Böhme, London 1912.

82 Böhme befaßt sich mit diesem Thema insbesondere in Kapitel 14 von De signatura rerum.

83 Nach A. Koyré ist die Sehnsucht nach dem Ewigen »aussi le gage de la possibilité d'attendre à une connaissance parfaite de Dieu, et de le connaître à la fois dans la nature par laquelle il s'exprime et dans l'âme ou il habite, virtuellement au moins.« Koyré, La Philosophie de Jacob Böhme, S. 454.

84 Dies ist die Baadersche Interpretation Böhmes, die aber zweifellos aus dessen Schriften herauszulesen ist.

85 Böhme befaßt sich mit dieser Frage in seinem Mysterium Magnum, Kap. 35, 60. Der Gedanke einer »Sprache der Natur«, die heiligen Charakter hat, findet sich auch in anderen Weisheitsschriften der Zeit, wie z. B. der Confessio Fraternitatis, insbesondere im 6. und 9. Kapitel. S. G. Wehr (Hrsg.), Die Bruderschaft der Rosenkreuzer, Köln 1987.

86 »Wenn Gott sich selbst mit heiliger Wonne erkennt und erblickt, nimmt er nicht nur sich selbst wahr, sondern auch all seinen Inhalt – die »Fülle« seines Universums. Diese Fülle, die man sich am besten als ein vom Vater in Vielfalt ausströmendes Universum von Ideen vorstellen kann, wird vom Sohn zu einer geistigen Einheit zusammengefaßt und vom Heiligen Geist zu einer Ideenwelt geformt, die nicht mit Gott identisch, aber von ihm aber auch nicht zu trennen ist. Dies ist es, was Böhme Weisheit nennt.« H. L. Martensen, Jacob Böhme, Übers. T. Rhys Evans, neu hrsg. und mit Anm. versehen von S. Hobhouse, London 1949, S. 106.

87 Über die Cambridger Platoniker s. J. Tulloch, Rational Theology and Christian Philosophy in England in the Seventeenth Century, 2 Bde., London und Edinburgh 1872; E. A. Burtt, The Metaphysical Foundations of Modern Physical Science, London 1925; F. J. Powicke, The Cambridge Platonists, London 1926; E. Cassirer, Die platonische Renaissance in England u. die Schule von Cambridge (1932); C. E. Raven, Natural Religion and Christian Theology, Cambridge 1953; S. Hutin, Henry More, Essai sur les doctrines théosophiques chez les Platoniciens de Cambridge, Hildesheim 1966, worin diese Schule aus einem mehr weisheitlichen als bloß philosophischen und rationalen Standpunkt behandelt wird, und J. A. Passmore, Ralph Cudworth, Cambridge 1951, in dem sich eine umfassende Bibliographie früherer Werke findet.

Über das Thema von Henry Mores Spissitudo spiritualis im Vergleich mit Lehren seines muslimischen Zeitgenossen Sadr al-Din Shirazi s. H. Corbin, En Islam iranien, Bd. 4, S. 158. Siehe auch das »prélude à la deuxième édition« von Corbins Corps Spirituel et terre céleste – de l'iran mazdéen à l'iran shi'ite, Paris 1979.

88 »Wenn ich das Göttliche definieren müßte, würde ich es eher ein göttliches Leben als ein göttliches Wissen nennen, da es eher durch eine *geistige Wahrnehmung* als durch eine *verbale Beschreibung* verstanden werden kann.« John Smith, »A Praefatory Discourse concerning the True Way or Method of Attaining to Divine Knowledge«, in E. T. Campagnac, *The Cambridge Platonists*, Oxford 1961, S. 80.

John Smith akzeptierte trotz seiner Betonung des Primats der göttlichen Erkenntnis die mechanistische Anschauung Descartes', die die »Wissenschaft« von der »Weisheit« trennte, und widersprach Cudworth und More in diesem Punkt; dies belegt nicht nur die Auffassungsunterschiede, die unter den Cambridger Platonikern bestanden, sondern auch den bruchstückhaften Charakter des traditionalen Wissens, das diese Schule besaß und weiterzugeben versuchte. Über die Differenzen unter den Cambridger Platonikern, insbesondere im Hinblick auf Descartes siehe J. E. Saveson, »Differing Reactions to Descartes among the Cambridge Platonists«, *Journal of the History of Ideas* 21/4, (Okt.–Dez. 1969): 560–67.

89 »Das Göttliche nun ist eine wahrhaftige Ausgießung des ewigen Lichtes, das, wie die Sonnenstrahlen, nicht nur erleuchtet, sondern auch wärmt und belebt; und deshalb hat unser Heiland bei seinen *Beatitudes* Reinheit des Herzens mit der seligmachenden Schau verknüpft.« Campagnac, a. a. O. S. 80.

90 Campagnac, a. a. O. S. 96.

91 Über Angelus Silesius (Johannes Scheffler) J. Baruzi, *Création religieuse et pensée contemplative, 2ᵉ part.: Angelus Silesius*, Paris 1951; E. Suzini, *Le Pélerin Chérubique*, 2 Bd., Paris, 1964; G. Ellinger, *Angelus Silesius. Ein Lebensbild*, München 1927; H. Plard, *La Mystique d'Angelus Silesius*, Paris 1943; Von Willibald Köhler, *Angelus Silesius (Johannes Scheffler)*, München 1929; J. Trautmann, *Vom wesentlichen Leben: Eine Auswahl aus dem Cherubinischen Wandersmann des Angelus Silesius*, Hamburg 1946; J. L. Sammons, *Angelus Silesius*, New York 1967; und G. Rossmann, *Das königliche Leben: Besinnung auf Angelus Silesius*, Zürich 1956.

92 »Il s'agit dans son livre, d'un retour à Dieu, et d'abord par la connaissance. C'est le sens du titre, devenu le sien à partir de la seconde édition (1675); *Der Cherubinische Wandermann*, ou sont réunies l'idée d'une marche vers Dieu, et la connaissance, ou plus exactement, la sagesse comme principe de cette marche.« H. Plard, *La Mystique d'Angelus Silesius*, Paris 1943.

93 Wie nahe sind doch die Verse von Silesius,
Stirb, ehe du noch stirbst, damit du nichte darfst sterben
Wenn du nun sterben sollst; sonst möchtest du verderben
den Versen von Jalāl al-Dīn Rūmī

روميرا ى خواجه قبل از مردنت   تا نبا شذ زحمت جان دادنت

آنچنان مرگى که د نزرى روى   فى جنان مرگى که درگورى روى

*Oh Mensch stirb, bevor du stirbst,
damit du den Tod nicht leiden mußt, wenn du sterben wirst.
Ein solcher Tod, daß du ins Licht eingehen wirst,
nicht ein Tod, durch den du ins Grab sinken wirst.*

Diese und andere erstaunliche ähnliche Äußerungen von Silesius und Sufi-Dichtern verweisen natürlich nicht auf historische Anleihen, sondern auf gemeinsame Archetypen. Sie zeigen eine verwandte Spiritualität innerhalb der Familie der abrahamischen Religionen.

94 Angelus Silesius, *Der Cherubinische Wandersmann*, München 1960, I/278.
95 Ebenda I/186.
96 Ebenda I/30.
97 Ebenda I/82.
98 Ebenda III/121. Dieses etwas grelle anthropomorphe Bild muß natürlich in seinem esoterischen und symbolischen Sinn aufgefaßt werden, nämlich als die Vereinigung und Ekstase, die den Zustand des Intellekts bezeichnet, wenn er zur Erkenntnis des Heiligen auf der höchsten Stufe gelangt.
99 Es ist eine Paradoxie, daß man das 18. Jahrhundert, das man mit der darauffolgenden Epoche unter dem weisheitlichen Gesichtspunkt als finsteres Mittelalter bezeichnen muß, in einen Zusammenhang mit »Erleuchtung« bringen konnte, indem man es in den verschiedenen europäischen Sprachen als *Age of Enlightenment, l'âge des lumières, illuminismo* oder *Aufklärung* bezeichnet. Wenn in einem hypothetischen Fall ein orientalischer Weiser wie Śankara oder Ibn Arabi die spätere Geschichte des westlichen Denkens erforschen würde, dann würde ihn wohl nichts so sehr erstaunen als die Tatsache, daß man Leute wie Diderot oder Condorcet als »aufgeklärt« bzw. »erleuchtet« bezeichnet. Überraschend wäre für ihn daneben, daß einige (aber natürlich nicht alle) jener Gestalten, die man Illuminati oder *frères illuminés* nannte und die den verschiedenen »esoterischen« und »okkultistischen« Gruppen angehörten, den Theismus nicht aus dem Standpunkt der Advaita oder der »transzendenten Einheit des Seins« (waḥdat al-wujūd) ablehnten, der die theistische Position »umfaßt«, sondern aus einer theistischen Perspektive, die praktisch agnostisch, wenn nicht schlicht atheistisch war. Siehe E. Zolla, »Che Cosa Potrebbe Essere un Nuovo Illuminismo« in seinem *Che Cos'è la Tradizione*, Mailand 1971.
Es muß allerdings darauf hingewiesen werden, daß genauere Studien aus jüngerer Zeit gezeigt haben, daß es auch im 18. Jahrhundert viele Gestalten gab, die, wiewohl sie dieser Epoche angehörten, gegen den Rationalismus jener Zeit opponierten. Zu dieser Gruppe gehörten die unterschiedlichsten Persönlichkeiten von wirklichen Gnostikern und Theosophen, die authentisches esoterisches Wissen besaßen, bis hin zu Okkultisten jeglicher Couleur, die die Vorläufer der bekannteren okkultistischen Gruppen des ausgehenden 19. und frühen 20. Jahrhunderts werden sollten. Niemand hat sich in den letzten Jahren um die Aufhellung der Leh-

ren dieser randständigen, aber bedeutenden Gestalten des 18. und frühen 19. Jahrhunderts so verdient gemacht wie A. Faivre. Siehe sein *l'Esotérisme au XVIIIe siècle en France et en Allemagne*, Paris 1973; *Kirchberger et l'illuminisme du XVIIIe siècle*, Den Haag 1966; *Epochen der Naturmystik: Hermetische Tradition im wissenschaftlichen Fortschritt*, Berlin 1977; und »De Saint-Martin à Baader, le »Magikon« de Kleuker,« in *Revue d'Etudes Germaniques*, April—Juni 1968, S. 161—90. Siehe auch R. Le Forestier, *La Franc-Maçonnerie occultiste au XVIIIe et l'Ordre des Elus-Coens*, Paris 1928; ders *La Franc-Maçonnerie occultiste et templière aux XVIIIe et XIXe siècles*, Paris 1970; E. Benz, *Adam, der Mythos vom Urmenschen*, München 1955; »L'illuminisme au XVIIIe siècle«, hrsg. v. R. Amadou, in *Les Cahiers de la Tour Saint-Jacques*, Paris 1960; und H. Schneider, *Quest for Mysteries*, Ithaca, New York 1947.

100 Siehe A. Faivre, *Eckartshausen et la théosophie chrétienne*, Paris 1969. Eckartshausens Einfluß war nicht nur in Rußland spürbar, sondern ist auch bei jüngeren Okkultisten wie Eliphas Levi und Papus nachzuweisen.

101 Zu Swedenborg gibt es eine umfangreiche Literatur. Siehe u. a. E. Benz, *Swedenborg, Naturforscher und Seher*, München 1948; und H. Corbin, »Herméneutique spirituelle comparée (I. Swedenborg-II.). Gnose ismaëlienne«, in *Eranos-Jahrbuch* 33 (1964): 71-176, wo sich eine interessante morphologische Studie zu Swedenborgs Hermeneutik und derjeniger bestimmter ismāʿīlītischer Exegeten findet, die die innere Bedeutung des Korans zu enthüllen suchten.

102 Über Newton und die Alchemie siehe B. Dobbs, *The Foundations of Newton's Alchemy; or »The Hunting of the Greene Lyon«*, Cambridge 1976. Das Interesse der Autorin liegt zwar mehr auf der historischen als auf der philosophischen und metaphysischen Ebene, jedoch hat sie in dieser Studie viel Material über Newtons Alchemie zusammengetragen, das bisher nicht verfügbar war, einschließlich eines Verzeichnisses von Newtons bemerkenswerten alchemistischen Schriften (Anhang A, S. 235—248).
Zu Newtons Alchemie siehe auch P. M. Rattansi, »Newton's Alchemical Studies« in A. Debus (Hrsg.), *Science, Medicine and Society in the Renaissance. Essays to Honor Walter Pagel*, 2 Bd., New York 1972 II. S. 167—82.

103 Bezüglich Newtons tiefem Interesse an Böhme siehe S. Hutin, *Les disciples anglais de Jacob Böhme*, Paris 1960; sowie auch K. R. Popp, *Jakob Böhme und Isaac Newton*, Leipzig 1935. Die These, daß Böhme Newton beeinflußt hätte, wurde von H. McLachlan, *Sir Isaac Newton: Theological Manuscripts*, Liverpool 1950, S. 20—21 mit dem Argument zurückgewiesen, daß sich in Newtons theologischen Arbeiten keine substantiellen Auszüge aus Böhmes Schriften finden. Dieser Meinung schließt sich auch Dobbs an, a. a. O. S. 9—10. Auf der allgemein philosophischen Bedeutungsebene der Alchemie kann man jedoch sehr wohl einen Zusammenhang zwischen beiden sehen, und die These von S. Hutin und

anderen, die eine Verbindung zwischen Böhme und Newton behaupten, kann nicht deshalb verworfen werden, weil keine Namen oder Textstellen zitiert werden oder aufgrund der Tatsache, daß es an Newton eine andere Seite gab, die sich krass von Böhme unterschied.

104 Über Baader siehe H. Fischer-Barnicol (Hrsg.), *Franz von Baader: Vom Sinn der Gesellschaft*, Köln, 1966; M. Pulver, *Schriften Franz von Baaders*, Leipzig 1921; E. Susini, *Franz von Baader et le romantisme mystique*, 3 Bde., Paris 1942; J. Glaassen, *Franz von Baaders Leben und theosophische Ideen*, 2 Bde., Stuttgart 1886.

105 Siehe E. Klamroth, *Die Weltanschauung Franz von Baaders in ihrem Gegensatz zu Kant*, Berlin 1965. Auf Descartes' cogito ergo sum antwortete von Baader cogitor, ergo cogito et sum (»ich werde [von Gott] gedacht, deshalb denke und bin ich«), womit er Gottes Wissen vom Menschen als die Quelle sowohl seines Seins wie seiner Vernunft setzte. Siehe F. Schuon, *Logique et Transcendence*, S. 44. Für von Baader beginnt Erkenntnis nicht mit cogito, sondern mit Gottes Wissen von uns.

106 Diese Lehre findet sich insbesondere in seinen beiden Hauptwerken *Fermenta cognitionis* und *Spekulative Dogmatik*.
Von Baader betrachtete auch Religion als Heilige Wissenschaft und Heilige Wissenschaft als Religion. Für ihn sollte Religion auf Erkenntnis heiligen Charakters und nicht nur auf Gefühlen beruhen. In gleicher Weise sollte die Wissenschaft letztlich in der göttlichen Vernunft ihre Wurzeln haben, wodurch sie zu einer Religion im weitesten Sinne des Wortes werden würde. »Baader affirme que la religion doit devenir une science, et la science une religion; qu'il faut savoir pour croire, croire pour savoir.« A. Faivre, *L'Esotérisme au XVIIIe siècle*, S. 113.

107 Siehe Susini, a. a. O., insb. Bd. 2–3, S. 225 ff.

108 Der Einfluß Rosminis machte sich in Italien bis in die jüngere Zeit bei katholischen Denkern wie F. Sciacca geltend, doch ist er in der anglophonen Welt kaum bekannt, und er bleibt wie von Baader und ähnliche Philosophen eine Randfigur in einer Welt, in der die Philosophie zum Rationalismus und schließlich Irrationalismus reduziert wurde.

109 »Erkenntnis« hat natürlich dieselbe Wurzel wie das sanskritische »jñāna« wie auch das griechische »Gnosis«, die beide »Erkenntnis« und »Weisheitswissen« bedeuten. Die später im griechischen Denken und auch von den Kirchenvätern vorgenommene Unterscheidung zwischen *Gnosis* und *Episteme* markiert bereits die Ablösung der Erkenntnis von ihren heiligen Quellen. Andernfalls müßte sich im deutschen *Erkenntnis* wie im englischen *knowledge*, die beide die Wurzel *kn* enthalten, auch die Bedeutung von *Gnosis* widerspiegeln, wie es bei *jñāna* im Sanskrit der Fall ist, wobei diese Wurzel sowohl »Erkenntnis« als auch »Werden« impliziert, wie es bei dem Wort *Genesis* der Fall ist.

110 »Le »miracle grec«, c'est en fait la substitution de la raison à l'Intellect, du fait au Principe, du phénomène à l'idée, de l'accident à la Substance, de la forme à l'Essence, de l'homme à Dieu, et cela dans l'art aussi bien

que dans la pensée.« F. Schuon, *Le Soufisme voile et quintessence*, Paris 1980, S. 106.
111 »Le véritable miracle grec, si miracle il y a, – et dans ce cas il serait apparenté au »miracle hindou«, – c'est la métaphysique doctrinale et la logique méthodique, providentiellement utilisées par les Sémites monothéistes«. Ebenda S. 106.
112 Siehe S. H. Nasr, *Three Muslim Sages*, Albany, New York 1975, Kap. 1 und 2.
113 Zu der Problematik in diesem »Dialog« siehe F. Schuon, »Dialogue between Hellenists and Christians«, in *Light on the Ancient Worlds*, Übers. Lord Northbourne, London 1965, S. 58–71.
114 Natürlich triumphierte der Hellenismus in einer anderen Dimension, indem er als Gelehrtensprache, als Denkweise und Weltbetrachtungsweise im Herzen des Christentums selbst fortlebte.
»Wie die meisten intertraditionalen Polemiken war der Dialog, in dem Hellenismus und Christentum miteinander im Widerstreit standen, weitgehend unrealistisch. Dadurch, daß beide auf einer bestimmten Ebene – oder in einer bestimmten »spirituellen Dimension« – recht hatten, standen letztlich beide als Sieger da: Das Christentum, indem es die ganze westliche Welt eroberte, und der Hellenismus, indem er im Herzen des Christentums überlebte und im christlichen Denken eine unauslöschliche Spur hinterließ«. Ebenda S. 58.
Interessant ist hier vielleicht der Hinweis, daß zwar im westlichen Christentum das griechische »Heidentum« stark bekämpft wurde, in Kleinasien dagegen in gewissen christlichen Kreisen während der ersten Jahrhunderte der christlichen Geschichte Gestalten wie etwa Sokrates als vorchristliche Heilige galten.
115 Dieser Ausdruck geht auf Th. Roszak zurück. Siehe sein Werk *Where the Wasteland Ends*, New York 1972.
116 Siehe J. Robinson (Hrsg.), *The Nag Hammadi Library*, New York 1977, »Acts of Peter and the Twelve Apostles«, S. 265 ff.; H. Corbin »L'Orient des pélerins abrahamiques« in *Les Pélerins de l'orient et les vagabonds de l'Occident, Cahiers de l'Université Saint-Jean de Jérusalem*, Nr. 4, Paris 1978, S. 76; Corbin, »La nécessité de l'angélologie« in *Cahiers de l'hermétisme*, Paris 1978, Kap. 4,II.
117 Über seine Ansichten bezüglich dieser entscheidenden Fragen s. E. Gilson, *Reason and Revelation in the Middle Ages*, New York 1938.
118 S. H. Nasr, *An Introduction to Islamic Cosmological Doctrines*, S. 185 ff.
Interessanterweise haben neothomistische europäische Fachwissenschaftler für islamisches Denken wie L. Gardet die Frage aufgeworfen, ob Ibn Sīnās Denken islamische Philosophie oder bloß griechische Philosophie im islamischen Gewand sei, während ein Gelehrter wie z. B. Corbin, der sich so intensiv mit den Weisheitsschulen des Westens einschließlich der protestantischen Mystiker der Renaissance befaßt hat, nicht nur die Bedeutung von Ibn Sīnā als islamischer Philosoph für das

islamische Denken selbst betont, sondern auch diejenige der Weisheits- und gnostischen Lehren von Suhrawardī und Mullā Ṣadrā. Trotz unserer großen Hochachtung für Gelehrte wie Gardet, die eben wegen ihres Thomismus in der Lage sind, viele bedeutende Aspekte des Islam zu verstehen, die bloß säkulare oder agnostische Gelehrte übersehen und vernachlässigt haben, sind wir in diesem speziellen Punkt absolut einer Meinung mit Corbin. Jeder, der mit dem späteren islamischen Denken gut vertraut ist und auch die rein metaphysische Perspektive erfaßt, kann eigentlich nur zu einer ähnlichen, wenn nicht identischen Schlußfolgerung kommen, wie wir sie in den Schriften von T. Izutsu finden, der auch viele bedeutende Studien über die spätere islamische Philosophie und Gnosis vorgelegt hat. Siehe Corbin in Zusammenarbeit mit S. H. Nasr und O. Yahya, *Histoire de la philosophie islamique*, Bd. 1, Paris 1964; die Prologomena von Corbin zu Sadr al-Dīn Shīrāzī, *Le Livre des pénétrations métaphysiques*, Paris-Teheran 1964; und T. Izutsu, *The Concept and Reality of Existence*, Tokyo 1971.

119 S. H. Corbin, *Avicenna and the Visionary Recital*, Übers. W. Trask, Dallas 1980.

120 Über den lateinischen Avicennismus und Averroismus siehe R. de Vaux, »La première entrée d'Averroës chez les Latins«, *Revue des Sciences Philosophiques et Théologiques* 22 (1933): 193–245; de Vaux, *Notes et textes sur l'Avicennisme latin aux confins des XIIe–XIIIe siècles*, Paris 1934; M. T. d'Alverny, *Avicenna nella storia della cultura medioevale*, Rom 1957; d'Alverny, »Les traductions latines d'Ibn Sīnā et leur diffusion au Moyen Age«, *Millénaire d'Avicenne. Congrès de Bagdad*, Bagdad 1952, S. 5979; d'Alverny, »Avicenne. Latinus«, *Archives d'Histoire, Doctrinale du Moyen-Age* 28 (1961): 281–316; 29 (1962): 271–33 (1963): 221–72; 31 (1964): 271–86; 32 (1965): 257–302; M. Bouyges, »Attention à Averroista«, *Revue du Moyen Age Latin* 4 (1948): 173–76; E. Gilson, *History of Christian Philosophy in the Middle Ages*, New York 1935; und F. Van Steenberghen, *Siger de Brabant d'après ses oeuvres inédites*, 2 Bde. Louvain, 1931–42.

121 Siehe Nasr, *Three Muslim Sages*.

122 Diesen Prozeß hat in großartiger Weise E. Gilson in seinem *Unity of Philosophical Experience* abgehandelt, wenn auch Gilson seiner thomistischen Perspektive gemäß nicht auf die Bedeutung des Verlustes der Weisheits- oder gnostischen Dimension für die Zerstörung des Thomismus selbst hinweist. Denn in Ermangelung jenes Typs von Erkenntnis, der unmittelbar und heiligend ist, wurde auch das gewaltige Gebäude des Thomismus, das zum Vorhof der göttlichen Anwesenheit, aber nicht zur beseligenden Vereinigung selbst führt, letztlich kritisiert und verworfen. Wenn des weiteren die intellektuelle Intuition der Menschen nicht verdüstert worden wäre, wäre der Realismus-Nominalismus-Streit gar nicht erst ausgebrochen, und es hätte sich eine Situation nicht unähnlich derjenigen entwickelt, wie sie heute in Indien und auch der

islamischen Welt vorliegt, wo es dem Nominalismus ähnliche Positionen gab, jedoch nur am Rande des traditionellen Spektrums, in dessen Zentrum immer Lehren im Sinne der *jñāni* oder *'irfānī* standen.
123 Siehe D. P. Walker, *The Ancient Theology, Studies in Christian Platonism from the Fifteenth to the Eighteenth Century*, London 1972.
124 Über die Integration verschiedener Weisheitsgestalten des Griechentums wie z. B. Apollo und Orpheus, in der sich die Integration alter Weisheit in die christliche Tradition ausdrückt, und die einschlägige Literatur siehe E. R. Curtius, *European Literature and the Latin Middle Ages*, Übers. W. R. Trask, New York 1953. Die vielleicht letzte literarische Gestalt Europas, für die die Gestalt des Orpheus-Christus noch eine Realität war, war der im 17. Jh. lebende spanische Dramatiker Calderón, der Autor von *El Divino Orfeo*, für den »...Christus der göttliche Orpheus ist. Seine Leier ist das Kreuzesholz.« Curtius, a. a. O. siehe S. 244. Calderón betrachtete die griechische Weisheit als ein zweites Altes Testament und schrieb in seinen *Autos sacramentales*:
la voz de la Escritura
Divina en los Profetas
Y humana en los poetas
Wie alle spanischen Philosophen seiner Zeit stand aber auch er nicht im Hauptstrom der europäischen Kultur.
In ähnlicher Weise findet sich bei Shakespeare, der die Fortführung der Tradition im elisabethanischen England repräsentiert, ein Bewußtsein für den inneren Zusammenhang zwischen griechischer Weisheit und Christentum, und auch er stand damit im Widerspruch zu den herrschenden Tendenzen seiner Zeit. »Für Shakespeare und für Dante ist, ebenso wie für die alten Priester und Priesterinnen zu Delphi, Apollo nicht der Gott des Lichtes, sondern das Licht Gottes.« M. Lings, *Shakespeare in the Light of Sacred Art*, London 1966, S. 17.
125 Was Suhrawardī, Quṭbal-Dīn Shīrāzī und später Mullā Ṣādrā für die peripatetische Philosophie im Islam leisten sollten.
126 Der gefeierte Sufi des 4./11. Jhs., der in Bagdad wegen esoterischer Aussprüche (theophatischer Äußerungen, die im arabischen *shaṭh* genannt werden) zum Tode verurteilt wurde und der als einer der großen Meister der islamischen Gnosis gilt. Sein Leben und seine Lehren hat L. Massignon in seinem klassischen Werk *La Passion d'al-Hallāj*, 2. Auflage, 4 Bde., Paris 1975 ausführlich dargestellt.
127 »Die Metaphysik entzieht sich dem animistischen Satz des Descartes' *cogito ergo sum* und setzt dagegen *cogito ergo est*; auf die Frage »*quid est*« lautet ihre Antwort, daß dies eine unangemessene Frage ist, weil ihr Gegenstand nicht ein Was unter anderen ist, sondern die Washeit von diesen allen und von allem, was diese nicht sind.« A. K. Commaraswamy, *The Bugbear of Literacy*, London 1947, S. 124; erweiterte Ausgabe London 1980.

128 Manche Formen der analytischen Philosophie haben, relativ gesprochen, Positives bewirkt, indem sie die Sprache des philosophischen Diskurses klärten, die in der Tat in unserer Zeit zweideutig geworden ist, freilich nicht in den traditionalen Schulen, in denen die philosophische Sprache, sei es Arabisch, Hebräisch oder Latein, so präzise ist wie die moderne Naturwissenschaft und nicht so unklar wie die moderne Philosophie. Diese Klärung der Sprache ist aber nicht das Einzige, was die analytische Philosophie und der Positivismus im allgemeinen zuwege gebracht haben, deren viel verheerendere Wirkung die Trivialisierung der Philosophie und ihrer Ziele war, was nicht wenige Sucher nach der *Philo-sophie* in Disziplin suchen ließ, die im heutigen akademischen Betrieb nicht unter diesem Namen firmieren.

129 »Die akademische Philosophie als solche, die angelsächsische Philosophie nicht ausgenommen, ist heute praktisch in ihrer Gänze Anti-Philosophie.« F. A. Schaeffer, *The God Who is There*, Downers Grove, Ill. 1977, S. 28.

130 S. F. Yates, *The Occult Philosophy in the Elizabethan Age*, London und Boston 1979.

131 Wir haben uns mit diesem Problem ausführlich in unserem Buch *Man and Nature*, London 1976 befaßt; siehe auch Roszak, *Where the Wasteland Ends* und sein *Unfinished Animal*, New York 1975.

132 Über die Kritiker der modernen Wissenschaft schreibt E. J. Dijkterhuis, der umfassende Forschungen über die Entstehungsgeschichte der Mechanisierung der Welt angestellt hat und diese ausführlich beschreibt: »Sie neigen dazu, das Joch der mechanistischen Auffassung, unter das sich der Geist gebeugt hat, als eine der Hauptursachen für das spirituelle Chaos anzusehen, in das die Welt des 20. Jhs. trotz all ihres technologischen Fortschrittes geraten ist.« Dijkterhuis, *The Mechanization of the World*, Übers. C. Dikshoorn, Oxford 1961, S. 1–2. Mit diesem Prozeß haben sich auch viele Wissenschaftshistoriker der Renaissance und des 17. Jhs. wie z. B. A. Koyré, G. Di Santillana und I. B. Cohen befaßt.

133 Als Lektüre zu den Reaktionen von Gestalten wie Ötinger und Swedenborg gegen die neue Astronomie, die als Grundlage für die mechanistische Weltanschauung diente, siehe E. Benz, »Der kopernikanische Schock und seine theologische Auswirkung«, in *Eranos Jahrbuch 44* (1975): 15–60; außerdem *Cahiers de l'Université de St. Jean de Jérusalem*, Bd. 5, Paris 1979.

134 Goethe und Herder, die die Sache sowohl der integralen Erkenntnis wie auch der Naturphilosophie verfochten, gehörten zu denjenigen, die sich gegen die mechanistische Weltanschauung wandten und den Gedanken der Verflechtung der Naturteile zu einem lebendigen Ganzen vertraten, der im Einklang mit den traditionellen Lehren stand. Goethe schreibt: »Die Natur, so mannigfaltig sie erscheint, ist doch immer ein Eines, eine Einheit, und so muß, wenn sie sich teilweise manifestiert, alles übrige als Grundlage dienen, dieses in dem übrigen Zusammenhang haben.« Riemer, 19. 3. 1807.

135 Das populäre Werk von K. Popper, *Das Elend des Historizismus*, Boston 1957, ist eine der bekanntesten dieser Kritiken seitens eines berühmten zeitgenössischen Wissenschaftsphilosophen.
Die moderne Phänomenologie ist ebenfalls dem Historizismus entgegengetreten und hat alternative Wege und Verfahren des Studiums der Religion, Philosophie, Kunst usw. entwickelt; sie ist dabei zu bemerkenswerten Resultaten gelangt, sofern sie sich die traditionelle Perspektive zu eigen machte. Wo nicht, hat sie zu einer Art sterilen Studiums von Strukturen geführt, das von einer Empfindung des Heiligen und Wahrnehmung der Geschichte der verschiedenen Traditionen als einer heiligen Geschichte weit entfernt war. Trotzdem liegt im Kern der Intuition, die zur Phänomenologie führte, ein Bewußtsein für das »Elend des Historizismus« und die Wiedergewinnung des Reichtums der permanenten Strukturen und Modi, die man auch in der Welt der Phänomene beobachtet und die Aspekte des Permanenten an sich widerspiegeln.
136 Der Hinweis auf den Gedanken, daß die Natur ein großes Buch sei, findet sich am Anfang seines *Dialog bezüglich der beiden hauptsächlichen Weltsysteme, des Ptolemäischen und des Kopernikanischen*.
137 »Die Philosophie ist in dieses großartige Buch des Universums eingeschrieben, das unserem Blick immerdar offen steht. Das Buch kann aber nur gelesen werden, wenn man erst lernt, die Sprache zu verstehen und die Buchstaben zu lesen, mit denen es abgefaßt ist. Es ist in der Sprache der Mathematik geschrieben, und seine Zeichen sind Dreiecke, Kreise und andere geometrische Figuren, ohne die es dem Menschen unmöglich ist, ein einziges Wort davon zu verstehen.« Aus dem *Assayer* in *Discoveries and Opinions of Galileo*, Übers. Stillmann Drake, New York 1957, S. 237–238. Zitiert in M. De Grazia, »Secularization of Language in the 17th Century«, *Journal of the History of Ideas* 41/2 (April–Juni 1980).
Es gibt wenig Hinweise darauf, daß Galilei direkt am Pythagoreanismus interessiert war, auch wenn sein Vater sich intensiv mit den pythagoreischen Lehren befaßt hatte.
138 Kepler entwickelt diesen Gedanken in verschiedenen seiner Werke, u. a. dem *Mysterium Cosmographicum*.
139 De Grazia, a. a. O. S. 326.
140 »Im 17. Jh. brach die traditionelle Verbindung zwischen menschlicher und göttlicher Sprache auseinander. Gottes Sprache wurde nicht mehr primär verbal aufgefaßt; die menschlichen Worte hörten auf, nach Art und Qualität mit dem göttlichen Wort verbunden zu sein.« Ebenda S. 319.
Dieser Prozeß konnte zweifellos im Westen leichter voranschreiten, weil das Christentum im Gegensatz zum Judaismus und Islam keine heilige Sprache hatte; das Lateinische war im Grunde eine liturgische Sprache und nicht heilig, wie es das Arabische und das Hebräische für den Islam und den Judaismus waren.

141 Derselbe Prozeß mußte sich bei der Wiederbelebung traditioneller Lehren in unserer Zeit abspielen, womit wir uns in den folgenden Kapiteln befassen werden.
Die ganze Frage des Zusammenhangs zwischen dem Prozeß der Entheiligung der Erkenntnis und der Sprache in der modernen Welt müßte in einer eigenen, ausführlichen Studie behandelt werden und kann hier nur gestreift werden. Der Prozeß der Entheiligung der traditionellen Sprache des Orients angesichts der akuten Säkularisierung des Denkens im Osten bietet ein aktuelles Paradigma dafür, was sich im Westen in einem Zeitraum von etwa fünf Jahrhunderten abspielte.

142 Man kann natürlich sagen, daß diese radikale Abwendung vom Reich des Verstandes und die Zufluchtssuche im Glauben allein darauf zurückzuführen sind, daß »der moderne Rationalismus sein Werk gegen den Glauben mit stummer Gewalt verrichtet, heimtückisch wie ein geruchloses Gas.« K. Stern, *The Flight from Woman*, New York 1965, S. 300.
Die Frage ist aber, was einen christlichen Theologen veranlassen könnte, die vom Rationalismus erzwungene Begrenzung des Verstandes hinzunehmen, wenn nicht ein Verlust der Weisheitsperspektive, welche im Verstand nicht das Giftgas erblickt, das der Religion den Garaus macht, sondern eine Ergänzung des Glaubens, weil beides mit der göttlichen Vernunft verknüpft ist. Die Tatsache, daß solche Theologien auftreten, zeigt nur, daß die Ausmerzung des Heiligen aus der Erkenntnisfähigkeit durch die westliche Philosophie und Wissenschaft schließlich sogar von den Theologen akzeptiert wurde, von denen manche diese Ausmerzung noch viel radikaler vorantreiben als viele zeitgenössische Wissenschaftler, die sich auf der Suche nach der Wiederentdeckung des Heiligen befinden.

143 Im Zusammenhang mit Barth schreibt Schäffer. »Ihm folgten viele andere, Männer wie Reinhold Niebuhr, Paul Tillich, Bischof John Robinson, Alan Richardson und alle neueren Theologen. Sie mögen im Detail unterschiedlicher Ansicht sein, doch ist ihr Kampf derselbe – es ist der Kampf des modernen Menschen, der auf ein vereinheitlichtes Erkennen verzichtet hat. Was die Theologen betrifft, so haben sie die religiöse Wahrheit vom Kontakt mit der Wissenschaft einerseits und der Geschichte andererseits abgeschnitten. Ihr neues System ist nicht verifizierbar, es muß einfach geglaubt werden.« Schäffer, a. a. O., S. 54.
Im Falle des Teilhard de Chardin rückt aus traditionaler Sicht eine neue Dimension der theologischen Subversion ins Blickfeld, mit der wir uns noch näher auseinandersetzen werden.

II
WAS IST TRADITION

Ruhe im uralten Tao,
Bewege dich mit der Gegenwart
TAO TE KING

Ich erschaffe nicht, ich berichte nur von der Vergangenheit
KONFUZIUS

Der Ausdruck *Tradition* wurde im vorigen Kapitel sehr häufig benutzt. Es ist nun nötig, ihn möglichst umfassend zu definieren, um Mißverständnisse bezüglich eines Begriffs zu vermeiden, der in unserer Auffassung von der Bedeutung des Heiligen in seiner Beziehung zur Erkenntnis einen zentralen Platz einnimmt. Der Gebrauch des Ausdrucks *Tradition* in dem in der vorliegenden Studie gebrauchten Sinne bürgerte sich in der westlichen Zivilisation während der letzten Phase der Entheiligung sowohl der Erkenntnis als auch der den modernen Menschen umgebenden Welt ein. Die Wiederentdeckung der Tradition bildete eine Art kosmischer Kompensation, ein Geschenk des göttlichen Empyreums, dessen Gnade die Wiedereinsetzung der Wahrheit, die den Wesenskern der Tradition ausmacht, just zu dem Zeitpunkt ermöglichte, als alles verloren schien. Die Formulierung des traditionalen Standpunkts war eine Antwort des Heiligen, das das Alpha und das Omega des menschlichen Daseins ist, auf die Untergangselegie des in einer entheiligten und deshalb sinnentleerten Welt verlorenen modernen Menschen.

For though all seem lost, yet All is found
In the Last who is the First. Faithful pageant,
Not amiss is thy mime, for manifest in thee
Omega is an archway where Alpha stands framed,
The First who comes Last, for likewise art thou
The season of seeds, O season of fruits.[1]

»Das erste, das am Ende stehen wird«, die Wiederbekräftigung der Tradition, die selbst ursprünglichen Charakters ist und Kontinuität über die Zeiten hin hat, macht zu dieser späten Stunde der menschlichen Geschichte den Weg zu jener Wahrheit wieder frei, nach der die Menschen während der längsten Zeit ihrer Erdengeschichte gelebt haben. Diese Wahrheit mußte wegen der fast vollständigen Verfinsterung und Preisgabe jener Realität neu konstatiert und formuliert werden, die im gewöhnlichen Menschendasein über die Zeiten hin die Matrix des Lebens war. Der Gebrauch des Ausdrucks und der Rückgriff auf den Begriff der Tradition, wie man es in der heutigen Welt findet, sind in gewisser Weise eine Anomalie, die durch die Anomalie herausgefordert wird, die die moderne Welt als solche konstituiert.[2]

In verschiedenen Sprachen gab es vor der modernen Zeit keinen Ausdruck, der genau dem der Tradition entsprach, mit dem diese prämoderne Menschheit von denjenigen charakterisiert wird, die den traditionalen Standpunkt akzeptieren. Der prämoderne Mensch war zu tief mit der von der Tradition geschaffenen Welt verwoben, als daß er die Notwendigkeit empfunden hätte, einen solchen Begriff scharf zu definieren und dadurch herauszuheben. Er war wie die kleinen Fische, die nach einer Sufi-Parabel eines Tages zu ihrer Mutter kamen und darum baten, daß sie ihnen die Natur des Wassers erkläre, von dem sie soviel gehört hatten, das sie aber noch nie gesehen und das man ihnen noch nie definiert und beschrieben hätte. Die Mutter antwortete darauf, daß sie ihnen gerne die Natur des Wassers enthüllen würde, jedoch müßten sie zuerst etwas finden, das kein Wasser wäre. In gleicher Weise lebten die normalen Menschengesellschaften in einer Welt, die so sehr von dem durchtränkt war, was wir heute Tradition nennen, daß sie mit einem Begriffsetikett wie »Tradition« nichts anfangen konnten, wie es in der modernen Welt definiert und formuliert werden mußte. Sie wußten von Offenbarung, von Weisheit, vom Heiligen, und sie kannten auch Zeiten des Niedergangs ihrer Zivilisation und Kultur, aber sie hatten niemals eine vollkommen säkularisierte und traditionsfeindliche Welt erfahren, die die Definition und Formulierung eines Traditionsbegriffs notwendig gemacht hätte, wie es heute der Fall ist. In gewisser Weise konnte die Formulierung des Traditionsstandpunktes und die Wiederbekräftigung der umfassenden Traditionsperspektive, die wie eine Rekapitulierung aller im gegenwärtigen Zyklus der menschlichen Geschichte manifest gewordenen

Wahrheiten ist, just erst im Dämmerdunkel des Mittelalters geschehen, das einen Endpunkt und den Vorabend eines neuen Morgenglanzes zugleich markiert. Erst das Ende eines Manifestationszyklus ermöglicht die Rekapitulierung des ganzen Zyklus und die Schaffung einer Synthese, die dann zum Samen eines neuen Zyklus wird.³ Der Begriff der Tradition mußte eingeführt, die traditionalen Lehren mußten in ihrer Gesamtheit geäußert werden; genau dies geschah in dieser letzten Stufe der menschlichen Geschichte. Freilich sind die traditionalen Schriften in der heutigen Welt alles andere als allgemein bekannt. Wären die Schriften derjenigen, die im Strom des traditionalen Denkens stehen, einem breiten Publikum bekannt geworden, so wäre es kaum nötig geworden, hier und heute die Bedeutung der Tradition neu zu definieren, der so viele Seiten, Artikel und ganze Bücher gewidmet wurden.⁴ Einer der hervorstechendsten Aspekte des geistigen Lebens dieses Jahrhunderts ist aber gerade die Außerachtlassung dieses Standpunktes in Kreisen, deren offizielle Funktion die Beschäftigung mit Fragen der geistigen Ebene ist. Ob diese Außerachtlassung bewußt oder zufällig geschieht, braucht uns hier nicht zu interessieren. Die Folge ist jedenfalls, daß 60 oder 70 Jahre nach dem Auftauchen von Arbeiten mit Traditionscharakter im Westen der Begriff der Tradition in den meisten Kreisen nach wie vor falsch verstanden und mit Sitte, Brauchtum, überkommenen Denkmustern und ähnlichem verwechselt wird. Daher also die Notwendigkeit, sich nun nochmals mit seiner Bedeutung auseinanderzusetzen, wieviel auch inzwischen zu diesem Thema geschrieben wurde.

Was die traditionalen Sprachen betrifft, so haben diese aus den bereits genannten Gründen keinen Ausdruck, der genau dem der Tradition entspricht. Es gibt so fundamentale Ausdrücke wie das hinduistische und buddhistische *dharma*, das islamische *al-dīn*, das taoistische *Tao* und ähnliche, die untrennbar mit der Bedeutung des Ausdrucks *Tradition* verknüpft, aber nicht mit ihm identisch sind, obwohl natürlich die Zivilisationen, die Hinduismus, Buddhismus, Taoismus, Judaismus, Christentum, Islam oder auch jede andere authentische Religion hervorgebracht haben, Welten mit einem Traditionskontinuum sind. Jede dieser Religionen ist auch der Kern oder der Ursprung der Tradition, die die Grundlagen der Religion in die verschiedenen Bereiche hineinträgt. Tradition deckt sich auch nicht genau mit *traditio*, wie dieser Begriff im Katholizismus gebraucht wird, obwohl Tradition natürlich auch den Gedanken der Weitergabe einer Lehre und eines Ritus einer inspirierten und letztlich geoffenbarten Natur in sich schließt, wie er mit *traditio* gemeint ist. Tatsächlich hängt das Wort *Tradition* etymologisch mit *transmissio* zusammen und umschließt in seinem Bedeutungsumfang den Gedanken der Weitergabe von Wissen, Riten, Techniken, Gesetzen, Formen und vielem anderen, was mündlich oder schriftlich überliefert ist. Tradition ist wie eine lebendige Gegenwart, die ihren Abdruck hinterläßt, aber nicht auf diesen Abdruck reduziert werden darf. Was sie überträgt, mag als Geschriebenes auf Pergamentpapier erscheinen, aber es sind auch Wahrheiten, die in die Seelen der Menschen eingeschrieben sind, und es ist etwas so Subtiles wie der Atemhauch oder der Blick des Auges, durch das manche Lehren übermittelt werden.

Tradition als Fachterminus meint in diesem Werk wie in allen unseren anderen Schriften Wahrheiten oder Prinzipien göttlichen Ursprungs, die der Menschheit und in der Tat auch einem ganzen kosmischen Sektor durch verschiedene, als Engelsboten, Propheten, *avatāras*, als Logos oder andere vermittelnde Wesenheiten intuitiv geschaute Gestalten geoffenbart oder enthüllt werden; es meint auch die Fortsetzung und Anwendung dieser Prinzipien in verschiedenen Bereichen wie z. B. Recht und sozialer Struktur, Kunst, Symbolik, den Wissenschaften, und umfaßt natürlich auch die höchste Erkenntnis nebst den Mitteln zu ihrer Erlangung.

In einem universelleren Sinne kann man der Tradition auch das Prinzip zuordnen, das den Menschen mit dem Himmel verbindet, d. h. also die Religion, während man von einem anderen Standpunkt aus als Religion in ihrem essentiellen Sinne auch diejenigen Prinzipien verstehen kann, die vom Himmel geoffenbart sind und den Menschen mit seinem Ursprung verbinden. Dann kann Tradition in einem engeren Sinne auch als die Anwendung dieser Prinzipien verstanden werden. Tradition schließt Wahrheiten überindividuellen Charakters in sich, die in der Natur der Wirklichkeit als solcher wurzeln, denn, wie gesagt wurde, »Tradition ist nicht kindische und überlebte Mythologie, sondern eine Wissenschaft, die ungemein real ist.«[5] Tradition ist wie Religion Wahrheit und Gegenwart zugleich. Sie zielt auf das erkennende Subjekt und das erkannte Objekt. Sie kommt von der Quelle, aus der alles entspringt und zu der alles zurückkehrt. Sie umfaßt daher alle Dinge wie den »Atem des Mitleidsvollen«, der, wie die Sufis sagen, die Wurzel des Seins selbst ist. Tradition ist untrennbar mit Offenbarung und Religion verbunden, mit dem Heiligen, dem Begriff der Orthodoxie, der Autorität, der Kontinuität und Regularität der Weitergabe der Wahrheit, dem Exoterischen und dem Esoterischen sowie auch dem spirituellen Leben, der Wissenschaft und den Künsten. Die Nuancen und Tönungen dieses Begriffs werden in der Tat immer deutlicher, je mehr man sein Verhältnis zu diesen und anderen einschlägigen Begriffen und Kategorien beleuchtet.

In den letzten Jahrzehnten haben viele, die den Ruf der Tradition vernommen haben, die Tradition immer mehr in einem engen Zusammenhang mit jener ewigen Weisheit gesehen, die den Kern einer jeden Religion ausmacht und die nichts anderes ist als die Sophia, deren Besitz die Vertreter der Weisheitsperspektive im Westen wie im Osten als die Krönung des menschlichen Lebens betrachtet haben. Diese unvergängliche Weisheit, die von der Idee der Tradition nicht getrennt werden kann und eines der Hauptelemente des Traditionsbegriffs ist, ist nichts anderes als die *sophia perennis* der westlichen Tradition, die die Hindus *sanātāna dharma*[6] und die Muslims *al-ḥikmat al-khālidah* (oder *jāvīdān khirad* im Persischen) nennen.[7]

In gewissem Sinne hängt *sanātāna dharma* oder *sophia perennis* mit der Urtradition[8] und damit dem Ursprung des menschlichen Daseins zusammen. Diese Anschauung kann aber in keiner Weise die Authentizität späterer Himmelsbotschaften in Form verschiedener Offenbarungen stören oder aufheben, die jeweils mit einem Ursprung beginnen, der *der* Ursprung ist und der den Beginn einer Tradition markiert, die *die* Urtradition und ihre Anpassung an eine bestimmte Menschheit ist, wobei sich diese Anpassung als göttliche Möglichkeit darstellt, die sich auf der menschlichen Ebene manifestiert hat. Die Sehnsucht des Menschen der Renaissance nach den Ursprüngen und der »Urtradition«, die Ficino die

Übersetzung des Plato zugunsten des *Corpus Hermeticum* aufgeben ließ, das damals als älter und ursprünglicher galt, eine Sehnsucht, die auch Teil der Weltanschauung und des Zeitgeistes des 19. Jahrhunderts wurde[9], hat hinsichtlich der Frage nach der Bedeutung der »Urtradition« in ihrem Verhältnis zu verschiedenen Religionen große Verwirrung ausgelöst. Jede Tradition und »die« Tradition an sich hängen zutiefst mit der unvergänglichen Weisheit oder Sophia zusammen, sofern man diesen Zusammenhang nicht nur als einen vorübergehenden betrachtet und nicht zum Anlaß nimmt, jene anderen Botschaften des Himmels abzulehnen, die die verschiedenen Religionen ausmachen und die natürlich in einem inneren Zusammenhang mit der Urtradition stehen, ohne bloß ihre historische und zeitliche Fortsetzung zu sein. Der Genius und die Eigentümlichkeit einer jeden Tradition können nicht im Namen der allgegenwärtigen Weisheit vernachlässigt werden, die den Kern von allem bildet, was aus den Himmeln zu uns herniedersteigt.

A. K. Coomaraswamy, einer der bedeutendsten Künder traditionaler Lehren in unserer Zeit, hat *sanātāna dharma* als *philosophia perennis* übersetzt, wobei er das Adjektiv *universalis* ergänzte. Unter seinem Einfluß haben viele Tradition mit der unvergänglichen Philosophie gleichgesetzt, mit der sie in der Tat in einem tiefen Zusammenhang steht.[10] Der Ausdruck *philosophia perennis* bzw. seine Übersetzung ist freilich in sich etwas problematisch und muß erst definiert werden, bevor man Tradition im Hinblick auf diesen angemessen verstehen kann. Im Gegensatz zu Huxleys Behauptung stammt der Ausdruck *philosophia perennis* nicht von Leibniz, der ihn in einem bekannten Brief an Remond aus dem Jahre 1714 benutzte.[11] Der Ausdruck dürfte vielmehr erstmals von Agostino Steuco (1497–1548) benutzt worden sein, dem augustinischen Philosophen und Theologen der Renaissance. Obwohl der Ausdruck vielen unterschiedlichen Schulen einschließlich der Scholastik, insbesondere der thomistischen Schulen zugeschrieben wurde[12] und dem Platonismus im allgemeinen, sind dies doch jüngere Verknüpfungen, während Steuco in ihm eine unvergängliche Weisheit sah, die die Philosophie und die Theologie umfaßte und nicht nur einer einzigen Weisheits- oder Denkschule zugeordnet war.

Die Arbeit Steucos *De perenni philosophia* war von Ficino, Pico und selbst Nikolaus von Kues beeinflußt, insbesondere dem *De pace fidei*, in dem von einer Harmonie zwischen verschiedenen Religionen die Rede ist. Steuco, der arabisch und andere semitische Sprachen beherrschte und Bibliothekar der vatikanischen Bibliothek war, wo er Zugang zur »Weisheit der Jahrhunderte« hatte, soweit dies im Okzident jener Zeit möglich war, folgte den Ideen dieser früheren Gestalten bezüglich des Vorhandenseins einer Urweisheit, die seit dem Anbeginn der Geschichte Bestand hatte. Ficino sprach zwar nicht von *Philosophia perennis*, spielte jedoch häufig auf die *philosophia priscorium* oder *prisca theologia* an, was als »alte« oder »ehrwürdige« Philosophie bzw. Theologie übersetzt werden kann. In Nachfolge von Gemisthus Plethon, dem byzantinischen Philosophen, der über diese alte Weisheit schrieb und die Rolle Zoroasters als Meisters dieses alten heiligmäßigen Wissens betonte, verwies Ficino auf die Bedeutung des *Corpus hermeticum* und der *Chaldäischen Orakel*, die nach seiner Ansicht Zoroaster als die Urform dieser Urweisheit verfaßt hatte. Er war der Ansicht, daß die wahre Philosophie mit Plato ihren Anfang nahm, der der Erbe dieser Weisheit war[13], und die wahre Theologie mit dem Christentum. Diese *vera philosophia* war für ihn dasselbe wie Religion und wahre Religion dasselbe wie diese Philosophie. Für Ficino wie für so viele christliche Platoniker kannte Plato den Pentateuch und war er ein »griechisch sprechender Moses«, jener Plato, den Steuco *divinus Plato* nannte, wie ihm viele muslimische Weise den Titel *Aflāṭūn al-ilāhī* verliehen, der »göttliche Plato«.[14] Ficino hat in gewisser Weise die Ansichten des Gemisthus Plethon bezüglich der Unvergänglichkeit wahrer Weisheit neu formuliert.[15] Ficinos Landsmann Pico della Mirandola fügte den Quellen der *philosophia priscorium* den Koran, die islamische Philosophie und die Kabbala sowie die von Ficino in Betracht gezogenen nichtchristlichen und insbesondere griechisch-ägyptischen Quellen hinzu, behielt aber die Perspektive Ficinos bei und betonte den Gedanken der Kontinuität einer Weisheit, die im Grunde in allen Zivilisationen und geschichtlichen Epochen eine einzige ist.

Steucos *philosphia perennis* war nichts anderes als diese *philosophia priscorium*, wenn auch unter einem neuen Namen.[16] Steuco behauptete, daß Weisheit ursprünglich göttlichen Ursprungs war, daß sie ein göttliches, von Gott dem Adam übergebenes Wissen war, das bei den meisten Menschen allmählich in Vergessenheit geriet und zu einem Traum wurde, der nur und in größter Vollständigkeit in der *prisca theologia* erhalten blieb. Diese wahre Religion oder Philosophie, deren Ziel *theosis* und Erlangung heiligen Wissens ist, gab es seit Anbeginn der menschlichen Geschichte und kann entweder durch die historischen Ausprägungen dieser Wahrheit in verschiedenen Traditionen oder durch intellektuelle Intuition und »philosophische« Kontemplation erlangt werden.

Obwohl Steuco von vielen Seiten wegen dieser Gedanken heftig angegriffen wurde, die im Widerspruch sowohl zum herrschenden Humanismus der Renaissance als auch zu den damaligen recht exoterischen und sektenhaften Interpretationen des Christentums stand, lebte der von ihm geprägte Ausdruck fort und wurde durch Leibniz berühmt, der ein gewisses Wohlwollen für traditionales Gedankengut hegte. Interessanterweise hat der Ausdruck jedoch erst im 20. Jahrhundert weitere Verbreitung gefunden. Wenn man unvergängliche oder alte Weisheit wirklich so versteht, wie sie Plethon, Ficino und Steuco verstanden, dann ist sie mit der Idee der Tradition verbunden und ist auch eine zutreffende Übersetzung für *sanatāna dharma*, sofern man den Ausdruck *philosophia* nicht nur theoretisch auffaßt, sondern auch seine praktische Ausprägung berücksichtigt.[17] Tradition beinhaltet die Empfindung für eine Wahrheit, die sowohl göttlichen Ursprungs ist als auch in einem größeren Zyklus der Menschheitsgeschichte sowohl durch Weitergabe wie auch durch Erneuerung der Botschaft auf dem Wege der Offenbarung ihre permanente Fortsetzung findet. Tradition beinhaltet auch eine innere Wahrheit, die den Kern verschiedener Formen des Heiligen bildet und unteilbar ist, da es nur eine Wahrheit gibt. In beiderlei Sinn hängt Tradition eng mit der *philosophia perennis* zusammen, wenn man diesen Ausdruck als die Sophia versteht, die immer war und immer sein wird und deren Fortbestand horizontal durch Weitergabe und vertikal durch Erneuerung durch den Kontakt mit jener Wirklichkeit gewährleistet wird, die »im Anfang« war und im Hier und Heute gegenwärtig ist.[18]

Bevor wir den Gegenstand der *philosophia perennis* verlassen, sollten wir uns einen Augenblick dem Schicksal dieses Gedankens in der islamischen Tradition zuwenden, in der seine Beziehung zur heiligen Erkenntnis und seine Bedeutung als unvergängliche Wahrheit, die innerhalb jeder Offenbarung wiederbelebt wird, ganz offenkundig ist und größeres Gewicht hat als in der christlichen Tradition. Der Islam betrachtet die Lehre der Einheit (*al-tawḥīd*) nicht nur als die Essenz ihrer eigenen Botschaft, sondern als den Kern einer jeden Religion. Offenbarung bedeutet für den Islam die Bekräftigung der *al-tawḥīd*, und alle Religionen werden als die vielfältigen Wiederholungen der Lehre der Einheit in verschiedenen Ländern und Sprachen betrachtet. Wo immer man die Lehre der Einheit findet, billigt man ihr auch göttlichen Ursprung zu. Deshalb unterschieden die Muslims nicht zwischen Religion und Heidentum, sondern zwischen denjenigen, die die Einheit bejahten, und denjenigen, die sie leugneten oder ablehnten. Für sie waren die Weisen des Altertums wie Pythagoras und Plato »Unitarier« (*mawaḥḥidūn*), die die Wahrheit aussprachen, die den Kern aller Religionen bildet.[19] Sie gehörten daher wie selbstverständlich dem islamischen Universum an und wurden nicht als etwas Fremdes betrachtet.

Die islamische geistige Tradition sah sowohl in ihren gnostischen (*maʿrifah* oder *ʿirfān*) und philosophischen und theosophischen *falsafah-ḥikmah*)[20] Aspekten die Quelle dieser einen Wahrheit, die die »Religion der All-Wahrheit« (*dīn al-ḥaqq*) ist, in den Lehren der alten Propheten, die bis Adam zurückreichten, und betrachtete den Propheten Idris, der mit Hermes gleichgesetzt wurde, als »den Vater der Philosophen« (*Abuʾ l-ḥukamā*).[21] Viele Sufis nannten nicht nur Plato »göttlich«, sondern schrieben auch Pythagoras, Empedokles – dem ein bedeutendes Corpus von großem Einfluß auf gewisse sufistische Schulen zugeordnet wird – und anderen prophetische Urweisheit zu. Selbst frühe peripatetische (*mashshāʾī*) Philosophen wie z. B. al-Fārābī sahen einen Zusammenhang zwischen Philosophie und Prophezeiung und Offenbarung. Spätere Gestalten wie Suhrawardī erweiterten diese Perspektive auf die Tradition des vorislamischen Persien.[22] Suhrawardī sprach häufig von *al-ḥikmat al-laduniyyah* oder göttlicher Weisheit (wörtlich die Weisheit, die bei Gott ist) in Worten, die sich fast genau mit dem decken, was Sophia und auch *philosophia perennis* einschließlich des Aspekts ihrer Realisierung im traditionalen Sinne bedeuten.[23] Eine spätere islamische Gestalt, der im 8. (islamischen) bzw. 14. (christlichen) Jahrhundert lebende Gnostiker und Theologe Sayyid Ḥaydar Āmulī[24] wies ohne jeden Vorbehalt auf die Entsprechung hin, die zwischen dem »mohammedanischen« Pleroma der 72 Sterne des islamischen Universums und den 72 Sternen des aus jenen Weisen bestehenden Pleromas hin, die ihre ursprüngliche Natur bewahrt hatten, aber einer Welt außerhalb des engeren islamischen Kreises angehören.

Ṣadr al-Dīn Shīrāzī identifizierte wahre Erkenntnis mit einer ewigen Weisheit, die seit dem Anfang der Menschheitsgeschichte Bestand hat.[25] Das islamische Konzept der Universalität der Offenbarung ging Hand in Hand mit dem Gedanken einer Urwahrheit, die immer bestand und immer bestehen wird, einer Wahrheit ohne Geschichte. Das arabische *al-dīn*, mit dem sich der Ausdruck Tradition vielleicht am besten übersetzen läßt, ist untrennbar mit dem Gedanken einer beständigen und fortwährenden Weisheit verbunden, der *Sophia perennis*, die auch mit der *philosophia perennis* gleichgesetzt werden kann, wie sie eine Gestalt wie Coomaraswamy verstand.

Um den Begriff der Tradition besser verstehen zu können, ist es auch notwendig, seine Beziehung zu dem der Religion näher zu erläutern. Wie Tradition im Wortsinne eine Über-Lieferung ist, so ist die Grundbedeutung des Wortes Religion »Bindung« (vom Lateinischen *religare*).[26] Sie ist, wie bereits erwähnt, dasjenige, was den Menschen an Gott und zugleich an seinen Mitmenschen als Mitglied einer heiligen Gemeinschaft oder eines heiligen Volkes bindet, was der Islam *ummah* nennt. In diesem Sinne kann Religion als der Ursprung der Tradition angesehen werden, als der himmlische Anfang, der durch Offenbarung gewisse Prinzipien und Wahrheiten manifest werden läßt, deren Anwendung die Tradition etabliert. Wie aber bereits ausgeführt, schließt Tradition in ihrem Vollsinn diesen Ursprung sowie seine Weiterungen und Fortentwicklungen mit ein. In diesem Sinne ist Tradition ein umfassenderer Begriff, der auch denjenigen der Religion beinhaltet, wie der arabische Begriff *al-dīn* in seinem universellsten

Sinne Tradition und Religion zugleich bedeutet, während Religion im weitesten Sinne für manche auch die Anwendung ihrer geoffenbarten Prinzipien und ihre spätere Entfaltung beinhaltet, so daß sie umgekehrt das einschlösse, was wir mit Tradition meinen. Freilich kann der traditionale Standpunkt aufgrund des Eindringens des Modernismus und antitraditionaler Kräfte in das Reich der Religion selbst nicht mit dem Standpunkt der Religion identisch sein.

Darüber hinaus hat der begrenzte Bedeutungsgehalt, den der Ausdruck Religion in europäischen Sprachen angenommen hat, einige der traditionalen Autoren wie z. B. Guénon veranlaßt, diesen Ausdruck nur auf die westlichen Religionen insbesondere im Hinblick auf ihre exoterischen Ausprägungen zu verwenden und sie vom Hinduismus, Taoismus usw. zu unterscheiden, die sie Traditionen und nicht Religionen nennen. Grundsätzlich aber läßt sich der Ausdruck nicht beschränken, und es gibt keinen Grund, dem Hinduismus den Religionscharakter abzusprechen, wenn man unter Religion das versteht, was den Menschen mittels einer Botschaft, Offenbarung oder Manifestation, die von der letzten Wirklichkeit kommt, an den Ursprung bindet.

Die Beschränkung der Religion auf ihre äußerlichsten Aspekte in der jüngsten Geschichte des Westens hat auch dazu geführt, daß Begriffe wie religiöse Kunst oder religiöse Literatur so sehr des Sinnes des Heiligen beraubt wurden und sich so weit von der Tradition im Sinne einer Anwendung von Prinzipien transzendenten Ranges entfernt haben, daß vieles von dem, was man heute religiöse Kunst, Literatur usw. nennt, nicht-traditional und teilweise sogar antitraditional ist. Man muß daher in solchen Fällen Traditionales vom Religiösen trennen. Wenn man den Begriff der Religion aber wieder auf das erweitert, was von der Quelle in jenen objektiven Manifestationen des Logos herabsteigt, die man in den abrahamischen Religionen Offenbarung oder avatarische Herabkunft im Hinduismus nennt, dann kann man in ihm wieder den Kern jenes umfassenden Systems erkennen, das die Tradition ist.

Natürlich ist dieses Verständnis der Religion in seiner Umfassendheit und Universalität nur möglich, wenn man den traditionalen Standpunkt wiederbelebt und die Wirklichkeit aus der

Perspektive des Traditionalen und Heiligen statt derjenigen des Profanen betrachtet.

Bei einer Erörterung der Beziehung der Tradition zur Religion muß natürlich auch das Problem der Pluralität der Religionen betrachtet werden. Die Vielfalt der religiösen Formen impliziert die Vielfalt der Traditionen, während man auch von der Urtradition oder der Tradition an sich spricht, wie es denn auch eine *sophia perennis*, aber viele Religionen gibt, in der sie sich in unterschiedlichen Formen zeigt. Man wird also zwangsläufig mit der grundlegenden Frage nach »der« Tradition schlechthin und den Traditionen konfrontiert, einer Frage, über die viel geschrieben wurde und die Anlaß zu so vielen Mißverständnissen war. Aus einem gewissen Standpunkt gibt es nur eine Tradition, die Urtradition, die immer *ist*. Sie ist die einmalige Wahrheit, die der Kern und der Ursprung aller Wahrheiten zugleich ist. Alle Traditionen sind irdische Manifestationen himmlischer Archetypen, die letztlich mit dem unwandelbaren Archetypus der Urtradition in derselben Weise zusammenhängen, wie alle Offenbarungen mit dem Logos oder dem Wort zusammenhängen, das im Anfang war und das ein Aspekt des universellen Logos und der universelle Logos an sich ist.[27]

Und doch beruht jede Tradition auf einer direkten Botschaft des Himmels und ist nicht einfach das Ergebnis der historischen Kontinuität der Urtradition. Ein Prophet oder *avatār* hat niemandem etwas zu verdanken; er empfängt nur aus dem Ursprung. In der modernen Welt haben gewisse okkultistische und pseudo- »esoterische« Kreise, die den Anspruch erheben, in der Tradition zu stehen, von einem wirklichen Aufbewahrungsort der Urtradition auf der Erde gesprochen und diesen vielfach irgendwo in Mittelasien lokalisiert und sogar behauptet, in einer Verbindung mit Repräsentanten dieses Zentrums zu stehen.[28] Heerscharen von Jüngern haben sich in den Bergen des Hindukush oder Himalaya auf die Suche nach einem solchen Zentrum gemacht, und es hat sich eine ganze Science-Fiction um eine heilige Geographie gerankt, die man wörtlich statt symbolisch verstanden hat. Aus dem Traditionsstandpunkt wird die Realität der Urtradition und des »höchsten Zentrums« uneingeschränkt bejaht, aber diese Bejahung mindert oder zerstört in keiner Weise die Authentizität oder vollständige Ursprünglichkeit einer jeden Religion und Tradition, die einem bestimmten Archetypus entsprechen und eine direkte Manifestation aus dem Ursprung darstellen, wodurch ein Einschlag des Vertikalen und Transzendenten in die horizontale und zeitliche Dimension markiert wird. Es gibt sowohl »die« Tradition als auch Traditionen, und zwischen beidem besteht keinerlei Widerspruch. Wenn man von »der« Tradition spricht, liegt darin keine Negierung des himmlischen Ursprungs einer der authentischen Religionen und Traditionen, sondern vielmehr eine Bekräftigung des Heiligen in jeder »ursprünglichen« Botschaft vom Himmel[29]; dabei bleibt die Anerkenntnis jener Urtradition gewahrt, die von jeder Tradition nicht nur durch ihre Lehren und Symbole, sondern auch durch die Konservierung einer »Gegenwart« bekräftigt wird, die vom Heiligen nicht zu trennen ist.

Die Traditionsperspektive ist in der Tat so eng mit dem Gefühl für das Heilige verbunden, daß es notwendig ist, einige Worte zum Heiligen selbst zu sagen und den Versuch zu unternehmen, seine Bedeutung zu »definieren«. In gewisser Weise ist das Heilige wie die Wahrheit, die Realität oder das Sein zu grundsätzlich und elementar, als daß man es mit dem logischen Verfahren eingrenzen könnte, mit dem man ein Universales mittels Gattungsbegriff und nach seinem spezifisch Unterschiedlichen definieren kann. Das Heilige wohnt in der Natur der Realität selbst, und eine normale Menschheit hat eine Empfindung für das Heilige, wie es sie für das Wirkliche hat, das man natürlicherweise vom Unwirklichen unterscheidet.[30] Die Verfassung des modernen Menschen ist aber eine solche, daß sogar diese natürliche Empfindung fast in Vergessenheit geraten ist, wodurch die Notwendigkeit entsteht, eine »Definition« des Heiligen vorzulegen. Es spricht für sich, daß Versuche wie etwa von R. Otto, das Heilige mit dem Irrationalen zu verknüpfen, in diesem Jahrhundert größte Aufmerksamkeit gefunden haben. In dieser Tatsache drückt sich nichts anderes aus, als daß die Beziehung der geistigen Wahrheit oder Erkenntnis zum Heiligen eben deshalb ignoriert wurde, weil die Erkenntnis ihres heiligen Charakters beraubt wurde. Darüber hinaus wird in einer säkularisierten Welt das Heilige aus der Perspektive des Profanen gesehen, aus welcher das Heilige dann das »ganz Andere« ist.[31] Dieser Standpunkt ist völlig verständlich, denn die meisten

Menschen leben in einer Welt der Vergessenheit, in der man Gottes als des »ganz Anderen« gedenkt. Man lebt in einer Welt der Indifferenz und Banalität, in der die Großartigkeit des Heiligen das radikal »Andere« ist. Was freilich in der modernen Welt so frappierend ist, ist die Tatsache, daß die Weisheitsperspektive, die im Heiligen lebt und das Profane in Begriffen des Heiligen sieht und die in normalen Zivilisationen immer lebendig und gegenwärtig war, so gründlich in Vergessenheit geraten ist, daß man das Heilige nur mehr als etwas völlig Fremdes im »normalen« menschlichen Leben betrachten kann, wenn das Heilige überhaupt noch als Möglichkeit akzeptiert wird. Soweit die Realität des Heiligen wenigstens in religiösen Kreisen akzeptiert wird, hat es mehr mit der Macht Gottes als mit seiner Weisheit zu tun.

Der direkteste Weg, sich der Bedeutung des Heiligen zu nähern, ist vielleicht die Zusammenschau mit dem Unwandelbaren, mit jener Realität, die sowohl der Unbewegte Beweger als auch das Ewige ist. Jene Wirklichkeit, die umwandelbar und ewig ist, ist das Heilige an sich, und die Manifestation dieser Wirklichkeit im Werdestrom und der Matrix der Zeit ist das, was die Qualität der Heiligkeit hat. Ein heiliger Gegenstand oder ein heiliger Klang ist ein Gegenstand oder ein Klang, der das Siegel des Ewigen und Unwandelbaren in jener physischen Wirklichkeit trägt, die den Gegenstand oder den Klang äußerlich enthält. Der Sinn des Menschen für das Heilige ist nichts anderes als sein Sinn für das Unwandelbare und das Ewige, seine Sehnsucht nach dem, was er wirklich *ist*, denn er trägt das Heilige in der Substanz seines eigenen Wesens und vor allen Dingen in seiner Intelligenz, die ihm zur Erkenntnis des Unwandelbaren und Betrachtung des Ewigen gegeben wurde.

Das Heilige an sich ist die Quelle der Tradition, und was überliefert ist, ist mit dem Heiligen untrennbar verbunden. Wem der Sinn für das Heilige abgeht, der kann die Traditionsperspektive nicht ergreifen, und wer im Strom der Tradition steht, kann niemals von der Empfindung des Heiligen abgeschnitten sein. Und doch ist das Heilige mehr als das Blut, das in den Arterien und Venen der Tradition strömt, ein Aroma, das eine traditionelle Zivilisation insgesamt durchzieht.[32] Tradition verlängert die Gegenwart des Heiligen in eine ganze Welt und schafft eine Zivilisation, in der der Sinn für das Heilige allgegenwärtig ist. Man kann sagen, daß die Funktion einer traditionalen Zivilisation keine andere ist als die Schaffung einer vom Heiligen beherrschten Welt, in der der Mensch vom Terror des Nihilismus und Skeptizismus erlöst ist, der mit dem Verlust der heiligen Dimension des Daseins und der Zerstörung des heiligen Charakters bei Erkenntnis einhergeht.

Die allumfassende Natur der Tradition wird dadurch ermöglicht, daß in jeder integralen Tradition nicht nur eine, sondern mehrere Dimensionen, Bedeutungsebenen oder Unterweisungstypen entsprechend den verschiedenen Typen der spirituellen und intellektuellen Fähigkeiten und Bedürfnisse der Menschheit gegenwärtig sind, die als das irdische Vehikel der jeweiligen Tradition gewählt werden. Wenn es auch eine Vielzahl solcher Dimensionen oder Ebenen gibt und die einzelnen Traditionen von sieben oder vierzig oder irgendeiner anderen symbolhaften Zahl von Ebenen sprechen, lassen sie sich doch auf der ersten Stufe auf die beiden Grunddimensionen des Exoterischen und des Esoterischen reduzieren, wobei ersteres jenen Aspekt der Himmelsbotschaft betrifft, der das Leben einer traditionalen Menschheit insgesamt regiert, und letzteres die spirituellen und intellektuellen Bedürfnisse derjenigen, die Gott und die letzte Wirklichkeit im Hier und Heute suchen. Im Judaismus und Islam sind die beiden Dimensionen der Tradition als die talmudische und kabbalistische oder die *Sharī'ah* und die *Ṭarīqah* klar umrissen, obwohl es auch hier Zwischenbereiche und ein Spektrum gibt, das alles andere als scharf abgegrenzt ist.[33] Das Christentum, bei dem es sich im Grunde um eine Eso-Exoterik mit einer weniger klar definierten esoterischen Dimension als bei den beiden anderen abrahamischen Traditionen handelt, besaß ebenfalls am Anfang eine ausgeprägt esoterische Botschaft, die sich in der späteren Geschichte des Christentums in verschiedener Weise manifestierte.[34]

Obwohl sich die traditionalen Strukturen der indischen und der fernöstlichen Welt von denjenigen der abrahamischen unterscheiden, gibt es dort doch auch solche Realitäten wie das Gesetz Manus, das die Advaita Vedanta ergänzt, den Konfuzianismus, der den Taoismus ergänzt, und die Theravada- und Mahayana-Schule des Buddhismus, die sich in je eigener Weise mit den exoterischen und esoterischen Dimensionen der Tradition auseinandersetzen. Zwar geht es uns in dieser Studie um heilige Erkenntnis und daher mehr um die esoterische Dimension, die direkter mit der heiligen Erkenntnis verbunden ist, aber es ist doch notwendig, die Bedeutung der exoterischen Dimension und ihre Unverzichtbarkeit für eine integrale, lebendige Tradition herauszustellen. Diesem Punkt kommt besondere Bedeutung im Lichte der Ansprüche so vieler heutiger pseudoesoterischer Gruppierungen zu, die sich über das Exoterische erhaben fühlen, ganz im Gegensatz zu den größten Weisen vergangener Tage, die sich in erhabenster Weise über die spirituelle Selbstwerdung äußern konnten und doch den Formen und exoterischen Lehren ihrer Religionen treu blieben, wobei die wenigen Ausnahmen nur die Regel bestätigen.[35] Esoterik ist jene innere Dimension der Tradition, die sich an den inneren Menschen wendet, den *esō anthrōpos* des heiligen Paulus. Sie ist natürlicherweise verborgen und nur wenigen zugänglich, weil in dieser Phase der Menschheitsgeschichte nur wenige ein Bewußtsein von den inneren Dimensionen ihrer Natur haben; der Rest lebt an der Peripherie des Kreises ihrer eigenen Existenz, ohne Bewußtsein vom Zentrum, das durch die esoterische Dimension der Tradition mit dem Umfang oder der Peripherie verbunden ist.[36] Das Esoterische ist der Radius, auf dem man vom Umfang zum Mittelpunkt gelangen kann, aber er ist nicht für alle begehbar, weil nicht jeder willens oder berufen ist, die Reise zum Zentrum in diesem Leben zu unternehmen. Der exoterischen Dimension der Religion verhaftet zu sein aber heißt, am Umfang und damit in einer Welt zu bleiben, die eine Mitte hat, und sich damit den Anspruch zu wahren, die Reise zum Zentrum im Leben nach dem Tode zu vollziehen, wobei die Gottesschau aus dieser exoterischen Sicht nur nach dem Tod möglich ist.

  Das authentisch Esoterische steht immer in einer umfassenden und integralen Tradition. Nur im modernen Westen – und möglicherweise während der Dekadenz der Spätantike – sind die esoterischen Lehren aus der Tradition herausgefallen, innerhalb deren Matrix das Esoterische wahrhaft das Esoterische ist. Aufgrund dieses Phänomens, das, was die moderne Welt betrifft, im 18. Jahrhundert seinen Ausgang nahm, geriet das Esoterische weitgehend in einen scheinbaren Gegensatz zur christlichen Tradition, während demjenigen, was von der christlichen Tradition noch Bestand hatte, der bloße Gedanke des Esoterischen ein Greuel war, wie auch Gnosis oder heilige Erkenntnis in der Verkündigung der Lehre bei den meisten christlichen Kirchen in jüngster Zeit außer Betracht blieb. Wegen ihrer Ablösung von der lebendigen Tradition ist diese sogenannte Esoterik zu einem untauglichen oder sogar schädlichen Okkultismus verkommen, und die Schale der heiligen Erkenntnis ist zwar geblieben, hat aber ihr heiliges Inneres verloren. Was sich in der modernen Welt heute als Esoterik geriert, hat keine Fühlung mehr mit dem Heiligen, ganz im Gegensatz zur echten Esoterik im traditionellen Sinne, die natürlicherweise mit dem Heiligen befaßt und das Mittel par excellence zur Annäherung an das Heilige in jenem Hier und Jetzt ist, in dem sich das Umwandelbare und Ewige spiegelt.[37]

Tradition, ob exoterisch oder esoterisch betrachtet, schließt Orthodoxie ein und ist untrennbar mit ihr verbunden. Wenn es so etwas wie Wahrheit gibt, dann gibt es auch Irrtum und Normen, die es dem Menschen erlauben, beides voneinander zu unterscheiden. Orthodoxie im universellsten Sinne ist nichts anderes als die Wahrheit an sich und in ihrem Bezug zur formalen Homogenität eines bestimmten Traditionsuniversums. Der Verlust des mehrdimensionalen Charakters der Religion und ihre Reduzierung auf eine einzige Ebene haben ebenfalls zu einer Verengung des Orthodoxieverständnisses in der Weise geführt, daß das Esoterische und Mystische vielfach als unorthodox angeprangert wurde. Orthodoxie wurde mit bloßem Konformismus gleichgesetzt und hat bei denen, denen es um Intellektualität ging, einen fast pejorativen Sinn bekommen, und viele, die unwissend nach Orthodoxie in ihrem umfassendsten Sinne dürsten, betrachten sich als heterodox gegenüber einer einschnürend formulierten und aufgefaßten Orthodoxie, die der nach freien Höhen strebenden geheiligten Vernunft keinen Lebensraum läßt.

Die Verengung des Orthodoxiebegriffs hat freilich auch mit dem Verlust der ursprünglichen Bedeutung der Intellektualität und ihrer Verkürzung auf Rationalität zu tun. In ihrer authentischen Bedeutung aber ist Intellektualität ohne Orthodoxie undenkbar.[38]

Wenn Orthodoxie in ihrem universellen Sinne als die Qualität der Wahrheit im Kontext eines bestimmten spirituellen und religiösen Universums sowie als die Wahrheit an sich aufgefaßt wird, dann muß sie auf verschiedenen Ebenen wie die Tradition selbst interpretiert werden. Es gibt Lehren, die unter dem Blickwinkel eines bestimmten Traditionsuniversums äußerlich heterodox, aber innerlich orthodox sind. Ein Beispiel wäre das Christentum aus der Sicht des Judaismus oder der Buddhismus aus der Sicht des Hinduismus. Selbst innerhalb einer einzelnen Tradition kann eine bestimmte esoterische Schule aus der Sicht der exoterischen Dimension oder sogar aus der Perspektive einer anderen esoterischen Schule derselben Tradition als unorthodox erscheinen, wie es bei manchen Schulen des japanischen Buddhismus zu beobachten ist. In all diesen Fällen ist der Begriff der Orthodoxie von wesentlicher Bedeutung für die Beurteilung des Charakters der jeweiligen Lehren aus traditionaler Sicht, und dieser Begriff ist fast mit dem Traditionalen identisch, soweit es die Wahrheitsgemäßheit betrifft.

Tradition ohne Orthodoxie und Orthodoxie außerhalb der Tradition ist nicht möglich. Darüber hinaus schließen beide alle jene Imitationen, Verirrungen und Abweichungen eines rein menschlichen und manchmal submenschlichen Ursprungs aus, die sich entweder offen außerhalb der Traditionen stellen oder derartige Abweichungen vom Traditionsuniversum beinhalten, daß der Zugang zu den Lehren, Praktiken und zur spirituellen Gegenwart versperrt wird, der allein es dem Menschen ermöglicht, sein begrenztes Selbst zu überschreiten und in die Entelechie einzutreten, die sein Seinsgrund ist. Immer gilt, daß der Baum nach seinen Früchten beurteilt wird, und dieses Prinzip ist nirgendwo mehr am Platze als bei der Beurteilung dessen, was orthodox ist und was von der Orthodoxie auf allen Ebenen des religiösen Lebens des Menschen abweicht, das nicht nur Gesetz und Moralität, sondern auch und insbesondere das Reich der Erkenntnis und das Vernunftstreben umfaßt. Die volle Erlangung heiliger Erkenntnis einschließlich ihres realisierten Aspektes ist ebensosehr an den Schlüsselbegriff der Tradition wie an denjenigen der Orthodoxie gebunden, und man kann unmöglich die Bedeutung der Tradition verstehen, ohne einen Begriff von ihrem Zusammenhang mit der Orthodoxie in ihrem universellsten Sinne zu haben.[39]

Von der Wahrheit und der Orthodoxie im traditionalen Kontext zu sprechen, heißt auch von der Autorität und der Weitergabe der Wahrheit zu sprechen. Wer oder was bestimmt, was religiöse Wahrheit ist und gewährleistet die Reinheit, Regelmäßigkeit und Durchgängigkeit einer Tradition? Dies ist eine Schlüsselfrage, mit der sich alle Traditionen in unterschiedlicher Weise auseinander gesetzt haben. Sie haben Antworten gefunden, die die Authentizität der Tradition gewährleisten, ohne sich auf eine einzige Lösung zu verlassen. Es gibt Traditionen, die ein *magisterium* haben, und andere mit einer heiligen Gemeinschaft, die selbst die Reinheit und Kontinuität der Botschaft garantiert.[40] Manche haben die Kontinuität einer priesterlichen Funktion betont, andere eine Kette der Überlieferung durch Lehrer, deren Berufenheit von der jeweiligen Tradition festgestellt und festgelegt wurde. Manchmal wurden auch innerhalb einer einzigen Tradition mehrere Wege beschritten, jedoch ist immer die traditionale Autorität untrennbar mit dem Wesen der Tradition selbst verbunden. Es gibt diejenigen, die Autoritäten in den Dingen der Tradition sind, und diejenigen, die es nicht sind; es gibt Wissende und Nichtwissende. Individualismus kann und darf jedenfalls keine Rolle spielen bei der Weitergabe und Interpretation desjenigen, das per difinitionem übermenschlich ist, auch wenn für die menschliche Ausgestaltung und Interpretation genügend Raum bleibt. Intellektuelle und spirituelle Autorität ist untrennbar mit jener Realität verbunden, die die Tradition ist, und authentische überlieferte Schriften haben immer eine innere Autorität.

Weiterhin impliziert Tradition die Regelmäßigkeit der Weitergabe aller ihrer Aspekte, von rechtlichen und ethischen Regeln und Vorschriften bis hin zu esoterischem Wissen. Unterschiedliche Überlieferungsformen wie z. B. mündliche Überlieferung, Initiation, Weitergabe von Amtsgewalt, Techniken und Wissen vom Lehrer zum Schüler und die Fortsetzung einer bestimmten spirituellen Perspektive und heiligen Gegenwart sind sämtlich in jener Wirklichkeit fest verankert, die die Tradition ist. In einer traditionalen Welt zu leben heißt in einem Universum atmen, in dem der Mensch auf eine Wirklichkeit jenseits seiner selbst bezogen ist, aus der er jene Prinzipien, Wahrheiten, Formen, Haltungen und andere Elemente empfängt, die die Textur des menschlichen Daseins überhaupt ausmachen. Dieses Empfangen wird ermöglicht durch jene Überlieferung, die die Wirklichkeit der Tradition in das Leben der Mitglieder einer jeden Generation entsprechend ihren Fähigkeiten und ihrem Schicksal trägt und die Dauerhaftigkeit dieser Wirklichkeit ohne jene Entstellung gewährleistet, die all dasjenige kennzeichnet, das vom Strom der Zeit und des Werdens erodiert wird.

Die Allumfassendheit der Tradition ist ebenfalls ein Merkmal, das hervorgehoben werden muß. In einer Zivilisation, die als traditional zu bezeichnen ist, liegt nichts außerhalb des Reiches der Tradition. Es gibt keinen Bereich der Wirklichkeit, dem ein Existenzrecht außerhalb der traditionalen Prinzipien und ihrer Anwendung zustünde. Die Tradition betrifft daher nicht nur Erkenntnis, sondern auch Liebe und Werke. Sie ist die Quelle des Gesetzes, dem die Gesellschaft auch dann unterworfen ist, wenn das Gesetz nicht direkt auf die Offenbarung zurückgeht.[41] Sie ist das Fundament der Ethik. In der Tat ist Ethik außerhalb des von der Tradition gebildeten Rahmens sinnlos. Sie setzt auch die Prinzipien und Normen für den politischen Aspekt des gesellschaftlichen Lebens, und politische Autorität steht in einer Beziehung zur spirituellen Autorität, auch wenn der Zusammenhang zwischen beiden in den unterschiedlichen Traditionen durchaus nicht einheitlich ist.[42] In gleicher Weise legt die Tradition die Struktur der Gesellschaft fest, indem sie unwandelbare Prinzipien auf die gesellschaftliche Ordnung anwendet und dabei Strukturen entstehen läßt, die äußerlich so unterschiedlich sind wie das hinduistische Kastensystem und die islamische »Demokratie der verheirateten Mönche«, wie man die theokratische islamische Gesellschaft charakterisiert hat, in der trotzdem Gleichheit vor Gott und dem göttlichen Gesetz besteht, freilich nicht im modernen quantitativen Sinne.[43]

Tradition beherrscht auch die Reiche der Kunst der Wissenschaft, mit denen wir uns in späteren Kapiteln befassen werden, und sie hat insbesondere mit prinzipieller Erkenntnis oder jenem höchsten Wissen zu tun, der Metaphysik, das im Westen häufig mit Philosophie verwechselt wurde. Da es uns hier um Erkenntnis in ihrer Beziehung zum Heiligen und nicht um alle Aspekte der Tradition geht, müssen wir hier einhalten, um die Arten von Erkenntnis zu differenzieren, die in einer traditionalen Zivilisation vorhanden sind. Abgesehen von den verschiedenen kosmologischen Wissenschaften lassen sich, wie bereits erwähnt, in traditionalen Welten, insbesondere denjenigen, die auf die abrahamischen Religionen zurückgehen, drei auf Prinzipien fußende Erkenntnisarten unterscheiden, nämlich Philosophie, Theologie und Gnosis bzw. in einem bestimmten Kontext Theosophie. Die moderne Welt unterscheidet nur zwei Modi oder Disziplinen: Philosophie und Theologie, statt der drei, die in der traditionalen Welt nicht nur des Christentums, sondern auch des Islams und Judaismus vorhanden sind.

In der islamischen Tradition hat sich nach mehreren Jahrhunderten, in denen die verschiedenen Perspektiven geformt wurden, eine Situation herausgebildet, die die Rolle und Funktion der Philosophie, Theologie und Metaphysik bzw. Gnosis in einem traditionalen Kontext sehr genau erkennen läßt. Es gab Schulen wie diejenige der Peripatetiker (*mashshāʾī*), die man philosophisch im traditionalen Sinne nennen könnte. Es gab Schulen der Theologie (kalām) wie diejenige der Muʿtaziliten, der Ashʿariten, der Maturiditen, der Ismāʿīlīs und der Zwölfer-Shīʿiten. Dann gab es Gnosis bzw. Metaphysik im Zusammenhang mit den verschiedenen Schulen des Sufismus. In der östlichen islamischen Welt entwickelte sich allmählich eine von Suhrawardī und seiner Schule der Erleuchtung (*al-ishrāq*) beeinflußte Schule, die sowohl philosophisch als auch gnostisch war und eigentlich theosophisch genannt werden müßte[44], während in den westlichen islamischen Ländern zeitgleich mit dieser Entwicklung die Philosophie als eigene Disziplin aufhörte zu bestehen und mit der Theologie einerseits und der Gnosis andererseits verschmolzen wurde. In ähnlicher Weise lassen sich im mittelalterlichen Judaismus dieselben Modi der intellektuellen Perspektiven unterscheiden, als deren Vertreter Judas Halévy, Maimonides, Ibn Gabirol und Luria zu nennen sind. Unnötig zu sagen, daß man im mittelalterlichen Christentum genauso zwischen der Theologie eines heiligen Bernard, der Philosophie eines Albertus Magnus und der Gnosis eines Meisters Eckhart unterscheiden kann, nicht zu reden von einem Roger Bacon oder Ramón Lull, die insbesondere mit der Schule der *ishrāq* des Suhrawardī übereinstimmen, wenn man einen Vergleich zur islamischen Tradition ziehen will.[45] Alle drei Disziplinen haben eine Rolle und eine Funktion im Geistesleben einer traditionalen Welt. Es gibt einen Aspekt der »Philosophie«, der für die Darlegung bestimmter theologischer und gnostischer Ideen notwendig ist, wie es theologische und gnostische Elemente gibt, die in jeder authentischen Äußerung einer Philosophie anwesend sind, die diesen Namen verdienen soll. Man kann in der Tat sagen, daß jeder große Philosoph in gewissem Umfang auch Theologe und Metaphysiker im Sinne von Gnostiker ist, wie jeder große Theologe in gewissem Umfang Philosoph und Gnostiker und jeder Gnostiker in gewissem Grade Philosoph und Theologe ist, wie es etwa bei einem Ibnʿ Arabī oder Meister Eckhart der Fall ist.[46]

Auch wenn traditionale Autoren wie A. K. Coomaraswamy und F. Schuon und insbesondere R. Guénon die Philosophie oder dasjenige, was heute dafür gehalten wird, wegen des völligen Fehlens traditionaler Wahrheit und des Heiligen heftig angegriffen haben, um Raum zu schaffen für die Darlegung der Metaphysik und um alle Verzerrungen oder Irrwege zu vermeiden, die durch die Verwechslung von profaner Philosophie und heiligem Wissen hervorgerufen werden könnten[47], so gibt es doch keinen Zweifel, daß es so etwas wie traditionale Philosophie oder Philosophie im traditionalen Kontext gibt.[48] Trotz aller Abwertung, den der Begriff der Philosophie in der modernen Welt erfahren hat, klingt in ihr doch noch etwas vom pythagoreischen und platonischen Philosophieverständnis nach. Es ist möglich, die Bedeutung dieser Disziplin und ihre Funktion wiederherzustellen, sofern man der Erkenntnis ihren heiligen Charakter zurückgibt. Die traditionale geistige Welt impliziert in jedem Fall die Anwesenheit verschiedener Dimensionen und Perspektiven einschließlich demjenigen, was man in der westlichen Tradition nicht nur Theologie und Philosophie, sondern auch Gnosis und Theosophie nennen würde.[49] Das Verschwinden der Gnosis aus dem Hauptstrom des modernen westlichen Denkens mußte notwendigerweise zur Trivialisierung der Bedeutung der Philosophie führen, zur Verwässerung der Substanz der Theologie und schließlich dem Auftreten jener Pervertierung der traditionalen Erkenntnis, die sich im vorigen Jahrhundert als »Theosophie« gerierte.

Zwar ist die Essenz der Tradition *in divinis* ewig gegenwärtig, aber ihre geschichtliche Manifestation kann entweder vollständig vom irdischen Plan verschwinden oder teilweise unzugänglich werden oder »untergehen«. Nicht jede Tradition ist auch eine lebendige. Die ägyptische Tradition z. B., eine der bemerkenswertesten, die dem Menschen bekannt sind, kann nicht praktiziert oder gelebt werden, obwohl ihre Kunstformen, Symbole und sogar eine gewisse Präsenz mehr psychologischer als spiritueller Art nach wie vor erhalten sind. Jenes spirituelle Leben, das den irdischen Leib der Tradition belebte und beseelte, hat sich in die Wohnstatt des Ursprungs aller Religionen zurückgezogen, und diese Tradition kann nicht als eine lebendige gelten wie etwa der Hinduismus oder der Islam. Es gibt auch gewisse Traditionen, die nur teilweise zugänglich oder »lebendig« in dem Sinne sind, daß nur ein Teil ihrer Dimensionen oder Lehren verfügbar ist. In diesem Fall gibt es aber immer die Möglichkeit der Verjüngung und Regenerierung des Verlorenen oder Vergessenen, solange die Wurzeln der Tradition und die Kanäle ihrer Überlieferung unversehrt geblieben sind. Ebenso können die Zivilisationen, die aus verschiedenen Traditionen hervorgegangen sind, verfallen oder untergehen, ohne daß die Religion und gewisse Aspekte der Tradition, die die betreffende Zivilisation hervorbrachte, verfielen oder untergingen. Eben dies ist der Fall bei den traditionalen Zivilisationen des heutigen Asiens, die in unterschiedlichem Maße degeneriert sind, während die Traditionen, die ihr Ursprung sind, lebendig geblieben sind.

Traditionale Symbole, die ja ihre Wurzeln in der archetypischen Welt des Geistes haben, können wiederbelebt werden, wenn es nur eine lebendige Tradition gibt, die Symbole, Bilder und selbst Lehren einer anderen traditionalen Welt aufnehmen kann, wobei eine solche Übernahme weit mehr beinhaltet als eine bloße historische Anleihe.[50] Freilich können Symbole und Ideen toter oder fremder Traditionen nicht legitim in eine andere Welt übernommen oder absorbiert werden, die nicht selbst traditional ist, wie es vielfach in der modernen Welt versucht wird. Jeder Versuch, einen solchen Prozeß unter Außerachtlassung der Tradition einzuleiten, ist nichts weniger als die Usurpation der Funktion eines Propheten oder derjenigen Gestalt, den die Muslims den Mahdī und die Hindus den Chakravartin nennen. Die Übernahme eines Elements aus einer anderen Tradition muß den Gesetzen und Prinzipien folgen, die den Daseinsmodus der übernehmenden Tradition bestimmen. Andernfalls kann die Übernahme von Elementen eines gleichermaßen ursprünglich traditionalen Charakters zu Auflösungstendenzen führen, was einer schon lebendigen Tradition großen Schaden zufügen oder diese sogar zerstören kann, ganz zu schweigen von Organisationen rein menschlichen Ursprungs, die mit Kräften spielen, die sie bei weitem nicht begreifen oder steuern können.[51]

Diese und zahlreiche andere Gefahren, Hindernisse und Abgründe, vor denen der moderne Mensch steht, der sich entschlossen hat, vom Brot allein zu leben, haben diejenigen, die bestrebt sind, den traditionalen Standpunkt in der modernen Welt wieder aufleben zu lassen, in eine kategorische Opposition zum Modernismus gezwungen, worunter sie keineswegs die zeitgenössische Welt als solche, sondern jene Revolte gegen den Himmel verstehen, die in der Renaissancezeit im Westen begann und heute beinahe den ganzen Erdball erfaßt hat. Zu anderen Zeiten wäre es möglich gewesen, ohne eine Diskussion säkularisierender Kräfte über das zu sprechen, was Tradition konstituiert, jedoch besteht diese Möglichkeit in einer Welt nicht mehr, die bereits vom Modernismus beeinflußt oder, aus traditionaler Sicht, angekränkelt ist. Von der Tradition sprechen heißt, sich mit der Wahrheit und damit auch dem Irrtum zu befassen und sich der Notwendigkeit zu stellen, die moderne Welt im Lichte jener Wahrheiten zu bewerten, die die Grundprinzipien der Tradition bilden. Die unermüdliche Auflehnung traditionaler Autoren gegen den Modernismus entspringt zuerst und vor allen Dingen ihrer Liebe zur traditionalen Wahrheit und dann erst dem Mitleid und der Barmherzigkeit gegenüber einer Menschheit, die in dem Gespinst der Halbwahrheiten und Irrtümer der heutigen Welt orientierungslos geworden ist.

Die Kritik an der modernen Welt und dem Modernismus ist heute allgemein geworden und findet sich in den Werken von Dichtern und selbst in Analysen von Soziologen.[52] Der Widerstand der Tradition gegen den Modernismus, der total und vollständig ist, soweit es Prinzipien betrifft, geht aber nicht auf die Beobachtung von Fakten und Phänomenen oder die Diagnose der Krankheitssymptome zurück. Sie beruht auf einem Studium der Ursachen, die die Krankheit hervorgerufen haben. Tradition steht in einem Gegensatz zum Modernismus, weil sie die Voraussetzungen, auf denen der Modernismus beruht, für grundsätzlich falsch hält.[53] Sie übersieht dabei freilich nicht die Tatsache, daß manche Elemente eines bestimmten modernen philosophischen Systems wahr sein können oder daß irgendeine moderne Institution positive Züge haben oder gut sein kann. In der Tat kann es etwas ganz und gar Unwahres oder Böses nicht geben, weil jede Daseinsart irgendein Element von jenem Guten und Wahren beinhaltet, das in seiner Reinheit der Quelle allen Seins zugehört.

Was die Tradition an der modernen Welt kritisiert, ist die totale Weltzugewandtheit, die Voraussetzungen, die nach ihrer Ansicht falsch sind, so daß alles Gute, das in dieser Welt erscheint, nur akzidentiell und nicht essentiell ist. Man könnte sagen, daß die traditionalen Welten essentiell gut und akzidentiell böse und die moderne Welt essentiell böse und akzidentiell gut ist. Darin liegt die prinzipielle Opposition der Tradition gegenüber dem Modernismus. Sie möchte die moderne Welt vernichten[54], um eine normale Welt zu erschaffen. Das Ziel ist nicht, Positives zu zerstören, sondern jenen Schleier der Ignoranz abzureißen, der den Schein als Wirklichkeit erscheinen läßt, das Negative als positiv und das Falsche als wahr. Die Tradition richtet sich nicht gegen alles, was es in der heutigen Welt gibt, und lehnt es durchaus ab, alles heutige mit Modernismus gleichzusetzen. Man hat ja unserer Epoche Beinamen wie »Zeitalter der Raumfahrt« oder »Atomzeitalter« gegeben, weil der Mensch zum Mond gereist ist und das Atom gespalten hat, aber man könnte es nach derselben Logik auch das Zeitalter der Mönche nennen, weil es neben den Raumfahrern nach wie vor noch Mönche gibt. Die Tatsache, daß man unsere Epoche nicht das Zeitalter des Mönchtums, sondern der Raumfahrt nennt, ist selbst die Frucht des modernistischen Standpunkts, der Modernismus mit der zeitgenössischen Welt gleichgesetzt, während die Tradition scharf zwischen den beiden unterscheidet und den Modernismus nicht deshalb zerstören möchte, um den zeitgenössischen Menschen zu vernichten, sondern um ihn von der Fortsetzung eines Weges abzuhalten, an dessen Ende nur Verderbnis und Zerstörung stehen können. Aus dieser Sicht ist die Geschichte des westlichen Menschen in den letzten fünf Jahrhunderten eine Anomalie in der langen Geschichte der menschlichen Rasse in Ost und West. Indem sie eine prinzipielle und kategorische Gegenposition zum Modernismus einnehmen, möchten diejenigen, die dem traditionellen Standpunkt anhängen, dem westlichen Menschen helfen, sich dem Rest der menschlichen Rasse anzuschließen.[55]

Die Betonung des Ostens oder Orients seitens der zeitgenössischen traditionalen Autoren ist durch die historische Situation bedingt, in der der Modernismus und die Auflehnung gegen die Tradition im Westen entstand. Im übrigen umfaßt Tradition sowohl den Osten als auch den Westen, denn sie geht auf nichts anderes zurück als jenen »gesegneten Ölbaum« oder die Mittelachse des kosmischen Daseins, von der der Koran sagt, daß sie weder dem Osten noch dem Westen angehört.[56] Es stimmt, daß in diesem Jahrhundert diejenigen, die von Tradition gesprochen haben, insbesondere die drei bedeutendsten spirituellen Universen des Ostens, nämlich den Fernen Osten, Indien und die islamische Welt mit ihren je unterschiedlichen Zügen wie auch ihren Überschneidungen gemeint haben. Es ist weiterhin richtig, daß manche sogar geglaubt haben, daß traditionale Zivilisation schlicht mit orientalischer Zivilisation gleichbedeutend ist. Und doch hat sich auch in diesem Jahrhundert, in dem ein Werk wie *East and West* von R. Guénon geschrieben wurde, in Asien selbst vieles geändert, was zusätzlich Anlaß gibt, die Tradition nicht ausschließlich mit einem geographischen Orient zu identifizieren, wenn auch mehr Traditionales im geographischen Osten als im Westen überlebt hat und diese Bezeichnungen ihre geographische Berechtigung noch nicht ganz verloren haben.[57]

Der Entwicklungsgang der tragischen Geschichte unserer Zeit aber macht es immer dringlicher, die Tradition mit jenem Osten oder Orient zu identifizieren, der in der heiligen Geographie angesiedelt und eher symbolisch als wörtlich aufzufassen ist. Der Orient ist der Ursprung des Lichts, der Punkt, an dem die Morgenröte anbricht und die aufsteigende Sonne ihr Licht über den

Horizont ergießt, die Finsternis vertreibend und verlebendigende Wärme spendend. Der Orient ist der Ursprung wie der Zielpunkt unserer Lebensreise, der Punkt, ohne den es keine Orientierung gäbe, ohne den das Leben zur Unordnung und zum Chaos würde und unsere Reise ein Irren im Labyrinth dessen, was die Buddhisten *samsārisches* Dasein nennen. Tradition wird mit diesem Orient identifiziert. Auch er geht aus dem Ursprung hervor und gibt dem menschlichen Leben Orientierung. Er vermittelt ein Wissen, das zugleich orientalisch und erleuchtend ist, ein Wissen, das mit Liebe verbunden ist, wie das Licht der Sonne mit Wärme verbunden ist, ein Wissen, das aus den Gefilden des Heiligen kommt und zum Heiligen führt.

In dem Umfang, in dem sich die Schatten der Länder der untergehenden Sonne über den Lebensraum des Menschengeschlechts legen und der geographische Orient die Heimsuchung verschiedener Formen des Modernismus erdulden muß, in dem Umfang wird der Orient zu einem Fixpunkt im Herzen und der Seele der Menschen, wo immer sie sein mögen. In dem Umfang, in dem der physische Orient zumindest äußerlich aufhört, das Land der Tradition zu sein, das er jahrtausendelang war[58], in dem Maße kann Tradition wieder im Okzident und sogar im »fernen Westen« Fuß fassen und symbolisch den Boden für den Tag bereiten, an dem »die Sonne im Westen aufgehen wird«. Die Tradition heute mit dem Orient zu identifizieren heißt, sie mit jenem Orient zu identifizieren, der der Ort des Sonnenaufgangs unseres eigenen Wesens ist, der Punkt, der zugleich die Mitte und der Ursprung des Menschen ist, das Zentrum, das erleuchtet und heiligt und ohne das das menschliche Dasein auf der individuellen wie der kollektiven Ebene zu einem Kreis ohne Mittelpunkt wird, zu einer Welt, die die erleuchtenden und belebenden Strahlen der aufgehenden Sonne missen muß.

ANMERKUNGEN

1 Aus dem Gedicht »Autumn« von M. Lings, einem der führenden zeitgenössischen traditionalen Autoren, der auch Dichter ist, in seinem *The Heralds and Other Poems*, London 1970, S. 26.
2 Wie einer der führenden Köpfe der zeitgenössischen traditionalen Meister sagt, ist die Darlegung der traditionalen Lehren in ihrer Totalität heute notwendig, weil »eine Irregularität der anderen wert ist.«
3 Auf der mikrokosmischen Ebene lehren traditionale Eschatologien, daß im Augenblick des Todes das ganze Leben eines Menschen blitzartig vor ihm abgespult wird. Dann empfängt er ein entsprechendes Urteil, und er tritt in einen nachtodlichen Zustand ein, der sich nach seiner Entwicklungsstufe und natürlich nach der göttlichen Gnade richtet, deren Dimensionen imponderabel sind. Dasselbe Prinzip gilt auf der makrokosmischen Ebene im Zusammenhang mit dem Lebensgang der Menschheit als solcher, selbstverständlich mit allen Unterschieden, die der Übergang von der individuellen zur kollektiven Ebene mit sich bringt.
4 In den frühesten Arbeiten von R. Guénon, einem der führenden Vertreter der Traditionsperspektive im modernen Westen, finden sich viele Abschnitte über die Bedeutung der Tradition. Siehe »What is Meant by Tradition,« in seiner *Introduction to the Study of Hindu Doctrines*, Übers. M. Pallis, London 1945, S. 87—89, und »De l'infaillibilité traditionnelle«, in ders., *Aperçus sur l'initation*, Paris 1946, S. 282—88. Auch A. K. Coomaraswamy und F. Schuon haben viele Seiten und Abschnitte über den Begriff der Tradition selbst geschrieben. Siehe z. B. Coomaraswamy, *The Bugbear of Literacy*, insbesondere Kap. 4 und 5, und F. Schuon, *Perspectives spirituelles et faits humains*; ders., *Regards sur les mondes anciens*, Kap. 1 und 2; ders. »Fatalité et progrès«, *Etudes Traditionnelles*, Nr. 261 (Juli—August 1947): 183—89; und ders. »L'Impossible convergence«, *Etudes Traditionnelles*, Nr. 402—3 (Sep.—Okt. 1967): 145—49. Siehe auch E. Zolla, *Ché cos' è la tradizione?*, insbesondere Teil 2, »La Tradizione Eterna«, worin Tradition aus einem mehr literarischen Blickwinkel betrachtet wird, und ders., »What is Tradition?«, in dem A. K. Coomaraswamy gewidmeten und von R. Fernando herausgegebenen Band. Tradition wurde auch in einer ähnlichen, aber etwas engeren Bedeutung als in diesem Buche von manchen katholischen Autoren wie z. B. J. Pieper gebraucht (*Überlieferung – Begriff und Anspruch*, München 1970), während andere katholische Autoren, denen wir uns noch zuwenden werden, Traditionsgedanken in seiner Fülle erfaßt haben.
5 F. Schuon, *Comprendre l'Islam*.
6 *Sanatāna dharma* läßt sich nicht genau übersetzen, obwohl vielleicht *sophia perennis* dem am nächsten kommt, da *sanatāna* Beständigkeit (d. h. Fortdauer in einem ganzen Zyklus menschlichen Daseins und nicht in der Ewigkeit) bedeutet, und *dharma* das Prinzip der Erhaltung der Wesen ist, wobei jedes Wesen sein eigenes Dharma hat, nachdem es sich richten

muß und das sein Gesetz ist. Dharma betrifft aber im Sinne des *Mānavadharma* auch eine ganze Menschheit, und in diesem Falle hängt es mit der heiligen Erkenntnis oder Sophia zusammen, die den Kern des Gesetzes bildet, das einen menschlichen Zyklus regiert. In diesem Sinne entspricht *sanatāna dharma* der *sophia perennis*, insbesondere, wenn man die verwirklichte und nicht nur die theoretische Dimension der Sophia im Auge hat. In seinem Vollsinne ist *sanatāna dharma* die Urtradition selbst, die vom Zeitenstrom unberührt blieb und im ganzen gegenwärtigen Zyklus der Menschheit Fortbestand haben wird. Siehe R. Guénon,»Sanatāna dharma« in seinen *Etudes sur l'Hindouisme*, Paris 1968, S. 105–6.

7 So lautet in der Tat der Titel eines bekannten Werkes von Ibn Miskawayh (Muskūyah), das metaphysische und ethische Aphorismen und Aussprüche islamischer und vorislamischer Weisen enthält. Siehe die Ausgabe von A. Badawi *al-Ḥikmat al-khālidah: Jāwīdān khirad*, Kairo 1952. Dieses Werk behandelt das Denken und die Schriften vieler Weisen und Philosophen, u. a. derer aus dem alten Persien, Indien und der mediterranen Welt (Rom). Zu diesem Werk siehe die Einleitung von M. Arkoun zu T. M. Shushtarīs persischer Übersetzung von Ibn Miskawayh, *Jāvīdān Khirad*, Teheran 1976, S. 1–24.

8 Die Urtradition ist nichts anderes als das, was der Islam als *al-dīn-al-ḥanīf* bezeichnet, wovon im Koran in unterschiedlichen Zusammenhängen die Rede ist, meist jedoch im Hinblick auf den Propheten Abraham, der meist als *ḥanīf* bezeichnet wird; z. B. »Nein! (Für uns gibt es nur) die Religion Abrahams, eines *Ḥanīfen, und er war kein Heide! (II*, 135 – Übers. v. Rudi Paret). Siehe auch Vers III,67 und 95; VI,79 und 161; XVI,120 und XVII,31.

9 Siehe M. Eliade,»The Quest for the »Origins of Religion«, *History of Religions* 4/1 (Sommer 1964): 154–69.

10 Das bekannte Werk von A. Huxley, *Perennial Philosphy*, New York 1945 (dt. *Die ewige Philosophie*, 1949) ist eines der Werke, in dem versucht wird, die Existenz und den Inhalt dieser beständigen und immerwährenden Weisheit durch eine Auswahl von Aussagen aus verschiedenen Traditionen aufzuzeigen, jedoch bleibt das Werk in vielerlei Hinsicht unvollständig, und es hat keine traditionale Perspektive. Das erste Werk, in dem der Vorschlag Coomaraswamys in umfassender Weise aufgegriffen wird, ein großes Kompendium traditionalen Wissens zu erstellen, um die bemerkenswerte Beständigkeit und Universalität der Weisheit aufzuzeigen, ist das leider völlig vernachlässigte Werk von W. N. Perry, *A Treasury of Traditional Wisdom*, London und New York 1971, ein Schlüsselwerk für das Verständnis dessen, was traditionale Autoren mit ewiger Philosophie meinen.

11 Nachdem er in diesem Brief ausgeführt hat, daß die Wahrheit umfassender ist, als man bisher geglaubt hatte, und daß man ihre Spuren bei den Alten findet, fährt er fort »et ce serait en effect perennis quaedam Philosophia.« C. J. Gerhardt (Hrsg.), *Die philosophischen Schriften von Gottfried*

Wilhelm Leibniz, Berlin 1875–90, Bd. 3 S. 625. Ebenfalls zitiert bei C. Schmitt, »Perennial Philosphy: Steuco to Leibniz«, Journal of the History of Ideas 27 (1966): 506. Dieser Artikel (S. 504–32 des zitierten Bandes) zeichnet die Geschichte des Ausdrucks *philosophia perennis* unter besonderer Berücksichtigung seiner Verwendung durch Ficino und andere Gestalten der Frührenaissance nach. Siehe auch J. Collins, »The Problem of a Perennial Philosophy«, in seinem *Three Paths in Philosophy*, Chicago 1962, S. 255–79.

12 Die Identifizierung der »ewigen Philosophie« mit dem Thomismus oder Scholastizismus im allgemeinen ist eine Erscheinung des 12. Jhs., während in der Renaissance die Scholastik im allgemeinen im Widerspruch zu den Thesen Steucos steht.

13 Insbesondere Erbe Zoroasters, Hermes', Orpheus', Aglaophemus' (des Lehrers des Pythagoras) und Pythagoras'.

14 Diesen Ausdruck findet man sowohl bei islamischen Philosophen wie al-Fārābī und manchen Sufis.

15 Über die Anschauungen Ficinos siehe die verschiedenen Arbeiten von R. Klibansky, E. Cassirer und P. O. Kristeller über die Renaissance, insbesondere Kristellers *Studies in Renaissance Thought and Letters*, Rom 1956, und ders. *Il pensiero filosofico di Marsilio Ficino*, Florenz 1953.

16 Diese Tatsache belegt Schmitt deutlich in seinem bereits zitierten Artikel, in dem er nachweist, daß der Ausdruck *philosophia perennis* zwar aus der Renaissance stammt, der Gedanke selbst aber auch im westlichen Geistesleben mittelalterlichen und letztlich griechischen Ursprungs ist.

17 Bezüglich der *religio perennis* schreibt Schuon: »Diese Worte erinnern an die *philosophia perennis* von Steuchus Eugubin (16. Jh.) und der Neuscholastiker; das Wort »Philosophia« läßt aber, zu Recht oder zu Unrecht, eher an ein geistiges Elaborat als an Weisheit denken und gibt daher nicht genau den gemeinten Sinn wieder.« *Regards sur les mondes anciens*, S. 143.

18 »»Philosophia perennis« wird meist in Bezug auf jene metaphysische Wahrheit verstanden, die keinen Anfang hat und in allen Äußerungsformen der Weisheit dieselbe bleibt. Vielleicht wäre es hier besser oder klüger, von einer »sophia perennis« zu sprechen...

»Mit der *sophia perennis* verhält es sich wie folgt: Sie gibt dem menschlichen Geist eingeborene Wahrheiten, die trotzdem gewissermaßen in der Tiefe des »Herzens« – in der reinen Vernunft – verborgen sind und nur demjenigen zugänglich, der der spirituellen Betrachtung obliegt; diese sind die fundamentalen metaphysischen Wahrheiten. Zugang zu ihnen haben der »Gnostiker«, »Pneumatiker« oder »Theosophen« – im ursprünglichen Sinne und nicht im Hinblick auf irgendwelche Vereinigungen –, und Zugang zu ihnen hatten auch die »Philosophen« im wirklichen und noch unschuldigen Sinne des Wortes, z. B. Pythagoras, Plato und weitgehend auch Aristoteles.« Schuon *»Sophia perennis«: Studies in Comparative Religion*, Übers. W. Stoddart. Siehe auch Schuon, *Wissende, Verschwiegene. Eingeweihte Hinführung zur Esoterik*, Herderbücherei, Ini-

tiative 42, München 1981, S. 2328; und ders., Einleitung und erstes Kapitel, »Prémisses épistémologiques«, in seinem *Sur les traces de la religion pérenne*.
19 Wir haben uns mit diesem Thema in vielen unserer Schriften befaßt. Siehe z. B. unser *An Introduction to Islamic Cosmological Doctrines*, S. 37 ff.
20 *Falsafah* und *hikmah* können sowohl als Philosophie wie auch als Theosophie übersetzt werden, je nach dem, wie diese Begriffe im Deutschen aufgefaßt werden und in welchem Zusammenhang die arabischen Ausdrücke benutzt werden.
21 Über die Gestalt des Hermes im islamischen Denken siehe L. Massignon, »Inventaire de la littérature hermétique arabe,« in A. Nock and A. J. Festugière, *La Révélation d'Hermès Trismégiste*, 1, Paris 1949. Anh. 3; S. H. Nasr, »Hermes and Hermetic Writings in the Islamic World«, in *Islamic Life and Thought*, London 1981, S. 102 ff.; F. Sezgin, *Geschichte des Arabischen Schrifttums*, Leiden 1970, wo sich auf vielen Seiten Hinweise auf Hermes finden, z. B. Bd. 3, 1970, S. 170−71, Bd. 4, 1971, S. 139−269; sowie den Artikel »Hirmis« von M. Plesser in der *New Encyclopaedia of Islam*.
22 Der Gedanke, daß das vorislamische Persien sowie Griechenland die Heimat der »ewigen Philosophie« seien, findet sich auch bei Ibn Miskawayh und Abu'l Hasan al-ʿĀmirī, wenn auch nicht so ausgeprägt wie bei Suhrawardī, der sich für den Wiedererwecker der Weisheit der alten Perser hielt. Siehe Nasr, *Three Muslim Sages*, Kap. 2, und H. Corbin, *En Islam iranien*, Bd. 2.
23 Suhrawardī nennt diese Wahrheit auch *al-hikmatal-ʿatīqah* (die alte Weisheit), was genau dem Lateinischen *philosophia priscorum* entspricht. Ob hier ein geschichtlicher Zusammenhang besteht oder einfach dieselbe Wahrheit und sogar Terminologie im Persien des 12. Jhs. und dem Italien der Renaissance wiederholt wird, kann erst beantwortet werden, wenn die Verbreitung der Lehren Suhrawardīs im Westen näher erforscht ist. Siehe S. H. Nasr, »The Spread of the Illuminationist School of Suhrawardī«, in *La Persia nel Medioevo*, Rom 1971, S. 255−65.
24 Sayyid Haydar Âmolî, *Le texte des textes (Naṣṣ al-Noṣûṣ), commentaire des »Foṣûṣ al-hikam« d'Ibn Arabî. Les prolégomènes*, Hrsg. H. Corbin und O. Yahya, Teheran-Paris 1975, S. 865. Der Autor hat ausführliche mandala-ähnliche Diagramme auf der Grundlage der Anschauung der erkennbaren Welt vorgelegt, die die Namen verschiedener islamischer und vorislamischer spiritueller und intellektueller Gestalten enthalten. Diese Diagramme wurden von Corbin in seinem »La paradoxe du monothéisme«, *Eranos-Jahrbuch* 1976, S. 77 ff. analysiert. Bezüglich der »außerordentlichen« Bedeutung dieser Diagramme, die die Weisen am spirituellen Firmament darstellen, schreibt Corbin: »[cet intérêt] est dans la correspondance instituée pour les deux *diagrammes* 21 et 22 entre la totalité mohammadienne groupé autour de la famille ou du temple des Imams immaculés (Ahl al-bayt) et la totalité des religions groupés autour des

hommes dont la nature foncière originelle a été préservée (fiṭra salîma). La *fiṭra salîma,* c'est la nature humaine, *l'Imago Dei,* telle qu'elle est sortie des mains du Créateur, sans avoir jamais été détruite.« Ebenda, S. 998–99.

25 Das Meisterwerk des Ṣadr al-Dīn Shīrāzī, *al-Ḥikmat al-mutaʿāliyah fī'l-asfār al arbaʿah* ist nicht nur eine Summe der islamischen Philosophie und Theologie, sondern auch eine Hauptquelle für die Geschichte des islamischen Denkens wie auch für das vorislamische Gedankengut, das die muslimischen Philosophen und Theologen vorfanden. In fast jeder Erörterung wendet sich Mullā Sadrā neben islamischen den alten Philosophien zu und setzt den Standpunkt der *philosophia perennis* als selbstverständlich voraus. Denselben Standpunkt findet man in seinen übrigen Werken wie z. B. *Ḥudūth al-ʿālam.* Siehe Nasr, *Ṣadr al-Dīn Shīrāzī and His Transcendent Theosophy,* London 1978; und ders.»Mullā Ṣadrā as a Source for the History of Muslim Philosophy«, *Islamic Studies* 3/3 (Sept.1964): 309–14.

26 »*Religio* ist das, was den Menschen an den Himmel »bindet« (religat) und sein ganzes Wesen in Anspruch nimmt; das Wort »*traditio*« bezieht sich auf eine mehr äußerliche und manchmal fragmentarische Realität und bezeichnet daneben eine retrospektive Betrachtungsweise. Bei ihrer Geburt »bindet« eine Religion den Menschen ab dem Augenblick der ersten Offenbarung, aber es vergehen erst zwei oder drei Generationen, bis sie eine »Tradition« wird oder mehr als eine »Tradition« zuläßt. Schuon, *Regards sur les mondes anciens,* S. 144.

27 Die Vielfalt der religiösen Formen im Lichte der einheitlichen und heiligen Erkenntnis wird in Kapitel 9 dieses Werkes behandelt werden.

28 Das Buch von R. Guénon, *Le Roi du monde,* Paris 1927, hat bei Menschen, die in diese Richtung tendieren, selbst Anlaß zu entsprechenden Spekulationen gegeben.

29 Streng genommen kann nur das, was vom Ursprung kommt, ursprünglich sein. In genau dieser Weise betrachtet die traditionale Perspektive die Ursprünglichkeit, im Gegensatz zur antitraditionalen Sicht, für die Ursprünglichkeit von der Wahrheit und heiligen Gegenwart und damit von allem getrennt ist, was Religion oder Tradition an sich umfaßt.

30 Diese Unterscheidung ist so fundamental, daß selbst jene Sophisten, die die Realität des Wirklichen widerlegen wollen, trotzdem nur aus der Intuition der Unterscheidung zwischen dem Wirklichen und dem Unwirklichen leben und handeln können.

31 Diesen Gedanken des Heiligen als dem ganz Anderen hat insbesondere R. Otto in seinem bekannten Werk *Das Heilige* (...) entwickelt, das unter den Religionswissenschaftlern der letzten Jahrzehnte so große Aufmerksamkeit gefunden hat.

32 So ist z. B. alle heilige Kunst traditionale Kunst, aber nicht alle traditionale Kunst ist heilige Kunst. Letztere schließt jenen Aspekt der traditionalen Kunst in sich, der unmittelbar mit den Symbolen, Bildern, Riten

und Objekten der Religion befaßt ist, die den Kern der jeweiligen Tradition bildet. Dieser Frage werden wir uns ausführlicher in Kapitel 8 zuwenden, das sich mit der heiligen Kunst befaßt.

33 Über diese Dimensionen im Islam, siehe S. H. Nasr, *Ideals and Realities of Islam*; bezüglich Exoterik und Esoterik im allgemeinen siehe F. Schuon, *De l'unité transcendante des religions*, Paris 1979, Kap. 2 und 3.

34 »Wir haben die Meinung vorgebracht, daß der Prozeß der dogmatischen Verkündigung während der ersten Jahrhunderte ein Prozeß der sukzessiven Initiation war, oder kurz gesagt, daß es in der christlichen Religion eine Exoterik und eine Esoterik gab. Auch wenn es den Historikern nicht gefällt, so findet man doch unbestreitbare Spuren der *lex arcani* an den Ursprüngen unserer Religion«. P. Vuillaud, *Etudes d'ésotérisme catholique*. Zitiert bei Schuon, *De l'unité transcendante des religions*, Paris 1979, S. 142.

35 Man vergißt häufig, daß ein Śankara, der im Hinduismus der höchste *jñāni* war, Hymnen an Shiva verfaßte, und daß ein Ḥāfiẓ oder Rūmī, die ständig davon sprachen, daß man die Form (*ṣūrah*) zugunsten der Essenz (*maʿnā* – wörtlich »Bedeutung«) aufgeben müsse, niemals das tägliche Gebet unterließen. Sie transzendierten die Form von oben, nicht von unten und waren deshalb die ersten, die die Notwendigkeit exoterischer Formen für die Erhaltung des Gleichgewichts einer menschlichen Gemeinschaft erkannten.

36 Siehe S. H. Nasr, »Between the Rim and the Axis«, in *Islam and the Plight of Modern Man*, London 1976, Kap. 1.

37 Über die Bedeutung der Esoterik siehe F. Schuon, *L'Esotérisme comme principe et comme voie*, Paris 1978, Einleitung; und L. Benoist, L'Esotérisme, Paris 1963.

38 »...Orthodoxie ist das Prinzip der formalen Homogenität, das jeder authentisch spirituellen Perspektive eigentümlich ist; sie ist daher ein unverzichtbarer Aspekt aller echten Intellektualität.« Schuon, *Les Stations de la sagesse*, Paris 1958.

39 Interessanterweise fehlt der Begriff der Orthodoxie in den orientalischen Sprachen und sogar in dem vom Islam beherrschten Arabischen, obwohl der Islam doch dem Christentum in so vielem ähnlich ist. Beim Studium der christlichen Tradition erkennt man aber, wie wesentlich dieser Ausdruck für die Beschreibung verschiedener Aspekte der Islam selbst ist, und wie irreführend es ist, wenn Orientalisten z. B. Shī-ʿismus und Sufismus unorthodox nennen, während doch beides zur Gesamtheit der islamischen Orthodoxie und auch Orthopraxie gehört. Siehe Nasr, *Ideals and Realities of Islam*, Kap. 5 und 6.

40 Im sunnitischen Islam ist die *ummah* selbst die Wahrerin der Reinheit und Kontinuität der Tradition; daher das Prinzip des *ijmāʿ* oder der Übereinstimmung, die als die Übereinstimmung der religiösen Schulhäupter (ʿ*ulamā*) wie der Gemeinschaft als ganzer interpretiert wird. Im shiitischen Islam erfüllt die Funktion der Wahrung der Tradition der Imam

selbst. Siehe ʿAllāmah Tabātabāʾī, *Shīʿite Islam*, Übers. S. H. Nasr, London und Albany (New York) 1975, S. 173ff.

41 Im Judaismus und Islam ist das Recht integraler Bestandteil der Religion und leitet sich direkt von der Offenbarung her. Es ist deshalb per definitionem traditional. Aber auch im Christentum, das kein geoffenbartes Recht kennt, war das von der christlichen Zivilisation des Mittelalters aus dem römischen und gemeinen Recht übernommene Recht dennoch traditional, wenn auch wegen der weniger direkten Verknüpfung dieses Gesetzes mit der Quelle der christlichen Offenbarung die sozialen Aspekte der christlichen Zivilisation zum Zeitpunkt der Auflehnung gegen die christliche Tradition leichter verworfen werden konnten als es im Islam oder Judaismus möglich gewesen wäre.

42 S. R. Guénon, *Autorité spirituelle et pouvoir temporel*, Paris 1929; A. K. Coomaraswamy, *Spiritual Authority and Temporal Power in the Indian Theory of Government*, New Haven 1942; S. H. Nasr, »Spiritual and Temporal Authority in Islam«, in *Islamic Studies*, Beirut 1967, S. 6−13.

43 Es gibt bemerkenswerte Arbeiten in europäischen Sprachen über die Tradition in ihrem sozialen Aspekt, z. B. G. Eaton, *The King of the Castle: Choice and Responsibility in the Modern World*, London 1977; M. Pallis, »The Active Life«, in *The Way and the Mountain*, London 1960, S. 36−61; A. K. Coomaraswamy, *The Religious Basis of the Forms of Indian Society*, New York 1946; R. Guénon, *Introduction to the Study of the Hindu Doctrines*, Pt. 3, Kap. 5 und 6; F. Schuon, *Castes et races*, Paris 1979.

44 Eine Erörterung dieser geistigen Perspektiven im Islam siehe bei Nasr, *Islamic Life and Thought*.

45 In späteren Jahrhunderten ersetzte die Theosophie Jakob Böhmes und seiner Schule in gewissem Sinne die frühere Metaphysik der christlichen Weisen. Der Ausdruck Theosophie, wiewohl griechischen Ursprungs, bürgerte sich im christlichen Geistesleben erst in der Renaissance ein.

46 »Il est impossible de nier que les plus illustres soufis, tout en étant »gnostiques« par définition, furent en même temps un peu théologiens et un peu philosophes, ou que les grands théologiens furent à la fois un peu philosophes et un peu gnostiques, ce dernier mot devant s'entendre dans son sens propre et non sectaire.« Schuon, *Le Soufisme, voile et quintessence*, Paris, S. 105.

47 Es gibt gewisse Unterschiede in der Art, wie die Philosophie von den traditionellen Autoren kritisiert wurde. Die Kritik Schuons ist differenzierter und nuancierter als diejenige Guénons, der, um Raum für die Darlegung traditionaler Doktrinen zu schaffen, die Philosophie (mit Ausnahme der Hermetik) kategorisch bekämpfte und alle Philosophie mit profanem Denken gleichsetzte. Siehe Guénon, *Introduction*, Pt. 2, Kap. 8. Schuons positivere Haltung zur Philosophie, die ihn zwischen traditionaler Philosophie und modernem Rationalismus unterscheiden läßt, findet sich in vielen seiner späteren Schriften, insbesondere »Sur les traces de la notion de la philosophie«, in seinem *Le Soufisme*, S. 97−107.

48 Siehe A. K. Coomaraswamy, »On the Pertinence of Philosophy«, in *Contemporary Indian Philosophy*, Hrsg. S. Radhakrishnan, London 1936, S. 113–34; bezüglich der islamischen Tradition siehe S. H. Nasr, »The Meaning and Role of ›Philosophy‹ in Islam«, *Studia Islamica 36* (1973); 57–80.

49 Über den Theosophiebegriff siehe »Theosophie« von A. Faivre, in *Encyclopedia universalis*.

50 »Wenn wir den Archetypus ausloten, den letzten Ursprung der Form, finden wir, daß er im Höchsten, nicht im Niedrigsten verankert ist. ... wer sich darüber erstaunt, daß ein formales Symbol nicht nur jahrtausendelang lebendig bleiben, sondern, wie wir noch sehen werden, auch nach einem Intervall von Jahrtausenden wieder ins Leben treten kann, sollte sich daran erinnern, daß die Kraft aus der spirituellen Welt, die den einen Teil des Symbols bildet, von ewiger Dauer ist.« Aus W. Andrae, *Die Ionische Säule; Bauform oder Symbol?* Berlin 1933, S. 65–66.

51 Zu dieser Frage siehe Guéon, *The Reign of Quantity and the Signs of Times*, Übers. Lord Northbourne, Baltimore 1973.

52 Wenn man vor einem halben Jahrhundert T. S. Eliot lesen mußte, um auf die erschütternde spirituelle Verfassung des modernen Menschen aufmerksam zu werden, gibt es heute zahlreiche Betrachter der menschlichen Gesellschaft, denen bewußt geworden ist, daß die Voraussetzungen des Modernismus grundlegend falsch sein müssen, und die versuchen, die moderne Gesellschaft aus diesem Blickwinkel zu studieren. Siehe z. B. die bekannten Arbeiten von P. Berger, u. a. *The Homeless Mind: Modernization and Consciousness*, New York 1973, und diejenigen von I. Illich, *Almosen und Folter*, 1970; ders. *Die sogenannte Energiekrise*, 1974, *Selbstbegrenzung*, 1975; und ders. *Tradition and Revolution*, New York 1971. Es gibt zahlreiche weitere Kritiken der Technologie, Wissenschaft, der sozialen Ordnung usw. seitens anderer bekannter Gestalten wie L. Mumford, J. Ellul und Th. Roszak. Roszak hat viele dieser Kritiken verschiedener Aspekte der modernen Welt zusammengefaßt in seinen *Where the Wasteland Ends*, *The Unfinished Animal* und *Person/Planet*, New York 1980. Trotz des Erscheinens solcher Werke fehlt es erstaunlicherweise jenen Verfechtern des Modernismus, die eine Welt beherrschen, die sich viel auf ihre Kritikfähigkeit zugute hält, durchaus an kritischem Geist, wenn es darum geht, jene Prämissen und Annahmen zu überprüfen, auf die sich die modernistische Weltsicht stützt. »Die *Vergangenheit*, aus der die Tradition kommt, wird [von den modernistischen Relativierern] auf der Basis dieser oder jener sozio-historischen Analyse relativiert. Die *Gegenwart* aber bleibt seltsam immun gegen die Relativierung. Man diagnostiziert also bei den Schreibern des Neuen Testaments ein falsches, weil in ihrer Zeit wurzelndes Bewußtsein, während der zeitgenössische Analytiker das Bewußtsein *seiner* Zeit für eine ungetrübte geistige Segnung hält. Die Elektrizität- und Radiobenutzer werden geistig über den

Apostel Paulus gestellt.« P. Berger, *A Rumor of Angles: Modern Society and the Rediscovery of the Supernatural.*

53 Über traditionale Kritiken der modernen Welt siehe R. Guénon, *The Crisis of the Modern World*, Übers. M. Pallis und R. Nicholson, London 1975; und A. K. Coomaraswamy, »Am I My Brother's Keeper?« in seinem *The Bugbear of Literacy.*

54 Über seine Begegnung mit traditionalen Autoren schreibt J. Needleman: »Es waren Mordlüsterne. Für sie war das Studium der spirituellen Traditionen ein Schwert, mit dem sie die Illusionen des zeitgenössichen Menschen vernichten wollten«. Needleman (Hrsg.), *The Sword of Gnosis*, Baltimore, 1974, S. 9.

55 »Wenn wir menschliche Körper betrachten, bemerken wir normalerweise ihre oberflächlichen Züge, die sich natürlich deutlich unterscheiden. Im Inneren sind aber die Wirbel, die diese vielgestaltigen Physiognomien stützen, strukturell sehr ähnlich. Ebenso verhält es sich mit den menschlichen Ansichten. Sie unterscheiden sich äußerlich, jedoch wirkt im Inneren so etwas wie eine »unsichtbare Geometrie«, die überall diese Ansichten zu einer einzigen Wahrheit formt. Die einzige bemerkenswerte Ausnahme sind wir selbst: Unsere zeitgenössische westliche Betrachtungsweise ist meilenweit von demjenigen entfernt, was man »den menschlichen Konsens« nennen könnte... Wenn es uns gelingt, diese [Falschauffassung der modernen Wissenschaft] zu beheben, können wir wieder in die Gemeinschaft der menschlichen Rasse eintreten.« H. Smith, *Forgotten Truth*, New York, 1976, S.ix–x.

56 Der bekannte »Lichtvers« lautet wie folgt: »Gott ist das Licht vom Himmel und Erde. Sein Licht ist einer Nische [oder einem Fenster?] zu vergleichen, mit einer Lampe darin. Die Lampe ist in einem Glas, das [so blank] ist, wie wenn es ein funkelnder Stern wäre. Sie brennt [mit Öl] von einem gesegneten Baum, einem Ölbaum, der weder östlich noch westlich ist, und dessen Öl schon gibt, [noch] ohne daß [überhaupt] Feuer darangekommen ist, – Licht über Licht. Gott führt seinem Licht zu, wen er will. Und er prägt den Menschen die Gleichnisse. Gott weiß über alles Bescheid.« Koran XXIV,35, Übers. von Rudi Paret.

57 Goethe, der den Koran im Alter von 23 Jahren las, schrieb (in seinem *Aus dem Nachlaß*):
So der Westen wie der Osten
Geben Reines dir zu kosten
Laß die Grillen, laß die Schale
Setze dich zum großen Mahle.

58 Wie bereits erwähnt, hat die Ausbreitung des Modernismus in den geographischen Orient in gewissem Umfang die traditionalen Zivilisationen verschiedener Teile jener Welt zerstört, jedoch bedeutet dies nicht, daß die Weisheitsdimension der orientalischen Traditionen im Hinblick auf ihre Lehren wie ihre Funktionen, um die es in dieser Studie vor allem geht, zerstört worden wäre.

III
DIE WIEDERENTDECKUNG DES HEILIGEN: DIE WIEDERBELEBUNG DER TRADITION

Die Weisheitsworte sind Gegenstände, die der Gläubige verloren hat; er muß sie zurückfordern, wo immer er sie findet.

HADĪTH DES PROPHETEN DES ISLAM

Erinnerung ist für diejenigen, die vergessen haben.

PLOTIN

Durch die innere Harmonie und Ausgeglichenheit des Kosmos mußte eine Bewegung im Herzen und der Seele wenigstens einiger zeitgenössischer Menschen entstehen, die diese das Heilige just in dem Augenblick entdecken ließ, in dem der Prozeß der Säkularisierung mit der völligen Ausradierung alles Heiligen aus allen Aspekten des menschlichen Lebens und Denkens seinen logischen Abschluß zu finden schien. Das Prinzip des kosmischen Ausgleichs hat das Streben nach der Wiedergewinnung des Heiligen just in der Epoche zuwege gebracht, die die Herolde des Modernismus zur Endphase der Ausmerzung des Heiligen aus der menschlichen Kultur ausgerufen hatten, in jener Epoche, deren Morgendämmerung Nietzsche vor einem Jahrhundert verkündete hatte, als er ausrief: »Gott ist tot.«[1] Viele Zeitgenossen aber, die dem Schrecken des Nihilismus und dem Tod des Menschlichen ins Auge geblickt haben, der die Folge der Auslöschung des göttlichen Siegels aus dem Antlitz des Menschen ist, erfuhren die zwingende Kraft des Heiligen, das jenseits der säkularisierten Welt ist, die sie »normales Leben« nennen. Solche Menschen verspürten das innere Drängen des Heiligen in ihrer Wesensmitte, dem Zentrum, das sie immer mit sich tragen. Das Streben nach der Wiedererlangung des Heiligen wurde, ob es nun bewußt vollzogen wurde oder ein Tasten im Dunkeln war, zu einem Element im Leben jener Menschheit, die bereits die Verlassenheit einer Welt erfahren hatte, aus der der Geist verbannt ist. Unnötig zu sagen, daß dieses Suchen nicht immer erfolgreich war, aber es ist auch nicht immer gescheitert, sondern hat ihr Ziel in einem vollen und vollständigen Sinne in jenen Kreisen erreicht, die die Wiederbelebung der Tradition betrieben haben. Die Wiederentdeckung des Heiligen ist untrennbar und zwangsläufig mit der Wiederbelebung der Tradition verbunden, und die Wiedererweckung der Tradition und die Möglichkeit, in diesem Jahrhundert im Westen nach ihren Lehren zu leben, ist die vollständige und endgültige Erfüllung des Strebens des zeitgenössischen Menschen nach der Wiederentdeckung des Heiligen.

Die Weisheitsdimension, die den Kern der Tradition bildet, war im Westen zu sehr geschwächt worden, als daß die Tradition in diesem Jahrhundert ohne authentische Berührung mit den orientalischen Traditionen hätte wiederbelebt werden können, die ihre inneren Lehren in ihren doktrinären wie ihren funktionellen Aspekten bewahrt hatten. Die verstümmelten und fragmentarischen Lehren einer usprünglich esoterischen Natur, die von den Salons von Paris und anderen europäischen Städten ausgingen, hatten einen zu dürftigen Gehalt an Heiligem, als daß der moderne westliche Mensch an ihnen das Feuer einer metaphysisch geschärften Intelligenz hätte entzünden und der Phönix der Weisheit aus der Asche eines lähmenden Rationalismus hätte aufsteigen können. Schon im 19. Jahrhundert war das, was von einem Wissen mit ursprünglich heiligem Charakter übriggeblieben war, mehr oder weniger entweder auf Okkultismus oder eine rein theoretische Philosophie reduziert worden, die keine Realisierungsmöglichkeit mehr besaß und selbst als Theorie unvollständig blieb. Dies ist der Grund, warum diejenigen, die heiliges Wissen wiedergewinnen wollten, sich zum Orient hingezogen fühlten, obwohl es ihnen in den meisten Fällen unmöglich war, authentisches Wissen von den orientalischen Traditionen zu erlangen, insbesondere was ihre inneren Dimensionen betraf.

Die Attraktion des Orients zeigt sich schon im 18. Jahrhundert an der Faszination, die für viele europäische Kreise China, aber auch Ägypten hatte, das, was die Quellen der traditionellen Lehren betrifft, als integraler Bestandteil des Orients und die Heimat einer der bemerkenswertesten traditionalen Zivilisationen zu gelten hat. Esoterisches Wissen aus Ägypten, China und anderen östlichen Quellen – oder das, was dafür gehalten wurde –, wurde zum Hauptthema in okkultistischen Kreisen, insbesondere in Frankreich, und innerhalb der Freimaurerei wurden »Restitutionen« wie diejenige des ägyptischen Ritus des Cagliostro vollzogen.[2] Die Ägyptologie und die Orientalistik im allgemeinen standen zu dieser Zeit unter dem Leitstern einer Suche nach einem Wissen, das im Hauptstrom des europäischen Denkens bereits verloren schien. Diesen Disziplinen, die erst im 19. Jahrhundert ausgesprochen szientifische und rationalistische Züge annahmen, ging es im 18. Jahrhundert stärker um Tradition und esoterische Erkenntnis als man gewöhnlich annimmt, wiewohl dieses Streben in den wenigsten Fällen vollständig befriedigt wurde und jedenfalls nicht zu einer Wiederbelebung des Traditionsstandpunkts in der Weise führte, daß der Prozeß der Entheiligung der Erkenntnis, der damals im Gange war, in irgendeiner wahrnehmbaren Weise beeinflußt worden wäre. Auch die umfassende Umwandlung, die im Westen durch die Verbreitung orientalischer Lehren eintreten sollte und die Schopenhauer »eine zweite Renaissance« nannte, fand im 19. Jahrhundert keineswegs statt, als so viele bedeutende Werke orientalischer Weisheit in europäische Sprachen übersetzt wurden.[3]

Paradoxerweise sah das 19. Jahrhundert, das vom metaphysischen Standpunkt den Höhepunkt der Verfinsterung der Tradition im Westen markiert, auch das weit verbreitete Interesse am Studium des Orients und die Übersetzung der Heiligen Schriften und Weisheitswerke in verschiedene europäische Sprachen durch so meisterhafte Linguisten wie A. H. Anquetil Duperron, J. Hammer-Purgstall und Sir William Jones. Dies war die Zeit intensiver orientalistischer Aktivitäten, die, trotz ihrer horrenden Vergehen, ihrer absichtlichen und unabsichtlichen Fehlinterpretationen, trotz der herablassend-anbiedernden Art gegenüber den Einheimischen und trotz der beflissenen Dienstbarkeit gegenüber politischen Zielen der europäischen Kolonialmächte jene gnostischen Hymnen und Theophanien reiner Metaphysik wie die Upanishaden[4], das Tao-Te-King und einen großen Teil der sufistischen Dichtung verfügbar machte. Im Grunde braucht uns die Geschichte der Orientalistik in dieser Zeit nicht weiter zu interessieren, denn sie hatte weder mit der Wiederentdeckung des Heiligen noch der Wiederbelebung der Tradition etwas zu tun, sondern diente vielmehr in vielen Fällen eher dazu, sowohl die von ihr untersuchten Traditionen als auch die Überreste der christlichen Tradition zu zerstören, die häufig von denjenigen relativiert wurde, die die Existenz anderer Religionen dazu ausnutzen wollten, den Anspruch der Christen auf den Besitz der absoluten Wahrheit zu widerlegen.[5] Worum es uns hier geht, ist der Fall der wenigen Philosophen und Dichter im Westen, die auf der Suche nach dem Heiligen in einer Epoche, die dem Ideal der Tradition völlig ablehnend gegenüber stand, die Tradition in orientalischen Quellen wiederzuentdecken suchten.

Von allen europäischen Ländern war wohl Deutschland dasjenige, in dem der Einfluß orientalischer Lehren am größten war, und zwar teilweise deshalb, weil die romantische Bewegung dort einen größeren geistigen Gehalt hatte als anderswo und wohl auch deshalb, weil, wie bereits erwähnt, noch etwas vom Böhmeschen Erbe in seinem Heimatland lebendig war. So hatte, um nur ein Beispiel zu nennen, die Übersetzung solcher Meisterwerke der sufistischen Dichtkunst wie des *Rosengarten des Geheimnisses* (Gulshan-i rāz) durch Hammer-Purgstall eine tiefe Wirkung auf bedeutende deutsche Dichter und erweckte in einem weiten Kreis ein lebhaftes Interesse an orientalischer Dichtkunst und Weisheit. Rückert, der persische und arabische Dichtung übersetzte, war selbst ein Dichter hohen Ranges, der in seinen eigenen Arbeiten von Symbolen und Bildern der persischen Dichtkunst beeinflußt war.[6] Die bedeutendste Gestalt in dieser Zeit in Deutschland, die auf der künstlerischen wie der geistigen Ebene zutiefst von den orientalischen Traditionen, insbesondere dem Islam beeinflußt war, war aber Goethe. Er war sowohl mit dem Koran als auch mit der islamischen Dichtung, insbesondere den Werken Hāfiz' sehr gut vertraut und schrieb sogar eine Tragödie, deren Held der Prophet des Islam war.[7]

Goethes großartige Antwort auf jene vollkommene Vermählung von metaphysischer Wahrheit und poetischer Schönheit, die der Divan des Ḥāfiẓ darstellt, ist sein West-Östlicher Divan, der in den Annalen der europäischen Literatur des 19. Jahrhunderts nicht seinesgleichen hat.[8] Die Eröffnungsverse,

Nord und West und Süd zersplittern,
Throne bersten, Reiche zittern,
Flüchte Du, im reinen Osten
Patriarchenluft zu kosten!
Unter Lieben, Trinken, Singen
Soll Dich Chiser's Quell verjüngen.

Dort im Reinen und im Rechten
Will ich menschlichen Geschlechten
In des Ursprungs Tiefe dringen,
Wo sie noch von Gott empfingen
Himmelslehr' in Erdesprachen
Und sich nicht den Kopf zerbrachen.[9]

wurden häufig als Goethes Reaktion auf die Eroberung Europas durch Napoleon interpretiert. Hinter seinem Ausruf verbirgt sich indes etwas Fundamentaleres als nur die Reaktion auf eine temporäre Erscheinung der europäischen Geschichte. Es ist die Sehnsucht nach jener urvergangenen Ruhe eines Orients, der auch der Ursprung ist und aus dem die von Khiḍr[10] gehütete Quelle des ewigen Lebens fließt, eines Orients, der noch in den Frieden und die Harmonie des traditionalen Universums eingebettet ist, bevor die seismischen Stöße einer Welt, die sich gegen den Himmel und seinen Abdruck auf der menschlichen Ebene empörte, auch die Berge und Täler des Ostens erschütterte.

In England ging die Suche nach dem Orient und die Wiederentdeckung des Heiligen in verschiedenen Formen archaischer Traditionen mit einer Wiederbelebung des Platonismus durch die umfassenden Übersetzungen von Floyer Sydenham und insbesondere dem bemerkenswerten Gelehrten und platonischen Philosophen Thomas Taylor einher. Mit dem Erscheinen von Lockes *Essay Concerning Human Understanding* triumphierte die Anschauung jener, die den Verstand als eine Fähigkeit betrachteten, die im Menschen »durch die in der Schöpfung sich zeigende Realität« entwickelt wurde, über jene ältere Anschauung, daß der Verstand

»der Seele des Menschen direkt eingegeben war« und daher mit der Vernunft eng verbunden war und eine göttliche Schöpferkraft besaß.[11] Das Ergebnis war zum einen der Skeptizismus eines Hume bezüglich der Kraft des Verstandes, zum anderen der religiöse Aktivismus eines John Weley. Das 18. Jahrhundert war daher in England und Schottland dasjenige, in dem die platonische Auffassung des Erkenntnisbegriffs und Erkenntnisprozesses fast vollständig untergegangen war. Bald jedoch setzte eine Reaktion auf die herrschenden philosophischen Tendenzen ein, die verschiedene Formen annahm, deren bedeutendste die Wiederbelebung des Platonismus war.[12]

Thomas Taylor, der eine entscheidende Rolle für die Wiederbelebung des Platonismus spielte und dem es hauptsächlich zu verdanken ist, daß die Schriften Platos, der Neuplatoniker und Aristoteles' in englischer Sprache verfügbar wurden, war nicht einfach ein profunder Kenner der griechischen Sprache. Er gehörte vielmehr philosophisch der platonischen Schule an und betrachtete Erkenntnis als die primäre Möglichkeit zur Erlangung des Heiligen. Die Prämissen seiner Weltanschauung standen im Gegensatz zu den säkularisierenden und rationalistischen Tendenzen seiner Zeit. Er faßte Erkenntnis noch als etwas Grundsätzliches auf, als eine Möglichkeit der Erlösung. Das Problem war, daß er außerhalb des Christentums seiner Zeit stand und bewußt versuchte, das griechische Heidentum wiederzubeleben, wie wenn es möglich wäre, durch bloß menschliches Zutun eine Tradition wiederzubeleben, deren befeuernder Genius längst den Erdenplan verlassen hat.[13] Jedenfalls hatte seine Ausgabe der vollständigen Werke Platos im Jahre 1804 und vieler weiterer grundlegender Texte des Neuplatonismus maßgeblichen Anteil daran, daß eine traditionale Metaphysik, eine der vollständigsten im Westen, denjenigen zugänglich werden konnte, die auf der Suche nach einer Alternative zu der säkularisierenden Philosophie und Wissenschaft jener Zeit waren.[14] Seine Arbeiten vervollständigten in gewisser Weise die Übersetzung und Einführung orientalischer Lehren in die anglophone Welt, und viele, die sich von Taylors Werken angesprochen fühlten, begeisterten sich auch für östliche Lehren. Taylor hatte auch erheblichen Einfluß auf Romantiker wie Carlyle und Coleridge; die wichtigste Persönlichkeit freilich, die er beeinflußte, war William Blake, der in vorderster Linie jener Bewegung stand, die um die Wiederherstellung des Primats des Heiligen gegenüber den herrschenden Tendenzen jener Zeit bemüht war.

In neuerer Zeit wurde Blake zum Idol derjenigen, die zu einer ganzheitlicheren Sicht der Menschen und der Natur zurückkehren wollen und das mechanistische und rationalistische Menschenbild ablehnen, wie es Bacon, Newton und Locke vertraten, den Blake so heftig bekämpfte. Das heutige starke Interesse an Blake steht in einem engen Zusammenhang mit dem intensiven Suchen derjenigen in der modernen Welt, die es in der geisttötenden Landschaft ihrer säkularisierten Umwelt nicht mehr aushalten können und nach alternativen Philosophien und Kosmologien Ausschau halten. Darüber hinaus erscheint Blake heute vielen, für die der traditionale Standpunkt wieder Zugkraft besitzt, nicht mehr als das exzentrische Dichtergenie, das er für seine Zeitgenossen war, sondern mehr als Herold gewisser Aspekte der Tradition denn als bloß individualistischer Rebell und als Dichter, der im Kern traditionsorientiert war, aber in einer Zeit als Rebell erscheinen mußte, in der die etablierte Ordnung und Weltsicht selbst so antitraditional waren. Die berühmte zeitgenössische britische Dichterin Kathleen Raine glaubt, daß Blake ein geheimes und esoterisches Wissen von authentischem traditionalem Charakter besaß.[15]

Es gibt in der Tat keinen Zweifel, daß ihm westliche traditionale Quellen und möglicherweise einige östliche Quellen durch Übersetzungen bekannt waren. Sicher ist weiterhin, daß er visionäre Kräfte besaß und sich in ihm eine Empfindung für die Wiederentdeckung des Heiligen mit poetischem Genius verband. Zwar war sein traditionales Wissen nicht vollständig, und es gibt übertrieben individualistische Elemente in seinem künstlerischen Werk, die eine Charakterisierung seiner Kunst als traditional verbieten, aber es gibt doch keinen Zweifel, daß man bei Blake einen der mächtigsten und wirksamsten Versuche des letzten Jahrhunderts findet, die Empfindung für die Suche nach dem Heiligen nahezubringen und Kritik an einer Welt zu üben, aus der die Götter und Engel verbannt zu sein schienen. Sein Werk zeichnet mit einer Intensität, wie man sie sonst in der englischen Literatur des 19. Jahrhunderts nicht mehr findet, den Überlebenskampf der

Seele gegen Kräfte, die ihr die Labsal der Welt des Geistes versagen wollen; es beinhaltet eine Auflehnung gegen die Beschränkung der Reichweite der Erkenntnis auf jenen externalisierten Verstand, der die Parodie der heiligenden Vernunft ist.[16] Mit Blake beginnt auch die positive Neubewertung des Mythos, der sich auch sein bedeutendster Kommentator anschloß, Yeats (und andere in diesem Jahrhundert), und die so eng mit dem Streben nach der Wiederentdeckung des Heiligen verknüpft ist.

Auch in Amerika zeigte sich in einem sehr aktiven und in vielerlei Hinsicht antitraditionalen Klima der Einfluß des Orients bei denjenigen Philosophen und Dichtern, die am intensivsten um eine heilige Vision des Lebens bemüht waren, bei neuen Gestalten wie Walt Whitman, Ralph Waldo Emerson und den Transzendentalisten Neu-Englands im allgemeinen. Im Werk Emersons tritt indes die Hinwendung zum Orient am deutlichsten zutage, bei jenem Dichter und Philosophen, für den Asien »das Wunderland der Literatur und Philosophie« war.[17] Besonders tief beeindruckte Emerson die Botschaft der Upanishaden, deren nichtdualistische Lehre, wie sie die *Katha-Upanishad* so klar enthält, sein bekanntes Gedicht »Brahma« widerspiegelt:

If the red slayer think he slays,
Or if the slain think he is slain,
They know not well the subtle ways
I keep, and pass, and turn again.

Emerson schloß auch seinen Essay über die Unsterblichkeit mit der Geschichte von Nachiketas, die wiederum der *Katha-Upanishad* entnommen ist.[18]

Neben den hinduistischen Quellen hatten vor allem die persischen Dichter, insbesondere Saʿdi große Anziehungskraft für Emerson, und er schrieb eine Einleitung zur ersten amerikanischen Ausgabe der Übersetzung seines *Gulistān*, der im Jahre 1865 erschien.[19] Darüber hinaus las er intensiv auch andere orientalische Quellen und zitiert häufig Zoroaster, wenn auch das meiste von demjenigen, was er für zoroastrisch hielt, orientalisch inspirierte Werke des hellenistischen Zeitalters waren, die dem persischen Propheten zugeschrieben wurden. Die Liebe Emersons zu diesen orientalischen Werken markiert eine bedeutsame Phase in

Amerika, die parallel zu den Geschehnissen in Europa lief, eine Phase, in der man von den noch lebendigen Traditionen des Ostens Hilfe zur Wiederbelebung jener *sapientia* erhoffte, die im Westen fast vollständig verlorengegangen war.

Aber weder so große Dichter wie Goethe, Blake oder Emerson, noch, aus handfesteren Gründen, der im Frankreich des 19. Jahrhunderts herrschende Okkultismus, wie ihn insbesondere Eliphas Lévi und Papus repräsentieren, konnte die Tradition vollständig und insgesamt wieder in den Boden des Westens einpflanzen oder jene *scientia sacra* wiederbeleben, die den Kern aller Tradition bildet. Es blieb dem Orient selbst vorbehalten, die Wiederbelebung der Tradition im Westen durch die Feder und das Wort derjenigen zustande zu bringen, die in Europa lebten oder in westlichen Sprachen schrieben, aber intellektuell und existentiell von der traditionalen Weltsicht transformiert worden waren. Das Studium der Suche von Gestalten des 19. Jahrhunderts, von denen einige bereits erwähnt wurden, nach der Wiederentdeckung des Heiligen in orientalischen Lehren, die Betrachtung des Versuches okkultistischer und pseudo-esoterischer Kreise jener Zeit, Wissen traditionalen Charakters wiederzugewinnen, sowie der Kombination solcher Bemühungen in Bewegungen wie der Theosophischen Gesellschaft und einem »Spiritualismus« östlicher Couleur liefert einen wertvollen Hintergrund für das Verständnis, welche Bedeutung das Auftreten authentischer traditionaler Lehren im Westen während der ersten Jahrzehnte dieses Jahrhunderts hatte. Ein solches Studium macht in der Tat deutlich, warum eine Auffrischung des Traditionsgedankens aus dem Orient zu jener Zeit notwendig war.

Die Verbreitung traditionaler Lehren nahm im Westen in den ersten beiden Jahrzehnten dieses Jahrhunderts ihren Anfang, als eine kleine Zahl von Europäern von authentischen Vertretern dieser Tradition direkte Unterweisung und Initiation in die esoterischen Schulen verschiedener orientalischer Traditionen empfingen.[20] Natürlich hatte es solche Kontakte gelegentlich auch schon im 19. Jahrhundert gegeben, wie z. B. im Falle eines H. Wilberforce Clarke, der in den Sufismus eingeweiht wurde und dessen Übersetzungen von Ḥāfiẓ und ʿUmar Suhrawardī auf mündlicher Überlieferung wie auf schriftlichen Quellen beruhen. Worin sich aber die Geschehnisse zu Anfang dieses Jahrhunderts von diesen bereits erwähnten isolierten Fällen unterschieden, war die Tatsache, daß die im 20. Jahrhundert auftretenden Vertreter der traditionalen Perspektive im Gegensatz zu denjenigen des 19. Jahrhunderts eine umfassende Kenntnis der traditionalen Lehren besaßen und das geistige Rüstzeug mitbrachten, um den Baum der Tradition in den Boden der westlichen Welt einzupflanzen und damit Wirkungen auszulösen, die weit über diejenigen der sporadischen Kontakte mit orientalischen Traditionen in den vorangegangenen Jahrzehnten hinausgingen.

Die zentrale Gestalt, die die Hauptlast der vollgültigen Präsentation der traditionalen Lehren des Orients im modernen Westen trug, war René Guénon, ein Mann, der für diese Aufgabe von der Tradition selbst ausgewählt worden war und eine geistige Funktion supraindividueller Natur erfüllte.[21] Guénon (1886–1951) wurde in Frankreich geboren, wo er sich nach dem Studium der Philosophie und Mathematik verschiedenen okkulten Kreisen zuwandte, die in seiner Jugend aktiv waren, als er nach authentischem Wissen zu suchen begann, das er aber weder in den offiziellen akademischen Kreisen noch bei den religiösen Quellen finden konnte, die ihm zu jener Zeit zugänglich waren. Er konnte aber das, was er suchte, bei diesen okkulten Gruppen ebensowenig finden wie in den damals zugänglichen akademischen oder religiösen Organisationen. Er entdeckte statt dessen innerhalb der sogenannten »esoterischen« Gruppen, die er häufig besuchte, die verschiedensten Verirrungen und Abstrusitäten, die er in seinem späteren Leben so ausführlich untersuchen und darlegen sollte. Irgendwann in den Anfangsjahren dieses Jahrhunderts wurde er noch als junger Mann in den Sufismus eingeweiht und empfing auch esoterisches Wissen aus authentischen hinduistischen Quellen. Seit dieser Zeit schrieb er über verschiedene traditionale Themen für die Zeitschrift *Le Voile d'Isis*, die unter ihrem späteren Titel *Etudes Traditionnelles* zum Sprachrohr der traditionalen Perspektive in Europa werden sollte und nicht nur von ihm und seinen Schülern und Mitarbeitern verfaßte Artikel, sondern auch solche von anderen hervorragenden Meistern traditionaler Lehren wie Coomaraswamy und Schuon veröffentlichte. Das erste Buch Guénons, *Introduction générale à l'étude des doctrines hindoues*, das

1921 in Paris erschien, war auch die erste vollständige Darlegung der Hauptaspekte traditionaler Lehren. Es war wie das Aufflammen eines Blitzes, der urplötzliche Einschlag eines Wissenskorpus und einer Perspektive, die dem herrschenden Klima und der gültigen Weltsicht der modernen Welt zutiefst fremd und in krassem Gegensatz zu all demjenigen stand, was das moderne Denken prägt. In den folgenden dreißig Jahren schrieb Guénon eine große Zahl von Büchern, Artikeln und Kritiken von so großer innerer Geschlossenheit, wie wenn er sie alle am Stück geschrieben und dann in den nächsten Jahrzehnten Zug um Zug veröffentlicht hätte. Dieses Fehlen einer historischen Entwicklung, das teilweise auch dadurch bedingt ist, daß es seine Aufgabe war, metaphysische und kosmologische Lehren und nicht die operativen und existentiellen Aspekte der Tradition noch wissenschaftliche Forschungen darzulegen, erscheint um so bemerkenswerter, als sich sein persönliches Leben in dieser Zeit radikal veränderte. Er konvertierte zum Islam, zog nach Kairo, heiratete eine Ägypterin, lebte in einem im traditionellen Stil errichteten Haus, das physisch und architektonisch weit von seiner Pariser Wohnung entfernt war und wurde in einem Friedhof bei Kairo begraben, das, trotz des heutigen halbmodernisierten hektischen Klimas der Stadt, so weit vom kulturellen Kolorit seines Heimatlandes Frankreich entfernt ist, wie man es sich nur denken kann. Guénon, wie er sich in seinen Werken spiegelt, schien mehr eine geistige Funktion als ein »Mensch« zu sein. Sein luzider Geist und Stil und sein großer metaphysischer Scharfblick scheinen von der traditionalen Sophia selbst zur Neuformulierung und Darlegung jener Wahrheit auserkoren worden zu sein, deren Verlust so großes Leid über die moderne Welt gebracht hat.

Um eine solche Aufgabe vollbringen zu können, mußte Guénon in gewisser Weise zum Extremisten werden: er mußte alles Bestehende beiseite räumen, um jede Möglichkeit des Irrtums auszuschließen. Er schlug daher einen polemischen und kompromißlosen Ton an, der viele daran gehindert hat, seine Darlegungen traditionaler Weisheit angemessen zu würdigen. Um das Gebäude der traditionalen Erkenntnis aufrichten zu können, mußte er alles niederreißen, was dem modernen Menschen letzte Erkenntnis zu geben beanspruchte, und dessen Trümmer forträumen. Er leitete dabei eine systematische Kritik all dessen ein, was dem Verständnis der Tradition im Wege war; indem er verschiedene Arbeiten einem ausführlichen Studium und der Zurückweisung der verschiedenen okkultistischen, pseudoesoterischen und modernistischen Gruppen widmete, die heiliges Wissen von der orientalischen oder westlichen Tradition zu besitzen behaupteten, mußte er in die undankbare Rolle des Bilderstürmers schlüpfen. Insbesondere kritisierte er die Theosophie im Sinne der Theosophischen Gesellschaft von Madame Blavatsky und Annie Besant, Spiritualismen verschiedener Couleur und die modernistischen, westlich beeinflußten Bewegungen in Indien, wie z. B. Arya Samaj und Brahma Samaj. Ausführlich setzte er sich mit den Gefahren der »Initiation« in solchen pseudotraditionalen Organisationen auseinander, unter denen er selbst zu leiden gehabt hatte und die er durch persönliche Erfahrung bestens kannte.[22]

Guénon ging dann daran, die moderne Welt selbst zu kritisieren, wobei er nicht ihre akzidentiellen Fehler und Mängel angriff, sondern die Prämissen selbst, auf denen sie ruht. Manche Seiten seiner *Crisis of the Modern World,* das er 1927 schrieb, erscheinen heute in der Rückschau geradezu prophetisch, während sein *The Reign of Quantity and the Signs of the Times* eine meisterhafte Darstellung der Entwicklung des menschlichen Zyklus nach traditionalen Prinzipien enthält, die vieles von demjenigen, was in der heutigen Welt geschehen ist und geschieht, auf klar nachvollziehbare Prinzipien zurückführt.[23]

Es geht uns hier allerdings weniger um Guénons Kritik der modernen Welt, soweit sie die sozialen und politischen Aspekte des Lebens betrifft. Was für unsere Studie der Suche nach dem Heiligen in ihrem weisheitlichen Aspekt von besonderem Interesse ist, ist seine strenge Kritik an verschiedenen Erkenntnismodi, die in der modernen Welt gängig sind. Wie bereits erwähnt, übte Guénon, der die europäische Philosophie studiert hatte, radikale Kritik an allem, was sich moderne Philosophie nennt und in der Tat an der »Philosophie« als solcher, der er jegliche Berechtigung als legitimes Mittel zur prinzipiellen Erkenntnis absprechen wollte. Seine Kritik war extrem und kompromißlos, weil er jegliche Verwechslung zwischen demjenigen, was der moderne Mensch unter Philosophie versteht, und der traditionalen Metaphysik ausschließen wollte. Seine überzogene Argumentation auf diesem Gebiet ist darauf zurückzuführen, daß er um jeden Preis eine Verkürzung der Metaphysik auf die Kategorie des profanen Denkens verhindern wollte. Durch seine Übertreibung übersah er die positiven Aspekte der traditionalen Philosophie und wurde auch dem Sinngehalt des Begriffs Philosophie nicht gerecht, worauf Schuon später hinweisen sollte.

Guénon kritisierte auch die moderne Wissenschaft nicht wegen des von ihr Erreichten, sondern wegen ihres Reduktionismus und der Anmaßung der Wissenschaft in der modernen Welt. Sein Hauptvorwurf gegenüber der modernen Wissenschaft betraf das Fehlen metaphysischer Prinzipien und ihr Anspruch – oder vielmehr der Anspruch derjenigen, die für sich den »wissenschaftlichen Standpunkt« reklamieren –, die Wissenschaft oder der Erkenntnisweg schlechthin zu sein, während sie lediglich *eine* Wissenschaft oder *ein* Weg der Erkenntnis ist, die sich nur auf einen ganz begrenzten Ausschnitt der Wirklichkeit bezieht. Dieses Thema zieht sich wie ein roter Faden durch die Schriften Guénons, und er wurde nicht müde darauf hinzuweisen, daß die Wissenschaft eines jeden Erkenntnisgebietes legitim ist, sofern sie nicht von den Prinzipien einer höheren Ordnung und der traditionalen Weltsicht abgeschnitten ist.[24] Seine Kritik der modernen Wissenschaft war eine logische und intellektuelle, die nicht auf vorgefaßten Meinungen und auch nicht auf theologischen Einwänden aus dem Standpunkt einer bestimmten Form geoffenbarter Wahrheit beruhte. Guénon versuchte aufzuzeigen, wie man eine Wissenschaft entwickeln könnte, die auch im zeitgenössischen Sinne exakt und »wissenschaftlich« wäre, ohne dabei metaphysische Prinzipien außer Acht zu lassen, und er wählte als Anschauungsobjekt die Mathematik, die er ja studiert hatte.[25] Darüber hinaus versuchte Guénon die Grundlagen einiger der traditionalen Wissenschaften wie Geometrie und Alchemie darzulegen[26] und zeigte dabei auf, daß diese Wissenschaften eben keine frühen Entwicklungsphasen der modernen Wissenschaften waren, die jetzt obsolet geworden sind, sondern Wissenschaften eines anderen Ranges waren, die eine veritable Erkenntnis verschiedener Aspekte der kosmischen Realität ermöglichten, Wissenschaften, die heute so gültig sind wie zu ihrer Zeit, wenn man nur ihre symbolische Sprache verstehen wollte, Wissenschaften, die in keiner Weise durch andere, später entwickelte Wissenschaften entwertet wurden, die sich mit denselben Gegenständen befaßten. Da es Guénon darum ging, die Tradition durch die Darlegung orientalischer Lehren wiederzubeleben, mußte er auch andere irreführende Quellen aus dem Wege räumen, die sich ebenfalls mit orientalischen Lehren befaßten, nämlich die orientalische Literatur. Auch hier war seine Kritik massiv und radikal und unterschied nicht zwischen Werken unterschiedlichen Wertes. Freilich liefern, wie bereits erwähnt, die meisten Werke der Orientalistik zwar Material für das Studium des Orients, sind aber, um es vorsichtig auszudrücken, eher ein Hindernis für das Verständnis eben jenes Gegenstandes, den die Orientalisten zu erforschen versuchten und vielfach auch heute noch versuchen. Daneben legten aber auch diejenigen, die man offiziell Orientalisten nannte, durchaus Arbeiten von sowohl wissenschaftlichem als auch geistigem Wert vor.[27] Guénon verwarf das ganze Geschäft der Orientalistik und überging dabei auch sehr lohnende Arbeiten, um wiederum jeden Irrtum auszuschließen, der sich beim Leser einschleichen könnte, um zu verhindern, daß er die traditionalen Lehren wieder nur aus seinem eigenen Blickwinkel betrachtete.

Parallel zu diesem Kahlschlag versuchte Guénon, Metaphysik und Kosmologie aus dem traditionalen Standpunkt und in ihrem Bezug auf die Weisheitslehren verschiedener Traditionen zu erläutern. Sein Ausgangspunkt war der Hinduismus, und seine erste rein metaphysische Darlegung war *Man and His Becoming According to the Vedanta*. Er befaßte sich jedoch auch intensiv mit dem Islam und Taoismus, der Kabbala, gewissen mittelalterlichen esoterischen Strömungen im Christentum und der Hermetik.[28] Darüber hinaus schrieb Guénon eine Reihe von Werken zu allgemeinen metaphysischen und kosmologischen Themen, u. a. *Oriental Metaphysics*, *Les Etats multiples de l'être*, *Symboles fondamentaux de la science sacré*, und *La Grande triade*. Alles in allem gelang es ihm, ein umfassendes Corpus auf der Basis des Primats der Erkenntnis und der Intelligenz zu schaffen, soweit deren Kräfte und Möglichkeiten durch verschiedene objektive Modi der Offenbarung aktualisiert werden, die den Kern der Traditionen ausmachen, welche das Leben der Menschheit über die Jahrhunderte und Jahrtausende hin regiert haben. Seine Werke bilden eine der bedeutendsten Rehabilitationen des Weisheitsaspekts der Erkenntnis des Heiligen in der modernen Zeit, und sie markieren einen wesentlichen Schritt hin zur Wiederentdeckung der heiligen Erkenntnis und der Wiederbelebung der Tradition. Guénon schafft keinen neuen -*ismus* oder eine Denkschule unter vielen. Es gibt keinen Guénonianismus, auch wenn sich gewisse Gruppierungen in Europa als Guénonianer mißverstehen. Worauf Guénon den Nachdruck legte, war die Notwendigkeit, sich voll in eine lebendige Tradition zu stellen und die Traditionsperspektive zu akzeptieren. Aber gerade weil die moderne Welt so ist, wie sie ist, kann es geschehen, daß die Wiedereinsetzung der Traditionsperspektive durch ihn und andere inmitten einer Welt, die mit einer solchen Weltsicht nichts anfangen kann, als die Gründung einer »Schule« oder Perspektive bezeichnet wird, die sehr lebendig und Teil der zeitgenössischen Welt ist und sich von anderen Formen des Modernismus unterscheidet, die, trotz der zwischen diesen bestehenden Unterschiede, im Gegensatz zu diesem Modernismus stehen.

Die von Guénon bei der Wiederbelebung des traditionalen Standpunkts geleistete Arbeit wurde ergänzt von einem anderen Metaphysiker von bemerkenswerter Weite und Schärfe des Geistes, Ananda K. Coomaraswamy (1877–1947), Sohn eines singhalesischen Vaters und einer englischen Mutter. Wie Guénon ist Coomaraswamy gelernter Naturwissenschaftler; während jedoch die »abstraktere« Geisteshaltung Guénons diesen zur Mathematik hinzog, wandte sich Coomaraswamy, den immer ein besonderes Feingefühl für die Aussage von Formen auszeichnete, der Geologie zu, einer deskriptiven Wissenschaft, in der er zu einer anerkannten Kapazität wurde. Vom Temperament her war er in mehr als einer Hinsicht das Gegenstück Guénons. War Guénon ein Metaphysiker, den künstlerische Formen nicht unbedingt zu fesseln vermochten, wurde Coomaraswamy von Kunstformen im Innersten angesprochen und begann sich in der Tat für die Tradition zu interessieren, als er als Geologe in den Bergen und Hügeln Ceylons (Sri-Lanka) und Indiens arbeitete und dort Zeuge der rasanten Zerstörung der traditionalen Kunst und Zivilisation seiner Heimat wurde. Coomaraswamy war auch ein penibler, detailbeflissener Gelehrter, während Guénon im wesentlichen ein Metaphysiker und Mathematiker war, dem es um Prinzipien ging.[29] Selbst noch in persönlichen Zügen und im schriftstellerischen Stil waren die beiden Männer einander Gegenstück, aber sie waren völlig einer Meinung bezüglich der Gültigkeit der Traditionsperspektive und der metaphysischen Prinzipien, die allen traditionalen Lehren zugrunde liegen.

Coomaraswamy war ein Mann von schier unerschöpflicher Schaffenskraft, der ein umfangreiches Werk hinterließ.[30] Die Vielzahl seiner Arbeiten, die die orientalische Kunst, insbesondere diejenige Indiens, Sri-Lankas und Indonesiens im Westen bekannt machten, können hier unberücksichtigt bleiben. Es genüge der Hinweis, daß die Jahre seines reiferen Alters in England und vor allem die letzten dreißig Jahre seines Lebens in Amerika, wo er Curator der orientalischen Kunst am Boston Museum of Fine Arts war, eine maßgebliche Rolle dafür spielten, daß das westliche Publikum auf einen wesentlichen Aspekt orientalischer Zivilisation, nämlich ihre Kunst aufmerksam wurde. Dabei war Coomaraswamy kein Kunsthistoriker; was ihn an der traditionalen Kunst interessierte, war die Wahrheit, die sie vermittelte. Seine Studien waren geistigen Ranges, und in Werken wie *Transformation of Nature in Art* und *The Christian and Oriental Philosophy of Art* legte er eine Metaphysik der Kunst vor, die die traditionale Kunst als Vehikel für die Vermittlung einer Erkenntnis heiligen Ranges ausweist.

Wie Guénon wandte sich Coomaraswamy in seinen Schriften unermüdlich gegen den Modernismus, wobei er mehr als Guénon auf die verheerenden Folgen hinwies, die die Industrialisierung für die traditionalen Berufe und Lebensformen im Westen wie im Orient selbst hatte. Coomaraswamy wandte sich aber auch den zugrundeliegenden geistigen Problemen zu; gegen Ende seines Lebens nahm er eine Reihe von Werken unter dem Titel »Bugbear Series« in Angriff, wovon jedoch nur *Bugbear of Literacy* vor seinem Tode veröffentlicht wurde und in dem er die verschiedenen Götzen des Modernismus durch die Rückbesinnung auf geistige Prinzipien zu entlarven versuchte.

Was die Metaphysik und Kosmologie betrifft, verfaßte Coomaraswamy zahlreiche Artikel und Bücher, für die er sich dank seiner immensen Belesenheit auf hinduistische, buddhistische und islamische Quellen sowie auf Plato, Plotin, Dionysius, Dante, Erigena, Eckhart, Böhme, Blake und andere Vertreter der westlichen Weisheitstradition stützen konnte. Wie Guénon betonte er die Einheit der Wahrheit, die den Kern aller Traditionen bildet, jene Einheit, der Coomaraswamy seinen bekannten Essay »Paths That Lead to the Same Summit«[31] widmete. Neben seinen verschiedenen Arbeiten über die hinduistische und buddhistische Tradition, deren Synopse *Hinduism and Buddhism* ist, schrieb Coomaraswamy auch so rein metaphysische Arbeiten wie *Recollection, Indian and Platonic, On the One and Only Transmigrant* und *Time and Eternity*.

Coomaraswamy befaßte sich intensiv mit Mythos und Symbol, mit der sogenannten primitiven Mentalität und traditionaler Anthropologie. Seine Studien zur religiösen Symbolik und zur Bedeutung des Mythos für die Tradition waren von erheblicher Bedeutung für das neuerwachte Interesse an Mythos und Symbol bei vielen Religionswissenschaftlern, trotz der sogenannten Entmythologisierungstendenzen, die in gewissen Schulen der protestantischen und sogar der katholischen Theologie so auffällig sind. Daneben widmete Coomaraswamy zahlreiche Studien den traditionalen Wissenschaften, die von seinem Essay über die Symbolik der Null in der indischen Mathematik bis zu seiner Abhandlung über die Unterscheidung zwischen der traditionalen Lehre der Gradation und der modernen Evolution reichen. Insgesamt vertrat er in seinen Arbeiten die traditionalen Lehren in der Sprache der zeitgenössischen Wissenschaft mit so immenser Gelehrsamkeit und einer solchen Klarheit des Ausdrucks, daß er trotz der fast geschlossenen Ablehnung, mit der der moderne Wissenschaftsbetrieb zunächst auf seine Gedanken reagierte, doch einen erheblichen Einfluß auf ein breites Spektrum von Wissenschaftlern und Denkern, von Kunsthistorikern und auch Physikern ausübte, einen Einfluß, der bis heute ungebrochen ist. Den Kern seines imposanten Denkgebäudes bildet der Gedanke der Erkenntnis des Heiligen und heiliger Erkenntnis; in der Tat waren seine Werke wie diejenigen Guénons selbst die Hervorbringung einer Vernunft, die webte und wirkte in einer Welt heiligen Charakters, in einer Welt, in der sich die Substanz der Intelligenz selbst spiegelt.

Der Abschluß der Wiederbelebung und Darlegung traditionaler Lehren in der zeitgenössischen Welt sollte schließlich von Frithjof Schuon (geb. 1907) geleistet werden, dessen Arbeiten die Krönung der zeitgenössischen traditionalen Schriften sind. Wenn Guénon der meisterliche Darleger metaphysischer Doktrinen und Coomaraswamy der unübertroffene Kenner orientalischer Kunst war, der für seine Darlegung der Metaphysik Rekurs auf die Sprache der künstlerischen Formen nahm, erscheint Schuon wie die von der Energie der göttlichen Gnade durchdrungene kosmische Vernunft selbst, dessen Blick die ganze den Menschen umgebende Realität umspannt und der alle Daseinsfragen des Menschen im Lichte der heiligen Erkenntnis aufhellt. Ihm scheint jene intellektuelle Kraft verliehen zu sein, die in den Kern aller Dinge vordringt, insbesondere das Wesen religiöser Formen und Bedeutungsinhalte, die er mit einer Klarheit wie niemand vor ihm erläutert, wie wenn er jene göttliche Gabe besäße, die in der Offenbarung des Korans als die »Sprache der Vögel« bezeichnet wird. Man versteht, warum einer der führenden amerikanischen Religionshistoriker, Huston Smith, über ihn sagt: »Er ist ein lebendes Wunder; geistig *à propos* Religion, sowohl in der Tiefe wie in der Breite, der Heros unserer Zeit. Ich kenne keinen lebenden Denker, der auch nur annähernd an ihn heranreichte.«[32]

Schuon hat nicht nur über traditionale Lehren, sondern auch über die praktischen und funktionalen Aspekte des spirituellen Lebens geschrieben. Er hat über Riten, Gebet, Liebe, Glauben, die spirituellen Tugenden und das moralische Leben aus dem Weisheitsstandpunkt geschrieben. Er hat darüber hinaus den Horizont traditionaler Darlegungen erweitert, indem er gewisse Aspekte der christlichen Tradition, insbesondere die von Guénon übergangene Orthodoxie sowie die indianische Tradition und den Shintoismus einschloß. Er hat die Metaphysik der jungfräulichen Natur in all ihrer Großartigkeit dargelegt und, selbst nicht nur Metaphysiker, sondern auch ein ausgezeichneter Dichter und Maler, einiges von zeitloser Gültigkeit über die Metaphysik der traditionalen Kunst und spirituelle Bedeutung des Schönen geschrieben.

Das meiste von Schuons umfassendem Werk liegt bisher nur im französischen Original vor, sofern es nicht bereits in deutscher Sprache abgefaßt wurde.[33] Diese Arbeiten umfassen u. a. eine Reihe über vergleichende Religionswissenschaft aus dem Standpunkt der *philosophia perennis*, u. a. *De l'unité transcendante des religions*[34], und Werke, die sich spezifischer, aber nicht ausschließlich mit bestimmten Traditionen befassen, u. a. *Language of the Self*, in dem er sich hauptsächlich mit dem Hinduismus befaßt; *Sur les traces de la Religion Pérenne* mit einem Abschnitt über den Shintoismus; *Comprendre Islam, Dimensions of Islam* und *Islam and the Perennial Philosophy*, das verschiedene Facetten des Islam einschließlich des Shī'ismus und Sufismus betrachtet; *Le Soufisme, voile et quintessence*, das fast ausschließlich dem Sufismus gewidmet ist, sowie *Gnosis: Divine Wisdom* mit Abschnitten über die christliche Tradition. In *Perspectives spirituels et faits humains* und *Regard sur le monde ancien* befaßte er sich mit der Krise der modernen Zivilisation und beleuchtete viele Facetten der Menschheitsgeschichte aus dem traditionalen Standpunkt, während er in Werken wie *L'œil du cœur* und *Les stations de la sagesse* einige der komplexesten metaphysischen und kosmologischen Fragen sowie Elemente des praktischen Aspektes der Realisierung von Erkenntnis erhellte. Die meisten seiner jüngeren Arbeiten wie *Logique et Transcendence, Formes et substance dans les religions, L'Esotérisme, comme principe et comme voie* und *Du Divin à l'humain* (das die Synopse aller seiner metaphysischen Lehren bildet) befassen sich in erster Linie mit heiliger Erkenntnis und dem grundsätzlich heiligen Charakter der erkennenden Instanz im Menschen. Sie sind das Schlußwort der reinen Gnosis, die sowohl auf das Objekt der Erkenntnis als auch das Subjekt oder Bewußtsein reflektiert, dessen Wurzel das Heilige an sich ist.

Schuon geht es in diesen Werken darum, die Bedeutung all dessen, was menschlich ist, im Lichte des Göttlichen herauszuarbeiten, und zwar mit dem Ziel, die Rückkehr zum Göttlichen durch einen Modus zu ermöglichen, der primär weisheitlicher Natur, aber immer auch mit Liebe und Glauben verknüpft ist. Schuon spricht aus dem Blickwinkel der realisierten Erkenntnis, nicht aus dem der Theorie, und seine Schriften sind von einer »existentiellen« Unmittelbarkeit, die nur aus der Realisierung kommen kann. Niemand, der die Botschaft dieser Worte verstanden hat, kann »existentiell« derselbe bleiben. So verwundert es nicht, daß nach dem Erscheinen seiner ersten drei Bücher ein englischer Katholik folgendes schreiben konnte:

De l'unité transcendante des religions, L'Oeil du cœur und *Perspectives spirituelles et faits humains* zeichnen sich nicht nur durch ein Verständnis der christlichen Wahrheit eben als Wahrheit, ... sondern auch durch eine innere Dimension dieses Verständnisses aus, die durch keine bloße Gelehrsamkeit zustande kommen kann. Wenn er in *L'Unité transcendante* vom Weg der Gnade als einer spricht, der die göttliche Ökonomie in einem Zusammenhang mit den esoterischen und exoterischen Wegen des Islam und grundsätzlich in Bezug auf Exoterik und Esoterik als solcher begreift, so spricht er in den *Perspectives spirituelles* von der Gnade als einer, in dem sie operativ ist. Das Buch ist von einer Luzidität, die zu finden wir im zwanzigsten oder vielleicht in jedem anderen Jahrhundert keinen Anspruch haben.[35]

Mit Schuons Schriften hat sich die kraftvolle Wiedergeburt der Tradition, d. h. die Wiederentdeckung des Heiligen im Herzen aller Traditionen kraft und mittels der Tradition im Herzen der jungfräulichen Natur, in der heiligen Kunst und in der Substanz des Menschenwesens selbst ereignet, womit es inmitten einer Welt, die am Gifthauch des Nihilismus und Zweifels zu ersticken droht, den »Berufenen« wieder möglich wird, Erkenntnis höchster Ordnung zu erlangen, die im Heiligen wurzelt und daher mit der Freude und dem Licht der Gewißheit untrennbar verbunden ist.

Der traditionale Standpunkt, den Guénon, Coomaraswamy und Schuon mit solcher Geistesschärfe, Tiefe und Großartigkeit dargelegt haben, blieb in akademischen Kreisen so eigentümlich unbeachtet, wie seine »horizontale« und quantitative Verbreitung beschränkt blieb. Seine Wirkungskraft in die Tiefe und in qualitativer Hinsicht ist freilich unermeßlich. Weil er die ganze Wahrheit ist, ist er so in Herz, Geist und Seele mancher Menschen eingedrungen, daß er auch ihre ganze Existenz transformierte. Darüber hinaus haben Gedanken, die aus dieser Richtung kamen, einen erheblichen größeren Kreis als nur diejenigen angesprochen, die den traditionalen Standpunkt ganz und insgesamt übernommen haben, und viele bemerkenswerte Wissenschaftler und Denker haben sich gewisse traditionale Anschauungen zu eigen gemacht. Was diejenigen betrifft, die dem kleinen Kreis der traditionalen Autoren zuzuordnen sind, so ist in erster Linie der in der Schweiz lebende Titus Burckhardt zu erwähnen, der mehrere grundlegende Werke über die islamische Esoterik in europäischen Sprachen mit einer unglaublichen Transparenz und Luzidität des Geistes geschrieben und auch das Gebiet der Kunst um zahlreiche Studien zur Sakralkunst bereichert hat, womit er insbesondere für die islamische Kunst dasjenige leistete, was Coomaraswamy für die hinduistische und buddhistische Kunst vollbrachte.[36] In Frankreich hat Leo Schayd durch Anwendung traditionaler Prinzipien eine der tiefschürfendsten Studien über die Kabbala vorgelegt, die in diesem Jahrhundert erschienen sind.[37] In Italien hat G. Evola, der mit Guénon zusammenarbeitete, mehrere große Studien über Hinduismus, Hermetik und andere Traditionen in einem Guénon kongenialen Geiste geschrieben, während in den letzten Jahren Gestalten wie E. Zolla Werke mit Traditionscharakter insbesondere über traditionale Literatur und einige der traditionalen Wissenschaften in stetiger Folge veröffentlicht haben.

Außerhalb Kontinentaleuropas sind insbesondere in England traditionale Autoren von Bedeutung tätig geworden. Der in Großbritannien lebende gebürtige Grieche Marco Pallis, der im Himalaya eigentlich eine botanische Exkursion unternehmen wollte, kehrte mit den Blüten der buddhistischen Weisheit zurück und war dann der erste, der im Westen einen authentischen Bericht über den tibetischen Buddhismus vorlegte. Er ist der Autor des berühmten *Peaks and Lamas*, eines der ganz wenigen ernstzunehmenden Werke über orientalische Traditionen, die vor dem Zweiten Weltkrieg in einer europäischen Sprache vorlagen.[38] In England macht seit Jahren Martin Lings Schätze der islamischen Esoterik aus dem traditionalen Standpunkt verfügbar und nutzt seine intime Kenntnis spirituellen Wissens im Verein mit seiner dichterischen Begabung, um solche Gestalten der englischen Literatur wie Shakespeare in einem neuen Licht erscheinen zu lassen.[39] Dort haben auch katholische Gelehrte und Künstler wie Eric Gill und Bernard Kelly den Zauber der Lehren eines Guénon, Coomaraswamy und Schuon empfunden, wie auch eine Reihe orthodoxer Gestalten. Die Aktivitäten traditionaler Autoren haben sich nach und nach um die Zeitschrift *Studies in Comparative Religion* konzentriert, die heute vielleicht die führende traditionale Zeitschrift in der westlichen Welt ist[40], jedoch ist der Kreis derjenigen, die sich mit der Tradition befassen, in den letzten Jahrzehnten stetig größer geworden.[41]

In den Vereinigten Staaten ist die Zahl derjenigen, die ganz der traditionalen Perspektive zuzurechnen waren, bis vor kurzem sehr beschränkt geblieben, obwohl Coomaraswamy so lange in diesem Land lebte, dessen Schriften zahlreiche Gelehrten beeinflußt haben, von denen aber nur wenige sich ganz den traditionalen Standpunkt zu eigen machten. Immerhin haben in den Vereinigten Staaten Gelehrte wie J. E. Brown versucht, die indianische Tradition vom traditionalen Standpunkt aus zu studieren[42], während eine Reihe von Religionswissenschaftlern wie H. Smith und V. Danner in den letzten Jahren wichtige Werke traditionalen Charakters vorgelegt haben[43] und eine immer größere Zahl von Gestalten der unterschiedlichsten Fachrichtungen sich für verschiedene Elemente der Tradition zu interessieren beginnen, ohne freilich den traditionalen Standpunkt als solchen zu übernehmen.[44]

Das Vorliegen der Werke und die Ausbreitung der Gedanken derjenigen, die die Tradition im Westen wiederbelebt haben, hat in je verschiedener Weise viele bekannte Gestalten auf unterschiedlichen Gebieten geistigen Strebens und der Wissenschaften beeinflußt; hier sind u. a. zu nennen der herausragende Religionshistoriker M. Eliade (zumindest in seinen früheren Arbeiten), die größte französische Autorität der islamischen Philosophie H. Corbin, der deutsche Gelehrte und Kritiker L. Ziegler, der Indologe H. Zimmer, der Mythologe J. Campbell, der Kunsthistoriker M. Schneider, der französische Philosoph G. Durand, die berühmte englische Dichterin und Gelehrte Kathleen Raine und der bemerkenswerte, von den Wirtschaftswissenschaften herkommende traditionale Philosoph und Theologe E. C. Schumacher.[45]

Die Wiederbelebung der Tradition im Westen auf der Basis der Exposition authentischer orientalischer Doktrinen und Lehren hat auch im Orient ein Echo ausgelöst, der selbst durch das Heranbranden des Modernismus mit der Zerstörung seiner eigenen Jahrtausende alten Traditionen konfrontiert ist.[46] Es gibt heute bereits Übersetzungen der Arbeiten traditionaler Autoren in einige orientalische Sprachen, deren Bandbreite vom Arabischen zum Tibetanischen reicht, und die geistige Argumente gegen gewisse Doktrinen des Modernismus geliefert haben, Argumente, die die meisten Orientalen selbst gar nicht hätten formulieren können, weil ihnen in der Regel die tieferen Kräfte nicht bewußt sind, die den Modernismus herbeigeführt haben, und sie vielfach an einem Minderwertigkeitskomplex gegenüber dem modernen Westen leiden.[47] Freilich bedarf es kaum einer Erwähnung, daß die Zahl derjenigen Menschen des Orients, die die Bedeutung dieser traditionalen Werke erfaßt haben, sehr beschränkt ist, wie es die geistige Qualität der Reaktion auf die moderne Welt belegt, die in der Regel bei denjenigen im Osten zu beobachten ist, die schon mehr oder weniger vom Modernismus angekränkelt sind oder die zwar noch traditional sind, aber sich mit einer modernen Welt auseinandersetzen, deren wahre Natur sie noch nicht durchschaut haben.

Die Suche nach dem Heiligen und die Wiederbelebung der Tradition hat in einer partielleren und beschränkteren, aber teilweise sehr tiefgehenden Weise auch außerhalb der bisher dargestellten Hauptbewegung zur Wiederbelebung der Tradition stattgefunden, auch wenn es zweifellos die Einwurzelung der authentischen traditionalen Lehren auf dem Boden Europas war, die das kosmische Umfeld verwandelt und eine Öffnung in diesem kosmischen Sektor des Westens geschaffen und traditionalen Lehren aus anderen Quellen den Weg in den Westen gebahnt hat. Die Sehnsucht nach dem Orient hat viele Suchende, die nicht nach Reichtum oder irdischem Ruhm, sondern nach dem Land des Lichtes verlangten, in verschiedene Länder des Ostens bis nach Japan oder auch nach Marokko geführt, das aus dem traditionalen Standpunkt dem Orient angehört. Nicht alle diese Suchfahrten haben zu ernsthaften Kontakten oder der Übertragung von traditionalem Wissen geführt, auch wenn sich die Möglichkeit zu Begegnungen mit authentischen Vertretern der orientalischen Traditionen ergeben hat.

Es gab freilich Ausnahmen. Von solchen japanischen Meistern wie Roshi Tachibana und Hindus wie Śri Ramana Maharshi und Anandamoyi Ma ist eine Geistgegenwart und eine spirituelle Weisheit ausgeflossen, die über Land und Meer in bestimmte Kreise des Westens eingedrungen ist. Auch die Emanation der Lehren bestimmter Sufi-Meister aus vielen verschiedenen Teilen der islamischen Welt hat in den letzten Jahrzehnten den Westen erreicht. Darüber hinaus sind viele Vertreter dieser Traditionen, authentischer wie modernisierter, in immer größerer Zahl nach Europa und in die Vereinigten Staaten gereist, von einem Vivekananda, der dem Westen mit missionarischem Eifer eine modernisierte Version der Vedanta vorstellen wollte, aber dennoch den Lehren des größten indischen Heiligen Ramakrishna verbunden blieb[48] zu dem fruchtbaren japanischen Verkünder des Zen, D. T. Suzuki, zu den bemerkenswerten Lamas, die nach der chinesischen Invasion aus Tibet vertrieben wurden, und schließlich zu den Sufi-Meistern, die in den letzten Jahren immer häufiger in den Westen gekommen sind. Dieser frische, direkte Kontakt mit dem Orient war zweifellos für die Wiederbelebung der Tradition im Westen von großer Bedeutung, ungeachtet der für die moderne Welt so typischen Verwirrung, die die Heerscharen von Pseudogurus und -yogis angestiftet haben. Tatsache bleibt auch, daß es für viele Menschen schwierig ist, ohne Zugang zu den traditionalen Lehren derjenigen, die die Tradition im Westen wiederbelebt haben, die Bedeutung dessen zu erfassen, was ihnen in den orientalischen Lehren begegnet, wiewohl es Ausnahmen gibt und natürlich das Problem der unterschiedlichen Mentalitäten besteht, die unterschiedlicher Unterweisung bedürfen. Der oben beschriebene traditionale Kreis ist gleichsam die Weltvernunft oder *Buddhi* des Reiches der Tradition in der modernen Welt, die als das Licht anwesend ist, das die Unterscheidung des Wahren vom Falschen ermöglicht, das die Welt erhellt, klärt und integriert, in der verschiedene spirituelle Modi und Wege einschließlich derjenigen der Tätigkeit oder der dienenden Liebe neben dem Pfad der Erkenntnis wirksam sind, in der sich die Weltvernunft als solche ausspricht.

Die Wiederbelebung der Tradition hat in gewissem Umfang nicht nur die orientalischen Lehren, sondern auch eine Neubewertung der klassischen griechischen Tradition zum Hintergrund, obwohl eine aktuelle Würdigung des griechischen geistigen Erbes im Lichte der Tradition bis jetzt noch aussteht. Immerhin gibt es bereits mehrere Studien zur pythagoreisch-platonischen Tradition nicht auf der Basis des Humanismus der Renaissancezeit und danach, die das Studium der griechischen Philosophie seither im Westen geprägt hat, sondern aus einer Perspektive, die die pythagoreisch-platonische Schule in einem Zusammenhang mit der universellen Tradition sieht. Die Entdeckung der pythagoreischen Skala durch von Thimus im letzten Jahrhundert, gefolgt von den Harmoniestudien von H. Kayser und die in den letzten Jahren vorgelegte Würdigung Platos als einem pythagoreischen Philosophen[49] durch E. McClain und andere stellt die Wiederentdeckung eines wichtigen Elementes der griechischen Tradition dar. Auch die auf traditionale Prinzipien und Quellen zurückgehenden umfassenden Arbeiten von R. A. Schwaller de Lubicz über Ägypten und über die Hermetik sind erstaunliche Leistungen. Das wird insbesondere deutlich, wenn man mit Menschen spricht, die ihn persönlich kannten.[50]

Diese und andere Studien in unterschiedlichen Künsten und Wissenschaften stellen eine weitere Facette der Wiederentdeckung des Heiligen und eine Wiederbelebung der Tradition dar, um die es uns hier geht. Es hat inmitten dieser so antitraditionalen Kunstepoche Versuche gegeben, die traditionale Kunst östlichen und westlichen Ursprungs von der Kalligraphie bis zur Architektur zu neuem Leben zu erwecken und wieder zu praktizieren und dadurch die geistigen Prinzipien der Künste in Ost und West wiederzuentdecken.[51] Wichtige Elemente der traditionalen Mathematik, insbesondere der Geometrie, wurden wieder aufgegriffen.[52] In vielen Kreisen zeigt sich großes Interesse für den Aussagegehalt der traditionalen Wissenschaft selbst und die Bedeutung dieser Wissenschaften als zumindest alternative Modi in der Erkenntnis kosmischer Realität.

Ein weiteres zeitgenössisches Phänomen, das mit der Suche nach der Wiederentdeckung des Heiligen zusammenhängt, ist das zunehmende Interesse an Mythen und Symbolen. Vieles ist anders geworden seit den Zeiten, als Männer wie Frazer, die für Coomaraswamy »Holzhacker« waren, Mythen ohne das geringste Interesse an ihrer inneren Bedeutung sammelten, während heute eine große Zahl von Religions- und Kunstwissenschaftlern sowie auch Philosophen und Psychologen in Mythen und Symbolen den Schlüssel für das Verständnis sowohl des traditionalen Menschen als auch zu dessen Verhältnis zu seinem kosmischen Lebensraum sehen. Die Gleichsetzung des Mythos mit dem Irrealen erfolgt in der geistigen Auseinandersetzung längst nicht mehr so stereotyp wie vor einem Jahrhundert. Während aber inzwischen viele die Bedeutung des Mythos und Symbols im Unterschied zu den Fakten begriffen haben, wie ein Geologe ein Kristall von opaquem Fels unterscheiden würde, so fehlt in vielen Fällen doch noch das Licht, in dem der Kristall des Mythos seine wahren Qualitäten zeigen könnte. Dieses Licht kann aber nur von einer lebendigen Tradition kommen, ohne die das Studium der Mythen und Symbole, auch wenn man sie gelten läßt, in der Regel zu einem psychologischen Interpretieren oder im günstigsten Fall einer Wissenschaft bar aller spirituellen Signifikanz verkommt. Das Studium der Mythen und Symbole in der modernen Zeit ist zweifellos ein Charakteristikum für die Suche des modernen Menschen nach einem Universum, das sinnvoll und vom Heiligen erfüllt ist, aber diese Suche kann ihr Ziel ohne die Hilfe der Tradition selbst und Rückgriff auf diese nicht erreichen. Das Studium der Mythen und Symbole kann nicht die Erkenntnis des Heiligen bewirken, aber es kann zu dieser Erkenntnis hinführen, wenn der Geist, der Mythen und Symbole studiert, vom Licht und der Gnade der Tradition bereits transformiert ist.

Eigentümlicherweise tritt die Suche nach dem Heiligen sogar in manchen Bereichen der modernen Wissenschaft auf, die das Epitheton säkularer Erkenntnis ist und die treibende Kraft für die Säkularisierung der Welt seit dem 17. Jahrhundert war. Unnötig zu sagen, daß jener Verstandestypus, der nichts als die Ergebnisse einer empirischen Wissenschaft gelten läßt, auch die metaphysischen Implikationen der modernen Wissenschaft nicht sehen will. In der Tat sind szientistische Philosophen noch viel dogmatischer als viele Wissenschaftler, wenn es darum geht, den Entdeckungen der Wissenschaft jegliche metaphysische Bedeutung abzusprechen. Aber gerade die Physiker selbst, oder zumindest viele der herausragendsten Gestalten unter ihnen waren häufig die ersten, die den Szientismus und sogar die sogenannte wissenschaftliche Methode ablehnten. Ein großer Teil der ernsthaften theologischen Diskussionen der letzten Jahrzehnte wurde von seiten der Wissenschaftler und nicht derjenigen der Philosophen und vor allem nicht der Theologen angeregt; letztere scheinen paradoxerweise gerade die letzten sein zu wollen, die die Bedeutung der Arbeit vieler Wissenschaftler begreifen, die über den wissenschaftlichen Reduktionismus hinausgelangen möchten, der für die Entheiligung der Natur und der Erkenntnis selbst von so großer Bedeutung gewesen ist.[53]

Werfen wir einen unbefangenen Blick auf die zeitgenössische Physik, ohne uns einerseits von den unwissenschaftlichen Extrapolationen der Wissenschaft in phantastische Kosmologien, die sich nicht weniger schnell zu ändern scheinen als die Kleidermode, mesmerisieren noch uns vom Zauber des Mikroskops hypnotisieren zu lassen.[54] Die meisten der bedeutenden physikalischen Entdeckungen seit der speziellen Relativitätstheorie Einsteins aus dem Jahre 1905 waren nicht das Ergebnis von Induktion oder empirischer Beobachtung, sondern der Einbeziehung ästhetischer Faktoren, der Suche nach Einheit, Symmetrie und Harmonie. Wie oft haben nicht bekannte Physiker eine Theorie vorgeschlagen, die sie deshalb vertraten, weil sie mathematisch »eleganter« war? Warum gibt es diese Suche nach Einheit bei der Erforschung der Naturgesetze und dabei das Fortschreiten zu immer größeren oder höheren Stufen der Vereinheitlichung? Warum beriefen sich Einstein im Jahre 1905 und Dirac im Jahre 1929 auf die Symmetrie, als sie die spezielle Relativitätstheorie bzw. die Theorie der Antimaterie entwickelten, lange bevor ein experimenteller Nachweis möglich war? Wie soll man schließlich die sogenannte pythagoreische Epoche der modernen Physik, die Zeit von Bohr bis Broglie, einschätzen, in der überaus bedeutende Beiträge zur modernen Physik auf der Grundlage der pythagoreischen Harmonie und einer genauen Kenntnis der musikalischen Harmonie geleistet wurden? Man könnte diese Episoden als Bekräftigung von Prinzipien einer metaphysischen und kosmologischen Ordnung innerhalb der modernen Physik interpretieren, die ihren Grund außerhalb der physikalischen Wissenschaft selbst haben. Eine solche Interpretation würde der Physik keinen Abbruch tun. Sie erscheint tatsächlich vielen Physikern heute attraktiver als jener Typus sogenannter philosophischer Interpretation, der behauptet, daß wegen der Relativitätstheorie alles relativ ist, oder daß die Heisenbergsche Unschärferelation die Freiheit des Willens bewiesen hätte. Natürlich können traditionale Prinzipien nicht durch moderne Physik bewiesen werden, aber diese Physik kann in dem Umfang, in dem sie realitätsbezogen ist, eine legitime Wissenschaft sein, deren letztendliche Bedeutung nur durch die traditionale Metaphysik erfaßt werden kann. In der Tat ließe sich diese Wissenschaft grundsätzlich in eine höhere Form der Erkenntnis integrieren, wenn nur diese Erkenntnis in einer Weise vorläge, die das geistige Klima der zeitgenössischen Welt transformieren könnte, und wenn die moderne Wissenschaft die Beschränkungen anerkennte, die ihre Prämissen und Hypothesen mit sich bringen.[55]

Ein anderer Aspekt der modernen Physik führt uns zurück zur Bedeutung der Intelligenz und des Bewußtseins selbst. Ein Teilchen wie das Elektron studieren heißt, die Intelligenz des erkennenden Subjekts mit derjenigen des Erkannten in einen viel direkteren Zusammenhang zu bringen als es in der klassischen Physik möglich war. Durch sein Verhalten scheint das Elektron tatsächlich selbst eine Art von Intelligenz zu besitzen. Wie tief man auch in die Materie eindringt, findet man doch Ordnung und Intelligibilität, die den Einschlag der Intelligenz bis in den letzten Urgrund desjenigen, was man materielle Manifestation nennt, und bis zu jener Stufe belegen, die an das Chaos grenzt, wo alles, was man materiell nennt, zu existieren aufhört.[56] Das Bewußtsein des Menschen muß auch in der Physik als ein integraler Bestandteil jener Realität gelten, die der Physiker untersuchen möchte, und zwar in dem Sinne, in dem Eugene Wigner, einer der Begründer der Quantenmechanik, das Bewußtsein die erste absolute Realität und die äußere Realität sekundäre Realität genannt hat.[57] Das Bewußtsein, das die direkte Abspiegelung und der Strahl der Weltvernunft und die Substanz der heiligen Erkenntnis ist, erweist sich als ein Element, mit dem der Physiker nolens volens »rechnen« muß, ob er das Mysterium der menschlichen Subjektivität und des göttlichen Ursprungs des Bewußtseins nun verstanden hat und akzeptiert oder nicht.

In ähnlicher Weise ist der Gedanke einer irgendwo draußen existierenden Welt, die sich aus einander ausschließenden Objekten zusammensetzt, deren Bewegungen und Wechselbeziehungen der Physiker in einer letztlich mechanischen Weise betrachtet, von Physikern wie David Bohm in Frage gestellt worden, der heute von einer »impliziten Ordnung« spricht, die gewissen kosmologischen Lehren des Orients ähnelt.[58] Die Geburt von Symmetrieteilchen aus dem »Nichts« und ihr Tod im »Nichts« haben auch die Vorstellung von der Existenz eines Vakuums in der modernen Wissenschaft in Frage gestellt. Was physikalisch als Leere erscheint, ist in Wirklichkeit ein Ozean virtueller Objekte auch aus dem physikalischen Standpunkt. Was im Kosmos als »leer« erscheint, entspricht weit eher der fernöstlichen Leerheit oder auch dem Äther traditionaler westlicher Kosmologien als dem Vakuum der Newtonschen Physik. Es verwundert nicht, daß in den letzten Jahren eine Fülle von Werken erschienen sind, in denen versucht wird, die moderne Physik in eine Beziehung zu östlichen esoterischen Lehren zu setzen, wobei manche das Nichts der modernen Physik mit der buddhistischen Leere von der Impermanenz der Dinge verglichen haben[59], andere die Molekularbewegung mit dem kosmischen Tanz Shivas, und wieder andere den Gedanken der Leere und des Vakuums der modernen Physik mit der taoistischen Leerheit und ähnlichen Auffassungen.[60] Nicht in allen diesen Studien sind die behandelten östlichen Lehren voll erfaßt worden, und viele nähern sich den traditionalen Lehren von einem profanen Standpunkt aus. Die Tatsache aber, daß sich gerade so führende Physiker wie Erwin Schrödinger, Carl Friedrich von Weizsäcker, Wigner und Bohm und viele andere für östliche kosmologische und metaphysische Lehren interessiert haben und interessieren, weist darauf hin, daß auch in der Physik, die das Kernstück der modernen Naturwissenschaft ist, ein tastendes Suchen nach dem Heiligen und einer Weltsicht eingesetzt hat, die sich von den reduktionistischen Fesseln einer quantitativen Wissenschaft gelöst hat, mit der man der Natur der Wirklichkeit an sich zu Leibe rücken wollte.[61] Weil die Natur nicht vom Menschen gemacht, sondern aus der Quelle des Heiligen oder vom Heiligen an sich kommt, würde sich das Heilige, wenn man nur die Beschränkungen beseitigte, denen es durch eine entheiligte

Art des Erkennens unterworfen wurde, von selbst offenbaren. Das Licht als solches hat nicht aufgehört zu existieren. Der Kosmos scheint, spirituell gesprochen, nur deshalb verdunkelt zu sein, weil sich ein Schleier der Opazität um jene Menschheit gelegt hat, die sich modern nennt. Im Grunde ist jeder Versuch, über die reduktionistische Wissenschaft hinauszugehen und eine nichtmaterialistische Welt einzuführen, eine – vielleicht unbewußte – Suche nach der Wiederentdeckung des Heiligen, sei sie auch erfolglos, weil sie von der Tradition abgeschnitten ist, jener veritablen Quelle des Heiligen, die den Kern einer jeden Religion bildet und kraft derer die Botschaft jener anderen großartigen Offenbarung, nämlich des Kosmos, in einer operativen Weise begreifbar und sinnerfüllt wird.

Die Hinwendung zum Heiligen läßt sich noch deutlicher beobachten an dem heutigen Interesse an Ökologie und der Erhaltung der Natur. Auch wenn viele ökologische Bestrebungen wegen der Vernachlässigung des spirituellen Elementes, das ein wesentlicher Faktor in der Ökonomie des Kosmos ist, keine Früchte tragen konnten, äußert sich doch in dem in jüngster Zeit erwachten Bewußtsein für die wechselseitige Abhängigkeit aller Lebewesen, wie sie nunmehr auch von agnostischen Wissenschaftlern betont wird, wiederum die Notwendigkeit der Wiederentdeckung des Heiligen, auch wenn die hierzu erforderliche Metaphysik der Natur in der Regel nicht verfügbar ist oder vernachlässigt wird.[62] So kommt z. B. der Gaia-Hypothese, die die Erde nicht als einen Komplex toter Materiebausteine sieht, die zufällig Leben ermöglichen und irgendwie die richtige Temperatur aufrecht erhalten, um für »Hunderte von Millionen« von Jahren Leben zu gewährleisten, sondern als Lebewesen, das den Zustand verschiedener lebenswichtiger Elemente wie z. B. der Luft selbst regelt, metaphysische Signifikanz zu.[63] Nicht nur der Name der griechischen Göttin der Erde wird durch diese Theorie wiederbelebt, sondern auch die traditionale Lehre, daß die Erde ein großes Lebewesen ist, wie schon Plato im *Timaios* sagt, und dasjenige, was zahlreiche mittelalterliche Philosophen und Wissenschaftler in der islamischen, aber auch in der jüdischen und christlichen Welt wiederholt haben. Sie ist auch ein Widerhall der traditionalen Lehren vom Opfer des Urmenschen am Beginn der Kosmogenese, wobei dahingestellt bleiben kann, ob dies denjenigen, die die Gaia-Hypothese auf einer rein naturwissenschaftlichen Grundlage entwickelt haben, bewußt war oder nicht.

Zahlreiche ernstzunehmende Wissenschaftler, die heute an ökologischen Problemen arbeiten, sind sich bewußt, daß das Ganze mehr ist als seine Teile und daß die Suche nach Ganzheit von der Suche nach Heiligkeit nicht zu trennen ist. Der Gründer des New Alchemy Institute in Cape Cod, einer der bedeutendsten Einrichtungen dieser Art in den Vereinigten Staaten, selbst ein renommierter Wissenschaftler, sagte uns einmal, daß durch das Studium der Ökologie gewissermaßen das Heilige wieder in die Welt der zeitgenössischen Wissenschaft eingezogen ist.[64] Es gibt viele Wissenschaftler, die mit unterschiedlichen ökologischen Studien befaßt sind, die seinen Standpunkt bekräftigen würden[65], während andere diese Aussage im Grunde akzeptieren, aber das Wort »heilig« lieber umgehen.

In einem ganz anderen Bereich der Wissenschaft, nämlich der Neurologie und dem Studium des Gehirns gibt es ebenfalls führende Wissenschaftler, die sich weigern, den Menschen auf eine komplizierte Maschine oder einen behaviouristisch determinierten Mechanismus zu reduzieren, wie es manche Psychologen tun, und die die Realität des Geistes gegenüber der Ansicht gewisser positivistischer Philosophen wie Ryle und Ayer verteidigen, die sogar dem Ausdruck Geist jeglichen Sinn absprechen.[66] Die Bekräftigung der Unabhängigkeit des Geistes oder Bewußtseins von seinem materiellen Träger, nämlich dem Gehirn, ist wiederum ein Aspekt dieser Suche nach dem Heiligen und der Befreiung von jenem Reduktionismus, der den Duft des Heiligen aus der Atemluft des zeitgenössischen Menschen fernhält. Daher tritt hinter allen Forschungen, die auf dem Gebiet der Parapsychologie durchgeführt werden, um die Unabhängigkeit des Geistes von der Materie nachzuweisen, oder selbst der hauptsächlich in Rußland entwickelten Kirlian-Photographie, wo das direkte Studium spiritueller Fragen, gelinde gesagt, problematisch ist, ein religiöses Verlangen nach der Wiederentdeckung des Heiligen in einer Welt zutage, die den Blick nur auf die Phänomene zu richten und generell nicht zwischen Geist und Psyche zu unterscheiden vermag.

Die Suche nach Ganzheit hat sich auch in der Medizin und allen anderen Wissenschaften manifestiert, die mit dem menschlichen Körper einschließlich der Wiederentdeckung der spirituellen Bedeutung des Körpers befaßt sind.[67] In der Hinwendung zu ganzheitlicher Medizin, natürlicher Ernährung, natürlichen Körperrhythmen und ähnlichem drückt sich, auch wenn vieles in die Mühlen des Kommerzes geraten ist, das Verlangen nach einer Rückkehr zu jener Urharmonie des Menschen mit der natürlichen Umwelt aus, die als Gottesgeschaffenes der Schauplatz seiner Weisheit und Macht und ein Ort des Heiligen ist. Dies ist der Grund, warum für so viele Menschen die Beschäftigung mit diesen Dingen zu einer Ersatzreligion geworden ist, die ihr ganzes Wesen in Anspruch nimmt, wie wenn sie dadurch auch ihr Bedürfnis nach dem Heiligen an sich befriedigen könnten.[68]

Obwohl die moderne Psychoanalyse eine veritable Parodie der traditionalen Psychologie und Psychotherapie ist, der es um die spirituelle Transformation der Seele ging, sieht man in den letzten Jahren doch Versuche, das Korsett zu sprengen, in die Freud, aber auch Jung diese Disziplin gezwängt haben, und die traditionalen Techniken zur Heilung der Leiden der Seele wiederzuentdecken.[69] Hier befinden wir uns freilich auf sehr schwankendem Grund, denn letztlich hat nur Gott das Recht, die Seele des Menschen zu behandeln, die ihm alleine gehört. Ohne den Schutzmantel der Tradition ist die Anwendung traditionaler Techniken sehr gefährlich. Immerhin wird jetzt der Versuch unternommen, zumindest die Tyrannei dieses agnostischen und atheistischen Typs von Psychoanalyse zu brechen, die im Westen bis jetzt vorherrschend ist, und jene traditionalen Wissenschaften von der Seele zu studieren, die in heiliger Erkenntnis verankert sind und die Heilung der Seele in ihrer Vermählung mit dem Geist erblicken.[70] Auch in diesen Versuchen zeigt sich wiederum das Verlangen nach der Wiederentdeckung des Heiligen, wenn auch hier wie in vielen anderen Bereichen die Suche nicht immer erfolgreich war und noch nicht zur Entdeckung einer Wissenschaft geführt hat, die die tieferen Probleme der Seele gefahrlos in einer Weise behandeln könnte, die die Seele vor den verfinsternden Einflüssen der niedrigeren Psyche schützen würde.

Was die Philosophie betrifft, so ist der Hauptstrom des europäischen und amerikanischen Denkens völlig von jener bereits erörterten Entheiligung der Erkenntnis beherrscht und auf bloße Logik oder einen aus Angst, Verzweiflung und ähnlichem geborenen Rationalismus reduziert. Allerdings sind neben den Hauptschulen des angelsächsischen und amerikanischen Positivismus und des europäischen Existentialismus und der Existenzphilosophie in den letzten Jahren einige westliche Philosophen aufgetreten, deren Hauptanliegen die Wiederbelebung der traditionalen Philosophie und selbst der Metaphysik war. Gestalten wie G. Durand in Frankreich und F. Brunner in der Schweiz repräsentieren eine Strömung, in der auch viele der jüngeren französischen Philosophen stehen, die man heute »les nouveaux philosophes« nennt. Nachdem jahrelang die klassischen Existenzbeweise Gottes für nichtig erklärt wurden, sind in den letzten zehn oder zwanzig Jahren wieder Denker aufgetreten, die diese klassischen Beweise einer neuen Prüfung unterziehen und etwas wiederzubeleben versuchen, was auf eine Naturtheologie hinausliefe.[71] Insofern die Zerstörung der Naturtheologie die Schlußphase und das Endergebnis der Zerstörung des heiligen Charakters der Erkenntnis und der Trennung von Vernunft und Verstand war, ist eine solche Wiederbelebung des Vernunftsvermögens des Geistes, sei sie auch nur partiell, in ihrer Art wiederum ein Hinweis für den gegenwärtigen Aufbruch zu einer Wiederentdeckung des Heiligen.

Parallel zu diesen und vielen anderen zeitgenössischen Bewegungen in der Kunst, in den Wissenschaften und der Philosophie, die hier nicht alle aufgezählt werden können, ist in vielen Teilen der westlichen Welt und insbesondere in den Vereinigten Staaten die Ausbreitung östlicher Religionen und insbesondere ihre Mystiken zu beobachten, wobei das Spektrum von der authentischen Überlieferung einer Tradition bis hin zu dämonischen Fälschungen reicht, die an Christi Prophezeiung erinnern, daß viele falsche Propheten am Ende der Tage auftreten werden. Es sind auch Erscheinungen aufgetreten wie drogeninduzierte Mystik, natürliche und sogar schwarze Magie, Anwendung von Meditationstechniken außerhalb ihres traditionalen Zusammenhangs und alle möglichen sensationsverheißenden Experimente und Erfahrungen, die einer Welt angeboten werden, die gierig nach allem greift, was es ihr ermöglichen könnte, die Einschnürung ihres materialistischen Daseins zu sprengen und das Außergewöhnliche zu erleben.[72]

Schließlich ist noch ein Wort zu den Bemühungen zu sagen, bestimmte verlorene oder vergessene Dimensionen der christlichen Tradition selbst wiederzubeleben und die Anwesenheit des Heiligen im Leben und Denken wiederzufinden, wie sie von denjenigen unternommen werden, die sich zwar Christen nennen, aber der Religion nur einen peripheren Platz in ihrem Leben zuweisen. Das Christentum hat als lebendige Tradition zweifellos die Möglichkeit zu einer solchen Restitution, auch wenn in den letzten Jahrzehnten im Hauptkörper der Kirche im Westen nur das Eindringen des Modernismus in das Zentrum der Religion selbst zu beobachten war. Und doch gab es trotz allen antitraditionalen Gedankenguts, das selbst in religiöse Kreise eingedrungen ist, die gestern noch orthodox waren, immer wieder Versuche, Meditationstechniken und metaphysische Lehren aus östlichen Traditionen zu nutzen und gewisse Dimensionen der christlichen Tradition mit Hilfe andernorts aufgefundener religiöser Sinnuniversen wiederzubeleben. Es gibt Gemeinschaften, die sich »indianische« oder »buddhistische Christen« nennen, ohne damit eine krasse Eklektik im Sinn zu haben.[73] Es gibt diejenigen, die sich der Spiritualität der Orthodoxen zuwenden, deren Weisheitslehren und Realisierungsmethoden intakter geblieben sind, während just in dem Augenblick, in dem sich viele westlichen Theologen das Trojanische Pferd der Säkularisierung in die Feste der Religion selbst holen, eine erstaunliche Zunahme des Interesses an der weisheitlichen und mystischen Dimension der christlichen Tradition zu verzeichnen ist. In den Vereinigten Staaten zumindest ist die Suche nach dem Heiligen in den östlichen Traditionen, die für die Nachkriegsjahrzehnte, insbesondere die sechziger Jahre charakteristisch war, inzwischen weitgehend in eine Suche nach der christlichen Tradition selbst umgeschlagen, insbesondere nach denjenigen ihrer Aspekte, die nach dem Mittelalter untergingen oder entstellt wurden.[74] In gewissem Umfang findet sich eben diese Tendenz auch bei vielen säkularisierten Juden. Natürlich

liches in diesen Fällen wie bei neuen Kulten und Sekten aus traditionaler Sicht auch alle Arten von Übertreibungen, Anmaßungen und versuchten Synthesen, die bloß Vermischungen sind und der Integrität der jeweiligen Tradition nur schädlich sein können.

Wenn man dieses komplexe Muster überschaut, das das religiöse Leben des zeitgenössischen Menschen bildet, der sich auf der Suche nach der Wiederentdeckung des Heiligen befindet, erscheint die Wiederbelebung der Tradition im Westen um so dringlicher, als dieses wiedererweckte Urwissen das Kriterium für die Trennung der Spreu vom Weizen und des Falschen – und insbesondere des Gefälschten – vom Wahren abgibt. Nicht alles, was nichttraditional ist, ist antitraditional. Hinzu kommt die dritte Kategorie der gefälschten oder Kontertradition, die in der modernen Welt eine immer größere Rolle zu spielen beginnt.[75] Das neuerwachte Interesse an der Wiederentdeckung des Heiligen kann nur im Schoße der Tradition Sinn und Wirksamkeit erlangen, die das ist, »was alles Menschliche mit der göttlichen Wahrheit verbindet.«[76] Andernfalls führt dieses fragmentarische Auflesen der Reste traditionaler Lehren, die Suche nach dem Heiligen und auch das Spiel mit Symbolen und Lehren heiligen Ursprungs ohne wirkliche Hingabe an das Heilige in die Irre und nicht zur Integration, so daß am Ende sogar Chaos und Auflösung stehen können. Wenn die Suche nach dem Heiligen, die in sovielen Bereichen des zeitgenössischen Lebens und Denkens zu beobachten ist, in die Matrix der Tradition eingebunden ist, dann kann sie zur Wiedereinsetzung der Wahrheit und zur Rehabilitierung des Menschen im Lichte jener Wahrheit führen, die auch in der Mitte seines Wesens wohnt. Eine solche Rehabilitierung, die eine wahrhaftige Auferstehung ist, ist zumindest für diejenigen Menschen möglich, deren inneres Wesen den Anruf des Heiligen noch vernimmt. Im Herzen dieses Rufs aber findet man jene *scientia sacra*, die untrennbar mit der Substanz und der Wurzel der Erkenntnis verbunden ist und das Fundament der Tradition bildet, das »heilige Wissen«, dessen Erlangung die raison d'être des menschlichen Daseins ist.

ANMERKUNGEN

1 Es ist bemerkenswert, wieviele sog. radikale Theologen Nietzsche bezüglich des »Todes Gottes« beigepflichtet haben, um nicht der aktuellen Mode hinterherzuhinken, während man von einem Theologen als Antwort auf den gängigen Nihilismus die Bekräftigung des Wortes von Meister Eckhart erwarten würde, »je mehr ihr Gott lästert, desto mehr lobt ihr Gott«, und des Wortes der Heiligen Schrift »Verleumdungen müssen kommen, aber wehe denjenigen, die sie aussprechen«. Wie zu erwarten, haben auch viele Soziologen die Fortsetzung der Säkularisierungstendenz in unserer modernen Welt als natürliche Bestätigung ihres eigenen säkularen Standpunkts vorhergesagt. Diese Tendenz kann man eher bei der Soziologie als bei der Theologie beobachten, wenn man bedenkt, welches die Ursprünge der Soziologie genannten Disziplin sind. Aber es gibt sogar Vertreter der Soziologie wie P. Berger, die behaupten, daß vom soziologischen Standpunkt Grund zu der Annahme besteht, daß der Glaube an das Übernatürliche und die Suche nach dem Heiligen auch in der modernen Gesellschaft überleben werden. Berger fügt freilich hinzu, daß »diejenigen, für die das Übernatürliche noch oder wieder eine bedeutsame Realität ist, den Status einer Minderheit haben, genauer gesagt, einer *kognitiven Minderheit* – eine sehr wichtige Konsequenz mit weitreichenden Folgen«. P. Berger, *A Rumor of Angels*, S. 7.

2 Siehe Faivre, *L'Esotérisme au XVIIIe siècle*, S. 171.

3 Eliade nennt den Grund, warum diese sog. »zweite Renaissance« nicht stattgefunden hat: »Die Renaissance« trat aus dem einfachen Grund nicht ein, weil das Studium des Sanskrit und anderer orientalischer Sprachen nicht über den Kreis der Philologen und Historiker hinausgekommen ist, während in der italienischen Renaissance nicht nur die Grammatiker und Humanisten Griechisch und klassisches Latein lernten, sondern auch die Dichter, Künstler, Philosophen, Theologen und Wissenschaftler.« »Crisis and Renewal in History of Religions,« *History of Religions* 5/1 (Sommer 1965): 3.

Wir würden dem erstens hinzufügen, daß östliche Traditionen natürlich keine Renaissance hatten zustande bringen können, wenn man mit Renaissance jene antitraditionale Revolte gegen die christliche Tradition meint, die der Ursprung von fast allem ist, was die moderne Welt charakterisiert und die der Punkt ist, an dem sich die westliche Zivilisation vom Rest der Welt abgesetzt hat, und zweitens, daß die europäische Renaissance ein Sündenfall, die Entdeckung einer neuen Erde um den Preis des Verlustes eines Himmels war und daher im Einklang mit der Bewegung des kosmischen Zyklus nach unten geschah, während eine traditionale »Renaissance« eine Restauration von oben gegen den nach unten gerichteten Strom der historischen Zeit sein müßte. In jedem Fall konnte eine traditionale Erneuerung, die in der Tat eine wahre Renaissance gewesen wäre, nicht durch die bloße Übersetzung von Texten und

in Ermangelung jenes authentischen Wissens stattfinden, das erst das richtige Verständnis dieser Texte ermöglicht hätte.
4 Die Übertragung der Upanishaden aus dem persischen *Sirri-i-akbar* in das Lateinische von Anquetil Duperron war ein entscheidendes Ereignis, mit dem das Europa des 19. Jahrhunderts mit einem heiligen Text rein metaphysischen Charakters bekannt gemacht wurde. Interessanterweise war die Grundlage dieses fundamentalen Werkes, das der Übersetzer im Jahre 1804 Napoleon vorlegte, die persische Übersetzung des Mogul-Fürsten Dārā Shukūh, die in Benares im 11./17. Jahrhundert angefertigt wurde und selbst die Frucht einer der bemerkenswertesten Begegnungen zwischen den esoterischen Dimensionen des Islam und des Hinduismus war. Siehe D. Shayegan, *Hindouisme et Soufisme, les relations de l'Hindouisme et du Soufisme d'après le »Majmaʿ al-bahrayn« de Dârâ Shokûh*, Paris 1979.
5 Die Geschichte der Orientalistik und des westlichen Verhältnisses zu verschiedenen orientalischen Traditionen ist in vielen Werken behandelt worden. Bezüglich der islamischen Welt siehe z. B. N. Daniel, *Islam, Europe and Empire*, London 1968; Y. Moubarac, *Recherches sur la pensée chrétienne et l'Islam dans les temps modernes et à l'époque contemporaine*, Beirut 1977; und J. Fück, *Die arabischen Studien in Europa bis in den Anfang des 20. Jahrhunderts*, Leipzig 1955.
6 Siehe A. M. Schimmel (Hrsg.), *Orientalische Dichtung in der Übersetzung Friedrich Rückerts*, Bremen 1963. In ihrer Einleitung erörtert die Herausgeberin den Einfluß des Orients auf die westliche und insbesondere die deutsche Literatur.
7 Über Goethe und den Osten siehe Taha Hussein Bey, »Goethe and the East« in *Goethe: UNESCO's Hommage on the Occasion of the Two Hundredth Anniversary of His Birth*, Paris 1949, S. 167–79; F. Strich, *Goethe und die Weltliteratur*, Bern 1957, insb. »Die öffnende Macht des Orients«, S. 154–70; H. H. Schaeder, »Goethes Erlebnis des Ostens« in *Vierteljahrschrift der Goetheges*. 2 (1937): 12539; und H. Krüger, *Weltende, Goethe und der Orient*, Weimar 1903.
8 Über die Bedeutung dieses Werkes s. K. Viëtor, *Goethe the Poet*, »West-Eastern Divan«, S. 219–30.
9 Zitiert nach der Artemis-Gedenkausgabe der Werke, Briefe und Gespräche. Zürich und Stuttgart, 1948 ff.
10 Khiḍr oder der »grüne Prophet« repräsentiert eine allgegenwärtige Initiationsfunktion in der islamischen Tradition ähnlich derjenigen des Elias im Judaismus. Khiḍr (oder Khaḍir) gilt als der Hüter der Quelle des Lebens, die aus dem Weisheitsstandpunkt das Wasser der heiligen Erkenntnis symbolisiert. Über Khiḍr und seine Ikonographie in der islamischen Kunst siehe A. K. Coomaraswamy, »Khwāja Khaḍir and the Fountain of Life, in the Tradition of Persian and Mughal Art«, *Ars Islamica* 1 (1934): 173–82.
11 Siehe G. M. Harper, *The Neoplatonism of William Blake*, Chapel Hill, N. C., 1961, S. 3.

12 Über den Platonismus in England siehe E. Cassirer, *Die platonische Renaissance in England und die Schule von Cambridge* (1932), worin die frühen Cambridger Platoniker bis zur Aufklärung behandelt werden, und J. H. Muirhead, *The Platonic Tradition in Anglo-Saxon Philosophy*, London 1931, wo allerdings bedeutende Gestalten wie z. B. Taylor fehlen.

13 Über Thomas Taylor und seine Schriften siehe K. Raine und G. M. Harper (Hrsg.), *Thomas Taylor the Platonist: Selected Writings*, Princeton 1969.

14 Zur Bibliographie Taylors siehe W. E. Axon und J. J. Welsh, *A Bibliography of the Works of Thomas Taylor, the Platonist*, Westwood, N. J., 1975.

15 Kathleen Raine hat mehrere Arbeiten über Blake verfaßt; die bedeutendste im Hinblick auf traditionale Lehren ist allerdings *Blake and Tradition*, 2 Bde., Princeton 1968. »... denn Blake selbst schien nicht weniger als Ellis und Yeats ein Wissen gehabt zu haben, dessen Quellen nicht preisgegeben wurden, wie das Wissen von den alten Mysterien unter den Eingeweihten geheimgehalten wurde. Ich begann zu begreifen, daß in jenen Mysterien das Ordnungsprinzip liegen mußte – ich weiß jetzt, daß der Schlüssel, nach dem viele gesucht haben, die traditionale Metaphysik mit ihrer zugehörigen Symbolsprache ist.« Ebenda S. XXV–XXVI.

16 Bemerkenswerterweise interessierten sich orientalische Gelehrte für Blake, insbesondere Mulims, die ihm mehrere wissenschaftliche Arbeiten gewidmet haben. Siehe z. B. A. A. Ansari, *Arrows of Intellect; A Study in William Blake's Gospel of the Imagination*, Aligarh 1965; und Gh. Sabri-Tabrizi, *The »Heaven« and »Hell« of William Blake*, London 1973. Auch A. K. Coomaraswamy bewunderte Blake, den er den »indischsten der westlichen Geister« nannte, und einige seiner frühen Essays wie z. B. »The Religious Foundations of Life and Art«, in *Prophecy*, London 1914, S. 33 ff. sind zutiefst vom Geiste Blakes geprägt. Auch in seinen späteren Arbeiten hat Coomaraswamy immer wieder Blake zitiert. Siehe R. Lipsey, *Coomaraswamy 3. His Life and Work*, Princeton 1977, S. 105 ff. Über Blake und die traditionale Kunstlehre, wie sie Coomaraswamy, Schuon und Burckhardt darlegten, siehe B. Keeble, »Conversing with Paradise: William Blake and the Traditional Doctrine of Art,« *Sophia Perennis* 1/1 (Frühjahr 1975): 7296.

17 F. I. Carpenter, *Emerson and Asia*, Cambridge, Mass., 1930, S. 27; siehe auch A. Christy, *The Orient in American Transcendentalism; a Study of Emerson, Thoreau and Alcott*, New York 1932; und W. Staebler, *Ralph Waldo Emerson*, New York 1973. Siehe auch E. Zolla, »Naturphilosophie and Transcendentalism Revisited«, *Sophia Perennis* 3/2 (Herbst 1977): 65–94.

18 Siehe Swami Paramananda, *Emerson and Vedante*, Boston 1918; und Carpenter, a. a. O.

19 Über Emerson und die persische Dichtung siehe J. D. Yohannan, »Emerson's Translations of Persian Poetry from German Sources«, *American Literature* 14 (Jan. 1943): 407–20. Siehe auch M. A. Ekhtiar, *From Linguistics to Literature*, Teheran 1962, Teil 2.

20 Manche hatten Kenntnis von taoistischen und anderen fernöstlichen Quellen erlangt, wie z. B. der als Matgioi bekannte A. de Pourvourville, der Autor des bekannten *La Voie rationelle*, Paris 1941 und *La voie métaphysique*, Paris 1936, andere aus islamischen esoterischen Kreisen wie z. B. ʿAbd al-Hādī, der das berühmte *Risālat al-aḥadiyyah*, das Ibn ʿArabī zugeschrieben wird, in das Französische übersetzte. Siehe *Le Traité de l'Unité dit d'Ibn Arabî*, Paris 1977, S. 19–48.

21 Über Guénon sind zahlreiche Arbeiten und Studien überwiegend in seiner Muttersprache Französisch erschienen. Siehe z. B. J. Marcireau *René Guénon et son œuvre*, Paris 1946; P. Charcornac, *La Vie simple de René Guénon*, Paris 1958; P. Serant, *René Guénon*, Paris 1953; L. Meroz, *René Guénon ou la sagesse initiatique*, Paris 1962; und J. Tourniac, *Propos sur René Guénon*, Paris 1973 und *Planète plus (L'homme et son message – René Guénon)*, Paris 1970. Einige dieser Arbeiten wie z. B. diejenige von P. Chacornac sind zuverlässig und von traditionalem Charakter, andere eher problematisch. Bezüglich authentischer traditionaler Studien und Kommentare zu Guénon siehe A. K. Coomaraswamy, »Eastern Wisdom and Western Knowledge,« in *Bugbear of Literacy*; M. Pallis, »A Fateful Meeting of Minds: A. K. Coomaraswamy and R. Guénon,« in *Studies in Comparative Religion*, Sommer-Herbst 1978, S. 17688; F. Schuon, »Definitions,« *France-Asie*, Nr. 80 (Jan. 1953): 1161–64. Es finden sich einige weitere Artikel, teilweise von traditionalen Autoren, über Guénon in dieser Ausgabe, die seinem Gedächtnis gewidmet ist, und bei G. Eaton, »Two Traditionalists,« in seinem *The Richest Vein*, London 1949.

22 Seine beiden Hauptarbeiten auf diesem Gebiet sind *Le Théosophisme – histoire d'une pseudo-religion*, Paris 1921, und *L'Erreur spirite*, Paris 1923. Studien zu diesen Themen finden sich auch in seinen *Aperçus sur l'Initiation*, Paris 1980; und *Initiation et réalisation spirituelle*, Paris 1952.

23 Von den Arbeiten Guénons ist nur weniges übersetzt, während das meiste nur im französischen Original verfügbar ist.

24 Siehe z. B. »Sacred and Profane Science«, in seinem *Crisis of the Modern World*, s. 37–50.

25 Er leistete dies auf dem Gebiet der Infinitesimalrechnung, deren Prinzipien er in einen Bezug zu universelleren Prinzipien einer metaphysischen Ordnung setzte. Siehe *Les Principes du calcul infinitésimal*, Paris 1946.

26 Siehe z. B. *The Symbolism of the Cross*, in dem er sich mit der metaphysischen Symbolik des Raums und geometrischer Muster befaßt und *La Grande triade*, Paris 1980, in dem er neben der Metaphysik hauptsächlich die alchemistische Symbolik behandelt.

27 Ein Beispiel für diese Art von Orientalistik sind die Arbeiten von L. Massignon, dem französischen Islamisten, dessen Werke nicht nur rein wissenschaftlich große Bedeutung haben, sondern auch in authentischer Weise wichtige Aspekte der islamischen Tradition darlegen.

28 Gewisse Aspekte des Christentums und auch des Buddhismus berücksichtigte er weit weniger, und er revidierte in der Tat seine frühere Wür-

digung des Buddhismus, die auf einem ausschließlich brahmanischen Standpunkt beruhte, und zwar infolge seiner Begegnungen mit Coomaraswamy und Marco Pallis. Dies ist einer der Ausnahmefälle, in denen Guénon in seinen Schriften seine Meinung revidiert hat und wo man eine Änderung der Auffassung bezüglich eines bestimmten Gegenstandes finden kann.

29 Marco Pallis, selbst ein bedeutender traditionaler Autor, schreibt über Coomaraswamy: »Man kann diesen Mann nur als Genie bezeichnen, in dessen Person Ost und West zusammenkamen, da sein Vater einer alten tamilischen Familie angehörte, die sich in Sri Lanka niedergelassen hatte, während seine Mutter der englischen Aristokratie entstammte. Ein schier unerschöpfliches Gedächtnis im Verein mit der Beherrschung mehrerer klassischer wie lebender Sprachen bildete das Rüstzeug dieses Fürsten unter den Gelehrten. Bei der Prüfung seiner Quellen war Coomaraswamy äußerst penibel, während Guénon das Gegenteil war.« M. Pallis, »A Fateful Meeting of Minds: A. K. Coomaraswamy und R. Guénon«, S. 179.

30 Über seine Schriften siehe R. Ettinghausen, »The Writings of Ananda K. Coomaraswamy«, *Ars Islamica* 9 (1942): 125–42; und R. Lipsey, *Coomaraswamy*, S. 293–304. Eine Werkbibliographie von Coomaraswamy wird derzeit von R. P. Coomaraswamy erarbeitet, während J. Crouch eine erschöpfende Bibliographie zusammengestellt hat, die demnächst veröffentlicht werden wird.
Bezüglich der Arbeiten über Coomaraswamy selbst gibt es umfassende Biographien von R. Lipsey, *Coomaraswamy*, und P. S. Sastri, *Ananda K. Coomaraswamy*, New Delhi 1974, sowie verschiedene Arbeiten, die ihm gewidmet sind und Skizzen, Zeugnisse usw. enthalten. Vor allem die verschiedenen Arbeiten von S. Durai Raja Singham enthalten eine Fülle biographischer Informationen sowie Zeugnisse. Siehe z. B. *A New Planet in Thy Ken: Introduction to Kala-Yogi Ananda K. Coomaraswamy*, Kuantan, Lalaya 1951; weiterhin *Hommage to Ananda K. Coomaraswamy: A Garland of Tributes*, Kuala Lumpur 1948; *Hommage to Ananda K. Coomaraswamy (A Memorial Volume)*, Kuala Lumpur 1952; und *Remembering and Remembering Again and Again*, Kuala Lumpur 1974. Siehe weiterhin K. Bharata Iyer (Hrsg.) *Life and Thought*, London 1947; und R. Livingston, *The Traditional Theory of Literature*, Minneapolis 1962. Siehe auch *Sophia Perennis* 3/2 (1977), die Comaraswamy und dem Thema »Tradition und Kunst« gewidmet ist. Hierin befindet sich ein Artikel von W. N. Perry über Coomaraswamy und Guénon und ein Abschnitt mit Gedichten zeitgenössischer Dichter, die von traditionalen Lehren inspiriert sind, wie z. B. Kathleen Raine, Peter Wilson, Peter Russell, Cristina Campo und Philip Sherard. Siehe schließlich aus neuerer Zeit die Arbeit von M. Bagchee, *Ananda Coomaraswamy, A Study*, Varanasi 1977.

31 Zuerst veröffentlicht in *Motive*, Mai 1944, später als Kap. 3 in sein *Bugbear of Literacy* eingefügt.

32 H. Smith, Äußerung anläßlich der Veröffentlichung der englischen Ausgabe von Schuons *De l'unité transcendante des religions*, die auch auf der Rückseite der Taschenbuchausgabe von 1975 abgedruckt ist.

33 Von Schuon sind erschienen *De l'unité transcendante des religions*, Paris 1979; *L'Oeil du cœur*, Paris 1974; *Perspectives spirituelles et faits humains*, Paris 1953; *Sentiers de gnose*, Paris 1957; *Castes et races*, Paris 1979; *Les stations de la sagesse*, Paris 1958; *Images de l'esprit*, Paris 1961; *Comprendre l'islam*, Paris 1961; *Regards sur les mondes anciens*, Paris 1965; *Logique et transcendance*, Paris 1970; *Forme et substance dans les religions*, Paris 1975; *L'Esotérisme comme principe et comme voie*, Paris 1978; *Le Soufisme, voile et quintessence: Du Divin ã l'humain; Christianisme/Islam – Visions d'œcuménisme ésotérique*, und *Sur les traces de la Religion Pérenne; Leitgedanken zur Urbesinnung, Zürich und Leipzig 1935*, und 2 Bd. mit Gedichten *Tage- und Nächtebuch*, Bern 1947.

Eine Würdigung der Schriften Schuons siehe bei L. Benoist, »L'Œuvre de Frithjof Schuon«, *Etudes Traditionnelles 79/459 (1978): 97101*.

Wir bereiten zur Zeit eine Anthologie aus seinen Schriften vor, die demnächst bei Crossroad Publishing Company in New York erscheinen wird.

34 R. C. Zaehner, der während seiner schriftstellerischen Laufbahn seine Ansichten mehrmals geändert hat, griff einmal die Thesen Schuons heftig an und schrieb: »Herr Fritjof Schuon hat in seinem *De l'unité transcendante des religions* den Nachweis zu führen versucht, daß allen großen Religionen eine fundamentale Einheit zugrunde liegt. Der Versuch hat sich gelohnt, wenn auch nur deshalb, um zu zeigen, daß eine solche Einheit tatsächlich nicht zu finden ist.« *The Comparison of Religions*, Boston 1958, S. 169. Dieser Behauptung Zaehners würden wir lediglich den Satz anfügen »und zwar von denjenigen, denen die intellektuelle Intuition für die supraformale Essenz abgeht und sich daher legitimerweise nicht die Mühe machen sollten, die supraformale Einheit, von der Schuon spricht, begreifen oder erkennen zu wollen.« In seinem Vorwort zur amerikanischen Ausgabe von *De l'unité transcendante des religions* hat ein anderer hervorragender Religionswissenschaftler, H. Smith, eine Fülle von Argumenten dafür vorgelegt, warum das Verfahren Schuons und anderer traditionaler Autoren in der Tat die einzige Möglichkeit ist, die innere Wahrheit der Religionen zu erkennen und eine Harmonie unter ihnen herzustellen, ohne eine einzige Form, Lehre oder einen einzigen Ritus göttlichen Ursprungs opfern zu müssen.

35 B. Kelly, »Notes on the Light of the Eastern Religions with Special Reference to the Works of Ananda Coomaraswamy, René Guénon und Frithjof Schuon«, *Dominican Studies* 7 (1954): 265.

36 Burckhardt hat auch mehrere grundlegende Arbeiten zu den traditionalen Wissenschaften geschrieben.

37 Siehe Schaya, *The Universal Meaning of the Kabbala*, Übers. N. Pearson, London 1971. Er hat auch viele Artikel in den *Etudes Traditionelles* veröffentlicht, deren Herausgeber er jetzt ist.

38 Pallis, der ein ebenso vorzüglicher Musiker wie Bergsteiger ist, hat vom traditionalen Standpunkt aus auch über die Natur und die Musik geschrieben und hat neben M. Lings, P. Townsend, R. C. Nicholson, W. Stoddart, G. Palmer, dem verstorbenen D. M. Matheson, P. Hobson, Lord Northbourne – selbst Autor von Werken über die Tradition – und verschiedenen anderen selbstlosen Gelehrten wesentlichen Anteil daran, daß die Arbeiten Guénons und Schuons heute in englischer Sprache verfügbar sind. Siehe Pallis, *The Way and the Mountain*, London 1960; *Peaks and Lamas*, London 1974; und *A Buddhist Spectrum*, London 1980.

39 Siehe sein *Shakespeare in the Light of Sacred Art*, London 1966; außerdem seine Werke *A Sufi Saint of the Twentieth Century*, London und Berkeley 1971; *What is Sufism?*, London 1981; und *Ancient Beliefs and Modern Superstitions*, London 1979.

40 Diese Zeitschrift ist in gewissem Sinne das Komplement zu den älteren *Etudes Traditionnelles*, hat aber ein breiteres Publikum und auch eine etwas weitere Thematik. Eine Sammlung von Artikeln aus dieser Zeitschrift siehe Needleman (Hrsg.), *The Sword of Gnosis*.

In den letzten Jahren sind weitere Zeitschriften mit einem traditionalen Standpunkt erschienen, deren bemerkenswerteste wohl die *Sophia Perennis* war, die die Iranian Academy of Philosophy von 1975–78 herausgab.

Weitere Zeitschriften wie *Conoscenza religiosa* (Italien), *Religious Studies* (Australien) und *Temenos* (England) besitzen ebenfalls eine traditionale Perspektive von unterschiedlichem Gewicht. Die ebenfalls in Italien erscheinenden *Studi tradizionali* sind mehr als alle anderen Schriften dieser Art vom Geist Guénons geprägt.

41 Es gibt noch viele weitere bemerkenswerte traditionale Autoren, deren Namen hier nicht alle genannt werden können. Einige von ihnen, wie Gai Eaton, haben als Schriftsteller relativ breite Anerkennung erlangt, während andere wie Lord Northbourne nur einem exklusiveren Kreis bekannt sind. W. Stoddart erstellt gegenwärtig eine ausführliche Bibliographie traditionaler Werke, die in diesem Jahrhundert geschrieben wurden.

42 Siehe insbesondere sein bekanntes Werk *The Sacred Pipe*, Baltimore 1972.

43 Es gibt eine ganze Reihe von Gelehrten, hauptsächlich auf dem Gebiet der vergleichenden Religionswissenschaft und islamischen Studien, die wichtige wissenschaftliche Studien durchgeführt und Übersetzungen aus orientalischen Sprachen aus dem traditionalen Standpunkt angefertigt haben. Hierzu gehören H. Smith, W. N. Perry, V. Danner, R. W. J. Austin, J. L. Michon und W. Chittick, deren Arbeiten zur Islamistik und vergleichenden Religionswissenschaft in wissenschaftlichen Kreisen sehr bekannt sind.

44 Hierzu gehören nicht nur Gelehrte wie J. Needleman, sondern auch bedeutende religiöse Denker wie Thomas Merton.

45 Sein posthumes Werk *Guide for the Perplexed* ist eine der leichtverständlichsten Einführungen in die traditionalen Lehren, die es heute gibt.

46 Von denjenigen, die direkt von Autoren beeinflußt sind, deren Arbeiten die Tradition im Westen wiederbelebt haben, sind u. a. zu nennen orientalische Gelehrte und Denker wie der verstorbene Schayck ʿAbd al-Ḥalīm Maḥmūd, der ehemalige Rektor der al-Azhar Universität, H. Askari, M. Ajmal, A. K. Brohli und Y. Ibish in der islamischen Welt, A. K. Saran und Keshavram Iyengar in Indien, R. Fernando in Sri Lanka und Sh. Bando in Japan.

47 Dies ist ein Thema, das hier nicht behandelt werden kann, mit dem wir uns jedoch ausführlich in vielen unserer persischen Schriften befaßt haben, u. a. unserer Einführung zur persischen Übersetzung von Guénons *Crisis of the Modern World (Buḥrān-i dunyā-yi mutajaddid)*, Übers. D. Dihshīrī, Teheran 1971; siehe auch unser *Islam and the Plight of Modern Man*.

48 Über das Rätsel Vivekanandas in seiner Beziehung zu Ramakrishna siehe F. Schuon, *Perspectives spirituelles et faits humaines*, S. 113−22.

49 Die inzwischen stark angewachsene Literatur über die traditionale Harmonik und pythagoreische Musiktheorie basiert auf der Pionierarbeit von A. von Thimus, *Die harmonikale Symbolik des Altertums*, Berlin 1868−76, erweitert und fortgeführt von H. Kayser in Werken wie *Der hörende Mensch*, Berlin 1932, *Akróasis: Die Lehre von der Harmonik der Welt*, Basel 1964, *Orphikon. Eine harmonikale Symbolik*, Basel-Stuttgart 1973, und zahlreiche weitere Studien. Über sein Leben und sein Werk siehe R. Haase, *Ein Leben für die Harmonik der Welt*, Basel-Stuttgart 1968. Diese Lehren brachte vor allem der Schweizer Pianist und Musikwissenschaftler E. Levy in die Vereinigten Staaten, der auch hierüber schrieb und viele Schüler in dieser Lehre unterrichtete. Siehe sein »The Pythagorean Table«, mit S. Levarie, *Main Currents in Modern Thought*, März− April 1974, S. 117−129, und ihr *Tone: A Study in Musical Acoustics*, Kent, Kans., 1968. In den letzten Jahren haben eine Reihe leichter zugänglicher Werke das Wissen über traditionale Musiktheorien in ihren Bezug auf verschiedene weiter entfernte Disziplinen allgemeiner gemacht. Siehe E. McClain, *The Pythagorean Plato: Prelude to the Song Itself*, Stony Brook, New York, 1978; ders. *The Myth of Invariance*, Boulder, Colo., und London 1978; ders. »The Ka ʿba as Archteypal Ark«, *Sophia Perennis* 4/1 (Frühjahr 1978): 59−74; R. Brumbugh, *Plato's Mathematical Imagination*, New York, 1968; und A. T. de Nicolàs, *Meditation through the Ṛg Veda: Four Dimensional Man*, New York 1976.

50 Als wir anläßlich eines Besuches in Kairo Schwaller de Lubicz' ägyptische Studien mit dem berühmten ägyptischen Architekten Hasan Fathy diskutierten, der ihn gut kannte, sagte uns der hochbetagte Architekt, der gewiß kein Schwärmer ist, daß der französische Gelehrte die Prinzipien der ägyptischen Kunst und Archäologie a priori, noch vor seiner Ankunft in Ägypten, gekannt zu haben schien, und daß er vor der Revolution seine Studien beendete, seinen Arbeitszyklus abschloß und Ägypten verließ, in klarer Voraussicht der Dinge, die da kommen sollten. Fathy ist überzeugt, daß Schwaller de Lubicz' Wissen von der ägyptischen Tradi-

tion aus einer esoterischen Quelle kam, das durch seine archäologische Studien lediglich bestätigt wurde, und daß sein Wissen nicht die Frucht gewöhnlicher archäologischer und kunstgeschichtlicher Studien war.
51 Siehe u. a. S. Kramrish, *The Hindu Tempel*, 2 Bd., New York 1980; B. Rowland, *Art in East and West*, Boston 1966; ders. *The Art and Architecture of India: Buddhist, Hindu, Jain*, Baltimore 1971; und H. Zimmer, *The Art of Indian Asia; Its Mythology and Transformations*, Hrsg. J. Campbell, 2 Bde., New York 1955.
52 Siehe u. a. K. Critchlow, *Islamic Patterns*, London 1975; ders. *Time Stands Still*, London 1980; R. Alleau, *Aspects de l'alchimie traditionnelle*, Paris 1970; M. Ghyka, *Philosophie et mystique du nombre*, Paris 1952; und E. Zolla, *Meraviglie della natura: l'alchimia*, Mailand 1975.
53 Über verschiedene der Gegenbewegungen gegen den Reduktionismus wie z. B. Bewußtseinsforschung, Grenzphysik, morphische Wissenschaft und ähnliches siehe Roszak, *Person/Planet*, S. 50–54 sowie S. 327–28 (dort Verweise auf Arbeiten auf diesen Gebieten).
54 Wir denken hier an so völlig unwissenschaftliche Extrapolationen, wie sie sich in populären Beschreibungen des wissenschaftlichen Universums durch Leute wie C. Sagan finden, und an die evolutionistische Theologie des Teilhard de Jardin, mit der wir uns später noch ausführlicher befassen werden.
55 Wir setzen uns mit diesem Problem und der Kritik der modernen Wissenschaft aus traditionaler Sicht in Kap. 6 auseinander.
56 Dies würde der *materia prima* der traditionalen Kosmologie entsprechen. Siehe sein *Cosmology and Modern Science*.
57 »Unsere Unfähigkeit, unser Bewußtsein adäquat zu beschreiben, ein befriedigendes Bild von ihm zu geben, ist das größte Hindernis dafür, daß wir uns ein abgerundetes Bild von der Welt machen können« E. Wigner, zitiert von Sir J. Eccles, *The Brain and the Person*, Sydney 1965, S. 3; siehe auch E. Wigner, *Symmetries and Reflections*, Cambridge, Mass. 1970.
58 Siehe D. Bohm, *Wholeness and the Implicate Order*, London 1980, insbes. Kap. 7, »The Enfolding-Unfolding Universe and Consciousness«, S. 172 ff., wo er einen Abriß seiner Auffassungen gibt und im Werden des Universums eine Entfaltung statt einer Evolution erblickt. Aus traditionaler Sicht ist dazu natürlich zu sagen, daß, was das Bewußtsein betrifft, die entfaltete Realität schon im Anbeginn bestand und ihrem reinen, durch nichts bedingten Zustand durch keinerlei Veränderungs- oder Werdeprozesse etwas hinzugefügt werden kann.
59 Ein Autor nennt die Entdeckung der grundsätzlichen Impermanenz der Dinge, der Diskontinuität der Materie und der Abwesenheit von Substanz in der modernen Physik »une confirmation éclatante des principes essentiels du Bouddhisme«. R. Linssen, »Le Bouddhisme et la science moderne«, *France-Asie*, Nr. 46–47 (Jan.–Febr. 1950), S. 658.
60 Siehe die bekannten Werke von F. Capra, *Das Tao der Physik*. Es sind in den letzten Jahren eine Vielzahl solcher Schriften entstanden. C. F. von

Weizsäcker hat sogar eine Stiftung für das Studium östlicher Weisheit und westlicher Wissenschaft errichtet. Siehe W. I. Thompson, *Passage About Earth*, New York 1974, Kap. 5, in dem die Tätigkeit dieser Stiftung dargestellt wird.

61 Erstaunlicherweise ist es auch mit dem Einsatz von Computern nicht möglich, alle Aspekte eines Dreikörperproblems zu lösen. Und doch hoffen manche Menschen immer noch, das ganze sichtbare Universum auf die Aktivität physikalischer Teilchen reduzieren zu können, deren Wirklichkeit sich in einer mathematischen Behandlung ihrer physikalischen Eigenschaften erschöpft!

62 Wir haben uns mit der Frage der Begegnung von Mensch und Natur, ihrem historischen Hintergrund im Okzident und dem metaphysischen Prinzip in der Natur in *Man and Nature*, London 1976 auseinandergesetzt.

63 Nach wissenschaftlichen Forschungen über die Interdependenz verschiedener Elemente und Kräfte auf der Oberfläche der Erde schreiben Lovelock und Epton, die die Gaia-Hypothese vorschlugen: »Dies führte uns zur Formulierung der These, daß alles Lebendige, die Luft, die Meere, das Festland Teile eines gewaltigen Systems sind, das in der Lage ist, die Temperatur, die Zusammensetzung der Luft und der Meere, den pH-Wert des Bodens usw. auf ein Optimum für das Überleben der Biosphäre zu regulieren. Das System zeigte das Verhalten eines Einzelorganismus, ja sogar eines lebendigen Geschöpfs. Ein Wesen von so ungeheuren Fähigkeiten mußte einen Namen haben, der ihm angemessen war; der Romancier William Golding schlug Gaia vor, den Namen, mit dem die alten Griechen ihre Erdgottheit benannten.« J. Lovelock und S. Epton, »The Quest for Gaia«, *New Scientist*, 6. Febr. 1975, S. 304.

64 So äußerte sich uns gegenüber John Todd anläßlich der Feier, bei der ihm 1980 im New Alchemy Institute der Threshold Award verliehen wurde. Über seine ökologischen Auffassungen siehe Nancy Todd (Hrsg.), *Book of the New Alchemists*, New York 1980, John Todd und Nancy Todd, *Tomorrow is Our Permanent Address*, New York 1980.

65 So äußert sich z. B. im Lindesfarne-Experiment dieselbe Auffassung der Wiederentdeckung des Heiligen durch das Studium sowohl der ökologischen wie auch der traditionalen Wissenschaften. Siehe W. J. Thompson, *Passages About Earth* und seine übrigen späteren Arbeiten, in denen es immer mehr oder weniger um das Lindesfarne-Experiment geht. Siehe auch die periodisch erscheinenden *Lindesfarne Letters*.

66 »Ich möchte solchen Dogmatismen [daß der Mensch nur eine komplizierte Maschine ist] den Boden entziehen und dem Leser die Augen dafür öffnen, wie gewaltig das Geheimnis eines jeden Einzelnen von uns ist.« Eccles, a. a. O. S. 1. Weiterhin führt er aus: »Im Gegensatz zu diesem physikalistischen Credo halte ich es für unvertretbar, die Urrealität meines erfahrenden Selbst mit einigen Aspekten seiner Erfahrungen und Vorstellungsinhalte zu *identifizieren*, wie z. B. Gehirnen, Nerven und Nervenimpulse und auch komplexen raumzeitlichen Impulsmustern. Die

in diesen Gesprächen ermittelten Befunde belegen, daß diese Ereignisse in der materiellen Welt notwendige, aber nicht hinreichende Ursachen für bewußte Erfahrungen und für mein bewußt erlebendes Selbst sind.« Ebenda S. 43.

67 Dies bedeutet nicht, daß diese Beschäftigung mit dem menschlichen Körper wirklich zur Entdeckung der heiligen Bedeutung des Körpers geführt hätte. Im Gegenteil, hieraus sind vielfach die unerträglichsten Perversionen aus moralischer wie spiritueller Sicht hervorgegangen.

68 In diesem wie in anderen Fällen sind das Fehlen einer traditionalen Weltsicht und einer wirklichen Praktizierung eines traditionalen Weges der Grund dafür, daß die Beschäftigung mit diesen Dingen höchstens partieller und fragmentarischer Natur sein und niemals das Wesen der Menschen transformieren kann, der sich – meist aus tieferen spirituellen Gründen, die ihm meist nicht völlig klar sind – zu »natürlichen« Formen der Ernährung oder Heilweisen hingezogen fühlt.

69 Bei oberflächlicher Betrachtung könnte man meinen, daß Jung eine traditionale Psychologie vorgelegt hätte; seine Behandlung der traditionalen Lehren und Symbole pervertiert diese aber, so daß er in gewissem Sinne noch mehr in die Irre führt als Freud, der offen gegen alles ist, wofür Tradition steht. Siehe T. Burckhardt, »Cosmology in Modern Science«, in Needleman (Hrsg.), *The Sword of Gnosis*, S. 153–78; ders., *Alchemy*, insb. Kap. 9–11; W. N. Perry, »The Revolt against Moses«, *Studies in Comparative Religion*, Frühjahr 1961, S. 103–19; und F. Schuon, »The Psychological Imposture«, *Studies in Comparative Religion*, Frühjahr 1961, S. 98–102. Über die traditionale Psychologie siehe H. Jacobs, *Western Psychotherapy and Hindu Sadhana: A Contribution to Comparative Studies in Psychology and Metaphysics*, London 1961; und A. K. Coomaraswamy, »On the Indian and Traditional Psychology, or Rather Pneumatology«, in Lipsey (Hrsg.), *Coomaraswamy 2: Selected Papers-Metaphysics*, Princeton 1977, S. 33–78. Die beiden Coomaraswamy-Bände, die R. Lipsey herausgegeben hat, enthalten sowohl bisher unveröffentlichte Essays wie z. B. denjenigen über die Psychologie, und andere, die in früheren Sammlungen erschienen sind, wie z. B. *Figures of Speech and Figures of Thought* und *Why Exhibit Works of Art?* sowie Artikel aus verschiedenen Fachzeitschriften.
J. Sinha schreibt in seinem klassischen Werk *Indian Psychology: Perception*, London 1934: »Es gibt in Indien keine empirische Psychologie. Die indische Psychologie basiert auf der Metaphysik« (S. 16). Diese Aussage gilt für alle traditionale Psychologie, die eine Wissenschaft von der Seele im Licht der *scientia sacra* ist.

70 »Keine Wissenschaft von der Seele kann auf eine metaphysische Basis und spirituelle Heilmittel verzichten.«
Schuon, *Logique et Transcendence*, S. 14.
Zur gegenwärtigen Suche nach der Entdeckung einer traditionalen Wissenschaft von der Seele siehe J. Needleman (Hrsg.), *On the Way to Self*

Knowledge, New York 1976; sowie E. Fromm, D. T. Suzuki und R. DeMartino, *Zen Buddhism and Psychoanalysis*, New York 1960, eines der vielen Werke, die für die Wiedererweckung einer brauchbaren Wissenschaft von der Seele buddhistische Quellen heranziehen.
Von den Arbeiten moderner Psychologen und Psychoanalytiker, die sich den herrschenden materialistischen Einflüssen auf diese Disziplinen entgegenstellen, siehe A. Maslow, *The Psychology of Science*, New York 1966.

71 Die klassischen Beweise wie der moralische, der theologische, der kosmologische und ontologische wurden in letzter Zeit in unterschiedlicher Form von zeitgenössischen Philosophen und Theologen wie R. Green, A. Plantinga, H. Malcolm, M. Adler, B. J. F. Lonergan und R. Swinburne wiederaufgenommen. Das bedeutet nicht, daß die Verbindung zwischen Verstand und Vernunft bei diesen Denkern wiederhergestellt worden wäre. Es bedeutet aber, daß ein Schritt in die andere Richtung unternommen wurde, weg von der Entwürdigung des Verstandes und seiner Trennung von der Erkenntnisgewißheit, ein Schritt, der mit Hume und insbesondere den nachhegelianischen Kritikern des Verstandes in einen Irrationalismus führen sollte, der nicht über den Verstand hinausging, sondern unter ihn herabsank.
Islamische theologische und philosophische Beweise für die Existenz Gottes, die in der Tat denjenigen des hl. Thomas und anderer christlicher Theologen ähneln, wurden anhand moderner philosophischer Gedankengänge von W. L. Craig in seinem *The Kalām Cosmological Argument*, London 1979 diskutiert und analysiert; der Autor ist der Auffassung, daß das kalām-Argument, das auf der Unmöglichkeit eines unendlichen Zurückgehens in der Zeit beruht, mit zeitgenössischen philosophischen Begriffen verteidigt werden kann. Dies ist nur ein Beispiel für das wiedererwachte Interesse an traditionalen philosophischen Beweisen für die Existenz Gottes. Natürlich spielt es für die Beweise keine Rolle, ob eine bestimmte Generation westlicher Philosophen sie gerade akzeptiert oder nicht.

72 Die Unterscheidung des Wahren vom Falschen in dieser verwirrenden Welt und auch eine Betrachtung der aktuellen Szenerie würde den Rahmen dieser Studie sprengen, aber es besteht zweifellos die Notwendigkeit, die Gesamtsituation noch einmal vom traditionalen Standpunkt aus zu bewerten. Eine Beschreibung der sogenannten »neuen Religionen« in den Vereinigten Staaten siehe bei J. Needleman, *The New Religions*, New York 1977, und Needleman und G. Baker (Hrsg.), *Understanding the New Religions*, New York 1978.

73 Autoren wie A. Graham, B. Griffiths und T. Merton haben ausführlich Arbeiten über die positive Rolle vorgelegt, die eine lebendige Spiritualität für die Wiederbelebung der kontemplativen Disziplinen innerhalb des Christentums spielen kann, und sie haben sogar gewisse orientalische Meditationsformen in die Praxis umgesetzt. Es gibt freilich auch andere, deren Vorgehensweise, vorsichtig ausgedrückt, weit weniger seriös ist.

74 Siehe J. Needleman, *Lost Christianity*, New York 1980, in dem er sich mit der Bedeutung dieser Frage im religiösen Leben vieler heutiger Suchender auseinandersetzt, ohne die verschiedenen Facetten des Problems erschöpfend zu behandeln.
75 Zur Kontertradition siehe R. Guénon, *The Reign of Quantity*.
76 »La tradition est ce qui rattache toute chose humaine à la Vérité Divine.« F. Schuon, »L'esprit d'une œuvre«, *Planète plus (L'homme et son message – René Guénon)*, April 1970, S. 36.

IV
Scientia sacra

Die gute Religion ist eingeborene Weisheit, und die Formen und Tugenden eingeborener Weisheit sind gleicher Herkunft wie die eingeborene Weisheit selbst.
Dēnkard

Ein Schatz an Allwissenheit ruht von Ewigkeit in unserem Herzen.
Tipiṭaka

Scientia sacra ist nichts anderes als jene heilige Erkenntnis, die im Kern einer jeden Offenbarung liegt und im Zentrum jenes Kreises ist, der die Tradition in sich schließt und definiert. Die erste Frage, die sich stellt, ist, wie die Erlangung eines solchen Wissens möglich ist. Die Antwort der Tradition lautet, daß die doppelte Quelle dieses Wissens die Offenbarung und die Vernunfterkenntnis oder geistige Intuition ist, die die Erleuchtung von Geist und Seele des Menschen und das Vorhandensein eines Wissens unmittelbarer und direkter Natur in ihm involviert, das verkostet und erfahren wird, einer Weisheit, die die islamische Tradition als »gegenwärtiges Wissen« (al-ʿilm al-ḥuḍūrī) bezeichnet.[1] Der Mensch ist der Erkenntnis fähig, und diese Erkenntnis entspricht einem Aspekt der Realität. Letztlich ist Wissen Wissen von der absoluten Realität, und die Intelligenz hat die wunderbare Gabe, das Seiende und alles, was des Seins teilhaftig ist, erkennen zu können.[2]

Scientia sacra ist nicht die Frucht menschlichen Nachdenkens oder Spekulierens über den Inhalt einer Inspiration oder spirituellen Erfahrung, die selbst keinen Vernunftcharakter hätte. Was durch Inspiration empfangen wird, ist vielmehr selbst von vernünftiger Natur; es ist heiliges Wissen. Die menschliche Intelligenz, die diese Botschaft wahrnimmt und diese Wahrheit empfängt, verleiht ihr nicht erst die vernünftige Natur oder den Bedeutungsgehalt einer spirituellen Erfahrung von Weisheitscharakter. Die in einer solchen Erfahrung enthaltene Erkenntnis geht aus der Quelle dieser Erfahrung hervor, die die Weltvernunft ist, der Quelle aller Weisheit und der Verleiherin alles prinzipiellen Wissens, der Weltvernunft, die auch das menschliche Wahrnehmungsorgan modifiziert, das die Scholastiker die potentielle Vernunft nannten. Hier kann die mittelalterliche Unterscheidung zwischen der aktiven und der passiven oder potentiellen Vernunft[3] helfen, die Natur dieses Prozesses der Geisterleuchtung zu erhellen und den Irrtum zu beseitigen, daß der Weisheits- und Vernunftinhalt spiritueller Erfahrung das Ergebnis menschlichen Meditierens oder Nachdenkens über den Inhalt einer solchen Erfahrung wäre, während vielmehr spirituelle Erfahrung auf höchster Ebene an sich schon vernünftiger und weisheitlicher Natur ist.

Aus einem anderen Standpunkt, demjenigen des Selbst, das in der Mitte eines jeden Selbstes wohnt, ist die Quelle der dem Menschen geoffenbarten *scientia sacra* die Mitte und die Wurzel der menschlichen Erkenntniskraft selbst, weil letztlich »Wissen von der Substanz die Substanz des Wissens ist« oder Wissen vom Ursprung und der Quelle der Ursprung und die Quelle des Wissens ist. Die Wahrheit kommt über den Geist wie ein Adler, der auf einem Berggipfel landet, oder sie sprudelt hervor und durchtränkt den Geist wie eine verborgene Quelle, die plötzlich zur Oberfläche hervorbricht. In beiden Fällen ist die Weisheitsnatur desjenigen, was der menschliche Geist durch eine spirituelle Erfahrung empfängt, nicht das Ergebnis der Denkfähigkeit des Menschen, sondern ergibt sich aus der Natur jener Erfahrung selbst. Der Mensch kann durch Intuition und Offenbarung nicht deshalb erkennen, weil er ein denkendes Wesen ist, das die Kategorien seines Denkens auf das Wahrgenommene anwendet, sondern weil Erkenntnis ein Seiendes ist. Die Realität ist ihrer Natur nach nichts anderes als Bewußtsein, das, unnötig zu sagen, nicht auf seine individuelle menschliche Ausprägung eingeengt werden kann.

Natürlich ist nicht jeder befähigt, Einsichten oder vernünftige Intuition zu haben, wie auch nicht jeder fähig ist, an eine bestimmte Religion zu glauben. Die Tatsache, daß nicht jedermann Einsicht haben kann, schließt ebensowenig die Realität einer solchen Möglichkeit aus, wie die Tatsache, daß viele Menschen nicht glauben können, die Realität einer Religion zunichte macht. Es gibt jedenfalls für diejenigen, die die Möglichkeit geistiger Intuition haben, einen Weg zur Erlangung einer Erkenntnis heiligen Charakters, die den Kern jener objektiven Offenbarung bildet, die Religion konstituiert, und in der Wesensmitte des Menschen liegt. Diese mikrokosmische Offenbarung eröffnet den Zugang zu jener *scientia sacra*, die das Wissen vom Wirklichen enthält und die Mittel zur Unterscheidung zwischen dem Wirklichen und der Täuschung.

Was wir als *scientia sacra* bezeichnet haben, ist nichts anderes als die Metaphysik, wenn man diesen Ausdruck richtig als das letzte Wissen vom Wirklichen versteht. Dieser Ausdruck hat einige unglückliche Konnotationen, weil zum einen die Vorsilbe *meta* Transzendenz und nicht Immanenz impliziert und auch an eine Form des Wissens oder der Wissenschaft denken läßt, die nach der Physik kommt, während die Metaphysik die primäre und fundamentale Wissenschaft oder Weisheit ist, die allen Wissenschaften vorgeht und deren Prinzipien in sich schließt.[4] Zweitens hat die Gewohnheit des Westens, die Metaphysik als einen Zweig der Philosophie zu betrachten, was auch für die philosophischen Schulen mit einer metaphysischen Dimension gilt, dazu beigetragen, daß die Bedeutung der Metaphysik auf bloße geistige Tätigkeit reduziert und nicht als ein heiliges Wissen gesehen wird, das mit der Natur der Wirklichkeit befaßt ist und Methoden zur Gewahrwerdung dieses Wissens bereithält, als eine Wissenschaft, die das ganze Wesen des Menschen umfaßt.[5] In orientalischen Sprachen bezeichnen Ausdrücke wie *prajña, jñāna, maʿrifah* oder *ḥikmah* die letzte Wissenschaft vom Wirklichen, ohne sich auf einen Zweig einer anderen Erkenntnisform, die man Philosophie nennt, oder auf deren Äquivalent reduzieren lassen zu müssen. In diesem traditionalen Sinne der *jñāna* oder *maʿrifah* kann Metaphysik oder die »Wissenschaft vom Wirklichen« als identisch mit der *scientia sacra* betrachtet werden.

Wenn nun die *sientia sacra* den Kern einer jeden Tradition bildet und nicht ein allgemein menschliches Wesen ist, das außerhalb des geheiligten Bereichs der verschiedenen Traditionen liegt, wie kann man dann von ihr sprechen, ohne in einem einzigen religiösen Universum gefangen zu bleiben? Verschiedene Wissenschaftler und Philosophen aus dem Fachbereich der (zwischen Ost und West) vergleichbaren Philosophie haben diese Frage dahingehend gelöst, daß sie eine »Meta-Philosophie« und eine Metasprache postulieren, die über und jenseits der Sprache einer bestimmten Tradition stehen.[6] Vom traditionalen Standpunkt aus ist die Sprache der Metaphysik aber von ihrem Inhalt und Bedeutungsgehalt nicht zu trennen und trägt das Siegel dieser Botschaft, denn es ist die Sprache, die im Laufe der Jahrhunderte von den Metaphysikern und Weisen der unterschiedlichsten Traditionen entwickelt wurde. Jede Tradition hat eine oder mehrere »Sprechweisen« für den metaphysischen Diskurs, und es besteht keinerlei Notwendigkeit, heute für die Auseinandersetzung mit diesen Dingen eine Metasprache zu schaffen oder ein neues Vokabular zu finden, weil unsere moderne Sprache Erbin der westlichen Tradition und der vollkommen adäquaten metaphysischen Sprachen des Westens wie z. B. des Platonismus, des Thomismus und der Schule der Palamitischen Theologie ist. Darüber hinaus haben zeitgenössische traditionale Autoren den modernen Sprachen ihre symbolische und geistige Signifikanz schon wiedergegeben, die diesbezüglich verarmt waren, aber wegen der inneren Natur der menschlichen Sprache grundsätzlich metaphysische Möglichkeiten in sich haben.[7] Diese Autoren haben eine vollkommen adäquate Sprache für die Darlegung einer *scientia sacra* geschaffen, wobei sie gelegentlich Schlüsselbegriffe heiligen Sprachen wie dem Sanskrit oder Arabischen entlehnten. Jedenfalls ist eine Metasprache zur Darlegung einer Meta-Philosophie, mit der eine traditionale Metaphysik dargelegt werden soll, völlig unnötig. Die geforderte Sprache ist bereits aus den vorhandenen europäischen Sprachen geschmiedet worden, die zwar aus vernünftiger Sicht durchaus den allmählichen Niedergang des Denkens widerspiegeln, aber doch die Möglichkeit der Wiederbelebung in sich tragen, eben weil sie ein unauflösliches Band mit den klassischen Sprachen des Westens und der traditionalen Metaphysik verbindet, die in diesen und noch in den Frühformen der modernen europäischen Sprachen dargetan wurde.

Auf die Frage, was Metaphysik ist, könnte man zunächst antworten: Sie ist die Wissenschaft vom Wirklichen oder, genauer gesagt, das Wissen, das den Menschen befähigt, zwischen dem

Wirklichen und der Täuschung zu unterscheiden und die Dinge in ihrem Wesensgrund, d. h. letztlich *in divinis* zu erkennen.[8] Das Wissen vom Urgrund, der die absolute und unendliche Realität zugleich ist, ist der Kern der Metaphysik, während die unterschiedenen Ebenen universellen und kosmischen Seins einschließlich des Makrokosmos und Mikrokosmos wie seine Glieder sind. Metaphysik betrifft nicht nur das Urprinzip an sich und seine Manifestationen, sondern auch die Prinzipien der verschiedenen Wissenschaften kosmologischen Ranges. Im Kern der traditionalen Wissenschaften vom Kosmos wie auch der traditionalen Anthropologie, Psychologie und Ästhetik ruht die *scientia sacra*, die die Prinzipien dieser Wissenschaften in sich schließt, während sie selbst auf die Erkenntnis des Urprinzips geht, das sowohl heiliges Wissen als auch Wissen vom Heiligen par exellence ist, weil das Heilige an sich nichts anders *ist* als das Urprinzip. Das Urprinzip ist die schlechthinnige Wirklichkeit im Gegensatz zu allem, was als wirklich erscheint, aber nicht Wirklichkeit im letztendlichen Sinne ist. Das Urprinzip ist das Absolute, im Vergleich zu dem alles relativ ist. Es ist unendlich, während alles andere endlich ist. Das Urprinzip ist Eines und einmalig, während die Manifestation das Vielfältige ist. Es ist die höchste Substanz, im Vergleich zu der alles andere Akzidens ist. Es ist die Essenz, der alle Dinge als Form beigegeben werden. Es ist das Seiende und das Seinstranszendente zugleich, während die Ebene der Vielheit aus Daseiendem besteht. Es allein *ist*, während alles übrige *wird*, denn es allein ist ewig im letztendlichen Sinne, während alles, was externalisiert wird, dem Wandel anheimgegeben ist. Es ist der Ursprung, aber auch das Ende, das Alpha und das Omega. Es ist Leere, wenn man die Welt als Fülle betrachtet, und Fülle, wenn man das Relative im Lichte seines ontologischen Elends und seiner essentiellen Nichtigkeit betrachtet.[9] In all diesen Weisen kann von der letzten Wirklichkeit gesprochen werden, die erkannt werden kann, wenn auch nicht vom Menschen als solchem. Sie ist nur erkennbar durch die Sonne des göttlichen Selbst, das in der Mitte der menschlichen Seele wohnt. Aber alle diese Arten, das Urprinzip zu benennen oder anzudeuten, haben einen Sinn und sind wirksam als Anknüpfungspunkte und Bekräftigung jenes Wissens vom Wirklichen, das in seinem verwirklichten Aspekt immer im

Unauslöschlichen und in jenem Schweigen endet, das die »Abspiegelung« oder der »Schatten« des nichtmanifesten Aspektes des Urprinzips auf der Ebene der Manifestation ist. Aus diesem einheitlichen Standpunkt erscheint das Urprinzip oder die Quelle nicht nur als das Innere, sondern auch das Äußere[10], nicht nur als das All-Eine, sondern auch als die wesenhafte Wirklichkeit des Vielen, das nur die Abspiegelung des All-Einen ist. Auf der Gipfelhöhe jener vereinheitlichenden Erkenntnis wohnt nichts als das All-Eine; die Unterscheidung zwischen dem Wirklichen und dem Unwirklichen findet ihren Endpunkt in der Gewahrwerdung der nichtdualen Natur des Wirklichen, die das Kernstück der Gnosis bildet und keine menschliche Erkenntnis ist, sondern die Erkenntnis Gottes seiner selbst, das Bewußtsein, das das Ziel des Erkenntnisweges und die Essenz der *scientia sacra* ist.[11]

Die letzte Wirklichkeit ist absolut und unendlich zugleich, denn keine endliche Wirklichkeit kann absolut sein, weil sie immer einen Bereich der Wirklichkeit ausschließt. Diese Wirklichkeit ist auch das Höchste Gut oder die Vollkommenheit, die vom Absoluten nicht zu trennen ist. Die Wirklichkeit, die zugleich das Absolute, das Unendliche und die Höchste Güte oder Vollkommenheit ist, muß notwendig die Welt oder Vielfalt hervorbringen, die sich realisieren muß, weil jene Realität sonst bestimmte Möglichkeiten ausschließen müßte und nicht unendlich wäre. Die Welt fließt aus der Unendlichkeit und Güte des Wirklichen aus, denn von der Güte reden heißt, von Manifestation, Ausgießung oder Schöpfung reden, und von der Unendlichkeit zu reden heißt, von allen Möglichkeiten einschließlich derjenigen der Negation des Urprinzips reden, in deren Richtung der kosmogene Prozeß verläuft, ohne diese Negation jemals vollständig zu verwirklichen, denn diese totale Negation wäre das reine und schlichte Nichts.

Die Güte ist auch aus einem anderen Blickwinkel das Abbild des Absoluten in Richtung jener Ausströmung und Manifestation, die die Herabkunft vom Urprinzip kennzeichnet und die Welt konstituiert. Hier liegt die Wurzel der Relativität, und doch liegt sie auf der Ebene der Göttlichkeit. Sie ist in relativem Sinne *in divinis* oder, wenn man den bekannten hinduistischen Begriff gebrauchen will, die göttliche *māyā*.[12] Relativität ist eine Möglichkeit jener Urwirklichkeit, die absolut und unendlich zugleich ist;

daher läßt jene Realität oder das Absolute jene Manifestation des Guten entstehen, die in einer Stufenleiter der Hierarchie zur Welt hinunterführt. Die Welt ist letztlich gut, wie verschiedene orthodoxe Traditionen bekräftigen[13], weil sie von der göttlichen Güte herabkommt. Das Instrument dieser Herabkunft ist die Abspiegelung des Absoluten auf der Ebene jener göttlichen Relativität, und diese Abspiegelung ist nichts anderes als der höchste Logos, die Quelle aller kosmischen Vervollkommnungen, der »Ort« der Archetypen, das »Wort«, das alle Dinge ins Dasein rief.[14]

Da die Welt der Manifestation oder Schöpfung von jener Urrealität hervorgeht, die absolut, unendlich und vollkommen oder die Güte ist, müssen sich diese Hypostasen des Wirklichen oder Göttlichen auch auf der Ebene des Manifesten spiegeln. Die Qualität der Absolutheit spiegelt sich in der Existenz der Dinge selbst, jener geheimnisvollen Anwesenheit jedes einzelnen Dings, die sie gegenüber allen anderen Dingen und gegenüber dem Nichts auszeichnet. Unendlichkeit spiegelt sich in der Welt in verschiedenen Modi, im Raum, der unbestimmte Ausdehnung ist, in der Zeit, die potentiell endloser Dauer ist, in der Form, die unendliche Vielfalt ist, in der Zahl, die durch unaufhörliche Vielfältigkeit gekennzeichnet ist, und in der Materie, einer Substanz, die potentiell endloser Formen und Teilungen teilhaftig ist. Die Güte wiederum spiegelt sich im Kosmos durch das Sosein selbst, das dem Dasein unentbehrlich ist, wie verdunkelt sie in manchen Formen in der Welt der Vielfalt auch sein mag, die vom leuchtenden und essentiellen Pol der Manifestation denkbar weit entfernt sind. Der erhaltende Raum, die wandelnde und transformierende Zeit, die das Sosein widerspiegelnde Form, die Zahl, die unbestimmte Quantität bezeichnet, und die Materie, die durch unbeschränkte Wesenhaftigkeit charakterisiert ist, sind die Daseinsbedingungen nicht nur der physischen Welt, sondern auch der Welten über uns, die letztlich bis zum göttlichen Empyreum und zu den göttlichen Hypostasen des Absoluten, der Unendlichkeit und der Vollkommenheit selbst reichen.

Darüber hinaus spiegelt sich jede der göttlichen Hypostasen in einer spezifischen Weise in den fünf Daseinszuständen. Das Absolute spiegelt sich im Raum als Mittelpunkt, in der Zeit als der gegenwärtige Augenblick, in der Materie als der Äther, der das

Prinzip der Materie wie der Energie ist, in der Form als die Kugel, die die vollkommenste aller Formen und Erzeugerin aller anderen regelmäßigen geometrischen Formen ist, die sie in potentia enthält, und in der Zahl als die Eins, die die Quelle und der Ursprung aller Zahlen ist. Die Unendlichkeit spiegelt sich im Raum als die Ausdehnung, die theoretisch keine Grenzen hat, in der Zeit als die Dauer, die logisch kein Ende hat, in der Materie als die Unbestimmtheit der materiellen Wesenhaftigkeit, in der Form als die unbegrenzte Möglichkeit der Verschiedenheit, in der Zahl als die Grenzenlosigkeit der Menge. Die Vollkommenheit spiegelt sich im Raum als die Inhalte oder Gegenstände im Raum, die die göttlichen Qualitäten widerspiegeln, und auch als reines Dasein – das, wie die Sufis sagen, der »Atem des Mitleiderfüllten« (nafas al-raḥmān) ist –, im Raum und der Zeit gleichermaßen als Formen und Ereignisse, denen Qualitätscharakter zukommt, in der Form als Schönheit, und in der Zahl als jener qualitative Aspekt der immer mit geometrischen Formen verknüpften Zahl, wie man es in der pythagoreischen Zahlenvorstellung findet. Für die *scientia sacra* sind diese Aspekte des kosmischen Daseins Abspiegelungen der höchsten Hypostasen der Absolutheit, Unendlichkeit und Güte, die das Wirkliche als solches charakterisieren, auf der bzw. den verschiedenen Manifestationsebenen. Für die *scientia sacra* spiegelt jeder dieser Daseinszustände direkt einen Aspekt der Gottheit: Materie und Energie die göttliche Substanz, Form den Logos, Zahl die göttliche Einheit, die unerschöpflich ist, Raum die unendliche Ausdehnung göttlicher Manifestation und Zeit die Rhythmen der universellen Daseinszyklen, die in den abrahamischen Traditionen, was die offizielle, formale Theologie betrifft, nur beiläufig erwähnt und im Hinduismus als Tage und Nächte im Leben Brahmas sehr konkret benannt werden.

Da die im Okzident entwickelte Metaphysik fast immer ontologisch aufgebaut ist, müssen wir hier einen Augenblick innehalten und das Verhältnis des Seins zum Prinzip der letzten Wirklichkeit erörtern. Wenn man das Sein als Prinzip der Existenz oder alles Existierenden betrachtet, kann es nicht mit dem Prinzip an sich gleichgesetzt werden, weil sich das Prinzip nicht in seinem schöpferischen Aspekt erschöpft. Das Sein ist die erste Bestimmung des höchsten Prinzips in Richtung der Manifestation, und

Ontologie ist nur ein Teil der Metaphysik und bleibt unvollständig, solange sie das Prinzip nur als Sein im definierten Sinne betrachtet. Wenn aber Sein so gebraucht wird, daß es den Sinngehalt der Absolutheit und Unendlichkeit umfaßt, dann kann es sowohl das Übersein oder die Wirklichkeit jenseits des Seins als auch das Sein als seine erste Bestimmung bedeuten, auch wenn man nur den Ausdruck *Sein* benutzt. Dies scheint der Fall zu sein bei *esse*, wie es manche Scholastiker benutzt haben, und beim *wujūd* in manchen Schulen der islamischen Philosophie und Theosophie.[15]

Die Unterscheidung zwischen Sein und Dasein, Sein und Existenz, Existenz und Essenz oder Quiddität und die Beziehung zwischen Quiddität oder Essenz und Existenz im Seienden ist ein Kernthema der mittelalterlichen islamischen, jüdischen und christlichen Philosophie und wurde in zahlreichen Werken mittelalterlicher Denker erörtert. Vom Standpunkt der *scientia sacra* war die Ursache dafür, daß diese fundamentale Art der Wirklichkeitsbetrachtung im Westen zunächst nicht mehr verstanden und dann verworfen wurde, der Verlust jener vernünftigen Intuition, der die Empfindung für das Mysterium des Daseins zerstörte und den Gegenstand der Philosophie vom Studium des Existenzaktes (*esto*) auf das Studium des Seienden (*ens*) reduzierte, wodurch nach und nach die Wirklichkeit auf ein bloßes »Es« verkürzt wurde, das von der Welt des Geistes und der Großartigkeit des Seins getrennt war, dessen beständige Ausgießungen die Welt am Sein erhalten, die für die Wahrnehmung der Sinne ein kontinuierliches »horizontales« Dasein hat, welches von der »vertikalen« Ursache oder dem Sein an sich geschieden ist. Daß die islamische Philosophie nicht in jener Sackgasse endete, die das Studium der Ontologie in der westlichen Philosophie kennzeichnet, beruht darauf, daß sie nicht Seiendes, sondern das Sein und den Seinsakt studiert, und darauf, daß diese Philosophie von Suhrawardī und seinen Nachfolgern mit spiritueller Erfahrung verknüpft wurde, die die Erfahrung des Seins nicht bloß eine Möglichkeit sein ließ, sondern vielmehr zur Quelle aller philosophischen Spekulation über den Begriff und die Realität des Seins machte.[16]

Die letzte Wirklichkeit, die sowohl Übersein als auch Sein ist, ist transzendent und immanent zugleich. Sie ist jenseits aller

Dinge und im Kern und der Mitte der Seele des Menschen. *Scientia sacra* kann in der Sprache der einen wie der anderen Perspektive dargelegt werden. Sie kann sagen, daß Gott oder die Gottheit, Allah, das Tao oder auch das *Nirvāna* jenseits der Welt oder der Formen oder *samsāra* ist, und letztlich behaupten, daß *nirvāna samsāra* ist und *samsāra nirvāna*. Sie kann aber auch sagen, daß im Vergleich zum höchsten Selbst oder *Ātman* alle Objektivierung *māyā* ist. Die letzte Wirklichkeit kann sowohl als das höchste Objekt als auch das innerste Subjekt betrachtet werden, denn Gott ist sowohl transzendent als auch immanent, aber er kann nur als immanent erlebt werden, nachdem er als transzendent erfahren wurde. Nur Gott als das Sein kann es dem Menschen ermöglichen, die Gottheit als Übersein zu erfahren. Die vereinigende Erkenntnis, die die Welt nicht als getrennte Schöpfung, sondern als Manifestation sieht, die durch Symbole und den Radiusstrahl des Daseins selbst mit der Quelle verbunden ist, verneint keineswegs die Großartigkeit der Transzendenz. Ohne jene Großartigkeit kann die Schönheit der göttlichen Nähe nicht erfahren werden, und eine integrale Metaphysik ist sich auf ihrer eigenen Ebene sehr wohl der Notwendigkeit der theologischen Formulierungen bewußt, die die Kluft zwischen Gott und den Menschen oder dem Schöpfer und der Welt betonen. Die metaphysische Erkenntnis der Einheit umfaßt die theologische im wörtlichen und übertragenen Sinne, aber es gilt nicht die Umkehrung. Dies ist der Grund, warum die Erlangung jener vereinheitlichenden Erkenntnis mit dem Duft der Heiligkeit imprägniert ist, der erst die Fundamente der Religion festigt, mit der sich die jeweilige formale Theologie befaßt, während das Studium der formalen Theologie selbst niemals zu jener *scientia sacra* führen kann, die einfach einer anderen Dimension angehört und sich auf einen anderen Aspekt des Wirkens der göttlichen Vernunft auf der menschlichen Ebene stützt.

Die Metaphysik unterscheidet nicht nur zwischen dem Wirklichen und dem Scheinbaren, zwischen Sein und Werden, sondern auch zwischen Abstufungen des Daseins. Die hierarchische Natur der Wirklichkeit ist eine universelle Behauptung aller Traditionen und wesentlicher Bestandteil ihrer religiösen Praktiken wie auch ihrer Lehren, ob dies nun in Form verschiedener himmlischer

Heerscharen und Engelreiche ausgedrückt wurde wie bei Dionysius oder verschiedener Ebenen von Licht und Dunkelheit wie in manchen Schulen der islamischen Esoterik oder aber in Form verschiedener Götter und Titanen wie in Religionen mit einer mythologischen Struktur wie dem Hinduismus. Selbst im Buddhismus, wo als das höchste Prinzip nicht die Fülle, sondern die Leerheit oder Nichterfülltheit gilt, werden die zahlreichen Zwischenwelten mit großer Kraft und Schönheit sowohl in buddhistischen kosmologischen Texten wie auch der buddhistischen Kunst dargestellt. Die Betonung der hierarchischen Struktur der Wirklichkeit ist bei traditionalen Lehren so groß, daß ein berühmtes persisches Gedicht denjenigen, der die Hierarchie des Daseins nicht akzeptiert, einen Ungläubigen (*zindīq*) nennt. Auch hier wiederum unterscheidet sich die *scientia sacra*, die sich mit der Natur der Wirklichkeit befaßt, von der Theologie im üblichen Sinne, die sich mit demjenigen zufrieden geben kann, was den Menschen direkt betrifft, und einer schlichteren Darstellung der Wirklichkeit auf der Basis des Gegenübers von Gott und Mensch, ohne die Hierarchie des Daseins einzubeziehen, wiewohl auch in der Theologie viele Stunden die Existenz der Zwischenebenen der Wirklichkeit in Betracht gezogen haben, ohne freilich immer diesen die gebührende Bedeutung beizumessen.[17]

Die Beziehungen zwischen den verschiedenen Realitätsebenen in der Hierarchie des Daseins können aber nur ganz durchschaut werden, wenn man einen weiteren wichtigen Begriff in Betracht zieht, der in der einen oder anderen Form in allen vollständigen Darlegungen von *scientia sacra* auftaucht, nämlich den Begriff der Notwendigkeit, dem derjenige der Möglichkeit gegenübersteht. Die Unterscheidung zwischen Notwendigkeit und Möglichkeit ist der Eckstein der Philosophie des Ibn Sīnā (Avicenna), den man den »Philosophen des Seins« und Vater der mittelalterlichen Ontologie genannt hat.[18] Die Bedeutung dieser beiden Ausdrücke ist aber rein metaphysischen Ranges und kann nicht auf den philosophischen Bereich beschränkt werden, auch wenn es traditionale Philosophie ist. Sie ist die Frucht der Vernunfterkenntnis und nicht der Verstandserkenntnis, was überhaupt für viele Aussagen der traditionalen Philosophie gilt, die Intuitionen rein metaphysischer Natur im syllogistischen Gewand verbergen. Daß es die

Begriffe der Notwendigkeit und Möglichkeit sowohl in hinduistischen wie auch in fernöstlichen Lehren gibt, weist auf Realitäten universellen Ranges hin, die keineswegs auf eine bestimmte Darlegungsart oder metaphysische Schule beschränkt sind. Begrifflich steht die Möglichkeit der Möglichkeit gegenüber, jedoch zeigt eine genauere Betrachtung des Begriffs der Möglichkeit, daß sie in gewissem Sinne die Notwendigkeit ergänzt und nur in einer ihrer Bedeutungen deren Gegenteil ist. Möglichkeit hat mit Potenz und Potentialität zu tun, was beides auf das lateinische *posse* zurückgeht, was »können« bedeutet. Möglichkeit hat tatsächlich zwei Bedeutungen: Zum einen die Qualität oder Eigenart einer Sache, die existieren oder nicht existieren kann, zum anderen die Qualität oder Eigenart einer Sache, die die Kraft und Fähigkeit besitzt, eine Handlung zu vollziehen. Im ersteren Sinne sind die Quidditäten der Dinge möglich oder kontingent; ein Objekt kann existieren oder nicht existieren, und es gibt keinen logischen oder metaphysischen Widerspruch, ob z. B. ein Pferd existiert oder nicht. In diesem Sinne, wenn auch auf einer höheren Ebene, sind die Archetypen oder das, was die islamische Metaphysik *al-aʿyān al-thābitah* oder »unwandelbare Essenzen«[19] nennt, ebenfalls mögliche Wesen, und nur Gott ist notwendig. In diesem Sinne des Ausdrucks steht die Möglichkeit der Notwendigkeit gegenüber, während Dinge, die existieren und daher existieren müssen, nicht durch ihren eigenen Wesensgrund, sondern durch das notwendige Wesen oder Seiende notwendig geworden sind, das allein in sich notwendig ist. Aus diesem Grund werden sie, um wiederum auf die Sprache der islamischen Philosophie zurückzugreifen, *al-wājib biʾl-ghayr* genannt, wörtlich »dasjenige, das durch anderes als es selbst notwendig gemacht wurde,« wobei das »andere« letztlich der notwendige Seinsgrund ist.

In der zweiten Bedeutung von Möglichkeit als Potenz steht sie nicht im Gegensatz zu Notwendigkeit, sondern ergänzt sie, was das Urprinzip betrifft. Gott ist absolute Notwendigkeit und unbegrenzte Möglichkeit, wobei die All-Mächtigkeit im Koran mit dem Gottesattribut *al-Qādir* bezeichnet wird, was genau Möglichkeit in diesem zweiten Sinne bedeutet. Was auch immer in dieser Welt geschieht, geschieht nach dem Willen Gottes, aber auch gemäß einer göttlichen Möglichkeit. Gott könnte nicht wollen, was nicht Möglichkeit in diesem Sinne ist, denn er würde dann seine eigene Natur negieren. Was auch immer eine mit Blindheit geschlagene Art religiösen Voluntarismus behaupten mag, Gottes Omnipotenz kann nicht seiner Natur widersprechen, und wenn es im Evangelium heißt, »bei Gott ist kein Ding unmöglich,« so bezieht sich dies genau auf diese grenzenlosen Möglichkeiten Gottes.

Jede geschaffene Welt entspricht einer göttlichen Möglichkeit und erlangt Seinshaftigkeit durch den göttlichen Willen, der auf verschiedenen Ebenen operiert und manchmal in den Augen des irdischen Geschöpfs als widersprüchlich erscheint. Es ist aber niemals Willkür an dem, was Gott will; seine Weisheit ist das Komplement zu seinem Willen, und seine Natur ist unantastbar.

Bezüglich der Notwendigkeit ist zu sagen, daß, auch wenn die mittelalterlichen Philosophen reines Sein das notwendige Sein nannten, streng genommen nur das transzendente Sein oder die letzte Wirklichkeit Notwendigkeit in sich ist und notwendig bezüglich seiner selbst. Sein ist notwendig in Hinblick auf die Welt, so daß es aus dem Blickpunkt der Welt oder Vielfalt legitimerweise als das notwendige Sein betrachtet werden kann. Sein kann aber auch als Möglichkeit an sich betrachtet werden, die von den Möglichkeiten zu unterscheiden ist, die Qualitäten des Seins sind. Diese Qualitäten haben zwei Aspekte: Sie sind kontingent oder möglich in bezug auf das Urprinzip oder die Essenz, d. h. sie können existieren oder nicht existieren, und sie sind notwendig in ihrem Inhalt und sind daher Teil der Notwendigkeit, des Urgrundes teilhaftig. Aus der Betrachtung dieser beiden Aspekte ersieht man, daß es zwei Arten von Möglichkeiten gibt: Diejenigen, in denen sich Notwendigkeit ausdrückt, und diejenigen, in denen sich Kontingenz ausdrückt. Die erste Art erzeugt Objekte, die definitiv existieren, die zweite Objekte, die möglicherweise nicht existent sind.

Gott verleiht Möglichkeiten Dasein, die die Abspiegelung und der Widerhall des Seins sind, und aus dieser Einhauchung des Daseins in die Quidditäten der Möglichkeiten ist die Welt oder vielmehr die Unzahl der Welten entstanden. Diese göttliche Relativität oder *māyā*, die von der Quelle weg auf das Nichts projiziert wird, erzeugt partielle Modalitäten und Inversionen dieser Möglichkeiten, deren Ursprung positive Reflexion und Inversion, Polarisierung des Lichts und Schattenwurf, leuchtender Logos und dunkler Demiurg sind. Das Sein als Möglichkeit ist selbst der höchste Schleier der Wirklichkeit, die in sich nicht nur unendlich, sondern auch absolut ist, jene Essenz, die jenseits aller Bestimmung ist.[20]

Vom Schleier zu sprechen, heißt, sich mit einem der Schlüsselkonzepte zu befassen, um die es der *scientia sacra* geht, ein Konzept, das allerdings in den westlichen metaphysischen Lehren nicht die Rolle spielt wie im Osten, wenn es auch von Gestalten wie Eckhart und Silesius erwähnt wird, die auf die göttliche Relativität anspielen und erkannt haben, wie wichtig dieses Konzept für das Auffinden der Wurzeln und Prinzipien der Manifestation im Urprinzip selbst ist. Dieser Schleier ist nichts anderes als dasjenige, was die Hindus *māyā* und die Sufis *ḥijāb* nennen. Die Tatsache, daß *māyā* praktisch zu einem Wort unserer Sprache geworden ist, weist auf die Notwendigkeit hin, sich bei der Darlegung traditionaler Doktrinen mit einem solchen Begriff zu befassen, da uns in unserer Sprache ein Wort fehlt, das den vollen Bedeutungsgehalt von *māyā* besäße.

Māyā wird üblicherweise als Illusion übersetzt, und vom nichtdualistischen oder advaitistischen Standpunkt aus ist *māyā* Illusion, während nur *Ātman*, das höchste Selbst, wirklich ist. Maya ist aber auch Kreativität und »göttliches Spiel« (*līlā*). Auf der prinzipiellen Ebene ist sie Relativität, die die Quelle der Getrenntheit, Veräußerlichung und Objektivierung ist. Sie ist jene Tendenz zum Nichts, die Manifestation geschehen läßt, zum Nichts, das niemals erreicht wird, aber von der kosmogonischen Bewegung weg vom Urgrund impliziert wird. Unendlichkeit muß die Möglichkeit der Trennung, Teilung und Externalisierung beinhalten, die all das kennzeichnen, das anders als das Urprinzip ist.[21]

Māyā ist der höchste Schleier wie auch die höchste Theophanie, die verschleiert und enthüllt zugleich.[22] Gott in seiner Güte kann eben nur diese Güte ausstrahlen, und diese Tendenz zur Ausstrahlung oder Manifestation impliziert jene Bewegung weg von der Quelle, die für kosmische und sogar metakosmische Ebenen der Realität fern der Quelle typisch ist, die allein absolut wirklich ist.

Māyā entspricht fast genau dem islamischen *raḥmah*, der göttlichen Gnade, deren »Atem« die Welt ins Dasein ruft, wobei die Substanz der Welt *nafas al-raḥmān* ist, der Atem des Mitleidsvollen[23], wie man die *māyā* den Atem des *Ātman* nennen kann. Im Hinduismus freilich wird die Schöpfung der Welt oder die Verschleierung des absoluten Selbst oder *ātman* durch die *māyā* als »göttliches Spiel« dargestellt, während im Islam diese Externalisierung, die nichts anderes ist als die Tätigkeit der *māyā*, als das Verlangen Gottes betrachtet wird, »erkannt« zu werden, wobei der Ursprung der Welt die Offenbarung Gottes gegenüber ihm selbst gemäß der berühmten Überlieferung des Propheten (*ḥadīth*) ist: »Ich war ein verborgener Schatz, ich wollte erkannt werden, deshalb schuf ich die Welt, um erkannt zu werden.«[24]

Die formale Theologie betrachtet Gott und die Welt oder den Schöpfer und das Geschaffene in einer völlig getrennten und »absoluten« Weise und kann daher keine vernünftigen Antworten auf gewisse fundamentale Fragen geben, Fragen, die nur aus der Perspektive der *scientia sacra* und der Lehre von der *māyā* oder dem Schleier zu behandeln sind, was auf der höchsten Ebene die Einführung der Relativität auf die Prinzipienebene impliziert, ohne freilich bis zur Ebene des Absoluten zu gehen, das Jenseits aller Dualität und Relativität bleibt. Weil wir mit einer Welt zu tun haben, die relativ ist, müssen die Wurzeln dieser Welt auf der Prinzipienebene selbst liegen, und diese Wurzel ist nichts anderes als die göttliche *māyā*, die das Eine auf allen Ebenen der Wirklichkeit verschleiert und manifestiert. Sie ist das ewig weibliche, Maria und Eva zugleich. Das Böse quillt aus der veräußerlichenden Aktivität der *māyā* hervor, aber das Dasein, das rein und gut bleibt, gewinnt schließlich die Oberhand über das Böse, denn Eva ward Vergebung ihrer Sünden zuteil durch die spirituelle Unverletzlichkeit und den Sieg Mariens.

Die *māyā* wirkt sowohl durch Ausstrahlung und Widerhall oder Abspiegelung, wobei sie zuerst den Boden oder die Ebene der Manifestation vorbereitet und dann sowohl die Ausstrahlung als auch die Abspiegelung manifestiert, die auf dieser Ebene stattfinden. Wenn wir uns, um ein Bild Schuons zu gebrauchen[25], einen Punkt vorstellen, der das Absolute oder die höchste Substanz symbolisiert, symbolisieren die Radien die Ausstrahlung, der

Umfang die Abspiegelung oder das Echo des Mittelpunkts und die Fläche des Kreises das Dasein selbst[26] oder eine bestimmte Ebene des Daseins, auf der die *māyā* ihren Akt wiederholt. Die *māyā* ist die Quelle aller Dualität auch auf der prinzipiellen Ebene und ruft die Unterscheidung zwischen der Essenz und den Qualitäten hervor. Sie ist auch die Quelle des Dualismus zwischen Subjekt und Objekt auch auf der höchsten Ebene, jenseits derer nur noch das Eine ist, in dem Erkennender und Erkanntes oder Subjekt und Objekt eins sind. Die *māyā* bleibt aber nicht an die prinzipielle Ebene gebunden. Sie projiziert sich selbst durch verschiedene Ebenen des kosmischen Daseins, die ein ḥadīth die siebzigtausend Schleier des Lichts und der Dunkelheit nennt, und die man als die drei fundamentalen Ebenen des engelhaften, des animistischen und des physischen Daseins zusammenfassen kann.

Auf jeder Ebene gibt es eine Manifestation oder Abspiegelung der höchsten Substanz und des Handelns der *māyā*. So ist z. B. auf der physischen oder materiellen Ebene die Abspiegelung der Substanz der Äther, der die unsichtbare Stütze und Herkunft der physischen Elemente ist. Der Widerhall der *māyā* ist Materie und ihre Strahlungsenergie. Darüber hinaus treten die beiden Haupttendenzen der *māyā*, nämlich die Erhaltung und Transformierung, als Raum und Zeit in dieser Welt und in den vielen Welten und Zyklen in Erscheinung, die diese Welten auf der kosmischen Ebene transformieren. Freilich klafft ein gewaltiger Abgrund zwischen den verschiedenen Welten, und es besteht eine fast völlige Inkommensurabilität zwischen der animistischen und der materiellen Welt wie auch zwischen der engelhaften oder spirituellen Welt und der animistischen. Aber auf all diesen Ebenen bleibt *māyā māyā*, die die Enthüllerin des Wirklichen und ihr Schleier ist, in sich die Vermittlerin und der Isthmus zwischen dem Unendlichen und den Endlichen.

In ihrem Aspekt der Täuschung ist die *māyā* auch die Ursache für jene Unmöglichkeit, die Wirklichkeit in einem geschlossenen Denksystem zu beschreiben, wie es für die profane Philosophie so typisch ist. Das Absolute ist sonnenklar – oder aber etwas Unbegreifliches für diejenigen, denen der Blick oder die Intuition fehlt, es begrifflich zu erfassen. In jedem Fall kann die Verstandeserkenntnis, die dem Reich der Relativität angehört, nicht zum Beweis oder zur Wahrnehmung des Absoluten dienen, das sich allen Versuchen des Relativen entzieht, es zu begreifen. Die Vernunft aber kann das Absolute erkennen, und in der Tat ist sogar nur das Absolute vollständig erkennbar. Unterhalb dieser Ebene kommt die Tätigkeit der *māyā* ins Spiel, die ein Element der Unsicherheit und des Zweifels mit sich bringt. Wenn es so etwas wie reine Relativität gäbe, wäre diese vollständig unerkennbar. Aber auch in der relativen Welt, die noch den Abdruck des Absoluten trägt, dringt das Element des Zweifels und der Unerkennbarkeit der *māyā* in alle geistige Aktivität ein, die danach strebt, über ihre legitime Funktion hinauszugehen, und versucht, das Absolute in ein endliches Denksystem auf der Basis der Verstandeserkenntnis einzubinden.[27]

Menschliches Denken als Geistestätigkeit kann infolge der *māyā* dem Wirklichen nicht absolut angemessen gemacht werden, während direkter Erkenntnis diese Fähigkeit sehr wohl zukommt. Das Dilemma unzähliger moderner philosophischer Schulen und ihr Unvermögen, das Wirkliche durch einen Prozeß rein menschlichen Denkens zu erschließen, hat seine Ursache in der Macht der *māyā*, die mit ihrem Wahn gerade diejenigen schlägt, die ihre Existenz leugnen möchten.

Eng mit der Lehre der *māyā* verknüpft ist die Frage nach dem Bösen und seiner Bedeutung im Lichte der absoluten Güte des Ursprungs und der Quelle, eine Frage, die den Kern der Theodizee bildet, insbesondere in der Form, die sie über die Jahrhunderte in der abrahamischen Welt diskutiert wurde. Dieses Problem, nämlich wie ein allmächtiger und guter Gott eine Welt schaffen konnte, die Böses enthält, ist sowohl auf der Ebene der formalen Theologie wie auch derjenigen der rationalistischen Philosophie nicht lösbar. Die Antwort kann nur in der Metaphysik oder in der *scientia sacra* gefunden werden, deren Verlöschen viele Menschen ihren Glauben an die Religion und die religiöse Welt verlieren ließ, weil ihnen der Zugang zu einer Lehre verwehrt war, die diesen scheinbaren Widerspruch aufgelöst hätte. Aus metaphysischer Sicht stellt sich nicht nur die Frage der Omnipotenz Gottes, sondern auch diejenige nach der göttlichen Natur, die nicht im Widerspruch zum göttlichen Willen sein kann. Gott kann nicht wollen, nicht mehr Gott zu sein. Nun ist aber diese göttliche

Natur nicht auf das Sein beschränkt; wie bereits erwähnt, ist sie die absolute und menschliche Realität, die das transzendente oder Übersein ist, dessen erste Bestimmung in Richtung der Manifestation oder Schöpfung das Sein ist. Die göttliche Natur oder letzte Wirklichkeit ist sowohl unendlich als auch gut und möchte daher ausstrahlen und sich manifestieren. Aus dieser Ausstrahlung gehen die Daseinszustände hervor, die verschiedenen Welten, d. h. also Trennung, Entfernung von der Quelle, woraus dasjenige entsteht, was sich auf einer bestimmten Wirklichkeitsebene als das Böse manifestiert. Im Begriff der Unendlichkeit liegt auch die Möglichkeit der Negation der Quelle in der Richtung des Nichts, d. h. die Möglichkeit des Bösen, das man die »Kristallisierung oder Existentialisierung des Nichts« nennen könnte. Da nur Gott – der sowohl das transzendente Sein als auch das Sein ist – gut ist, wie das Evangelium bekräftigt, ist alles, was anders als Gott ist, jenem Element der Verlassenheit verfallen, das die Quelle alles Bösen ist. Der Wille Gottes als der Gottheit oder dem transzendenten Sein ist die Verwirklichung der Möglichkeiten, die in seiner Unendlichkeit beschlossen sind, und dies ist die Ursache der Trennung von der Quelle, die das Böse mit sich bringt. Aber eben weil die Manifestation eine Möglichkeit der unendlichen Wirklichkeit ist, ist die Existenz der Welt an sich nicht böse, noch erscheint das Element des Bösen in einer der Welten, die noch im Dunstkreis der göttlichen Nähe sind.[28] Der Wille Gottes als Sein operiert nun in der von der *māyā* erzeugten Ausstrahlung und Abspiegelung und in der Natur jener unendlichen Wirklichkeit selbst, die das Übersein ist. Auf dieser Ebene wirkt der Wille Gottes konkreten Formen des Bösen nach den Kriterien entgegen, die den Menschen in verschiedenen Offenbarungen gegeben wurden, und zwar immer im Lichte des totalen Guten und entsprechend der Ökonomie eines bestimmten traditionalen Lebensmodus. Auf dieser Ebene wirkt der Wille Gottes verschiedenen Arten des Bösen entgegen, ohne dessen Existenz als solche eliminieren zu können, was auf eine Negation der göttlichen Natur selbst hinausliefe. Es gibt in Wirklichkeit zwei Wirkungsebenen des göttlichen Willens oder sogar zwei göttliche Willen: Einen, der mit der absoluten und unendlichen Wirklichkeit zusammenhängt, der nach nichts als Manifestation strebt und daher Trennung, Distanz und Gottesferne erzeugt, die als das Böse erscheint, und einen, der mit dem Willen zum Sein zusammenhängt, der sich der Gegenwart des Bösen gemäß den göttlichen Gesetzen und Normen widersetzt, die die ethische Struktur verschiedener traditionaler Welten bilden.

Das Böse mit der Unendlichkeit jener Wirklichkeit zu verknüpfen, die auch die All-Möglichkeit ist, heißt nicht, die Realität des Bösen auf einer bestimmten Wirklichkeitsebene zu leugnen. Die Existenz des Bösen ist ein Wesensmerkmal der relativen Ebene, auf der es sich manifestiert. Man kann nicht einfach sagen, daß es das Böse nicht gibt, wie es sogar manche traditionale Meister der Gnosis tun, die ihren Blick unverwandt auf die überwältigende Güte des göttlichen Prinzips heften und sich gewissermaßen um das Böse drücken wollen.[29] Dies gilt natürlich nicht für alle traditionalen Weisen, von denen viele den metaphysischen Schlüssel für das Verständnis des Bösen gefunden haben. Vom Standpunkt der *scientia sacra* kommt dem Bösen, wiewohl es auf der relativen Ebene der Wirklichkeit wirklich ist, keine Realität als Substanz und an sich als ein Ding oder Objekt zu. Böse ist immer partiell und fragmentarisch. Es muß existieren wegen der ontologischen Kluft zwischen dem Urprinzip und der Manifestation, aber es bleibt immer begrenzt und gebunden, während das Gute unbegrenzt und zum Unendlichen hin offen ist. Was den Willen Gottes betrifft, so will Gott das Böse nicht als das Böse, sondern als Teil eines größeren Guten, an dem diese segmentierte Wirklichkeit, die man das Böse nennt, mitwirkt. Darum ist das Böse niemals böse in seiner existentiellen Substanz, sondern wegen jener Abwesenheit eines Guten, das eine Funktion in der Gesamtökonomie des Kosmos hat und an einem größeren Guten mitwirkt. Jedes Ungleichgewicht und jede Unordnung ist von partieller und vorübergehender Natur und trägt zu jenem Gleichgewicht, zu jener Harmonie und Ordnung bei, die der Kosmos ist.[30]

Die Lehre von der *māyā* oder *ḥijāb* läßt uns die metaphysischen Wurzeln desjenigen verstehen, was als das Böse erscheint. Diese Lehre erklärt das Böse als Ferne und Trennung vom Guten und als ein Element, das an einem größeren Guten mitwirkt, auch wenn in einer bestimmten Umgebung oder auf einer bestimmten Daseinsebene das Böse durch Mangel oder Übermaß das Böse bleibt. Wenn man diese Lehre ganz verstanden hat, begreift man auch die Bedeutung des Bösen an sich. Aber auch in diesem Fall ist es den Menschen verwehrt, dieses oder jenes Böse zu verstehen, weil nur Gott allein ganz und vollständig erkennbar ist. Obwohl nun der göttliche Wille alles Existierende will, einschließlich desjenigen, was als Böses erscheint, will Gott für den Menschen, der sowohl vernunftbegabt ist als auch einen freien Willen hat, nur das Gute. Der beste Weg, die Frage des Bösen und die Theodizee zu lösen, ist in der Tat eine Lebensweise, die die Aktualisierung der *scientia sacra* im eigenen Sein möglich macht. Diese Verwirklichung oder Aktualisierung ist der bestmögliche Weg zum Verständnis der Natur des Guten und zur Beantwortung der Frage nach dem Warum des menschlichen Daseins auf Erden, das in seiner Gottesferne notwendig unter der Zersplitterung, Zerstreuung und Gottesentbehrung leiden muß, die als das Böse erscheint und das so wirklich ist wie die Ebene der Wirklichkeit, auf der es sich manifestiert. Das Böse hört aber auf einer höheren Ebene auf zu existieren, auf der vorübergehende und teilweise Unordnung an einer größeren Ordnung und die Entbehrung an einem größeren Guten mitwirkt.

Eng verknüpft mit der Frage nach Gut und Böse ist die Frage des freien Willens und Determinismus, die ebenfalls die Philosophen und Theologen in der abrahamischen Welt über die Jahrhunderte beschäftigt hat, aber auch in anderen traditionalen Klimata wie demjenigen Indiens eine zentrale Rolle gespielt hat, wie etwa das Gespräch über rechtes Handeln in der *Bhagavad-Gītā* belegt. Auch bezüglich dieser Frage kann man nicht über die Entweder-oder-Dichotomie hinauszulangen, solange man auf der Ebene der formalen Theologie oder rationalistischen Philosophie bleibt, wie die jahrhundertelangen Debatten unter Theologen und Philosophen im Judaismus, Christentum und Islam bezeugen. Aus metaphysischer Sicht erscheint die ganze Debatte als unfruchtbar und fragmentarisch, einfach weil beide Seiten einem Relativen, nämlich der menschlichen Ebene, eine Qualität der Absolutheit zusprechen. Metaphysisch gesprochen ist nur die letzte Wirklichkeit absolut und reine Notwendigkeit und reine Freiheit zugleich. Nur Gott ist vollständig notwendig und frei, weil er sowohl Absolutheit als auch Unendlichkeit ist. Nun befinden wir uns auf der menschlichen Ebene bereits auf der Ebene der Relativität, weshalb es weder absolute Determination noch absoluten freien Willen geben kann. Etwas von *beidem* muß sich auf der Ebene der menschlichen Relativität manifestieren. Wenn nur eine dieser beiden Bedingungen vorhanden wäre, wäre die Ebene der Relativität nicht mehr relativ, sondern absolut. Die Freiheit des Menschen ist so wirklich wie er selbst. Er ist nicht mehr frei im Sinne von unabhängig vom göttlichen Willen, insofern er ontologisch nicht mehr von Gott getrennt ist. Gleichzeitig ist der Mensch determiniert und nicht frei, insofern ihn eine ontologische Kluft von seiner Quelle und seinem Ursprung trennt, denn nur Gott ist Freiheit. Sich auf den Pfad vom Relativen zum Absoluten begeben heißt zum einen die Freiheit zu verlieren, im Irrtum zu leben, zum anderen die Freiheit von der Tyrannei aller psycho-materiellen Determinierungen zu gewinnen, die die Seele unterjochen und ersticken.

In Gott ist reine Freiheit und reine Notwendigkeit, und nur in ihm ist der Mensch vollständig frei und auch vollständig determiniert; diese Determinierung aber, die nur die innerste Natur des Menschen und die Wurzel seines Seins ist, ist nichts anderes als die andere Seite der Freiheit, total und unbedingt.

Die Vernunft ist ein Gottesgeschenk, das den Schleier der *māyā* durchdringt und die Wirklichkeit als solche erkennen kann. Sie ist ein Lichtstrahl, der durch die Schleier des kosmischen Daseins zum Ursprung dringt und die Peripherie des Daseins, auf der der gefallene Mensch lebt, mit der Mitte verknüpft, in der das Selbst wohnt. Die Vernunft selbst ist göttlich und nur insofern menschlich, als der Mensch an ihr teilhat. Sie ist eine Substanz wie auch eine Funktion; sie ist Licht wie auch Vision. Die Vernunft ist nicht das Denken, noch der Verstand, der die Abspiegelung der Vernunft auf der menschlichen Ebene ist, sondern sie ist die Wurzel und die Mitte des Bewußtseins oder dasjenige, was man traditional die Seele genannt hat. In einem technischen Sinne freilich muß die Seele als das Äquivalent der *Anima* oder *Psyche* betrachtet werden, in welchem Fall die Vernunft *Spiritus* oder *nous* ist, aus dessen chymischer Hochzeit mit der passiven und weiblichen Psyche jenes Gold gewonnen wird, das die Vervollkommnung der geheiligten Seele symbolisiert.

Das metakosmische Prinzip, das die Vernunft ist, ist die Quelle sowohl der Erkenntnis wie auch des Seins, des subjektiven erkennenden Bewußtseins und der objektiven erkannten Ordnung. Sie ist auch die Quelle der Offenbarung, die die Brücke zwischen Mensch und Kosmos und natürlich der metakosmischen Wirklichkeit schlägt. Der Logos, *Buddhi* oder ʿ*aql*, wie die Vernunft in den verschiedenen Traditionen heißt, ist die leuchtende Mitte, die das erzeugende Agens der Welt – denn »durch das Wort wurden alle Dinge geschaffen« –, des Menschen und der Religion ist. Sie ist Gottes Wissen von sich selbst und das Erste in seiner Schöpfung. Wie es weiterhin eine Hierarchie des kosmischen Daseins gibt, so gibt es Ebenen des Bewußtseins und Grade des Herniedersteigens der Vernunft durch die verschiedenen Daseinsebenen, bis der Mensch erreicht ist, in dessen Herz der Strahl der Vernunft noch leuchtet, auch wenn er in der Regel durch die Leidenschaften und die vielfältigen »Sündenfälle« abgedämpft ist, die den Menschen von seinem wahren Sein getrennt haben.

Und doch lassen auch das Bewußtsein des gefallenen Menschen und die in ihm leuchtende Intelligenz, auch wenn sie nur eine ferne Abspiegelung der göttlichen Vernunft ist, etwas von dem Wunder jener Vernunft erkennen, die übernatürlich und natürlich zugleich ist. Die unmittelbare Erfahrung des Menschen ist vielleicht seine Subjektivität, das Geheimnis der Innenwelt und des Bewußtseins, das auf sich selbst reflektieren kann und sich nach innen zum Unendlichen öffnet, das auch Seligkeit ist. Nicht weniger wunderbar ist die Macht der Objektivität, die Fähigkeit der menschlichen Intelligenz, die Welt objektiv und mit einer kategorischen Gewißheit zu erkennen, die auch noch soviel Sophismus nicht zerstören kann. Schließlich ist da noch das Geheimnis der Adäquation der Erkenntnis, der Tatsache, daß unsere Intelligenz mit der Natur der Wirklichkeit korrespondiert und daß das vom Menschen Erkannte Aspekten des Wirklichen entspricht.[31] Dies alles aber bleibt Mysterium, solange der Mensch vom Licht der vernünftigen Intuition oder Vernunfterkenntnis abgeschnitten ist. Dagegen sind im Lichte der Vernunft selbst sowohl die subjektiven wie die objektiven Fähigkeiten der Intelligenz vollkommen intelligibel.

Wie schon gesagt, kann *scientia sacra* nicht ohne Vernunfterkenntnis und das rechte Funktionieren der Intelligenz im Menschen erlangt werden. Dies ist der Grund, warum diejenigen, die von diesem inneren Sakrament abgeschnitten sind[32], nicht nur die Lehren dieser heiligen Erkenntnis ablehnen, sondern auch rationalistische Argumente gegen sie ins Feld führen, die in der Regel auf unvollständigen oder falschen Prämissen beruhen, und sie bilden sich noch ein, daß der Himmel unter ihren Attacken zusammenbräche, die metaphysisch völlig bedeutungslos sind. Vernünftige Erkenntnis gelangt nicht zur Wahrheit als Ergebnis profanen Denkens, sondern durch eine direkte apriorische Intuition der Wahrheit. Das Verstandesdenken kann ein Anlaß für Vernunfterkenntnis sein, aber nicht die Ursache derselben. Aus demselben Grunde kann die Frucht der Vernunfterkenntnis auch durch keinerlei Verstandestätigkeit zunichte gemacht oder negiert werden, die, weil sie auf den Beschränkungen desjenigen beruht, der mit dem Verstand arbeitet, nicht selten den schlichten Irrtum zum Ergebnis hat. Diese Behauptung bedeutet natürlich nicht, daß die Vernunfterkenntnis wider die Logik oder irrational ist. Im Gegenteil, es gibt keine Wahrheit, die als unlogisch betrachtet werden könnte, weil die Logik selbst eine ontologische Realität der *conditio humana* ist. Die Rolle und die Funktion des Verstandesdenkens und der Gebrauch der Logik in der Metaphysik und der profanen Philosophie sind völlig verschiedene Dinge, so verschieden wie die Anwendung der Mathematik bei der Rosette der Kathedrale von Chartres oder einer Kuppel einer der Moscheen von Isfahan einerseits und bei einem modernen Wolkenkratzer andererseits.

Obwohl die Vernunft im Wesen des Menschen aufleuchtet, ist der Mensch zu weit von seiner Urnatur entfernt, um dieses göttliche Geschenk selbst in seiner Fülle nutzen zu können. Er braucht die Offenbarung, die allein die Vernunft im Menschen aktualisieren und zur rechten Funktion bringen kann. Die Zeiten sind lange vorbei, in denen jeder Mensch auch ein Prophet war und die Vernunft im Menschen »natürlicherweise« funktionierte, so daß er alle Dinge *in divinis* sah und ein direktes Wissen heiligen Charakters besaß. Die traditionalen Lehren selbst betonen, daß in der späteren Entwicklung des kosmischen Zyklus nur die Offenbarung den Menschen befähigen wird, wieder mit dem »Auge des Herzens« sehen zu können, das das »Auge der Vernunft« ist. Wenn es Ausnahmen gibt, sind es Ausnahmen, die die Regel bestätigen, und immer gilt, daß »der Geist weht, wo er will.« Die Offenbarung in ihrer esoterischen Dimension ermöglicht durch Initiation Zugang zu höheren Ebenen des menschlichen Seins wie seines Bewußtseins. Die entsprechenden Riten, der traditionale Rahmen, Formen und Symbole und die von der Offenbarung ausgehende Gnade sind Schlüssel, die dem Menschen die Tür zu den innersten Gemächern seines Seins öffnen und die es ihm mit Hilfe des spirituellen Lehrers ermöglichen, durch das kosmische Labyrinth zu reisen, um schließlich jenen Schatz zu finden, der nichts anderes als die Perle der Gnosis ist. Die Offenbarung aktualisiert die Möglichkeiten der Vernunft, räumt die Hemmnisse der fleischlichen Seele beiseite, die die Funktion der Vernunft behindern, und ermöglicht die Weitergabe eines Initiationswissens, das gleichzeitig in der Substanz der Vernunft selbst wohnt. Es besteht eine unüberbrückbare Kluft zwischen der durch die Offenbarung geheiligten Intelligenz und der Intelligenz, die, von dieser Quelle und damit von ihrer eigenen Wurzel abgeschnitten, auf ihre Abspiegelung auf den menschlichen Geist reduziert wird und zu jener verstümmelten und fragmentarischen Fähigkeit atrophiert ist, die wissenschaftlich als Intelligenz bezeichnet wird.[33]

Bezüglich des Verhältnisses zwischen Vernunft und Offenbarung sind einige grundsätzliche Worte zu dem Verhältnis zwischen Intellektualität und heiligem Schrifttum zu sagen, das die moderne Welt so sehr vergessen hat. Ohne eine Wiederbelebung der spirituellen Exegese kann die *scientia sacra* im Schoße einer Tradition nicht wiederentdeckt werden, in der heiliges Schrifttum eine entscheidende Rolle spielt. Heiliges Schrifttum hat eine innere Dimension, die nur durch in einem traditionalen Rahmen operierende Vernunfterkenntnis erlangt werden kann und die allein gewisse scheinbare Widersprüche und Rätsel in heiligen Texten lösen kann. Wenn die vernünftige Intuition inoperativ und der Geist zu einem überfrorenen See wird, über den die Ideen hinweggleiten, in den aber nichts eindringen kann, dann verhüllt auch der geoffenbarte Text seine innere Dimension, und die spirituelle Exegese reduziert sich auf Archäologie und Philologie, ganz zu schweigen von der Rückextrapolation der subjektiven Irrtümer der heutigen Epoche in das Zeitalter der jeweiligen Offenbarung. Aus Clemens und Origenes werden in dieser Weise moderne Exegeten, für die das Neue Testament wenig mehr ist als ein ethischer Kommentar zu den sozialen Verhältnissen Palästinas im 1. Jahrhundert.

In der orientalischen Welt einschließlich der jüdisch-christlichen Tradition ist die spirituelle Wissenschaft der Exegese niemals ganz erloschen. Der heilige Text bildet die Grundlage der formalen Welt der jeweiligen Tradition einschließlich ihrer rituellen und liturgischen Praktiken und ihrer heiligen Kunst, und er ist der vernünftige Aspekt der Tradition, die von der formalen Theologie, Philosophie und der Wissenschaft der Symbole bis zur *scientia sacra* selbst reicht, die die Krönung der inneren Botschaft des heiligen Textes ist und die durch jene Intelligenz erlangt wird, welche von eben jener Heiligen Schrift geheiligt wird.[34] Im Islam, der von der Allgegenwart des Koran beherrscht wird, wird jeder Aspekt der Tradition auf das Heilige Buch bezogen, und die Kategorie der Exegeten[35] reichte von denjenigen, die sich mit dem göttlichen Gesetz befaßten, zu den Gnostikern, die durch jene spirituelle Hermeneutik oder *ta' wīl*[36] zur Perle der Weisheit vordrangen, die hinter dem Schleier der äußeren Formen des Heiligen Buches verborgen liegt. Meisterwerke des Sufismus wie das *Mathnawī* des Jalāl al-Dīn Rūmī sind in Wirklichkeit Korankommentare, ganz zu schweigen von den zahlreichen esoterischen Kommentaren solcher Meister wie Ibn ʿArabī[37], Ṣadr al-Dīn al-Qūnyawī[38], ʿAbd al-Razzāq al-Kāshānī, Rashīd al-Dīn Aḥmad Mībudī und anderer. Man kann sagen, daß sowohl die *scientia sacra* als auch die sekundären traditionalen Wissenschaften im Islam ebenso aus der Quelle der inneren Weisheit hervorgehen, die der Koran enthält, wie im Hinduismus als die traditionalen Wissenschaften die Glieder der Veden betrachtet werden. Die spirituelle Hermeneutik ist das Mittel, durch das die durch Offenbarung geheiligte Intelligenz in das Herz der Offenbarung vordringen und jene Urwahrheit entdecken kann, die die Wurzel und Substanz der Intelligenz selbst ist. Bei diesem Prozeß enthüllt die mikrokosmische Manifestation der göttlichen Vernunft, die die

Quelle der inneren Erleuchtung und Erkenntnis ist, die innere Bedeutung jener makrokosmischen Manifestation der Vernunft, nämlich der Offenbarung, oder spezifischer, des Heiligen Schrifttums. Darüber hinaus gehört dieselbe Wahrheit *mutatis mutandis* zur Interpretation der inneren Bedeutung jenes anderen geoffenbarten Buches, das der Kosmos selbst ist.

Die *scientia sacra* betrachtet den Verstand nicht nur in seiner Beziehung zu einer äußerlich verstandenen Offenbarung, sondern auch zur Quelle der inneren Offenbarung, die die Mitte des Menschen ist, nämlich sein Herz. Der Sitz des Verstandes ist das Herz und nicht der Kopf, wie alle traditionalen Lehren bekräftigen. Das Wort Herz, *hṛdaya* im Sanskrit, *heart* im Englischen, *kardia* im Griechischen und *cor/cordis* im Lateinischen, hat die Wurzel hrd oder krd, wie der ägyptische Horus die Mitte der Welt oder einer Welt bezeichnet.[39] Das Herz ist auch die Mitte des menschlichen Mikrokosmos und deshalb der »locus« der Weltvernunft, durch die alle Dinge geschaffen wurden. Das Herz ist weiterhin der Sitz der Empfindungen und des Willens, der beiden anderen Elemente, aus denen sich das Menschenwesen konstituiert. Tiefe Gefühlsbewegungen wie auch der Wille haben ihren Ursprung im Herzen, ebenso wie der Verstand, der den Scheitelpunkt der mikrokosmischen Dreiheit von Fähigkeiten oder Eigenschaften bildet. Im Herzen ist auch der Ort, in dem sich Verstand und Glaube begegnen und in dem der Glaube selbst sich am Licht der Weisheit sättigt. Im Koran werden sowohl der Glaube (*īmān*) als auch der Verstand (*ʿaql*) ausdrücklich mit dem Herzen (*al-qalb*)[40] identifiziert, während im Hinduismus der Sanskrit-Ausdruck *śraddhā*, der meist als Glaube übersetzt wird, wörtlich Wissen des Herzens bedeutet.[41] Im Lateinischen weist die Tatsache, daß *credo* und *cor/cordis* von derselben Wurzel abgeleitet sind, auf die nämliche metaphysische Wahrheit hin. Diese traditionale Exegese der Sprache enthüllt nicht nur den Zusammenhang der prinzipiellen Erkenntnis mit dem Herzen, sondern auch das wichtige metaphysische Prinzip, daß integrale Verstandestätigkeit niemals vom Glauben getrennt ist, sondern daß im Gegenteil der Glaube für die Aktualisierung der Möglichkeiten der Erkenntnis im Rahmen einer Offenbarung notwendig ist. Jener Verstand, der zur Erkenntnis des Heiligen gelangen kann, ist bereits geheiligt und wurzelt in der

Mitte des menschlichen Seins, wo er niemals vom Glauben noch von der Liebe getrennt ist. Im Herzen fällt in der Tat Erkenntnis immer mit Liebe zusammen. Nur veräußerlichte Erkenntnis hat mit Gehirntätigkeit zu tun, und nur veräußerlichte Liebe mit jener Substanz, die man gewöhnlich die Seele nennt. Diese Veräußerlichung des Verstandes und seine Projektion auf die Ebene des Geistes ist freilich eine notwendige Bedingung des menschlichen Daseins, ohne die der Mensch nicht Mensch wäre, das Geschöpf, das als denkendes Wesen geschaffen ist. Dialektisches Erkennen, das mit der Geistestätigkeit identifiziert wird, ist nicht an sich negativ; tatsächlich impliziert menschliche Intelligenz in ihrem Vollsinne die rechte Funktion sowohl der Intelligenz des Herzens wie auch derjenigen des Geistes, wobei erstere intuitiv und die letztere analytisch und diskursiv ist. Die beiden Funktionen zusammen ermöglichen die Aufnahme, Kristallisierung, Formulierung und schließlich Weitergabe der Wahrheit. Geistige Formulierung der von der Herzensintelligenz empfangenen Intuition wird vom Menschen erst völlig assimiliert und dann durch die Aktivität des Geistes aktualisiert. Dies ist ja auch einer der Hauptzwecke der Meditation bei spirituellen Übungen, denn Meditation hat mit geistiger Tätigkeit zu tun. Durch diesen Prozeß wird auch das vom Herzen empfangene Licht mitgeteilt und weitergegeben, und eine solche Aktivität ist durch die Natur des Intuitionsinhalts selbst notwendig, den die im Herzen wohnende Intelligenz empfängt, des Inhalts, der, weil er gut ist, sich selbst schenken und wie alles Gute ein Licht geben muß.[42] Der Mensch muß gewisse innere Wahrheiten veräußerlichen, um verinnerlichen zu können, muß analysieren, um synthetisieren zu können, weil die Synthese eine Phase der Analyse voraussetzt. Hieraus entspringt für den Menschen die Notwendigkeit der Sprache, die aus dem heiligen Schweigen hervorgeht und in dieses zurückkehrt, aber eine unverzichtbare Rolle für die Formulierung der aus dem ersten Schweigen hervorgehenden Wahrheit und für die Vorbereitung des Menschen zur Rückkehr zum zweiten Schweigen spielt, das Synthese nach der Analyse ist, Rückkehr zur Einheit nach der Trennung.[43]

Der Geist kann symbolisch als der Mond betrachtet werden, der das Licht der Sonne widerspiegelt, welche das Herz ist. Die

Intelligenz im Herzen scheint auf die Ebene des Geistes, der dann dieses Licht in die dunkle Nacht des irdischen Daseins des gefallenen Menschen zurückwirft. *Scientia sacra*, die aus der umfassenden Erkenntnis des Herzens hervorgeht[44], schließt daher auch die Dialektik des Geistes ein. In der Tat waren einige der größten Dialektiker in Ost und West Metaphysiker, die den hohen Rang der Erkenntnis erkannt haben. Die traditionale Haltung richtet sich ja nicht gegen die Tätigkeit des Geistes, sondern gegen seine Trennung vom Herzen, dem Sitz der Intelligenz und dem Ort des »Auges der Erkenntnis«, das die Sufis das Auge des Herzens nennen (*ʿayn al-qalb* oder *chishm-i dil*) und das nichts anderes ist als das »dritte Auge« der hinduistischen Tradition. Dieses Auge ist es, das die Dualität und die rationale, analytische Geistestätigkeit transzendiert und die Einheit wahrnimmt, die zugleich Ursprung und Ziel der vom Geist wahrgenommenen Vielfalt und der Fähigkeit des Geistes selbst zur Analyse und diskursiven Erkenntnis ist. Darum singen die Sufis:

Öffne das Auge deines Herzens, damit du den Geist sehen wirst, damit du sehen wirst, was nicht gesehen werden kann.[45]

Der Versuch des rationalen Geistes, die göttliche Vernunft in seinem eigenen Lichte zu entdecken, ist aus traditionaler Sicht zum Scheitern verurteilt, weil das Objekt, das die Ratio wahrnehmen möchte, in Wirklichkeit das Subjekt ist, das den Wahrnehmungsakt der Ratio erst ermöglicht. Ein Geist, der vom Lichte der Herzensintelligenz abgeschnitten ist und Gott finden möchte, übersieht, daß das Licht, mit dem er Gott entdecken will, selbst ein Strahl des Lichtes Gottes ist. Ein solcher Geist muß natürlich wie ein Irrender in der Wüste sein, der mit der Lampe im hellen Tageslicht die Sonne sucht.[46] Blindheit wird nicht vom Verstand erzeugt, wohl aber dadurch, daß der Verstand von der Vernunft abgeschnitten ist und dann versucht, bei der Erlangung von Erkenntnis die Funktion der Vernunft zu übernehmen. Ein solcher Versuch kann nur zu jener Entheiligung der Erkenntnis und des Lebens führen, die man bereits bei jenem Teil der Menschheit beobachten kann, der sich entschlossen hat, sein Schicksal selbst in die Hand zu nehmen und so auf der Erde zu leben, als ob es nur diese Welt gäbe.

Weil *scientia sacra* geäußert werden kann und nicht nur auf der Ebene der Herzenserleuchtung bleibt, muß man auch etwas von der Sprache wissen, derer sie sich bedient. Die formale Sprache für die Darlegung von *scientia sacra* und im Grunde des ganzen Spektrums traditionaler Lehren ist diejenige der Symbolik. *Scientia sacra* kann in menschlichen Worten wie in Landschaftsgemälden, im Schlagen von Trommeln oder mit anderen formalen Mitteln ausgedrückt werden, die Bedeutungsinhalte vermitteln. Immer aber ist die Symbolik der Schlüssel zum Verständnis ihrer Sprache. Glücklicherweise wurde in diesem Jahrhundert viel über die wirkliche Bedeutung der Symbole geschrieben, und insbesondere in Werken, die dem Kreis traditionaler Schriftsteller zuzuordnen sind, wurde gezeigt, daß Symbole nicht von Menschen geschaffene Zeichen, sondern Abspiegelungen einer Wirklichkeit höherer Ordnung auf einer niedrigeren Ebene sind.[47] Symbole sind ontologische Aspekte eines Dings und mindestens so wirklich wie das Ding selbst, und sie sind in der Tat dasjenige, was einem Ding auf der universalen Daseinsebene Bedeutung verleiht. Im hierarchischen Universum der traditionalen Metaphysik kann gesagt werden, daß jede Wirklichkeitsebene und alles auf jeder Wirklichkeitsebene letztlich ein Symbol ist und daß nur das Wirkliche an sich es selbst ist. In einem beschränkteren Maßstab aber kann man sagen, daß Symbole auf der formalen Ebene Archetypen des Prinzipienreiches spiegeln und daß durch Symbole das Symbolisierte mit seiner archetypischen Wirklichkeit vereinigt wird.[48]

Es gibt außerdem Symbole, die »natürlich« in dem Sinne sind, daß sie der Natur bestimmter Gegenstände und Formen auf Grund des kosmogonischen Prozesses inhärent sind, der diese Formen auf dem irdischen Plan hervorgebracht hat. Andere Symbole werden durch eine bestimmte Offenbarung geheiligt, die wie eine zweite Schöpfung ist. Die Sonne ist »natürlicherweise« das Symbol der göttlichen Weltvernunft für jeden, der noch die Fähigkeit symbolischer Wahrnehmung besitzt und in dem der »symbolistische Geist« in Funktion ist. Dieselbe Sonne aber wird in besonderer Weise in Sonnenkulten wie dem Mithraismus geheiligt und erlangt besondere Bedeutung in einem bestimmten traditionalen Universum wie der Wein im Christentum oder das

Wasser im Islam. Die Sufi-Dichter mögen die Symbolik des Weins in der ersten Bedeutung von Symbol benutzt haben; die Verbindung zu Christus aber hat dem Wein jene spezielle Bedeutung in der Eucharistie als ein heiliges Symbol gegeben, die an die spezifische Welt des Christentums gebunden bleibt.[49]

De *scientia sacra* gebraucht beide Arten von Symbolik bei der Darlegung ihrer Lehren, bleibt aber in ihrem formalen Aspekt immer in der Tradition verwurzelt, aus der sie Kraft und Funktion bezieht, und kraft derer dieses heilige Wissen erst erreicht und fruchtbar gemacht werden kann. Der Sufismus mag gelegentlich auf hinduistische oder neuplatonische Formulierungen und Symbole zurückgreifen, doch ist seine formale Welt die des Koran, und es ist die aus der Offenbarung des Korans ausfließende Gnade, die im Sufismus die Erlangung von Gnosis ermöglicht hat. Es ist in der Tat die lebendige Tradition, die die Sprache der Metaphysik schmiedet und die unter den verfügbaren Symbolen diejenigen auswählt, die sich am besten dazu eignen, eine Lehre weisheitlichen und heiligen Charakters mitzuteilen. Einerseits kann die Symbolik nur im Lichte einer lebendigen Spiritualität ganz verstanden werden, ohne die sie zu einem Gewirr von Rätseln wird. Andererseits aber sind Symbole das Mittel, durch das der Mensch die Sprache der *scientia sacra* verstehen kann.

Es muß schließlich betont werden, daß die traditionale Metaphysik oder *scientia sacra* nicht nur eine theoretische Darlegung zur Erkenntnis der Wirklichkeit ist. Ihr Ziel ist es, den Menschen anzuleiten, ihn zu erleuchten und ihn zum Heiligen zu führen. Deshalb sind ihre Aussagen auch Bezugspunkte, Schlüssel, die bestimmte Türen öffnen, und ein Mittel, den Geist für bestimmte Wirklichkeiten wach zu machen. In ihrem theoretischen Aspekt haben sie einen didaktischen Gehalt im Sinne des buddhistischen *upāya*, die Bedeutung eines Lehrmittels zur Erlangung der Wahrheit. *Scientia sacra* enthält gewissermaßen den Samen und die Frucht des Baumes der Erkenntnis. Als Theorie wird sie als Same in Herz und Geist des Menschen eingepflanzt, ein Same, der, wenn er durch spirituelle Praxis und Tugend genährt wird, zu einer Pflanze emporwächst, die schließlich blüht und Früchte trägt, die wiederum jenen Samen enthalten. Wenn aber der erste Same theoretische Erkenntnis im Sinne der *theoria* oder Schau ist,

ist der zweite Same realisierte Gnosis, die Realisierung eines Wissens, das selbst heilig ist und das ganze Sein des Erkennenden in Anspruch nimmt und als das Heilige vom Menschen alles fordert, was er ist. Dies ist der Grund, warum diese Erkenntnis vom Menschen nur um den Preis erlangt werden kann, daß er von ihr verzehrt wird.

Das Ergebnis meines Lebens kann man in drei Worten zusammenfassen: Ich war unreif, ich reifte, und ich wurde verzehrt.[50]

RŪMĪ

ANMERKUNGEN

1 Über die Bedeutung dieses Ausdrucks siehe Nasr, *Islamic Science – An Illustrated Study*, London 1976, S. 14.
2 »Toute connaissance est, par définition, celle de la Réalité absolue; c'est à dire que la Réalité est l'objet nécessaire, unique, essentiel de toute connaissance possible«. Schuon, *L'Oeil du cœur*, S. 20.
3 Die islamischen wie die jüdischen und christlichen Philosophen des Mittelalters unterschieden zwischen der aktiven Vernunft (*al-'aql al-fa''āl, intellectus agens, ha-sekhel hapo' el*), die der Ursprung der Erkenntnis ist, und der potentiellen oder »materiellen« Vernunft (*al-'aql al-ha-yūlānī, intellectus materialis, ha-sekhel ha-hyula' ni*), die Erkenntnis empfängt, und sie betonten die vernünftige Natur desjenigen, was der menschliche Geist von der göttlichen Vernunft empfängt. Über die Vernunftslehre im Islam siehe Ibn Sīnā, *Le Livre des directives et remarques*, Übers. A. M. Goichon, Paris–Beirut 1951, S. 324 ff.; al-Fārābī, *Epistola sull'intelletto*, Übers. F. Lucchetta, Padua 1974; F. Rahman, *Prophecy in Islam, Philosophy and Orthodoxy*, Chicago 1979; und J. Joplivet, *L'Intellect selon kindī*, Leiden 1971. Über die mittelalterliche westliche Welt im allgemeinen siehe E. Gilson, *History of Christian Philosophy in the Middle Ages*, New York 1955; auch M. Shallo, *Lessons in Scholastic Philosophy*, Philadelphia 1916, S. 264 ff.; und R. P. de Angelis, *Conoscenza dell'individuale e conoscenza dell'universale nel XIII e XIV secolo*, Rom 1922. Auch H. A. Wolfson hat sich mit dieser Thematik in vielen seiner Schriften befaßt, u. a. *The Problem of the Soul of the Spheres*, Washington 1962; *Essays in the History of Philosophy and Religion*, Hrsg. I. Twersky und G. H. Williams, Cambridge, Mass. 1979; *Philo: Foundations of Religious Philosophy in Judaism*, Cambridge, Mass. 1968; *Christianity and Islam*, Cambridge 1948; und »Extradeical and Intradeical Interpretations of Platonic Ideas«, *Journal of the History of Ideas* 22/1 (Jan.–März 1961): 3–32.
4 Die platonische Anschauung, nach der die Erkenntnis vom Reich der Ideen zur Welt bzw. vom Prinzip zur Manifestation herabsteigt, steht der Weisheitsperspektive näher als die aristotelische, die von der Manifestation zum Prinzip oder von der Physik zur Metaphysik geht.
5 Über den Unterschied zwischen Metaphysik und profaner Philosophie siehe Guénon, *Introduction to the Study of Hindu Doctrines*, S. 108 ff.; und ders. »Oriental Metaphysics«, in Needleman (Hrsg.), *Sword of Gnosis*, S. 40–56.
6 Dieses Problem hat T. Izutsu u. a. in seinem *The Concept and Reality of Existence*, Tokyo 1971 untersucht; siehe auch sein *Unicité de l'existence et création perpétuelle en mystique islamique*, Paris 1980.
7 Der Dienst, den traditionale Autoren den von ihnen hauptsächlich benutzten Sprachen Französisch, Englisch und Deutsch erwiesen haben, indem sie diese als Sprachen des metaphysischen Diskurses wiederbelebt

und ihnen ihre Symbolkraft wiedergegeben haben, ist die genaue Umkehrung des Prozesses, den viele moderne analytische Philosophen und Positivisten betreiben, wenn sie die europäischen Sprachen ihres metaphysischen Gehalts entkleiden und sie auf eindimensionale Sprachen reduzieren, die das eindimensionale Denken derjenigen widerspiegeln, die sich solcher Formen von Sprache bedienen.

Der Rückgriff mancher traditionaler Autoren auf die Etymologie und die wiedergewonnene Wahrnehmung der Grundbedeutung von Wörtern hängt eng mit diesem Bedürfnis zusammen, die symbolischen Möglichkeiten wieder zum Vorschein zu bringen, die sich in der Struktur der Worte selbst verbergen, die einst von Menschen genutzt wurden, die in der Welt des Heiligen lebten und den »symbolistischen Geist« besaßen, der sich direkt in ihrer Sprache spiegelte. Die noch vorhandenen heiligen und archaischen Sprachen bezeugen den bemerkenswerten Schatz an Metaphysik, der in die Struktur der Sprache selbst eingebettet ist. In der Tat wird in manchen Gesellschaften bis heute die Metaphysik als Kommentar zu einer heiligen oder archaischen Sprache gelehrt, z. B. in manchen sufistischen Schulen. Im Hinblick auf den Sufismus siehe hierzu J. L. Michon, *Le Soufi marocain Ahmad ibn ʿAjiba et sond mi ʿrāj. Glossaire de la mystique musulman*, Paris 1973, insb. S. 177 ff.

Siehe auch E. Zolla, *Language and Cosmogony*, Ipswich, U. K. 1976; und J. Canteins, *Phonèmes et archetypes*, Paris 1972.

8 Dieses Element umfaßt den Kern aller traditionalen Lehren, während die Methode die Mittel betrifft, mit denen man sich mit dem Wirklichen verbindet. Über das Verhältnis zwischen Lehre und Methode siehe M. Pallis, »The Marriage of Wisdom and Method«, *Studies in Comparative Religion* 6/2 (1972): 78–104.

9 Manche zeitgenössische Gelehrte wie R. Panikkar (in seinem *Inter-religious Dialogue*, New York 1978) haben das buddhistische *Shunyata* in einen Gegensatz zum christlichen Pleroma gestellt, jedoch sind metaphysisch gesprochen die Vorstellung der letzten Wirklichkeit als Leerheit oder als Fülle Komplemente wie das Yin-Yang-Symbol, und beides manifestiert sich in jeder integralen Tradition. Selbst im Christentum, das die Symbolik der göttlichen Fülle betont, wie sie die franziskanische Theologie besonders reich ausgearbeitet hat, vor allem der hl. Bonaventura, erscheint die komplementäre Anschauung der Leerheit in den Lehren des Dominikaners Meister Eckhart, der von der »Wüste der Gottheit« spricht.

10 In einem der aus exoterischer Sicht am schwierigsten zu verstehenden Verse des Koran heißt es: »Er ist das Erste und das Letzte, das Äußere und das Innere« (57;3).

11 Dies ist die Anschauung des Advaita Vedanta im Hinduismus und der transzendenten Einheit des Seins (*waḥdat alwujūd*) im Sufismus, die wegen der Kurzsichtigkeit eines Verstandes, den die heiligenden Strahlen der Vernunft nicht mehr erreichen, vielfach als Pantheismus mißverstan-

den wurde. Siehe Nasr, *Three Muslim Sages*, Cambridge Mass. 1964, S. 104—8; ebenso T. Burckhardt, *Introduction to Sufi Doctrine*, S. 28—30.
12 Siehe Schuon, *Du Divin à l'humain*, Teil 2, »Ordre divin et universel«.
13 Der Standpunkt des Manichäismus, der die Welt als böse und nicht als gut betrachtet, hat primär Initiations- und nicht metaphysischen Charakter, d. h. es geht im Manichäismus nicht vorrangig um die Erkenntnis der Natur der Dinge, sondern darum, einen Weg zu finden, der aus dem Kerker der materiellen Existenz hinausführt. Der Buddhismus besitzt eine ähnliche praktische Perspektive, allerdings mit einem anderen metaphysischen Hintergrund, weil er einem anderen spirituellen Universum angehört.
14 Der Islam und Hinduismus stimmen mit der jüdisch-christlichen Tradition in der Bekräftigung überein, daß alle Dinge durch das Wort entstanden sind. Der Koran sagt: »Wahrlich, wenn er [Allah] etwas will, ist sein Gebot »sei [kun]!, und es ist« (36;82). Hier wird der Imperativ des Verbs »sein«, nämlich *kun*, mit dem Wort oder Logos gleichgesetzt.
15 Man kann die thomistische Metaphysik, die mit *esse* beginnt und endet, so interpretieren, daß sie den Begriff des Wirklichen in seinem unkonditionierten und unbestimmten Sinne einschließt, wenn man auch diesen Ausdruck um den Ausdruck *posse* ergänzen könnte, der die All-mächtigkeit des göttlichen Prinzips bezeichnet. Von diesem Standpunkt aus kann man sagen, daß trotz der sensualistischen Epistemologie des hl. Thomas, die oben wegen ihrer Leugnung der Möglichkeit vernünftiger Intuition kritisiert wurde, der Thomismus in seinem dogmatischen Gehalt Wahrheiten einer wahrhaft metaphysischen Natur enthält, in denen sich Wissen prinzipiellen Ranges spiegelt und die als Stütze für die metaphysische Betrachtung dienen können.
In der islamischen Philosophie identifiziert eine Gestalt wie Ṣadr al-Dīn Shīrāzī *wujūd*, was wörtlich »Sein« bedeutet, ausdrücklich mit dem höchsten Prinzip und nicht dessen erster Selbstbestimmung. Der höchste Name Gottes im Islam, nämlich Allah, beinhaltet auch sowohl Sein als auch Übersein, sowohl die persönliche Gottheit und die absolute und unendliche Wirklichkeit, sowohl Gott als auch die Gottheit Meister Eckharts.
16 Siehe hierzu die Einleitung von Corbin zu Ṣadr al-Dīn Shīrāzī, *Le Livre des pénétrations métaphysiques*, Teheran-Paris 1964, in dem er das Schicksal der Ontologie in der islamischen Welt, wo sie mit Sabziwārī und anderen endet, ihrem Schicksal im Westen gegenüberstellt, wo an ihrem Ende Heidegger steht, und er damit die Kluft aufzeigt, die zwischen den islamischen theosophischen und philosophischen Schulen und der Existenzphilosophie besteht. Siehe auch Izutsu, *The Concept and Reality of Existence*; und Nasr, »Mullā Ṣadrā and the Doctrine of the Unity of Being«, *Philosophical Forum*, Dez. 1973, S. 153—61.
17 Im Islam ist eine so weitverbreitete theologische Schule wie der Asharismus durch die Ablehnung der Hierarchie des Daseins gekennzeichnet,

wie es auch ihrem atomistischen und voluntaristischen Standpunkt entspricht.
18 Bezüglich dieser Frage siehe Nasr, *An Introduction to Islamic Cosmological Doctrines*, Kap. 12, »The Anatomy of Being.« Im Arabischen ist »Notwendigkeit« *wujūb* und »Möglichkeit« *imkān*, was wir im Zusammenhang mit der avicennischen Ontologie als »Kontingenz« übersetzen.
19 Über die unwandelbaren Essenzen siehe T. Burckhardt, *Einführung in die sufistische Lehre*, S. 62, 64.
20 »Nous pouvons discerner [dans l'absolument Réel] une tridimensionalité, elle aussi intrinsèquement indifférenciée mais annonciatrice d'un déploiement possible: ces dimensions sont l'›Etre‹, la ›Conscience‹, la ›Félicité‹. C'est en vertu du troisième élément – immuable en soi – que la Possibilité divine déborde et donne bien, ›par amour‹, à ce mystère d'extériorisation qu'est le Voile universel, dont la chaine est faite des mondes, et la traine, des êtres.« Schuon, »Le problème de la possibilité«, in *Du Divin à l'humain*.
21 Was in der islamischen Metaphysik *mā siwa' Llāh* heißt, wörtlich »alles, was anders als Allah ist«.
22 »*Māyā* ist wie ein Zaubergewebe aus einer Kette, die verschleiert, und einem Schuß, der entschleiert.« Schuon, *Atmā-Māyā*, S. 89. Über die metaphysische Bedeutung der *māyā* als Schleier wie auch Prinzip der Relativierung und Manifestation des Absoluten siehe außer diesem Artikel das Kapitel *māyā*« in Schuons *Regard sur le monde ancien*, S. 8998.
23 Über den Atem des Mitleidvollen siehe Ibn al-ʿArabi, *The Bezels of Wisdom*, Übers. R. W. J. Austin, New York 1980, »The Wisdom of Leadership in the Word of Aaron,« S. 241 ff. Ebenso Nasr, *Science and Civilization in Islam*, Kap. 13.
24 Genannt das *ḥadīth* des *kanz al-makhfī* (Der verborgene Schatz).
25 Siehe sein *Atmā-Māyā*.
26 Was die höchste Ebene betrifft, nennt die islamische Metaphysik die Abspiegelung »die allerheiligste Ausgießung« (*al-fayḍ al-aqdas*) und die Strahlen »die heilige Ausgießung« (*al-fayḍ al-muqaddas*), wobei erstere der Archetypus aller Dinge (*al-a ʿyān-thābitah*) und die letztere der Atem des Mitleidvollen ist, der sie externalisiert und auf verschiedenen Ebenen der Realität ins Dasein führt.
27 »Der Wunsch, die universelle Wirklichkeit in einer ausschließlichen und erschöpfenden »Erklärung« zu subsumieren, führt aufgrund des Hereinwirkens der *māyā* zu einem dauerhaften Ungleichgewicht.« Schuon, *Regard sur les mondes anciens*, S. 91.
28 Die koranische Lehre, daß Iblīs ein *jinn* und aus Feuer gemacht war, zeigt an, daß die Anwesenheit des Bösen erst dann auf dem kosmischen Plan bemerkbar wird, wenn das Ausfließende das animische Reich erreicht.
29 Die Vernunft, wie sie im Menschen operiert, beginnt nicht mit einem Wissen von der Welt, sondern mit einem apriorischen Wissen vom göttlichen Gut, das die Vernunft aufnimmt, bevor sie noch etwas vom Bösen

weiß. Dies ist der Grund, warum manche Metaphysiker, die durch die Vernunfterkenntnis zu einem direkten Verständnis des Guten an sich gelangt sind, nicht einmal das Bedürfnis verspüren, das Böse zu verstehen und es übergehen, als ob es nicht existierte. Hier ist natürlich auch der Wahrnehmungsaspekt zu berücksichtigen. Man könnte sagen, daß ein Heiliger, der das Böse nicht in der ganzen Welt, aber in seiner Umgebung ausgelöscht hat, bereits in der Atmosphäre des Paradieses atmet und daher das Böse des irdischen Daseins außer Acht läßt, weil es für ihn als solches nicht mehr existiert. Diese Haltung findet man bei manchen der großen Sufis, die behaupten, daß das Böse einfach nicht existiert, ohne sich der Mühe des metaphysischen Nachweises zu unterziehen, was mit einer solchen Aussage gemeint ist und aus welchem Standpunkt gesagt werden kann, daß das Böse nicht existiert.

30 *Kosmos* bedeutet im Griechischen wörtlich »Ordnung«. Das Gegenteil vom Kosmos ist nichts anderes als Chaos.

31 Das Prinzip der Adäquation widerlegt nicht unsere frühere Behauptung, daß die *māyā* es verunmöglicht, die Wirklichkeit in ein aus der Verstandeserkenntnis abgeleitetes System einzuschließen und aus diesem zu begreifen, denn wir sprechen hier von Vernunfterkenntnis, nicht von Verstandeserkenntnis und rein menschlichem Denken.

32 Nicht nur in der islamischen Tradition, deren Spiritualität grundsätzlich weisheitlicher Natur ist, wird die Vernunft als Gottes größtes Geschenk an den Menschen betrachtet (gemäß dem bekannten Satz, der ʿAlī ibn Abī Ṭālib zugeschrieben wird: »Gott schenkte seinen Dienern nichts Kostbareres als die Vernunft«); auch im Christentum, das primär ein Weg der Liebe ist, betrachten die Hesychasten als die Essenz des Vaterunsers die Aktualisierung und das Herniedersteigen der Vernunft in das menschliche Herz.

33 Siehe Schuon, *Sur les traces de la Religion Pérenne*, S. 83.

34 »A point de vue doctrinal, ce qui importerait le plus, ce serait de retrouver la science spirituelle de l'exégèse, c'est-à-dire de l'interpretation métaphysique et mystique des Ecritures; les principes de cette science, dont le maniement présuppose de toute évidence une haute intelligence intuitive et non une simple acuité mentale, ont été exposés par Origène et d'autres, et mis en pratique par les Pères et par les plus grands saints. En d'autres termes, ce qui manque en Occident, c'est une intellectualité fondé, non sur l'érudition et le scepticisme philosophique, mais sur l'intuition intellectuelle actualisée par le Saint-Esprit sur la base d'une exégèse tenant compte de tous les plans et de tous les niveaux de l'entendement; cette exégèse implique aussi la science du symbolisme, et celle-ci s'étend à tous les domaines de l'expression formelle, notamment à l'art sacré, qui, lui englobe la liturgie, au sense le plus large, aussi bien que l'art proprement dit. L'Orient traditionel ne s'étant jamais éloigné de cette manière d'envisager des choses, la compréhension de ses métaphysiques, ses exégèses, ses symbolismes, et ses arts seraient pour l'Occident, d'un interêt vital.«

Schuon, »Que peut donner l'Occident à l'Occident?« *France-Asie*, Nr. 103 (Dez. 1954): 151.

35 Es gibt in der Tat zahlreiche Werke in islamischen Sprachen über die »Kategorien« von Kommentatoren, die meist *Ṭabaqāt al-mufassirīn* genannt werden, während deutlich zwischen exoterischem Kommentar (tafsīr) und innerem oder esoterischem Kommentar (taʾwīl) unterschieden wird.

36 *Taʾwīl*, womit in der islamischen Esoterik das Vordringen zur inneren Bedeutung des Heiligen Textes gemeint ist (und das nicht mit der pejorativen Bedeutung verwechselt werden sollte, in der es gelegentlich im Sinne einer persönlichen und eigenwilligen Deutung des heiligen Textes gebraucht wird) enthält in seiner eigenen Etymologie eine tiefe metaphysische Bedeutung, denn es bedeutet wörtlich »zum Anfang zurückbringen;« dies impliziert, daß das Vordringen zur inneren Bedeutung (bāṭin) aus dem äußeren Sinn (ẓāhir) auch eine Rückkehr zum Ursprung oder Anfang jener Wahrheit ist, deren Herniedersteigen auch eine Veräußerlichung impliziert. Zur Frage der *taʾwīl* siehe Corbin, *En Islam iranien*, Bd. 3, S. 222 ff. und S. 256 ff., wo dieser Begriff im Bezug auf den Koran diskutiert wird, und Nasr, *Ideals and Realities of Islam*, Kap. 2.

37 Das bekannte *taʾwīl al-qurʾān (Der spirituelle oder hermeneuetische Kommentar zum Koran)*, der Ibn ʿArabī zugeschrieben wird, stammt in Wirklichkeit von einem späteren Angehörigen seiner Schule, ʿAbd al-Razzāq al-Kāshānī, während Ibn ʿArabī selbst einen monumentalen Kommentar schrieb, den O. Yahya entdeckt hat, der aber noch nicht gedruckt ist.

38 Der bedeutende Kommentar des Qunyawī über die *Sūrat al-fātiḥah*, das Eröffnungskapitel des Koran, wurde von W. Chittick editiert und übersetzt.

39 Siehe R. Guénon, »The Heart and the Cave«, in *Studies in Comparative Religion* 4 (Frühjahr 1971): 69–72.

40 Daher wird īmān häufig mit Wissen gleichgesetzt, und wenn Gott als *al muʾ mīn* bezeichnet wird, übersetzen traditionale Kommentatoren diesen Namen nicht als »der, der Glauben hat«, wie man gemäß der wörtlichen Bedeutung erwarten könnte, sondern als »er, der Wissen hat, das das Geschöpf erleuchtet und transformiert.«

41 Siehe H. Köhler, *Śraddhā – In der vedischen und altbuddhistischen Literatur*, Wiesbaden 1973. Mit diesem Problem hat sich ausführlich W. C. Smith in seinem *Faith and Belief* befaßt. Smith weist mit Recht darauf hin, daß vor der modernen Zeit das »Glauben« als Fürwahrhalten keine religiöse Kategorie war und der Glaube mit Wissen, nicht mit dem »Glauben« in dem hypothetischen Sinne zu tun hatte, in dem dieser Ausdruck heute benutzt wird.

42 In traditionalen islamischen Bildungseinrichtungen gilt die Fähigkeit, Metaphysik zu lehren, als das Zeichen dafür, daß der Lehrer das Thema in der Weise vollständig in sich aufgenommen hat, daß sein Verstand die Ebene des *al-ʿaql biʾl-malakah (intellectus habitus)* erreicht hat und das

fragliche Wissen für ihn bi'l-malakah geworden ist, d. h. vollständig verarbeitet und geistig aufgenommen ist.
43 Was die islamische Metaphysik al-jam 'ba 'd al-farq nennt.
44 Einige der tiefsten metaphysischen Lehren, die in Werken der islamischen Philosophie und Theosophie dargelegt werden, erscheinen unter dem Stichwort al-wāridāt al-qalb iyyah, buchstäblich »dasjenige, was in das Herz eingedrungen ist.« Tatsächlich trägt eines der Bücher von Ṣadr al-Dīn Shīrāzī, eines der größten islamischen Metaphysiker, diesen Titel. Siehe Nasr, The Transcendent Theosophy of Ṣadr al-Dīn Shīrāzī, London 1978, S. 49.
45

چشم دل بازکن که جان بینی   آنچه نادیده است آن بینی

46 Dies ist das Bild aus dem berühmten Gedicht von Sha-bistarī aus dem Gulshan-i rāz:

بسی نادان که او خورشید تابان   به نور شمع جوید در بیابان

So mancher Narr sucht die leuchtende Sonne in der Wüste mit einer Lampe in der Hand.
47 Über die Bedeutung der Symbole siehe L. Benoist, Signes, symboles et mythes, Paris 1977; H. Sedlmayr, Verlust der Mitte, Salzburg 1976; R. A. Schwaller de Lubicz, Symbol and the Symbolic, Übers. R. und D. Lawlor, Brokline, Mass. 1978; G. Dumézil, Mythe et épopée, 2 Bd., Paris 1967−71 (das sich hauptsächlich mit Mythen, aber natürlich auch mit der Symbolik befaßt); H. Zimmer, Indische Mythen und Symbole, Köln 1981; M. Eliade, Ewige Bilder und Sinnbilder, Frankfurt 1986; R. Alleau, La Science des symboles, Paris 1976; und J. C. Cooper, An Illustrated Encyclopaedia of Traditional Symbols, London 1978.
48 Für den Urmenschen war in der Tat das Symbolisierte das Symbol, da er noch in der unzersplitterten Wirklichkeit des paradiesischen Zustandes lebte. Etwas von diesem urtümlichen Standpunkt lebt heute noch unter einigen der sog. primitiven Völker fort, unter denen der »symbolistische Geist« noch lebendig ist und die in ihrer Wahrnehmung der Dinge das symbolisierte Objekt mit dem Symbol gleichsetzen. Dies ist das Gegenteil von Götzendienst, der das Symbol auf den physischen Gegenstand reduziert, der es symbolisieren soll, während in der hier gemeinten Perspektive das Objekt, das eine arachetypische Realität symoblisiert, auf die Ebene jener Wirklichkeit emporgehoben und zu einer transparenten Form wird, die jene Wirklichkeit spiegelt und manifest werden läßt.
49 »Die natürliche Symbolik, die z. B. die Sonne dem göttlichen Urprinzip assimiliert, leitet sich von einer »horizontalen« Entsprechung her; geoffenbarte Symbolik, die diese Assimilierung spirituell wirksam macht – in

alten Sonnenkulten und vor ihrer »Versteinerung« – leitet sich von einer »vertikalen« Entsprechung ab; das Nämliche gilt für die Gnosis, die Phänomene auf »Ideen« oder Archetypen zurückführt. Vieles ließe sich hier über die natürliche Symbolik von Brot und Leib – oder Leib und Blut – und ihre »Sakramentalisierung« durch Christus sagen; in ähnlicher Weise hatte das Kreuzeszeichen, das mit seinen beiden Dimensionen die Mysterien von Leib und Brot bzw. Blut und Wein zum Ausdruck bringt, natürlich immer seinen metaphysischen Sinn, empfing aber seine quasisakramentale Wirkung – zumindest in seiner spezifisch christlichen Form – durch das fleischgewordene Wort, d. h. der Avatara muß eine Form »leben«, um sie »wirksam« zu machen, und dies ist der Grund, warum heilige Formen oder göttliche Namen von der Offenbarung kommen müssen, um »realisiert« werden zu können.« Schuon, *Les stations de la sagesse*, S. 97.

50

حاصل عمرم سخن بیش نیست   خام بدم پخته شدم سوختم

V
DER PONTIFIKALE UND PROMETHEISCHE MENSCH

لحظه ای در خود نگر تا کیستی   از کجائی وزچه جائی چیستی

Wende den Blick nach innen und frage, wer du bist?
Von wannen du kommst, von wo, was bist du?
RŪMĪ

Was ist der Menschen Leben, ein Bild der Gottheit.
HÖLDERLIN

DIE ANSCHAUUNG DES MENSCHEN ALS *pontifex*, einer Brücke zwischen Himmel und Erde, welches die traditionale Auffassung des *antropos* ist, ist der modernen Auffassung vom Menschen[1] diametral entgegengesetzt, die ihn als das prometheische irdische Geschöpf betrachtet, das gegen den Himmel rebelliert und versucht hat, sich die Rolle der Gottheit anzumaßen. Der pontifikale Mensch, der in dem hier gemeinten Sinne kein anderer als der traditionale Mensch ist, lebt in einer Welt, die sowohl einen Ursprung als auch eine Mitte hat. Er lebt im vollen Bewußtsein des Ursprungs, der seine, des Menschen, eigene Vervollkommnung enthält und dessen Urreinheit und Ganzheit er nachzuahmen, wiederzufinden und weiterzugeben sucht. Er lebt auf einem Kreis, dessen Mittelpunkt ihm immer bewußt ist und den er in seinem Leben, Denken und Tun zu erreichen sucht. Der pontifikale Mensch ist die Abspiegelung des Mittelpunkts an der Peripherie und der Widerhall des Ursprungs in späteren Zyklen der Zeit und Generationen der Geschichte. Er ist der Statthalter Gottes (*khalīfatallāh*) auf Erden, um den islamischen Ausdruck zu gebrauchen[2], der Gott für sein Tun Rechenschaft schuldig ist, der Treuhänder und Hüter der Erde, die unter der Bedingung in seine Herrschaft gegeben ist, daß er sich selbst als der zentralen irdischen Gestalt treu bleibt, die nach dem »Bildnis Gottes« geschaffen ist, ein theomorphes Wesen, das in dieser Welt lebt, aber für die Ewigkeit geschaffen ist. Der pontifikale Mensch[3] ist sich seiner Rolle als Mittler zwischen Himmel und Erde und dessen bewußt, daß seine Entelechie jenseits der irdischen Gefilde liegt, über die ihm Herrschaft gegeben ist, sofern er sich der ephemeren Natur seines irdischen Weges bewußt bleibt. Ein solcher Mensch lebt im Bewußtsein einer spirituellen Realität, die ihn transzendiert und doch nichts anderes ist als eine eigene innere Natur, gegen die er sich nicht auflehnen kann, es sei denn um den Preis der Trennung von allem, was er ist und was seine Bestimmung ist. Für einen solchen Menschen ist das Leben sinnerfüllt und das Universum von Geschöpfen bevölkert, die er als Du ansprechen kann. Er ist sich bewußt, daß ihm gerade wegen seines Menschseins Größe und Gefahr aus allem erwachsen kann, was er tut und denkt. Sein Handeln hat Wirkungen auf sein eigenes Sein, die über die begrenzten raumzeitlichen Bedingungen hinausreichen, in denen solche Handlungen stattfinden. Er weiß, daß die Barke, die ihn nach der Reise seines Erdendaseins ans jenseitige Ufer bringen wird, aus dem Holz seines Wandelns und Handelns in seinem irdischen Dasein gezimmert ist.

Freilich wurde in den verschiedenen Traditionen das Bild des Menschen nicht immer identisch gezeichnet. Manche haben mehr als andere den menschlichen Zustand betont, und es wurden unterschiedliche eschatologische Wirklichkeiten entworfen. Es gibt aber keinen Zweifel, daß alle Traditionen auf den zentralen und beherrschenden Bildern des Ursprungs und der Mitte beruhen und das Endziel des Menschen in einem Zustand oder einer Wirklichkeit sehen, die etwas anderes ist als dieses irdische Leben, mit dem sich der selbstvergessene oder der gefallene Mensch identifiziert, wenn er von der Offenbarung oder der Religion abgeschnitten ist, die den Menschen immerfort zum Ursprung und zur Mitte zurückrufen.

Der prometheische Mensch dagegen ist ein Geschöpf dieser Welt. Er fühlt sich auf der Erde zuhause, wobei die Erde nicht als die jungfräuliche Natur betrachtet wird, die selbst ein Nachhall des Paradieses ist, sondern als die künstliche Welt, die sich der prometheische Mensch selbst geschaffen hat, damit er Gottes und seiner eigenen inneren Wirklichkeit vergessen kann. Ein solcher Mensch betrachtet das Leben als einen großen Marktplatz, auf dem er bummeln und sich nach Belieben bedienen kann. Weil er den Sinn für das Heilige verloren hat, gerät er in den Strudel der Flüchtigkeit und Vergänglichkeit und wird zum Sklaven seiner eigenen niedrigeren Natur, unter deren Joch sich zu begeben er für Freiheit hält. Er folgt passiv dem Dahinströmen des Zyklus der menschlichen Geschichte, und er ist noch stolz darauf, weil er meint, dadurch Lenker seines eigenen Schicksals zu sein. Aber er bleibt eben Mensch, und als solcher bleibt ihm die Sehnsucht nach dem Heiligen und Ewigen; so schlägt er tausenderlei Wege ein, um dieses Bedürfnis zu befriedigen, Wege, die von psychologischen Romanen bis zur Drogenmystik reichen.

Der Kerker seiner eigenen Schöpfung schließt sich immer enger um ihn, und voll Abscheu blickt er auf die Zerstörung, die er in der Umwelt angerichtet hat und auf die Betonwüsten der Städte, in denen er zu leben gezwungen ist. Allenthalben sucht er nach Lösungen, auch in Lehren, nach denen der pontifikale Mensch, d. h. der traditionale Mensch, über die Jahrhunderte hin gelebt hat. Diese Quellen aber nähren ihn nicht mehr, weil er sich auch diesen Wahrheiten als prometheischer Mensch nähert. Dieses noch junge Geschöpf, dem es in gerade fünfhundert Jahren gelungen ist, die Erde an den Rand des Ruins zu bringen und das ökologische Gleichgewicht der natürlichen Ordnung selbst nahezu zu zerstören[4], hat noch nicht verstanden, daß er sich zur Überwindung der Sackgasse, in die er sich selbst manövriert hat, weil er glaubte, über seine wahre menschliche Bestimmung hinweggehen zu können, zuerst selbst entdecken muß. Der Mensch muß sich wieder als jenes pontifikale und zentrale Geschöpf auf dieser Erde begreifen, das Zeugnis eines Ursprungs ist, von dem es ausgeht, und einer Mitte, zu der es letztlich zurückkehrt. Die traditionale Lehre vom Menschen und nicht die Vermessung von Schädeln und Fußspuren ist der Schlüssel zum Verständnis jenes *anthropos*, der trotz der Himmelstürmerei des prometheischen Menschen seit der Zeit der Renaissance nach wie vor der innerste Kern eines jeden Menschen ist, die Wirklichkeit, die kein Menschenwesen leugnen kann, wo immer und wann immer es lebt, der Abdruck einer theomorphen Natur, die keine historische Veränderung und Transformation jemals ganz vom Antlitz jenes »Mensch« genannten Geschöpfes auslöschen kann. In den letzten Jahrzehnten wurden viele Versuche unternommen, die Stufen der »Disfiguration des Menschenbildes im Westen«[5] nachzuzeichnen, die begann mit den ersten Stufen der prometheischen Auflehnung in der Renaissance, für die man die ersten Ursachen bereits im ausgehenden Mittelalter zu suchen hat, und endet mit der untermenschlichen Verfassung, in die der moderne Mensch durch eine vorgeblich humane Zivilisation geraten ist. Die Nachzeichnung dieser Disfiguration kann wohl nichts anderes sein als die Nachzeichnung einer Facette jenes Prozesses der Entheiligung des Wissens und des Lebens, wie sie bereits im ersten Teil dieses Buchs vorgenommen wurde. Die Verzerrung und Disfiguration des Menschenbildes als einer *imago Dei* manifestierte sich in der Geschichte des Westens in jenem weltlichen Humanismus, der die Renaissance geprägt hat und der sich in deren weltlicher Kunst am deutlichsten ausspricht.[6] Es gibt allerdings gewisse Elemente älteren Ursprungs, die ebenfalls zu diesem Sturz in das sogenannte Zeitalter der Entdeckung des Menschen beitrugen, als die christliche Tradition ihren Einfluß auf den westlichen Menschen zu verlieren begann. Eines dieser Elemente ist die übertriebene Trennung zwischen dem Menschen als Sitz des Bewußtseins oder des Ich und dem Kosmos als dem »Nicht-Ich« oder einem Wirklichkeitsbereich, der dem Menschen fern ist. Diese Haltung hing natürlich auch mit der übertriebenen Trennung des Geistes vom Fleisch in der offiziellen christlichen Theologie zusammen – auch wenn diese Kluft von der hermetischen Tradition überbrückt wurde, insbesondere von ihrem alchemistischem Aspekt –, und diese Haltung wirkte über die Zünfte sogar bis in das Alltagsleben der mittelalterlichen Gesellschaft hinein. Der »Angelismus« der mittelalterlichen Theologie enthielt zwar eine tiefe Wahrheit, betrachtete aber nur einen Aspekt des traditionalen *anthropos* und ermöglichte die Rebellion gegen eine solche Anschauung seitens derjenigen, die den mittelalterlichen Menschenbegriff ablehnen zu müssen glaubten, um die spirituelle Bedeutung der Natur und die positive Bedeutung des Leibes entdecken zu können. Wenn sich der Körperkult der Renaissance durch eine Laune der Geschichte in Indien manifestiert hätte, hätte er sich dort nicht in derselben Weise gegen den Hinduismus richten können, wie er sich im Westen gegen das Christentum richtete.

Die übrigen Elemente, die zur Zerstörung des Bildnisses des pontifikalen Menschen führten und bei der Geburt jenes prometheischen Rebellen Paten standen, mit dem sich der moderne Mensch in der Regel identifiziert, hingen meist mit Phänomenen der Renaissance selbst und der Folgezeit zusammen oder wurzelten im Spätmittelalter. Einer dieser Faktoren ist die Zerstörung der Einheit und Hierarchie der Erkenntnis, die aus der Auslöschung der Weisheitsdimension der Tradition im Wesen resultierte. Diese Tatsache führte wiederum zum Verlust des esoterischen Inhaltes der Naturwissenschaften und zu ihrer Quantifizierung, zum Aufkommen des Skeptizismus und Agnostizismus in Verbindung mit einer Weisheitsfeindlichkeit in christlicher Form, und zum Verlust der Erkenntnisgewißheit[7], was selbst wiederum die Folge der Reduktion des Seins auf ein begriffliches Konzept und der Leugnung seiner vereinigenden und heiligenden Strahlen war.

Aus geistiger Sicht läßt sich der Ausgangspunkt der Disfigurierung des pontifikalen Menschen zu einem prometheischen in das späte Mittelalter zurückverlegen, weil hier die übertrieben starre Aristotelisierung des westlichen Denkens stattfand, die manche mit Averroes verknüpfen. Dieser »Veräußerlichung« des christlichen Denkens folgte die Säkularisierung der Wissenschaft vom Kosmos im 17. Jahrhundert, die selbst das Ergebnis der »Naturalisierung« des christlichen Menschen zu einem selbstzufriedenen Bürger dieser Welt ist. Dieser Phase folgte wiederum die Vergöttlichung der Zeit und des geschichtlichen Prozesses, die im 19. Jahrhundert mit dem Namen Hegels – und anderer – verbunden war, der Veränderung und Werden zum Fundament der Wirklichkeit und zum Kriterium der Wahrheit selbst machte. Die Entwicklung der Aristotelischen Philosophie und Theologie im christlichen Gewand war natürlich an sich nicht antitraditional. Sie lieferte sogar eine metaphysische Sprache von großer Kraft und dogmatische Aussagen von bemerkenswerter Tiefe. Sie hat aber, wie bereits erwähnt, den Prozeß der Erkenntnis veräußerlicht. Darüber hinaus hat der Averroismus in der westlichen Welt und im Gegensatz zur islamischen Welt selbst, der Averroes (Ibn Rushd) entstammte, den Kosmos seiner »Seele« beraubt und die Säkularisierung des Kosmos begünstigt, was auch tiefgreifende Auswirkungen auf das Schicksal des westlichen Menschen selbst haben sollte.[8]

Die wissenschaftliche Revolution des 17. Jahrhunderts hat nicht nur das Weltbild, sondern auch das Menschenbild mechanisiert und eine Welt geschaffen, in der sich der Mensch als fremd erlebte. Darüber hinaus hat der aus diesem Jahrhundert hervorgehende Szientismus und der scheinbare Erfolg der Newtonschen Physik zur Entstehung einer ganzen Reihe sogenannter Wissenschaften vom Menschen geführt, die sich bis auf den heutigen Tag an einer schon obsolet gewordenen Physik orientieren. Die modernen Wissenschaften vom Menschen wurden in einer Atmosphäre des Positivismus geboren, wie ihn eine Gestalt wie Auguste Comte begründete, der mit seiner berühmten Dreistufentheorie des menschlichen Fortschrittes den traditionellen Zusammenhang zwischen dem Studium von *deus*, *homo* und *natura* einfach umkehrte, was auf einem völligen Mißverständnis der Natur des Menschen beruht und eine Parodie der traditionalen Lehren über das menschliche Dasein auf der Erde ist.[9] Die Comtesche Wissenschaft vom Menschen und seiner Gesellschaft kann nur als mittelalterliche Ignoranz oder *avidyā* bezeichnet werden, die sich als Wissenschaft geriert. Trotz der Widerlegung der mechanistischen Physik, auf der die meisten Wissenschaften vom Menschen heute beruhen, und wachsender Kritik an jener Art von Anthropologie, die im Menschen nicht mehr sieht als einen Säuger mit aufrechtem Gang, leiden die meisten jener Disziplinen, die man gewöhnlich als Sozialwissenschaften bezeichnet, und selbst die Geisteswissenschaften an einem Minderwertigkeitskomplex gegenüber den Naturwissenschaften und der Mathematik, der sie zu Übernahme eines Weltbildes zwingt, die der Natur des Menschen grundsätzlich widerspricht.

Die Hegelsche Umwandlung der Permanenz in Wandel und dialektischen Prozeß hat dem Menschen nicht nur das Bild der Unveränderlichkeit genommen, die ein Grundzug des traditionalen Menschenbegriffs ist, sondern spielte auch eine wichtige Rolle bei der Humanisierung des Göttlichen, die schließlich auch zur Endphase der Säkularisierung des Lebens des modernen Menschen führte. Hegel setzte das endliche Bewußtsein des Menschen dem göttlichen unendlichen Bewußtsein gleich. Von seiner Position war es nur noch ein Schritt bis zu Feuerbachs Behauptung, daß das Bewußtsein des Menschen vom unendlichen Bewußtsein nichts weiter ist als das Bewußtsein des Unendlichen im menschlichen Bewußtsein selbst. Statt den Menschen als Bild Gottes zu betrachten, wurde nunmehr das Verhältnis umgekehrt, und Gott war nun das Bildnis des Menschen und die Projektion seines eigenen Bewußtseins. Der prometheische Mensch versuchte nicht nur, das Feuer vom Himmel zu stehlen, sondern sogar die Götter zu töten, ohne sich darüber im klaren zu sein, daß der Mensch das Bild des Göttlichen nicht zerstören kann, ohne sich selbst zu zerstören.

Die traditionale Lehre vom Menschen aber beruht in der einen oder anderen Weise auf dem Gedanken, daß der Urmensch die Quelle der Vollkommenheit ist, das totale und vollständige Spiegelbild der Göttlichkeit und der archetypischen Wirklichkeit, das die Möglichkeiten des kosmischen Daseins selbst in sich trägt.[10] Der Mensch ist das Modell des Universums, weil er selbst die Abspiegelung jener Möglichkeiten im Reich des Prinzipiellen ist, die sich als die Welt manifestieren. Der Mensch ist mehr als bloß Mensch, so daß diese Betrachtungsweise seiner Beziehung zum Kosmos alles andere als anthropomorph im üblichen Sinne des Ausdrucks ist. Die Welt wird nicht als die Abspiegelung des Menschen als Menschen betrachtet, sondern des Menschen, der selbst die ganze und volle Abspiegelung all jener göttlichen Qualitäten ist, deren bruchstückhafte Abspiegelungen die manifeste Ordnung bilden.

In Traditionen mit stark mythischem Charakter wird diese innere Beziehung zwischen Mensch und Kosmos im Mythos des Opfers des Urmenschen dargestellt. So ist z. B. in den iranischen Religionen das Opfer des Urmenschen mit der Schöpfung der Welt und ihren verschiedenen Reichen und Ordnungen verbunden, wobei verschiedene Teile seines Körpers mit verschiedenen Ordnungen des Geschaffenen zusammenhängen, d. h. den Tieren, Pflanzen und Mineralen. Manchmal aber besteht auch eine spezifischere Beziehung wie z. B. in den zoroastrischen Quellen, wo Gāyomart, der erste Mensch, mit der Entstehung der Mineralien zu tun hat; so heißt es im *Größeren Bundahišn*: »Als Gāyomart Krankheit befiel, stürzte er auf seine linke Seite. Aus seinem Kopf wurde Blei, aus seinem Blut Zink, aus seinem Mark Silber, aus seinen Füßen Eisen, aus seinen Knochen Messing, aus seinem Fett Kristall, aus seinen Armen Stahl und aus seiner Seele, als sie von ihm wich, Gold.«[11] Im Hinduismus gibt es die berühmte Passage in der *Ṛg-Veda* (X,90) nach der aus dem Opfer des Puruṣa oder Urmenschen die Welt und die menschliche Rasse entstehen, die sich aus den vier Kasten zusammensetzt, die *brahmins* aus seinem Mund, die *rājanyas* oder *kṣatriyas* aus seinen Armen, die *vaiśyas* aus seinem Bauch und die *śūdras* aus seinen Füßen; sein Opfer oder *yājñas* ist das Modell allen Opfers.[12] Der Urmensch ist der Archetypus der Schöpfung, weil er ihr Zweck und ihre Entelechie ist. Deshalb richtet gemäß einem *ḥadīth* Gott die folgenden Worte an den Propheten des Islam, dessen innere Wirklichkeit der Urmensch schlechthin in der islamischen Tradition ist: »Wenn du nicht wärest, hätte ich die Welt nicht erschaffen.«[13] Diese Perspektive betrachtet die menschliche Wirklichkeit in ihren göttlichen und kosmischen Dimensionen im diametralen Gegensatz zum philosophischen Anthropomorphismus. Der Mensch sieht Gott und die Welt nicht nach seinem Bildnis, sondern erkennt, daß er selbst in seiner inneren Wirklichkeit jenes Bildnis ist, das die göttlichen Qualitäten widerspiegelt und nach dem die kosmische Wirklichkeit geschaffen wurde, wobei die Möglichkeiten im Logos beschlossen sind, »durch den alle Dinge geschaffen wurden.«

Die metaphysische Lehre vom Menschen in der Fülle seines Seins, von demjenigen, was er ist, aber nicht unbedingt demjenigen, was er zu sein scheint, wird in den verschiedenen Traditionen in unterschiedlicher Schwerpunktsetzung ausgedrückt, die keineswegs vernachlässigbar ist. Bei manchen Traditionen liegt der Nachdruck mehr auf dem vergöttlichten menschlichen Gefäß, während andere diese Perspektive zugunsten eines Göttlichen an sich verwerfen. Manche zeichnen den Menschen in seinem Zustand des Gefallenseins gegenüber seiner ursprünglichen Vollkommenheit und richten ihre Botschaft an dieses gefallene Geschöpf, während andere sich im vollen Bewußtsein dessen, daß die Menschheit, an die sie sich wenden, nicht die Gesellschaft der vollkommenen Pradiesesmenschen ist, an jene Urnatur wenden, die im Menschen lebendig ist trotz der Schichten der »Vergessenheit«[14] und Unvollkommenheiten, die den Menschen von sich selbst trennen.

Jene urtümliche und vollständige Natur des Menschen, die der Islam den »universalen oder vollkommenen« Menschen (*al-insān al-kāmil*)[15] nennt und von der die Weisheitslehren der griechischalexandrinischen Antike mit fast denselben Worten sprechen, wenn man einmal die abrahamischen und spezifisch islamischen Aspekte der Lehren ausnimmt, die in den neuplatonischen und hermetischen Quellen fehlen, zeigt drei fundamentale Aspekte der menschlichen Wirklichkeit auf. Der universale Mensch, der nur in den Propheten und großen Sehern ganz verwirklicht ist, weil nur sie menschlich im vollen Wortsinne sind, ist zum einen die archetypische Wirklichkeit des Universums, zum anderen das Instrument oder Mittel, durch das die Offenbarung in die Welt hereinkommt, und drittens das vollkommene Modell für das spirituelle Leben und der wahre Verkünder esoterischen Wissens. Kraft der Realität des universalen Menschen ist dem irdischen Menschen Zugang zur Offenbarung und Tradition und damit zum Heiligen möglich. Schließlich ermöglicht es dem Menschen diese Realität, die nichts anderes ist als seine aktualisierte eigene Wirklichkeit, dem Pfad der Vervollkommnung zu folgen, auf dem er letztlich Wissen vom Heiligen erlangen und der ganz selbst werden wird. Der Spruch des delphischen Orakels, »Erkenne dich selbst«, oder derjenige des Propheten des Islam, »Wer sich selbst erkennt, kennt seinen Herrn«, ist wahr, aber nicht, weil der Mensch als irdisches Geschöpf das Maß aller Dinge wäre, sondern weil der Mensch die Abbildung einer archetypischen Wirklichkeit ist, und nur diese ist das Maß aller Dinge. Darum wird in den traditionalen Wissenschaften vom Menschen das Wissen vom Kosmos und von der metakosmischen Realität meist nicht in den Begriffen der Wirklichkeit des irdischen Menschen dargelegt. Das Wissen vom Menschen wird vielmehr im Bezug auf den Makrokosmos und Metakosmos dargestellt, weil diese mit unzweifelhafter und objektiver Klarheit erkennen lassen, was der Mensch ist, wenn er nur werden wollte, was er wirklich ist. Die traditionale Lehre vom Urmenschen oder universalen Menschen in all ihren Variationen – Adam Kadmon, Jen, Puruṣa, *al-insān al-kāmil* usw. – umfaßt die metaphysischen, kosmogonischen, revelatorischen und initiatischen Funktionen jener Wirklichkeit, die die Gesamtheit der *conditio humana* konstituiert und die dem Menschen im Vergleich mit dem Ideal, das er immer in sich trägt, sowohl die Größe desjenigen, was er sein kann, als auch die Erbärmlichkeit und Banalität dessen vor Augen stellt, was er in den meisten Fällen ist. Der irdische Mensch ist bloß die Externalisierung, Verdichtung und häufig die Inversion und Perversion dieser Idee und dieses Ideals des universalen Menschen, sein Schattenwurf an der Peripherie. Er ist den zentrifugalen Kräften ausgeliefert, die die irdische Existenz an sich kennzeichnen, aber er wird auch ständig zur Mitte hingezogen, wo der innere Mensch immer gegenwärtig ist.[16]

Weil nun der Mensch diese Wirklichkeit in sich trägt und die Merkmale eines theomorphen Wesens hat – denn er ist ein solches Wesen in seiner grundsätzlichen Wirklichkeit –, bleibt er ein axiales Geschöpf in dieser Welt. Selbst seine Verleugnung des Heiligen hat kosmische Bedeutung, weil seine rein empirische und irdische Wissenschaft die Gefahr einer Zerstörung der Harmonie der irdischen Umwelt selbst heraufbeschworen hat.[17] Der Mensch kann nicht als rein irdisches Geschöpf leben, das ganz in dieser Welt beheimatet ist, ohne die natürliche Umwelt zu zerstören, eben weil er kein rein irdisches Geschöpf ist. Die pontifikale Funktion des Menschen ist untrennbar mit seiner Wirklichkeit, mit seinem Sosein verbunden. Dies ist der Grund, warum traditionale Lehren das Glück des Menschen darin sehen, daß er sich seiner pontifikalen Natur, seiner Brückenfunktion zwischen Himmel und Erde bewußt bleibt und nach ihr lebt. Seine religiösen Gesetze und Riten haben kosmische Funktion[18] und halten in ihm das Bewußtsein wach, daß er seiner Verantwortung als ein Geschöpf nicht entgehen kann, das auf der Erde lebt, aber nicht bloß irdisch ist, als ein zwischen Himmel und Erde eingespanntes Wesen mit einer spirituellen und einer materiellen Natur, dessen Schöpfungsbestimmung es ist, das Licht des göttlichen Empyreums in der Welt zu spiegeln und die Harmonie der Welt durch die Aussendung jenes Lichtes und einer Lebenspraxis zu erhalten, die seiner inneren, von der Tradition geoffenbarten Wirklichkeit gemäß ist.[19] Die Verantwortlichkeit des Menschen der Gesellschaft, dem Kosmos und Gott gegenüber ist letztlich in ihm selbst begründet, nicht seinem Selbst als Ich, sondern dem inneren Menschen, der der Spiegel des höchsten Selbst ist, der letzten Wirklichkeit, die entweder als das reine schlechthinnige Subjekt oder das reine schlechthinnige Objekt gedacht werden kann, weil sie in sich alle Dualitäten transzendiert und weder Subjekt noch Objekt ist.

Der Zustand des Menschen als Brücke zwischen Himmel und Erde spiegelt sich in seinem ganzen Wesen und all seinen Fähigkeiten. Der Mensch ist selbst ein übernatürlich natürliches Wesen. Wenn er auf Erden wandelt, erscheint er einerseits als Geschöpf der Erde; andererseits ist er wie ein himmlisches Wesen, das in die irdischen Gefilde herniedergestiegen ist.[20] So sind auch sein Gedächtnis, seine Sprache und seine Phantasie mehrerer Wirklichkeitsebenen zugleich teilhaftig. Insbesondere seine Vernunft ist eine übernatürlich natürliche Fähigkeit, ein Sakrament, das etwas von allem an sich hat, was der Ausdruck übernatürlich im Christentum bedeutet, aber doch quasi-natürlich in ihm mit Hilfe der Offenbarung und ihrer einsmachenden Gnade wirksam ist. Daher kann der Mensch auch in dieser Welt sich zum jenseitigen Ufer des Daseins begeben, Position in der Welt des Heiligen beziehen und die Natur selbst als gnadeerfüllt erkennen. Er kann jene scharfe Grenze aufheben, die zwischen dem Natürlichen und dem Übernatürlichen in den meisten Schulen der offiziellen christlichen Theologie gezogen, aber nicht in gleicher Weise in anderen Traditionen betont wurde und auch in den Weisheitsaspekten der christlichen Tradition selbst überwunden ist.

Metaphysisch gesprochen hat also der Mensch seinen Archetypus in jenem uranfänglichen, vollkommenen und universalen Wesen oder Menschen, der der Spiegel der göttlichen Qualitäten und Namen und der Prototyp der Schöpfung ist. Jedes Menschenwesen hat aber auch seinen eigenen Archetypus und eine Wirklichkeit *in divinis* als eine ihm selbst gegebene Möglichkeit, die einmalig ist, weil der Betreffende den Archetypus der menschlichen Spezies als solcher in derselben Weise widerspiegelt, wie jeder Punkt des Kreisumfanges die Mitte widerspiegelt und sich doch von anderen Punkten unterscheidet. Die Wirklichkeit des Menschen als Gattung wie als einzelnes Menschenwesen hat ihre Wurzel im Reich des Prinzipiellen. Deshalb kommt der Mensch an sich wie auch jedes einzelne Menschenwesen durch eine »Elaboration« und einen Prozeß in die Welt, die ihn vom Göttlichen trennt, und er verläßt die Welt wieder auf Wegen, die ihn schließlich in Freude oder Trauer, je nach seinem Leben auf der Erde, zum Göttlichen zurückführen.

Diese »Elaboration« bei der Genesis des Menschen wird in unterschiedlicher Form in allen Weisheitslehren erwähnt, taucht aber nicht in exoterischen religiösen Formulierungen auf, deren Ansatzpunkt die unmittelbare Heilserwartung des Menschen ist, so daß sie bestimmte Lehren beiseite lassen oder nur beiläufig erwähnen, während die Esoterik, der es um die Wahrheit als solche geht, solche Fragen mit einbezieht, wie man etwa am Beispiel des exoterischen Judaismus einerseits und der Kabbala andererseits sieht. Im christlichen Westen schien insbesondere in der modernen Zeit, in der esoterische und weisheitliche Lehren weit weniger zugänglich geworden waren als ehedem, der religiöse Standpunkt nur die Lehre von der Schöpfung *ex nihilo* zu betonen, ohne näher zu erläutern, was *ex nihilo* metaphysisch bedeuten sollte, wie es z. B. Ibn ʿArabī für den Ausdruck *al ʿadam* geleistet hatte, wie im Koran die Schöpfung »aus dem Nichts«[21] bezeichnet wird.

Infolgedessen glaubten viele Denker des 19. Jahrhunderts, nur die Wahl zwischen der kreationistischen Anschauung oder der Darwinschen Evolutionstheorie zu haben. Sie entschieden sich natürlich für letztere, weil sie in einer Welt »plausibler« erschien, die die Anschauung der Permanenz und Unwandelbarkeit zugunsten der Idee des unaufhörlichen Wandels, Geschehens und Werdens aufgegeben hatte und in der die höheren Daseinszustände ihre Wirklichkeit für diejenigen verloren hatten, die dem Einebnungsprozeß des modernen Denkens zum Opfer gefallen waren. Auch heute noch glauben manche Wissenschaftler, denen die logische und auch biologische Absurdität der Evolutionstheorie und einiger ihrer Implikationen und Annahmen bewußt ist, daß die einzige Alternative die *ex nihilo*-Lehre wäre, weil sie nicht wissen, daß nach der traditionalen metaphysischen Lehre die *ex nihilo*-Behauptung eine Elboration des Menschenwesens *in divinis* und auf Daseinsstufen beinhaltet, die seinem Erscheinen auf Erden vorangehen. Diese Lehre vom Menschen, die davon ausgeht, daß er durch verschiedene Daseinsstufen oberhalb der körperlichen herabsteigt, bietet in der Tat eine Erklärung für das Erscheinen des Menschen, die weder unlogisch und schon gar nicht im Widerspruch zu naturwissenschaftlichen Tatsachen – und natürlich nicht notwendigerweise zu naturwissenschaftlichen Hypothesen und Extrapolationen – steht, sofern man nur die Hierarchie des Daseins oder die verschiedenen Wirklichkeitsebenen akzeptiert, die den körperlichen Daseinszustand umgeben. Wie wir bei der späteren Erörterung der Evolutionstheorie sehen werden, ist die ganze moderne Evolutionstheorie ein verzweifelter Versuch, die vertikalen Dimensionen des Daseins durch ein Gefüge horizontaler, materieller Ursachen in einer eindimensionalen Welt zu ersetzen, um Wirkungen zu erklären, deren Ursachen auf anderen Realitätsebenen liegen.

Die Genesis des Menschen vollzog sich nach allen Traditionen in vielen Stufen: Zuerst in der Gottheit selbst, so daß es einen ungeschaffenen »Aspekt« des Menschen gibt. Aus diesem Grund kann der Mensch Vernichtung in Gott und Erhaltung in ihm (das *al-fanā'* und *al baqā'* des Sufismus) erleben und die höchste Vereinigung erreichen. Der Mensch ist im Logos geboren, der in der Tat der Prototyp des Menschen *ist* und eine andere Seite jener Realität, die die Muslims den universalen Menschen nennen und die jede Tradition mit ihrem Begründer identifiziert. Als nächstes wird der Mensch auf der kosmischen Ebene, dem himmlischen Paradies der Bibel geschaffen, wo er entsprechend seinem paradiesischen Zustand mit einem Lichtleib umkleidet ist. Dann steigt er auf die Ebene des irdischen Paradieses herab und erhält einen weiteren Leib von ätherischer und unvergänglicher Natur. Schließlich wird er in der physischen Welt mit einem Leib geboren, der vergänglich ist, aber in den feinen und leuchtenden Leibern der früheren Stufen der Elaboration des Menschen und in seiner Genesis vor seinem Erscheinen auf Erden urständet.[22]

So spricht auch der Koran von dem vorewigen (*azalī*) Bündnis des Menschen mit Gott, als er Gottes Ruf,»Bin ich nicht dein Herr?« mit der Bekräftigung »ja«[23] beantwortete, wobei das »Bin ich nicht dein Herr?« (*alastu birabbikum*) die Beziehung zwischen Gott und Mensch vor der Schöpfung symbolisiert und so ein immer wieder wiederholter Refrain für all diejenigen Weisen des Islam werden konnte, die den Menschen an seine ewige Wirklichkeit *in divinis* gemahnten, indem sie ihn an die *asrār-i alast* oder die Mysterien des vorewigen Bundes erinnerten. Dieses Erinnern oder Enthüllen hat darüber hinaus immer die Lehre von der Elaboration des Menschen durch verschiedene Daseinsstufen eingeschlossen. Wenn Ḥāfiẓ in seinen berühmten Zeilen

Heute Nacht [*dūsh*] sah ich die Engel an die Tür der Taverne schlagen
den Lehm Adams formten und gossen sie in die Gußform der Liebe[24]

von der *dūsh* oder »dunklen Nacht« spricht, die dem Morgenlicht vorangeht, spielt er symbolisch auf jenen nichtmanifesten Zustand an, in dem die Ursubstanz des Menschen in der göttlichen Gegenwart gegossen wurde und die dem Tag der Manifestation und seinem Hinabsteigen zur Erde vorangeht; aber auch diese von den Engeln geformte Substanz war selbst eine Elaboration und ein Ausfließen des Menschen aus seiner ungeschaffenen Wirklichkeit *in divinis*.

Traditionale Lehren sind sich zwar dessen bewußt, daß andere Geschöpfe dem Menschen auf Erden vorangegangen sind, glauben aber, daß der Mensch ihnen auf der grundsätzlichen Ebene vorausgeht und daß dieses Erscheinen auf Erden das Ergebnis eines Herniedersteigens, nicht eines Aufsteigens ist. Der Mensch verdichtet sich auf der Erde aus einem feineren Zustand und erscheint aus der Wolke oder auf einem Wagen, wie es in vielen traditionalen Berichten heißt, wobei diese »Wolke« den Zwischenzustand zwischen dem Feinstofflichen und dem Physischen symbolisiert. Er erscheint auf der Erde bereits als ein zentrales und totales Wesen, das das Absolute nicht nur in seinen spirituellen und geistigen Fähigkeiten, sondern sogar in seinem Körper widerspiegelt. Während dem prometheischen Menschen schließlich der Blick für die höheren Daseinsebenen völlig verlorenging und er gezwungen war, zu einem mysteriösen zeitlichen Prozeß namens Evolution seine Zuflucht zu nehmen, die ihn aus einer Ursuppe von Molekülen erzeugte, wie sie sich die moderne Naturwissenschaft vorstellt, hat sich der pontifikale Mensch immer als die Herabkunft einer Wirklichkeit betrachtet, die durch viele formgebende Welten hindurchgegangen und in fertiger Form als das zentrale und theomorphe Wesen, das er ist, auf Erden erschienen ist. Aus seiner Sicht als Wesen, das nicht nur irdische, horizontale Ursachen, sondern auch den Himmel und die vertikale Dimension des Daseins und vertikale Ursachenketten kennt, ist der Affe nicht etwas, was der Mensch einst war und nicht mehr ist, sondern etwas, was er aufgrund dessen, was er ist und immer war, niemals sein konnte. Der pontifikale Mensch war immer Mensch, und aus der traditionalen Perspektive, die die seinige ist, ist die Anwesenheit des Affen ein kosmisches Signum, ein Geschöpf, dessen Bedeutung darin liegt, daß es zeigt, was das zentrale menschliche Dasein eben durch seine Zentralität ausschließt. Wenn man den Affen metaphysisch und nicht nur biologisch betrachtet, begreift man, was der Mensch nicht ist und niemals gewesen sein konnte.

In den traditionalen Wissenschaften vom Menschen finden sich ausführliche Darlegungen zu der inneren Struktur und den inneren Anlagen des Menschen sowie zur Bedeutung seines Leibes und seiner Fähigkeiten. Immer wieder findet sich in solchen Quellen die Behauptung, daß dem Menschen mehrere Daseins- und Bewußtseinsebenen in ihm selbst und eine Hierarchie von Fähigkeiten und sogar »Substanzen« zugänglich sind, die sich keinesfalls auf die beiden Entitäten Leib und Seele oder Körper und Geist reduzieren lassen, in denen sich der im nachkartesianischen westlichen Denken so allgegenwärtige Dualismus widerspiegelt. Dieser Dualismus läßt die wesenhafte Einheit des menschlichen Mikrokosmos außer acht, weil Zweiheit Gegensätzlichkeit impliziert und im Gegensatz zur Dreiheit keine Abspiegelung der Einheit ist. Wenn man also den menschlichen Mikrokosmos überhaupt verstehen will, muß man zunächst die dreifache Natur des Menschen berücksichtigen, der aus Geist, Seele und Leib besteht – dem klassischen *Pneuma, Pyschē* und *Hylē* oder *spiritus, anima* und *corpus* der griechisch-alexandrinischen wie der christlichen westlichen Tradition –, jedenfalls was die christliche Hermetik betrifft. Die Seele ist das Prinzip des Körpers, ist aber im »normalen« Menschenwesen selbst dem Geist dienstbar und gelangt zu ihrer Erlösung und Seligkeit durch ihre Vermählung mit dem Geist, von der so viele alchemistische Texte sprechen.[25]

Diese dreifache Gliederung ist freilich eine Vereinfachung einer komplexeren Situation. In Wirklichkeit trägt der Mensch mehrere Daseinsebenen in sich. In Traditionen wie dem Tantrismus und manchen sophistischen Schulen und in der westlichen Hermetik ist nicht vom Leib im Gegensatz zur Seele und zum Geist die Rede, sondern von mehreren Leibern des Menschen, von denen der physische Leib nur die äußere und veräußerlichte Hülle ist. Der Mensch besitzt feinstoffliche wie auch spirituelle Leiber entsprechend den verschiedenen Welten, in denen er wandelt. Es gibt darüber hinaus eine Umkehrung zwischen verschiedenen Daseinsebenen, so daß die Seele des Menschen (hiermit ist im allgemeinen Sinne all das gemeint, was an seinem Wesen immateriell ist), die in dieser Welt durch sein Handeln geformt wird, in der Zwischenzeit als sein »Leib« veräußerlicht wird. Auf dieses Prinzip beziehen sich die schiitischen Imams, wenn sie im Hinblick auf die nachtodlichen Zustände des Menschen und insbesondere des »vollkommenen Menschen«, wie ihn die Imams repräsentieren, erklären: »*Arwāḥunā ajsādunā wa ajsādunā arwāḥunā* (unser Geist ist unser Leib und unser Leib ist unser Geist).[26] Die Reise des Menschen durch die Daseinsebenen und Gestalten, die die populäre Interpretation indischer Religionen mit einer Rückkehr zur selben Wirklichkeitsebene und die esoterische Dimension der abrahamischen Traditionen mit verschiedenen Wirklichkeitsebenen identifiziert[27], enspricht diesem Wandeln in ihm selbst und durch alle Schichten seines eigenen Wesens.

Der Mensch besitzt einen unvergänglichen Ätherleib sowie einen ausstrahlenden spirituellen Leib, der den anderen »Erden« der höheren Daseinszustände entspricht. Wie aus der Annahme eines Leibes und einer Seele die Annahme eines oder mehrerer Himmel und einer Erde hervorgeht, so bedingt der Gedanke, daß der Mensch mehrere Leiber hat, die Vorstellung, daß die höheren Wirklichkeitsebenen jeweils einen eigenen Himmel und eine eigene Erde haben. Schließlich ist der Mensch durch die Gnade des Amidha Buddha im »reinen Land« und nicht im »reinen Himmel« geboren, wobei hier freilich die Symbolik des Landes das paradiesische und das himmlische Land einschließt.[28] Auch die islamische Esoterik spricht häufig von der himmlischen Erde, die eine so große Rolle im Zoroastrismus spielte, nach dessen Lehre die Erde selbst ursprünglich ein Engel war.[29]

Die verschiedenen »Leiber« des inneren Menschen wurden in verschiedenen Traditionen unterschiedlich bezeichnet, immer aber haben sie mit der Realisierung heiligen Wissens und der Erlangung von Tugend zu tun. Die Schönheit des physischen Leibes eines Menschen ist gottgegeben und seiner Verfügung entzogen. Die Form des »Leibes« aber, die er im nachtodlichen Zustand oder durch Initiationspraktiken und Realisierungswege erlangt, hängt davon ab, wie der Mensch mit jenen kostbaren Gaben seines menschlichen Lebens umgeht, denn wenn dieses Leben endet, fällt die Tür zu, die zum Unendlichen offensteht. Der Mensch kann durch die Tür hindurchgehen, solange ihm alle Möglichkeiten des Menschseins zu Gebote stehen. Es hängt buchstäblich alles davon ab, ob der Mensch durch jene Pforte hindurchtritt oder nicht, solange er auf dieser Welt die Möglichkeit dazu hat.[30]

Was jedenfalls die positiven und nicht die negativen und infernalischen Möglichkeiten betrifft, so verweisen die verschiedenen Leiber der Buddhas und Bodhisattvas, die in nördlichen Schulen des Buddhismus erwähnt werden und für die buddhistische Eschatologie und Meditationstechnik eine so wichtige Rolle spielen, die hinduistischen Chakras als Zentren der feinstofflichen Leiber und Energien, das *ōchēma symphyēs* (»Seelenfahrzeug«) des Proklus oder die *laṭāʾif* oder feinstofflichen Leiber des Sufismus alle auf die unermeßliche Wirklichkeit, zu der sich der menschliche Mikrokosmos öffnet, wenn der Mensch nur aufhören wollte, auf der Oberfläche seines Wesens zu leben. Manche Schulen sprechen auch vom Lichtmenschen und einer ganzen Anatomie und Physiologie des inneren Menschen, die nicht Gegenstand des Studiums der modernen Biologie ist, die aber dennoch den menschlichen Körper beeinflußt, weil der physische Leib selbst auf seiner eigenen Ebene das Absolute widerspiegelt und eine positive Na-

tur hat, die für das Verständnis der Gesamtnatur des Menschen von großer Bedeutung ist.[31]
Der menschliche Leib ist nicht der Sitz der Begierde, sondern nur ihr Instrument. Wiewohl die Askese ein notwendiges Element jedes authentischen spirituellen Weges ist, weil in der Seele etwas vorhanden ist, das sterben muß, bevor sie zur Vollkommenheit gelangen kann, ist der Leib selbst ein Tempel Gottes. Er ist der heilige Bezirk, in dem sich die göttliche Gegenwart oder das göttliche Licht[32] manifestiert, wie nicht nur die orientalischen Religionen behaupten, sondern auch der Hesychasmus des orthodoxen Christentums, in dem der Aufenthalt des Geistes im Körper und des göttlichen Namens in der Körpermitte, die das Herz ist, von überragender Bedeutung ist. Diese Perspektive findet sich auch in der christlichen Hermetik, während sie in der westlichen christlichen Theologie eine weniger große Rolle spielt.[33]

Der menschliche Körper setzt sich aus den drei Grundelementen Kopf, Leib und Herz zusammen. Das Herz, das die unsichtbare Mitte des feinstofflichen wie des physischen Leibes ist, ist der Sitz der Vernunft und der Punkt, der den irdischen menschlichen Zustand mit den höheren Seinszuständen verbindet. Im Herzen begegnen sich Wissen und Sein und sind eins. Kopf und Leib sind wie Projektionen des Herzens: Der Kopf, dessen Tätigkeit mit dem Geist assoziiert wird, ist die Projektion der Vernunft des Herzens, der Körper die Projektion des Seins. Diese Trennung kennzeichnet bereits die Segmentierung und Externalisierung des Menschen. Aber diese Trennung ist keine vollständige. Es gibt ein Element des Seins im Geist und der Vernunft im Körper, die in dem Umfange vergessen werden, wie der Mensch in der Illusion des prometheischen Daseinsmodus befangen bleibt und seine theomorphe Natur vergißt. Daher weiß der moderne Mensch, der so prometheisch ist, wie eine solche Perversion seiner eigenen Wirklichkeit nur möglich ist, nichts mehr von der Ruhe und Gelassenheit des Geistes, der das Sein spiegelt, und von der Vernunft des Leibes. Daher auch die Suche jener Zeitgenossen, die das Heilige und den pontifikalen Menschen wiederfinden wollen, nach Meditationstechniken einerseits, die den aufgewühlten Geist einfach wieder »sein« lassen und zu einer Überwindung der für den modernen Menschen zu typischen übermäßigen Gehirnaktivität führen, und nach der Weisheit und Vernunft des Körpers andererseits: Yoga, östliche Medizin, naturgemäße Ernährung usw. Beide Bestrebungen sind in Wirklichkeit die Suche nach dem Herzen, das im spirituellen Menschen, der sich seiner Berufung als Mensch bewußt ist, Kopf und Leib durchdringt, sie zur Mitte integriert und der geistigen Aktivität einen kontemplativen Duft und dem Leib eine vernünftige und spirituelle Gegenwart gibt, die sich in seinen Gesten und Bewegungen ausdrückt.[34]

Im Propheten, dem *avatār*, und dem großen Heiligen manifestieren das Antlitz und der Körper direkt die Gegenwart des Herzens durch eine Inwendigkeit, die zum Zentrum zieht, und eine Ausstrahlung und Emanation von Gnade, die durchtränkt und vereinigt. Für diejenigen, denen nicht die Gnade der Anschauung solcher Wesen zuteil wird, ist die heilige Kunst jener Traditionen, in denen es eine Ikonographie der menschlichen Gestalt des Begründers oder hervorragender spiritueller Gestalten der Tradition gibt, zumindest ein Ersatz und eine Erinnerung daran, welch ein Kunstwerk der Mensch selbst ist. Die Betrachtung des Bildnisses eines japanischen oder tibetischen Buddhas, dessen Augen nach innen zum Herzen gerichtet sind und dessen Leib die Anwesenheit des Geistes ausstrahlt, der im Herzen wohnt, läßt ganz konkret erkennen, was die prinzipielle und ideale Beziehung des Herzens sowohl zum Haupt als auch zum Leib ist, die ihre eigene erkennbare Symbolik und sogar ihre eigene Weisheit wahren, ob dies ein bestimmter »Geist«, der von seinen eigenen Wurzeln abgeschnitten ist, wahrnimmt oder nicht.

Die zentrale und »absolute« Natur des menschlichen Leibes ist auch an seiner aufrechten Haltung erkennbar, die direkt seine Rolle als Achse widerspiegelt, die Himmel und Erde verbindet. Die Auszeichnung seines Hauptes, das zum Himmel emporragt, spiegelt seine Suche nach Transzendenz wider. Die Brust, starrer beim Mann und sanfter bei der Frau, spiegelt Glorie und Adel wieder, die Sexualorgane Hierogenese, göttliche Aktivität, deren irdisches Ergebnis die Erzeugung eines neuen Mannes oder einer neuen Frau ist, der bzw. die in wunderbarer Weise wiederum nicht bloß ein biologisches Wesen ist, auch wenn sie äußerlich auf biologischem Wege in die Welt gebracht wurden.[35] Aus der Perspektive der *scientia sacra* ist der menschliche Leib selbst der Beweis dafür, daß der Mensch himmlischer Abkunft ist und daß er zu einem Zweck geboren wurde, der jenseits der Grenzen seiner Animalität liegt. Die Definition des Menschen als ein zentrales Wesen findet Ausdruck nicht nur in seinem Denken, Sprechen und anderen inneren Fähigkeiten, sondern auch in seinem Leib, der in der Mitte des Kreises irdischer Existenz steht und eine Schönheit und Signifikanz besitzt, die rein spiritueller Natur ist. Der Leib von Mann und Frau selbst offenbart die Bestimmung des Menschwesens als ein für die Unsterblichkeit geborenes Geschöpf, als ein Wesen, dessen Vollendung in der Eroberung der vertikalen Dimension des Daseins liegt, nachdem er bereits die Mitte der horizontalen Dimension erreicht hat. Nachdem der Mensch am Schnittpunkt des Kreuzes angelangt ist,[36] muß der Mensch dessen vertikale Achse hinaufsteigen, da er nur auf diesem Wege sich selbst transzendieren und ganz Mensch bleiben kann, denn Menschsein heißt, über sich selbst hinausgehen. Der hl. Augustinus sagt: »Um Mensch zu bleiben, muß der Mensch übermenschlich werden.«

Der Mensch besitzt auch zahlreiche innere Fähigkeiten, ein Gedächtnis, das weit leistungsfähiger ist, als es sich diejenigen vorstellen können, die das Produkt des modernen Erziehungswesens sind[37], und das sowohl im geistigen wie im künstlerischen Tun des traditionalen Menschen eine sehr wichtige Rolle spielt. Er besitzt eine Imaginationskraft, die weit mehr als bloße Phantasie ist und die Macht hat, Formen nach kosmischen Realitäten zu schaffen und eine zentrale Rolle im religiösen und sogar intellektuellen Leben zu spielen, und zwar weit mehr, als es sich die moderne Welt vorstellen kann, deren verarmte Realitätssicht das ganze Reich desjenigen ausschließt, das man das Imaginale nennen könnte, um es vom Imaginären zu unterscheiden.[38] Der Mensch besitzt auch jene wunderbare Gabe der Sprache, durch die er Erkenntnisse des Herzens wie des Geistes äußern kann. Seine Sprache ist die direkte Abspiegelung und Konsequenz seiner theomorphen Natur und des Logos, der in der Mitte seines Wesens leuchtet. Durch diese Sprache ist es ihm möglich, das Wort Gottes zu formulieren, und durch diese Sprache in der Form des Gebetes und letztlich das quintessentielle Gebet des Herzens, das innere Rede und stumme Anrufung ist, wird er schließlich selbst zum Gebet. Der Mensch verwirklicht seine volle pontifikale Natur in jenem theophanischen Gebet des universalen Menschen, an dem die ganze Schöpfung, Himmel und Erde, beteiligt sind.

Im Hinblick auf seine Fähigkeiten und Begabungen kann man vom Menschen sagen, daß er drei Grundfähigkeiten oder Pole besitzt, die sein Leben bestimmen, nämlich Vernunft, Gefühl und Wille. Als theomorphem Wesen sind ihm oder können ihm zu eigen sein jene absolute und unbedingte Vernunft, die die Wahrheit als solche erkennen kann, Gefühle, die über die beschränkten Zustände des Menschen hinausgehen und durch Liebe, Leiden, Opfer und auch Furcht[39] bis zu den letzten Dingen gelangen können, und einen Willen, der frei entscheiden kann und die göttliche Freiheit widerspiegelt.

Wegen der Trennung des Menschen von seiner ursprünglichen Vollkommenheit und all der Ambivalenz, die der menschliche Zustand infolge dessen mit sich bringt, was das Christentum den Sündenfall nennt, funktioniert keine dieser Fähigkeiten notwendig und automatisch entsprechend der theomorphen Natur des Menschen. Der Sturz des Menschen zur Erde bedeutet wie die Herabkunft eines Symbols von einer höheren Wirklichkeitsebene sowohl Abspiegelung als auch Inversion, was im Falle des Menschen zur Perversion führt. Die Vernunft kann zu Gedankenspielerei verkommen; Gefühle können zu wenig mehr als einer Gravitation auf jene illusorische Koagulation herabsinken, die wir in der Regel für uns selbst halten, die aber nur das Ich in seiner negativen Bedeutung als die Verstrickungen der Seele ist, und der Wille kann zu nichts anderem als dem Drang herabgewürdigt werden, das zu tun, was den Menschen von der Quelle seines eigenen Seins entfernt, von seinem eigenen wirklichen Selbst. Wenn diese Kräfte aber von der Tradition gelenkt und mit der Kraft des Lichtes und der Gnade durchtränkt werden, die von der Offenbarung ausgeht, können sie wie der Körper des Menschen Dimensionen seiner theomorphen Natur offenbaren. Der Körper freilich bleibt unschuldiger und der Form treuer, in der Gott ihn schuf, während die Perversion des Menschen und seine Abweichung vom göttlichen Prototyp sich direkt in jenem Zwischenreich manifestiert, mit dem sich der Mensch selbst identifiziert, nämlich dem Reich des Willens und der Gefühle, und sogar der mentalen Abspiegelung der Vernunft, wenn nicht der Vernunft selbst. In der normalen Situation, die diejenige des pontifikalen Menschen ist, ist das Ziel der drei menschlichen Fähigkeiten oder Gaben, d. h. der Vernunft, des Gefühls und des Wollens, Gott selbst. In der Weisheitsperspektive sind sowohl die Gefühle als auch der Wille auf die Vernunft bezogen und von ihr durchtränkt, denn wie kann man lieben, ohne das Geliebte zu kennen, und wie kann man etwas wollen, ohne zumindest etwas von dem Gewollten zu wissen?

Ein volleres Verständnis der Wirklichkeit des Menschen als *anthrōpos* erlangt man, wenn man auch einen Blick auf die vielfältigen Teilungen und Gliederungen wirft, denen die Menschheit als solche unterworfen ist. Der ursprüngliche *anthrōpos* war den traditionalen Lehren zufolge eine androgyne Gestalt, wiewohl einige Traditionen auch von einem männlichen wie einem weiblichen Wesen sprechen, deren Vereinigung dann als die Vervollkommnung betracht wird, die man im androgynen Zustand erblickt.[40] In beiden Fällen sind die dem Menschsein inhärente Ganzheit und Vollkommenheit und die Wonne, die mit der sexuellen Vereinigung verbunden ist, in Wirklichkeit Bestandteil des androgynen Zustands vor der Trennung der Geschlechter. Die Dualitäten aber, die die geschaffene Ordnung kennzeichnen und die sich auf allen Daseinsebenen unterhalb des Prinzipiellen manifestieren wie z. B. *yin-yang*, *puruṣa-prakṛti*, Aktivität und Passivität, Form und Materie, mußten zwangsläufig auf der Ebene jener androgynen Wirklichkeit erscheinen und den Mann und die Frau hervorbringen, die freilich nicht reinem Yin und reinem Yang entsprechen. Weil sie Geschöpfe sind, müssen sie beide Prinzipien in sich tragen, wobei eines der Elemente der Dualität jeweils überwiegt. Mann und Frau in ihrer Komplementarität schaffen die Einheit des androgynen Wesens neu, und in der Tat ist die sexuelle Vereinigung eine irdische Abspiegelung der paradiesischen Ekstase, die dem androgynen *anthrōpos* eigen war. Jene androgyne Wirklichkeit spiegelt sich aber sowohl im Manne als auch in der Frau selbst, was die Ursache der Empfindung der Komplementarität einerseits und der Rivalität andererseits ist, die das Verhältnis zwischen den Geschlechtern charakterisiert. In jedem Fall ist der

Unterschied zwischen Mann und Frau nicht nur biologischer Natur. Er ist nicht einmal nur psychologisch oder spirituell. Er hat seine Wurzeln in der göttlichen Natur selbst, wobei der Mann die Absolutheit des Göttlichen und die Frau deren Unendlichkeit widerspiegelt. Wie das der Welt zugewandte Antlitz Gottes mit männlichen Attributen belegt wird, so wird seine innere Unendlichkeit durch Weibliches symbolisiert, wie es seine Gnade und seine Weisheit sind.[41] Die menschliche Sexualität, die alles andere als ein irdisches Akzidens ist, spiegelt Prinzipien wider, die letztlich von metakosmischer Bedeutung sind. Nicht ohne Grund ist die Sexualität der einzige Weg, auf dem Menschen, die nicht mit der Gabe spiritueller Schau begnadet sind, »das Unendliche« durch die Sinne erfahren können, und sei es nur für wenige flüchtige Augenblicke. Nicht ohne Grund hinterläßt die Sexualität so tiefe Spuren auf der Seele von Männern und Frauen und erschüttert sie in einer ungleich nachhaltigeren Weise als andere körperliche Akte. Ein Verständnis der Natur der Differenzierung männlich-weiblich in der menschlichen Rasse und die Würdigung der positiven Qualitäten, die jedes Geschlecht aufweist, vermittelt größere Einsicht in die Natur jenes androgynen Wesens, dessen Wirklichkeit Mann und Frau in ihrer Wesensmitte tragen.[42]

Der Mensch ist nicht nur nach dem Geschlecht, sondern auch nach dem Temperament geteilt, an dem beide Geschlechter teilhaben. Die vier Temperamente der traditionalen galenischen Medizin, die ihr Gegenstück in anderen Schulen traditionaler Medizin haben, betreffen nicht nur den physischen Leib, sondern auch die psychische Substanz und überhaupt alle Fähigkeiten, aus denen das besteht, was wir Seele nennen. Sie beeinflussen nicht nur die Gefühle, sondern auch den Willen und sogar die Funktionsmodi der Vernunft, die an sich über den temperamentbedingten Modifikationen bleiben. Dasselbe könnte man von drei *guṇas* der hinduistischen Kosmologie sagen, jene grundlegenden Tendenzen in der Ursubstanz des Universums oder *prakṛti*, die nicht nur das physische Reich, sondern auch menschliche Typen prägen.[43]

Man kann sagen, daß die Menschen differenziert sind durch die dualen Prinzipien yin-yang, die drei *guṇas*, als da sind *sattva*, die aufsteigende, *raja*, die ausdehnende und *tamas*, die absteigende Tendenz, und die Temperamente, die in enger Beziehung zu den vier Naturen, Elementen und Säften sind, wie sie in verschiedenen kosmologischen Schemata dargelegt werden.[44] Die Menschentypen lassen sich auch astrologisch gliedern, wobei Astrologie hier in ihrem kosmologischen und symbolischen und nicht in ihrem mantischen Sinne verstanden wird.[45] Astrologische Klassifikationen, die ja in einer Beziehung zu traditionalen medizinischen und physischen Typologien stehen, betreffen die kosmischen Entsprechungen der verschiedenen Aspekte der menschlichen Seele und enthüllen die Refraktion des Archetypus des Menschen im kosmischen Spiegel in einer Weise, die die Vielgestaltigkeit dieser Refraktion im Hinblick auf die den Tierkreiszeichen und den Planeten zugeordneten Qualitäten deutlich werden läßt. Die traditionale Astrologie befaßt sich in gewissem Sinne mit dem Menschen auf seiner engelhaften Wesensebene, enthüllt aber auch, wenn man sie in ihrer symbolischen Signifikation begreift, eine Typologie des Menschen, die noch eine andere Facette der Differenzierung der menschlichen Spezies deutlich werden läßt. Die Entsprechung zwischen verschiedenen Körperteilen sowie geistigen Fähigkeiten des Menschen einerseits und astrologischen Zeichen andererseits und der innere Zusammenhang, der zwischen der Bewegung der Himmel, verschiedenen »Aspekten« und Planetenbeziehungen und der menschlichen Aktivität hergestellt wird, ist auch eine Möglichkeit, das innere Band darzustellen, mit dem der Mensch als Mikrokosmos mit dem Kosmos verknüpft ist.

Die Menschheit ist weiterhin in Kasten und Rassen unterteilt, die beide in ihrer essentiellen Wirklichkeit und ohne die abwertenden Konnotationen verstanden werden müssen, die man ihnen in der modernen Welt zuweist. Die Gliederung der Menschheit in Kasten bedeutet nicht notwendigerweise eine unwandelbare soziale Schichtung, denn es gab streng traditionale Gesellschaften, wie z. B. die islamische, in denen es keine Kasten als soziale Institution in dem Sinne gab, wie man sie im alten Persien oder Indien fand. Die traditionale Wissenschaft vom Menschen sieht in dem Konzept der Kaste einen Schlüssel zum Verständnis menschlicher Typen. Es gibt diejenigen, die von Natur aus komtemplativ sind und vom Erkenntnisstreben beseelt, die von priesterlicher Natur sind und in normalen Zeiten die priesterlichen und geistigen

Funktionen in ihrer Gesellschaft erfüllen. Es gibt diejenigen, die Krieger und Menschenführer sind, die den Mut haben, für die Wahrheit zu kämpfen und die Welt zu schützen, in der sie leben, die bereit sind, sich in der Schlacht zu opfern, wie sich derjenige mit einer priesterlichen Natur im Gebet zur Gottheit opfert. Angehörige dieser zweiten Kaste haben eine Ritterfunktion und werden in normalen Zeiten politische Führer und Krieger. Dann gibt es diejenigen, die dem Handel zugetan sind, dem ehrlichen Broterwerb und harter Arbeit, um sich selbst und die Menschen in ihrer Umgebung zu unterstützen und zu erhalten. Sie haben eine kaufmännische Natur und umfassen in traditionalen Gesellschaften diejenigen, die die geschäftlichen und wirtschaftlichen Funktionen einer normalen Gesellschaft erfüllen. Schließlich gibt es diejenigen, deren Tugend es ist, zu folgen und sich führen zu lassen, nach dem Diktat derjenigen zu arbeiten, die sie führen. Diese Kasten, die im Hinduismus als *brahman*, *kṣatriya*, *vaiśya* und *śūdra* bezeichnet werden, sind nicht in allen Gesellschaften notwendigerweise geburtsbedingt.[46] Man findet sie jedenfalls, was das Studium der menschlichen Typen betrifft, überall, in allen Zeiten und Orten, wo auch immer Männer und Frauen leben und sterben. Sie repräsentieren grundsätzliche menschliche Typen, die die dreifache neuplatonische Gliederung der Menschen in Pneumatiker, Psychiker und Hyliker (die *hylikoi* der Neuplatoniker) komplementieren. Wenn man die tiefere Bedeutung der Kaste versteht, erlangt man Einsicht in einen fundamentalen Aspekt der menschlichen Natur, in welcher Umgebung der Mensch auch immer wirkt und lebt.[47]

Schließlich ist offenkundig, daß Menschen nach rassischen und ethnischen Typen gegliedert sind. Es gibt vier Rassen, die gelbe, die rote, die schwarze und die weiße, die wie die vier Kasten als Säulen der menschlichen Kollektivität wirken, wobei die Vier Stabilität symbolisiert und mit der Erde selbst mit ihren vier Kardinalrichtungen und mit den vier Elementen zu assoziieren ist, aus denen sich die physische Welt zusammensetzt. Jede Rasse ist ein Aspekt einer androgynen Realität und besitzt ihre eigenen ausgeprägten Züge. Keine Rasse kann alleine die Wirklichkeit des Menschseins ausschöpfen, wie sich u. a. an der menschlichen Schönheit zeigt, die sich in jeder Rasse bei ihren männlichen und weiblichen Angehörigen in unterschiedlicher Weise ausdrückt. Die Fülle des göttlichen Prinzips selbst und die Reichheit der Wirklichkeit des universalen Menschen, der der Schauplatz der Theophanie aller göttlichen Namen und Qualitäten ist, verlangt diese Vielzahl der Rassen und ethnischen Gruppen, die in ihrer unglaublichen Vielfältigkeit die verschiedenen Aspekte ihres Prototyps manifestieren und die insgesamt die Größe und Schönheit jener ersten Schöpfung Gottes ahnen lassen, die die menschliche Wirklichkeit an sich war, jene uranfängliche Abspiegelung des Antlitzes des Geliebten im Spiegel des Nichts.

Die Gliederung der Menschheit in Mann und Frau, die unterschiedlichen Temperamentstypen, die astrologischen Menschentypen, verschiedene Wesensnaturen entsprechend ihrer Kaste, verschiedene Rassentypen und viele andere Faktoren einschließlich der wechselseitigen Durchdringung dieser Wahrnehmungsmodi des menschlichen Zustandes enthüllen etwas von dieser gewaltigen Komplexität jenes Geschöpfes, das man den Menschen nennt. Wie aber die Analyse zurück zur Synthese führt, führt dieses verwirrende Aufgebot von Typen auf jene Urrealität des anthropos zurück, die jedes Menschenwesen in sich widerspiegelt. Menschsein ist Menschsein, wo immer und wann immer man lebt. Es gibt also eine tiefe Einheit der traditionalen Menschheit, die nur die traditionale Wissenschaft vom Menschen erfassen kann, ohne diese Einheit zu einer Einförmigkeit und einer groben quantitativen Gleichförmigkeit zu machen, die einen Großteil der modernen Menschenbetrachtung und des Studiums der *conditio humana* charakterisiert.

In all diesen Typenunterschieden entdeckt die Tradition die Anwesenheit jenes pontifikalen Menschen, der dazu geboren ist, das Absolute zu erkennen und nach dem Willen des Himmels zu leben. Die Tradition weiß freilich auch um die Ambivalenz des Menschseins, um die Tatsache, daß der Mensch nicht auf der Ebene dessen lebt, was er im Grunde ist, sondern unterhalb seiner selbst, und um die Unvollkommenheit dessen, was typisch Menschliches prägt. Dies betrifft selbst die direkten Manifestationen des Absoluten im Relativen, wozu auch die Religion gehört, deren Kern die Offenbarung ist. Der Mensch ist so beschaffen, daß er ein Prophet und ein Verkünder des Wortes Gottes werden kann, nicht zu reden von der Möglichkeit der Vergöttlichung des Menschen, die freilich bestimmte Traditionen wie der Islam, der auf dem Absoluten selbst basiert, ablehnen. Aber selbst in diesen Fällen gibt es einen menschlichen Übergangsbereich, und in jeder Religion ist ein Element reiner, unbedingter Wahrheit vorhanden, das bereits dem Gebiet angehört, in dem die Wahrheit zur menschlichen Substanz vordringt.[48] Darüber hinaus wird die Offenbarung immer in der Sprache des Volkes gegeben, an das sich Gott selbst wendet. Wie der Koran sagt: »Und wir haben keinen Gesandten (zu irgendeinem Volk) geschickt, außer (mit einer Verkündung) in der Sprache seines Volkes, damit er ihnen (d. h. seinen Volksgenossen) Klarheit gibt.«[49] Daher die Vielfalt der Religionen in einer Welt mit verschiedenen »Menschheiten«. Der menschliche Zustand gibt daher verschiedenen Offenbarungen der Wahrheit ein je spezifisches Gepräge, während der Kern dieser Offenbarungen über aller Form bleibt. In der Tat ist der Mensch selbst befähigt, mit seinem durch jene Offenbarung geheiligten Verstand in jene formlose Essenz einzudringen und sogar zu erkennen, daß die formlose Wahrheit nach der göttlichen Weisheit und dem göttlichen Willen durch die Form des Empfängers umgebildet wird, denn Gott selbst hat jenen Empfänger geschaffen, der seine Offenbarung in den verschiedenen Himmelsstrichen empfängt.[50]

Wie grotesk mutet es doch an, daß der agnostische Humanismus, der sich mit dem Gefäß zufrieden gibt, ohne des Ursprungs des göttlichen Elexiers innezuwerden, das das menschliche Gefäß enthält, nur eine Durchgangsstation zum Inhumanen sein sollte. Der pontifikale Mensch hat Jahrtausende auf der Erde gelebt und überlebt hier und dort trotz des grassierenden Modernismus. Dem prometheischen Menschen ist freilich nur ein kurzes Dasein beschieden. Jene Art von Humanismus, die die prometheische Revolte der Renaissance hervorgebracht hat, hat in nur wenigen Jahrhunderten zu dem wahrhaft Untermenschlichen geführt, das nicht nur die menschliche Lebensqualität, sondern die Existenz des Menschen auf Erden überhaupt bedroht. Die Ursachen eines solchen Phänomens, das aus der Perspektive des prometheischen Menschen so völlig unerwartet auftrat, liegen vom traditionalen Standpunkt aus klar zutage. Sie sind in der Tatsache zu suchen, daß man nicht vom Menschen sprechen kann, ohne zugleich vom Göttlichen zu sprechen. Zwar diskutieren die Gelehrten gelegentlich einen von ihnen so genannten chinesischen oder islamischen Humanismus, doch gab es in keiner traditionalen Zivilisation je einen Humanismus, der mit demjenigen der europäischen Renaissance und seinen Nachwirkungen vergleichbar wäre. Auch in traditionalen Zivilisationen war die Rede vom Menschen, und natürlich brachten sie Kulturen und Disziplinen hervor, die Geisteswissenschaften (*humanities*) höchsten Ranges waren, aber der Mensch, den sie meinten, war immer jener pontifikale Mensch, der auf der Verbindungsachse zwischen Himmel und Erde steht und der in seinem innersten Wesen das Siegel des Göttlichen trägt.

Diese Wesensnatur des Menschen macht aber einen säkularen und agnostischen Humanismus unmöglich. Es ist metaphysisch nicht möglich, die Götter zu töten und das Siegel des Göttlichen auf dem Antlitz des Menschen auszulöschen, ohne den Menschen selbst zu zerstören; die bitteren Erfahrungen der modernen Welt liefern den schlagenden Beweis für diese Wahrheit. Das Antlitz, das Gott dem Kosmos und den Menschen zugewandt hat (das *wajhallàh* des Koran)[51] ist nichts anderes als das zur Gottheit gewandte Antlitz des Menschen und in der Tat das menschliche Antlitz selbst. Man kann nicht das Antlitz Gottes auslöschen, ohne den Menschen selbst auszulöschen und ihn zu einer gesichtslosen Entität im Nirgendwo zu machen. Der Ausruf Nietzsches, daß »Gott tot ist« kann nichts anderes bedeuten, als daß »der Mensch tot ist«, was die Geschichte des 20. Jahrhunderts in verschiedenster Weise so erfolgreich bewiesen hat. In Wirklichkeit freilich war die Antwort auf Nietzsche nicht der Tod des Menschen an sich, sondern des prometheischen Menschen, der glaubte, auf einem Kreis ohne Mittelpunkt leben zu können. Der andere, der pontifikale Mensch aber, wiewohl ihn die moderne Welt vergessen hat, lebt auch in jenen Menschen fort, die stolz darauf sind, die Denkmodelle und -modi ihrer Vorfahren überwunden zu haben; er lebt fort und wird niemals sterben.

Jener Mensch, der Mensch bleibt und hie und da auch in dieser Phase der Verfinsterung der Spiritualität und der Entheiligung des

Lebens überlebt hat, ist das Wesen, das sich seiner Bestimmung bewußt bleibt, die Transzendenz ist, und der Aufgabe seiner Intelligenz, die Erkenntnis des Absoluten ist. Er ist sich der Kostbarkeit des Menschenlebens voll bewußt, das allein einem auf dieser Welt lebenden Geschöpf die Möglichkeit gibt, über den Kosmos hinauszugehen, und er weiß um die große Verantwortung, die eine solche Möglichkeit mit sich bringt. Er weiß, daß die Größe des Menschen nicht in seiner findigen Schläue oder in seinen titanischen Schöpfungen liegt, sondern vor allem in der unfaßbaren Fähigkeit, sich seiner selbst zu entleeren, im initiatischen Sinne aufzuhören zu existieren, an jenem Zustand der spirituellen Armut und Leerheit teilzuhaben, der ihn die letzte Wirklichkeit erleben läßt. Wie der persische Dichter Saʿdī sagt:

Der Mensch erreicht eine Stufe, auf der er nichts als Gott sieht.
Seht wie erhöht der Aufenthalt der Menschheit ist.[52]

Der pontifikale Mensch steht am Perigäum eines Bogens, dessen absteigender Ast die Bahn ist, auf der er von der Quelle und seinem eigenen Archetypus *in divinis* herabgestiegen ist, und dessen aufsteigendem Ast er folgen muß, um zu jener Quelle zurückzukehren. Die ganze Konstitution des Menschen enthüllt diese Rolle eines Hinausgesandten, der wird, was er »ist« und ist, was er wird. Der Mensch ist nur dann voll Mensch, wenn er verwirklicht, wer er ist; dabei erfüllt er nicht nur eine eigene Bestimmung und vollendet seine Entelechie, sondern erleuchtet auch die Welt um ihn. Auf der Reise von der Erde zu seiner himmlischen Wohnstatt, die er noch in seinem Inneren trägt, wird der Mensch zum Kanal der Gnade für die Erde und zur Brücke, die diese mit dem Himmel verbindet. Die Verwirklichung der Wahrheit durch den pontifikalen Menschen ist nicht nur Ziel und Ende des menschlichen Zustandes, sondern auch das Mittel, durch das Himmel und Erde wieder miteinander vermählt werden, und durch das die Einheit, die die Quelle des Kosmos und der diesen durchziehenden Harmonie ist, wiederhergestellt wird. Ganz Mensch sein, heißt jene Unreinheit wiederzuentdecken, aus der alle Himmel und Erden hervorgehen und die niemals *wirklich* aufgegeben wird.

ANMERKUNGEN

1 [Im Englischen findet sich hier ein Hinweis, daß »man« als »Mensch« und nicht als »Mann« aufzufassen ist, was natürlich im Deutschen entfällt. Anm. d. Übers.].
2 Über die islamische Auffassung vom Menschen und die Bedeutung dieses Ausdrucks siehe G. Eaton, *King of the Castle*, Kap. 5; G. Durand, *Science de l'homme et tradition*, Paris 1979, insbes. Kap. 3 mit dem Titel »*Homo proximi orientis*: science de l'homme et Islam spirituel«, und Nasr, »Who is Man? The Perennial Answer of Islam«, in Needleman (Hrsg.), *The Sword of Gnosis*, S. 203–17.
Siehe auch »Man as Microcosm« in T. Izutsu, *A Comparative Study of the Key Philosophical Concepts in Sufism and Taoism – Ibn ʿArabî and Lao-Tzû, Chuang-Tzû*, Teil 1, Tokyo 1966, S. 208 ff., wo die ganze Lehre vom universalen Menschen (oder khalīfah) gemäß Ibn ʿArabīs *Fuṣūṣ al-ḥikam* mit großer Klarheit dargestellt wird. In Teil 2 und 3 dieses Werks wird auch die taostische Auffassung vom Menschen beleuchtet und schließlich in meisterhafter Weise mit der islamischen Auffassung verglichen.
3 Unnötig zu sagen, daß der Titel *pontifex maximus* des Papstes direkt die zentrale Funktion seines Amtes als der »Brücke« zwischen Gott und seiner Kirche einerseits und der Kirche und der Gemeinschaft der Gläubigen andererseits zum Ausdruck bringt, jedoch wird durch diesen spezifischeren Gebrauch dieses Ausdrucks die universelle Bedeutung der »pontifikalen« Funktion des Menschen als solchem nicht aufgehoben.
4 Gewisse Zeitgenossen, die die Umweltkrise zur Kenntnis genommen haben, aber gleichzeitig die Vergehen des modernen Menschen entschuldigen wollen, versuchen die Verwüstung des Planeten in frühere Epochen der Menschheitsgeschichte zu extrapolieren, um die Last der Verantwortung vom modernen Menschen zu nehmen, indem sie sogar die Gefräßigkeit der Ziegen für die Zerstörung des ökologischen Gleichgewichts verantwortlich machen. Man kann zwar nicht die Entwaldung mancher Gebiete oder die Bodenerosion im Mittelalter oder noch davor abstreiten, aber ebenso unbestritten besteht überhaupt keine Relation zwischen der Intensität, Schnelligkeit oder dem Ausmaß der Zerstörung der natürlichen Umwelt in den letzten Jahrhunderten und den Umweltbeeinträchtigungen in den langen Geschichtsperioden, als der traditionale Mensch die Erde bewohnte.
5 So der Titel eines bekannten Essays von G. Durand. Siehe sein *On the Disfiguration of the Image of Man in the West*, Ipswich, U. K. 1976.
6 Zweifellos gab es auch in der Renaissance viele Versuche, traditionale Lehren wiederzuentdecken, insbesondere auf dem Gebiet der traditionalen Wissenschaften. Siehe J. F. Maillard, »Science sacrée et science profane dans la tradition ésotérique de la renaissance«, *Cahiers de l'Université Saint Jean de Jérusalem*, Bd. I, Paris 1974, S. 111–26. Dieser Umstand ändert aber nicht das Geringste an der Tatsache, daß das Weltbild der

Renaissance, insbesondere im Hinblick auf den Menschen, von einem säkularisierenden Humanismus und einem dem Schlagwort der *virtù* ergebenen Rationalismus geprägt und beherrscht ist, demzufolge es dem Menschen möglich sein sollte, jede Situation rational zu beherrschen. Diese auf einem aggressiven Rationalismus im Verein mit einem Skeptizismus basierende Auffassung vom Menschen trat durch Gestalten wie z. B. Montaigne und Galileo in den Hauptstrom des literarischen wie wissenschaftlichen europäischen Denkens ein. Über die *virtù* und die Auffassung des Menschens als »dem rationalen Künstler in allen Dingen« in der Renaissance siehe A. C. Crombie, »Science and the Arts in the Renaissance: The Search for Truth and Certainty, Old and New«, *History of Science*, 18/42 (Dez. 1980):233.

7 Dieser Weisheitshaß ging in der typisch modernen Philosophie mit der Furcht einher, daß Gott irgendwie die belanglosen mentalen Konstruktionen bedrohen könnte, die der moderne Mensch an die Stelle der Weisheit gesetzt hat. »Gott ist für den philosophischen Geist eine äußere Bedrohung der menschlichen Weisheit, die sich der der göttlichen Vernunft beraubte Mensch zurechtlegt.« Durand, a. a. O., S. 20–21.

8 Über diesen Prozeß siehe S. H. Nasr, *Man and Nature*, Kap. 2.

9 Zur traditionalen Kritik Comtes siehe R. Guénon, *La Grande triade*, Paris 1980, Kap. 20.

10 Eine Kritik des der modernen Anthropologie inhärenten Positivismus siehe bei Durand, »Hermetica ratio et science de l'homme«, in seinem *Science de l'homme et tradition*, S. 174 ff. Siehe auch das Hauptwerk von J. Servier, *L'Homme et l'invisible*, das auf der Grundlage wissenschaftlicher Daten fast alle Grundannahmen der modernen Anthropologie widerlegt.

11 Zitiert bei R. C. Zaehner, *The Teachings of the Magi*, London 1956, S. 75; siehe auch M. Molé, *Le Problème zoroastrien et la tradition mazdéenne*, Paris 1963. Die alchemistische Bedeutung dieser Passage, die die alchemistische Symbolik der Metalle auf den inneren oder physiologischen Aspekt des Mikrokosmos bezieht, ist evident. Von großer Bedeutung ist auch, daß nach dem *Bundahišn* Gāyomart Kugelgestalt hatte, wie auch Platon in seinem *Gastmahl* von einer Kugelgestalt des Urmenschen spricht. Diese geometrische Symbolik zeigte an, daß ebenso, wie alle geometrischen Figuren und Körper vom Kreis und der Kugel erzeugt werden und in diesen enthalten sind, die die Urform in zwei bzw. drei Dimensionen sind, auch der Urmensch der Ursprung aller Menschheit und in der Tat des kosmischen Daseins ist und im metaphysischen Sinne alles kosmische Dasein »in sich schließt«.

Siehe auch die verschiedenen Arbeiten von M. Eliade, in denen er sich mit dem Opfer und religiösen Riten befaßt, wie z. B. *Patterns in Comparative Religion*, Übers. R. Sheed, New York 1958; *Traité d'histoire des religions*, Paris 1964 und *Gods, Goddesses, and the Myths of Creation*, New York 1967.

12 »The Person (Puruṣa) has a thousand eyes, a thousand heads, a thousand feet: Encompassing Earth on every side, he rules firmly-established in the heart. The Person, too, is all This, both what has been and what is to come... With three parts the Person is above, but one part came-into-existence here: Thence, he proceeded everywhere, regarding Earth and Heaven.
Of him was Nature born, from Nature Person born:
When born, he ranges Earth from East to West.
Whereas the Angels laid-out the sacrifice with the Person of their offering,... From that sacrifice, when the offering was all accomplished, the Verses and Liturgies were born,
The Metres, and the Formulary born of it.
Therefrom were born horses, and whatso *beasts* have *cutting* teeth in both jaws. Therefrom were born cows, and therefrom goats and sheep.
When they divided the Person, how-many-fold did they arrange him? What was his mouth? What were his arms? How were his thighs and feet named?
The Priest was his mouth; of his arms was made the Ruler;
His thighs were the Merchant-folk; from his feet was born the Servant.
The Moon was born from his Intellect; the Sun from his eye«.
Rg Veda, X,90
Siehe Coomaraswamy, *The Vedas, Essays in Translation and Exegesis,* London 1979, S. 69−71.

13

لَوْلَاكَ وَلَاخَلَقْتُ الْاَفْلَاكَ

14 Dies ist ein spezifisch islamisches Bild, weil der Islam die Kardinalsünde des Menschen in seiner Vergessenheit *(ghaflah)* dessen sieht, was er ist, obwohl er nach wie vor seine Urnatur *(al-fiṭrah)* in sich trägt, den Menschen als solchen, an den sich in der Tat die islamische Botschaft wendet. Siehe Schuon, *Understanding Islam,* S. 13−15.
15 Der Ausdruck al-insān al-kāmil wurde erstmals von Ibn ʿArabī als Terminus technicus benutzt, wenn auch sein Gehalt in der zweiten *Shahādah* besteht, *Muḥammad ᵘⁿ rasūlallāh,* und natürlich vom Beginn der koranischen Offenbarung an vorhanden war. Nach Ibn ʿArabī wurde die Lehre systematischer bei ʿAbd al-Karīm al-Jīlī in seinem *al-Insān alkāmil* und auch bei ʿAzīz al-Dīn Nasafī in dem gleichnamigen Werk dargestellt. Siehe T. Burckhardt, *De l'homme universel;* und M. Molé (Hrsg.), ʿAzizoddin Nasafi, *Le livre de l'homme parfait (Kitāb al-insān al-kāmil),* Teheran-Paris 1962.
16 Alle Traditionen lehren das Vorhandensein von mehr als einem Selbst in uns, und wir selbst sprechen von Selbst-Diszipliln, was bedeutet, daß es ein Selbst geben muß, das diszipliniert und ein anderes, das diszipliniert wird. Coomaraswamy hat sich mit diesem Thema in vielen seiner Schrif-

ten befaßt, z. B. »On the Indian Traditional Psychology, or Rather Pneumatology,« in Lipsey (Hrsg.), *Coomaraswamy 2: Selected Papers, Metaphysics*, S. 333 ff. Über die traditionale Lehre vom inneren Menschen siehe auch V. Danner, »The Inner and Outer Man,« in Y. Ibish and P. Wilson (Hrsg.), *Traditional Modes of Contemplation and Action*, Teheran 1977, S. 407-12.

17 Die Tatsache allein, daß eine der auf Erden lebenden Arten, die sich Mensch nennt, die natürliche Umgebung zerstören kann, ist an sich ein Hinweis dafür, daß er nicht bloß ein irdisches Geschöpf ist und daß sein Tun eine kosmische Dimension hat. Dies allein beweist – jedenfalls für diejenigen, deren Blickfeld noch nicht durch die Beschränkungen des modernen Denkens atrophiert ist –, daß der Mensch mehr ist als eine bloß biologische Art mit einem etwas größeren Gehirn als die übrigen Primaten.

18 Sowohl die Juden und die Muslims innerhalb der abrahamischen Traditionen als auch die Hindus in einer ganz anderen Welt glauben, daß die Ausübung ihrer Riten und verschiedenen Aspekte ihres heiligen Gesetzes den Kosmos erhalten. Im Hinduismus wird der allmähliche Niedergang des Menschen und seiner natürlichen Umwelt durch einen kosmischen Zyklus explizit mit Graden der Ausübung des Gesetzes Manus assoziiert. Dieselbe Entsprechung zwischen der Ausübung von Riten und der Aufrechterhaltung der kosmischen Ordnung findet sich bei praktisch jeder anderen Tradition, von den Ägyptern bis zu den Indianern.

19 »Der Mensch ist entweder Statthalter oder aber er ist ein Tier, das Sonderrechte beansprucht aufgrund seiner Schläue und der Freßeffizienz seiner durch technologische Instrumente geschärften Zähne, ein Tier freilich, dessen Zeit abgelaufen ist. Wenn er ein solches Tier ist, hat er keine Rechte – er ist nicht mehr und nicht weniger als Fleisch –, und Elefanten und Löwen, Kaninchen und Mäuse müssen sich in einem geheimen Winkel ihres Wesens ins Fäustchen lachen, daß der Usurpator sich endlich selber ans Messer liefert. Wenn er aber Statthalter ist, dann müssen ihm aller Niedergang und alle Probleme in der ihn umgebenden geschaffenen Welt in gewissem Umfang zur Last gelegt werden.« Eaton, *King of the Castle*, S. 123.

20 Mit dieser Aussage meinen wir nicht, daß der traditionale Mensch nur jenes halbengelhafte Geschöpf eines gewissen Typs christlicher Frömmigkeit ist, das der Natur entfremdet ist. Der traditionale Mensch, der sich selbst als Hüter der Natur sah, begrub doch auch seine Toten und hielt sich nicht für ein reines Naturwesen, wiewohl er in völliger Harmonie mit der Natur lebte.

21 Siehe Ibn ʿArabī, *The Wisdom of the Prophets (Fuṣūṣ al-Ḥikam)*, aus dem Arabischen ins Französische übersetzt und mit Anmerkung von T. Burckhardt und aus dem Französischen ins Englische übersetzt von A. Culme-Seymour, S. 23 und 35; außerdem Ibn al-ʿArabī, *Bezels of Wisdom*, Kap. 2.

22 Die Genesis des Menschen und sein vorgeburtliches Dasein in höheren Daseinszuständen wird in der jüdischen Esoterik sehr ausführlich behandelt. Siehe L. Schaya,»La genèse de l'homme«, Etudes Traditionnelles, Nr. 456–57 (April–Sept.1977): 94–131, wo er die Geburt, die Herabkunft, den Verlust der ürsprünglichen Reinheit und die Wiedererlangung des ursprünglichen Zustandes des Menschen nach den jüdischen Quellen erörtert und die Schlußfolgerung zieht, daß »né de Dieu, l'être humain est destiné, après ses multiples naissances et morts, à renaître en Lui, en tant que Lui« (S. 131), und ders. The Universal Meaning of the Kabbalah, S. 116 ff. Siehe auch F. Warrain, La Théodicee de la Kabbale Paris 1949, S. 73 ff.; und G. Scholem, Major Trends in Jewish Mysticism, Jerusalem 1941, Vortrag 6 und 7.
23 Koran VII; 172. Über die Bedeutung dieses Verses siehe Nasr. Ideals and Realities of Islam, S. 41 ff.

24

دوش دیدم که ملائک در میخانه زدند / گل آدم گبرفتند و به بیمانه زدند

25 Die sich in alchemistischen Texten findende Hermetik enthält eine sehr tiefgründige Anthropologie, die jetzt die Aufmerksamkeit jener westlichen Anthropologen findet, die die Unzulänglichkeiten der modernen Wissenschaft erkannt haben, die diesen Namen trägt, und auf der Suche nach einer Wissenschaft sind, die sich mit dem Anthropos, nicht dem zweibeinigen Tier befaßt, als das ihn der moderne säkularisierte Mensch betrachtet. Über die Vermählung der Seele mit dem Geist in der Alchemie siehe T. Burckhardt, Alchemy, Kap. 17.
26 Ṣadr al-Dīn Shīrāzī und spätere islamische Metaphysiker haben sich ausführlich mit eschatologischen Fragen im Umkreis der Lehre vom feinstofflichen Leib und seiner Beziehung zur Seele befaßt, die durch das menschliche Tun geprägt wird, worauf sich dieses hadīth bezieht. Siehe insbesondere den Kommentar von Ṣadr al-Dīn Shīrāzī zum Uṣūl al-kāfī Kulaynīs, der die Sprüche der Imams enthält, sowie auch seinen Kommentar zu Suhrawardīs Ḥikmat al-ishrāq. Siehe Corbin,»Studies in Mysticism and Religion presented to Gershom G. Scholem, Jerusalem 1968, S. 71–115.
27 Zur metaphysischen Interpretation des populären indischen Begriffs der Transmigration siehe Coomaraswamy,»On the One and Only Transmigrant«, Journal of the American Oriental Society 44, Nachtrag Nr. 3, und in Lipsey, Coomaraswamy, Bd. 2.
28 Hier ist auch zu erinnern an die Bedeutung von »Land« im altisländischen Land-Náma-Bók, das Coomaraswamy in gewisser Hinsicht mit der Ṛg-Veda verglichen hat. Siehe sein The Ṛg Veda as Land-Náma-Bók, in seinem The Vedas – Essays in Translation and Exegesis, S. 117–59. Die Ṛg Veda selbst (I, 108,9 und X, 59, 4) bezeichnet die drei Welten als »Erden.« In ähnlicher Weise spricht die Kabbala nicht nur vom irdischen

Paradies oder der »oberen Erde« (Tebel), sondern auch von sechs weiteren Erden einer mehr fragmentarischen Natur, so daß es insgesamt sieben Erden gibt, wie es im *Sohar* und *Sefer Jezira* heißt. Siehe Schaya, *The Universal Meaning of the Kabbalah*, S. 108–9.

29 Siehe Corbin, *Spiritual Body and Celestial Earth*, Übers. N. Pearson, wo diese Lehren ausführlich behandelt werden. Corbin spricht sogar von einer »Geosophy« als einer Weisheit und einem heiligen Wissen von der Erde einschließlich der himmlischen Erde, die etwas ganz anderes ist als dasjenige, womit sich Geographie und Geologie befassen.

30 Traditionale Eschatologien, deren komplexe Lehren hier nicht behandelt werden können, sind sich darin einig, daß man nur in diesem Leben als menschliches Wesen den Vorteil der zentralen Stellung, in die man hineingeboren ist, nutzen und in das spirituelle Reich hinübertreten kann, und daß man möglicherweise nur dann nach dem Tode wieder in eine zentrale Stellung hineingeboren wird, wenn man gemäß der Tradition und im Einklang mit dem göttlichen Willen gelebt hat.

31 Die Physiologie des »Lichtmenschen« wurde innerhalb der islamischen Esoterik insbesondere in der mittelasiatischen Schule entwickelt, die mit dem Namen des Najmal-Dīn Kubrā verbunden ist. Siehe Corbin, *The Man of Light in Iranian Sufism*, Übers. N. Pearson, Boulder, Colo., und ders., *En Islam iranien*, Bd. 3 Ausführlich ist sie auch in der Kabbala entwickelt (u. a. im *Sohar*) sowie in den altiranischen Religionen, die sich häufig in einer Lichtsymbolik über die kosmischen Dimensionen des Menschen äußern. Siehe B. T. Anklesaria, *Zand-Ākāsīh, Iranian or Greater Bundahišn*, Bombay 1956; und J. C. Coyajee, *Cults and Legends of Ancient Iran and China*, Bombay 1963.

32 Der Titel eines der berühmtesten Werke Suhrawardīs ist *Hayākil al-nūr (Die Tempel des Lichts)*. Das arabische Wort *haykal* (Pl. *hayākil*), das hier als Tempel wiedergegeben ist, bedeutet auch Leib; der Titel bezieht sich auf die Symbolik des Leibes als dem Tempel, in dem das Licht Gottes anwesend ist.

33 Es gibt natürlich Ausnahmen, und zwar nicht nur im Mittelalter mit Gestalten wie Dante, sondern auch in der späteren Zeit in den Schriften des Paracelsus und selbst noch im vorigen Jahrhundert in der Dichtung des William Blake.
Über die Lehre von der spirituellen Bedeutung des Leibes im Zusammenhang mit dem »feinstofflichen Leib« siehe G. R. S. Mead, *The Doctrine of the Subtle Body in Western Tradition*, London 1919, und aus jüngerer Zeit C. W. Leadbeater, *Man Visible and Invisible*, Wheaton III., 1969, und auf einer populäreren Ebene D. Transeley, *Subtle Body, Essence and Shadow*, London 1977.

34 Es bedarf wohl keiner Erwähnung, wie wichtig die Gestik in traditionalen Gesellschaften und wie eng ihre Beziehung zu heiligen Symbolen ist, die sich in allen Facetten traditionaler Zivilisationen einschließlich ihrer Kunst manifestiert. Die *mudras* im Hinduismus und Buddhismus sind

klassische Beispiele für die zentrale Rolle der Gestik. Über Herz, Haupt und Leib des Menschen und ihre spirituelle Bedeutung siehe Schuon, »The Ternary Aspect of the Human Microcosm,« *Gnosis, Divine Wisdom*, S. 93–99.

35 Siehe Schuon, *Du Divin à l'humain*, Teil 3.

36 Die horizontale und die vertikale Dimension des Kreuzes symbolisieren den universalen Menschen, der alle Daseinsmöglichkeiten, sowohl horizontale als auch vertikale, in sich schließt. Siehe R. Guénon, *Symbolism of the Cross*.

37 In den letzten Jahren ist ein gewisses Interesse an der Wiederbelebung der traditionalen Lehren vom Gedächtnis zu beobachten. Siehe F. Yates, *The Art of Memory*, Chicago 1966.

38 Ein Ausdruck, den Corbin zuerst im Französischen zur Hervorhebung der positiven Rolle der Imagination gegenüber den pejorativen Konnotationen geprägt hat, die mit dem Wort »imaginär« verknüpft sind.

In den letzten Jahren haben nach 300 Jahren der Vernachlässigung einige europäische Philosophen und Gelehrte eine ernsthafte Neubewertung der traditionalen Lehre von der Imagination in Angriff genommen. Von dieser Gruppe ist insbesondere zu erwähnen G. Durand, der im französischen Chambéry ein Zentrum mit dem Namen »Centre de recherche sur l'Imaginaire« für das Studium der Welt der Imagination eingerichtet hat. Siehe sein *Les Structures anthropologiques de l'Imaginaire*, Paris 1979; außerdem Corbin, *Creative Imagination in the Sufism of Ibn ʿArabī*, Übers. R. Mannheim, Princeton 1969. S. auch R. L. Hart, *Unfinished Man and the Imagination*, New York 1968.

39 Für den modernen Menschen hat die Empfindung der Furcht nur mehr negative Bedeutung, weil ihm die Empfindung für das Hehre und Großartige verloren gegangen ist, das vom Göttlichen ausgeht. Im traditionalen Kontext freilich hat das Bibelwort, das der hl. Paulus und der Prophet des Islam wiederholen, »am Anfang der Weisheit ist die Gottesfurcht« (*raʾs al-ḥikmah makhāfatallāh*) bleibende Bedeutung, weil es im Einklang mit der Natur der Dinge und mit den drängendsten und realsten Bedürfnissen des Menschen als einem Wesen steht, das zur Unsterblichkeit geschaffen ist.

40 So z. B. in Indien. Während im Tantrismus von der androgynen Gestalt *Ardhanārī* gesprochen wird, wird in der śivitischen Schule der androgyne Zustand ikonographisch meist durch die Vereinigung von Śiva und Parvātī dargestellt, die manchmal zu einer halb männlichen und halb weiblichen Gestalt verschmolzen werden, wobei dann Śiva als *Ardhanārīśvara* bezeichnet wird.

Über die Bedeutung des Androgynen und einige der zeitgenössischen Anwendungen der Bedeutung seines Symbols siehe E. Zolla, *The Androgyne, Fusion of the Sexes*, London 1981, sowie K. Critchlow, *The Soul as Sphere and Androgyne*, Ipswich, U. K. 1980.

41 Es ist kein Zufall, daß in so vielen heiligen Sprachen diese Qualitäten weibliche Form haben, wie z. B. im Arabischen *rahmah* (»Gnade«) und *hikmah* (»Weisheit«).
42 Der Versuch des modernen Menschen, die qualitativen Unterschiede zwischen den Geschlechtern im Namen irgendeines Egalitarismus zu verwischen, ist nur eine Folge der weiteren Entfernung des prometheischen Menschen von der archetypischen Wirklichkeit des menschlichen Zustandes und daher eine Empfindungslosigkeit gegenüber diesem kostbaren qualitativen Unterschied zwischen den Geschlechtern.
43 Über die *gunas* siehe Guénon, *Man and his Becoming According to the Vedanta*, Kap. 4.
44 Über ihr Verhältnis zueinander siehe Nasr, *Islamic Science – An Illustrated Study*, S. 159 ff.
45 Die traditionale Behandlung der astrologischen Menschentypen siehe bei Al-Bīrūnī, *Elements of Astrology*, Übers. W. Ramsay Wright, London 1934; Burckhardt, *The Mystical Astrology of Ibnʿ Arabī*, London 1977, R. Zoller, *Astrologie und Zahlenmystik*, Übers. C. Wilhelm, München 1988, M. Gauguelin, *The Cosmic Clocks*, London 1966, und J. A. West und J. G. Toonder, *The Case for Astrology*, London 1970.
46 Über die metaphysische Bedeutung der Kaste siehe Schuon, »Principle of Distinction in the Social Order,« in seinem *Language of the Self*, S. 136 ff.
47 Ein Mensch kann mehr als ein Kastenmerkmal besitzen. Das hervorragendste Beispiel sind natürlich die Prophetenkönige der abrahamischen Traditionen, die sowohl die priesterliche als auch die ritterliche Natur in hervorragendstem Maße besaßen. Melchisedech ist das Urbeispiel der Vereinigung dieser Naturen wie auch der spirituellen und der weltlichen Autorität.
48 Siehe Schuon, »Understanding and Believing« und »The Human Margin« in Needleman (Hrsg.), *The Sword of Gnosis*, S. 401 ff.
49 Koran (XIV;4).
50 Mit dieser Frage werden wir uns ausführlicher noch in Kap. 9 befassen.
51 In allen Traditionen wird die Bedeutung des Antlitzes betont, weil es den direkten Abdruck des Göttlichen im Menschen bildet. Im Koran gibt es mehrere Hinweise auf das »Antlitz Gottes«, die für viele muslimische Weisen zu Meditationsquellen geworden sind. Siehe z. B. H. Corbin, »Face de Dieu et face de l'homme«, *Eranos-Jahrbuch 36* (1968): 165–228, das sich hauptsächlich mit den Lehren des Qādīsa ʿid Qummī, der Bedeutung des Antlitz Gottes im Verhältnis zum Antlitz des Menschen und all demjenigen befaßt, was die Menschlichkeit des Menschen ausmacht.
52

بر آدمی بجائی که بجز خدا نبیند * نظر که تا چه حد است مقام آدمیت

VI
DER KOSMOS ALS THEOPHANIE

> Nel suo profondo vidi che s'interna,
> legato con amore in un volume,
> cio che per l'universo si squaderna:
> sustanze e accidenti e lor costume
> quasi conflati insieme, par tal modo
> che cio ch'i' dico è un semplice lume.
>
> *In seiner Tiefe sah ich, daß zusammen*
> *In einem Band mit Liebe eingebunden*
> *All das, was sonst im Weltall sich entfaltet.*
> *Die Substanzen, Akzidenzien und ihr Walten*
> *sind miteinander gleichsam so verschmolzen,*
> *daß, was ich sage, nur ein einfach Leuchten.*[1]
>
> DANTE

Zwar ist das Ziel heiliger Erkenntnis das Wissen vom Heiligen als solchem, d. h. von jener Realität, die jenseits aller kosmischen Manifestation liegt, doch liegt vor diesem Wissen immer jene Phase, in der wir, um mit Dante zu reden, die zerstreuten Blätter des Buches des Universums auflesen müssen, bevor wir über es hinaus gehen können. Der Kosmos spielt bei bestimmten Arten von Spiritualität eine wichtige Rolle, die jede integrale Tradition berücksichtigen und in ihrer Gesamtperspektive haben muß, was nicht heißen soll, daß der Adept aller spirituellen Pfade die Seiten des kosmischen Buches studieren müsse. Weil aber der Kosmos ein Buch ist, das eine Uroffenbarung von höchster Bedeutung enthält, und weil der Mensch ein Wesen ist, dessen essentielle, konstitutive Elemente der kosmische Spiegel reflektiert und den ein tiefinneres Band mit seiner kosmischen Umgebung verbindet, muß heiliges Wissen auch ein Wissen vom Kosmos beinhalten, das nicht bloß ein empirisches Naturwissen und auch nicht bloß eine Empfänglichkeit für die Schönheiten der Natur ist, wie nobel diese Empfänglichkeit etwa bei so vielen englischen romantischen Poeten gewesen sein mag.

In der traditionalen Welt gibt es eine Wissenschaft vom Kosmos, ja in der Tat viele Wissenschaften vom Kosmos oder kosmologische Wissenschaften, die verschiedene Natur- und kosmische Bereiche von den Sternen bis zu den Mineralien betrachten, dies aber aus dem Standpunkt metaphysischer Prinzipien. Alle traditionale Kosmologie ist in der Tat die Frucht der Anwendung metaphysischer Prinzipien auf verschiedene Bereiche kosmischer Wirklichkeit durch einen Verstand, dem die Vernunft noch nicht abhanden gekommen und der noch nicht zum Sklaven der sinnlichen Wahrnehmungen geworden ist. Solche Wissenschaften befassen sich auch mit der natürlichen Welt und haben ein Wissen von dieser Welt hervorgebracht, das »wissenschaftlich« im gängigen Sinne dieses Ausdrucks ist, aber nicht nur wissenschaftlich.[2] Dabei ging es diesen traditionalen Wissenschaften freilich nicht um die Bereitstellung eines Wissens von einer bestimmten Wirklichkeitsebene in einem abgeschlossenen System, ein Wissen, das von anderen Wirklichkeitsebenen und Wissensbereichen abgeschnitten gewesen wäre, sondern um ein Wissen, das den fraglichen Bereich in eine Beziehung zu höheren Wirklichkeitsbereichen stellt, so wie auch dieses Wissen selbst mit höheren Wissensbereichen verbunden ist.[3] Es gibt eine im Kontrast zur modernen Wissenschaft stehende traditionale Wissenschaft, die sich mit denselben Naturreichen und -gebieten befaßt, mit denen sich die heutigen Naturwissenschaften befassen. Diese traditionalen Wissenschaften, die zwar eine große Rolle für das Verständnis des Aufkommens der modernen Naturwissenschaften spielen, die in vielen Fällen deren äußeren Gehalt übernehmen, ohne ihre Weltsicht zu begreifen oder zu akzeptieren, haben aber eine ganz andere Signifikanz als die modernen Naturwissenschaften.[4]

Die traditionalen Wissenschaften vom Kosmos bedienen sich der Sprache der Symbolik. Sie erheben den Anspruch, eine *Wissenschaft* und nicht ein Gefühl oder eine poetische Darstellung des Bereiches zu liefern, mit dem sie sich befassen, sondern eine Wissenschaft, die in der Sprache der Symbolik vorgelegt wird, die auf der Analogie zwischen verschiedenen Daseinsebenen beruht. Wiewohl es nun zahlreiche kosmologische Wissenschaften gibt, manchmal sogar mehrere innerhalb einer einzigen Tradition, die sich mit demselben Wissensbereich befassen, kann man doch von einer *cosmologia perennis* sprechen, die diese Wissenschaften in verschiedenen formalen und symbolischen Sprachen ausdrücken, einer *cosmologia perennis*, die einerseits die Anwendung und andererseits die Ergänzung der *sophia perennis* ist, deren Hauptgegenstand die Metaphysik ist.

Es gibt aber noch eine andere Art des »Studiums« des Kosmos im traditionalen Zusammenhang, die die erstere ergänzt. Dies ist die Betrachtung bestimmter natürlicher Formen als Abspiegelung wirklicher Qualitäten und die Vision des Kosmos *in divinis*. Diese Perspektive beruht auf der Eigenschaft der Formen, Anlaß der Erinnerung im platonischen Sinne zu sein, und auf der *essentiellen* und natürlich nicht *substantiellen* Identität natürlicher Formen mit ihrem paradiesischen Ursprung. Die spirituelle Realisierung auf der Basis der Weisheitsperspektive impliziert auch jene »metaphysische Transparenz natürlicher Formen und Objekte« als eine notwendige Dimension und einen Aspekt der Grundauffassung, daß »Gott überall gesehen werden kann.«[5] Die traditionalen kosmologischen Wissenschaften können eine solche Stütze der Kontemplation sein und liefern daneben ein veritables Wissen von verschiedenen Reichen des Kosmos. Was ist die traditionale Kosmologie in der Tat anderes als ein Weg, der es dem Menschen erlaubt, den Kosmos selbst als Ikone zu schauen! Daher enthüllen beide Typen der Kosmoserkenntnis, aus der Perspektive heiliger Erkenntnis und mit Augen gesehen, die nicht von den heiligenden Strahlen des »Herzensauges« abgeschnitten sind, den Kosmos als Theophanie.[6] Den Kosmos mit den Augen der Vernunft anzuschauen heißt, ihn nicht als Muster veräußerlichter und roher Fakten zu sehen, sondern als einen Schauplatz, auf dem sich Aspekte der göttlichen Qualitäten spiegeln, als eine unendliche Vielzahl von Spiegeln, die das Antlitz des Geliebten zeigen, als die Theophanie jener Wirklichkeit, die in der Mitte des menschlichen Seins wohnt. Den Kosmos als Theophanie sehen heißt, eine Spiegelung des eigenen Selbst im Kosmos und seinen Formen zu erblicken.

In Traditionen, die auf einer heiligen Schrift beruhen, enthüllt sich der Kosmos ebenfalls als großes Buch, dessen Seiten mit den Worten des Urhebers gefüllt und wie das geoffenbarte Buch der jeweiligen Religion mehrere Bedeutungsebenen haben. Diese

Perspektive findet sich im Judaismus und Islam, wo die ewige Torah und der Koran als das *Umm al-kitāb* als Prototypen sowohl des geoffenbarten Buches wie auch jenes anderen großen Buches der jungfräulichen Natur betrachtet werden, die Gottes Uroffenbarung spiegelt. Auch im Christentum, das nicht so sehr das Buch, sondern den Schein als Logos betont, ist die Anschauung des Universums als dem Buche Gottes nicht nur vorhanden, sondern wurde zu allen Zeiten insbesondere von denjenigen betont, die der Weisheitsperspektive angehörten. Tatsächlich verschwand diese Betrachtungsweise, die Dante so großartig gezeichnet hat, erst dann, als die innere Bedeutung der Offenbarung selbst unzugänglich wurde. Die Exegese wurde zu einer Interpretation der äußeren, buchstäblichen Bedeutung des heiligen Textes, während aus kosmischen Symbolen Fakten wurden, die nicht mehr den Kosmos als Theophanie offenbarten, sondern die Wirklichkeit der Welt auf die Kategorien der Masse und Beschleunigung reduzierten. Die Verschleierung des pontifikalen Menschen und seine Transformation zum prometheischen Menschen mußte notwendigerweise dazu führen, daß das kosmische Buch unlesbar und die Heilige Schrift auf ihre bloße äußere Bedeutung reduziert wurde.

Im Islam ist die Entsprechung zwischen Mensch, Kosmos und dem Heiligen Buch ein Kernpunkt der ganzen Religion. Das Heilige Buch des Islam ist der geschriebene oder verfaßte Koran (*al-Qurʾān al-tadwīnī*) wie auch der kosmische Koran (*al-Qurʾān al-takwīnī*). Seine Verse heißen *āyāt*, was auch »Zeichen« oder »Symbole« bedeutet, worauf der Koran selbst in dem Vers hinweist: »Wir werden sie (draußen) in der weiten Welt [*āfāq*] und in ihnen selber [*anfus*] unsere Zeichen sehen lassen, damit (oder: bis) ihnen klar wird, daß es die Wahrheit ist (was ihnen verkündet wird).« (XLI;53).[7] Die *āyāt* sind die göttlichen Worte und Buchstaben, die die Elemente des göttlichen Buches, der makrokosmischen Welt, und des inneren Wesens des Menschen zugleich beinhalten. Die *āyāt* manifestieren sich im Heiligen Buch, der weiten Welt (*āfāq*), d.h. den Himmel und der Erde, und der Seele des Menschen (*anfus*). In dem Umfang, wie die *āyāt* des Heiligen Buches ihre innere Bedeutung offenbaren und das äußere Können und die Intelligenz des Menschen sich wieder mit seinen inneren Fähigkeiten und seinem Herzen verbinden und der Mensch sein eigenes Wesen als ein Signum Gottes begreift, manifestiert sich der Kosmos als Theophanie und werden die Naturerscheinungen in die vom Koran erwähnten *āyāt* transformiert, die nichts anderes sind als die *vestigia Dei*, die ein Albertus Magnus oder John Ray bei seinem Studium der Naturformen zu entdecken suchte.[8] Desgleichen hilft der theophane Aspekt der jungfräulichen Natur dem Menschen, sein eigenes inneres Wesen zu entdecken. Die Natur ist selbst eine göttliche Offenbarung mit ihrer eigenen Metaphysik und ihrer eigenen Form des Gebetes, aber nur ein Kontemplativer, der bereits mit heiligem Wissen begabt ist, kann die gnostische Botschaft lesen, die in subtilster Weise den Felswänden hoher Berge, den Blättern der Bäume[9], den Gesichtern der Tiere und den Sternen des Himmels eingeschrieben ist.

In bestimmten anderen Traditionen von ursprünglichem Charakter, in denen die Offenbarung selbst in einer direkten Beziehung zu Naturformen steht, wie z. B. in der Tradition der Indianer, insbesondere derjenigen der Plains, oder im Shintoismus sind die Tiere und Pflanzen nicht nur Symbole verschiedener göttlicher Qualitäten, sondern direkte Manifestationen des göttlichen Prinzips, so daß sie eine direkte Rolle im kultischen Aspekt der jeweiligen Religion spielen. Darüber hinaus gibt es in solchen Traditionen ein Naturwissen, das direkt und intim und doch innerlich ist. Der Indianer sieht den Bären oder den Adler nicht nur als göttliche Gegenwarten, sondern weiß um etwas, was man die »Adlerhaftigkeit« des Adlers und »Bärhaftigkeit« des Bären nennen könnte, wie wenn er in diesen Wesen ihre platonischen Archetypen erblickte. Die Offenbarung Gottes ergreift dabei den Menschen *und* die Natur in einer Weise, die jenem veräußerlichten Verstand des nachmittelalterlichen Menschen unbegreiflich bleiben muß, der seine Entfremdung von seiner eigenen inneren Wirklichkeit durch eine Steigerung seiner Aggression und seines Hasses gegen die Natur externaliserte, eine Aggression, die durch die übertrieben scharfe Trennung zwischen dem Übernatürlichen und dem Natürlichen im westlichen Christentum begünstigt wurde. Jedenfalls sind die Tiermasken gewisser archaischer Traditionen oder die Wasserfälle taoistischer Gemälde, die das Herabsteigen des Einen in die Ebene der Vielfalt darstellen, weder Animismus im pejorativen Sinne noch eine naive Projektion der menschlichen Psyche auf Geschöpfe der äußeren Welt. Es sind vielmehr Epiphanien des Heiligen auf der Grundlage eines profunden Wissens von der Essenz der jeweiligen Naturformen. In ihnen äußert sich ein Wissen vom Kosmos, das in keiner Weise durch dasjenige aufgehoben oder außer Kraft gesetzt wird, was Naturwissenschaftler über die Kinetik eines Wasserfalls oder die Anatomie des betreffenden Tieres herausfinden mögen. Es ist noch die Frage, wer mehr vom Kojoten weiß, der Zoologe, der sein äußeres Verhalten studieren und seinen Körper sezieren kann, oder der indianische Medizinmann, der sich mit dem »Geist« des Kojoten identifiziert.[10]

Nicht nur, daß die traditionalen Wissenschaften vom Kosmos die Formen der Natur im Hinblick auf ihre essentiellen Archetypen studieren, und daß Kontemplative innerhalb dieser Traditionen die Phänomene der jungfräulichen Natur als Theophanien begreifen; es wird auch die erstaunliche Harmonie der natürlichen Welt als direkte Folge und Ergebnis jener Opferung des Urmenschen verstanden, die in verschiedenen metaphysischen oder mythischen Texten in den einzelnen Traditionen beschrieben wird. Die unfaßliche Harmonie des Weltganzen, die die Lebenszyklen von Fischen am Grunde tropischer Meere und das Verhalten von Landtieren, die die nördlichen Tundren durchstreifen, zu einem unbegreiflichen Muster zusammenwebt, ist in der westlichen Wissenschaft bis in die jüngste Zeit weitgehend unbeachtet geblieben. Sie ist dagegen ein wesentliches Element jener traditionalen Wissenschaft von der Natur, die, sei es im Rahmen der pythagoreischen Harmonietheorie in bezug auf die Weltseele oder in einem anderen Denksystem, sich immer jener Harmonie zwischen Tieren, Pflanzen und Mineralien, zwischen den Geschöpfen der verschiedenen Landstriche und eben auch zwischen den physischen, feinstofflichen und spirituellen Reichen der Wesen bewußt bleibt, die das Leben des Kosmos möglich machen. Diese Harmonie, deren grobe Umrisse jüngste ökologische Studien erst teilweise enthüllt haben, ist wie die Harmonie der Körperteile des Menschen oder die Harmonie von Leib, Seele und Geist des pontifikalen oder traditionalen Menschen und steht in einem tiefinneren Zusammenhang mit dieser konkret erfahrenen Harmonie des Menschen, weil jener letzte Typ von Harmonie wie diejenige des

Kosmos sich aus der vollkommenen Harmonie des Wesens des universalen Menschen ableitet, der der Prototyp des Menschen wie des Kosmos ist. Wenn der Kosmos eine Kristallisierung musikalischer Klänge und die Harmonielehre der Musik ein Schlüssel für das Verständnis der kosmischen Struktur von der Planetenbewegung bis hin zur Ebene der Quantenenergie ist, dann deshalb, weil die Harmonie im Wesen jener archetypischen Wirklichkeit selbst wohnte, durch die alle Dinge geschaffen sind. Wenn Gott ein Geometer ist, der das Maß vorgibt, nach dem alle Dinge geschaffen sind, so ist er auch der Musiker, der die Harmonie vorgegeben hat, nach der alles lebt und webt und die in wunderbarer und sinnfälliger Weise im Kosmos zum Ausdruck kommt.

Natürlich hat der Kosmos seine eigenen Gesetze und Rhythmen. Die moderne Naturwissenschaft spricht von Naturgesetzen, und selbst in der modernen Physik gilt nach wie vor der – wenn inzwischen auch etwas modifizierte – Gedanke, daß statistische Gesetze über Aggregate herrschen, während die Gesetze der Makrophysik weiterhin als der eigentliche Gegenstand der Naturwissenschaft studiert werden. Im Laufe einer langen Geschichte, in der der Gedanke eines Gegensatzes zwischen Naturgesetz und geoffenbartem Gesetz in der christlichen Tradition aufkam, deren eigene Gesetze in der Tat allgemeine spirituelle und moralische Injunktionen und nicht ein ausführliches kodifiziertes Gesetz wie im Judaismus und Islam waren, kam es im Geist des westlichen Menschen zu einer Spaltung zwischen Naturgesetzen und spirituellen Prinzipien. Solange im Mittelalter noch eine integrale christliche Tradition lebendig war, wurde die Kluft durch weisheitliche und sogar theologische Lehren wie diejenigen von Erigena und dem hl. Thomas überbrückt, die die Naturgesetze selbst in einen Bezug zu Gottes Weisheit und Macht stellten. Trotzdem gab es im Christentum selbst kein göttliches Gesetz im Sinne der islamischen *Sharī'ah*, das in seinem kosmischen Aspekt die Gesetze eingeschlossen hätte, nach denen andere Wesen im Kosmos wirken und weben. Die Kluft wurde nie ganz überwunden, so daß mit dem Einsetzen des Sturms gegen die mittelalterliche Synthese während der Renaissance sich die »Gesetze der Natur« und die »Gesetze Gottes«, wie sie die Religion verkündete, voneinander zu scheiden begannen und die Anschauung der Gesetze, deren

Wirken überall im Kosmos zu beobachten ist, als das göttliche Gesetz bald als überholt galt und in die pejorative Kategorie des »Anthropomorphismus« verwiesen wurde. Weil darüber hinaus im Christentum das einzigartige Ereignis der Geburt Christi und sein Wunderwirken auf Erden so stark im Vordergrund steht, schien für viele europäische Geister das Existenzrecht der Religion durch das Wunder bedingt zu sein, das die Regelmäßigkeit der in der Natur beobachteten Gesetze durchbricht, während gerade jene Regelmäßigkeit den Primat des Logos und die Weisheit Gottes, wie sie sich in seiner Schöpfung spiegelt, nicht weniger sinnfällig beweist.[11] Die Tatsache, daß die Sonne jeden Morgen aufgeht, ist vom Weisheitsstandpunkt aus gesehen ein nicht weniger wunderbares Ereignis, als wenn sie morgen im Westen aufgehen würde.

Interessant ist ein Blick darauf, wie sich der Islam zu diesem Thema des Gesetzes stellt. Die Offenbarung des Korans enthält nicht nur als Korpus ethischer Praktiken und als einen spirituellen Pfad für seine Anhänger, sondern auch als göttliches Gesetz die *sharī ʿah*, nach der alle Muslims leben müssen, um ihren Willen dem Willen Gottes zu unterwerfen.[12] In einem weiteren Sinne umfaßt die *Sharī ʿah* für die Muslims alle Ebenen der Schöpfung und entspricht demjenigen, was in der westlichen Geistesgeschichte als »Naturgesetze« bezeichnet wird. In vielen islamischen Quellen ist vom göttlichen Gesetz dieses oder jenes Tiers die Rede.[13] Interessanterweise wurde das griechische Wort für kosmisches Gesetz, *nomos*, das die Muslims durch Übersetzungen griechischer Texte erreichte, insbesondere der *Gesetze* Platons als *namus* arabisiert, wobei Platons *Gesetze* selbst *Kitāb al-nawāmīs* heißen. Durch Gestalten wie al-Fārābī in seinem *Ārāʾ ahl al-madīnat al-fādilah (Ansichten der Einwohner des tugendhaften Staates)*[14], ging es in den Hauptstrom des islamischen Denkens ein und wurde praktisch bedeutungsgleich mit der *Sharī ʿah*. Bis heute sprechen muslimische Philosophen und Theologen wie auch einfache Prediger in der Kanzel von *nawāmīs al-anbiyā*, den von den Propheten verkündeten göttlichen Gesetzen, und *nāmūs al-khilqah*, dem göttlichen Gesetz, das die Schöpfung regiert. Zwischen ihnen besteht kein Wesensunterschied. Gott hat für jede Art von Wesen und jede Ordnung von Geschöpfen ein Gesetz erlassen, das für den

Menschen zum religiösen Gesetz oder zur *Sharī ʿah* in ihrem gewöhnlichen Sinne wird. Der einzige Unterschied ist, daß andere Geschöpfe nicht mit der Gabe des freien Willens begabt sind und sich daher nicht gegen die Gesetze auflehnen können, die Gott ihnen zugedacht hat, gegen ihre »Natur«[15], während der Mensch als das theomorphe Geschöpf, das er ist, auch der göttlichen Freiheit teilhaftig ist und gegen Gottes Gesetze und ihn selbst aufbegehren kann. Vom metaphysischen Standpunkt aus ist die Rebellion des Menschen gegen den Himmel selbst der Beweis dafür, daß der Mensch »nach dem Bildnis Gottes« geschaffen ist, um die traditionale Formulierung zu gebrauchen.

In dieser wie in so vielen anderen entscheidenden Fragen schließt sich die islamische Perspektive an diejenige anderer orientalischer Traditionen an, in denen keine scharfe Trennung zwischen den Gesetzen, die den Menschen regieren, und denjenigen, die den Kosmos regieren, vollzogen wird. Das Tao ist der Ursprung aller Dinge, das Gesetz, das jede Daseinsordnung regiert und jedes Individuum innerhalb dieser Ordnung. Jedes Wesen hat sein eigenes Tao. Auch *dharma* ist nicht auf den Menschen beschränkt; alle Geschöpfe haben ihr eigenes *dharma*. Vom Standpunkt der *scientia sacra* aus sind alle Gesetze Abspiegelungen des göttlichen Prinzips. Für den Menschen bedeutet die Entdeckung eines »Naturgesetzes« die Erlangung eines Wissens von der ontologischen Wirklichkeit des Gebietes, mit dem er sich befaßt. Darüber hinaus geschieht die Entdeckung solcher Gesetze immer durch den eigenen Verstand des Menschen und den Gebrauch der Logik, die einen Aspekt seiner eigenen ontologischen Wirklichkeit widerspiegelt. Daher ist letztlich das Studium der »Naturgesetze« auch ein Studium der Wirklichkeit jenes universalen Menschen oder jener makrokosmischen Wirklichkeit, deren Abspiegelung den Kosmos bildet. Es ist ein Studium des Menschen selbst. Das Studium der Gesetze des Kosmos ist wie das Studium seiner Harmonie oder der Schönheit seiner Formen ein Weg der Selbstentdeckung, sofern derjenige, der ein solches Studium betreibt, nicht in einer Rumpfwirklichkeit lebt, in der das Studium der äußeren Welt nur eine weitere Zersplitterung der Seele des Menschen und eine Entfremdung von sich selbst zur Folge hat, wodurch das Paradoxon einer Welt entsteht, in der der Mensch selbst keinen Platz mehr hat.

Was für die kosmischen Gesetze gilt, gilt auch für die Ursachen, die die moderne Wissenschaft auf rein materielle reduziert, wie wenn der materielle Bereich der Wirklichkeit von anderen kosmischen und metakomischen Wirklichkeiten vollständig getrennt werden könnte. Die traditionalen Wissenschaften berücksichtigen nicht nur die materiellen oder unmittelbaren Ursachen der Dinge, sondern auch die nichtmateriellen und tieferen. Selbst die vier aristotelischen Ursachen, die formale, die materielle, die bewirkende und die finale sind systematisierte Approximationen aller Ursachen, die am Zustandekommen einer Wirkung beteiligt sind, denn diese Ursachen beinhalten nicht nur das, was man äußerlich unter der formalen, der wirkenden und der finalen Ursache versteht, sondern auch all das, was solche Ursachen metaphysisch bedeuten. Die formale Ursache beinhaltet den Ursprung einer bestimmten Form in der archetypischen Welt, die bewirkende Ursache die Daseinsstufen, die schließlich zum Insdaseintreten eines bestimmten Seienden führen, und die finale Ursache die Hierarchie von höheren Wirklichkeitsebenen angehörenden Wesen, die mit jener letzten Ursache endet, die das Wirkliche an sich ist. In der Tat sahen viele spätere metaphysische und nicht nur rationalistische Kommentatoren des Aristoteles die Bedeutung der vier aristotelischen Ursachen gerade in dieser Perspektive.

Jedenfalls sind die Ursachen, die für verschiedene Wirkungen in der natürlichen Welt verantwortlich sind, nicht auf die natürliche Welt beschränkt, sondern umfassen alle Seinsebenen. Darüber hinaus sind diese Ursachen im Menschen selbst einerseits und zwischen dem Menschen und seiner kosmischen Umgebung andererseits wirksam. Jedes Wesen ist über ein System von Ursachen auf das Milieu bezogen, in dem es existiert, und beides ist untrennbar miteinander verbunden.[16] Der Mensch ist nicht nur durch das System der physikalischen Ursachen mit seiner Welt verbunden, die ihn mit dieser unserer Welt verknüpfen, sondern auch durch metaphysische Ursachen. Das Netz der Kausalität ist weit größer als das, das diejenigen Wissenschaften auswerfen, die den Kosmos auf seinen bloß materiellen Aspekt und den Menschen zu einer komplexen Verknüpfung derjenigen materiellen Faktoren reduzieren möchten, die das Gitterwerk jener äußeren Umwelt bilden, die in ihn hineinragt und sein Verhalten und sein

Dasein determiniert. Der moderne Behaviourismus ist in vielerlei Hinsicht eine Parodie der hinduistischen Karma-Lehre, die die zentrale Bedeutung der Kausalität im Reich der Manifestation ausspricht, ohne diese dabei einerseits auf das rein Psycho-physische zu beschränken oder andererseits die Möglichkeit der Erlösung oder *mokśa* von allen Kausalketten zu leugnen, auch denjenigen, die zu höheren Daseinsebenen gehören. Den Kosmos als Theophanie zu begreifen heißt nicht, die Gesetze oder die Kette der Ursachen und Wirkungen zu leugnen, die den Kosmos durchziehen, sondern den Kosmos und die Formen, die er in solcher Vielfalt und mit solcher Regelmäßigkeit aufweist, als Abspiegelungen göttlicher Qualitäten und ontologischer Kategorien und nicht als Schleier zu sehen, der den Glanz verbirgt, der vom Antlitz der Geliebten ausgeht.

Um dieses Ziel erreichen und den Kosmos als Theophanie statt als Schleier begreifen zu können, muß man wieder und wieder zu der Wahrheit zurückkehren, daß die Wirklichkeit hierarchisch ist, daß sich der Kosmos nicht in seinem bloß physischen Aspekt erschöpft. Alle traditionalen Kosmologien basieren in der einen oder anderen Weise auf dieser axialen Wahrheit. Ihr Ziel ist es, die Hierarchie des Daseins, wie sie sich im Kosmos spiegelt, sinnfällig darzustellen. Die »große Kette des Seins« in der westlichen Tradition, die im Westen überlebte, bis sie horizontalisiert und von einer Himmelsleiter zu einem evolutionären Strom wurde, der sich weiß Gott wohin bewegt[17], war eine Synthese dieser Idee, die ihre Entsprechung im Islam[18], in Indien und anderswo hat, wenn sie auch nicht in allen Traditionen ebenso umfassend dargestellt ist. Die Kosmologien, die die unmittelbare Erfahrung des Kosmos durch den irdischen Menschen heranziehen, haben kein anderes Ziel, als diese metaphysische und zentrale Wahrheit über die mehrfachen Daseinszustände lebendig und konkret anschaulich zu machen. Kosmologien auf der Basis ptolemäischer Astronomie oder anderer astronomischer Systeme, deren Grundlagen der Kosmos ist, wie er sich dem Menschen präsentiert, werden keineswegs durch den Verzicht auf das geozentrische Weltbild zugunsten des heliozentrischen entwertet, weil sie die unmittelbare Erfahrung der natürlichen Welt als Symbol und nicht als Tatsache benutzen, ein Symbol, dessen Bedeutung wie diejenige irgendeines anderen Symbols sich nicht durch logische oder mathematische Analyse erfassen läßt.

Wenn man verstanden hat, was Symbole bedeuten, wird die Argumentation hinfällig, daß mittelalterliche Kosmologien falsch wären, weil wir auf der Sonne stehend beobachten könnten, wie sich die Erde um diese bewegt. Tatsache ist und bleibt, daß wir nicht auf der Sonne stehen, und wenn der Kosmos denn von dem bevorzugten Platz auf der Erde, auf der wir geboren sind, eine symbolische Bedeutung hat, kann diese nur unter dem Gesichtspunkt gefunden werden, wie er uns von unserem Standpunkt auf der Erde aus *erscheint*. Anders zu denken hieße, die symbolische Bedeutung des Kosmos zu zerstören. Es gliche dem Versuch, die Bedeutung eines *maṇḍalas* unter dem Mikroskop zu erschließen. Man würde dabei wohl vieles über die Beschaffenheit des Materials entdecken, auf das das *maṇḍala* gezeigt wurde, nichts aber von der symbolischen Bedeutung des *maṇḍalas*, das unter der Annahme gezeichnet wurde, daß man es mit dem normalen menschlichen Auge betrachtet. Natürlich haben, was den Kosmos betrifft, die übrigen Betrachtungsweisen, solange sie irgendeinem Aspekt der kosmischen Wirklichkeit entsprechen, ebenfalls ihre eigene tiefe Symbolik – wie z. B. das heliozentrische System, das ja schon lange vor Kopernikus bekannt war, oder die riesigen intergalaktischen Dunkelwolken –; die Zerstörung der unmittelbaren Symbolik des Kosmos aber, wie er sich dem auf Erden lebenden Menschen darbietet, hat zwangsläufig katastrophale Folgen.

Die Betrachtung des gewaltigen Himmelsgewölbes in der Weise, als ob man auf der Sonne lebte, schafft ein Ungleichgewicht, das zwangsläufig zu der Zerstörung eben jener Erde führen muß, von der sich der moderne Mensch abstrahierte, um das Sonnensystem vom bevorzugten Standpunkt der Sonne aus im absoluten Raum der klassischen Physik betrachten zu können. Dieses Ungleichgewicht wäre nicht unvermeidlich gewesen, wenn der Typus Mensch, der die geozentrische Sicht des Kosmos verwarf, die Sonnengestalt, das Bild des höchsten Apollon, der pythagoreische Weise gewesen wäre, der ja von der heliozentrischen Astronomie wußte, ohne daß dieses Wissen einen Riß in seinem Weltbild verursacht hätte. Paradoxerweise aber war dieses

Wesen, das sich von der Erde abstrahierte, um den Kosmos von der Sonne aus zu betrachten, jenem unmittelbarsten Symbol der göttlichen Vernunft, der prometheische Mensch, der gegen den Himmel rebelliert hatte. Die Folgen konnten daher nicht anders als tragisch sein.

Die Zerstörung des äußeren Symbols der traditionalen Kosmologien zerstörte für den westlichen Menschen die Realität der hierarchischen Struktur des Universums, das diese Kosmologien symbolisierten und das nicht durch eine bestimmte Art von Symbolik bedingt wird, durch die es beschrieben wird. Diese Struktur ließ sich ausdrücken und wurde ausgedrückt durch andere Mittel, die von der traditionalen Musik, die die Struktur des Kosmos widerspiegelt, über mathematische Muster verschiedener Art bis zu metaphysischen Darlegungen reicht, die nicht direkt an eine bestimmte astronomische Symbolik gebunden sind. Die Darstellung der hierarchischen Wirklichkeitsebenen als die »fünf göttlichen Gegenwarten« (*al-hadarāt al-ilāhiyyat al-khams*) durch die Sufis wie z. B. Ibn ʿArabī ist ein typisches Beispiel für die letztere Art.[19] Ibn ʿArabī spricht von jeder grundsätzlichen Wirklichkeitsebene als einer *haḍrah* oder »göttlichen Gegenwart«, weil metaphysisch gesprochen das Sein oder die Wirklichkeit nichts anderes ist als Gegenwart (*haḍrah*) oder Bewußtsein (*shuhūd*). Diese Gegenwarten sind die göttliche Selbstheit selbst (*hāhūt*), die göttlichen Namen und Qualitäten (*lāhūt*), die Engelwelt (*jabarūt*), die feinstoffliche und psychische Welt (*malakūt*) und die physische Welt (*mulk*).[20] Jede höhere Welt enthält die Prinzipien der darunterliegenden Welt und entbehrt nichts von dem, was die niedrigere Wirklichkeitsebene enthält. Aus diesem Grund ist man in Gott von nichts getrennt. Diese Gegenwarten besitzen zwar weitere innere Gliederungen, repräsentieren aber in einfacherer Weise die Hauptebene des kosmischen Daseins und der metakosmischen Wirklichkeit, ohne daß die Notwendigkeit bestünde, auf eine bestimmte astronomische Symbolik zurückzugreifen. Dies bedeutet freilich nicht, daß gewisse spätere Kosmologen nicht auf Entsprechungen zwischen diesen Gegenwarten und verschiedenen Ebenen der hierarchischen kosmologischen Schemata hingewiesen hätten, die für die die sie wahrnehmen, noch einen Sinn hatten.

Im Islam finden wir zahlreiche kosmologische Schemata bei Peripatetikern, Illuminationisten, den Isma'īlīs, alchemistischen Autoren wie Jābir ibn Hayyān, Pythagoreern, verschiedenen Sufi-Schulen sowie natürlich die Kosmologien auf der Grundlage der Sprache und des Textes des Korans und dessen innerer Bedeutung, die den übrigen Kosmologien aus verschiedenen Quellen als Quelle der Inspiration und Prinzipiengerüst dienten.[21] In all diesen kosmologischen Schemata kehrt aber das ständige Thema des hierarchischen Universums wieder, das sich durch das göttliche Prinzip manifestierte und aufs engste mit dem inneren Wesen des Menschen verknüpft ist. Dasselbe Thema steht zentral in jenen manchmal nachgerade aufregenden Kosmologien Indiens, in kabbalistischen und hermetischen Texten, in den mündlichen Traditionen der Indianer, in den Überresten der altsumerischen und altbabylonischen Religionen, bei den Ägyptern und im Grunde überhaupt in allen Kosmologien.[22] Die Symbolik ist höchst vielfältig, aber die Betrachtung des Kosmos als einer hierarchischen, mit dem Ursprung verbundenen und mit dem Menschen nicht nur äußerlich, sondern auch innerhalb verbundenen Wirklichkeit ist überall als Element desjenigen vorhanden, was wir oben *cosmologia perennis* genannt haben. Diese Betrachtungsweise ist diejenige des pontifikalen Menschen und mußte daher notwendigerweise immer und überall dort vorhanden sein, wo der pontifikale Mensch, der kein anderer als der traditionale Mensch ist, lebte und wirkte.

Weiterhin ging es diesen traditionalen Kosmologien, wie sie aus der Weisheitsperspektive wahrgenommen werden, darum, eine Geographie des Kosmos zu entwerfen und diesen als der Betrachtung dienende Ikone und als Symbol metaphysischer Wahrheit zu zeichnen. Der Kosmos ist nicht nur der Schauplatz, auf dem sich die göttlichen Namen und Qualitäten spiegeln. Er ist auch eine Krypta, die der Mensch durchwandern muß, um die Wirklichkeit jenseits der kosmischen Manifestation zu erreichen. Der Mensch kann in der Tat den Kosmos erst dann als Theophanie betrachten, wenn er ihn durchwandert und überschritten hat.[23] Dies ist der Grund, warum traditionale Kosmologien dem Menschen auch eine »Landkarte« an die Hand geben möchten, anhand derer sich der Mensch im Kosmos orientieren und schließlich durch jenen wunderbaren Erlösungsakt, der Gegenstand so vieler Mythen ist, über diesen Kosmos hinausgelangen kann.[24] Aus dieser Sicht erscheint der Kosmos als ein Labyrinth, durch das sich der Mensch auf einer gefahrvollen Abenteuerreise durchfinden muß, auf der buchstäblich alles, was er ist und was er hat, auf dem Spiel steht, eine Reise, für die alle Traditionen sowohl die Landkarte des traditionalen Wissens als auch den spirituellen Führer für unverzichtbar halten, der selbst die Reise durch dieses Labyrinth schon hinter sich gebracht hat.[25] Nur dadurch, daß er sich wirklich der gefahrvollen Reise durch das kosmische Labyrinth unterzieht, kann der Mensch zur Schau jener Kathedrale himmlischer Schönheit gelangen, die die göttliche Gegenwart in ihrem metakosmischen Glanz ist.[26]

Wenn der Mensch, der der »zweimal Geborene« und ein »wandelnder Toter« in dem Sinne ist, daß er im Hier und Jetzt spirituell wiederauferstanden ist, den Kosmos durchwandert und über diesen hinausgelangt ist, eröffnet sich ihm schließlich die Schau des Kosmos und seiner Formen als Theophanie.[27] Er kann die Formen der Natur *in divinis* sehen und die letzte Wirklichkeit nicht als transzendent und jenseitig, sondern als hier und jetzt gegenwärtig erleben.[28] Hier enthüllt nun der Kosmos seine innere Schönheit und hört auf, nur veräußerlichte Tatsache oder Phönomen zu sein; er wird zum unmittelbaren Symbol, zur Abspiegelung des Numinosen, die nichts Abgelöstes ist, sondern ihrem Wesen nach nichts anderes als die gespiegelte Wirklichkeit. Der Kosmos wird, um in der Sprache des Sufismus zu reden, zu einer Vielzahl von Spiegeln, die die vielfältigen Aspekte der göttlichen Namen und Qualitäten und letztlich das Eine abbilden. Das arabische Wort *tajallī* bedeutet nichts anderes als diese Abbildung des Göttlichen im Spiegel des Kosmos, der metaphysisch gesprochen der Spiegel des Nichts ist.[29] Objekte erscheinen nicht nur als abstrakte Symbole, sondern als konkrete Gegenwart. Für den Weisen ist ein bestimmter Baum nicht nur ein Symbol einer Seinsstufe, die er durch seine Intelligenz und die Wissenschaft von der Symbolik erkannt hat, die er mittels seiner Intelligenz ergriffen hat. Der Baum *ist* auch ein Baum des Paradieses, der Gegenwart und Gnade einer paradiesischen Natur vor sein Auge stellt.

Diese unmittelbare Erfahrung ist aber nicht nur nicht getrennt von der Wissenschaft der Symbole, von der heiligen Geometrie und von der Signifikanz bestimmter heiliger Formen, sondern sie vermittelt gerade jene unmittelbare Intuition, die das Verständnis solcher Wissenschaften erst intensiviert und ihre Anwendung auf konkrete Situationen ermöglicht. Zen-Gärten basieren auf der Wissenschaft der heiligen Geometrie und der metaphysischen Bedeutung gewisser Formen, können aber nicht von jedem Beliebigen geschaffen werden, der gerade ein Handbuch über die Symbolik des Raumes oder von Gesteinsformationen zur Hand hat. Die großartigen Gärten sind Ausdruck einer realisierten Erkenntnis, die natürliche Formen als »Gegenwart der Leerheit« bewußt werden läßt, was wiederum die Anwendung dieses Wissens auf bestimmte Situationen ermöglicht hat und einige der großartigsten Schöpfungen heiliger Kunst entstehen ließ. Dieselben Zusammenhänge finden sich *mutatis mutandis* anderswo in Traditionen, die nicht so sehr wie Zen die Erkenntnis von Naturformen als unmittelbare Erfahrung betonen, wo aber dafür eine vollständige Unterweisung in den kosmologischen Wissenschaften verfügbar ist. Überall geht das Wissen von kosmischen Symbolen Hand in Hand mit jener unmittelbaren Erfahrung einer spirituellen Gegenwart, die aus der spirituellen Erkenntnis hervorgeht, obwohl es immer Einzelfälle gibt, in denen ein Mensch die Gabe hat, einen Aspekt des Kosmos oder eine bestimmte Naturform als Theophanie zu erleben, ohne mit der Wissenschaft der Symbolik vertraut zu sein. Es kann aber auch ein Mensch, was in der modernen Welt häufiger der Fall ist, die Fähigkeit haben, die Bedeutung von Symbolen zu verstehen, was an sich eine kostbare Gabe des Himmels ist, aber keine spirituelle Erkenntnis haben, so daß es ihm unmöglich ist, den Kosmos jemals als Theophanie zu erleben. Aus der Weisheitsperspektive jedenfalls gehen die beiden Arten der Wahrnehmung kosmischer Wirklichkeiten in der Regel Hand in Hand und ergänzen sich, letzteres jedenfalls bei den Meistern der Gnosis.

Von besonderer Bedeutung unter den kosmologischen Symbolen, die mit der Anschauung des Kosmos als Theophanie und der Erfahrung der Anwesenheit des Heiligen im Reich der Natur zu tun haben, sind diejenigen, die sich auf den Raum beziehen.

Raum und Zeit bestimmen neben Form, Materie oder Substanz sowie der Zahl die Verfassung des menschlichen Daseins und überhaupt alles Daseins in dieser Welt. Die Tradition befaßt sich daher mit all diesen Phänomenen und transformiert sie, um jene heilige Welt zu schaffen, in der der traditionale Mensch atmet. Die Symbolik der Zahl enthüllt sich durch ihren qualitativen Aspekt, wie ihn die pythagoreische Tradition sieht, und manche Theosophen des Westens haben sogar von einer »Arithmosophie« gesprochen, die der Arithmetik gegenübersteht. Form und Materie werden geheiligt durch ihren symbolischen Bezug aufeinander und auf die von den Formen widergespiegelten archetypischen Wirklichkeiten einerseits und durch das Herabsteigen oder Ausfrieren des Daseins andererseits, das auf der physischen Ebene als Materie oder Substanz erscheint.[30] Die Natur der Zeit wird in ihrer Beziehung zur Ewigkeit und zu den Rhythmen und Zyklen verstanden, die höhere Wirklichkeitsebenen spiegeln, wie wir im folgenden Kapitel sehen werden. Der Raum schließlich, dem als dem »Behältnis« all desjenigen, was irdisches Dasein hat, zentrale Bedeutung zukommt, wird nicht als die abstrakte, rein quantitative Ausdehnung der klassischen Physik betrachtet, sondern als qualitative Wirklichkeit, die einer Betrachtung durch heilige Geometrie unterzogen wird.

Der qualitative Raum wird durch die Anwesenheit des Heiligen selbst modifiziert. Seine Richtungen sind nicht gleichwertig; seine Eigenschaften sind nicht gleichförmig. Während er in seiner leeren Weite die göttliche All-Möglichkeit und auch die göttliche Umwandelbarkeit symbolisiert, ist er der Erzeuger aller geometrischen Formen, die die Fülle der Projektionen des geometrischen Punktes und die Fülle der Abspiegelungen des Einen sind, wobei jede regelmäßige geometrische Form eine göttliche Qualität symbolisiert.[31] Wenn Plato meinte, daß nur Geometer in den Tempel der göttlichen Erkenntnis gelangen könnten, dann hatte dies seinen Grund darin, wie Proklus in seinem Kommentar zu den *Elementen* des Euklid sagte, daß die Geometrie eine Hilfswissenschaft der Metaphysik ist.[32] Die Ausrichtung kultischer Handlungen nach bestimmten Himmelsrichtungen, die Anlage traditionaler Bauten und viele der traditionalen Wissenschaften können nur dann verstanden werden, wenn man weiß, welche Bedeutung der traditionale Begriff des qualifizierten Raums hat. Wie erlebt der Muslim den Raum, wenn er sich, wo immer er ist, einem bestimmten Punkt der Erde zuwendet und eines Tages in die *Kaʿbah* selbst eintreten darf und damit die Polarisierung überwindet, die dieser Urtempel, der zur Feier der Gegenwart des Einen errichtet wurde, auf der ganzen Erde geschaffen hat? Warum sind die großartigen neolithischen Bauten Großbritanniens rund, und warum glauben die Indianer, daß der Kreis Kraft bringt? Ganz besonders denkwürdig ist die unmittelbare Erfahrung einer völlig anderen Art von Raum an einem heiligen Ort. Wie konnten die Architekten der mittelalterlichen Kathedralen einen heiligen Raum schaffen, der auch für solche Christen, die dies nur mehr auf dem Papier sind, zu einer Quelle tiefer Erfahrungen wird? In all diesen und zahlreichen anderen Fällen handelt es sich um die Anwendung einer traditionalen Wissenschaft vom Raum, die die Aktualisierung einer heiligen Gegenwart ermöglicht und die Betrachtung eines Elementes der kosmischen Wirklichkeit als Theophanie. Durch diese Wissenschaft vom qualifizierten Raum findet die Begegnung traditionaler Wissenschaft und Kunst und die Verschmelzung jener kosmologischen Wissenschaft und Erfahrung des Heiligen an jenen Orten der Verehrung, des Ritus, der Pilgerschaft und in vielen anderen Elementen statt, die mit dem Kern der Tradition verbunden sind.

Diese Wissenschaft steht in einer engen Beziehung zu demjenigen, was man »heilige Geographie« oder auch »Geosophie« genannt hat, jener symbolischen Wissenschaft von Ort und Raum, die sich mit den qualitativen Aspekten von Punkten auf der Erde und dem Zusammenhang verschiedener Landschaftsformen mit traditionalen Funktionen befaßt; dies reicht von der Lage von Heiligtümern, Begräbnisplätzen und Andachtsorten bis zu den Orten für das Anlegen von Gärten, das Pflanzen von Bäumen und ähnlichem in jener speziellen Form heiliger Kunst, wie sie im Japanischen Garten und der traditionalen persischen Gartenbaukunst mit all ihren Variationen, vom Spanischen Garten bis hin zu den Mogulgärten Indiens verwirklicht ist. Die Wissenschaft von der heiligen Geographie reicht von den populären und nicht selten folkloristischen Praktiken der Geomantie in China einerseits bis zu der tiefsten Empfänglichkeit für die Gnade der göttlichen Gegenwart andererseits, die sich in gewissen Naturformen und Orten manifestiert.

Diese Wissenschaft ist daher eng jener speziellen Art von Weisheit verbündet, die mit der Metaphysik der Natur verknüpft ist, und jenem spirituellen Typus unter den Menschen, der für die *barakah* oder Gnade empfindlich ist, die in den Arterien des Universums strömt. Ein solcher Mensch wird von diesem Barakah zum Empyreum der spirituellen Ekstase geleitet, einem Adler gleich, der ohne Flügelschlag auf einem Luftstrom fliegt, der ihn in die unbegrenzbaren Weiten des Himmelsgewölbes trägt. Für einen solchen Menschen ist die Natur das höchste Werk heiliger Kunst; in Traditionen, denen eine solche Perspektive zu eigen ist, wie dem Islam oder der indianischen Tradition *ist* die jungfräuliche Natur, wie sie von Gott geschaffen wurde, das Heiligtum par excellence. Die Moschee des Muslims ist die vom Menschen noch nicht beschmutzte Erde selbst, und das Gebäude, das man Moschee nennt, ist nur die Verlängerung jener Urmoschee, der jungfräulichen Natur, in die vom Menschen geschaffene künstliche urbane Umwelt. So war auch für den Indianer jene herrlich schöne Wildnis, die der amerikanische Kontinent vor der Ankunft des weißen Mannes war, die Kathedrale, in der er seine Andacht verrichtete und die großartigen Kunstwerke des Höchsten Künstlers oder *Wakan-Tanka* beobachtete. Diese Perspektive ist nicht auf bestimmte Traditionen beschränkt, sondern findet sich in der einen oder anderen Weise in allen integralen Traditionen. Diese Empfänglichkeit für die *barakah* der Natur und die Betrachtung des Kosmos als Theophanie muß notwendigerweise überall dort vorhanden sein, wo der pontifikale Mensch lebt und atmet, denn die Natur ist eine Abspiegelung jenes paradiesischen Zustandes, den der Mensch nach wie vor in den Tiefen seines eigenen Wesens trägt.

Unnötig zu sagen, daß diese Betrachtungsweise in der Welt des prometheischen Menschen getrübt ist und geleugnet wird, dessen so durchschlagend erfolgreiche Wissenschaft von der Natur den Menschen für die Möglichkeiten anderer Wissenschaften und eines anderen Naturverständnisses blind gemacht hat. Diese Verleugnung und Verneinung ist darüber hinaus trotz der Tatsache eingetreten, daß nicht der ganze Kosmos dem Menschen bei seinem jähen Sturz gefolgt ist. Man könnte sagen, daß zwar Natur und Mensch aus jenem Zustand der Vollkommenheit herausgefallen sind, der als der Paradieszustand bezeichnet wird, daß aber das, was von der jungfräulichen Natur noch erhalten ist, jenem Prototyp näher ist als der Typ des prometheischen Menschen, der die Erde Tag für Tag mehr unter sein Diktat zwingt. Deshalb ist die noch erhaltene jungfräuliche Natur nicht nur ökologisch, sondern auch spirituell so kostbar. Sie ist die einzige auf Erden noch vorhandene Erinnerung an den normalen Daseinszustand und das stumme Mahnmal der Absurdität all jener modernen Anmaßungen, die ihre wahre Natur erst im Lichte der Wahrheit enthüllen. Außer der geoffenbarten Wahrheit enthüllt nichts im Umkreis der menschlichen Erfahrung die wirkliche Natur der modernen Welt und ihrer Prämissen deutlicher als der Kosmos selbst, vom Sternenhimmel bis zu den Pflanzen am Grund der Meere. Deshalb auch begegnet der prometheische Mensch der jungfräulichen Natur mit diesem aggressiven Haß, und deshalb ist auch die Liebe zur Natur bei vielen Zeitgenossen das erste Anzeichen dafür, daß sie vom Modell jenes Menschen Abschied zu nehmen beginnen, der vor etwa fünfhundert Jahren mit der Plünderung der Erde begonnen hat.

In den letzten Jahren wurden so viele Kritiken an der modernen Wissenschaft und ihrer jüngsten Dienerin, der Technologie[33] geschrieben, daß man darauf verzichten kann, alle Argumente von den ökologischen und demographischen bis hin zu den epistomologischen und theologischen nochmals aufzuzählen. Dies würde eine eigene größere Studie notwendig machen. Um aber die Bedeutung der traditionalen Wissenschaften von der Natur und die Signifikanz des Kosmos als Theophanie in ihrem ganzen Umfang erkennbar zu machen, müssen doch die Hauptpunkte der Kritik an der modernen Wissenschaft seitens der traditionalen Autoritäten und aus dem traditionalen Standpunkt rekapituliert werden. Um alle Mißverständnisse von vornherein zu beseitigen, muß vor allen Dingen klargestellt werden, daß die traditionale Kritik an der modernen Wissenschaft nicht auf Gefühlen, Fanatismus, Irrationalität oder ähnlichem beruht, was man jedem Kritiker der modernen Wissenschaft üblicherweise unterstellt. Die traditionale

Kritik basiert auf vernünftigen Kriterien im Lichte der metaphysischen Wahrheit, die allein den Anspruch erheben kann, Wissen einer vollständigen und umfassenden Natur zu sein.[34] Deshalb auch haben traditionale Autoren niemals die Gültigkeit desjenigen geleugnet, was die moderne Wissenschaft tatsächlich entdeckt hat, solange man es eben nur für das nimmt, was es ist. Das Wissen von einer jeglichen Wirklichkeitsebene ist legitim, sofern es sich auf jene Ebene beschränkt und innerhalb der Grenzen bleibt, die ihr sowohl ihre Methode wie auch ihr Gegenstand auferlegen. Dies würde freilich implizieren, daß man eine andere Wissenschaft oder Erkenntnisart anerkennt, die, weil sie universeller ist, den Rahmen vorgibt, innerhalb dessen jene Wissenschaft ihr legitimes Betätigungsfeld hätte.

Hierin liegt der erste und wichtigste Kritikpunkt an der modernen Wissenschaft. Indem diese ihre Unabhängigkeit von der Metaphysik oder jener anderen Wissenschaft erklärt, lehnt sie die Autorität ab, die den Rahmen für ihre legitime Betätigung abgeben würde. Dies ist der Grund, warum trotz all der frommen Platitüden und sogar gutgemeinten und ernsthaften Plädoyers aufrichtiger Wissenschaftler die moderne Wissenschaft über ihr ureigenstes Gebiet hinausgeht und als Hintergrund monströser philosophischer Generalisierungen dient, die sich, wiewohl sie ganz und gar nicht wissenschaftlich, sondern szientistisch sind, auf die Lehrsätze und Erkenntnisse der Naturwissenschaften und die Tatsache stützen, daß die moderne Wissenschaft ihre Unabhängigkeitserklärung von der Metaphysik unterzeichnet hat. Darüber hinaus wird auf der Grundlage des nämlichen Sachverhalts die metaphysische Bedeutung wissenschaftlicher Entdeckungen von einem vorgeblich wissenschaftlich denkenden Publikum total vernachlässigt, das in der Regel sehr wenig von der Naturwissenschaft weiß, sondern bloß von ihr mesmerisiert ist. Dabei wird trotz des unüberhörbaren Protests einiger angesehener Wissenschaftler die metawissenschaftliche Bedeutung desjenigen, was die Naturwissenschaft wirklich entdeckt hat, nicht enthüllt, sondern es findet der umgekehrte Prozeß statt, bei dem durch willkürliche Interpolationen und meist gut verborgene bloße Annahmen metaphysische Wahrheiten im Namen der wissenschaftlichen Erkenntnis verworfen werden. Was die Tradition an der modernen Wissenschaft zu kritisieren hat, ist nicht die Tatsache, daß sie so viel über das Sozialverhalten von Ameisen oder den Spin des Elektrons weiß, sondern daß sie nichts von Gott weiß und in einer Welt wirksam ist, in der sie alleine als Wissenschaft oder objektive Erkenntnis gilt.

Diese Trennung der Wissenschaft von der Metaphysik hängt eng mit der Reduktion des erkennenden Subjekts auf das *cogito* des Descartes zusammen. Es wird meist vergessen, daß trotz aller Veränderungen auf dem Gebiet der modernen Physik das erkennende Subjekt, ob der Inhalt seiner Erkenntnis das von Galileo betrachtete Pendel oder die von de Broglie mathematisch beschriebenen Wellenfunktionen von Elektronen sind, nach wie vor jener Verstand ist, den Descartes mit dem individuellen menschlichen Ego gleichsetzt, das *cogito* sagt. Die übrigen Bewußtseinsarten und Operationsmodi des Geistes bleiben in der modernen Wissenschaft völlig außer Betracht. Die Erkenntnis jenes Verstandes, der wieder mit der Vernunft vermählt ist, und jenes Geistes, der vom Licht des »Herzensauges« erleuchtet ist, spielen in der modernen Wissenschaft keine Rolle.[35] Dies ist der Grund für die unwiderrufliche Begrenztheit einer Wissenschaft, die sich auf die Funktion nur eines Teils des menschlichen Geistes stützt, sich aber mit einem Gegenstand großer Tragweite befaßt, und die diese Begrenztheit dann mit Mitteln aufzuheben versucht, die typischerweise »unwissenschaftlich« sind, nämlich Intuition, künstlerische Schönheit, Harmonie und ähnliches. Viele hervorragende Wissenschaftler würden im Gegensatz zu den meisten Wissenschaftsphilosophen in der Tat unsere Behauptung akzeptieren, daß man bei Betrachtung all desjenigen, was die sogenannte Wissenschaft auch in der modernen Zeit erreicht hat, nicht von der »wissenschaftlichen Methode« sprechen kann, sondern zugeben muß, daß Wissenschaft das ist, das Wissenschaftler tun, wozu möglicherweise auch das Spielen mit Möglichkeiten der Harmonielehre zur Lösung gewisser physikalischer Probleme gehört.

Trotz der Wahrheit dieser Behauptung lebt aber der Rationalismus in demjenigen fort, was die moderne Welt für Wissenschaft hält und konnte seine tödliche Wirkung auf die Geisteswissenschaften, die Sozialwissenschaften und selbst auf die Philosophie und Theologie entfalten. Paradoxerweise ist es gerade wegen der inhärenten Beschränkung der ursprünglichen epistemologischen Voraussetzungen der modernen Wissenschaft dahin gekommen, daß diese mehr und mehr in der objektiven Welt nicht das sieht, was vorhanden ist, sondern das, was sie sehen möchte, indem sie das selektiert, was ihren Methoden und Ansätzen entgegenkommt und dies dann als Wissen von der Wirklichkeit an sich präsentiert. Der unter dem Eindruck der Wissenschaft stehende moderne Mensch ist überzeugt, daß man vom wissenschaftlichen Standpunkt aus nur glauben darf, was man sieht, während es in Wirklichkeit dazu gekommen ist, daß die Wissenschaft nur noch sieht, was sie entsprechend ihren Apriori-Annahmen über das, was zu sehen ist, glaubt.[36] Diese epistemologische Beschränkung hat im Verein mit der Tatsache, daß seit dem Aufkommen der modernen Wissenschaft jene scientia sacra, von der wir gesprochen haben, im Westen nicht mehr allgemein zugänglich ist, verhindert, daß diese Wissenschaft in höhere Erkenntnisebenen integriert werden kann, was für die menschliche Rasse tragische Folgen hatte. Nur ein hohes Maß an kontemplativer Intelligenz kann eben den Menschen befähigen, den Blick zur Sonne zu erheben und in ihr sowohl das sichtbare Symbol der göttlichen Vernunft als auch einen leuchtenden Gasball zu erblicken, der Energie in alle Richtungen aussendet.[37]

Diese Beschränkungen der modernen Naturwissenschaft erweisen sich auch an ihrer Vernachlässigung der höheren Seinszustände und an der Tatsache, daß sie die physische Welt als eine unabhängige Realitätsebene betrachtet. Diese Vernachlässigung der nichtmanifesten und natürlich nichtphysischen Aspekte der Wirklichkeit hat in einer vom Szientismus beherrschten Welt nicht nur die Anschauung der kosmischen Wirklichkeit verkümmern lassen, sondern auch zu einer Verwechslung von vertikalen und horizontalen Ursachen geführt und groteske Karikaturen der kosmischen Wirklichkeit hervorgebracht, weil man Kräfte und Ursachen, die höheren Daseinsformen angehören, auf die physische Ebene herabgedrückt hat. Es ist kein Zufall, daß die Physik, je weiter sie auf ihrem eigenen Gebiet fortschreitet, immer mehr die Notwendigkeit eines anderen, vollständigeren Paradigmas spürt, das Wirklichkeitsebenen einbeziehen könnte, deren Existenz viele Physiker fast intuitiv spüren, die aber aus dem Weltbild der klassischen und modernen Physik verbannt wurden.[38]

Eine der Folgen dieser systematischen Vernachlässigung höherer Daseinsebenen war die Leugnung des Lebens als einem beseelenden Prinzip oder einer beseelenden Energie, die in das physische Reich einbezogen ist. Das Leben wird statt dessen als zufällige Folge der Molekularbewegung betrachtet, wobei dieser bekannte reduktionistische Standpunkt freilich nicht berücksichtigt, daß das Leben oder das Bewußtsein, wenn sie aus bestimmten Aktivitäten von Molekülen und deren Verbindungen hervorgegangen sein sollen, entweder schon dagewesen oder von woanders hergekommen sein müssen.

Die Tatsache, daß die Frage nach dem Ursprung und der Bedeutung des Lebens trotz des Umstands nicht gelöst ist, daß sie schon seit Jahrhunderten von Vitalisten und Mechanisten diskutiert wird, hat ihre Ursache in der Entheiligung der Welt, die die Wissenschaft des 17. Jahrhunderts betrieb, und der allmählichen Deformierung und schließlich Zerstörung des Begriffs der Weltseele. In allen traditionalen Kosmologien gibt es eine Anima mundi oder deren Äquivalent wie die Janna Caeli der Antike, Spenta Armaiti der mazdaischen Kosmologie, oder die universale Seele (alnafs al-kulliyyah) der islamischen Quellen. Diese Seele darf natürlich nicht mit der immanenten Gottheit verwechselt werden, und der Glaube an eine Weltseele impliziert keinerlei Pantheismus. Die Weltseele spielte vielmehr eine wichtige kosmologische Rolle als die Seele der natürlichen Ordnung und ihr Bindeglied zur Weltvernunft. Sie war auch von zentraler epistemologischer Bedeutung als die göttliche Sophia, die vielfach mit der Jungfrau Maria als dem Theotokos, der Seele, in der der Sohn der Vernunft geboren wurde, oder der Fāṭimah identifiziert wurde, die die Mutter der Imams ist, die das göttliche Licht verkörpern und symbolisieren.

Im Westen wurde die Weltseele als die Jungfrau typisiert. Ihre Vertreibung aus der Welt des modernen Menschen, die auch eine direkte Folge des kartesianischen Dualismus war, fiel zeitlich fast genau mit dem Schwinden der Bedeutung Mariens in den Riten und Lehren der christlichen Kirchen jener Länder zusammen, in denen sich die naturwissenschaftliche Weltsicht am schnellsten entwickelte.³⁹ Allmählich wurde die Vorstellung des »Beseelten« (enpsychos) durch diejenige des »Bewegten« (kinētos) ersetzt, was bald als »von der Geschichte bewegt« verstanden wurde. Die Anima mundi, der Weltgeist, wurde zum Zeitgeist Hegels und der anderen dialektischen Philosophen. Statt daß der Kosmos von einer Seele belebt war, die sein Bindeglied zur Vernunft war, wie wir es in vielen traditionalen kosmologischen und philosophischen Schulen insbesondere des Islams finden⁴⁰, wurde er zum passiven Instrument eines diffusen Zeitgeistes, was zu nichts anderem führen konnte als zur scheinbaren Tyrannei des Werdens über das Sein selbst, wenn eine solche elliptische Formulierung erlaubt ist. Die Folgen dieser Veränderung für die Religion als solche waren immens. Es dauerte nicht mehr lange, bis der Mensch begann, die Riten und Lehren der Religion nicht mehr nach der vom Heiligen Geist empfangenen Inspiration, sondern nach dem Zeitgeist zu ändern, auf dessen Höhe »man« schließlich sein möchte.

Darüber hinaus löschte diese Verarmung jener Wirklichkeit, mit der sich die moderne Wissenschaft befaßt, aus dem Bewußtsein des modernen Menschen, der von dieser Wissenschaft und den aus ihr abgeleiteten Philosophien beeinflußt ist, die Wirklichkeit jener Zwischenwelt aus, die im traditionalen Sinne als die imaginale Welt bezeichnet wird, von der bereits die Rede war.

Ohne diese Welt, die zwischen der rein intelligiblen und der physischen Welt steht und die ihre eigenen nichtmateriellen Formen hat, gibt es keine Möglichkeit einer gesamten und umfassenden Kosmologie noch der Erläuterung gewisser traditionaler eschatologischer Lehren. Es ist auch nicht möglich, jene geheimnisvollen Städte und Paläste, jene Berge und Flüsse zu deuten, die in traditionalen Mythen und kosmologischen Schemata auftauchen. Wo ist der heilige Berg, in dem der Gral zu finden ist? Wo sind jene Städte der imaginalen Welt, die im Islam Jābulqā und Jābulsā⁴¹ genannt werden und die für Suhrawardī im achten Reich liegen, in jenem Land des »Nirgend-wo«, das er nā kujā ābād, buchstäblich u-topia nannte? Als das achte Reich zerstört wurde, mußte das gnostische und visionäre u-topia zwangsläufig zum Utopia jener europäischen Säkularisten und Atheisten werden, die, nicht selten aus der Rückendeckung gewisser messianischer

Ideen, das Reich Gottes auf Erden ohne Gott errichten wollten, wie wenn das Gute ohne das Höchste Gut irgendeinen Sinn haben könnte. Als der Weltgeist zum Zeitgeist wurde, trat die Geschichte an die Stelle des Göttlichen, und nā kujā ābād war fortan nicht mehr das Reich des Gnostikers, in dem er paradiesische Formen schaute, sondern wurde zur Utopie, in dessen Namen in der ganzen Welt so viel von demjenigen zerstört wurde, was von der Tradition übriggeblieben war.

Diese Außerachtlassung der verschiedenen Daseinsebenen durch die moderne naturwissenschaftliche Perspektive hat die Vertreter dieser Wissenschaft genötigt, an eine Gleichförmigkeit der »Naturgesetze« in langen Zeiträumen und in den Weiten des Raums zu glauben. Diese Theorie, die »Uniformitarianismus« genannt wird und die Grundlage all jener geologischen und paläontologischen Spekulationen ist, die Aussagen über Ereignisse vor Jahrmillionen machen, stieg schnell vom Status einer Hypothese zu jenem eines »wissenschaftlichen Gesetzes« auf. Wenn man nun die ehrlichsten unter den Naturwissenschaftlern fragt, auf welcher Grundlage sie glauben, daß die Naturgesetze, die sogenannten Gravitationskonstanten, das Gesetz der elektromagnetischen Theorie oder die Quantensprünge immer dieselben waren, antworten sie, daß sie sich die uniformitarianische These zu eigen gemacht haben, weil es keine andere Wahl gibt. In der Tat kann man vom modernen naturwissenschaftlichen Standpunkt aus nur in der Weise von den Zuständen sprechen, die vor Äonen im Planetensystem herrschten, daß man die Gesetze der Physik für einheitlich hält und schlicht zugibt, daß diese Wissenschaft eine Antwort auf solche Fragen nur dann geben kann, wenn sie kosmische und Naturgesetze in frühere Zeiträume oder in die Zukunft extrapoliert. Es sind natürlich nicht die physikalischen Zustände, die die moderne Naturwissenschaft für gleichartig hält, sondern die Gesetze und Kräfte, die zu verschiedenen Zeiten unterschiedliche physikalische Zustände hervorrufen, während sie selbst als unveränderlich vorausgesetzt werden. Was diese Gesetze und Kräfte betrifft, so unterliegen die Mittel, die die Naturwissenschaft auch immer einsetzen mag, um herauszufinden, ob es Veränderungen solcher Kräfte und Gesetze in der Vergangenheit gegeben hat, selbst der Bedingung der Uniformität der Gesetze und Kräfte, mit denen sie diesen Prozeß des Herausfindens betreibt. Eine Wissenschaft, die sich ihrer Grenzen bewußt ist, würde zumindest einen Unterschied machen zwischen einer Aussage wie etwa derjenigen, daß die Dichte von Aluminium diesen oder jenen Wert hat, oder wie viele Protonen im Kern eines Heliumatoms vorhanden sind, und der Behauptung, daß vor fünfhundert Millionen Jahren dieses oder jenes astronomische Ereignis eintrat oder daß vor so vielen Millionen oder Milliarden Jahren eine bestimmte geologische Formation entstand. Man fragt sich doch, was eigentlich das Wort Jahr in einer solchen Aussage bedeuten soll und welche Voraussetzungen man bezüglich der Natur der Wirklichkeit macht, um eine solche Definition von Jahreslängen zu geben, wie sie meist gegeben wird, wenn man einem Naturwissenschaftler eine Frage wie diese vorlegt.

Was aus traditionaler Sicht an dieser anmaßenden Extrapolation physikalischer Gesetze in lange Zeiträume und die Zeit überhaupt am unseligsten ist, ist die Tatsache, daß sie zu einer vollkommenen Vernachlässigung und sogar Leugnung kosmischer Rhythmen führt, der qualitativ unterschiedliche Zustände, die im Kosmos in verschiedenen Augenblicken des kosmischen Zyklus herrschen, und jener Auflösung der ganzen physikalischen Welt in ihr feinstoffliches Prinzip am Ende eines kosmischen Zyklus. Die Leugnung der traditionalen Lehre von den Zyklen oder auch eines einzigen Zyklus, der mit den majestätischen und gewaltigen Ereignissen endet, die in allen Heiligen Schriften und Eschatologien beschrieben werden, ist einer der größten Mängel der modernen Naturwissenschaft, weil sie die Eschatologie mit dem Stigma der Unwirklichkeit behaftet hat. Sie hat vorgeblich im Namen der wissenschaftlichen Logik, in Wirklichkeit aber in Folge einer anmaßenden Extrapolation aufgrund metaphysischer Ignoranz zu einer Zerstörung jener Anschauung von letzten Zwecken geführt, die dem menschlichen Leben Signifikanz gibt und in allen Zeitaltern das Verhalten des Menschen als ethisches Wesen zutiefst beeinflußt hat. Sie hat auch in den Seelen derjenigen, die vom Szientismus beeinflußt sind, die Großartigkeit der Schöpfung und die Bedeutung des Opfers des Urmenschen zunichte gemacht. Dies ist der Grund, warum diese Naturwissenschaft gegenüber der erstaunlichen Harmonie, die den Himmel und die Erde durchzieht, so völlig unempfindlich ist. Woher kommt diese Harmonie? Diese Frage, die eine metaphysische ist, aber tiefreichende naturwissenschaftliche Folgen hat, blieb infolge der Hypothese des Uniformitarianismus unbeantwortet, der metaphysisch absurd ist, aber als naturwissenschaftliches Gesetz hingeht, weil die Vision eines hierarchischen Universums und das Verständnis für kosmische Rhythmen verloren gegangen ist.

Eng verknüpft mit diesem Verlust der Wahrnehmung der vertikalen Daseinsdimension ist der für die moderne Wissenschaft so typische Reduktionismus, den wir bereits im Zusammenhang mit dem Prozeß der Entheiligung des Wissens erwähnt haben. Vom Standpunkt der scientia sacra ist dieser Reduktionismus die Umkehrung der traditionalen Lehre, nach der jeder höhere Daseinszustand den niedrigeren »enthält«, wobei das Urprinzip die Wurzel all desjenigen in sich birgt, was in allen Reichen metakosmischen und kosmischen Daseins an Wirklichem vorhanden ist. Bei dieser Umkehrung der normalen Beziehungen zwischen den Seinsstufen wird der Geist zur Psyche reduziert, die Psyche zur biologischen Form, lebendige Formen auf Aggregate von Materiebausteinen usw. Sicher kann man nicht der Physik die Verantwortung für diesen Reduktionismus auf allen Ebenen aufbürden; doch ist sogar schon auf der nichtmateriellen Ebene die Wirkung einer rein phänomenalen Wissenschaft zu beobachten, die dem sinnlich Verifizierbaren verhaftet ist, wie zum Beispiel die für die moderne Welt so typische Reduktion des Geistes auf die Psyche und die Beschäftigung mit Nachweisen für die Existenz nicht nur des Psychischen, sondern auch des Spirituellen mit Hilfe verschiedener Experimente belegt, die indirekt die physikalischen Wissenschaften nachahmen.[42]

Es gibt freilich eine Gruppe von Biologen und andere, die mit den Wissenschaften vom Leben befaßt sind, die versucht haben, diesen Reduktionismus zumindest auf der Ebene der Lebensformen zu vermeiden, denn diejenigen, die solche Wissenschaften betreiben, wissen sehr gut, daß das Ganze eine völlig andere Entität ist als seine Teile, daß die Form eine Realität bezeichnet, die sich nicht auf ihre physikalischen oder chemischen Bausteine reduzieren läßt und daß die Energie, die die Lebensfunktionen bewirkt, eine andere ist als die materielle Energie. Diese »morphische« Wissenschaft, um einen von L. L. Whyte[43] gebrauchten Ausdruck zu zitieren, ist eng mit der naturphilosophischen Tradition verwandt und wird voll und ganz von so bedeutenden Biologen wie A. Portmann[44] unterstützt, der den naturwissenschaftlichen Reduktionismus ablehnt, was »Formen« betrifft. Es gibt in der Tat eine ganze Kritik der modernen Naturwissenschaft auf der Basis dieser Perspektive und das Bestreben, die Formen der Natur aus einer ganzheitlichen Sicht zu untersuchen[45]; die Tatsache, daß eine solche Kritik geäußert wurde, ändert aber nichts daran, daß der Reduktionismus nach wie vor ein Kernelement der modernen Naturwissenschaft ist und insbesondere der Weltsicht ihrer Popularisierer, und daß dieser Reduktionismus eines der Haupthindernisse ist, die den modernen Menschen daran hindern, in der kosmischen Manifestation die Abspiegelung der Hierarchie des Daseins zu erblicken. Dieser Reduktionismus hat seinen gegenüberliegenden, aber auch komplementären Pol in der durch nichts zu rechtfertigenden Generalisierung der Naturwissenschaft und ihrer Befunde in der Weise, daß sie sich als eine Wissenschaft von den Dingen an sich, das heißt als eine Metaphysik ausgibt und trotz der gegenteiligen Behauptungen vieler ihrer Anhänger und Vertreter die Rolle einer Theologie spielt, während sie die Anwesenheit Gottes verdunkelt und einen Schleier über die letzten Spuren der Anwesenheit Gottes auf dem Antlitz seiner Schöpfung zieht. Die moderne Naturwissenschaft ist eine Wissenschaft von der Welt, die einer bestimmten Betrachtungsweise des Äußeren verpflichtet ist, erhebt aber trotzdem einen Absolutheitsanspruch als die Wissenschaft von der Welt, wie sie ist, was indes nur die Funktion einer »göttlichen Wissenschaft« sein kann. Sie muß daher notwendigerweise den Platz der Metaphysik und Theologie einnehmen, jedenfalls für diejenigen, die in ihr die einzige Möglichkeit sehen, Gewißheit zu erlangen, während ihnen alles andere als Konjektur erscheint.[46]

Eine Wissenschaft, die in dieser Weise den Umfang sowohl der Erkenntnis wie auch der Wirklichkeit auf ihre spezifische Betrachtungsweise der Welt und jenen Aspekt der Welt einengt, der ihrer Sichtweise der Dinge zugänglich ist, betreibt zwangsläufig die Säkularisierung der Welt und die Ausbreitung des Agnostizismus. Dies gilt um so mehr, als diese Wissenschaft in einer Welt agiert, in der ihre Thesen fast automatisch weit über die Grenzen hinaus generalisiert werden, wie sie auch manchen Wissenschaftlern als akzeptabel erscheinen, weil diese »Welt« schon weitgehend durch die Generalisierung naturwissenschaftlichen Denkens insbesondere in der Form, wie es im frühen 17. Jahrhundert herausgebildet wurde, geformt ist. Indem sie sich weigert, die verschiedenen Facetten einer bestimmten Wirklichkeit in Betracht zu ziehen und Symbole auf Fakten reduziert, fördert diese Naturwissenschaft zwangsläufig jenen Agnostizismus und die Entheiligung der Erkenntnis und des Seins, die die moderne Welt prägen[47], – und doch hätte es nicht dazu kommen müssen, wenn diese Art von Wissenschaft in eine Erkenntnis höheren Ranges integriert worden wäre. Die traditionale Perspektive erblickt als Grund für diese Beschränkungen der modernen Naturwissenschaft einen Naturbegriff, der noch hinter das 17. Jahrhundert zurück auf die traditionalen Schulen christlichen Denkens zurückreicht, wo trotz einer Hildegard von Bingen, eines heiligen Franziskus oder Bonaventura[48] zumindest in der offiziellen Theologie eine irgendwie polemische Haltung gegenüber der Natur herrschte.[49] Eine integrale Schau der Natur und ihrer spirituellen Bedeutung war nur in der christlichen Hermetik und der Alchemie zu finden.[50] Die Quantifizierung der Natur durch die Physik des 17. Jahrhunderts wurde an einer Natur vollzogen, in der es schon keine Heilige Gegenwart mehr gab. Diese Naturwissenschaft verschärfte aber nun diese Entfremdung des Menschen von der Natur und deren Verstümmelung, deren katastrophalen Folgen der heutige Mensch ausgesetzt ist. Der Hauptstrom des westlichen Denkens sah in der Natur ein Hindernis der Gottesliebe. Darüber hinaus hegten der prometheische Mensch und der von ihm gezeugte Humanismus einen tiefinneren Haß gegen die Natur als einer Wirklichkeit, die ihre eigene Harmonie, ihr eigenes Gleichgewicht und ihre eigene Schönheit hatte, die vom Menschen weder erfunden noch geschaffen war und grundsätzlich den Thesen des Humanismus widersprach. Diese Elemente schaukelten sich im Verein mit der mehr aktiven als kontemplativen Mentalität des westlichen Menschen insbesondere in der modernen Zeit zu jener gespaltenen und letztlich zerstörerischen Beziehung des westlichen Menschen gegenüber der Natur auf, die ihm schließlich den

Blick für ihre sakramentalen Qualitäten und ihre revelatorische Funktion als Theophanie trübte. Dies ist der Grund, warum es eine andere Wissenschaft von der Natur gibt und geben muß, die nicht die Metaphysik oder scientia sacra selbst ist, sondern deren Anwendung auf das Reich der Natur. Eine solche Wissenschaft würde einerseits die positiven Leistungen der modernen Naturwissenschaft nicht ausschließen, wäre aber andererseits nicht ihren Beschränkungen unterworfen.[51] Sie würde den theophanen Charakter des Kosmos nicht verschleiern, sondern entschleiern und die Erkenntnis des sinnlich Wahrnehmbaren auf höhere Wirklichkeitsebenen und letztlich die Wirklichkeit an sich beziehen.[52] Es wäre eine Wissenschaft, deren Matrix die Vernunft wäre und nicht die zersplitterte Ratio des kartesianischen cogito. Eine solche Wissenschaft gab es bereits in traditionalen Zivilisationen, und sie war der gemeinsame Nenner von deren Wissenschaften vom Reich des sinnlich Wahrnehmbaren, die in vielen Fällen von bemerkenswerter Breite und Tiefe waren. Ihre Prinzipien findet man noch in der scientia sacra, aus der eine Wissenschaft geschaffen werden könnte, die die heutigen Naturwissenschaften konsolidieren und integrieren könnte, wenn man sie nur von den rationalistischen und reduktionistischen Prämissen reinigte, derer sie letztlich gar nicht bedarf, die sie aber seit ihrer Geburt während der naturwissenschaftlichen Revolution begleitet haben. Nur eine solche Einbindung kann den spalterischen und letztlich zersetzenden Effekt eines Teilwissens aufheben, das von anderen als Gesamtwissen vorgeführt wird. Diese »anderen« sind nicht nur szientistische Philosophen, sondern viele Wissenschaftsphilosophen und -historiker, die von einem dogmatischen Positivismus[53] infiziert sind, und eine Reihe moderner Mystifizierer und Pseudognostiker, die, statt die Naturwissenschaft in die gnostische Schau zu integrieren, die Wahrheiten der Gnosis zu einer pseudowissenschaftlichen Science-fiction verstümmelt haben, womit bloß einmal mehr das Teilwissen der modernen Naturwissenschaft zu einem Gesamtwissen verallgemeinert wird, wenn auch esoterisch verbrämt.[54] Diese andere Wissenschaft, die traditional in jenem tiefsten Sinne ist, daß sie eine Weitergabe im Einklang mit der Bestimmung des Menschen impliziert, der solches Wissen besitzen kann[55], wird sich zwangsläufig manifestieren, wenn die scientia sacra wieder Wirklichkeit wird, weil sie nichts anderes ist als die Anwendung dieser höchsten Form von Wissen auf das kosmische Reich.

Es muß offen bleiben, ob eine solche Wissenschaft, die eine Zwischenstellung zwischen reiner Metaphysik und moderner Naturwissenschaft einnimmt, noch rechtzeitig geschaffen und zu einer Integration der modernen Naturwissenschaft führen kann, um zu verhindern, daß die Anwendung dieser Naturwissenschaft in Form der modernen Technologie noch weitere Zerstörungen über die Natur und weiteres Unheil über die Menschen selbst bringen kann. Fest steht freilich, daß, wie allmächtig sich der prometheische Mensch auch fühlen mag, die Natur das letzte Wort haben wird.[56] Ihre Rhythmen und Normen werden sich letztlich durchsetzen. Weil die Wahrheit nach dem lateinischen Sprichwort vincit omnia veritas immer triumphiert und die Natur der Wahrheit näher ist als die künstliche Welt des prometheischen Menschen, wird sie letztlich unzweifelhaft Siegerin sein.

Der spirituelle Mensch, dessen Geist durch die göttliche Vernunft geheiligt ist und dessen äußere Augen ein neues Licht empfangen haben, das vom Auge des Herzens ausgeht, sieht sich nicht einmal in einer solchen Dichotomie. Er steht immer auf der Seite der Natur, denn er erblickt in ihr die großartige Theophanie, die all das äußerlich darstellt, was er innerlich ist. Er sieht in den Formen der Natur die Signaturen der himmlischen Archetypen und ihren Bewegungen und Rhythmen die Exposition einer Metaphysik höchsten Ranges. Für einen solchen Menschen ist die Natur eine Hilfe zur spirituellen Einigung – denn der Mensch braucht die Welt, um sie zu transzendieren –, und zugleich das Substrat für die Gegenwart jener Wirklichkeit selbst, die jenseits und gleichzeitig innerhalb ihrer Formen liegt, die von der Hand des höchsten Künstlers geschaffen sind. Den Kosmos als Theophanie betrachten heißt erkennen, daß alle Manifestation des Einen Rückkehr zum Einen ist, daß alle Trennung Vereinigung ist, daß alles Andere das Selbige ist, daß alle Fülle die Leerheit ist. Eine solche Betrachtungsweise bedeutet, Gott überall zu sehen.

Anmerkungen

1 Dante Alighieri, *Die Göttliche Komödie, Das Paradies, Dreiunddreißigster Gesang*. Nach der Übers. v. H. Gmelin.
2 Im Gegensatz zu denjenigen, die von östlicher Weisheit und westlicher Wissenschaft sprechen und versuchen, dem Osten in der Weise Anerkennung zu zollen, daß sie seine Weisheit übersteigen und seine »Wissenschaft« schmälern, die als die krönende Leistung des Westens betrachtet wird, sind wir der Meinung, daß neben der östlichen Weisheit, die natürlich von hohem Rang und unschätzbarem Wert ist, auch den Naturwissenschaften der östlichen Zivilisationen große Bedeutung zukommt, weil sie Naturwissenschaften und -philosophien bereithalten, die eine Alternative zu den im Westen vorherrschenden sind. Es ist interessant festzustellen, daß im Gegensatz zu dieser Gegenüberstellung westlicher Weisheit und östlicher Wissenschaft zu Anfang dieses Jahrhunderts viele Suchende nach authentischem Wissen heute praktisch ebensosehr an den östlichen Wissenschaften wie an der östlichen Weisheit interessiert sind. Wir möchten natürlich in keiner Weise die Bedeutung der östlichen Weisheit schmälern, ohne deren Wissen die traditionalen Wissenschaften bedeutungslos würden. Wir möchten aber den Wert der traditionalen Wissenschaften gegenüber denjenigen verteidigen, die behaupten, daß die orientalischen Zivilisationen einiges zur Philosophie oder Religion, aber wenig Bedeutsames zum Studium der Natur beigetragen haben. Trotz der Tatsache, daß es heute in fast jeder europäischen und amerikanischen Stadt Akkupunktur-Heiler und Yoga-Lehrer gibt und eine ganze Bibliothek von populären Werken über die östlichen Wissenschaften erschienen ist, ist dieser Standpunkt noch immer sehr verbreitet.
3 Über die traditionale Bedeutung und den traditionalen Sinn der Kosmologie siehe T. Burckhardt, »Nature de la perspective cosmologique«, Études Traditionelles 49 (1948): 216–19; sowie sein »Cosmology and Modern Science«, in J. Needleman (Hrsg.), The Sword of Gnosis, insb. S. 122–32. Bezüglich der islamischen Kosmologie siehe Nasr, An Introduction to Islamic Cosmological Doctrines.
4 Die moderne Disziplin der Wissenschaftsgeschichte kann, von wenigen bemerkenswerten Ausnahmen abgesehen, zwar den historischen Zusammenhang zwischen den traditionalen und den modernen Wissenschaften nachzeichnen, ist aber wegen ihrer eigenen philosophischen Beschränkungen und ihres vollkommen säkularisierten Erkenntnisbegriffs unfähig, die symbolische und metaphysische Bedeutung der ersteren darzustellen. Über den Unterschied zwischen traditionaler und moderner Wissenschaft siehe R. Guénon, »Sacred and Profane Science«, in seinem Crisis of the Modern World, S. 37–50; und Nasr, »Traditional Science«, in R. Fernando (Hrsg.) A. K. Coomaraswamy gewidmeter Band (im Druck).
5 Über die Gotterkenntnis in allen Dingen siehe Schuon, »Seeing God Everywhere«, in seinem Gnosis, Divine Wisdom, S. 106–21.

6 Theophanie, wörtlich »Gotteserscheinung«, meint nicht die Inkarnation Gottes in den Dingen, sondern die Abspiegelung des Göttlichen im Spiegel der geschaffenen Formen.

7 سَنُرِيهِمْ آيَاتِنَا فِي الْآفَاقِ وَفِي أَنْفُسِهِمْ حَتَّى يَتَبَيَّنَ لَهُمْ أَنَّهُ الْحَقُّ

8 Wir haben diesen Gedanken ausführlich in unseren verschiedenen Arbeiten über die islamischen Wissenschaften dargestellt, insbesondere *An Introduction to Islamic Cosmological Doctrines*, Vorwort; *Science and Civilization in Islam*, S. 24; and *Ideals and Realities of Islam*, S. 54 ff.

9 Wie es in einem berühmten Sufi-Gedicht heißt:
Dem Antlitz jedes grünen Blattes ist eingeschrieben
den Klarsichtigen die Weisheit des Schöpfers.

10 Über die spirituelle Bedeutung der Identifizierung der Indianer mit dem Geist eines bestimmten Tieres siehe J. Brown, The Sacred Pipe, Brown, Okla., 1967, insb. S. 44 ff., »Crying for a Vision«; C. Martin, Keepers of the Game, Los Angeles, 1980; A. I. Hallowell, »Bear Ceremonialism in the Northern Hemisphere«, American Anthropologist 28/1 (1926): 1–175; und Artscanada Nr. 184–87 (Dez. 1973–Jan. 1974), die eine umfassende und interessante Dokumentation zum Verhältnis der Indianer zur Tierwelt enthält.

11 Damit soll die Bedeutung des Wunders in keiner Weise geleugnet oder geschmälert werden. Selbst der Islam, für den die Ordnung des Universums der sinnfälligste Beweis für die Macht und Weisheit des Einen ist, heißt es, daß eine Prophezeiung ohne Wunder (i'jāz), unmöglich ist, was in der Tat in der islamischen theologischen Diskussion eine bedeutende Rolle spielt.

12 Bezüglich des Sinns der Sharī'ah und ihre Bedeutung für die Muslims siehe Nasr, *Ideals and Realities of Islam*, Kap. 4.

13 In Arbeiten zur islamischen Naturgeschichte wird dies praktisch als selbstverständlich vorausgesetzt; im Arabischen werden verschiedene Arten häufig als *ummah* bezeichnet, was eine religiöse Gemeinschaft bedeutet, die durch ein bestimmtes göttliches Gesetz gebunden ist, wie z. B. die *ummah* des Islam oder Judaismus. Über die spirituelle Bedeutung des Tierreichs, das seine eigenen Gesetze und seine eigene religiöse Bedeutung hat, siehe Ikhwān al-Safā, *Der Streit zwischen Mensch und Tier*, Übers. F. Dieterici, Olms 1969.

14 Siehe al-Fārābī, *Idées des habitants de la cité vertueuse*, Übers. R. P. Janssen, Cairo 1949.

15 Die Ash'ariten lehnen den Gedanken der »Natur« von Dingen und die Vorstellung von Gesetzen ab, die sich auf diese »Naturen« beziehen. Sie tun dies aber im Namen eines allumfassenden Voluntarismus, der diese »Gesetze« in direkte Ausdrucksformen des Willens Gottes verwandelt.

Zwar steht diese Art von totalem Voluntarismus im Gegensatz zu der Weisheitsperspektive, die von der integralen Natur der Gottheit ausgeht, die seine Weisheit und seine Macht und nicht nur seine Macht oder seinen Willen einschließt, liegt auch die Ashʿaritische Position, was das hier angeführte Argument betrifft, innerhalb der hier dargelegten These. Auch sie betrachten wie andere Schulen des islamischen Denkens alle Gesetze, die die menschliche und nichtmenschliche Welt regieren, als Äußerungen des göttlichen Willens, auch wenn sie nicht zwischen demjenigen unterscheiden, was Gott will, und was seine Natur spiegelt, was nicht angeht.

16 Über die metaphysische Beziehung zwischen einem bestimmten Wesen und dem Milieu, in dem es existiert, siehe Guénon, *Les États multiples de l'être*.

17 Über die Kette des Seins siehe das nach wie vor wertvolle Werk von A. Lovejoy, *The Great Chain of Being*, Cambridge, Mass. 1961.

18 Islamische Quellen zur Kette des Seins (marātib almawjūdāt) siehe bei Nasr, *Introduction to Islamic Cosmological Doctrines*, S. 202 ff.

19 Über die »Fünf Göttlichen Gegenwarten« siehe F. Schuon, *Comprendre l'Islam*, S. 142–58.

20 Die letzten drei Welten sind weiter untergliedert, wobei das malakut auch die niedrigeren Engel umfaßt und mit der Seele identifiziert wird, die die Möglichkeit hat, sich in die anderen Reiche oder Gegenwarten zu begeben.

21 Es gibt bis dato kein erschöpfendes Werk über all die unterschiedlichen Kosmologien, die im islamischen Denken entwickelt wurden. Einige der wichtigsten haben wir in unserem *Introduction to Islamic Cosmological Doctrines* behandelt.
Es ist daran zu erinnern, daß im Islam wie in anderen Traditionen die ganze Kosmologie auch in Form der Musik dargelegt wurde, weil traditionale Musik eine kosmische Dimension hat und in einer Entsprechung zu der Struktur, den Rhythmen und den Modalitäten des Kosmos steht. Aus diesem Grund betonen traditionale Musikwissenschaften so sehr die kosmischen und metakosmischen Entsprechungen der Tonarten, Melodik und Rhythmik.
Über die Entsprechung zwischen Musik und Kosmos im Islam siehe R. D'Erlanger, *La Musique arabe*, Band 5, Paris 1930–1939; N. Caron und D. Safvat, *Les Traditions musicales*, Band 2, Iran, Paris 1966; Ibn ʿAlī al-Kātib, *La Perfection des connaissances musicales*, Übers. A. Shiloah, Paris 1972; A. Shiloah, »L'Epître sur la musique des Ikhwān al-Safā'«, *Revue des Études Islamiques*, 1965, S. 125–62, S. 159–93; und J. During, »Elements spirituels dans la musique traditionnelle iranienne contemporaine«. *Sophia Perennis* 1/2 (1975); 129–54 (das sich mehr mit dem spirituellen und initiatorischen als dem kosmologischen Aspekt der traditionalen Musik befaßt).
Siehe auch das klassische Werk von A. Daniélou, *Introduction to the Study of Musical Scales*, London 1943, das die metaphysischen und kosmologi-

schen Grundlagen der indischen Musik behandelt. Diese Entsprechung zwischen Kosmologie und Musik findet sich überall, wo traditionale Musik neben der geistigen und spirituellen Tradition überlebt hat, auf deren Grundlage sie entstanden ist.

22 Über verschiedene Kosmologien in der Antike siehe C. Blacker und M. Loewe (Hrsg.), Ancient Cosmologies, London 1975. Die Aufsätze in diesem Band, die von verschiedenen Autoren verfaßt wurden, sind zwar sämtlich informativ, weisen aber unterschiedliche Standpunkte hinsichtlich der Bedeutung der traditionalen kosmologischen Schemata auf.

23 Über die gnostische Reise durch den Kosmos in der islamischen Tradition siehe Nasr, *Introduction to Islamic Cosmological Doctrines*, Kap. 15.

24 Viele traditionale Mythen behandeln den gefährlichen und risikoreichen Akt des Entrinnens aus dem Gefängnis des kosmischen Daseins. Siehe u. a. Coomaraswamy, »Symplygades,« in Lipsey (Hrsg.), *Coomaraswamy*, Band 1, S. 521–44.

25 In manchen Traditionen erscheint dieses Labyrinth als Berge und Täler, finstere Wälder u. ä. Die Wanderung Dantes auf den Läuterungsberg ist ein Symbol der Reise durch den Kosmos, der als Berg betrachtet wird, eine Symbolik, die sich auch in 'Attār's *Conference of the Birds* (Manṭiq al-ṭayr) und in vielen anderen Traditionen findet. Die Symbolik des kosmischen Berges (der Berg Meru des Hinduismus, der Alborz des Zoroastrismus, der Qāf des Islam usw.) ist eines der universalsten Symbole, die man in den verschiedenen Traditionen finden kann. Über die Symbolik des Bergsteigens in seiner Beziehung zur Fahrt durch den Kosmos siehe M. Pallis, »The Way and the Mountain,« in seinem *The Way and the Mountain*, S. 13–35.

26 Die Labyrinthe in Kathedralen wie derjenigen von Chartres beziehen sich auf das nämliche Prinzip und beruhen auf einer genauen Kenntnis der traditionalen kosmologischen Wissenschaften. Siehe K., C., und V. Critchlow, Chartre Maze, *A Model of the Universe*, London 1976.

27 Der Prophet des Islam sagt: »Stirb, bevor du stirbst.« Nur derjenige, der dieser Injunktion gefolgt ist, ist befähigt, die kosmischen Formen als Abspiegelungen göttlicher Qualitäten statt als undurchsichtige Schleier zu betrachten, die den Glanz ihrer Quelle verbergen.

28 Dies ist im wesentlichen die Perspektive des Zen, was nicht bedeutet, daß man das Göttliche in irgendeiner Form von Naturalismus in den Dingen erleben kann, was für viele westliche Zen-Adepten mehr oder weniger der Übergang von einer Art sentimentaler Naturmystik in die Welt des Zen ist. Solche Leute möchten in gewissem Sinne den Himmel ohne Glauben an Gott oder ohne Tugendhaftigkeit erfahren, die ein Wesen für den paradiesischen Zustand qualifizieren würden, denn was ist die Kontemplation von Naturformen in divinis, wenn nicht eine Erfahrung des Paradieszustandes? Jedenfalls gibt es aus traditionaler Sicht so etwas wie eine Naturmystik nicht; in der Praxis kann der Mensch Gott nicht als immanent erleben, wenn er ihn nicht zuerst als transzendent erfahren hat,

wie auch immer diese Begriffe in verschiedenen traditionalen Sprachen übersetzt sind. Man könnte dies auch so ausdrücken, daß der Mensch die Identität des Nirwāna mit dem Samsāra erkennen kann, sofern er bereits über das Samsāra hinausgelangt ist und das Nirwāna erreicht hat.

29 Daher wird tajallī als Theophanie übersetzt. In seinem unvergleichlichen *Gulshan-i rāz* sagt Shabistarī:
Nichtsein ist ein Spiegel, die Welt das Bildnis (des universalen Menschen), und der Mensch
ist das Auge des Bildnisses, in dem er verborgen ist.
Siehe Nasr, *Science and Civilization in Islam*, S. 345.

30 Wir gebrauchen hier Materie nicht im aristotelischen, sondern im alltäglichen Sinne als »Stoff« oder »Substanz«, aus der Dinge bestehen.

31 In den letzten Jahren ist im Westen lebhaftes Interesse an der Wiederentdeckung der Heiligen Geometrie erwacht. Siehe z. B. K. Critchlow, *Time Stands Still*, ders., *Islamic Patterns*, und die verschiedenen Veröffentlichungen der Lindesfarne Association, u. a. die *Lindesfarne Letters*, insbes. Nr. 10 (1980), der sich mit Geometrie und Architektur befaßt.

32 Siehe Proclus Lycius, *The Philosophical and Mathematical Commentaries of Proclus, on the First Book of Euclid's Elements*, übersetzt mit einem Kommentar von Th. Taylor, London 1972.
Dieses grundlegende Werk, dessen Verständnis durch Taylors Kommentare sehr erleichtert wird, enthält die Grundlagen für das Verständnis des Verhältnisses der Geometrie zu den ersten Prinzipien. Obwohl die Geometrie eine Hilfswissenschaft der Metaphysik ist, ist sie natürlich nicht nur dies. Sie ist vielmehr für sich genommen und im Hinblick auf die Beziehung der traditionalen Wissenschaften zur Kunst eine der bedeutendsten dieser Wissenschaften.

33 Es ist im Grunde eine Erscheinung der ersten Jahrzehnte des 19. Jahrhunderts, daß die Technologie im Westen in eine so enge Beziehung zur modernen Naturwissenschaft getreten und zu deren direkter Anwendung geworden ist. Davor verfolgten Naturwissenschaft und Technologie zwei ganz unterschiedliche Richtungen, und es gab kaum einen Austausch von Bedeutung zwischen ihnen.

34 Traditionale Kritiken der modernen Naturwissenschaft siehe bei Guénon, »Sacred and Profane Science«, Schuon, *Language of the Self*, Kap. 10; ebenda, *In the Tracks of Buddhism*, Kap. 5; Lord Northbourne, *Religion in the Modern World*, London 1963, insb. Kap. 5; und F. Brunner, *Science et réalité*, Paris 1954.

35 Dies gilt insbesondere für den englischen Ausdruck »Science«, der einen viel engeren und beschränkteren Bedeutungsumfang besitzt wie etwa das deutsche »Wissenschaft«, das französische »science« oder das italienische »scienzia« und in aller Regel nur mit »Naturwissenschaft« zu übersetzen ist.

36 »Die moderne Wissenschaft glaubt zunächst, was sie sieht, und sieht am Ende, was sie glaubt.« F. Schuon, *Du Divin à l'Humain*.

37 »Der moderne Mensch war – und ist – nicht ›intelligent‹ genug, um so vordergründigen Folgerungen wie sie vielleicht aus dem Kontakt mit Fakten folgen, vernunftmäßigen Widerstand bieten zu können, die, wiewohl sie natürlich sind, normalerweise außerhalb des Bereichs der normalen Wahrnehmung liegen; um in ein und demselben Bewußtsein sowohl die religiöse Symbolik des Himmels wie auch die astronomische Tatsache der Milchstraße haben zu können, ist eine Intelligenz erforderlich, die mehr als nur rational ist, womit wir wieder bei dem entscheidenden Problem der Erkenntnis und in letzter Konsequenz bei dem Problem der Gnosis und Esoterik angelangt sind... Jedenfalls liegt das tragische Dilemma des modernen Geistes in der Tatsache, daß die meisten Menschen nicht fähig sind, a priori die Verträglichkeit der symbolischen Darstellungen der Tradition mit den materiellen Beobachtungen der Naturwissenschaft zu begreifen; diese Beobachtungen erregen in dem modernen Menschen den Wunsch, das »warum und wo« aller Dinge verstehen zu können, wobei dieses »wozu« ebenso äußerlich und eingängig sein soll wie den naturwissenschaftlichen Phänomenen selbst, das heißt mit anderen Worten, alle Antworten sollen auf der Ebene seiner eigenen Erfahrungen liegen; da diese aber rein materieller Natur sind, schließt sich sein Bewußtsein von vornherein gegenüber allem ab, was diese transzendieren könnte.«
Schuon, *Language of the Self*, S. 226–27.
38 Die oben erwähnte Anziehungskraft orientalischer Naturlehren hängt mit derselben Erscheinung zusammen. Über das Interesse der zeitgenössischen Physik an der traditionalen Esoterik und an mythischen Auffassungen des Universums siehe M. Talbot, *Mysticism and the New Physics*, New York 1981.
39 »L'Ame du Monde est donc bien typifiée par la Vièrge Marie du Christianisme.« J. Brun, »Qu'est devenu L'Ame du Monde?« Cahiers de l'Université Saint Jean de Jérusalem, Nr. 6, *Le Combat pour L'Ame du Monde*, Paris 1980 ff., S. 164–65. Dieser Essay zeichnet die Schritte nach, auf denen die Welt, wie sie der moderne Mensch sieht, ihre Seele verlor.
Über die Beziehung der Jungfrau Maria zur Weltseele siehe den Artikel von G. Durand, »La Vièrge et l'Ame du Monde«, im selben Band S. 135–67.
40 So z. B. bei allen späteren islamischen Philosophen, die der avicennischen und suhrawardischen Kosmologie folgten, wie etwa Qāḍī Sa'īd Qummī, dessen *Glosses upon the »Theology of Aristotle«*, das eine umfassende Diskussion dieses Themas enthält, von C. Jambet analysiert wurde, in seinem »L'Ame du Monde et L'amour sophianique«, in Cahiers de l'Université Saint de Jérusalem, Nr. 6, *Le Combat pour l'Ame du Monde*, S. 52 ff.
41 Über die Bedeutung dieser Städte, die in Sagen, in Dichtungen wie derjenigen von Niẓāmī sowie in philosophischen und metaphysischen Texten auftauchen, siehe Corbin, *En Islam iranien*, Bd. 2, S. 59.

42 Die Haltung des Empirismus ist es, die so viele Menschen zu verschiedenen Arten von Spiritualismus, Magnetismus, Okkultismus usw. hinzieht, die das Übernatürliche durch phänomenale Evidenz »beweisen« wollen. Wenn auch manche psychologischen Experimente zweifellos gezeigt haben, daß die Wirklichkeit mehr umfaßt als dasjenige, was dem Auge begegnet, und daß die sogenannte »wissenschaftliche« Weltsicht, nach der ein begrenzter Materie-Energie-Komplex der letzte Grund all desjenigen ist, das Wirklichkeit konstituiert, unhaltbar ist, so kann doch kein phänomenaler Beweis die Wirklichkeit des Geistes beweisen, der jenseits aller Phänomene liegt und dem Reich des Numinosen angehört.

43 Siehe sein *Universe of Experience*, New York 1974.

44 Seine zahlreichen Artikel und Essays, die über die Jahre hin im Eranos-Jahrbuch erschienen sind, sind die bedeutsame Darlegung einer nichtreduktionistischen »Naturphilosophie« seitens eines zeitgenössischen Biologen. Über Portmann siehe auch M. Grene, *Approaches to a Philosophical Biology*, New York 1965.
Eine den Reduktionismus ablehnende Wissenschaftsphilosophie siehe auch in den Arbeiten von M. Polanyi, The Tacit Dimension, New York 1966; Science, Faith und Society, London 1964 und Knowing and Being, London 1969. Seine Arbeiten haben in den letzten Jahren die Aufmerksamkeit vieler Wissenschaftsbetrachter gefunden, die dem der gängigen wissenschaftlichen Weltsicht inhärenten Reduktionismus ablehnend gegenüberstehen.

45 In den letzten Jahren gab es in Deutschland im Namen einer ganzheitlicheren Naturbetrachtung rege Kritik an der zersplitterten Vorgehensweise der modernen Naturwissenschaft. Diesem Thema ist sogar eine eigene Zeitschrift gewidmet, in der zahlreiche Artikel von Naturwissenschaftlern wie von Philosophen erschienen sind, die sich mit diesem Thema und seinen Erweiterungen befassen. Siehe *Zeitschrift für Ganzheitsforschung* (1957–).
Zur Kritik der modernen Naturwissenschaft aus dieser Perspektive siehe auch W. Heitler, *Naturphilosophische Streifzüge*, Braunschweig 1970, und sein *Der Mensch und die naturwissenschaftliche Erkenntnis*, Braunschweig 1970.

46 »Fondée non pas sur la considération de Dieu, mais sur une technique particulière, la science moderne cache Dieu et l'enveloppe au bien de s'ouvrir à la connaissance universelle et transcendante...; elle n'est proprement ni divine ni révélatrice de Dieu et ne peut definir la réalité véritable du monde.« F. Brunner, *Science et réalité*, S. 205. Dieses Werk enthält eine der profundesten Kritiken der modernen Naturwissenschaft seitens eines zeitgenössischen europäischen Philosophen.

47 »Symbolisches Denken ist gnostisch, während naturwissenschaftliches Denken agnostisch ist; letzteres Denken glaubt, daß »Zwei und Zwei Vier ist«, oder es glaubt nur, was es sieht, was auf dasselbe hinausläuft.«

G. Durand, *On the Disfiguration of the Image of Man in the West*, Ipswich, U.K. 1977, S. 15.

48 Der heilige Bonaventura konnte die Schönheiten der Natur als die Abspiegelung von Gottes Schönheit und Weisheit beschreiben:
Wer also von einem solchen Glanz der geschaffenen Dinge nicht erleuchtet ist, ist blind; wer von solchen Ausrufen nicht erweckt wird, ist taub; wer Gott um all dieser Wirkungen nicht preist, ist stumm; wer das erste Prinzip in solchen klaren Zeichen nicht entdeckt, ist ein Narr.
Aus E. Cousin (Übers.), *Bonaventure: The Soul's Journey unto God*, S. 67. Man darf wohl annehmen, daß der heilige Bonaventura viele von denjenigen, die im Mittelalter nach ihm kamen, auch aus den Reihen der Theologen, die weitgehend vom Nominalismus beherrscht waren, gemäß den obigen Definitionen als Blinde, Taube, Stumme oder Narren eingestuft hätte.

49 »Il nous semble que la pensée occidentale, traditionnelle ou moderne, religieuse ou athée, propose de la Nature une notion ›mutilée‹ ou limitée, corrélative d'une attitude passionnelle ou polémique.« G. Vallin, »Nature intégrale et Nature mutilée«, *Revue philosophique*, Nr. 1 (Jan.–März 1974): 77.

50 »La pensée occidentale nous offre, notamment dans le Néoplatonisme, dans l'Hermétisme ou l'alchimie, ou chez un Scot Erigène, une approche ou un équivalent de ce que nous proposons d'appeler la ›Nature intégral‹; mais c'est dans le cadre de la pensée orientale, et notamment de la méthaphysique hindouiste du Védanta que cette ›structure‹ à la fois cosmologique et théologique nous paraît présenter toute son ampleur et sa richesse.« Ebenda, S. 84.
Wir haben uns mit dieser Frage auch in unserem *Man and Nature* befaßt.

51 »C'est pourquoi il faut qu'il existe une autre science que la science moderne. Cet autre type de connaissance du monde n'exclut pas la science sous sa forme actuelle, si l'on envisage la perfection pour qui sous-tend et justifie dans une certaine mesure la pensée technique elle-même: la science véritable laisse subsister la science moderne comme une manifestation possible de l'esprit en nous.« Brunner, a. a. O. S. 208–9.

52 Durch eine solche Wissenschaft »l'ordre sensible, après celui de l'âme, exprime finalement l'ordre de l'intelligence auquel appartiennent les lois suprêmes de la production du monde, de la vie spirituelle et du retour des êtres à Dieu.« Brunner, a. a. O. S. 215.

53 Es ist darauf hinzuweisen, daß die Begründer der Disziplin der Wissenschaftsgeschichte, sämtlich entweder prominente Geistesgeschichtler oder Wissenschaftsphilosophen, mit Ausnahme des sehr vernachlässigten P. Duhem, Positivisten waren.
Infolgedessen beherrscht nach wie vor eine unsichtbare positivistische Aura das Denken der Gelehrten dieser Disziplin, ungeachtet einiger bedeutender Ausnahmen wie z. B. A. Koyré, G. Di Santillana und, aus der jüngeren Generation, N. Sivan und A. Debus. Besonders interessant ist,

daß dieser Positivismus ziemlich aggressiv wird, wenn die Frage nach den orientalischen Wissenschaften und ihrer metaphysischen Bedeutung zur Diskussion steht. Daher gibt es von denjenigen, die von dem stillschweigenden Positivismus dieser Disziplin beherrscht sind, wie gelehrt sie auch sein mögen, so wenige Studien zu den orientalischen Wissenschaften, die deren Rang gerecht würden und deutlich machen würden, daß diese mehr sind als seltsame Verirrungen auf dem Weg des menschlichen Fortschritts. S. Jaki in seinem *The Road of Science and the Ways to God*, Chicago 1978, hat sich mit diesem Positivismus auseinandergesetzt, u. a. im Zusammenhang mit dessen Vernachlässigung der Rolle christlicher Elemente wie etwa einem Schöpfergott, dessen Wille über ein geordnetes Universum herrscht. Wenn wir auch seiner Einschätzung der westlichen Wissenschaft als einem positiven Ergebnis der spezifischen Merkmale des Christentums nicht folgen können, stimmen wir uneingeschränkt seiner Kritik bezüglich der Beschränkungen zu, denen die Disziplin der Wissenschaftsgeschichte durch den Positivismus ihrer Begründer unterworfen wurde.

54 Das jüngst erschienene Werk R. Ruyer, *La Gnose de Princeton: des savants à la recherche d'une religion*, Paris 1974, angeblich von einer Gruppe an der Gnosis interessierter Wissenschaftler in Princeton, höchstwahrscheinlich aber die Gedanken eines einzelnen, der für eine fiktive Gruppe spricht, ist ein Beispiel für dieses Phänomen. Der Hunger nach heiliger Erkenntnis ist in der zeitgenössischen Welt so groß, daß dieses Werk in Frankreich große Verbreitung fand, wo in den letzten Jahren viele pseudognostische und pseudoesoterische Arbeiten von Naturwissenschaftlern erschienen sind.

55 Die Traditionen betonen, daß dieses Wissen zwar erlangbar ist, aber nicht von jedem, weil es nicht nur der Vorbereitung bedarf, sondern auch nur demjenigen gelehrt werden kann, der die Fähigkeit und Veranlagung hat, ein solches Wissen zu »erben«. Aus diesem Grund nennen dies einige muslimische Autoritäten wie Sayyid Haydar Āmulī ererbtes Wissen (al-ʿilm al-mawrūthī), das sie in einen Gegensatz zu erworbenem Wissen (al-ʿilm al-iktisābī) setzen. Siehe Corbin, »Science traditionnelle et renaissance spirituelle,« *Cahiers de l'Université Saint Jean de Jérusalem 1* (1974): 39 ff.

56 »Die Natur, die zugleich ihr Heiligtum (der Indianer) ist, wird am Ende diese künstliche und sakrilegische Welt überwinden, denn sie ist das Kleid, der Atem, die Hand des Großen Geistes.« Schuon, *Language of the Self*, S. 224.

VII
ZEIT UND EWIGKEIT

Zeit ist wie Ewigkeit und Ewigkeit wie Zeit,
So du nur selber nicht machst einen Unterschied.[1]
ANGELUS SILESIUS

To-day, to-morrow, yesterday
With Thee are one, an instant aye.
JOSHUA SYLVESTER

Der Mensch steht nicht nur am Schnittpunkt der in ihrer Raumsymbolik betrachteten vertikalen und horizontalen Achsen des Daseins, sondern er lebt auch in dem Augenblick, in dem sich das Ewige und das Zeitliche begegnen. Er ist ein der Zeit und dem Prozeß des Wandels unterworfenes und zugleich für das Ewige und Unwandelbare geschaffenes Wesen, dem der Zugang zum Ewigen offensteht, auch wenn er äußerlich im Reich des Werdens lebt. Er kann darüber hinaus in der Zeit leben und diese nicht nur als Wechsel und Übergang erleben, sondern auch als das »bewegliche Bild der Ewigkeit«. Wie der Umfang des Daseinskreises den Mittelpunkt spiegelt, der überall und nirgends ist, so spiegelt die Erfahrung jenes Wandels, den man Zeit nennt, die Ewigkeit in dieser Jeweiligkeit, die das unaufhörlich sich wiederholende Jetzt ist. Solange der Mensch Mensch ist, steht ihm die vertikale Achse nicht nur im »räumlichen« Sinne offen, indem sie ihm erlaubt, sich zu den höheren Ebenen der Wirklichkeit und letztlich zur Wirklichkeit an sich aufzuschwingen, sondern auch »zeitlich«, in dem sie die Erfahrung der profanen Zeit transzendiert und bis an den Pforten der Ewigkeit selbst reicht. Die Zwischenwelten, die ihren eigenen Raum und ihre eigene Form haben, bis man zur Ebene der formlosen Manifestation gelangt, besitzen ebenfalls ihre eigene »Zeit« oder etwas, das der Zeit im irdischen Daseinsbereich entsprechen würde.

Man braucht keinen anderen Beweis für die Begegnung der Dimensionen von Zeit und Ewigkeit im Menschen als die Tatsache, daß sich der Mensch seines eigenen Todes oder seiner Sterblichkeit bewußt ist, was bedeutet, daß er auch die Möglichkeit hat, das ins Auge zu fassen, was jenseits des Terminus a quo des irdischen Daseins liegt. Das Bewußtsein des Menschen von seiner Sterblichkeit ist in gewissem Sinne der Beweis für seine Unsterblichkeit, für die Tatsache, daß er für das Ewige geschaffen ist. Darüber hinaus empfindet der normale Mensch ein natürliches Verlangen nach dem Ewigen, das nichts anderes als das Absolute und das Heilige an sich ist. Das Ewige ist wie die ursprüngliche Heimstatt der Seele, die diese verloren hat und jetzt überall in ihrem irdischen Exil sucht. Die Ruhe eines stillen Sees oder das Erglühen der Berggipfel unter den Strahlen der Morgensonne erweckt im Menschen eine Empfindung des Friedens und der Freude am Schönen, die die Verhärtung der menschlichen Seele löst und die Unruhe eines Wesens stillt, das ein Spielball der stürmischen Gezeiten im Meer des Werdens oder dessen ist, was der Buddhismus in das großartige Bild des *samsāra* gefaßt hat. Diese Freude und Empfindung des Friedens ist nichts anderes als der Hauch der Ewigkeit, der die menschliche Seele anrührt. Der pontifikale Mensch lebt in der Zeit, aber als Zeuge der Ewigkeit.

In den traditionalen Lehren der ganzen Welt finden sich Hinweise zuhauf auf die geheimnisvolle Beziehung zwischen Zeit und Ewigkeit sowohl im Menschen als auch in der objektiven Welt. Weil alle Religion mit dem Heiligen befaßt ist, ist sie auch mit dem Ewigen befaßt, denn das Ewige *ist* das Heilige an sich und alles, was heilig ist, trägt das Siegel der Ewigkeit. Darüber hinaus lebt der Mensch in der Zeit; sein Tun wird von der Zeit bestimmt, und er wird schließlich von der Zeit verschlungen, denn in der Zeit geboren zu werden heißt, sterben zu müssen. Deshalb geht es auch den archaischen Religionen, die, wie wir gleich sehen werden, eine völlig andere Auffassung von der Geschichte und dem Gang der Zeit haben als die jüdisch-christlichen, nicht weniger als diesen darum, die Erosion des Zeitprozesses vom Menschen abzuwenden und ihn aus dem Strudel des ewigen Werdens zu reißen. Sich ernsthaft mit dem Zustand des Menschen zu befassen, wie es alle Traditionen tun, wie groß die Unterschiede zwischen ihnen auch sein mögen, heißt sich mit einem Wesen befassen, das in der Zeitlichkeit lebt, aber das Siegel des Ewigen trägt, mit einem Wesen, das sterblich ist, dessen Bestimmung aber die Unsterblichkeit ist. Wie die Intelligenz zur Erkenntnis des Absoluten geschaffen ist und nur das Absolute absolut erkennen kann, weil die Erkenntnis aller anderen Wirklichkeitsebenen mit einem Element der *māyā* zu tun bekommt, das jenen Zuständen eigentümlich ist, so ist es für die oben definierte Intelligenz leichter, die Bedeutung der Ewigkeit als diejenige der Zeit zu erfassen. Das Merkmal der Ewigkeit ist die Unwandelbarkeit und Beständigkeit. Sie ist ein Attribut jener Wirklichkeit, die *ist* und nicht *wird* und in der Tat selbst das Sein transzendiert. Aber dieser erste Schleier auf dem Antlitz der absoluten Wirklichkeit hat mit jener Wirklichkeit das Attribut der Ewigkeit gemeinsam, denn Sein wie Nicht-Sein in dem bereits definierten metaphysischen Sinne »wird« nicht. Die Bedeutung des Absoluten vernunfthaft erfassen heißt, auch das Ewige zu verstehen. Dieselbe vernünftige Intuition, die durch *scientia sacra* ein prinzipielles Wissen von der letzten Wirklichkeit ermöglicht, gewährt auch eine direkte intuitive Erkenntnis des Ewigen.

Aus dieser prinzipiellen, metaphysischen Sicht erscheint es problematischer, die Zeit zu definieren als die Ewigkeit, so daß ein Heiliger Augustinus behaupten konnte, daß er wisse, was Zeit sei, aber Schwierigkeiten hätte, sie auf Befragen zu definieren. Moderne analytische Philosophen haben versucht, das Problem der Zeit dadurch zu »lösen«, daß sie es auf ein Problem der Sprache und des Gedächtnisses reduzierten, wie wenn man die unmittelbare Erfahrung der Zeit durch irgend etwas weniger Unmittelbares so gründlich erklären könnte, daß die unmittelbare Erfahrung aufhören würde zu existieren. Die analytischen Philosophen sagen jetzt: *Vor* einer Aussage, *bei* einer Aussage und *nach* einer Aussage, statt Vergangenheit, Gegenwart und Zukunft, und hoffen damit, die menschliche Erfahrung der Vergangenheit, Gegenwart und Zukunft ein für alle Mal aus der Welt geschaffen zu haben. Sie suchen die Ursache für die Unlösbarkeit des Zeitproblems in der klassischen Philosophie im »Mythos des Vorübergehens«[2], der die Zeit als strömenden Fluß betrachtet. Manche Wissenschaftsphilosophen versuchen, die Realität der Zeitlichkeit mit asymmetrischen Randbedingungen der Physik in Verbindung zu bringen[3], während andere als »Idealisten« die Realität der Zeit überhaupt geleugnet haben.[4] In der modernen europäischen Philosophie gibt es eine so unglaubliche Fülle von Meinungen und Ansichten bezüglich der Zeit, daß der Schluß naheliegt, daß der Mensch, wenn er das Ewige aus dem Blick verliert, auch die Empfindung für die tiefe Bedeutung der Zeit einbüßt, die das Alpha und Omega eines Daseins geworden ist. Er kann von vierdimensionalen »Weltlinien« sprechen, die Raum und Zeit als Einheit im Sinne der modernen Physik umfassen, aber er kann nicht die Frage beantworten, wie er, wenn sein Platz nur auf einem begrenzten Segment dieses vierdimensionalen Komplexes ist, überhaupt darüber spekulieren kann, was jenseits dieses Komplexes liegt, und »wo« er als Bewußtseinwesen sein wird, wenn die Weltlinie, über die er jetzt spekuliert, an einem Punkt anlangen wird, der das Ende seines irdischen Lebens bedeutet. Fragen wie diese haben viele moderne Philosophen des europäischen Kontinents veranlaßt, den Sterilisierungstendenzen der Positivisten und Analytiker mit Skepsis zu begegnen, die der Zeit auch noch den letzten Rest metaphysischer Bedeutung benehmen wollen, endet sie doch mit einem übernatürlichen Ereignis, nämlich dem Tode, mit dem sich nur der Philosoph im platonischen Sinne auseinandergesetzt hat.[5] Wie aus metaphysischer Sicht die Ewigkeit ein Attribut jener Urrealität ist, die absolut und unendlich zugleich ist, so ist die Zeit das Charakteristikum des Dynamikpotentials der Materie und der Energie, die, wie bereits erörtert, aus der Ausstrahlung und Ausgießung der All-Möglichkeit in das Nichts hervorgehen. Wenn die kosmische Manifestation die Ebene der physischen Welt erreicht, tritt in der materiellen Energie dieser Welt, die auf dieser Wirklichkeitsebene dem Substanzprinzip entspricht, eine Dynamik auf, die Wandel und Werden mit sich bringt. Die Zeit ist eine Folge dieses Wandels. In diesem Sinne steht der Zeitbegriff der modernen Physik, der mehr eine Bindung der materiellen Existenz als eine abstrakte absolute Quantität im Sinne der Newtonschen Physik ist, den traditionalen Kosmologien näher. Diese Kosmologien sehen sowohl die Zeit als auch den Raum als Bedingungen der Körperlichkeit, die von dieser »abgezogen« sind, und nicht als quantitative, in die Unendlichkeit reichende Koordinaten, innerhalb derer sich Objekte bewegen und in Wechselwirkung treten. Es sei daran erinnert, daß Aristoteles die Zeit als das Maß der Veränderung betrachtet hat.[6]

Weil die kosmische Wirklichkeit durch die Polarisierung von Subjekt und Objekt geprägt ist, gibt es darüber hinaus zwei Zeitmodi, einen subjektiven und einen objektiven.[7] Die objektive Zeit ist zyklischer Natur, wobei ein Zyklus in einem andern mit einer quaternären Struktur abläuft, welche sich auf verschiedenen Ebenen manifestiert, von den vier Tageszeiten (Morgen, Mittag, Abend und Nacht), den vier Jahreszeiten und den vier Lebensaltern (Kindheit, Jugend, Reife und Alter) bis zu den vier *yugas* des hinduistischen kosmischen Zyklus. Die subjektive Zeit hängt stets mit dem Bewußtsein von Vergangenheit, Gegenwart und Zukunft zusammen, die ineinander übergehen und jeweils ihre eigenen positiven und negativen Aspekte haben. Die Vergangenheit ist eine Abspiegelung des Ursprungs, die Erinnerung an das verlorene Paradies und die Mahnung zur Treue gegenüber der Tradition und demjenigen, was man von Gott bereits empfangen hat. Sie steht aber auch in einer Beziehung zur Unvollkommenheit, zu allem, was der Mensch auf seinem spirituellem Weg hinter sich gelassen hat, zu der Welt, die der Mensch um Gottes willen verläßt. Die Zukunft ist mit dem Ideal verknüpft, das erreicht werden soll, das Paradies, in das wir kommen wollen. Sie ist aber auch das Zeichen des Verlustes der Kindheit und der Unschuld, der Entfernung und Trennung vom Ursprung, der auch Tradition bedeutet. Die Gegenwart schließlich ist das kostbarste Geschenk des Menschen; sie ist der Punkt, an dem sich Zeit und Ewigkeit begegnen; sie symbolisiert Hoffnung und Freude. Sie ist der Moment des Glaubens und die Pforte zum Nichtzeitlichen. Kontemplation ist Eintreten in die ewige Gegenwart, die sich jetzt ereignet. Die Gegenwart ist aber auch der Moment der spontanen Freude, der augenblicklichen Befriedigung, der mehr das Flüchtige der Zeit bewußt werden läßt als die befriedende Vergegenwärtigung der Ewigkeit.[8]

Daher haben sowohl subjektive als auch objektive Zeit relative Realität, die nichts anderes ist als die Realität des Wesens, das in die raumzeitliche Matrix gestellt ist. Ihre Wirklichkeit kann nur aus der Perspektive des Unwandelbaren Seins negiert werden, das immer ist, aber nicht wird. Während die *scientia sacra* also auf ihrer eigenen Ebene diese Ansicht bejaht, versucht sie, jener Erfahrung einen Sinn zu geben, die wir Zeit nennen und die auch vom Standpunkt des Wandels und Werdens aus wie die *māyā* selbst wirklich ist, die aus der »Perspektive« des *Ātman* nicht existiert, deren Realität aber von denjenigen, die von der *māyā* umfangen sind, nicht geleugnet werden kann. Vom metaphysischen Gesamtstandpunkt aus ist die Ewigkeit also ein Attribut der absoluten und unendlichen Wirklichkeit, die aufgrund ihrer Unendlichkeit und Güte nach außen emaniert und die verschiedenen Daseinsebenen manifestiert. Von diesen Ebenen besitzt die physische eine mit Energie verknüpfte Materie, deren Eigendynamik einen Prozeß des Wandels und Werdens notwendig macht, dessen Bedingung die Zeit ist. Die Zeit selbst ist aber vom Ewigen in der Weise durchtränkt, daß jeder Augenblick der Zeit eine Pforte zum Ewigen ist – der Augenblick, die Gegenwart, das Jetzt gehören dem Ewigen selbst an.

Was die spirituelle Erfahrung betrifft, so ist der Gegenwartsaugenblick als Pforte zum Ewigen so signifikant, daß praktisch alle Traditionen der Welt mit fast denselben Ausdrücken vom gegenwärtigen Augenblick sprechen: dem *nû alzemâle*, dem *gegenwärtig nû* und dem *ewigen nû* Meister Eckharts, in dem Gott die Welt erschafft[9], dem *waqt* oder *ān* des Sufismus, als dessen »Sohn« der Sufi sich selbst betrachtet (gemäß dem bekannten Wort »der Sufi ist der Sohn des Augenblicks« – *al-ṣūfī ibn al-waqt*)[10], dem Augenblick oder Punkt, in dem nach Dante alle Zeiten gegenwärtig sind.[11] Dieses »Jetzt« ist das Tor zur Ewigkeit; es ist für die Zeit, was der Punkt für den Raum ist. An dem zentralen Punkt hier und jetzt zu sein, heißt, im Ewigen zu leben, das immer das Gegenwärtige ist. Daher die Kostbarkeit des »Augenblicks«, den der Mensch nicht verstreichen lassen darf, denn, wie die Buddhisten sagen, »Hebe dich über diesen zähen Sumpf hinweg, lasse den Augenblick nicht verstreichen, denn es werden diejenigen trauern, deren Augenblick verstrichen ist.«[12] Der vergeßliche Mensch tagträumt entweder in der Vergangenheit oder in der Zukunft und weicht dem gegenwärtigen Augenblick aus, der allein im spirituellen Sinne wirklich ist. Nur derjenige lebt in der ewigen Gegenwart, der wirklich wach ist. Dieser Augenblick ist jener »Lidschlag«, in dem alles geschaffen wurde[13] und der in den

Upanishaden als ein Name Gottes erscheint.[14] In diesem Augenblick zu leben, heißt alles erleben, was war, ist und sein wird. Die subjektive Erfahrung der ewigen Gegenwart bedingt und färbt darüber hinaus die Zeiterfahrung des Menschen selbst, wie es für alles gilt, was das Aroma des Unwandelbaren und des Heiligen an sich trägt. Es gibt nicht bloß ein einziges subjektives Zeiterleben, sondern ein subjektives Erleben in einem anderen. Daher verkürzen Freude und Glück, die aus jener höchsten Substanz hervorgehen, die reine Wonne ist, die Zeit, weil diese Erfahrung den Menschen dem ewigen Jetzt näherbringt, während Schmerz, Unruhe und Zerstreutheit die subjektive Zeiterfahrung dehnen. Darum heißt es, daß im goldenen Zeitalter die Zeit länger war als in späteren Epochen. Darum entsprach auch in Mythen wie demjenigen der Siebenschläfer, der *aṣḥāb al-kahf* im Koran, die kurze Zeit ihres Schlummers dem Verstreichen mehrerer Generationen in der äußeren Welt.[15] Die Ewigkeit ragt gewissermaßen in der Weise in die Zeit hinein, daß die subjektive Erfahrung der Zeit dem Menschen um so weniger als eine ihn bedrückende Last erscheint, je näher sich sein Erleben dem Reich des Ewigen und der mit diesem untrennbar verbundenen Freude annähert.[16] Wenn bei der Umarmung des geliebten Menschen Stunden verfliegen, wie wenn sie nur ein Augenblick wären, vergehen bei der Vereinigung mit dem Göttlichen Geliebten alle Äonen vergangener und künftiger Zeit nicht nur, wie wenn sie ein Augenblick wären, sondern *wirklich* als Augenblick, als der höchste Augenblick überhaupt, in dem der spirituelle Mensch ständig lebt. Es ist das Jetzt, das alle Menschenwesen in jenem Augenblick erleben, der ihr letzter Augenblick auf Erden ist, nämlich der Zeit-Punkt ihres Todes. Das Jetzt ist eine Vorwegnahme dieses Augenblicks und zugleich seine Überschreitung im Sinne des Erlebnisses einer inneren Auferstehung noch vor dem körperlichen Tode.[17] Die Ewigkeit spiegelt sich so im gegenwärtigen Jetzt, und das Jetzt ist das Sonnentor, das der Held durchschreiten muß, um das Meer des Werdens und die Erosion der Zeit zu überwinden, deren Funktion es ist, alles zu verschlingen, was in ihrem Schoße ruht. Aus einer anderen Sicht aber kann man die Ewigkeit als das bezeichnen, was sowohl »vor« als auch »nach« dem Augenblick ist, in dem wir uns befinden, und auch vor und nach der Welt, die der Ort unseres gegenwärtigen Daseins ist. Die Ewigkeit ist dann vor allem, was war, und nach allem, was sein wird, wobei »vor« und »nach« nicht zeitlich, sondern prinzipiell aufzufassen ist. In diesem Sinne spricht die islamische Tradition von *al-azal*, d. h. Vorewigkeit, und *al-abad* oder Nachewigkeit, die jeweils in ihrer eigenen Wirklichkeit nichts anderes als *al-sarmad* oder die Ewigkeit an sich sind.[18] Der Morgen der *azal*, der so häufig in der Sufi-Dichtung erwähnt wird, bezieht sich auf die Ewigkeit in dem Aspekt, daß sie vor aller Schöpfung kommt. Sie bezieht sich auf jene »Morgendämmerung«, in der der Mensch seinen ewigen Bund mit Gott schloß.[19]

Ebenso wird die Ewigkeit manchmal als grenzenlose Zeit oder Zeitlosigkeit bezeichnet, so etwa im späten Zoroastrismus, wo die grenzenlose Zeit oder Zurvan als das Prinzip sowohl Ahura-Mazdas als auch Ahrimans betrachtet wird, wobei Zurvan metaphysisch das Ewige und etymologisch grenzenlose Zeit bedeutet.[20] Im späteren griechischen Denken wurde Kronos als der Vater des Zeus häufig mit *Chronos* identifiziert, obwohl eine solche Assimilation etymologisch unhaltbar ist. Im Sinne der *Maitri Upanishad* ist die »Zeit« das Äquivalent der Ewigkeit, wobei »Zeit« hier wiederum grenzenlose Zeit meint, nicht Zeit im üblichen Sinne. Da ontologisch Dasein nicht etwas vollständig anderes als Sein sein kann, das ihr Urgrund ist, kann auch die Zeit nicht völlig von der Ewigkeit getrennt sein, in dem Sinne, daß die Erfahrungen des Menschen in der Zeit von Gott kommen und in einer Beziehung zu ihm stehen. In diesem Sinne unterscheidet die *Maitri Upanishad* »zwei Formen« von Brahman als Zeit und Ewigkeit, die aber eine einzige Essenz haben. Es heißt in dieser Upanishad: »Von einem Anbetenden, der denkt, daß ›Zeit [*kālas*] Brahma ist,‹ weicht die Zeit [*kāla*, auch Tod] fernhin.«

Aus der Zeit fließen alle Wesen aus,
aus der Zeit schreiten sie zu vollem Wachstum fort,
und in der Zeit wiederum gewinnen sie eine Heimatstatt, –
»Die Zeit« ist das Geformte und das Formlose, beides.[21]

Diese »Zeit«, die alle Zeit enthält, ist in Wirklichkeit nichts anderes als jener Augenblick, der immer ist, das immergegenwärtige »im Anfang«. Das »Zu Zeiten, als ... « der Märchen ist nicht eine bestimmte Zeit, sondern die »Zeit«, die auch das Zeitlose ist, daß hebräische ʿolam und das griechische *aiōn*. In manchen Sprachen wie z. B. dem Sanskrit beginnen Märchen einfach mit »Es ist« (asti), womit direkt auf die ewige Gegenwart verwiesen wird, während persische Geschichten mit einer Wendung beginnen, die jedem persischen Kind geläufig ist, die aber die ganze metaphysische Bedeutung jenes ewigen Augenblicks enthält, der jenseits der Zeit ist, und doch zugleich den Punkt, an dem die Geschichte beginnt. Diese Wendung lautet: »Es war einer; es war keiner; es war niemand außer Gott.[22] Der Ursprung der Zeit und alle jene Ereignisse, die wir als in der Zeit stattfindend erleben, gehören zu jenem »Es war einmal«, das keine Zeit und doch das »alle-zeit« ist, zu dem sowohl die Metaphysik als auch die Mythen und Symbole gehören, die daher der Erosion der Zeit nicht ausgesetzt sind. Sie sind der Unwandelbarkeit jenes ewigen Augenblicks teilhaftig, aus dem alle Dinge geboren werden.

Zwar ist die Lehre vom ewigen Jetzt in seinem Verhältnis zur Zeit universal und findet sich in den heiligen Schriften und Weisheitslehren verschiedener Traditionen in der ganzen Welt, doch ist die Haltung der Religionen gegenüber der Erfahrung des Menschen im Strom der Veränderungen und Prozesse, die man Geschichte nennt, durchaus nicht überall dieselbe. Auch die Auffassung der Genesis der Welt in ihrem Bezug zum Zeitprozeß ist nicht dieselbe. Natürlich beruhen alle Traditionen auf der Lehre von Daseinsstufen, die aus dem Höchsten Prinzip hervorgehen, jedoch sind die Anschauungen bezüglich der Entfaltung der Zeit unterschiedlich. Manche sprechen von einem einzigen Schöpfungsakt und einer einzigen Periode des kosmischen Dramas, andere von vielen Zyklen, die sich nach einem Rhythmus wiederholen, der die »Tage und Nächte im Leben Brahmas« widerspiegelt, um das hinduistische Bild zu gebrauchen. Es gibt weiterhin jene Traditionen, die im Raum leben und für die Zeit und Geschichte wenig Bedeutung haben, und jene, die in der Zeit leben und für die die Geschichte religiöse und essentielle Bedeutung hat.

Der Unterschied zwischen diesen Perspektiven, der auch direkt mit der zyklischen bzw. linearen Auffassung vom »Gang der Zeit« oder der Geschichte verknüpft ist, kann durch den Rückgriff auf die traditionale Lehre von den Zyklen erklärt werden.[23]

Nach dieser Lehre in ihrer hinduistischen Form besteht jeder große kosmische Zyklus (kalpa) aus eintausend *yugas*, die »einen Tag Brahmas« bilden.[24] Darüber hinaus besteht jeder kleinere kosmische Zyklus, in dem eine bestimmte Menscheit lebt, aus vier *yugas*, die mit demjenigen beginnen, was die Griechen das Goldene Zeitalter nannten (das kṛta Yuga der hinduistischen Quellen) und mit dem Eisernen Zeitalter (Kali-yuga) endet, dessen Ablauf auch das Ende des gegenwärtigen irdischen Geschichtszyklus markiert. In einem einzelnen Zyklus, in dem die Zeit gemäß der Tetraktys geteilt ist, das heißt im Verhältnis 4:3:2:1, wobei das Goldene Zeitalter das längste und das Eiserne Zeitalter das kürzeste ist, ist der Prozeß der Veränderung oder dasjenige, was wir als den Fluß der Zeit interpretieren, zunächst sehr langsam und beschleunigt sich mit dem Fortschreiten des Zyklus, so daß die Zeit keineswegs linear und einheitlich ist, sondern selbst qualitative Veränderungen in den verschiedenen Yugas erleidet. Für die Menschen des Goldenen Zeitalters besaß Zeit als ein Element der »säkularen« Veränderung keinerlei Bedeutung. Die Zeit wurde mit kosmischen Rhythmen wie demjenigen der Jahreszeiten identifiziert. Wiewohl der Zyklus niemals zu seinem Ausgangspunkt zurückkehrt, sondern eine spiralförmige, d. h. keine kreisförmige Bewegung vollführt[25], waren die Veränderungen bei den nicht-wiederkehrenden Mustern kaum wahrnehmbar und daher ohne jede Bedeutung. Erst in den späteren Phasen des Zyklus begann das Zeiterleben in seinem nicht-zyklischen Aspekt Konsequenzen zu haben, womit allmählich auch die Geschichte Bedeutung erlangte.

Dieser Unterschied wird vielleicht besser verständlich, wenn wir einen Augenblick bei der Symbolik der Sanduhr verweilen.[26] Eine Zeiteinheit, während derer der Sand vom oberen Behälter in den unteren läuft, könnte als Symbol für einen kosmischen Zyklus gelten. Wenn nun der Zyklus beginnt, rinnt zwar der Sand nach unten, jedoch scheint sich der Zustand des oberen Behältnis nicht wahrnehmbar zu ändern, der vielmehr unverständlich bleibt. Die Wirklichkeit eines solchen Zustandes wird als Permanenz erlebt, in der die Sandteilchen im Raum und nicht in einer Zeit wahrgenommen werden, die ihren Zustand in einer letztlich bedeutsamen Weise verändern würde – so wie im Goldenen Zeitalter die einzelnen Menschen zwar älter wurden und starben, die Welt aber, in der sie lebten, in einer paradiesischen Permanenz zu verweilen schien, in der der Kosmos wohl durch zeitliche Zyklen verjüngt wurde, aber nicht von der Zeit in unumkehrbarer Weise beeinflußt wurde. Für den sogenannten primitiven Menschen waren Kosmos und Geschichte dasselbe, in der Tat identisch, wie es auch für die Zeit und die Transzendenz, für die Wirklichkeit und das Symbol galt. Beim weiteren Dahinrinnen des Sandes aber ändert sich allmählich der Zustand des oberen Behälters. Es fallen nicht nur die einzelnen Sandkörnchen durch die Einschnürung, sondern die ganze Gestalt des Sandes im oberen Behälter beginnt sich zu ändern, und die Zeit erlangt eine neue Signifikanz.

Die Religionen, in denen die Zeit zyklisch aufgefaßt wird und die Geschichte für das Heil des Menschen keine wesentliche Bedeutung hat, sind hauptsächlich diejenigen archaischen Religionen, die auf der Wirklichkeit der menschlichen Daseinserfahrung in früheren Phasen des kosmischen Zyklus beruhen, in denen der Sand im Stundenglas gewissermaßen erst zu rinnen begann. Erst die späteren Religionen, die der letzten Phase der von der Sanduhr gemessenen Zeiteinheit entsprechen, mußten die Zeiterfahrung religiös abstützen. Dem Judaismus, der zwar in gewisser Weise eine »Urreligion« ist, war es bestimmt, in seinem eigenen Bereich und auch als Hintergrund für das Christentum im religiösen Leben der Menschheit in der letzten Phase der Menschheitsgeschichte eine wichtige Rolle zu spielen; daher sein Interesse an der Geschichte und dem metahistorischen und metakosmischen Bedeutungen der geschichtlichen Erfahrungen des auserwählten Volkes Israel. Der Hinduismus wiederum behält die Urperspektive der zyklischen Zeit bei, konnte sich aber gleichzeitig verjüngen und bis zum heutigen Tage überleben. Der Zoroastismus nimmt in gewissem Sinne hinsichtlich der Geschichte eine Mittelstellung zwischen den Religionen Indiens und den abrahamischen Religonen ein[27], während der Islam, als letzte der arabischen Religionen einerseits und Rückbesinnung auf die Urreligion andererseits, die Bedeutung des menschlichen Handelns in der Geschichte bekräftigt, es aber gleichzeitig ablehnt, die Wahrheit selbst in irgendeiner Weise mit der Geschichte zu identifizieren. Es ist bedeutsam, daß sogar die Ereignisse der heiligen Geschichte, über die sowohl in der Bibel wie im Koran berichtet wird, in ersterer eine mehr historische, in letzterem eine mehr symbolische Färbung haben.[28]

Weil es aber die Aufgabe aller Religionen ist, den Menschen aus den Unvollkommenheiten zu erlösen, die sein irdischer Daseinszustand mit sich bringt, mußten sie sich mit der Bedeutung der Zeitlichkeit in je unterschiedlicher Weise entsprechend ihrem Ausgangspunkt und der »archetypischen« Wirklichkeit auseinandersetzen, die sie auf Erden repräsentieren. Diese Faktoren haben zur Ausbildung eines zyklischen und eines linearen Zeit- und Geschichtsbegriffs geführt, wobei ersterer bei den nichtabrahamischen, letzterer bei den abrahamischen Religionen zu finden ist. Allerdings ist auch innerhalb der abrahamischen Traditionen die Situation in den drei Religionen, die dieser religiösen Gruppe angehören, nicht dieselbe. Im Judaismus wird zwar wegen der Anwesenheit einer langen Reihe von Propheten die Bedeutung der Geschichte bejaht, doch ist der Geschichtsstrom nicht im strengen Sinne linear, noch wurde die Geschichte durch die Lehre von der Fleischwerdung, die den Einschlag der Wahrheit in die Geschichte markiert, mit der Gottheit ineinsgesetzt. Im Islam wird zwar auch die Bedeutung der individuellen oder kollektiven Leistungen des Menschen in dieser Welt stark betont, denn die Welt der Zeit wird der »Pflanzgarten« der Ewigkeit genannt[29], doch wird eine Beeinflussung des Göttlichen an sich durch irgendwelche geschichtlichen Ereignisse kategorisch verneint, weil der Islam jegliche Menschwerdung strikt ablehnt. Darüber hinaus beruht das islamische Prophetieverständnis, demzufolge die Wahrheit von Anfang an vorhanden und der Welt von verschiedenen Propheten und zuletzt dem Propheten des Islam überbracht wurde, nach dem es keinen weiteren Propheten mehr geben wird, sondern nur die Wiederkunft Christi, auf einem zyklischen und nicht einem linearen Zeitbegriff.[30]

Vor allem vom Christentum kann man aber sagen, daß nur ein Teil eines vollständigen Zyklus oder ein kleiner Zyklus herausgegriffen und einer linearen Betrachtung unterworfen wurde. Die Folge war, daß das Christentum in seinen esoterischen Aussagen – natürlich nicht in seinen Weisheitslehren, in denen Christus der Logos ist, der sagte: »Bevor Abraham war, war ich« – in der

Geschichte drei Kernereignisse erblickt: den Sündenfall Adams auf Erden, die Fleischwerdung des Gottessohnes als dem zweiten Abraham in der Geschichte, und das Ende der Welt mit der Wiederkunft Christi. Diese Anschauung vom Gang der Zeit schuf im Verein mit der Vorstellung der Geburt Christi als einem einmaligen historischen Ereignis und der Fleischwerdung des Sohnes in der Matrix der Zeit und der Geschichte eine spezielle religiöse Situation, die nach der Schwächung des Christentums jenem Götzendienst an der Geschichte Tür und Tor öffnete, der für einen großen Teil der modernen Welt typisch ist. Wenn Marx sich mit jeder Einzelheit des menschlichen Lebens befaßt, parodiert er damit zwar die detaillierten Vorschriften des talmudischen Gesetzes, doch ist die Tatsache, daß er die Geschichte an die Stelle der Gottheit setzt, eine christliche Häresie und keine islamische oder hinduistische. Als das Christentum stark war, wurde der Gang der Tage und Jahre durch die fortwährende Wiederholung der Lebensereignisse seines Begründers und der Heiligen geheiligt. Die Christen lebten wie die Anhänger anderer Religionen in einer Welt, deren Zeitlichkeit durch die ständig wiederholten Themen des Lebens Christi und die auf die ursprüngliche Tradition zurückgehenden Riten sowie durch das Gnadenwirken der Heiligen transformiert wurde, die den Geist der Tradition über die Jahrhunderte hin fortsetzten. Die Anbetung des Mammons war als Geschichte oder geschichtlicher Prozeß erst die Folge der Entheiligung der christlichen Welt, aber es war eben diese Säkularisierung des linearen Zeit- und Geschichtsbegriffs, die jenen Historizismus und die Leugnung der Transzendenz der Wahrheit zur Entwicklung brachte, die für das moderne Denken weitgehend typisch sind. Andernfalls hätte ein traditionales christliches Denken, wie jedes traditionale Denken, die Lösung des Problems von Raum und Zeit in der Rückbesinnung auf jene Wirklichkeit gesehen, die jenseits von Raum und Zeit ist und doch beides durchdringt und transformiert.[31]

Der Nachdruck, den das Christentum auf die lineare Zeit zwischen dem ersten Kommen Christi bis zu seiner Wiederkunft legt, hängt auch mit dem Standpunkt der abrahamischen Religionen zusammen, denen es in ihrem exoterischen Aspekt hauptsächlich um das praktische Ziel der Erlösung des Menschen und nicht so sehr um die Natur der Dinge an sich geht, mit der sich der esoterische Aspekt befaßt. Dies ist der Grund, warum die exoterischen Aussagen dieser Religionen die Eschatologie auf die beiden gegensätzlichen Zustände von Himmel und Hölle vereinfachen und die Frage der Schöpfung auf die theologische Aussage der *creatio ex nihilo* reduzieren. Die Frage nach den Zwischenzuständen, der letzten Erfüllung aller Dinge, Gott, anderen kosmischen Zyklen und Menschheiten, der Bedeutung der »Wasser«, auf die das Licht Gottes fiel, der Existenz von Wesen *in divinis* vor jenem Ereignis, das man Schöpfung nennt, und so viele andere Fragen bleiben auf die esoterische Dimension dieser Traditionen beschränkt.

Was die Frage der Zeit betrifft, so zeigt vielleicht kein Problem die Unzulänglichkeit theologischer Aussagen in sich und ohne die Hilfe weisheitlicher Lehren so deutlich auf wie die Behauptung der Schöpfung *ex nihilo*. In allen drei abrahamischen Religionen gab es Theologen, die behaupteten, daß Gott die Welt aus dem Nichts schuf und daß die Welt einen Ursprung in der Zeit hat, während es immer auch traditionale Philosophen gab, die darauf hinwiesen, daß es keine Zeit gab, als die Welt noch nicht war, weil die Zeit eine Bedingung der Welt ist. Tausende von Traktaten wurden von Moslems, Juden und Christen verfaßt, seit Johannes der Grammatiker sein *De aeternitate mundi* wider Proclus schrieb.[32] Bis auf den heutigen Tag wird in traditionalen islamischen Gelehrtenkreisen das Problem der *ḥudūth* und *qidam* oder »Neuheit« und »Ewigkeit« der Welt diskutiert[33], da dies eine Frage ist, die logisch auf der Ebene nicht gelöst werden kann, die die Theologien der abrahamischen Religionen einnehmen. Sie muß entweder auf Glaubensbasis akzeptiert werden, oder es ist der Rückgriff auf jene *sciencia sacra* notwendig, für die *ex nihilo* nicht buchstäblich aus nichts, sondern aus »Möglichkeiten« im Uranfänglichen bedeutet, die, um mit Ibn ʿArabī zu reden, noch nicht »den Duft des Daseins geschmeckt« haben und die aus einem präexistenten Zustand oder auch Zuständen auf den irdischen Plan herausgesetzt und externalisiert werden. Die Schöpfung in diesem Sinne ist immer eine Herabkunft. Eine Gestalt wie Jalāl al-Dīn Rūmī hat bereits die Antwort auf die endlose Diskussion zwischen den Anhängern der *ḥuduth* und denjenigen der *qidam* gegeben, und diejenigen, die auch im traditionalen islamischen Kontext nicht zu einem Verständnis des Problems gelangt sind, haben einfach die Botschaft eines Werkes wie dem Mathnawī nicht verstanden.[34]

Ein Element dieser Schöpfungslehren, das erwähnt werden muß, ist die Lehre von der Erneuerung der Schöpfung in jedem Augenblick (*tajdīd al-khalq fī kulli ānāt*), das in vielen Schöpfungslehren der Sufis eine wichtige Rolle spielt. Die Sufis gehen wie all diejenigen, die vom Augenblick oder dem Jetzt sprechen, von einer »Atomisierung der Zeitlichkeit« aus, wenn man einen solchen Ausdruck benutzen will, und glauben, daß die Zeit als Strom zwar unteilbar, aber aus einer anderen Sicht nichts als die Wiederholung des Augenblicks ist, so wie die Linie aus der Wiederholung des Raumpunktes entsteht.[35] In diesem Augenblick oder Jetzt kehrt die ganze Welt durch eine zusammenziehende Bewegung (al-qabḍ) zum Ursprung zurück und wird durch Ausdehnung (al-basṭ) neu geschaffen, was seine Analogie im Atemrhythmus hat. In jedem Augenblick geschieht eine Neuschöpfung (tajdīd al-khalq) und wird das Band zwischen dem Schöpfer und seiner Schöpfung unaufhörlich erneuert. Wie Jāmī sagt: »Das Universum ändert und erneuert sich unaufhörlich in jedem Augenblick, mit jedem Atemzug. In jedem Augenblick wird ein Universum vernichtet, und seinen Platz nimmt ein anderes, ihm ähnliches ein. ... Infolge dieser raschen Wiederholung erliegt der Betrachter der Täuschung, das das Universum eine permanente Existenz hätte.«[36] Diese Lehre, die für die praktischen und operativen Aspekte des Sufismus von größter Bedeutung ist, ist eine Möglichkeit, das Problem der Schöpfung aus der Perspektive der ewigen Gegenwart selbst zu sehen, aus der niemals wirklich etwas herausfällt. Sie ist zudem das Komplement der metaphysischen Lehre, die die Schöpfung *ex nihilo* als das Insdaseineintreten der Archetypen oder Existenzen betrachtet, die *in divinis* eine präkosmische Wirklichkeit besitzen.[37]

Die Vergöttlichung des historischen Prozesses in der modernen Welt in säkularen Begriffen ist nicht nur dadurch bedingt, daß die metaphysischen Lehren über Zeit und Ewigkeit infolge der Entheiligung sowohl des Wissens als auch der Welt in Vergessenheit geraten sind, sondern, wie bereits erwähnt, auch durch die dem Christentum eigentümliche Betonung der Geschichte, die sich in anderen Traditionen nicht findet.[38] Das christliche Denken nahm zumindest in seinen Hauptentwicklungslinien im Westen die Geschichte in dem Sinne wichtig, daß sie an die unumkehrbare Gerichtetheit der Geschichte glaubte, an die Macht der Geschichte, Neues auch radikalen Ranges einzuführen, an ein Bewußtsein der Einmaligkeit jedes historischen Ereignisses, was in der modernen Zeit zum Existentialismus führen sollte, an die Möglichkeit einer absoluten Endgültigkeit bestimmter historischer Ereignisse[39], an die religiöse Bedeutung der menschlichen Beteiligung an historischen Bewegungen und Institutionen, und die Bedeutung der menschlichen Freiheit, von der nicht nur die Zukunft des einzelnen Menschen, sondern der ganzen Geschichte abhing. Von diesen Prämissen war es nur noch ein kleiner Schritt zu denjenigen des prometheischen Menschen, der diese Prämissen insgesamt säkularisierte und sich zum Herrn über sein eigenes Schicksal und die Geschichte aufwarf. Aus dieser Säkularisierung des christlichen Geschichtsbegriffs gingen nun im Verein mit dem Messianismus jene materialistischen und säkularen Philosophien hervor, denen die Anschauung eigentümlich ist, daß der historische Prozeß das letztlich Wirkliche selbst ist und daß der Mensch durch materiellen Fortschritt jene Vollkommenheit erlangen kann, die traditional mit dem Paradieseszustand gleichgesetzt wurde, mit dem irdischen und dem himmlischen Jerusalem, das im Alpha und im Omega der Geschichte zu finden ist, die auch das gegenwärtige Jetzt sind. Durch Historizismus, säkularen Utopismus und den Gedanken der fortschreitenden Entwicklung und Evolution hat die Zeit für den modernen Menschen gewissermaßen versucht, sich die Ewigkeit einzuverleiben und sich an ihren Platz zu setzen, indem sie das ewige Jetzt, in dem sich das Ewige und das Zeitliche begegnen, durch den gegenwärtigen Augenblick, den flüchtigen Moment der vergänglichen Freuden und Empfindungen ersetzte. Paradoxerweise steht am Ende dieses Prozesses die Tatsache, daß diese vergöttlichte Zeit nicht nur denjenigen, die unter ihren hypnotischen Bann geraten sind, die Möglichkeit der Ewigkeitserfahrung genommen, sondern auch eine Verdunkelung der Bedeutung der Permanenz und historischen Kontinuität und damit einen Niedergang des Geschichtsbewußtseins selbst herbeigeführt hat.[40]

Die Vergöttlichung des historischen Prozesses hat eine solche Dynamik und zwingende Macht erlangt, daß sie in den Seelen vieler Menschen den Platz der Religion eingenommen hat. Nirgendwo zeigt sich dies deutlicher als bei der Rolle, die die Evolutionstheorie im geistigen und psychologischen Leben derjenigen Wissenschaftler einnimmt, die für sich in Anspruch nehmen, alles aus einer nüchternen wissenschaftlichen Sicht zu sehen, aber mit heftigen Gefühlsausbrüchen reagieren, wenn die Evolutionstheorie aus irgendeinem Blickwinkel kritisch beleuchtet wird, sei es aus logischer, theologischer oder wissenschaftlicher Sicht.[41] In vielerlei Hinsicht und aus sehr tiefliegenden Gründen ist die Evolution für viele Menschen zum Religionsersatz geworden, die sie mit völliger Intoleranz verteidigen und gleichzeitig beanspruchen, sehr vernünftige und tolerante Zeitgenossen ohne einseitige religiöse Überzeugungen zu sein.[42] Andere sprechen kategorisch von der wissenschaftlichen Methode und verteidigen dann die Evolution aus wissenschaftlichen Gründen, ohne sich darüber im klaren zu sein, daß ihre Hinnahme der Evolution als wissenschaftlich sich absolut nicht mit ihrer eigenen Definition von Wissenschaftlichkeit verträgt.[43] Diese Haltungen haben Konsequenzen großer Tragweite, die die Tiefen der menschlichen Seele berühren, denn hier wird die Gottheit durch den geschichtlichen Prozeß ersetzt und eine Reaktion ausgelöst, die dem Heiligen vorbehalten ist, auf das der pontifikale Mensch immer mit seinem ganzen Wesen anspricht. Darüber hinaus liegt in dieser Verteidigung der Evolution eine Schlacht um den »Glauben«, nicht um die wissenschaftliche Wahrheit, denn in der Evolutionslehre liegt die einzige Möglichkeit, das Hineinragen der archetypischen Wirklichkeiten, von denen die Arten irdische Abspiegelungen sind, auf den physischen Plan zu verschleiern, und ein halbwegs akzeptables Schema bereitzustellen, das es dem Menschen erlaubt, in dieser Welt inmitten der verwirrenden Vielzahl der Naturformen zu leben und dabei den transzendenten Einen zu vergessen, der die Quelle dieser Vielfalt ist.

Die Kritik, die gegen die Evolutionstheorie, wie sie heute verstanden wird, d. h. selbstverständlich nicht im Sinne des vertikalen Aufsteigens des Menschen zu seinem eigenen ewigen Archetypus, vorgebracht werden kann und vorgebracht wird, läßt sich metaphysisch und kosmologisch, religiös, logisch, mathematisch, physikalisch, biologisch und paläontologisch begründen. Metaphysisch kommt das Leben vor der Materie, die feinstoffliche Welt vor dem Leben, der Geist vor der feinstofflichen Welt und die Letzte Wirklichkeit vor allem anderen, wobei mit diesem »vor« grundsätzlich das gemeint ist, was auch immer vor dem chronologischen Auftreten von Materie, Leben und Bewußtsein auf dem Schauplatz des kosmischen Daseins war. Die vernünftige Intuition, die den Menschen zur Erkenntnis der *scientia sacra* befähigt, liefert diese absolute Gewißheit des Primats des Bewußtseins gegenüber dem Leben und der Materie. Sie liefert die Erkenntnis jener Hierarchie, die aus der ursprünglichen Quelle hervorgeht, in der alle Dinge ewig vorhanden sind und zu der alle Dinge zurückkehren. Sie sieht Seiendes in Abstufungen und ihr Erscheinen auf dem zeitlichen Plan als Konkretisierungen von Möglichkeiten, die jener vertikalen Dimension oder Abstufung angehören.[44] Objekte in dieser Welt »tauchen auf« aus demjenigen, was die islamische Esoterik den »Schatz des Ungesehenen« (*khazānay-i ghayb*) nennt; nichts kann auf der Ebene der physischen Realität erscheinen, das nicht seine transzendente Ursache und die Wurzel seines Seins *in divinis* hätte. Metaphysisch gesprochen ist es unmöglich, durch irgend einen zeitlichen Prozeß etwas zur Göttlichkeit oder Wirklichkeit als solcher hinzuzufügen. Was auch immer wächst und sich entwickelt, ist die Aktualisierung einer Möglichkeit, die in der göttlichen Ordnung präexistierte, wobei diese Entwicklung oder dieses Wachstum immer eine Essenz betrifft, während die totale Wirklichkeit in der unwandelbaren Welt der Archetypen wohnt. Schließlich kann metaphysisch gesprochen das, was einer niedrigeren Seinsstufe angehört, niemals das hervorbringen, was von Natur aus einer höheren Ebene angehört. Vom Standpunkt der *scientia sacra* aus kann die »Evolution« einer Sache keinen anderen Sinn haben als die Aktualisierung der dieser Sache innewohnenden Möglichkeiten. Andernfalls können alle Äonen der Zeit nicht etwas aus nichts hervorbringen. Die Schöpfungsgewalt liegt beim schöpferischen Urprinzip allein, das die reine Aktualität selbst ist. Die Evolutionslehre vergöttlicht den geschichtlichen Prozeß nicht nur dadurch, daß sie ihn als das letztliche Wirkliche betrachtet, sondern auch dadurch, daß sie ihr statt der transzendenten Gottheit die Macht der *creatio ex nihilo* zuweist. Auch ist vom metaphysischen und kosmologischen Standpunkt aus Form die Einprägung eines Archetypus und einer göttlichen Wirklichkeit und nicht ein Akzidens eines materiellen Konkrements. Darüber hinaus ist Form eine Qualität, und Qualitäten lassen sich nicht wie Quantitäten addieren. Selbst in der unbelebten Welt ist Grün nicht die Summe von Gelb und Blau, wie Vier die Summe von Zwei und Zwei ist. Grün besitzt eine qualitative Wirklichkeit, die sich in keiner Weise auf die Qualitäten der Farben zurückführen läßt, die, materiell oder quantitativ gesprochen, in ihrer Aufaddierung Grün ergeben. Dieses Prinzip ist noch evidenter bei Lebensformen, bei der die Wirklichkeit einer jeglichen Form nicht auf ihre quantitativen Bausteine reduziert werden kann. Kann ein halber menschlicher Körper qualitativ die Hälfte des ganzen menschlichen Körpers sein? Die Formen von Lebewesen haben eine qualitative Wirklichkeit, die nicht aus einer anderen Form hervorgehen kann, wenn diese Form nicht schon »irgendwo« vorhanden ist. Dieses »irgendwo« kann metaphysisch seinen Ort aber nur in der archetypischen Welt haben, die der Ursprung aller Formen ist.

Auch aus rein religiöser Sicht spricht selbst in Traditionen wie dem Hinduismus, Jainismus und Buddhismus alles gegen die Evolution, in denen die kosmische Geschichte in großen Maßstäben betrachtet wird und diejenigen, die ihre heiligen Schriften lesen, natürlich wußten und wissen, daß die Welt sehr viel älter ist als sechstausend Jahre, daß andere Geschöpfe dem Menschen auf der Erde vorangegangen sind und daß sich der geologische Zustand der Welt geändert hat. Dasselbe gilt vom Islam, in dem schon vor über tausend Jahren den muslimischen Gelehrten vollkommen klar war, daß Muscheln auf Berggipfeln nur bedeuten konnten, daß Berge zu Meeren und Meere zu Bergen geworden waren, daß Landtiere dem Menschen auf der Erde vorangingen, und daß Meerestiere vor den Landtieren entstanden.[45] In allen heiligen Schriften und traditionalen Quellen, ob sie nun von einer Schöpfung in sechs Tagen oder von kosmischen Zyklen sprechen, die sich über gewaltige Zeiträume erstrecken, wird an keiner einzigen Stelle gesagt, daß sich höhere Lebensformen aus niedrigeren entwickelt hätten. In allen heiligen Büchern steigt der Mensch von einem himmlischen Archetypus herab und nicht von einem Affen oder einem anderen Geschöpf auf. Was auch immer man seit dem vorigen Jahrhundert spitzfindig aus den Schriften zusammengetragen hat, um die moderne Evolutionstheorie zu stützen – man vergißt dabei die traditionalen und weisheitlichen Kommentare und interpretiert die vertikale Stufenleiter des Daseins in einer zeitlichen und horizontalen Weise, die auch philosophisch den Hintergrund für das Aufkommen der Evolutionstheorie selbst im 19. Jahrhundert abgab. Die bemerkenswerte Einmütigkeit heiliger Texte der verschiedensten Völker und Gegenden in dieser Hinsicht ist wohl ein eindeutiger Hinweis auf die wahre Natur des Menschen. Sie widerlegt jedenfalls diejenigen, die sich auf einen bestimmten Text aus einer einzelnen Tradition oder einige wenige geschickt ausgewählte Zeilen aus einer bestimmten Schrift berufen wollen, die sich mit einigem Bemühen zu einer Fehlinterpretation eignen, die religiöse Beweismittel für die Gültigkeit der Evolutionstheorie beibringen soll.

Von einem rein logischen Standpunkt aus läßt sich kaum erklären, wie man z. B. fünf Pfund Gerste aus einem Kasten herausholen kann, in dem ursprünglich nur vier waren. Beim Studium der historischen Geologie und der Paläontologie stößt man auf viele Fälle, in denen die Evolution einer Form in eine andere nicht weniger absurd erscheint. Diese Absurdidität wird dann durch die Postulierung langer Zeiträume unter den Teppich gekehrt, wohl im Vertrauen darauf, daß sich jedes Problem beseitigen läßt, wenn man nur genügend Zeit hat. Aber ob man nun tausend Jahre oder hundert Millionen Jahre zur Verfügung hat, ändert nichts an der logischen Absurdität, daß inerte Materie Bewußtsein hervorbringen oder daß aus einer niedrigeren Organisationsstufe von selbst eine höhere hervorgehen sollte, was offenbar nicht nur gegen die Logik, sondern gegen alle uns bekannten physikalischen Gesetze verstößt. In der Logik kann A nicht B werden, wenn B nicht irgendwie schon in A enthalten ist, und schon gar nicht kann B aus A hervorgehen, wenn es mehr beinhaltet oder größer ist als A. Kein noch so großer Aufwand an evolutionärer Geduld kann etwas an diesem primären menschlichen Logikbedürfnis ändern. Hierin ist letztlich der Grund zu suchen, warum die Verteidiger der Evolutionstheorie ihre Definitionen so unscharf fassen, die einer kritischen logischen Überprüfung ihrer Definition entgehen möchten.

Es gibt selbst eine mathematische Kritik der Evolutionstheorie.[46] Der modernen Informationstheorie zufolge kann man keiner Einheit mehr Informationen entnehmen als man in sie hineingesteckt hat. Die Zelle kann aber als eine Einheit mit einem bestimmten Informationsgehalt betrachtet werden, der die Aktivitäten der jeweiligen Lebensform steuert. Wie kann der Informationsgehalt der Zelle erhöht werden, ohne daß hier durch irgendeinen Vermittler neue Information zugeführt wird? Man kann nicht die Zelle in der heute üblichen Weise studieren, die Informationstheorie akzeptieren und gleichzeitig die gängigen Interpretationen der Evolutionstheorie akzeptieren, nach der durch zeitliche Prozesse und ohne äußere Ursache – die selbst von einer höheren Ordnung der Art sein muß, daß sie den Informationsgehalt eines Gens vermehren kann – der Informationsgehalt der Gene zunimmt und sie sich zu höheren Formen entwickeln.

Was die Argumente aus dem Bereich der Physik betrifft, so weiß man sehr wohl, daß Lebensformen ihre Ordnung und Struktur in einer Weise aufrecht erhalten und die für die Lebensfunktionen notwendige Energie in einer Weise einsetzen, die dem zweiten Hauptsatz der Thermodynamik vollkommen widerspricht. Das Auftreten komplizierterer Lebensformen auf der Erde in späteren Lebensphasen der Erde widerspricht dem Gesetz der Entropie und weist darauf hin, daß eine andere Energieart im Spiel sein muß. Es gibt viele Biologen, die behaupten, daß in unserer irdischen Umgebung nicht eine, sondern zwei verschiedene Energiearten wirksam sind, eine physikalische, die mit der toten Materie, und eine andere, die mit dem Lebendigen zusammenhängt; und daß die Gesetze, denen beide Energieformen jeweils unterliegen, ganz unterschiedlich sind, auch wenn Lebensenergie erst dann ins Spiel kommt, wenn gewisse materielle Voraussetzungen gegeben sind und nicht vorher oder nachher. Solche Wissenschaftler lehnen die Möglichkeit strikt ab, daß sich inerte Materie zu Lebensformen entwickeln kann, weil fundamentale Unterschiede zwischen den beiden Energieformen bestehen, deren Gesetze jedes Reich reagieren.[47]

Was die biologische und paläontologische Beweislage betrifft, so haben Fachleute auf diesen Gebieten zahlreiche Argumente geliefert, freilich vielfach erst in hohem Alter, weil sie ein Scherbengericht ihrer Kollegen fürchten mußten. Dennoch wächst tagtäglich die Zahl substantieller Arbeiten von Wissenschaftlern auf diesen Gebieten, die auf die Unmöglichkeit der Evolutionstheorie hinweisen, die E. F. Schumacher eher dem Bereich der Sciencefiction als der Wissenschaft zuordnet.[48] Zu diesen Fachleuten gehören nicht nur Biologen, sondern auch Genetiker, Physiologen und Fachleute aus anderen Disziplinen der Lebenswissenschaften.[49] Was die paläontologische Beweislage betrifft, so ist die erste Tatsache, die jedem Studenten dieser Wissenschaft auffällt, das plötzliche und verbreitete Auftreten neuer Arten in neuen geologischen Zeitaltern. Nicht miteinander verwandte größere Gruppen wie die Wirbeltiere erscheinen urplötzlich in vier Ordnungen, und überall stellt man das plötzliche und nicht allmähliche Erscheinen komplexer Organismen fest. Die stratigraphische Untersuchung fördert zudem kaum einmal Fossilen zutage, die es als Zwischenglieder zwischen den großen Gruppen geben müßte, wenn die Evolutionstheorie im üblichen Sinne stichhaltig sein soll.[50] Darüber hinaus wurden alle Gründe, mit denen die Verteidiger der Evolutionstheorie das Fehlen solcher Beweise erklären wollten, von zahlreichen Wissenschaftlern widerlegt.[51] Bei den Pflanzen ist die Situation sogar noch schwieriger zu erklären als bei den Tieren. Die paläontologischen Befunde sind kaum geeignet, die Hypothese der Evolution zu stützen, wie sehr man sie auch dehnen und wie kunstvoll man sie auch interpretieren mag.[52]

Der schwerwiegendste Einwand liegt freilich in dem Fehlen von Lebensspuren im Präkambrium und seiner plötzlichen Ausbreitung danach. Jeder, der diese Befunde mit offenen Sinnen betrachtet, kann von dem plötzlichen Auftreten einer neuen Kraft oder Energie auf der Erdoberfläche nicht unbeeindruckt bleiben, die sich in einer Weise manifestiert und geologische Befunde hinterläßt, die man wohl kaum evolutionär nennen kann. Alle paläontologischen Befunde, die einen Entwicklungssprung zwischen Präkambrium und Kambrium zeigen, weisen auf alles andere als eine allmähliche Evolution von Lebensformen hin.[53] Was das Nachkambrium betrifft, so enthüllen die Befunde, daß praktisch alle Tierstämme – wie z. B. Porifera, Coelenterata und Annelida – bereits im Kambrium vorhanden waren und daß hinsichtlich der Stämme mit Ausnahme der Chordata seit dem Paläozoikum keine neuen Klassen entstanden sind. Die Mutationen, von denen viele Biologen sprechen und durch die sie das erklären wollen, was sie Evolution in Sprüngen nennen, überschreiten tatsächlich niemals eine sehr enge Grenze und stellen entweder eine Anomalie oder einen Rückschritt der jeweiligen Art dar. Die Lücke kann durch eine der biologisch beobachtbaren Mutationen nicht erklärt werden, es sei denn, man nimmt an, daß in einem anderen Zeitalter auf der Erde andere als die heute beobachtbaren Kräfte wirksam waren. Keine der Variationen, die die Verfechter der Evolutionslehre als »Knospen« einer neuen Art präsentieren, war irgend etwas anderes als eine Variante im Rahmen einer bestimmten Art.

Es gibt Tiere, die in gewissem Sinne Tiere anderer Ordnungen »imitieren«, wie z. B. Wale, die Säugetiere sind, sich aber wie Fische verhalten; trotzdem bleiben Fische, Reptilien, Vögel und Säugetiere unterschiedliche Typen, und Geschöpfe wie Wale und Delphine beweisen keineswegs die Evolutionstheorie, sondern belegen nur die immense Schöpferkraft der Natur. Was die Adaptationen betrifft, so sind einige von ihnen so komplex, daß keine Evolutionstheorie zu ihrer Erklärung hinreicht und das Wirken eines weisen Schöpfers eine viel logischere Lösung wäre.[54] Dies ist der Grund, warum die objektiveren unter den Biologen, auch wenn sie die Evolutionstheorie akzeptieren, weil es ihrer Meinung nach keine »wissenschaftliche« Alternative gibt, den phantastischen und sogar »surrealistischen« Charakter der Evolutionstheorie, wie sie üblicherweise verstanden wird, gerne eingestehen.[55] Die Biologie hat keinerlei Beweise für diese Theorie im wissenschaftlichen Sinne eines Beweises vorgelegt; sie hat vielmehr Hindernisse aufgerichtet, die nur durch einen »Glaubenssprung« überwunden werden können, der nur eine Parodie des Glaubens ist, den Gott der Menschenseele für sich und seine Botschaften eingepflanzt hat. Die Einwände gegen die Evolutionstheorie und die mit ihr verbundenen Probleme sind so zahlreich, daß einige moderne Wissenschaftler die Meinung vertreten, daß der Darwinismus und Lamarckismus letztlich eine schwere Last auf der biologischen Wissenschaft sind, und daß man die Weiterentwicklung dieser

Wissenschaft nicht durch die Bürde einer philosophischen Annahme hemmen sollte, die nicht im Einklang mit ihren Befunden ist, sondern letztlich diese Wissenschaft auf ein Prokrustesbett spannt, damit der moderne Mensch sich weiterhin dieser Krücke für seine ungebrochene Verehrung des geschichtlichen und zeitlichen Prozesses als Wirklichkeit bedienen kann.[56]

Die wenigen Argumente, die hier nur ganz kurz dargestellt wurden, sind an sich Gegenstand einer eigenen Diskussion und können in einer Studie, die der Erkenntnis und dem Heiligen gewidmet ist, nicht ausführlich dargelegt werden. Weil aber die Evolutionstheorie sowohl an sich als auch in ihren Auswirkungen auf verschiedene Philosophien und sogar Theologien für die Entheiligung des im Westen noch vorhandenen Heiligen Wissens und selbst für die allgemeine Wahrnehmung des Heiligen durch den Menschen eine so große Rolle gespielt hat, mußte auf diese Kritiken eingegangen werden. Es kam auch darauf an, die wissenschaftlichen Einwände gegen die Evolution zu erwähnen, weil auf der Grundlage eines angeblich wissenschaftlichen Fundaments die Anwendung der Evolutionstheorie auf den ganzen Kosmos und alle Erkenntnis einschließlich der Theologie selbst generalisiert wurde.

Wenn die Evolutionstheorie im 19. und frühen 20. Jahrhundert die europäische Philosophie in verschiedener Weise beeinflußte, was von Nietzsches Übermenschen zur emergenten Evolution von Samuel Alexander und zur schöpferischen Evolution von Henri Bergson reicht, so drang doch erst in der zweiten Hälfte des 20. Jahrhunderts diese Denkweise auch in das Reich der katholischen Theologie ein und führte zu einer Darwinisierung der Theologie und zur Unterwerfung dieser Königin der Wissenschaften unter das Mikroskop[57], wie sie exemplarisch Teilhard de Chardin betrieben hat. Eigenartigerweise hatte der französische Jesuit auf diesem Gebiet einen Orientalen zum Vorläufer, nämlich Sri Aurobindo, der in seinem *Das göttliche Leben* versucht hat, eine evolutionäre Interpretation des Vedanta zu geben, aber in Indien nicht denselben Einfluß hatte wie Teilhard im Westen.[58] Es ist in der Tat bemerkenswert, daß im Orient nur auf dem indischen Subkontinent infolge des angelsächsischen Bildungssystems mit seiner starken Betonung evolutionärer Philosophen wie Herbert

Spencer nicht nur eine Gestalt wie Aurobindo auftreten konnte, sondern eine ganze Heerschar »evolutionärer Denker« geringeren Ranges. Aus dieser Welt auch hat sich jene eigentümliche Verbindung von Pseudospiritualität und Evolutionismus, die von kosmischem Bewußtsein, der Geburt einer neuen Menschheit mit höher entwickeltem Bewußtsein usw. redet, in den Rest der Welt verbreitet. Weder das buddhistische Japan und China noch die islamische Welt (auch wenn Iqbal vom Übermenschen spricht) haben einen ähnlichen Verschnitt von Religion und Evolution hervorgebracht, wie wir ihn bei Aurobindo finden. Es mutet daher seltsam an, daß das westliche Gegenstück zu Aurobindo seine geistige Heimat nicht bei Darwin, sondern bei Claude Bernard und Cuvier sieht.

Aus traditionaler Sicht ist die Lehre Teilhards eine Idolatrie, die die Endphase der Entheiligung des Wissens und des Seins darstellt, die Erosion des Ewigen durch den Zeitprozeß, wenn dies denn möglich wäre. Um so befremdlicher erscheint es, daß manche sein Werk als die »Wiedereinsetzung des Heiligen in der profanen Welt« betrachten.[59] Die Tatsache, daß es eine solche Flut populärer Schriften über ihn gab und sogar Zeitschriften dem Studium seiner Werke gewidmet sind[60], und daß sein Werk die Aufmerksamkeit eines so breiten Publikums gefunden hat, selbst von Leuten, die keineswegs an authentischer Religion interessiert sind, kann in einer Welt wie der unsrigen nur bedeuten, daß er einigen der antitraditionalen und sogar kontratraditionalen[61] Tendenzen dieser Welt Vorschub leistet – vor allen Dingen jener psychologischen Haltung, die die Folge des Eindringens des evolutionären Denkansatzes in Geist und Seele der meisten modernen Menschen ist.[62]

Für Teilhard umfaßt die Evolution nicht nur lebende Geschöpfe, sondern auch die tote Materie. Alle kosmische Materie, die er als »O heilige Materie!«[63] anspricht, folgt dem Gesetz der »Komplexierung«, die den kosmischen »Stoff« Stufe um Stufe erklimmen läßt, bis er beim Menschen angelangt ist. Alle Wesen haben bei ihm eine bewußte innere Seite (nicht zu verwechseln mit der traditionalen hinduistischen Lehre, die das Dasein selbst mit dem Bewußtsein gleichsetzt) wie der Mensch selbst, und die Evolution impliziert auch die Evolution des Bewußtseins aus Leben und Materie. Diese Evolution hat nicht nur die die Erde bedeckende Biosphäre hervorgebracht, sondern hat durch die menschliche Kultur auch zur Noosphäre geführt, die sich über die Biosphäre legte. In einer späteren Phase dieser angeblichen Evolution werden die menschlichen Kulturen zu einer einzigen verschmelzen. Durch diese so geschaffene psychische Konzentration soll ein »hyperpersonales« Bewußtsein am »Punkt Omega« entstehen, an dem alle Evolution in einer konvergenten Integration endet, und dieser Punkt ist Gott, insofern er die Richtung der Geschichte bestimmt. Durch diese phantastische mentale Sublimierung eines krassen Materialismus versucht Teilhard, Wissenschaft und Religion zu synthetisieren und der Evolutionshypothese *cum* Wissenschaft christliche Signifikanz zu geben.

Zunächst einmal kann aus dem metaphysischen und religiösen Standpunkt diese mehr amalgamierte als synthetisierte Anschauung nur als die Inversion der traditionalen Lehre von der Emanation und der Hervorbringung eines hierarchisch geordneten Daseins betrachtet werden. Theologisch ist dies reinste Idolatrie, wie etwa Behauptungen von Teilhard wie »es gibt nur Materie, die Geist wird... Deshalb ist viel Materie [notwendig] für so viel Geist«[64] und ähnliche Aussagen zeigen. Was bei dieser Perspektive völlig fehlt, ist ein Bewußtsein für die beiden Beziehungsarten zwischen dem Urprinzip und seiner Manifestation, das heißt für den Zusammenhang von Kontinuität und Diskontinuität. Während das Urprinzip die Quelle des Kosmos ist und nichts existieren kann, da nicht seine Existenz von der Quelle des Seins empfängt, die sich zum Dasein verhält wie die Sonne zu ihren Strahlen, bleibt das Urprinzip im Hinblick auf alle Manifestation durch eine Diskontinuität transzendent, die keine authentische Darlegung der Metaphysik außer acht lassen oder übersehen darf. Es liegen Welten zwischen der traditionalen Lehre von der transzendenten Einheit des Seins (wahdat als-wujud in seiner islamischen Form) und einem rationalistischen Pantheismus, der die absolute Transzendenz des Einen vernachlässigt, der doch die Quelle aller Vielfalt ist.[65] Im Teilhardismus wird nicht nur der Aspekt der Diskontinuität zwischen dem Urprinzip und seiner Manifestation vernachlässigt,[66] was zu einer Art philosophischem Pantheismus führen würde, wie man ihn des öfteren in der Geschichte des westlichen Denkens findet, sondern es wird sogar das Urprinzip als das Endprodukt der Evolution der Manifestation selbst betrachtet.

Teilhard versucht, den Übergang inerter Materie zum Leben als die »Einrollung des Moleküls in sich selbst« zu erklären, wobei er den Einschlag eines neuen kosmischen Prinzips in das Reich der inerten Materie als die Ursache für das plötzliche Auftreten von Leben auf der Erde ganz außer Acht läßt. Diese »Einrollung« ist darüber hinaus nichts als eine Parodie der spirituellen Verdichtung, wie seine Beschreibung des Übergangs des Lebens zum Bewußtsein als »der Schwelle der Reflexion« eine Parodie des göttlichen Schöpfungsaktes selbst ist. Er spricht davon, daß dieser Prozeß durch Evolution den Zustand der Totalität erreicht, wie wenn Totalität jemals etwas hätte gewesen sein können oder jemals etwas hätte entbehren können, das es später wiedererlangte, ohne damit aufzuhören, Totalität zu sein! Wenn man Teilhard sorgfältig liest, erkennt man, daß sein Glaube vor allen Dingen in der Materie und in dieser Welt liegt, ohne sich davon Rechenschaft zu geben, wie die Materie selbst durch höhere Daseinsebenen erzeugt wird.[67]

Wenn Teilhard sagt: »Wenn ich infolge einer inneren Subversion nacheinander meinen Glauben an Christus, meinen Glauben an einen personalen Gott und meinen Glauben an den Geist verlieren würde, scheint mir, daß ich doch noch an die Welt glauben würde. Die *Welt* – der Wert, die Untrüglichkeit und die Güte der Welt – dies *ist* in letzter Analyse *das Erste und Einzige, woran ich glaube*[68],« dann bringt er damit offen jene Anbetung des Mammons zum Ausdruck, die man theologisch nicht anders als Götzendienst nennen kann. Auch wenn er seinen Glauben an den Punkt Omega bekräftigt, der aus evolutionären Prozessen hervorgeht, leugnet er die Totalität aller traditionalen Lehren und klammert sich nur an eine korrumpierte Rumpfversion derselben, weil Christus sagte, daß er das Alpha und das Omega ist; im Koran wird Gott nicht nur das Letzte oder Omega (*al-ākhir*), sondern auch das Erste (*al-awwal*) genannt, nicht das Äußere (*al-ẓahīr*), sondern auch das Innere (*al-bāṭin*).

Die Kritik an Teilhards Amalgamierung von Religion und Wissenschaft beschränkt sich freilich nicht auf die religiöse Seite, sondern auch auf die wissenschaftliche. Alle Einwände, die gegen die Evolutions- und Transformationstheorie im allgemeinen vorgebracht werden, gelten auch für Teilhard, der sie nicht mit wissenschaftlicher Beweisführung, sondern mit einem »religiösen« Eifer verteidigte. Darüber hinaus wurde Teilhard auch wegen seiner Ansichten auf den Fachgebieten der Biologie und Physiologie kritisiert, mit denen er nicht besonders gut vertraut war, aus denen er aber philosophische und religiöse Schlußfolgerungen abzuleiten versuchte.[69] Er versuchte durch die Reduktion der Lebensenergie auf physikalische Energie eine kosmische Einheit zu schaffen, und die Gesetze des Lebendigen, das Finalität im biologischen Sinne hat[70], mit denjenigen der inerten Materie gleichzusetzen, die von einer völlig anderen Art ist und in der eine ähnliche Finalität nicht festzustellen ist, obgleich vom traditionalen metaphysischen Standpunkt aus, der weit von demjenigen Teilhards entfernt ist, alles im Universum in der Gesamtharmonie des Kosmos einen Zweck und eine Entelechie hat. Seine »Einheit« ist mehr eine Gleichförmigkeit, die alle Ebenen der kosmischen Wirklichkeit auf die materielle Wirklichkeit reduziert, und nicht eine wirkliche Einheit, die integriert, statt die Dinge auf ihren kleinsten gemeinsamen Nenner zu reduzieren und zu nivellieren.[71] Teilhard sah die Welt der Natur in gewissem Sinne als »Marxist«, das heißt nur von zeitlichen und geschichtlichen Prozessen determiniert. Dem hielt einer seiner wissenschaftlichen Kritiker entgegen: »Die Natur ist viel platonischer, als Pater Teilhard glaubt, und schon gar nicht marxistisch.«[72]

Wenn wir inmitten dieser Erörterung von Zeit und Ewigkeit innegehalten haben, um den Teilhardismus kritisch zu betrachten, so deshalb, weil die Enthüllung des Wesens eines solchen Phänomens von eminenter Bedeutung ist, wenn man die traditionalen Lehren authentisch wiedererwecken will, denn es ist nicht nur das Antitraditionale, sondern erst recht das Kontratraditionale, das das Wesen der Tradition verschleiert, deren Zerrbild es ist. In der Tat »ist der Teilhardismus einem jener Risse vergleichbar, die die Folge einer Verhärtung des Denkens sind und die nicht eine Öffnung nach oben, zum Himmel der wahren und transzendenten Einheit, sondern nach unten zum Reich des Psychismus bedeuten. Seiner eigenen diskontinuierlichen Weltsicht überdrüssig, läßt sich der materialistische Geist in eine falsche Kontinuität oder Einheit abgleiten und wird das Opfer einer pseudospirituellen Intoxikation, die mit diesem konterkarierten und materialisierten Glauben – bzw. diesem sublimierten Materialismus [oder Teilhardismus] – in eine sehr bedeutsame Phase getreten ist.«[73] Die geringste innere Wahrnehmung der unwandelbaren Archetypen und Empfindung für das Ewige hätte diesen Nebel der Täuschung zerrissen, der das zeitliche in den Rang des Ewigen sublimieren will, von dem es doch nur ein Schatten sein kann. Die traditionale Antwort auf die hegelianische oder marxistische Reifikation und sogar Deifikation des historischen Prozesses oder die aus traditionaler Sicht noch heimtückischere Vermischung von Evolutionismus und Theologie, wie sie bei Teilhard vorliegt, findet man nicht nur in den metaphysischen Lehren über die Ewigkeit und die zeitliche Welt, sondern auch in jenen traditionalen Philosophien des Werdens, die sich in einer unmittelbaren philosophischen Weise mit jenen heute populären philosophischen Theorien auseinandersetzen, die den evolutionären Prozeß zum Vater entweder der vollkommenen Gesellschaft oder des Geistes oder des Punktes Omega selbst machen wollen. Eine dieser Philosophien ist diejenige von Ṣadr al-Dīn Shīrāzī, dessen transsubstantielle Bewegung (*al-ḥarakat al-jawhariyyah*) sich mit der Signifikanz der Bewegung und des Werdens ausführlich auseinandersetzt und sich dabei der archetypischen Wirklichkeiten bewußt bleibt, die sich durch dieses »substantielle Werden« manifestieren.[74] Auch Jalāl al-Dīn Rūmī befaßt sich ausführlich mit Dialektik und dem Gegensatz zwischen demjenigen, was Hegel und Marx These und Antithese nennen, ohne jemals den geschichtlichen Prozeß auf die Ebene der göttlichen Wahrheit zu erheben, die ihrem Wesen nach unwandelbar und ewig ist.[75] Nur solche Quellen, ob sie im Islam oder anderswo beheimatet sind, können die Bedeutung des Werdens erklären, die Stufenleiter kosmischer Wesen einschließlich der Lebensformen, die vertikale Hierarchie, die von der niedrigsten materiellen Form über den Menschen bis zur göttlichen Gegenwart reicht, und selbst die Verstümmelung und Inversion dieser Lehren in der modernen Zeit. Aus eben diesem Grund wird durch die Subversion solcher traditionalen Lehren die Tradition selbst durch Kräfte verraten, die im religiösen Schafspelz den vermeintlich endgültigen Sieg des Zeitlichen über das Ewige, des Profanen über das Heilige herbeiführen wollen.[76]

Freilich kann man das Ewige ebensowenig durch das Zeitliche ersetzen, wie man die Sonne in einem Brunnen verstecken kann. Die traditionale Lehre von der Ewigkeit und der zeitlichen Ordnung kann sich nicht ändern oder entwickeln, weil sie zum Ewigen gehört. Diese Lehre unterscheidet nicht nur zwischen Zeit und Ewigkeit, sondern auch zwischen »Zeitmodi«, die Bewußtseinsmodi entsprechen.[77] Sie befaßt sich nicht nur mit der profanen Zeit und Gott als dem Ewigen, sondern auch mit jenen Zwischenstufen des Werdens, die Gegenstand der Eschatologie sind und deren Endziel das Reich der Ewigkeit in seinem absoluten Sinne ist.[78] Gegenstand dieser Lehre ist letztlich jenes gegenwärtige Jetzt, das das Hereinragen der Ewigkeit auf die Ebene der Zeit ist, der Augenblick, der Alpha und Omega ist, in dem der Mensch dem Ewigen begegnet, das das Heilige an sich ist, der Augenblick, der die Sonnenpforte ist, durch die er in das Jenseits eintritt und letztlich wird, was er immer *ist*, ein im Empyreum der Ewigkeit unsterblich gewordener Stern.

O soul, seek the Beloved, O friend, seek the Friend,
O watchman, be wakeful: it behooves not a watchman to sleep.
On every side is a clamour and tumult, in every street are
    candles and torches,
For tonight the teeming world gives birth to the world
    everlasting.
Thou wert dust and art heart, thou wert ignorant and
    art wise;
He who has dragged thee this far shall drag thee to the
    Beyond through His pull
                        RŪMĪ[79]

ANMERKUNGEN

1 A. Silesius, *Der Cherubinische Wandersmann*, München 1960.
2 Eine Prägung des britischen Philosophen D. C. Williams.
3 Diese Auffassung spielt in der modernen Physik eine wichtige Rolle, kann aber weder den Grund für unsere Zeiterfahrung noch die Natur der Zeit erklären. Diese Auffassung wurde von so bekannten Wissenschaftsphilosophen wie K. R. Popper, H. Reichenbach und A. Grünbaum diskutiert.
4 Diese Ansicht fand immer Anhänger, von McTaggart bis hin zu jenen griechischen Metaphysikern wie Parmenides, die die Dinge vom Standpunkt der Permanenz oder des Seins betrachteten und dem Werden jegliche Wirklichkeit absprachen.
5 Über die Arbeiten der modernen Philosophie, insbes. die analytische Schule, die sich mit der Zeit befassen, siehe den Artikel von J. J. C. Smart über die Zeit in der *Encyclopedia of Philosophy*, Bd. 8, S. 126–34.
6 Über den aristotelischen Zeitbegriff und dessen mittelalterliche Modifikationen und Kritiken siehe H. A. Wolfson, *Crescas' Critique of Aristotle*, Cambridge Mass. 1929. Über die Zeitauffassung bei islamischen Philosophen siehe Nasr, *Introduction of Islamic Cosmological Doctrines*, Kap. 13.
7 Manche moderne Philosophen wie H. Bergson und in seiner Nachfolge der modernisierte muslimische Dichter und Philosoph Muhammad Iqbal trennen scharf zwischen äußerer Zeit, die immer durch den Vergleich räumlicher Positionen gemessen wird, und innerer oder subjektiver Zeit, die Bergson Dauer nennt. Aus traditionaler Sicht ist diese Unterscheidung freilich nicht neu.
8 Siehe F. Schuon, *Du Divin à l'humain*.
9 »Alles, was Gott vor 6000 Jahren und mehr schuf, als er die Welt schuf, schafft er jetzt augenblicklich (*alzemâle*) ... Er schafft die Welt und alle Dinge in diesem gegenwärtigen Jetzt (*gegen würtig nû*).« Eckhart, zitiert nach der Pfeiffer-Ausgabe von A. K. Coomaraswamy, *Zeit und Ewigkeit*, S. 117. Dieses Werk ist eine großartige Studie mit einer Fülle von Zitaten aus der hinduistischen, buddhistischen, christlichen und islamischen Tradition über die Metaphysik der Zeit und der Ewigkeit unter besonderer Berücksichtigung des Gegenwartsaugenblicks in seiner Beziehung zur Ewigkeit.
10 Mit diesem bekannten Diktum ist gemeint, daß der Sufi in der ewigen Gegenwart lebt, die der einzige Zugang zum Ewigen ist. Es ist auch eine Anspielung auf die Sufi-Praxis des *dhikr*, der Anrufung, die sich auf die ewige Gegenwart bezieht und die den Menschen transformiert, heiligt und erlöst, indem sie ihn von Tagträumen über die Zukunft oder die Vergangenheit errettet und andererseits der Realität gegenüberstellt, die nur in der Gegenwart zu finden ist, die die einzige wirkliche Erfahrung ist.
11 »Il punto a cui tutti li tempi son presenti« (Paradiso, 17.17–18).

12 Zitiert von Coomaraswamy in Time and Eternity, S. 43–44.
13 Im *Gulshan-i rāz* heißt es

Der mächtige Eine, der in einem Lidschlag die beiden Welten durch das K und N des *kun* ins Dasein führte (den Imperativ des Verbs »sein« im bezug auf Koran XXXVI;82; siehe Diskussion in Kap. 4, Anmerkung 14).

14 *Nimiṣa*, daher *naimiṣiyaḥ* oder »Leute des Augenblicks«, wie sie in der *Chāndogya Upanishad* erwähnt werden, was fast genau dem *ibn al-waqt* der Sufis entspricht.

15 Variationen des Siebenschläfer-Mythos gibt es in Fülle bei praktisch allen Völkern. Zur spirituellen Bedeutung dieses Mythos und zum Koranbericht im Hinblick auf das Verhältnis zwischen Islam und Christentum, siehe L. Massignon, »*Recherche sur la valeur eschatologique de la Légende des VII Dormants chez les musulmans,*« Actes 20ᵉ Congrès International des Orientalists 1938, S. 302–3; und *Les Sept dormants d'Éphèse (Ahl al-kahf) en Islam et en Chrétienté*, 3 vols., avec le concours d'Emile Dermenghem, Paris 1955–57.

16 Wir möchten hier natürlich nicht andere psychologische Faktoren negieren, die ein schnelles Verstreichen der Zeit begünstigen, einschließlich Zerstreuungen aller Art. Es ist aber zu beachten, daß auch in solchen Fällen der Betreffende nur dann ein schnelles Verstreichen der Zeit empfindet, wenn er die fragliche Aktivität genießt, auch wenn diese Handlung spirituell unnütz oder sogar schädlich ist. Niemand, der auf einer Nadel sitzt, empfindet das rasche Verstreichen der Zeit, wenn er nicht gerade ein Asket ist, der den Schmerz nicht mehr empfindet und dessen Bewußtsein den negativen Charakter dieser Empfindung nicht aufnimmt, auch wenn man physiologisch erwarten würde, daß er den Schmerz empfindet.

17 Das Ave Maria, das die Gnade der Mutter Gottes »jetzt und in der Stunde unseres Todes« erbittet, zeigt deutlich die Beziehung zwischen diesen beiden Momenten.

18 Die drei Ausdrücke *sarmad*, *azal* und *abad* beziehen sich auf dieselbe Wirklichkeit, nämlich das Ewige an sich, aber unter drei verschiedenen Blickwinkeln: *sarmad* ist die Ewigkeit an sich, *abad* die Ewigkeit im Hinblick auf dasjenige, was »vor« dem gegenwärtigen Erlebensaugenblick steht, und *azal* dasjenige, was hinter und vor diesem Augenblick steht. *Azal* bezieht sich auf das Ewige, aus dem der Mensch gekommen ist, und *abad* auf das Ewige, in das er nach dem Tode wandern wird, während es aus der Sicht der Ewigkeit selbst kein Vorher oder Nachher gibt, sondern alles *sarmad* ist.

19 Ḥāfiẓ sagt

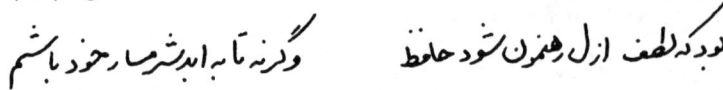

Möge die vorewige (azal) Gnade die Führerin Ḥāfiẓ' sein, damit ich nicht bis in die Nachewigkeit (abad) in Schande bleibe.
20 Siehe R. C. Zaehner, *Zurvan, a Zoroastrian Dilemma*, Oxford 1955.
21 Zitiert bei Coomaraswamy, *Time and Eternity*, S. 15, wo er sich ausführlich mit dem Unterschied zwischen Zeit und »Zeit« befaßt, wobei letztere nichts anderes als die Ewigkeit ist.
22 *Yikī būd yikī nabūd; ghayr az khudā hīchkī nabūd.*
23 Diese Lehre wurde in den vergangenen fünfzig Jahren in zahlreichen Werken traditionalen und nichttraditionalen Charakters erläutert und dargelegt. Siehe u. a. Guénon, *Formes traditionales et cycles cosmiques*, Paris 1970, und M. Eliade, *The Myth of the Eternal Return* (auch unter dem Titel *Cosmos and History* erschienen), Übers. W. Trask, New York 1974.
24 Der nach Auffassung einiger 4 320 000 000 Jahre lang ist.
25 Diesen Punkt betont Guénon in vielen seiner Werke, während ihn M. Eliade in seiner im übrigen meisterhaften Studie *Cosmos and History* bzw. *The Myth of Eternal Return* übersieht.
26 Über die Symbolik der Sanduhr siehe F. Schuon, »Einige Beobachtungen zur Symbolik der Sanduhr« in seinem *Logic and Transcendence*, S. 165–72.
27 Über den zoroastrischen Geschichtsbegriff und den Zeitraum von 12 000 Jahren, der mit dem Sieg des Lichts über die Dunkelheit endet, siehe A. V. Jackson, *Zoroastrian Studies*, New York 1938, S. 110–15, und H. S. Nyberg, »Questions de cosmogonie et de cosmologie mazdéene«, *Journal Asiatique* 219 (1929): 2 ff.
28 Man findet viele Episoden heiliger Geschichte sowohl in der Bibel als auch im Koran, wenn auch nicht immer in derselben Version. Der Koran scheint allerdings sehr viel mehr an der transhistorischen Bedeutung dieser Ereignisse für die Seele des Menschen und für dessen Entelechie als daran interessiert zu sein, Gottes Willen aus der Geschichte oder aus historischen Ereignissen selbst herauszulesen. Es liegt hier in der Tat ein singuläres Desinteresse an der Zeit als einer Wirklichkeitsdimension vor, wie man es sogar im traditionalen westlichen Denken der Art finden kann, wie man es beim hl. Augustinus findet.
29 Gemäß einem *ḥadīth*: »Diese Welt ist der Pflanzgarten für die andere Welt,«

الدنيا مزرعة الآخرة

d. h., die Früchte des Handelns des Menschen in dieser Welt haben Einfluß auf den Zustand seiner Seele im Jenseits. Es ist sehr wohl möglich, das Leben in dieser Welt im Hinblick auf das Endziel des Menschen ganz ernst zu nehmen, ohne die Geschichte so ernst zu nehmen, wie es die meisten westlichen Denker getan haben. Der Islam ist das Musterbeispiel dafür, daß es nicht bloß, wie viele moderne Gelehrte behaupten, zwei Möglichkeiten gibt, nämlich die westliche einerseits, die die Geschichte und diese Welt insbesondere hinduistische Anschauung, für die die Geschichte bedeutungslos ist. Eine solche reduktionistische Anschauung sieht den Unterschied nicht, ob diese Welt der Pflanzgarten für die Ewigkeit ist, oder ob die Geschichte die Natur der Wirklichkeit bestimmt oder diese in einer endgültigen und fundamentalen Weise beeinflußt.

30 Siehe Abū Bakr Sirāj al-Dīn, »The Islamic and Christian Conceptions of the March of Time«, *The Islamic Quarterly 1* (1954): S. 179–93.

31 »Das Merkmal der traditionalen Lösung des Raum-Zeit-Problems ist, daß die Wirklichkeit sowohl innerhalb als auch außerhalb der Zeit ist.« W. Urban, *The Intelligible World, Metaphysics and Value*, New York 1929, S. 270.

32 Dieses berühmte Werk stellte die biblische Lehre von der Erschaffung der Welt *ex nihilo* der griechischen Lehre von der »Ewigkeit« der Welt gegenüber und wurde zur Ursache und zum Ausgangspunkt zahlreicher Diskussionen und Traktate zu diesem Thema, das in der islamischen Philosophie *al-ḥudūth wa'l-qidam* genannt wird. Die Wahrheit in dieser Angelegenheit ließ sich freilich nicht in die Reduktion auf eine dieser Kategorien zwingen; daher der unaufhörliche Streit über die Bedeutung des *ex nihilo* selbst unter muslimischen, jüdischen und christlichen Autoren, dem Wolfson viele Studien gewidmet hat, deren bedeutendste weitgehend in seinem *Essays in the History of Philosophy and Religion* zusammengefaßt sind.

33 Eine der gründlichsten philosophischen Betrachtungen dieses Problems in der islamischen Philosophie aus den letzten Jahrzehnten stammt von 'Allāmah Tabātabā'ī, zu finden in seinem *Usūl-i falsafah wa rawish-i ri'ālizm*, 5 Bände, Qum, 1332–50 (A. H. solar).

34 Jalāl al-Dīn Rūmī erörtert das Thema des *ḥudūth* und *qidam* sowohl in seinen poetischen wie in seinen Prosawerken, von denen sich eines der erstaunlichsten im *Fīhi mā fīhi* findet. Siehe *Discourses of Rumi*, Übers. A. J. Arberry, London 1961, S. 149–50 und A. Schimmel, *Von Allem und vom Einem*, München 1988.

35 Deshalb befaßt sich Coomaraswamy in seinem *Time and Eternity* so ausführlich mit dem hinduistischen, buddhistischen und islamischen Atomismus. Eine ausführliche Erörterung widmet er auch der Frage, warum das Jetzt allgegenwärtig und doch nicht »Teil« der Zeit ist.

36 *Lawā'ih*, Übers. E. H. Whinfield und M. M. Kazvīnī, London 1978, S. 42–45.

37 Über die Erneuerung der Schöpfung im Sufismus siehe T. Izutsu, »The Concept of Perpetual Creation in Islamic Mysticism and Zen Buddhism«, in Nasr. (Hrsg.), *Mélanges offerts à Henry Corbin*, S. 115–48,

ebenda, »Creation and the Timeless Order of Things: A Study in the Mystical Philosophy of ʿAyn al-Quḍāt«, *Philosophical Forum*, Nr. 4 (1972): S. 124–40. Wir haben uns mit dieser Frage auch in *Science and Civilization in Islam*, insbes. Kap. 13, befaßt; Siehe auch Burckhardt, *Introduction to Sufi Doctrine*, Kap. 10.

38 Wenn man insgesamt berücksichtigt, wie sehr das Christentum die Bedeutung der Geschichte betont hat, muß man auch den Judaismus ausnehmen, so daß das Christentum als die einzige Religion verbleibt, die eine so besondere Haltung zur Geschichte einnimmt.

39 Der christliche Gedanke des *kairos*, des günstigen Zeitpunkts, der rechten und passenden Zeit oder der Fülle der Zeit, der im Lukasevangelium erwähnt wird, enthält den Keim zu jener späteren theologischen Ausgestaltung der Bedeutung der Geschichte, um die es hier geht.

40 Es ist erstaunlich, wie sehr vielen jungen Menschen ein Geschichtsbewußtsein oder Geschichtsinteresse abgeht, die versuchen, so zu leben, als hätten sie keine Geschichte.

41 Mit der Bezeichnung Evolution meinen wir hier den Glauben, daß durch natürliche Agenzien und Prozesse eine Art in eine andere umgewandelt wird, nicht die Anpassungen, Modifikationen und Änderungen, die innerhalb einer bestimmten Art auftreten, wenn sie versucht, sich an veränderte natürliche Bedingungen anzupassen. Es gibt in der Tat Wissenschaftler, die zwischen einem Transformismus unterscheiden, der die Umwandlung einer Art in eine andere meint, und Evolution als den biologischen Transformationen innerhalb einer Art. Siehe M. Vernet, *Vernet contre Teilhard de Chardin*, Paris 1965, S. 30. Wenn wir hier Evolution im Sinne des biologischen Transformismus gebrauchen, so deshalb, weil dieser Ausdruck außerhalb des Bereichs der Biologie eine allgemeinere philosophische Bedeutung hat, die dem engeren Begriff Transformismus fehlt.

42 »Die Evolution ihrerseits ist zur intoleranten Religion fast aller gebildeten westlichen Menschen geworden. Sie beherrscht ihr Denken, ihr Reden und die Hoffnungen ihrer Zivilisation.« E. Shute, *Flaws in the Theory of Evolution*, Nutley, N. J. 1976, S. 228.

43 Ende des 19. Jahrhunderts sagte der Präsident der American Association und engagierte Verteidiger der »wissenschaftlichen Methode«, Prof. Marsh: »Ich brauche nicht zugunsten der Evolution zu argumentieren, denn die Evolution bezweifeln, heißt die Wissenschaft bezweifeln, und Wissenschaft ist nur ein anderer Name für Wahrheit.« Zitiert bei D. Dewar, *Difficulties of the Evolution Theory*, London 1931, S. 3. Man fragt sich, aufgrund welcher Definition von Wissenschaft eine solche Aussage, die einem in dieser oder ähnlicher Form des öfteren im Streitgespräch über die Evolution begegnet, wissenschaftlich genannt werden kann.

44 Zu diesem Thema siehe Coomaraswamy, »Gradation, Evolution und Reincarnation«, in seinem *Bugbear of Literacy*, Kap. 7. Siehe auch sein *Time and Eternity*, S. 19–20, wo er die traditionelle Lehre der Gradation und die »zeugende Vernunft« des hl. Augustinus erörtert.

45 Siehe z. B. al-Bīrūnī, *Kitāb al-jamāhir fī maʿrifat al-jawāhir*, Hyderabad 1935, S. 80. Dies hat manchen westlichen Gelehrten Anlaß zu der Behauptung gegeben, daß solche muslimische Wissenschaftler den Darwinismus vor Darwin vertreten hätten. Siehe J. Z. Wilczynski, »On the Presumed Darwinism of Alberuni Eight Hundred Years before Darwin«, *Iris* 50 (Dez. 1959): S. 459–66, das sich an die früheren Studien von Fr. Dieterici und anderen anlehnt. Wie wir aber in unserer *Introduction to Islamic Cosmological Doctrines*, S. 147–48, und an anderer Stelle zu zeigen versucht haben, beziehen sich die muslimischen Quellen auf die traditionale Theorie der Gradation und nicht die darwinistische Evolutionstheorie.

46 Kritik dieser Art wurde ausführlich dargelegt von A. E. Wilder Smith, einem Biochemiker, Pharmakologen und Mathematiker. Siehe sein *Man's Origin, Man's Destiny*, Wheaton, III. 1968, *A Basis for a New Biology*, Stuttgart 1976, und *Herkunft und Zukunft des Menschen*, Basel 1966.

47 Eine umfassende Argumentation bzgl. des Unterschiedes zwischen der physikalischen Energie inerter Materie und der Lebensenergie lebendiger Formen liefert M. Vernet in seinem *La Grande illusion de Teilhard de Chardin*, Paris 1964.

48 Siehe sein *Guide for Perplexed*, S. 133, worin Schumacher schreibt: »Der Evolutionismus ist keine Wissenschaft; er ist Science-fiction, geradezu eine Art Schabernack.«

49 Von der zunehmenden Zahl wissenschaftlicher Arbeiten, die sich kritisch mit der Evolutionstheorie auseinandersetzen, möchte ich hier erwähnen D. Dewar, *The Transformist Illusion*, Murfreesboro 1955, sein bereits zitiertes *Difficulties of the Evolution Theory*, Shute, a. a. O., L. Bounoure, *Déterminisme et finalité*, Paris 1957, E. L. Grant-Watson, *Nature Abounding*, London 1941, und G. Sermonti und R. Fondi, *Dopo Darwin*, Mailand 1980.

In den letzten Jahren sind eine Reihe von Arbeiten aus christlichen Kreisen gegen die darwinistische Evolutionstheorie erschienen, die ihre Kritik aus dem wissenschaftlichen und nicht nur dem theologischen oder religiösen Standpunkt vorbringen. Siehe z. B. D. Gish, *Evolution, the Fossils Say No*, San Diego, Kalif. 1980, B. Davidheiser, *Evolution and Christian Faith*, Phillipsburg, New York 1978, H. Hiebert, *Evolution: Its Collapse in View?*, Beaverledge, Alberta, Kanada 1979, und H. M. Morris, *The Twilight of Evolution*, Grand Rapids, Mich. 1978. Die meisten dieser Arbeiten ziehen für den religiösen Aspekt ihrer Kritik nur christliche Quellen unter Außerachtlassung anderer Traditionen heran, stützen sich aber sämtlich auch auf die wissenschaftliche Kritik der Evolutionstheorie und nicht nur auf die »biblische Evidenz«.

50 »Einige Biologen anerkennen die Tatsache, daß das Fehlen von fossilen Zwischengliedern zwischen den großen Gruppen einer Erklärung bedarf, wenn man nicht gezwungen sein soll, die Evolution in einer ihrer gegen-

wärtigen Formen zu verwerfen.« Dewar, *Difficulties of Evolution Theory*, S. 141.
51 Ebenda, S. 142 ff.
52 Hinsichtlich der Pflanzen »sind die biologischen Probleme, die die Paläobotanik aufwirft, so groß, daß der Botaniker die evolutionäre Aufeinanderfolge der Pflanzenformen in Frage stellen muß.« Shute, a. a. O. S. 14.
53 Bezüglich des Fehlen von Lebensspuren im Präkambrium schreibt Shute: »Diese verzweifelten Mutmaßungen zeigen das schwere Dilemma des Evolutionisten auf, der sich hauptsächlich auf die Paläontologie verläßt. Welchen schlagenderen Gegenbeweis könnte die Paläontologie noch liefern? Jahrmillionen des ›Nein‹ sind in der Tat ein unumstößliches ›Nein‹!« Shute, a. a. O. S. 6.
54 »In jedem Text zur Evolution oder Biologie findet sich eine Fülle von Beispielen für Adaptation. Ich möchte hier nicht zu viele von ihnen wiederholen, sondern nur einige der weniger bekannten und außergewöhnlicheren Adaptionen anführen – Adaptionen, die so komplex und raffiniert sind, daß man der Evolutionstheorie Gewalt antun muß, um diese zu erklären. Der Gedanke eines planenden, allweisen Schöpfers wird ihnen viel besser gerecht.« Shute, *Flaws in the Theory of Evolution*, S. 122–23.
55 Einer der führenden Biologen Frankreichs, J. Rostand, schreibt: »Die vom „Transformismus postulierte Welt ist eine Märchenwelt, phantasmagorisch, surrealistisch. Der entscheidende Punkt, auf den man immer wieder zurückkommt, ist die Tatsache, daß wir niemals auch nur bei einem einzigen authentischen Evolutionsphänomen zugegen waren.« Er fügt allerdings hinzu: »Ich bin der festen Überzeugung – weil ich keine andere Möglichkeit sehe –, daß die Säugetiere aus den Eidechsen und die Eidechsen aus den Fischen hervorgegangen sind; wenn ich aber so etwas sage und denke, versuche ich nicht, die Augen vor der unverdaulichen Monstrosität dieses Gedankens zu schließen, und ich ziehe es vor, den Ursprung dieser skandalösen Metamorphosen im dunklen zu lassen, als ihrer Unwahrscheinlichkeit noch diejenige einer lächerlichen Interpretation hinzuzufügen.« Zitiert bei Burckhardt, a. a. O. S. 143.
56 Es ist erstaunlich, daß zwei der führenden Biologen Italiens am Ende einer größeren Kritik des Darwinismus schreiben können: »Il risultato a cui crediamo di dover condurre non può essere, pertanto, che il sequente: la biologia non ricaverà alcun vantaggio nel seguire gli orientamenti di Lamarck, di Darwin e degli iperdarwinisti moderni; al contrario, essa deve allontanarsi quanto prima delle strettoie e dai vicoli ciechi del mito evoluzionistico, per riprendere il suo cammino sicuro lungo le strade aperte e luminose della Tradizione.« G. Sermonti und R. Fondi, *Dopo Darwin*, S. 334–35. Diese Arbeit enthält eine Fülle wissenschaftlicher Argumente aus der Biochemie bis hin zur Paläontologie gegen die Evolutionstheorie Darwins.
57 »Die Spekulationen des Teilhard de Chardin sind ein schlagendes Beispiel für eine Theologie, die sich unter das Joch der Mikroskope und Tele-

skope, der Maschinen und ihrer philosophischen und sozialen Konsequenzen gebeugt hat, ein ›Sündenfall‹, der undenkbar gewesen wäre, wenn auch nur die geringste direkte vernunfthafte Erkenntnis der immateriellen Wirklichkeiten vorhanden gewesen wäre. Die ›inhumane‹ Seite dieser Lehre ist hoch signifikant.« Schuon, *Comprendre l'Islam*, S. 32.

58 Über Śrī Aurobindo und Teilhard de Chardin und ihre »Evolutionsreligion« siehe R. C. Zaehner, *Evolution in Religion: A Study in Śrī Aurobindo and Pierre Teilhard de Chardin*, Oxford 1971, außerdem sein *Matter and Spirit, Their Convergence in Eastern Religions, Marx, and Teilhard de Chardin*, New York 1963, in dem er die Religion aus der Teilhardschen Perspektive betrachtet. Wie Zaehner ausführt, liegt sowohl bei Śrī Aurobindo wie auch Teilhard de Chardin ein leidenschaftlicher Glaube an die Evolution und die Errettung der ganzen Menschheit im marxistischen Sinne sowie eine »mystische« Vision der spirituellen Welt vor, die Zaehner als neue Synthese interpretiert. Aus traditionaler Sicht kann dies aber nur die Verdunkelung des *Ātman* durch die *māyā* in einem Maße sein, das nur im tiefsten Dämmerlicht einer menschheitlichen Endphase möglich ist, bevor die blendende »Sonne des Selbst« wieder alle Schleier der Täuschung zerreißt, die Nebel allen Zweifels auflöst und alle jene Götzenbilder der Perversion und Inversion der Wahrheit vergehen läßt.

59 Siehe P. Chanchard, *Man and Cosmos – Scientific Phenomenology in Teilhard de Chardin*, New York 1965, dessen Kap. 8 betitelt ist »The Resacralization of the Profane World«. Er schreibt: »Hierin liegt die wahre Bedeutung von Teilhards Werk... Hier wird das Heilige in die profane Welt wiedereingesetzt, indem auch dem Profanen sein eigener heiliger Charakter gegeben wird« (170).

60 Über Teilhard de Chardin siehe P. Smulders, *Theologie und Evolution, Versuch über Teilhard de Chardin*, Essen 1963, E. Rideau, *Teilhard de Chardin: a Guide to His Thought*, Übers. R. Hague, London 1967, H. de Lubac, *The Eternal Feminine*, Übers. R. Hague, London 1971, H. de Lubac, *The Faith of Teilhard de Chardin*, Übers. R. Hague, London 1965, C. Cuénot, *Teilhard de Chardin et la pensée catholique*, Paris 1965, und M. Barthélemy-Maudaule, *Bergson et Teilhard de Chardin*, Paris 1963. Es gibt eine ganze Flut von Schriften über ihn, meist von Bewunderern und Apologeten, während die schärfste wissenschaftliche Kritik von französischen Wissenschaftlern wie M. Vernet stammt.

61 »Die moderne Psyche wird dominiert von Zeit, Materie und Veränderung und ist relativ blind gegenüber Raum, Substanz und Ewigkeit. Sein Denken gegen die Evolutionstheorie zu richten heißt in einer Weise denken, die der allgemeinen Tendenz der modernen Psyche zuwiderläuft.« M. Negus, »Reactions of the Theory of Evolution«, in *Studies in Comparative Religion*, Summer-Autumn 1978, S. 191.

62 Teilhards pseudospiritueller Evolutionismus hätte ohne jene psychologische Haltung, die schon durch den Einfluß des Fortschritts – und Evolu-

tionsdenkens vorgeformt wurde, keinesfalls so breiten Anklang gefunden.
63 Was metaphysisch eine Karikatur und Parodie des »O Heilige Mutter« ist, denn die Jungfrau repräsentiert esoterisch das Mütterliche und ausdehnende Element des Göttlichen, die weibliche *materia in divinis*, die den Logos gebiert.
64 Aus seinem L'Énergie humaine, Paris 1962, S. 74 und S. 125. Über die Teilhardsche Idolatrie siehe K. Almquist, »Aspects of Teilhardian Idolatry«, *Studies in Comparative Religion*, Summer-Autumn 1978, S. 195—203.
65 Der gängige Irrtum der Orientalisten, die eine Lehre wie das *wahdat al-wujūd* im Sufismus mit dem Pantheismus gleichsetzen, entspringt demselben Irrtum, der dem Teilhardschen Pantheismus zugrunde liegt, wobei die Orientalisten wenigstens nicht behaupten, für die katholische Theologie zu sprechen.
66 »Alle Irrtümer bezüglich der Welt und Gott beruhen entweder auf einer ›naturalistischen‹ Leugnung der Diskontinuität und damit auch der Transzendenz – während gerade auf der Basis dieser Transzendenz das ganze Wissenschaftsgebäude hätte errichtet werden sollen –, oder aber auf dem Nichtverstehen der metaphysischen und ›herabsteigenden‹ Kontinuität, die mit der mit dem Relativen beginnenden Diskontinuität in keiner Weise kollidiert.« Schuon, *Comprendre l'Islam*, S. 108—9.
67 Siehe Almquist, a. a. O. S. 201, wo die spirituelle Substanz, die durch Verdichtung letztlich die Materie hervorbringt, im Lichte des Primates des Bewußtseins und der Subjektivität erörtert wird, mit dem notwendigerweise alle Erkenntnis beginnt.
68 Zitiert bei Almquist, a. a. O. S. 202—3.
69 »Teilhard n'était pas un biologiste; la physiologie générale en particulier lui était étrangère. Il en résulte que les déductions qu'il tire des perspectives qu'il prend sur le plan philosophique et religieux se trouvent faussées, dès lors que les bases elles-mêmes sur lesquelles il entendait se fonder, s'effondrent.« Vernet, *La Grande illusion de Teilhard de Chardin*, S. 107.
70 Über Finalität in diesem Sinne siehe L. Bounoure, *Déterminisme et finalité*.
71 »Certains font honneur à Teilhard d'avoir conçu une unité cosmique; or, cette unité est fausse. Tout réduire à une seule et même énergie physique d'où découleraient tous les phénomènes, selon des processus purement matériels, ne répond pas, nous venons de le voir, à la réalité du monde et de la vie. Telle a été l'immense illusion de Teilhard.« Vernet, a. a. O. S. 123.
72 »La nature est plus platonicienne que ne le croit le P. Teilhard et pas du tout marxiste.« R. Johannet, Einl. zu *Vernet contre Teilhard de Chardin*, S. 22, n. 2.
73 T. Burckhardt, »Cosmology and Modern Science,« in J. Needleman (Hrsg.), *The Sword of Gnosis*, S. 153.
74 Die Lehre von der transsubstantiellen Bewegung bildet im Rahmen der traditionalen Lehren eine der systematischsten und logisch ansprechend-

sten Aussagen zu der Bedeutung des Wandels im Lichte der Permanenz. Sie geht auf die Schule des Ṣadr al-Dīn Shīrāzī zurück, der die Bewegung nicht wie die Peripatetiker auf die vier Akzidentien der Qualität, Quantität, des Ortes und der Lage beschränkt, sondern auch in der Kategorie der Substanz Bewegung akzeptiert, ohne in irgendeiner Weise die Realität der unwandelbaren Archetypen oder Essenzen zu leugnen. Eine Erläuterung dieser schwierigen Lehre siehe in den Artikeln von Sayyid Abu'l-Hasan Qazwīnī und ʿAllāmah Ṭabātabāʾī in S. H. Nasr (Hrsg.), *Mullā Ṣadrā Commemoration Volume*, Teheran 1380 (A. H., solar), ebenso S. H. Nasr, *Islamic Life and Thought*, Teil 3, S. 158 ff., und ders., *Ṣadr al Dīn Shīrāzī*, S. 932–61.

75 Diese Tatsache hat manche moderne Marxisten in der islamischen Welt veranlaßt, Mawlānā Jalāl al-Dīn Rūmī als ihren Ahnherrn für sich zu beanspruchen, wobei sie natürlich die Dialektik Rūmīs mit ihrer vertikalen und transzendenten Dimension völlig falsch interpretierten, um sie mit der marxistisch-hegelianischen Dialektik in Einklang zu bringen.

76 Wenn solche Bewegungen im Hinduismus und Christentum Gestalten wie Śri Aurobindo und Teilhard de Chardin hervorgebracht haben, so finden wir im Buddhismus und Islam jene unheilige Verschmelzung von Gedankengut aus diesen Religionen mit marxistischen Ideen seitens derjenigen, die sich buddhistische Marxisten und islamische Marxisten nennen. Die politischen Folgen des Denkens der ersteren Gruppe sollten für diejenigen, die das Banner des islamischen Marxismus hochhalten, Anlaß genug sein, wenigstens einen Augenblick nachzudenken.

77 So unterscheiden z. B. im Sufismus manche Autoritäten zwischen Äußerer Zeit (*zamān-i āfāqī*, wörtlich »Zeit der Horizonte«) und Innerer Zeit (*zamān-i anfusī*, wörtlich »Zeit der Seelen«), womit sie sich auf den bereits zitierten Koranvers über die Manifestation der Wunder (*āyāt*) Gottes »auf die Horizonte (*āfāq*) und in sich selbst (*anfus*)« beziehen. Sie sagen auch, daß jede Welt, durch die der spirituelle Adept wandert, ihre eigene »Zeit« hat. Über *zamān-i āfāqī* und *zamān-i anfusī* siehe H. Corbin, *En Islam iranien*, Band 1 S. 177 ff.

78 Keine Darlegung traditioneller Lehren wäre vollständig ohne eine Diskussion der Eschatologie, die wesentlicher Lehrbestandteil einer jeden Religion ist und deren volle Bedeutung nur durch die esoterische Dimension der Tradition und die *scientia sacra* ergriffen werden kann, die das notwendige metaphysische Wissen für die Behandlung des Themas bereitstellt. Die überwältigende Fülle eschatologischer Realitäten, die jenseits des irdischen Vorstellungsvermögens des Menschen liegen, kann nur durch die geoffenbarten Wahrheiten ergriffen werden, die von einer von der Empfindung des Heiligen durchtränkten Intelligenz erhellt und dargestellt werden; aber auch dann ist es nicht möglich, über diese das letzte Wort zu sprechen.

79

ای دلبری دلدار شوای یار سوی یار شو   ای یا سبان بیدار شو خفته تا مید یا سبان
هرسوی بایند و مشغله هرکری شمع و مشعله   کامشب جهان جان زاید جهان جاودان
تو گل سری و دل سری این چنین آن لوکه ذکر کن   آن کو کشید این چنین جاهل سری عاقل سری

Es ist so typisch, daß Zaehner in seinem bereits zitierten Werk über Teilhard de Chardin und Śrī Aurobindo aus diesem Gedicht zitiert, um die Evolution des Geistes aus der Materie zu belegen, während es in diesem ganzen Gedicht gerade um den Tod des Heiligen selbst, das heißt Rūmī und das Wunder der Rückkehr der gereinigten und geheiligten Seele geht, die selbst aus dem Reich des Ewigen in den Werdestrom herabgestiegen ist, zum Reich des Geliebten.

VIII
TRADITIONALE KUNST ALS QUELLE DER ERKENNTNIS UND GNADE

Das Gesetz und die Kunst sind Erzeugnisse der Vernunft
PLATON, GESETZE

Die Schönheit ist absolut die Ursache aller Dinge, die in Harmonie (consonantia) und Erleuchtung (claritas) stehen; weil sie darüber hinaus, dem Lichte gleich, über alles die verschönernde Gabe ihrer überströmenden Strahlkraft ausgießt, und dadurch alle Dinge zu sich ruft.
DIONYSIUS AREOPAGITA, DE DIVINIS NOMINIBUS

Die Tradition spricht zum Menschen nicht nur in menschlichen Worten, sondern auch durch andere Kunstformen. Ihre Botschaft steht nicht nur in Büchern und ist nicht nur den großartigen Phänomenen der Natur, sondern auch denjenigen Werken traditionaler und insbesondere heiliger Kunst eingeschrieben, die wie die Worte Heiliger Schriften und die Formen der Natur letztlich eine Offenbarung jener Wirklichkeit sind, welche die Quelle sowohl der Tradition als auch des Kosmos ist. Traditionale Kunst ist untrennbar mit Heiligem Wissen verbunden, weil sie auf einer Wissenschaft vom Kosmischen beruht, die einen heiligen und inneren Charakter trägt und das Vehikel für die Übertragung eines Wissens ist, das heiliger Natur ist. Traditionale Kunst beruht auf Wissen und Gnade oder jener scientia sacra, die sowohl Wissen als auch heiliger Natur ist, und sie ist der Kanal solchen Wissens. Heilige Kunst, die den Kern der traditionalen Kunst bildet, hat eine sakramentale Funktion und ist wie die Religion selbst Wahrheit und Gegenwart zugleich, und diese Eigenschaft überträgt sich auch auf jene Aspekte der traditionalen Kunst, die nicht Heilige Kunst im strengen Sinne sind, das heißt nicht direkt im Zusammenhang mit liturgischen, rituellen, kultischen und esoterischen Elementen der jeweiligen Tradition stehen, aber trotzdem nach traditionalen Normen und Prinzipien geschaffen wurden.¹

Um verstehen zu können, wie traditionale Kunst mit dem Wissen vom Heiligen und Heiligem Wissen zusammenhängt, muß man zunächst klären, was mit traditionaler Kunst gemeint sein soll. Da wir die Religion bereits als das identifiziert haben, was den Menschen mit Gott verbindet und das den Kern der Tradition bildet, könnte man der Ansicht zuneigen, daß traditionale Kunst einfach religiöse Kunst ist. Dies ist indes keineswegs der Fall, und zwar schon deshalb nicht, weil es im Westen seit der Renaissance keine traditionale Kunst mehr gibt, aber durchaus eine religiöse Kunst. Religiöse Kunst gilt als religiös wegen ihres Gegenstandes oder ihrer Funktion und nicht wegen ihres Stils, ihrer Ausführungsart, ihrer Symbolik oder ihres nichtindividuellen Ursprungs. Traditionale Kunst dagegen ist traditional nicht wegen ihres Themas, sondern wegen ihrer Übereinstimmung mit kosmischen Formgesetzen, den Gesetzen der Symbolik, dem formalen Genius des jeweiligen spirituellen Universums, in dem sie entstand, ihres hieratischen Stils, ihrer Konformität mit der Natur des benutzten Materials und schließlich ihrer Konformität mit der Wahrheit innerhalb des speziellen Wirklichkeitsbereiches, dem sie sich zuwendet.² Eine naturalistische Darstellung Christi ist religiöse Kunst, aber keineswegs traditionale Kunst, während ein mittelalterliches Schwert, ein Buchdeckel oder selbst ein Stall traditionale Kunst, aber nicht direkt religiöse Kunst sind, wiewohl wegen der Natur der Tradition indirekt auch Töpfe und Pfannen, die in einer traditionalen Zivilisation verfertigt werden, einen Bezug zu der Religion haben, die den Kern dieser Tradition bildet.³

Traditionale Kunst befaßt sich mit den Wahrheiten in derjenigen Tradition, deren künstlerischer und formaler Ausdruck sie ist. Daher ist ihr Ursprung nicht rein menschlich. Darüber hinaus muß diese Kunst im Einklang mit der ihrem Gegenstand inhärenten Symbolik und der Symbolik stehen, die in einem direkten Zusammenhang mit derjenigen Offenbarung steht, deren innere Dimension diese Kunst zum Ausdruck bringt. Eine solche Kunst ist der essentiellen Natur der Dinge verpflichtet, nicht deren akzidentiellen Aspekten. Sie ist ein Abbild der den Kosmos durchziehenden Harmonie und der Daseinshierarchie, die oberhalb der materiellen Ebene liegt, der sich die Kunst zuwendet, die aber doch in diese Ebene eindringt. Eine solche Kunst basiert auf dem Wirklichen, nicht dem Illusorischen, so daß sie sich mit der Natur des Gegenstandes, dem sie sich zuwendet, adäquat auseinandersetzen kann, statt diesen mit dem Schleier der Subjektivität und Illusion zu verhüllen.

Traditionale Kunst ist darüber hinaus funktional im tiefsten Sinne dieses Wortes, das heißt sie ist zweckdienlich, ob es sich nun um die Anbetung Gottes im liturgischen Akt oder das Verzehren einer Mahlzeit handelt. Sie ist daher nützlich, aber nicht in dem beschränkten Sinne der Nützlichkeit, wie sie dem bloß irdischen Menschen frommt. Ihre Nützlichkeit betrifft den pontifikalen Menschen, für den Schönheit eine ebenso wesentliche Dimension des Lebens und ein ebensolches Bedürfnis ist wie das Haus, das ihn vor der Winterkälte schützt. Hier ist kein Raum für Ideen wie »Kunst um der Kunst willen«: Traditionale Zivilisationen haben niemals Museen errichtet oder Kunstwerke um ihrer selbst willen geschaffen.[4] Grundlage der traditionalen Kunst ist gewissermaßen der Gedanke der Kunst um des Menschen willen, was im traditionalen Kontext, in dem der Mensch Gottes Statthalter auf Erden, das axiale Wesen auf dieser Wirklichkeitsebene ist, letztlich Kunst um Gottes willen bedeutet, denn etwas für den Menschen als einem theomorphen Wesen herzustellen, heißt, es für Gott herzustellen. Die traditionale Kunst zeichnet eine Mischung von Schönheit und Nützlichkeit aus, die einen jeden Gegenstand traditionaler Kunst, sofern er noch in einer blühenden traditionalen Zivilisation entsteht, die nicht in der Phase des Niedergangs steht, ebenso nützlich wie schön sein läßt.

Durch diese Kunst schmiedet und formt die Tradition eine Umgebung, in der ihre Wahrheiten sich überall spiegeln, eine Umgebung, in der der Mensch in einem sinnerfüllten Universum im Einklang mit der Wirklichkeit der jeweiligen Tradition atmet und lebt. Dies ist der Grund, warum in fast jedem Fall, von dem uns geschichtliche Zeugnisse vorliegen, die Tradition erst ihre heilige Kunst geschaffen und formalisiert hat, bevor sie ihre Theologien und Philosophien entwickelte. Der heilige Augustinus tritt erst lange nach der Sarkophag-Kunst der Katakomben auf, die den Beginn der christlichen Kunst markiert, wie auch die buddhistische Architektur und Skulptur Nagārjuna lange vorausgeht. Selbst im Islam, dessen theologische und philosophische Schulen sehr schnell entstanden, folgen die frühen Muʿtaziliten, nicht zu reden von den Ashʿariten oder al-Kindī und den frühesten islamischen Philosophen, nach dem Bau der ersten islamischen Moscheen, die bereits ausgeprägt islamischen Charakter trugen. Um in einer Welt atmen und wirken zu können, muß eine Religion diese Welt nicht nur geistig, sondern auch formal umgestalten; weil aber die meisten Menschen weitaus empfänglicher für materielle Formen sind als für Ideen, und materielle Formen über die mentale Ebene hinaus die tiefste Wirkung auf die menschliche Seele hinterlassen, bringt die jeweilige Tradition zuerst die traditionale Kunst hervor. Dies gilt insbesondere für die Heilige Kunst, die schon am Beginn der Tradition vorhanden ist, denn sie hängt mit jenen liturgischen und kultischen Praktiken zusammen, die direkt aus der Offenbarung hervorgehen. Deshalb malt der heilige Lukas die erste Ikone durch die Inspiration eines Engels, wird der traditionale Vortrag der Veden mit den Veden zugleich »geoffenbart«, geht die Koran-Psalmodie vom Propheten selbst aus usw. Die Rolle der traditionalen Kunst für die Ausformung einer bestimmten geistigen Haltung und die Schaffung einer Atmosphäre, die die Betrachtung der tiefsten metaphysischen Wahrheiten ermöglicht, ist für das Verständnis sowohl des Charakters der traditionalen Kunst als auch der Weisheitsdimension der Tradition selbst von entscheidender Bedeutung.

Aus dieser Sicht ist Kunst ein Schleier, der Gott verbirgt, aber auch enthüllt. In jeder Tradition gab es diejenigen, für die die Kunstformen weniger wichtig waren, weil sie über sie hinausgingen, jedoch geschah dies immer in einer Welt, in der diese Formen existierten, nicht in einer Welt, die diese verwarf und zerstörte. Diejenigen, die Kunstformen außer Betracht ließen, waren Kontemplative, die die supraformalen Wirklichkeiten schauten, weil sie, um in der Sprache des Sufismus zu reden, die Nußschale aufbrachen und den Kern aßen und deshalb die Schale wegwerfen konnten. Offensichtlich kann man aber eine Schale nicht wegwerfen, die man nicht einmal hat. Über die Formen hinauszugehen ist eine Sache, unter sie herabsinken eine andere. Durch die phänomenale Oberfläche zur numinosen Wirklichkeit vorzudringen,

d. h. Gott durch Formen zu erkennen, statt Formen als Schleier des Göttlichen zu sehen, ist eines; die Ablehnung von Formen traditionaler Kunst im Namen einer eingebildeten abstrakten Wirklichkeit oberhalb des Formalismus etwas ganz anderes. Heiliger Erkenntnis geht es im Gegensatz zur entheiligten mentalen Aktivität um die supraformale Essenz, wobei sie sich aber der unverzichtbaren Signifikanz der Formen für die Erlangung eines Wissens von jener Essenz völlig bewußt bleibt. Selbst wenn solches Wissen von der Höchsten Wirklichkeit jenseits aller Formen spricht, geschieht dies in einem Gesang, der im Einklang mit den Gesetzen der kosmischen Harmonie steht, und in einer Sprache, die, ob Prosa oder Poesie, selbst eine Kunstform ist.[5] Deshalb steht derjenige, der solches Wissen in seinem realisierten Aspekt besitzt, nicht an, die Bedeutung der Formen traditionaler Kunst und den Zusammenhang dieser Kunst mit der Wahrheit und dem Heiligen zu bekräftigen, denn Kunst ist insofern eine Abspiegelung der Wahrheit, als sie heilig ist, und sie emaniert die Gegenwart des Heiligen in dem Umfang, wie sie wahr ist.

Es ist natürlich der pontifikale oder traditionale Mensch, der der Schöpfer traditionaler Kunst ist; deshalb ist seine theomorphe Natur direkt mit dieser Kunst und ihrer Bedeutung verknüpft. Weil der Mensch ein theomorphes Geschöpf ist, ist er selbst ein Kunstwerk. Die geläuterte Menschenseele, die in das Kleid der spirituellen Tugenden gewandet ist[6], ist selbst die höchste Art von Schönheit in dieser Welt, weil sie direkt die göttliche Schönheit widerspiegelt. Selbst der menschliche Leib in seiner männlichen und weiblichen Gestalt ist ein vollkommenes Kunstwerk, das etwas von der Wesenhaftigkeit des menschlichen Zustandes widerspiegelt. Es gibt weiterhin keine konkretere Abspiegelung der göttlichen Schönheit auf der Erde als ein menschliches Antlitz, in dem sich physische und spirituelle Schönheit vereinen. Nun *ist* der Mensch ein Kunstwerk, weil Gott der Höchste Künstler ist. Dies ist der Grund, warum Gott im Islam al-muṣawwir heißt, d. h. derjenige, der Formen schafft[7], warum Śiva die Künste vom Himmel zur Erde brachte, warum in den mittelalterlichen Handwerksinitiationen wie etwa der Freimaurerei Gott der Große Architekt des Universums genannt wird. Gott ist aber nicht nur der große Architekt oder Geometer; er ist auch der Dichter, der Maler, der Musiker. Darum kann der Mensch bauen, dichten, malen oder komponieren, auch wenn nicht alle Kunstformen notwendigerweise in allen Traditionen gepflegt wurden; es hängt von dem spirituellen und auch ethnischen Genius einer traditionalen Welt und Menschheit ab, welche Kunstformen entwickelt werden.

Weil der Mensch »nach dem Bild und Gleichnis Gottes« geschaffen und daher ein Kunstwerk höchsten Ranges ist, ist der Mensch auch ein Künstler, der in der Nachahmung der kreativen Kräfte seines Schöpfers seine eigene theomorphe Natur realisiert. Der spirituelle Mensch, der sich seiner Berufung bewußt ist, ist nicht nur der Musiker, der die Leier schlägt, um Musik zu schaffen: Er ist selbst die Leier, auf der der göttliche Künstler spielt und die Musik schafft, die im ganzen Kosmos schwingt, denn, wie Rūmī sagt, »wir sind die Leier, die Du schlägst«.[8] Wo der prometheische Mensch in seinen Kunstschöpfungen nicht als Nachahmer, sondern als Konkurrent Gottes auftritt – daher der Naturalismus in der prometheischen Kunst, die die äußere Naturform zu imitieren versucht – schafft der pontifikale Mensch eine Kunst im vollen Bewußtsein, daß er Gottes Kreativität nacheifert, und zwar nicht als Wettbewerber, sondern in Unterwerfung unter das göttliche Modell, das ihm die Tradition vorgibt. Er ahmt daher die Natur nicht in ihren äußeren Formen nach, sondern in ihrer Wirkungsart, wie es Thomas von Aquin so kategorisch bekräftigt. Wenn der Mensch in der Erkenntnis Gottes seine Wesensnatur als homo sapiens erfüllt, vollzieht er als Kunstschöpfer auch einen anderen Aspekt dieser Natur als homo faber. Mit der Schaffung von Kunst gemäß kosmischen Gesetzen und in Nachahmung der Wirklichkeiten der archetypischen Welt verwirklicht der Mensch sich selbst, seine theomorphe Natur als Kunstwerk aus den Händen Gottes; wenn er aber eine Kunst schafft, die seine Auflehnung gegen den Himmel ausdrückt, trennt er sich immer weiter von seinem eigenen göttlichen Ursprung. Die Kunst ist für den Fall des prometheischen Menschen in der modernen Welt insofern von zentraler Bedeutung, als diese Kunst einerseits ein Maßstab für die neuen Stufen des inneren Abfalls des Menschen von seiner heiligen Norm und andererseits ein Hauptelement der Aktualisierung dieses Abfalls ist, denn der Mensch identifiziert sich immer mehr mit demjenigen, was er schafft.

Es ist keineswegs ein Zufall, daß das Auseinanderbrechen der Einheitlichkeit der christlichen Tradition im Westen mit dem Aufkommen der Reformation zusammenfiel. Es ist auch kein Zufall, daß sich die philosophische und wissenschaftliche Auflehnung gegen das mittelalterliche christliche Weltbild gleichzeitig mit der fast völligen Zerstörung der traditionalen christlichen Kunst ereignete, an deren Stelle eine prometheische und humanistische Kunst trat, die bald zu jenem unbegreifbaren Alptraum der religiösen Kunst des Barock und Rokoko verkam, die nicht wenige intelligente Gläubige aus der Kirche trieb. Dasselbe Phänomen ist im alten Griechenland und im modernen Orient zu beobachten. Mit dem Einsetzen des Niedergangs der Weisheitsdimension der griechischen Tradition wurde die griechische Kunst humanistisch und diesweltlich, die Kunst, die schon Platon kritisiert, der so hohe Wertschätzung für die priesterliche, traditionale Kunst des alten Ägyptens empfand. Ebenso geht im modernen Osten der intellektuelle Niedergang allenthalben mit einem künstlerischen Niedergang einher. Umgekehrt muß es überall dort, wo man größere künstlerische Schöpfungen traditionellen Charakters vorfindet, eine lebendige Vernunft- und Weisheitstradition geben, auch wenn man davon äußerlich nichts weiß. Wiewohl man bis vor ganz kurzer Zeit im Westen noch nichts vom geistigen Leben des safavidischen Persiens wußte[9], wären die Schaffung nur eines einzigen Bauwerks wie der Shaykh Luṭfallāh-Moschee oder der Shāh-Moschee, die zu den größten Meisterwerken traditionaler Kunst und Architektur gehören, allein schon der Beweis dafür, daß es zu jener Zeit ein solches geistiges Leben gab. Eine lebendige orthodoxe Tradition mit intakter Weisheitsdimension ist wesentlich und unabdingbar für die Hervorbringung großer traditionaler Kunstwerke, insbesondere für die Heilige Kunst, weil eben ein innerer Zusammenhang zwischen traditionaler Kunst und Heiligem Wissen besteht.

Traditionale Kunst kann erst durch ein solches Wissen ins Dasein treten, und sie kann dieses Wissen vermitteln und weitergeben. Sie ist Träger einer geistigen Intuition und einer Weisheitsbotschaft, die sowohl den einzelnen Künstler als auch die kollektive Psyche der Welt transzendiert, die jener angehört. Im Gegensatz dazu kann humanistische Kunst nur individualistische

Inspirationen oder bestenfalls etwas von der kollektiven Psyche vermitteln, der der einzelne Künstler angehört, niemals aber eine geistige Botschaft, jene Weisheit, um die es uns hier geht. Sie kann niemals zur Quelle von Erkenntnis oder Gnade werden, weil sie von jenen kosmischen Gesetzen und der spirituellen Gegenwart geschieden ist, die das Merkmal der traditionalen Kunst sind.

Traditionale Kunst vermittelt Erkenntnis durch ihre Symbolik, ihre Übereinstimmung mit kosmischen Gesetzen, ihre Techniken und selbst durch die Art ihrer Weitergabe durch die traditionalen Zünfte, die in verschiedenen traditionalen Zivilisationen die Vermittlung des technischen Rüstzeugs mit spiritueller Unterweisung verbunden haben. Die Existenz der mittelalterlichen europäischen Zünfte[10], der islamischen Gilden (aṣnāf und futuwwāt), die teilweise bis auf den heutigen Tag bestehen[11], die Ausbildung von Töpfern durch Zen-Meister[12] oder von Metallurgen in Initiationszirkeln bei bestimmten primitiven Gesellschaften[13], – all dies weist auf den engen Zusammenhang hin, der zwischen der Unterweisung in den Techniken der traditionalen Künste wie der handwerklichen Fertigkeiten – die in einer traditionalen Welt dasselbe sind wie die Künste – und der Weitergabe eines Wissens kosmologischen und manchmal metaphysischen Ranges bestand.

Außer diesen Prozessen, die der Weitergabe von Wissen dienen, das sich auf den eigentlichen Akt der Schöpfung eines Werkes oder auf die Erläuterung der zugrunde liegenden Symbolik bezieht, gibt es aber noch den inneren Zusammenhang zwischen künstlerischer Schöpfung im traditionalen Sinne und Weisheit. Diese Beziehung hat ihre Grundlage in der Natur des Menschen selbst, der eine Abspiegelung der göttlichen Norm ist, aber auch in der Inversionsbeziehung, die zwischen der Ebene des Prinzipiellen und derjenigen des Manifesten besteht. Der Mensch und die Welt, in der er lebt, spiegeln die archetypische Welt unmittelbar und umgekehrt gemäß dem bekannten Prinzip der inversen Analogie. Auf der prinzipiellen Ebene schafft Gott durch Veräußerlichung. Seine »künstlerische« Tätigkeit ist die Gestaltung seines eigenen »Bildnisses« oder seiner eigenen »Form«. Auf der menschlichen Ebene wird diese Beziehung in der Weise umgekehrt, daß die »künstlerische« Tätigkeit des Menschen im traditionalen Sinne nicht die Gestaltung eines Bildnisses im kosmogonischen Sinne beinhaltet, sondern eine Rückkehr zu seinem eigenen Wesen entsprechend der Natur des Seinszustandes, in dem sich der Mensch befindet. Deshalb ist die »Kunst« Gottes eine Veräußerlichung, diejenige des Menschen eine Verinnerlichung. Gott gestaltet, was Gott schafft, der Mensch wird durch das gestaltet, was der Mensch schafft[14]; weil aber dieser Prozeß eine Rückkehr zum Wesen des Menschen selbst beinhaltet, steht er in einem unauflöslichen Zusammenhang mit spiritueller Realisierung und der Erlangung von Erkenntnis. In gewissem Sinne basiert die prometheische Kunst auf der Vernachlässigung dieses Prinzips der inversen Analogie. Sie versucht, das Bildnis des prometheischen Menschen äußerlich zu schaffen, wie wenn der Mensch Gott wäre. Dadurch wird der »schöpferische Prozeß« nicht zu einem Mittel der Verinnerlichung und Erinnerung, sondern trennt ihn immer mehr von der Quelle; dies führt Schritt für Schritt zur Schändung des Bildnisses des Menschen als einem Gleichnis Gottes, in die Welt des Subrealismus – im Gegensatz zum Surrealismus – und zu einem rein individualistischen Subjektivismus. Dieser Subjektivismus ist so weit wie nur irgend möglich vom theomorphen Bildnis des Menschen entfernt; die Kunst, die er hervorbringt, kann in keiner Weise der Übermittlung von Erkenntnis oder Gnade dienlich sein, auch wenn gelegentlich gewisse kosmische Qualitäten auch in den nichttraditionalen Formen der Kunst aufscheinen, denn diese Qualitäten sind wie die Strahlen der Sonne, die letztlich doch durch eine Ritze oder Öffnung eindringen, wie sehr man auch versucht, seinen Lebensraum gegenüber den Strahlen jener göttlichen Sonne abzuschließen, die Licht und Wärme, Erkenntnis, Liebe und Gnade ist.[15]

Die Bedeutung der traditionalen Kunst in ihrer Beziehung zur Erkenntnis kann nur dann ganz ermessen werden, wenn man sich volle Klarheit über die Bedeutung des Begriffs Form im traditionalen Kontext (als forma, morphē, nāma, sūrah, usw.) verschafft. Im modernen Denken, das von einer quantitativen Wissenschaft beherrscht wird, ist die Bedeutung der Form als demjenigen, das die Wirklichkeit eines Objektes in sich birgt, mehr oder weniger untergegangen. Es ist daher notwendig, sich die traditionale Bedeutung der Form ins Gedächtnis zurückzurufen und an die Versuche nicht nur traditionaler Autoren, sondern auch mancher zeitgenössischer Philosophen und Gelehrten zu erinnern, die ontologische Signifikanz der Form aufzudecken.[16] Gemäß der tiefen Lehre des aristotelischen Hylomorphismus, die sich so gut für die Darlegung der Metaphysik der Kunst eignet, weil sie höchstwahrscheinlich als eine geistige Intuition zur traditionalen Kunst entstanden ist, setzt sich ein Gegenstand aus Form und Materie in der Weise zusammen, daß die Form demjenigen entspricht, was an dem fraglichen Gegenstand aktuell ist und die Materie demjenigen, was an ihm potentiell ist. Die Form ist dasjenige, durch das ein Objekt ist, was es ist. Die Form ist dem Gegenstand nicht akzidentiell, sondern bestimmt seine Wirklichkeit selbst. Sie ist die Essenz des Gegenstandes, den die mehr metaphysischen neuplatonischen Kommentatoren des Aristoteles als das Bildnis oder die Abspiegelung der Essenz und nicht als die Essenz selbst betrachteten, da die Essenz der archetypischen Welt angehört. Jedenfalls ist die Form nicht ein Akzidentielles, sondern ein Essentielles eines Gegenstandes, ob dieser natürlich oder vom Menschen geschaffen ist. Sie hat eine ontologische Wirklichkeit und hat nach strengen Gesetzen an der Gesamtökonomie des Kosmos teil. Es gibt eine Wissenschaft der Formen, eine Wissenschaft von qualitativer und nicht quantitativer Art, die nichtdestoweniger eine exakte Wissenschaft oder objektive Erkenntnis ist, denn Exaktheit ist nicht ein Monopol der quantitativen Wissenschaften.

Aus der Sicht des Hylomorphismus ist die Form die Wirklichkeit eines Objekts auf der materiellen Daseinsebene. Als die Abspiegelung einer archetypischen Wirklichkeit ist sie aber auch die Pforte, die sich nach innen und nach »oben« zur formlosen Essenz öffnet. Aus einer anderen Sicht kann man sagen, daß jedes Objekt eine Form und einen Inhalt besitzt, den diese Form »beinhaltet« und vermittelt. Im Hinblick auf die heilige Kunst ist dieser Inhalt immer die oder eine Heilige Gegenwart, die die Offenbarung in bestimmte Formen gegeben hat, die gewisse Symbole, Formen und Bilder heiligt, damit sie »Behältnisse« dieser Heiligen Gegenwart werden können, und die diese Formen in Fahrzeuge für die Reise über den Strom des Werdens verwandelt. Darüber hinaus kann der Mensch dank dieser heiligen Formen, die er von innen transzendieren kann, in die innere Dimension seines eigenen Wesens vordringen und mittels dieses Prozesses zu einer Schau der inneren Dimension aller Formen gelangen. Die drei großen Offenbarungen des Göttlichen oder Theophanien, nämlich der Kosmos oder Makrokosmos, der Mensch oder Mikrokosmos und die Religion bestehen alle aus Formen, die zum Formlosen führen, aber nur die Dritte erlaubt es dem Menschen, zu der Welt jenseits der Formen vorzudringen, zu einer Auffassung der Formen sowohl der äußeren Welt als auch seiner eigenen Seele nicht als Schleier, sondern als Theophanie zu gelangen. Nur die heiligen Formen, die durch die Offenbarung und den Logos, der ihr Instrument ist, mit der transformierenden Kraft des Heiligen versehen sind, können den Mensch befähigen, Gott überall zu erblicken.

Weil der Mensch in der Welt der Formen lebt, kann sich diese direkte Logos-Manifestation, die ursprüngliche Offenbarung oder Religion ist, nur derjenigen Formen bedienen, in denen der Mensch sich befindet. Sie kann nur gewisse Formen heiligen, um es dem Menschen zu ermöglichen, über sie hinauszugehen. Um das Formlose erreichen zu können, ist der Mensch auf Formen angewiesen. Das Wunder der heiligen Form liegt in der Tat in ihrer Eigenschaft, daß sie dem Menschen die Transzendierung der Form selbst erleichtert. Traditionale Kunst hat ihren Daseinszweck nicht nur darin, daß sie den Menschen an die Wahrheiten der Religion erinnert, die sie in der fundamentalen Schaffenstätigkeit des Menschen widerspiegelt, wie dies die religiöse Ethik oder das religiöse Gesetz für das Handeln des Menschen leistet, sondern auch darin, eine Stütze für die Betrachtung des Jenseitigen zu sein, das allein das Schaffen und Handeln des Menschen letztlich sinnvoll macht. Die Formen im Sinne der traditionalen Metaphysik abwerten heißt, im Namen des nämlichen Irrtums die Signifikanz der formlosen Essenz mißverstehen.

Die Wurzel dieses Irrtums, der Form als Begrenzung mißversteht und »Denken« oder »Idee« in ihrem mentalen Sinne für wichtiger hält als Form, liegt im Mißbrauch der Begriffe abstrakt und konkret im modernen Denken.[17] Der moderne Mensch, dem die Vision der platonischen »Ideen« abhanden gekommen ist, verwechselt die konkrete Wirklichkeit dessen, was die scientia sacra als Idee betrachtet, mit einer Gedankenvorstellung und beschränkt dann das Konkrete auf die materielle Ebene. Demgemäß werden das Physische und Materielle automatisch mit dem Konkreten assoziiert, während Ideen, Gedanken und alles Universale und sogar das Göttliche selbst dem Abstrakten zugeordnet werden. Metaphysisch ist das Verhältnis aber genau umgekehrt. Gott ist die konkrete Wirklichkeit par excellence, im Verhältnis zu dem alles andere Abstraktion ist; auf einer niedrigeren Ebene ist die archetypische Welt konkret, die darunter liegende Welt abstrakt. Dasselbe Verhältnis gilt auf allen unteren Ebenen bis hin zur Welt des physischen Daseins, in der die Form relativ gesprochen konkret und Materie die abstrakteste Entität überhaupt ist.

Die Gleichsetzung materieller Objekte mit dem Konkreten und geistiger Begriffe mit dem Abstrakten hat dazu geführt, daß nicht nur die Bedeutung der Form im Verhältnis zur Materie auf der physischen Ebene selbst zerstört wurde, sondern auch die Bedeutung des Körperlichen als einer Quelle der Erkenntnis in Vergangenheit geriet. Diese Tendenz ist nur scheinbar die Umkehrung des Prozesses der Veräußerlichung und Materialisierung der Erkenntnis, in Wirklichkeit aber nur die andere Seite derselben Münze. Jene Zivilisation, die das allermaterialistischste Denken hervorgebracht hat, hat auch das geringste Interesse an der »Weisheit des Körpers« gezeigt, an physischen Formen als einer Quelle der Erkenntnis und an den nichtzerebralen Aspekten des menschlichen Mikrokosmos überhaupt. Wie bereits erwähnt, waren es diejenigen in der modernen Welt, denen es um eine Wiedererlangung von Wissen heiligen Ranges ging, die auch am heftigsten gegen diese überzerebrale Interpretation der menschlichen Erfahrung protestierten und versuchten, die »Weisheit des Körpers« wiederzuentdecken, auch wenn dies in vielen Fällen zu Exzessen der verschiedensten Art geführt hat. Man braucht keine außergewöhnliche Scharfsinnigkeit, um zu bemerken, daß im Trommeln eines traditionalen Stammes in Afrika mehr Intelligenz und mehr »Gedankennahrung« steckt als in so manchem Buch moderner Philosophie. Es gibt auch keinen Grund, warum nicht ein chinesisches Landschaftsbild eine unmittelbare und präzisere metaphysische Botschaft beinhalten sollte als nicht nur eine antimetaphysische, sondern selbst eine der Metaphysik gewogene philosophische Abhandlung, in der wegen der Schwäche der Argumentation oder Darstellung die Wahrheit metaphysischer Ideen kaum mehr erkennbar ist.

Die Konsequenz dieser Umkehrung der Beziehung zwischen dem Abstrakten und dem Konkreten war jedenfalls, daß die Bedeutung der Formen in der traditionalen Kunst und Wissenschaft kaum mehr verstanden und die Möglichkeit, daß Kunstformen als Vehikel für Erkenntnis höchsten Ranges dienen können, kaum mehr wahrgenommen wurde. Diese geistige Haltung hat auch viele Menschen daran gehindert, den Wert der traditionalen Kunstlehren und den nichtmenschlichen und himmlischen Ursprung der Formen zu erkennen, mit denen sich traditionale Kunst befaßt.

Nach den Prinzipien der traditionalen Kunst ist der Ursprung der Formen, mit denen sich der Künstler auseinandersetzt, letztlich ein göttlicher. Wie Platon bekräftigt, von dem neben Plotin einige der tiefsten Lehren über traditionale Kunst im Westen stammen, ist Kunst die Nachahmung von Paradigmen, in denen sich, sichtbar oder unsichtbar, letztlich die Welt der Ideen ausdrückt.[18] Kern der Tradition ist die Lehre, daß Kunst die Nemesis des *paradigma* ist, das unsichtbare Modell. Um aber ein Kunstwerk hervorzubringen, das Schönheit und Vollkommenheit besitzt, muß der Künstler auf das Unsichtbare blicken, denn wie Platon sagt: »Jedes Ding nun, dessen Form und Wirkungsart der Bildner (Demiurg) herstellt im ständigen Hinblick auf das sich immerdar Gleichbleibende, das ihm dabei zum Muster dient, muß auf diese Weise unbedingt in jeder Hinsicht auf das Beste gelingen; blickt er dabei aber auf das Gewordene hin und nimmt er sich dieses zum Muster, dann fällt das Werk nicht gut aus.«[19]

So wurde in Indien der Ursprung der Form, die der Künstler später in Stein oder Bronze, in Holz oder Papier externalisierte, immer als supraindividuell und derjenigen Wirklichkeitsebene zugehörig betrachtet, die der Platonismus als die Welt der Ideen betrachtete. Die angemessene Kunstform kann nach dieser Betrachtungsweise nur durch Kontemplation und innere Reinigung erlangt werden. Nur dadurch kann der Künstler zu jener engelhaften Schau kommen, die die Quelle aller traditionalen Kunst ist, denn am Beginn der Tradition wurden die ersten Werke heiliger Kunst einschließlich der plastischen und klanglichen Kunst von den Engeln oder devas selbst geschaffen. In dem bekannten *Śukranītisāra* des Śukrāćrya heißt es zum Beispiel: »Man muß die Formung mit den Augen anwenden, die den Engeln eigentümlich ist, deren Bild geschaffen werden soll. Damit diese Praxis (*yoga*) der Formung mit den Augen gelingen kann, sind die Umrisse der Bilder vorgegeben. Der menschliche Bildgestalter muß sich auf diese innere Schau mit den Augen sorgfältig verstehen, weil nur so und auf keine andere Weise, und gewiß nicht durch direkte Beobachtung, [das Ziel erreicht werden kann].«[20]

Ähnliche Lehren findet man in allen Traditionen, die eine Heilige Kunst hervorgebracht haben. Wenn der Ursprung der von einer solchen Kunst benutzten Formen nicht »himmlisch« wäre, wie könnte eine indische Statue aus ihrem Inneren das Prinzip des Lebens selbst vermitteln? Wie könnten wir ein Gottesbild betrachten und dabei die Empfindung haben, daß sich der Blick der Ewigkeit auf uns heftet? Wie könnte in einem chinesischen oder japanischen Schmetterlingsbild die Essenz des Schmetterlingseins selbst eingefangen sein? Wie könnte die islamische Ornamentkunst auf dem physischen Plan den Glanz der mathematischen Welt enthüllen, die nicht als Abstraktion, sondern als konkrete archetypische Wirklichkeit betrachtet wird? Wie könnte man im Portal der Kathedrale von Chartres stehen und die Empfindung haben, in der Mitte der kosmischen Ordnung zu stehen, wenn nicht die Erbauer dieser Kathedrale eine innere Schau jener Mitte gehabt hätten, aus deren Perspektive sie die Kathedrale errichteten? Wer die Bedeutung der traditionalen Kunst begriffen hat, wird verstehen, daß der Ursprung der Formen, mit denen sich diese Kunst befaßt, nichts anderes ist als jene unwandelbare Welt der Essenzen oder Ideen, die auch die Quelle unseres Denkens und Wissens sind. Darum geht der Verlust der Heiligen Erkenntnis oder Gnosis und der Fähigkeit anagogischen – nicht nur analogischen – Denkens Hand in Hand mit der Zerstörung traditionaler Kunst und ihres hieratischen formalen Stils.[21]

Der Ursprung der Formen in der traditionalen Kunst wird vielleicht leichter verständlich, wenn man die Anfertigung von Kunstwerken mit den Wesensmerkmalen natürlicher Objekte vergleicht. Nach den peripatetischen Philosophien des Mittelalters, seien sie dem Islam, dem Judentum oder dem Christentum zugehörig, und gemäß Aristoteles und seinen neuplatonischen Kommentatoren bestehen Gegenstände aus Formen und Materie, die in der sublunaren Welt einer ständigen Veränderung unterworfen sind. Daher wird diese Welt als die Welt der Erzeugung und Verderbnis bezeichnet. Wenn ein neuer Gegenstand entsteht, »kehrt« die alte Form zur Zehnten Vernunft »zurück«, die der »Formgeber« (wāhib al-ṣuwar im Arabischen) genannt wird, und diese Vernunft verleiht dem betreffenden Stoff eine neue Form.[22] Deshalb ist der Ursprung der Formen in der natürlichen Welt die göttliche Vernunft. Nun muß die künstlerische Form, was die traditionale Kunst betrifft, in derselben Weise aufgefaßt werden. Die Quelle dieser Formen ist die göttliche Vernunft, die den Geist des Künstlers bzw. des ursprünglichen Künstlers erleuchtet, der von den Angehörigen einer bestimmten Schule nachgeahmt wird; der Künstler wiederum verleiht dem betreffenden Stoff diese Form, wobei Stoff hier nicht die philosophische hylé, sondern das jeweilige Material ist, der Stein, das Holz oder etwas anderes, was bearbeitet wird. In dieser Weise ahmt der Künstler das Wirken der Natur[23] und nicht ihre äußeren Formen nach.

Darüber hinaus haben die Form, die dem Stoff verliehen wird, und die Form, die die »Idee« im Geist des Künstlers ist, denselben Ursprung und die gleiche Art, wenn auch auf verschiedenen Daseinsebenen. Das griechische *eidos* ist die genaue Wiedergabe dieser Entsprechungslehre, weil es Form und Idee zugleich bedeutet, deren Ursprung letztlich der Logos ist.

Traditionale Kunst befaßt sich daher sowohl mit Erkenntnis als auch dem Heiligen. Sie befaßt sich mit dem Heiligen insofern, als aus dem Reich des Heiligen sowohl Tradition selbst als auch die Formen und Stile hervorgehen, die die formale Homogenität einer bestimmten traditionalen Welt bestimmen.[24]

Sie ist insofern auch mit der Erkenntnis befaßt, als der Mensch das Wirken der Natur durchschauen muß, bevor er es nachahmen kann. Der traditionale Künstler, ob er nun direktes Wissen von jenen kosmischen Gesetzen und Prinzipien besitzt, die jenes »Wirken« bestimmen, oder nur ein indirektes Wissen hat, das ihm durch Überlieferung zuteil wurde, braucht ein solches Wissen einer rein geistigen Art, das nur die Tradition verleihen kann. Traditionale Kunst ist ihrem Wesen nach eine Wissenschaft, so wie traditionale Wissenschaft eine Kunst ist. Das *ars sine scientia nihil* des heiligen Thomas gilt für alle Traditionen, und die scientia, um die es hier geht, ist nichts anderes als die *scientia sacra* und ihre kosmologischen Anwendungen.

Jeder, der sich mit traditionaler Kunst befaßt, weiß, daß hier eine beeindruckende Fülle von Wissenschaft vorhanden ist, die eine solche Kunst erst möglich macht. Einiges von dieser Wissenschaft ist von technischer Art, was sie durchaus nicht weniger erstaunlich und geheimnisvoll macht. Wenn man fragt, wie muslimische oder byzantinische Baumeister die Dome, die sie schufen, mit der Ausdauer schufen, die sie besaßen, oder wie in manchen griechischen Amphitheatern eine so perfekte Akustik erreicht werden konnte, oder wie die verschiedenen Winkel der Pyramiden in so genaue Entsprechung mit astronomischen Konfigurationen gebracht werden konnten, oder wie in Isfahan ein schwingendes Minarett erbaut werden konnte, das mitschwingt, wenn ein in der Nähe stehendes Minarett angeregt wird, hat man es doch mit einem Wissen außerordentlicher Komplexität zu tun, das diejenigen, die es besaßen, wohl kaum als schlichte Geister erscheinen läßt. Trotz aller Entmystifizierungsversuche seitens positivistischer Kunst- oder Wissenschaftshistoriker bleiben schwerwiegende Fragen unbeantwortet. Die Kernfrage ist, wie diese großartigen Leistungen, wenn man sie heute nachvollziehen wollte, nur mit Hilfe physikalischer Gesetze und Entdeckungen wiederholt werden könnten, die aus den letzten zwei oder drei Jahrhunderten stammen und, soweit wir wissen, zum Zeitpunkt der Errichtung dieser Bauwerke nicht bekannt waren. Diese schlichte Tatsache impliziert, daß es andere Naturwissenschaften geben muß, auf deren Basis man Monumente von außerordentlicher Beständigkeit und bemerkenswerter Güte bauen kann. Dies gilt auch für die Zubereitung von Färbemitteln von brillanter Farbkraft, die heute nicht mehr hergestellt werden können, oder für Stahlklingen, deren Herstellungsverfahren man nicht mehr kennt.

Dies sind aber nicht die einzigen Wissenschaften, an die wir denken. Die *scientia*, ohne die die Kunst wertlos wäre, ist nicht einfach eine andere Art von Physik, die wir leider vergessen haben. Es ist eine Wissenschaft von der kosmischen Harmonie, von Entsprechungen, von der mehrdimensionalen Wirklichkeit der

Formen, von einer Sympathie zwischen irdischen Formen und himmlischen Einflüssen, von dem Zusammenhang zwischen Farben, Orientierungen, Gestalten, Formen, aber auch Klängen und Gerüchen und der Seele des Menschen. Es ist eine Wissenschaft, die sich von der modernen Wissenschaft nicht nur hinsichtlich ihrer Vorgehensweise, sondern auch hinsichtlich ihrer Wesensnatur unterscheidet. Und doch ist es eine Wissenschaft, im wesentlichen eine Heilige Wissenschaft, die nur im Rahmen der Tradition zugänglich ist, die allein es der Vernunft in ihrer menschlichen Abspiegelung erlaubt, den vollen Umfang ihrer Möglichkeiten zu erkennen.[25] Der Unterschied zwischen dieser Wissenschaft und der modernen Wissenschaft liegt darin, daß diese Wissenschaft nicht anders als durch geistige Intuition erlangt werden kann, was wiederum einen gewissen Adel des Charakters und den Erwerb von Tugenden voraussetzt, die mit Erkenntnis im traditionalen Zusammenhang untrennbar verbunden sind, was einfach schon die Art und Weise belegt, wie die traditionalen Künste und Wissenschaften vom Meister an den Schüler übertragen werden. Es gibt natürlich Ausnahmen, jedoch liegt dies einfach daran, daß der »Geist weht wo er will«.

Die *scientia*, um die es bei der Kunst geht, hängt daher mit der esoterischen und nicht der exoterischen Dimension der Tradition zusammen. Weil der Mensch ein handelndes und Dinge verfertigendes Wesen ist, muß die Religion Prinzipien und Normen sowohl für die Welt des moralischen Handelns wie auch die Aktivität des Verfertigens liefern. Die Exoterik hat üblicherweise mit derjenigen Welt zu tun, in der der Mensch für das Gute und wider das Böse handeln muß, aber nicht mit jenen Prinzipien und Normen, die die korrekte Verfertigung von Dingen betreffen. Diese Prinzipien können nur von der inneren oder esoterischen Dimension der Tradition hervorgehen. Deshalb finden sich die tiefsten Äußerungen über die Bedeutung christlicher Kunst in den Schriften einer Gestalt wie Meister Eckhart[26] oder bei den Meistern der apophatischen und mystischen Theologie in der orthodoxen Kirche.[27] Dies ist auch der Grund, warum westliche Islamizisten und Kunsthistoriker solche Schwierigkeiten hatten, Quellen für die islamische Philosophie oder vielmehr Metaphysik der Kunst zu finden, solange sie sie in theologischen und juristischen Abhandlungen suchten. Neben der mündlichen Tradition, die in einigen Teilen der islamischen Welt noch Bestand hat, gibt es, was gewisse kosmologische Prinzipien der Kunst betrifft, auch schriftliche Quellen, nur werden diese nicht als das erkannt, was sie sind. Die tiefste Erläuterung der Bedeutung islamischer Kunst findet man in einem Werk wie dem Mathnawī von Jalāl al Dīn Rūmī, nicht in Büchern zur Jurisprudenz oder kalām, die zwar ebenfalls sehr wichtig sind, aber das Verhalten und religiöse Glaubensvorstellungen der Menschen betreffen, nicht die Prinzipien einer in das Innere führenden Kunst, die den Menschen zum Einen zurückbringt. Es gibt auch Schriften einer »okkulten« Natur zu diesen Künsten, die allerdings nur im Lichte der Esoterik verständlich werden.[28]

Ebenso ist es in Japan Zen, das die größten Meisterwerke der japanischen Kunst hervorgebracht hat, von den Steingärten bis zu den Wandschirm-Malereien, während diejenigen Sung-Gemälde, die zu den größten Meisterwerken der Weltkunst gehören, Hervorbringungen des Taoismus sind, und nicht der soziale Aspekt der chinesischen Tradition, der aus der konfuzianischen Ethik hervorgeht. Wie Want Yu, der Ch'ing-Maler sagt: »Die Malerei ist zwar nur eine der Schönen Künste, aber sie enthält das Tao.«[29] Alle Kunst hat ihr Tao, ihr Prinzip, das den Prinzipien verwandt ist, die den Kosmos beherrschen, und die Malerei ist die traditionale Kunst par excellence in China, die das Tao am unmittelbarsten manifestiert. Nach dem Tao zu malen, heißt, nicht den äußeren, sondern den inneren Prinzipien der Dinge nachzueifern; daher ist wiederum die Wissenschaft, mit deren Hilfe der chinesische Maler die Essenz natürlicher Formen selbst erfaßt, per definitionem mit der esoterischen Dimension der Tradition verknüpft. Die Frucht und die Anwendung einer solchen Wissenschaft vom Kosmos ist die Sung-Malerei, der hinduistische Tempel, die Moschee oder Kathedrale und alle anderen Meisterwerke traditionaler Kunst, die eine Schönheit himmlischen Ursprungs ausstrahlen, während die Anwendung einer äußeren und veräußerlichten Naturwissenschaft, die gegen die christliche Tradition rebellierte, als ihre esoterische Dimension unterging, die U-Bahn und der Wolkenkratzer sind. Selbst wenn es ein gewisses Element der Schönheit in den Werken gibt, die aus der Anwendung einer solchen Wissenschaft entstehen, ist es fragmentarischer Natur und manifestiert sich nur deshalb hie und da, weil Schönheit ein Aspekt der Wirklichkeit ist und sich notwendigerweise manifestieren muß, wann und wo immer etwas entsteht, dem ein gewisser Grad von Wirklichkeit zukommt.

Es gibt freilich noch einen anderen einfachen Grund, warum die Kunst, die sich mit der materiellen Ebene befaßt, mit der esoterischen oder innersten Dimension der Tradition verknüpft ist. Gemäß der bekannten hermetischen Formel »was unten ist, symbolisiert dasjenige, was oben ist,« symbolisiert und spiegelt das materielle Dasein, das die unterste Ebene ist, die göttliche Vernunft oder archetypischen Essenzen, die die oberste Ebene repräsentieren. Durch dieses kosmologische Grundgesetz, auf dem die Wissenschaft von den Symbolen beruht, spiegelt die materielle Form die Weltvernunft in einer direkteren Weise als die feinstoffliche Ebene oder die Psyche, die ontologisch höher steht, aber die höchste Eben nicht so direkt widerspiegelt. Verschiedene Traditionen lehren, daß die Offenbarung nicht nur in Geist und Seele, sondern auch in den Körper des Propheten oder Begründers herabsteigt, ganz zu schweigen von Traditionen, in denen der Begründer als Inkarnation oder *avatār* selbst die Botschaft ist. In diesem Falle erlöst der *avatār* nicht nur durch seine Worte und Gedanken, sondern auch durch die Schönheit seines Leibes, was im Falle des Buddhismus der Ursprung der ganzen buddhistischen Ikonographie ist. Im Christentum sind es ebenfalls der Leib und das Blut Christi, die in der Eucharistie gegessen und getrunken werden, nicht seine Gedanken, was bedeutet, daß die Offenbarung seine körperliche Gestalt durchdrungen hat.

Selbst im Islam, in dem die Botschaft sorgfältig vom Boten getrennt wird, lehren traditionelle Quellen, daß die Offenbarung nicht nur den Geist, sondern auch den Leib des Propheten erfüllte, so daß sein Pferd, als er jene Botschaft empfing, die Last nicht mehr tragen konnte und unter ihm zusammenbrach. Auch die Nacht der Herabkunft der koranischen Offenbarung, die »die Nacht der Macht« (*layat al-qadr*) heißt, betrifft den Körper des Propheten, während auch seine nächtliche Auffahrt zum Himmel (*al-miʿrāj*) nach allen traditionalen Quellen körperlich (*al-miʿrāj al-jismānī*) zu verstehen ist. Alle diese Beispiele weisen auf die für das Verständnis der traditionalen Kunst wesentliche Tatsache hin, daß das Materielle die direkte Abspiegelung der höchsten Ebene, das heißt des Spirituellen ist, nicht das dazwischenliegende Psychische, und daß die Kunst, die sich zwar der äußerlichsten Daseinsebene bedient, nämlich der Materie, aufgrund dieses Inversionsprinzips dasjenige zum Ausdruck bringt, was den innersten Kern einer Tradition ausmacht. Dies ist der Grund, warum eine Leinwand als Ikone zum Ort der göttlichen Gegenwart und zum Hilfsmittel für die Betrachtung des Formlosen werden kann, warum der Mantel der Jungfrau Maria wunderkräftig ist und über Jahrhunderte hinweg Pilger anzieht, warum das Antlitz derer, die uns auf Erden lieb sind, der vollkommene Spiegel ist, in dem sich das Antlitz des Höchsten Geliebten spiegelt, der über aller Form ist, warum der Mensch vor einem Symbol materieller Art sein Haupt beugen kann, das zum Ort der Manifestation einer engelhaften oder göttlichen Einwirkung geworden ist. Dies ist auch der Grund, warum traditionale Kunst und ihre Prinzipien auf der esoterischen und inneren Dimension der Tradition beruhen, und warum sich gerade durch die traditionale Kunst das Esoterische auf der Ebene der Kollektivität manifestiert und ein Gleichgewicht ermöglicht, das das Exoterische allein nicht aufrecht erhalten könnte. Durch den Kanal der traditionalen Kunst manifestiert sich ein Wissen heiligen Charakters, das äußerlich in das Kleid der Schönheit gewandet ist, das auch diejenigen anspricht, die ihren Gehalt intellektuell nicht erfassen können; für diejenigen aber, die die wahrhaftige Botschaft der traditionalen Kunst verstehen und deren Berufung es ist, dem Weisheitspfad zu folgen, schafft sie ein unverzichtbares spirituelles Klima und eine Stütze der Kontemplation.

Der traditionalen Kunst ist es selbstverständlich um die Schönheit zu tun, denn Schönheit ist keineswegs ein Luxus oder ein subjektiver Zustand, sondern sie ist untrennbar mit der Wirklichkeit und der inneren Dimension des Wirklichen an sich verbunden. Wie bereits festgestellt, ist vom Standpunkt der *scientia sacra* aus die letzte Wirklichkeit das Absolute, das Unendliche und die Vollkommenheit oder Güte. Die Schönheit ist mit all diesen Hypostasen des Wirklichen verbunden. Sie spiegelt die Absolutheit in ihrer Regelmäßigkeit und Ordnung, die Unendlichkeit im Sinne der Innerlichkeit und des Geheimnisvollen, und sie fordert

Vollkommenheit. Ein Meisterwerk traditionaler Kunst ist vollkommen, gesetzmäßig und geheimnisvoll zugleich.[30] Es spiegelt die Vollkommenheit und Güte der Quelle, die Harmonie und Ordnung, die sich auch im Kosmos widerspiegelt und die der Abdruck der Absolutheit des Urprinzips im Manifesten ist, und das Geheimnis und die Innerlichkeit, die sich zur göttlichen Unendlichkeit selbst öffnen. In der weisheitlichen Dimension wird eben jene verinnerlichende Kraft der Schönheit betont, und Gott wird insbesondere in seiner inneren »Dimension« betrachtet, die Schönheit ist. Deshalb trägt jenes großartige Meisterwerk der orthodoxen Spiritualität den Titel *Philokalia* oder Schönheitsliebe, und deshalb sagt das berühmte ḥadīth am Ende: »Gott ist schön und schönheitsliebend«.[31]

Die Intelligenz, die das Instrument und zugleich ein wesentliches Anliegen des Weisheitspfades ist, kann nicht von der Schönheit getrennt werden. Häßlichkeit ist auch Unerkennbarkeit. Die erleuchtete menschliche Vernunft muß notwendigerweise mit jener Schönheit verwoben sein, die den Dingen ihre Opazität nimmt und sie als transparente Bilder und Abspiegelung aufscheinen läßt, die die archetypischen Wirklichkeiten enthüllen statt verhüllen, um die es der Vernunft geht, dem Logos oder der göttlichen Urvernunft, die der Ursprung der menschlichen Vernunft ist, welche sowohl Ordnung als auch Geheimnis und in einem gewissen Sinne die Schönheit Gottes ist. Deshalb befriedigt die Schönheit die menschliche Vernunft, gibt ihr Gewißheit und macht sie gegen den Zweifel gefeit. Schönheit kennt keinen Skeptizismus. Die Strahlen ihres Glanzes lassen die Schatten des Zweifels und das Zaudern des schwankenden Geistes verfliegen. Die Schönheit verleiht der Vernunft jene höchste Gabe der Gewißheit. Sie ist es, die die Verhärtung der menschlichen Seele schmilzt und den köstlichen Geschmack jener Vereinigung hervorruft, die die Frucht der Gnosis ist. Die Erkenntnis des Heiligen kann daher nicht von der Schönheit getrennt sein. Die Schönheit ist natürlich sowohl moralisch als auch intellektuell. Deshalb muß der Mensch moralische Schönheit besitzen, um ganzen Nutzen aus der sakramentalen Funktion der Vernunft ziehen zu können. Wenn aber die moralischen Voraussetzungen gegeben sind und die Schönheit zu einer göttlichen Attraktion statt zur Verführung wird, kann sie in der Peripherie etwas vom Zentrum mitteilen, in den Akzidentien etwas von der Substanz, in den Formen etwas von der formalen Essenz.³² In diesem Sinne ist die Schönheit nicht nur Vermittlerin von Erkenntnis, sondern wesentlicher Bestandteil der Erkenntnis des Heiligen und heiliger Erkenntnis.

Die Schönheit hat Anziehungskraft, weil sie wahr ist, denn die Schönheit ist, wie Platon sagt, der Glanz der Wahrheit. Weil die Schönheit letztlich mit dem Unendlichen verknüpft ist, begleitet sie jene Emanation und Ausstrahlung des Wirklichen, die die Daseinsebenen bis herab zum Irdischen konstituieren. Wie die *māyā* die *shakti* des *Ātman* ist, kann man die Schönheit als die göttliche *māyā* oder Weiblichkeit die Gemahlin des Wirklichen und die Aura des Absoluten nennen. Alle Manifestationen der letzten Wirklichkeit sind von dieser Aura des Schönen begleitet. Man kann nicht von Wirklichkeit im metaphysischen Sinne ohne diesen Glanz und Strahlenkranz sprechen, die diese Wirklichkeit wie eine Halo umgeben und die die Schönheit selbst konstituieren. Deshalb ist die Schöpfung so überwältigend schön. Das Sein und seine Emanation als Dasein muß zwangsläufig schön sein, denn Häßlichkeit ist wie das Böse³³ nichts anderes als die Manifestation eines relativen Nichts. Wie das Gute wirklicher ist als das Böse, ist die Schönheit wirklicher als das Häßliche. Wenn man über die Schönheit des bestirnten Himmelsgewölbes bei Nacht und die unerschöpfliche Schönheit der Erde an einem strahlenden Tag meditiert, erkennt man, wie begrenzt das Reich des Häßlichen im Vergleich zu jener Schönheit ist, wie belanglos die häßlichen Monstrositäten menschlichen Erfindergeistes, der sich der Maschinen bedient, im Vergleich mit der großartigen Schönheit der kosmischen Ordnung sind, ganz zu schweigen von der transzendenten Schönheit des göttlichen Reiches, in das der sterbliche Mensch in jenen glückhaften Momenten einen Blick tun darf, wenn die Schönheit eines menschlichen Antlitzes, eine landschaftliche Szenerie oder ein Werk Heiliger Kunst sich für ein ganzes Leben in die menschliche Seele einprägt und die harte Schale des menschlichen Ichs schmilzt. Dies ist der Grund, warum Schönheit in der Weisheitsperspektive, welche die Schönheit immer in ihrem Bezug zu Gott betrachtet, ein Sakrament ist, das den Menschen zum Reich des Heiligen erhebt.

O Herr, Du weißt, daß wir zu keiner Zeit
den Blick von Deinem schönen Antlitz wandten.
Die Schönheiten dieser Welt sind Spiegel Deiner Schönheit.
In diesem Spiegel sahen wir nichts als das Antlitz des Königs.[34]

AWHAD AL-DĪN KIRMĀNĪ

Es liegt in der Natur der Schönheit, daß sie die spirituelle Gegenwart zu sich heranzieht oder, in der Sprache der Neuplatoniker, die Teilhaftigkeit der Weltseele empfängt. Aus gnostischer Sicht ist es daher die irdische Funktion der Schönheit, den Menschen zur Quelle dieser irdischen Schönheit zurückzuleiten, d. h. zurück zum Reich des Prinzipiellen. Schöne Formen sind der Anlaß zur Rückerinnerung an die Essenzen im platonischen Sinne.[35] Sie sind das Mittel zur Wiedererinnerung (anamnēsis) daran, was der Mensch ist, und an die himmlische Heimstatt, aus der er herabgestiegen ist und die er in den Tiefen seines Seins noch in sich trägt. In diesem Sinne ist Schönheit das Mittel zur Erkenntnis; für manche Menschen, die für Schönheit besonders empfänglich sind, sogar das zentrale Mittel. Deshalb sind einige Meister des Weisheitsweges so weit gegangen zu behaupten, daß eine schöne Melodie oder ein schönes Gedicht oder überhaupt jede Schöpfung traditionaler Kunst einen Zustand der Kontemplation hervorrufen und in einem einzigen Augenblick einen Grad intuitiver Erkenntnis vermitteln kann, den man auch in langen Studien nicht erreichen kann, sofern natürlich der Betreffende seine Seele bereits gereinigt und mit der Schönheit der spirituellen Tugenden bekleidet hat, was ihn erst befähigt, die irdische Schönheit als Abspiegelung der himmlischen Schönheit zu würdigen. Deshalb ist traditionale Kunst eine Quelle der Erkenntnis und der Gnade. Sie ermöglicht eine Rückkehr zur Welt der Archetypen und in das Reich des Paradieses, das die Quelle sowohl der Prinzipienerkenntnis als auch des Heiligen ist, denn die Schönheit ist die Abspiegelung des Unwandelbaren im Werdestrom.

Betrachte die Schöpfung als kristallklares Wasser
in dem sich die Schönheit des Majestätischen spiegelt
zwar gleitet das Wasser des Baches strömend dahin
doch spiegeln sich ungestört in ihm das Bildnis des Mondes und der Sterne.[36]

RŪMĪ

Die Macht der Schönheit, den Menschen auf ihren Flügeln in die Welt der Essenzen und zur umarmenden Vereinigung mit dem göttlichen Geliebten zu führen, ist besonders ausgeprägt in denjenigen Künsten, die mit Klängen und Bewegung zu tun haben, Künsten, die daher auch denjenigen besonders gefährlich werden können, denen es nicht gegeben ist, deren gewaltige Anziehungskraft auf die menschliche Seele zu ertragen. Künste wie Musik und Tanz sind wie Wein, der einerseits im spirituellen Sinne trunken machen kann, indem er den Schleier des getrennten Bewußtseins wegnimmt, aber andererseits dem Menschen auch das normale Bewußtsein rauben und einen noch tieferen Sturz in die Nachlässigkeit und Vergeßlichkeit verursachen kann. Deshalb ist im Islam Wein in dieser Welt verboten und dem Paradies vorbehalten, während Musik und Tanz auf den Sufismus oder die esoterische Dimension der Tradition beschränkt sind, wo sie im operativen Aspekt des Weges eine wichtige Rolle spielen.

Im Gedächtnis des vereinigenden Mahles mit ihm, in der Sehnsucht nach seiner Schönheit
sind sie vom Wein trunken geworden, den Du kennst.[37]

RŪMĪ

Traditionale Musik ruht auf einem kosmologischen Fundament und spiegelt die Struktur der manifesten Wirklichkeit. Sie geht vom Schweigen aus, der nichtmanifesten Wirklichkeit, und kehrt zum Schweigen zurück. Das musikalische Werk selbst ist wie der Kosmos, der von dem Einen ausgeht und zu dem Einen zurückkehrt, nur daß in der Musik das Gewebe, aus dem die Welt gewoben ist, die Klänge sind, in denen das Urschweigen widertönt und die Harmonie sich widerspiegelt, die in allem vorhanden ist, was die absolute und unendliche Wirklichkeit manifestiert.[38] Die Musik ist nicht nur die erste Kunst, die Śiva in die Welt brachte, die Kunst, durch die das *asrār-i alast* oder das Geheimnis des Urbundes zwischen Gott und Mensch in jener vorewigen Morgendämmerung der kosmischen Manifestation geoffenbart ist[39]; sie ist auch der Schlüssel zum Verständnis der den Kosmos durchziehenden Harmonie. Sie ist die Dienerin der Weisheit selbst.[40] In einer bekannten muslimischen Volkssage wird beschrieben, wie die Seele Adams durch die Melodie eines einfachen zweisaitigen Instruments in den Tempel des Leibes gelockt wurde[41], und durch die Musik gelingt es der Seele wiederum, die Fesseln ihrer irdischen Eingeschränktheit zu sprengen. Der Gnostiker hört in der Musik die Melodien des Paradieses, deren Ekstasen die Musik wiederbringt. Deshalb ist Musik wie der mystische Wein. Sie heilt Körper und Seele, ermöglicht es auch vor allen Dingen dem Kontemplativen, zur Schau der höchsten Realitäten zu gelangen, die das Fundament der Substanz der menschlichen Seele selbst bilden. Traditionale Musik ist ein machtvolles spirituelles Instrument, das gerade wegen dieser Eigenschaft eine Gefahr für diejenigen darstellt, die nicht darauf vorbereitet sind, ihre befreiende Gnade zu empfangen.[42] Deshalb kann eine Musik, die sich wider die kosmischen Gesetze und ihre eigenen himmlischen Ursprünge gewandt hat, nur ein Instrument des Dämonischen und nur die Vermittlerin der auflösenden Wirkungen jener Kakophonien sein, die in der modernen Welt nur zu häufig sind.

Der Tanz wiederum ist wie die Musik ein direktes Mittel zur Verwirklichung der Vereinigung. Der heilige Tanz verbindet den Menschen mit dem Göttlichen am Angelpunkt von Raum und Zeit in jenem ewigen Jetzt und jener unwandelbaren Mitte, die der Ort der göttlichen Gegenwart ist. Aus der heiligen Tanzkunst entstanden nicht nur jene großartige Meisterwerke der hinduistischen Kunst, in denen Śiva auf dem Körper seiner Gemahlin Parvati den kosmischen Tanz vollführt[43], sondern auch die balinesischen Tempeltänze, die kosmischen Tänze der Indianer und der Eingeborenen Afrikas und, auf der höchsten Ebene, jene esoterischen Tänze, die als initiatorische Praktiken zur Vereinigung führen. Hiervon ist etwa der Tanz der Sufis zu erwähnen, bei dem die Verbindung der Kunst des heiligen Tanzes mit der Kunst der Musik zur Rückerinnerung führt und den Menschen an einen Punkt jenseits aller Zeit und allen Raumes in die göttliche Gegenwart versetzt. In dieser Ausprägung ergänzt die traditionale Kunst die Quintessenz der spirituellen Praxis, nämlich das Gebet des Herzens, indem sie das Göttliche Licht im Körper des Menschen aktualisiert, der als der Tempel Gottes betrachtet wird, und indem sie den Menschen in jenem Jetzt, das nichts anderes ist als die Ewigkeit, über alle Formen erhebt.

Weil die Schönheit der Glanz der Wahrheit ist, ist jede Äußerung von Wahrheit von Schönheit begleitet. Die großen metaphysischen Äußerungen sind in das Kleid der Schönheit gewandet, ob sie in der Sprache plastischer Formen oder Klänge – wie z. B. einem chinesischen Landschaftsgemälde oder einer Raga – oder in menschlichen Worten wie der Gītā oder der Sufi-Dichtkunst ausgedrückt wird. Was in der Tat Metaphysik und Gnosis von profaner Philosophie unterscheidet, ist nicht nur die Frage der Wahrheit, sondern auch ihre Schönheit. Die Gnosis ist die einzige gemeinsame Basis zwischen Dichtkunst und Logik, der formalen wie der mathematischen. Wo immer man eine Lehre vorfindet, die mathematische und logische Strenge mit poetischer Schönheit verbindet, muß sie einen gnostischen Aspekt haben. Wenn Khayyām ein großer Dichter und hervorragender Mathematiker zugleich war, dann deshalb, weil er zuerst und vor allen Dingen Gnostiker war.[44] Nur in der Gnosis oder scientia sacra begegnen sich die Strenge der Logik und der Duft der Dichtkunst, denn diese Wissenschaft ist mit der Wahrheit befaßt. Die großen Meisterwerke orientalischer Metaphysik wie z. B. des Śankara oder Ibn ʿArabī sind auch literarische Meisterwerke; ein Werk wie das Fuṣuṣ al-ḥikam von Ibn ʿArabī besitzt eine bemerkenswerte formale Perfektion, die mit dem Inhalt korrespondiert.[45]

Im Falle des Sufismus ist die Verbindung von Wahrheit und Schönheit in den zahlreichen Werken voll und ganz verwirklicht, die hervorragender Ausdruck heiligen Wissens und Meisterwerke der Kunst zugleich sind. Das *Gulshan-i rāz* (Rosengarten des Geheimnisses) des Maḥmūd Shabistarī, das in wenigen Tagen aus der direkten Inspiration niedergeschrieben wurde, ist sowohl eine Zusammenfassung der Metaphysik als auch ein Gedicht von unvergleichlicher Schönheit. In der Dichtkunst des Ibn al-Fāriḍ im Arabischen und dem Divan des Ḥāfiẓ im Persischen ist die Darlegung esoterischer Lehren in einer wunderbaren Harmonie mit formaler Perfektion verbunden, weshalb diese Dichtkunst selbst wie der Wein ist, der die Seele trunken macht und verwandelt. Das *Mathnawī* und *Dīwān-i Shams* des Jalāl al-Dīn Rūmī sind Meere der Gnosis, von denen jede einzelne Welle eine Schönheit engelhaften Ursprungs besitzt. Ihre Reime und Rhythmen, ihre rhapsodische Trance erheben die Seele und führen sie zu jenem

Gipfel, auf dem allein die sublime geistige Botschaft des großen Dichterheiligen begriffen werden kann. In der traditionalen Welt und insbesondere im Orient galt es immer als selbstverständlich, daß die Wahrheit auf die menschliche Ebene mit der Aura der Schönheit herniedersteigt, die ihre Anwesenheit und ihre Darlegung umgibt, wie auch die Offenbarung selbst nur schön sein kann, ob diese Offenbarung die Form des arabischen Korans, der hebräischen Thora oder der Sanskrit-Verben hat oder in Gestalt des Buddha oder Christi auftritt, die in ihren heiligen Traditionen selbst als die Botschaft gelten.

Für die Schönheit der Formen empfänglich zu sein, ob sie naturhaft sind oder dem Reich der Kunst angehören, im Auge des Kindes, den Schwingen des Adlers, den schneebeglänzten Gipfeln der Berge, die in das unendliche Himmelsblau hineinragen, in einer Seite mamlukischer Koran-Kalligraphie, einem japanischen Buddhabildnis oder in der Rosette der Kathedrale von Chartres die Zeichen der göttlichen Hand zu sehen heißt, mit einem kontemplativen Geist gesegnet zu sein. In dem Bewußtsein zu sein, daß die befreiende Schönheit der Formen traditionaler Kunst Kanäle der Gnade einer bestimmten Tradition sind, und für die Botschaft dieser Formen offen zu sein, heißt mit einer Aufnahmefähigkeit für heilige Erkenntnis gesegnet zu sein. Traditionale Kunst ist eine Quelle dieser heiligen Erkenntnis und begleitet deren sämtliche authentische Ausdrucksformen. Wer heilige Erkenntnis realisiert hat und wer durch den Pfad der Erkenntnis das Heilige erlangt hat, ist selbst das beste Zeugnis für das unauflösliche Band zwischen Erkenntnis und Schönheit, denn ein solcher Mensch verkörpert in sich mittels der realisierten Weisheit Schönheit und Gnade. Die Realisierung heiliger Erkenntnis erlaubt es dem Menschen, selbst ein Kunstwerk zu werden, das höchste Kunstwerk des höchsten Künstlers. Ein solches Kunstwerk zu werden heißt, eine Quelle der Erkenntnis und der Gnade zu werden, der Prototyp aller traditionalen Kunst, in der der Künstler dem Höchsten Künstler nacheifert und daher ein Werk hervorbringt, das die Realisierung heiliger Erkenntnis unterstützt, ihre Weitergabe ermöglicht und zugleich äußerer Ausdruck der Vollkommenheit ist, die der Mensch selbst erlangen kann, wenn er nur werden wollte, was er wirklich ist.

Ein Meisterwerk traditionaler Kunst betrachten heißt, zur Anschauung jener Realität zu gelangen, die die innere Natur des Menschen als einem Werk des göttlichen Künstlers ausmacht, jener inneren Natur, die der Mensch durch Erkenntnis des Heiligen und die Realisierung heiliger Erkenntnis erlangen kann. Ein großes Werk traditionaler Kunst ist Zeugnis für die Schönheit Gottes und ein Anschauungsbeispiel dafür, was der Mensch sein kann, wenn er er selber wird, wie Gott ihn schuf, ein vollkommenes Kunstwerk, ein Quell der Erkenntnis und ein Kanal der Gnade für die Welt, in der er als das zentrale und axiale Wesen lebt, das er seiner Natur und seiner Bestimmung nach ist. Wenn der Mensch selbst ein Kunstwerk im traditionalen Sinne wird, wird er zu jenem pontifikalen Menschen, der er ist und der zu sein er nicht aufhören kann.

Anmerkungen

1 Alle Heilige Kunst ist traditionale Kunst, aber nicht alle traditionale Kunst ist Heilige Kunst. Heilige Kunst bildet den Kern der traditionalen Kunst und ist unmittelbar mit der Offenbarung und jenen Theophanien befaßt, die den Kern der Traditionen bilden. Heilige Kunst beinhaltet die rituellen und kultischen und die praktischen und operativen Aspekte der Wege der spirituellen Erkenntnis im Schoße der jeweiligen Tradition.
»Im Rahmen der traditionalen Zivilisation muß zweifellos zwischen Heiliger Kunst und profaner Kunst unterschieden werden. Zweck der ersteren ist es, einerseits spirituelle Wahrheiten und andererseits eine göttliche Gegenwart mitzuteilen; die priesterliche Kunst hat grundsätzlich eine wahrhaft sakramentale Funktion.« F. Schuon, »The Degrees of Art«, *Studies in Comparative Religion*, Herbst 1976, S.3 194; auch in seinem *L'Esotérisme comme principe et comme voie*, S. 183—97.
2 Über die Grundmerkmale traditionaler Kunst siehe Schuon, *De l'unité transcendante des religions*, S. 66 ff.
3 Zur Definition traditionaler Kunst siehe Schuon, »Über Formen in der Kunst,« in seinem *De l'unité transcendante des religions*, und ders. *L'Esotérisme comme principe et comme voie*, Teil 3, »Ästhetik und theurgische Phänomenologie«, S. 177—225; Burckhardt, *Sacred Art in East and West*, Einl., und Coomaraswamy, *Figures of Speech or Figures of Thought*, ders., *The Transformation of Nature in Art*, und ders., »The Philosophie of Medieval and Oriental Art«, in *Zalmoxis* 1 (1938): S. 20—49.
Ein zeitgenössischer japanischer Künstler, der als Buddhist schreibt, sagt über die Kunst: »Son secret, sa raison d'être est d'aller jusqu'au fond même du néant pour en rapporter l'affirmation flamboyante qui illuminera l'univers.« Taro Okawoto, »Propos sur l'art et le Bouddhisme ésotérique«, *France-Asie*, Nr. 187 (Herbst 1966): S. 25.
4 Coomaraswamy hat sich mit diesem Thema in vielen seiner Arbeiten befaßt, insbes. seinen bekannten Essays »Why Exhibit Works of Art?« in seinem *Christian and Oriental Philosophy of Art*, S. 7—22; und »What is the Use of Art, Anyway?« in *The Majority Report on Art*, John Stevens Pamphlet Nr. 2, Boston 1937.
5 Das Werk solcher Meister der Gnosis wie Śankara und Jalāl al-Dīn Rūmī, die zwei ganz unterschiedlichen Traditionen angehören, ist das beste Beispiel für die Verbindung von Erkenntnis höchsten Ranges und Schönheit des Ausdrucks.
6 Interessanterweise bedeutet im Arabischen faḍl oder faḍīlah Schönheit, Gnade, Tugend und Erkenntnis zugleich.
7 T. Burckhardt hat sich mit diesem Thema in seinen verschiedenen Arbeiten über islamische Kunst befaßt.

8

ما چو جنگیم و تو ناخن می زنی

9 Noch vor zwei oder drei Jahrzehnten glaubten selbst Leute, die sich im Westen mit dem islamischen Denken befaßten, daß das intellektuelle Leben des Islam mit Ibn Rushd oder jedenfalls kurz nach ihm zum Stillstand gekommen wäre, und beschränkten sogar den Sufismus auf seine sog. Klassische Zeit im sechsten/zwölften und siebten/dreizehnten Jahrhundert. Aber auch wenn man vom späteren intellektuellen Leben im Islam nichts wußte, hätte ein einziges Bauwerk von der Qualität und Perfektion der Shah-Moschee innerlich die Existenz eines solchen Geisteslebens beweisen müssen, wenn man nur die organische und unverbrüchliche Verbindung zwischen Heiliger Kunst und Intellektualität im Sinne dieses vorliegenden Buches begriffen hätte. Inzwischen haben die Forschungen von Corbin, Āshtiyānī und Nasr auch den äußerlichen Beweis für das Vorhandensein eines solchen geistigen und spirituellen Lebens geliefert. Siehe Corbin,»Confessions extatiques de Mîr Dâmâd«, in *Mélanges Louis Massignon*, Bd. 1, Paris 1956, S. 331–78, Corbin; *En Islam iranien*, Bd. 4; Nasr,»The School of Isfahan«, in M. M. Sharif (Hrsg.), *A History of Muslim Philosophy*, Bd. 2, Wiesbaden 1966, S. 904–32; Nasr, »Philosophy, Theology and Spiritual Movements«, in *Cambridge History of Iran*, Bd. 6 (im Druck). Als Corbin und S. J. Āshtiyānī vor einem Jahrzehnt daran gingen, eine Anthologie der Werke der Metaphysiker und Philosophen Persiens von der Safavidenzeit bis zur Gegenwart zusammenzustellen, planten sie zwei bis drei Bände. Bis zum Tode Corbins waren bereits sieben umfangreiche Bände zusammengestellt, von denen bisher nur vier erschienen sind. Die Offenlegung dieses reichen geistigen Erbes, das gleichzeitig mit einigen der größten Meisterwerke islamischer Kunst entstand, bietet eine ausgezeichnete historische Fallstudie über die Beziehung zwischen traditionaler Kunst und geistigem Leben, die wir in ihren Grundzügen in diesem Kapitel dargestellt haben.

10 Diese Zünfte waren die Hüter technischen wie auch esoterischen Wissens, auch wenn es primär kosmologischer Art war. Ihre geheime Organisation und die mündliche Weitergabe ermöglichten die Erhaltung eines Wissens heiligen Ranges, das mit handwerklichen und gewerblichen Fähigkeiten verknüpft war. Nur so läßt sich die Schaffung von Kathedralen erklären, die Kunst höchsten Ranges mit kosmologischer Wissenschaft verbinden und vollkommen organisch sind, obwohl mehr als eine Generation von Architekten und Handwerkern am Bau beteiligt war. Die spekulative Freimaurerei entstand erst, als dieses esoterische Wissen sich von der praktischen Ausführung der handwerklichen Kunst abzulösen begann und auf einen Okkultismus verkürzt wurde.

11 Im Islam wie im Christentum läßt sich ein enger Zusammenhang zwischen den Zünften und den Sufi-Orden beobachten, eine Beziehung, die

in manchen muslimischen Städten wie Fez in Marokko, Yazd in Persien bis auf den heutigen Tag erhalten geblieben ist. Die Rolle des ʿAlī ibn Abī Ṭālib als Begründer der islamischen Zünfte, der gleichzeitig der bedeutendste Repräsentant der islamischen Esoterik war, ist von großer Signifikanz für die Verbindung der Zünfte mit esoterischem Wissen. Zu dieser Frage siehe Burckhardt, *The Art of Islam*, und Y. Ibish, »Economic Institutions«, in R. B. Sargeant (Hrsg.), *The Islamic City*, Paris 1980, S. 114–25.

12 Zen ist ein perfektes Beispiel für die Verbindung von spiritueller Unterweisung mit handwerklichen Fertigkeiten, was sich keineswegs auf die Töpferei beschränkt, sondern u. a. auch Landschaftsarchitektur und Kalligraphie einschließt. Siehe D. T. Suzuki, *Zen and Japanese Culture*, Princeton 1959.

13 Siehe M. Eliade, *The Forge and the Crucible*, Kap. 1 und 2.

14 »Es liegt hier eine metaphysische Beziehungsinversion vor, auf die wir bereits hingewiesen haben: für Gott spiegelt sein Geschöpf einen veräußerlichten Aspekt seiner Selbst dar; für den Künstler ist dagegen das Werk die Abspiegelung einer inneren Wirklichkeit, von der er selbst nur ein äußerer Aspekt ist. Gott schafft sein eigenes Bildnis, während der Mensch gewissermaßen sein eigenes inneres Wesen ausgestaltet, zumindest symbolisch. Auf der prinzipiellen Ebene manifestiert sich das Innere im Äußeren, während auf der manifesten Ebene das Äußere das Innere ausgestaltet, und ein hinreichender Grund für alle traditionale Kunst gleich welcher Art ist die Tatsache, daß in gewissem Sinne das Werk größer ist als der Künstler selbst und diesen durch das Mysterium der künstlerischen Schöpfung in die Nähe seines eigenen göttlichen Wesenskerns zurückbringt.« Schuon, *De l'unité transcendante des religions*, S. 72–73.

15 Siehe Schuon, »Principles and Criteria of Art«, in seinem *Language of the Self*, S. 102–35, wo er einige Werke moderner Maler wie Van Gogh und Gauguin bespricht, in denen trotz ihres nichttraditionalen Charakters einige dieser Qualitäten aufscheinen.

16 Von den Philosophen des 20. Jahrhunderts, die sich besonders mit der Bedeutung der Formen befaßt haben, ist insbesondere zu nennen E. Cassirer. Siehe *Die Philosophie der Symbolischen Formen*, 3 Bde., Berlin 1923–29. Seine Einschätzung der »symbolischen Formen« ist allerdings nicht dieselbe wie diejenige der traditionalen Autoren.

In traditionalen Texten des westlichen wie des orthodoxen Christentums findet sich eine Fülle von Hinweisen auf die fundamentale Bedeutung der Form und ihre Wirkung auf die menschliche Seele. So schreibt z. B. der Heilige Photios von Konstantinopel: »So wie die Sprache über das Gehör vermittelt wird, so prägt sich eine Form durch den Gesichtssinn in die Schreibtafel der Seele ein.« Zitiert bei C. Cavarnos, *Orthodox Iconography*, Belmont, Mass. 1977, S. 30. Siehe auch den Aufsatz von L. Peter Kollar, *Form*, Sydney 1980.

17 Siehe Schuon, »Mißbrauch der Ideen des Konkreten und des Abstrakten«, in seinem *Logique et transcendence*, S. 19–32.
18 »Kunst ist Ikonographie, die Verfertigung von Bildern oder Kopien eines Modells (paradigma), das sichtbar (dargestellt) oder unsichtbar (vorgestellt) sein kann.«* Aus Platons Staat 373 B, übers. und zitiert von Coomaraswamy in *Figures of Speech, Figures of Thought*, S. 37.
19 Timaios 28A, B, Übers. O. Apelt.
20 Zitiert bei Coomaraswamy, *The Transformation of Nature in Art*, S. 113.
21 »Es gibt einen hochsignifikanten Zusammenhang zwischen dem Verlust einer Heiligen Kunst und dem Verlust der Anagogie, wie die Renaissance zeigt; der Naturalismus konnte den Symbolismus – Heilige Kunst – nicht umbringen, ohne daß auch der Humanismus die Anagogie und damit die Gnosis umbrachte. Dies ist deshalb so, weil diese beiden Elemente, anagogische Wissenschaft und symbolische Kunst, wesenhaft mit reiner Intellektualität verbunden sind.« Schuon, *Language of the Self*, S. 111.
22 Über den Zehnten Intellekt und seine Emanation von Formen, was sich nicht bei Aristoteles findet, aber für die mittelalterliche peripatetische Philosophie typisch sind, siehe Kap. 4, Anm. 3.
23 Der hl. Thomas betont, daß der Künstler die Natur nicht nachahmen darf, sondern selbst durch »die Nachahmung der Natur in ihrer eigenen Wirkungsweise« vervollkommnet werden soll. (*Summa Theologica*, Quest. 117, a. I).
24 Man sollte hier vielleicht noch einmal an die bereits gegebene »Definition« des Heiligen erinnern, nach der dieses in einer Beziehung zum Unwandelbaren und zu der Ewigen Wirklichkeit und ihrer Manifestation in der Welt des Werdens steht.
»Es [das Heilige] ist die Interferenz des Ungeschaffenen im Geschaffenen, des Ewigen in der Zeit, des Unendlichen im Raum, des Supraformalen in den Formen; es ist die geheimnisvolle Einführung in ein Dasein einer Gegenwart, die in Wirklichkeit dieses Dasein in sich schließt und transzendiert und dieses in einer Art göttlichen Explosion zum Auseinanderbersten bringen könnte.« Schuon, *Language of The Self*, S. 106.
25 Aus den bereits in früheren Kapiteln erörterten Gründen.
26 Seine Anschauungen bezüglich der Kunst hat Coomaraswamy seinem *Transformation of Nature in Art*, Kap. 2, S. 59–95 zusammengefaßt.
27 Siehe V. Lossky, *The Mystical of the Eastern Church*, London 1957; und L. Ouspensky und V. Lossky, *Der Sinn der Ikonen*, Bern 1952.
28 T. Burckhardt hat in seinem *The Art of Islam* erstmals in westlichen Kreisen die Bedeutung, d. h. nicht bloß die Geschichte der islamischen Kunst dargelegt und ihre Verknüpfung mit der islamischen Esoterik aufgezeigt, die »organisatorisch« mit den Künsten durch die Zünfte verbunden war, die in der Regel von den Sufi-Orden beeinflußt waren. Wir haben uns mit dieser Frage auch in unserem demnächst erscheinenden *The Meaning of Islamic Art*, New York 1982, befaßt.
29 G. Rowley, *Principles of Chinese Painting*, Princeton 1947, S. 5.

30 Im Gegensatz etwa zur humanistischen Kunst der Spätantike, der, wiewohl sie Regelmaß und Harmonie besitzt, das Element der Tiefe und des Mysteriums fehlt, worin sich erst das Unendliche spiegeln würde.
31 Siehe F. Schuon, »Foundations for an Integral Aesthetics«, in *Studies in Comparative Religion*, Sommer 1976, S. 130—35.
32 Schönheit besitzt diese Ambivalenz, weil sie wegen der Macht der māyā, die überall im kosmischen Bereich am Werk ist, Mittel des Anreizes wie der Verführung zugleich ist. Wenn es die veräußerlichenden und zentrifugalen Tendenzen der māyā in ihrem Aspekt der Verschleierung und Trennung nicht gegeben hätte, hätte sich die Tradition nur auf die Schönheit und nicht auch auf die Moralität, nur auf die Ästhetik und nicht auch auf die Ethik zu stützen brauchen. Die Ambiguität der māyā macht aber die asketische Phase notwendig, bevor sich die Seele von der Schönheit der Form zum Formlosen hinziehen lassen kann.
33 Interessanterweise heißen im Arabischen Schönheit wie Güte ḥusn und Häßlichkeit und Böses qubḥ.
34

خوبان جهان آینهٔ حسن تواند   یا رب تو شناسی که به بیگاه و به گاه
درآینه دیدم رخ حضرت شاه   خر در رخ خوب تو نگردیم نگاه

Dieses Gedicht von einem der führenden Sufis, der die Rolle der Schönheit für die spirituelle Realisierung betonte, faßt die sakramentale Funktion der Schönheit bündig zusammen. *Heart's Witness*, Übers. B. M. Weischer und P. L. Wilson, London 1978, S. 168—69.
35 »Die kosmische und mehr noch die irdische Funktion der Schönheit ist es, in der intelligenten und empfänglichen Kreatur die Wiedererinnerung an die Essenz zu wecken und damit den Weg zur leuchtenden Nacht der einen und unendlichen Essenz zu bahnen.« Schuon, »The Degrees of Art«, *Studies in Comparative Religion*, Herbst 1976, S. 194—207.
Über die platonische und neuplatonische Schönheitslehre siehe R. Lodge, *Plato's Theory of Art*, New York 1972; E. Moutsopoulos, *La Musique dans l'œvre de Platon*, Paris 1959; T. Moretti-Costanzi, *L'estetica di Platone. Sua attualità*, Rom 1948; J. G. Wary, *Greek Aesthetic Theory. A Study of Callistic and Aesthetic Concepts in the Works of Platon and Aristotle*, London 1962; M. F. Sciacca, *Platone*, 2 Bände, Mailand 1967 (mit einem umfassenden und mit Anmerkungen versehenen Literaturverzeichnis in Bd. 2, S. 351—427); H. Perls, *L'Art et la beauté vus par Platon*, Paris 1938; G. Faggin, *Plotino*, 2 Bände, Mailand 1962; G. A. Levi, »Il bello in Plotino«, *umanitas* 8 (1953); F. Wehrli, »Die antike Kunsttheorie und das Schöpferische«, *Museum Helveticum* 14 (1957): S. 39—49.

36

خلق را چون آب دان صاف و زلال   اندر او پیدا جمال ذوالجلال
شد مثل آب این جو چند بار   عکس ماه و عکس اختر برقرار

37 Nicholson, *Selected Poems from the Dīvāni shamsi Tabrīz*, ī 177. Die Übersetzung von Nicholson wurde etwas abgewandelt.

می بادۀ بزم وصالش در آرزوی جمالش   فتاده بنگر اند زان شراب که دانی

38 Siehe Kap. 6, Anm. 21, wo der Zusammenhang zwischen traditionaler Musik und Kosmologie kurz erörtert wurde.
39 Rūmī sagt:

مطرب آغازید نزد ترکمست   در حجاب نغمۀ اسرار الست

Der Musikant begann vor dem betrunkenen Türken zu spielen im Schleier der Melodie die Mysterien des Ewigen Bundes [asrār-i alast]. Siehe Nasr, »The Influence of Sufism on Traditional Persian Music«, in Needleman (Hrsg.), *The Sword of Gnosis*, S. 33.

40 Diese fundamentale Botschaft pythagoreischer Weisheit stößt wieder auf zunehmendes Interesse bei denjenigen, die um die Wiederentdeckung traditionalen Wissens bemüht sind, wie die Arbeiten von H. Kayser, E. McClain und anderer belegen, die in Kap. 3 genannt wurden.

41 Siehe Burckhardt, *Sacred Art East and West*, S. 9, wo diese Geschichte aus dem Munde eines Straßensängers wiedergegeben ist, den der Verfasser in Marokko hörte.

42 Musik, insbesondere solche spiritueller Art, die aus der Erfahrung der spirituellen Welt hervorgegangen ist und zu dieser Welt zurückführen möchte, kann zum Opium werden, das die spirituelle Praxis nicht ergänzt, sondern sich an ihren Platz setzt und authentischen spirituellen Hunger nur scheinbar stillt, wenn sie von ihrem traditionellen Zusammenhang abgeschnitten ist und unaufhörlich konsumiert wird. Deshalb sind im Islam die klassischen Musikschulen, die sämtlich von einer völlig innerlichen und spirituellen Natur sind, dem kontemplativen Leben vorbehalten und dem Sufismus verbunden. Siehe J. Nurbakhsh, *In the Tavern of Ruin*, New York 1978, Kap. 4, S. 32–62; S. H. Nasr, »Islam and Music«, in *Studies in Comparative Religion*, Winter 1976, S. 37–45; ders., »The Influence of Sufism on Persian Music«; und During, a. a. O.

43 Über die Symbolik des Tanzes Śivas siehe A. K. Coomaraswamy, *The Dance of Śiva: Fourteen Indian Essays*, London 1918.

44 Über den Zusammenhang zwischen Metaphysik, Dichtkunst und Logik siehe S. H. Nasr, »Metaphysics, Poetry and Logic in the Oriental Tradition«, Sophia Perennis 3/2 (Herbst 1977): S. 119–28.
45 Dies gilt vor allem für die beiden ersten Kapitel, die die gesamte Lehre des Sufismus enthalten und sich durch große stilistische Schönheit auszeichnen. Siehe Ibn al-ʿArabi, *Bezels of Wisdom*, Übers. R. W. J. Austin, S. 47–70.

IX
PRINZIPIELLE ERKENNTNIS UND DIE VIELFALT HEILIGER FORMEN

وَلِكُلِّ أُمَّةٍ رَسُولٌ

Wahrlich, jedem Volk wurde ein Prophet gesandt.
KORAN

تفكرت في الأديان جدّ تحقّق   فالفيتها أصلاً شعباً جمّا

*Ich habe über Religionen meditiert, mich sehr bemüht,
sie zu verstehen,
und ich habe erkannt, daß sie ein einziges Prinzip mit
zahlreichen Verzweigungen sind.*
ḤALLĀJ

*Sie verehren mich als den Einen und als Vieles, weil sie
sehen, daß alles in mir ist.*
BHAGAVAD GĪTA

Es ist eine der Paradoxien unseres Zeitalters, daß der bereits entheiligte Wissenstyp, der in unserer Zeit den geistigen Horizont des Menschen bestimmt hat, die Manifestation von Religion in unterschiedlichen Form- und Bedeutungswelten zur weiteren Zerstörung des Wenigen benutzt hat, was in der zeitgenössischen Welt noch an Heiligem vorhanden ist. Der moderne Mensch begegnet den anderen Welten heiliger Formen und Bedeutung in ihrer vollen Wirklichkeit just in dem Augenblick, dem heilige Erkenntnis und eine verinnerlichende Intelligenz, die in das innere Wesen fremder Formen einzudringen vermöchte, so unzugänglich geworden sind. Die Folge ist, daß die Vielfalt heiliger Formen, die gerade der unumstößlichste Beweis für die Wirklichkeit des Heiligen und die Universalität der Wahrheit ist, die jedes Form- und Bedeutungsuniversum in seiner eigenen Weise vermittelt, von denjenigen, die die Wirklichkeit des Heiligen an sich leugnen, zur Relativierung desjenigen benutzt wird, was von der christlichen Tradition übriggeblieben ist. Die Vielfalt heiliger Formen dient als Vorwand zur Ablehnung aller heiligen Formen wie auch der scientia sacra, die hinter und jenseits dieser Formen liegt. Hätte sich der Westen ernsthaft mit anderen Religionen auseinandergesetzt, solange in seiner Mitte noch eine wirkliche Tradition der Vernunft in dem hier zugrunde gelegten Sinne lebte, wäre es nicht zu jenem Spektakulum gekommen, das die »Vergleichende Religionswissenschaft« der modernen Welt bietet.[1] Eine Intelligenz, die von der Weltvernunft erleuchtet ist, und eine Erkenntnis, die bereits mit dem Duft des Heiligen gesegnet ist, sieht in der Vielfalt heiliger Formen nicht irgendwelche deren Relativierung begründende Widersprüche, sondern eine Bestätigung der Universalität der Wahrheit und der unendlichen Schöpferkraft des Wirklichen, das seine unerschöpflichen Möglichkeiten in sinnerfüllten Welten entfaltet, die zwar unterschiedlich sind, aber sämtlich die *eine* Wahrheit widerspiegeln. Deshalb gingen die Wiederbelebung der Tradition in der modernen Zeit und der Versuch, die Erkenntnis wieder zu heiligen, immer mit einer Beschäftigung mit der Vielfalt der Traditionen und ihrer inneren Einheit einher.[2]

Bemerkenswert ist, daß selbst beim Studium des Heiligen das Prinzip vernachlässigt wurde, daß Gleiches nur von Gleichem erkannt werden kann, und daß der säkularisierte Geist beim Studium des Phänomens und der Wirklichkeit der Religion und Religionen alle möglichen Wege gegangen ist, wenn er nur nicht die Natur des Heiligen als Heiligem ernstzunehmen brauchte. Dies ist der Grund, warum die traditionale Perspektive trotz des hellen Lichtes, das sie auf das Studium der Religionen zu werfen vermag, so sehr vernachlässigt wird. Kaum jemand in westlichen Theologenkreisen hat die Schlüssel genutzt, die nur die Tradition bereithält, um ohne Zerstörung der Absolutheit der Religion die Tür zum Verständnis anderer Welten heiliger Form und Bedeutung aufzuschließen, denn nur die traditionale Metaphysik allein kann jede Religion als »eine« Religion und »die« Religion wahrnehmen, die »absolut« in ihrem eigenen Universum ist, und gleichzeitig bekräftigen, daß letztlich nur das Absolute absolut ist. Die gewollte oder ungewollte Vernachlässigung traditionaler Lehren im Religionsstudium in den offiziellen akademischen und selbst in theologischen und religiösen Kreisen des Westens ist eines der erstaunlichsten Phänomene in einer Welt, die Objektivität für ihr wissenschaftliches Vorgehen und ihr Studium jeglichen Gegenstandes beansprucht, aber in der Regel bloß die Reduktion aller Realität auf das dem säkularisierten Verstand begrifflich erfaßbare für Objektivität hält.[3]

Wenn man über die Struktur der Wirklichkeit nachdenkt, die sich aus den drei großen Theophanien des Urprinzips zusammensetzt, nämlich dem Kosmos, dem Menschen und der Offenbarung im Sinne der Religion und auch Tradition, wird deutlich, daß, da Manifestation Veräußerlichung impliziert, das Vordringen zur Bedeutung äußerer Formen in allen drei Fällen grundsätzlich eine esoterische Funktion ist. Das Fortschreiten von der Form zur Essenz, vom Äußeren zum Inneren, vom Symbol zur symbolisierten Wirklichkeit ist, ob es nun den Kosmos, den Menschen oder die Offenbarung betrifft, eine esoterische Tätigkeit auf der Grundlage esoterischer Erkenntnis. Um also andere Religionen in der Tiefe studieren zu können, ist ein Vordringen in die Tiefen des eigenen Seins und ein verinnerlichender und tiefschürfender Verstand notwendig, der schon vom Heiligen durchdrungen ist. Ein rechtverstandener Ökumenismus muß eine esoterische Aktivität sein, wenn er nicht das Instrument einfacher Relativierung und weiterer Säkularisierung werden soll.[4]

In traditionalen Welten freilich brauchte sich die esoterische Erkenntnis nicht oder nur in sehr seltenen Ausnahmefällen mit anderen Bedeutungsuniversen und fremden heiligen Formen auseinanderzusetzen. Solche verinnerlichende Erkenntnis richtete sich auf die jeweilige religiöse Welt, in der sie tätig war, auf die Seele der Menschenwesen und die großartigen Phänomene der Natur. Traditionale Weise würden von der Essenz oder Bedeutung hinter der Form eines bestimmten Verses ihrer heiligen Schrift oder ihrer Liturgie sprechen. In ähnlicher Weise würden sie die symbolische Bedeutung des Pflanzenwachstums in Richtung des Sonnenlichtes oder gewisse Bilder und Zustände der menschlichen Seele erklären. Ein buddhistischer Weiser würde kaum einen Weisheitskommentar zu den Versen des Koran verfassen, und ein Hindu würde sich nicht mit der spezifischen inneren Bedeutung eines bestimmten christlichen Ritus befassen, wiewohl sie grundsätzlich die Universalität der Wahrheit in anderen religiösen Welten akzeptierten. Die Ausnahmefälle ereigneten sich dann, als auf dem indischen Subkontinent Islam und Hinduismus aufeinandertrafen,[5] aber diese Fälle blieben marginal, wobei sie doch nicht in einer unfruchtbaren Wüste ausgetragen wurden, in der es kein homogenes spirituelles Universum von Form und Bedeutung mehr gegeben hätte. Die volle und weltweite Anwendung der *scientia sacra* auf das Studium der Religionen mußte der modernen Zeit sowohl als himmlische Kompensation für die Säkularisierung des menschlichen Lebens als auch als psychisches Ereignis von größter Bedeutung vorbehalten bleiben, das die Aufschlüsselung und Erläuterung der inneren Bedeutung nicht einer einzigen, sondern aller lebendigen Traditionen der Menschheit im Lichte der Tradition selbst beinhaltet, bevor der gegenwärtige Menschheitszyklus endet.

Zwar wurde nun diese traditionale Darlegung der verschiedenen Religionen, ihrer Lehren, Riten und Symbole und ihr Bezug zur göttlichen Wahrheit, die sie doch alle innerlich enthalten und abspiegeln, in der modernen Welt weitgehend übergangen, doch war die Auseinandersetzung mit dem Vorhandensein anderer Religionen trotzdem unausbleiblich. Ein empfänglicher und verständiger Mensch unserer Zeit, der von jenem komplizierten Gefüge von Faktoren und Kräften angerührt ist, das wir Modernismus nennen, muß sich von der Vielfalt heiliger Formen angesprochen fühlen. Je mehr sich der Modernismus ausweitet, und je mehr die Säkularisierung des Lebens zunimmt, um so mehr wächst dieses Bewußtsein und diese Aufmerksamkeit und ändert sogar seine Natur und Art.[6] Ein Muslim in einem traditionalen Dorf in Nordsyrien oder in Isfahan ist sich der Existenz des Christentums in einer Weise bewußt, die sich von Natur aus von dem Interesse eines amerikanischen oder europäischen Studenten z. B. am Buddhismus unterscheidet. Dies ist der Grund für die fortwährende Beschäftigung einer großen Zahl von Gelehrten und Theologen im Westen wie in den modernisierten Teilen der übrigen

Welt mit dem Studium anderer Religionen, das man als Religionsgeschichte, als Vergleichende Religionswissenschaft und mit anderen Termini[7] nennt, und daher die unaufhörliche Diskussion um das oder die angemessenen Verfahren für das Studium dieses so wichtigen Gegenstandes.[8]

Aus diesem dringenden Bedürfnis, die Bedeutung der Vielfalt heiliger Formen zu erklären, ist eine Reihe von Vorgehensweisen entstanden, denen meist nichts anderes gelungen ist als eine Entwertung und Trivialisierung auch der erhabensten Themen, denen sie sich zuwenden, und die die Bedeutung heiliger Formen erst dann erklären können, wenn sie deren heilige Natur extrahiert haben. Auf keinem Gebiet ist in der Tat das Unvermögen eines säkularisierten Denkens, das etwas erfassen möchte, was in Wirklichkeit sein Erfassungsvermögen übersteigt, evidenter als bei den Religionswissenschaften, ein Unvermögen, das bereits schwerwiegende Folgen für manche Schulen christlichen Denkens und höchst irritierende Konsequenzen für das religiöse Leben derjenigen gezeitigt hat, die davon beeinflußt wurden.

Das Studium »anderer« Religionen als wissenschaftliche Disziplin – dies im Gegensatz zu dem bereits erwähnten Interesse an orientalischen Lehren als Erkenntnisquellen – nahm auf dem Hintergrund eines »Szientismus« seinen Ausgang, der die frühe Religionswissenschaft prägt. Religion wurde als Merkmal verschiedener menschlicher Kulturen erforscht, das man zu dokumentieren und beschreiben trachtete, wie man die Fauna eines exotischen Landes studiert und katalogisiert. Die Frage des Glaubens spielte kaum eine Rolle; historische »Tatsachen«, Mythen, Riten und Symbole waren viel interessanter, weil sich solche Aspekte der Religion leichter zum Gegenstand wissenschaftlichen Studiums machen ließen als die für nebulös gehaltene Frage des Glaubens. Dies gleicht dem Versuch, die rein mathematischen und physikalischen Aspekte der Musik zu betrachten und die Befunde als das wissenschaftliche, das heißt einzig korrekte und legitime Studium der Musik präsentieren zu wollen, weil der qualitative, das heißt musikalische Aspekt im eigentlichen Sinne sich einer wissenschaftlichen Untersuchung entzieht. Diese Vorgehensweise häufte eine Fülle von Informationen über Religionen auf, erhellte aber kaum den Sinn desjenigen, was man erforschte. Freilich kann eine Weltsicht ohne Sinngehalt natürlich selbst bei demjenigen keinen Sinn zutage fördern, was an sich in höchstem Maße sinnerfüllt ist. Daher erkannte eine westliche Welt, die nach dem Sinn der Religion dürstete, bald die Mängel dieses Ansatzes und suchte nach neuen Wegen und Methoden, um den Sinngehalt der Religionen zu erschließen. In Teilen hat diese Art von Religionsbetrachtung freilich bis heute überlebt und auch negative Auswirkungen auf das Studium nicht-westlicher Religionen hinterlassen, die nicht so leicht zu beseitigen sind. Dieser Ansatz hat viele Fakten über Religion zutage gefördert, aber diese Fakten in einer völlig säkularisierten Weise interpretiert, mit der Folge, daß er den Prozeß der Entheiligung der Erkenntnis selbst nicht unwesentlich gefördert hat.

Parallel und nicht selten in Verbindung mit dieser »wissenschaftlichen« Religionsbetrachtung entwickelte sich eine rein historische Betrachtung der Religion auf der Basis des Historizismus des 19. Jahrhunderts, der in aller Regel dem Evolutionismus verpflichtet war. Nach dieser Theorie ist alles, was in späteren Religionen erscheint, historische Anleihe, weil es eine Realität wie die Offenbarung im traditionalen Sinne nicht gibt. Aus dieser kurzsichtigen Perspektive, in der es keinen logischen Zusammenhang zwischen Ursache und Wirkung gibt, kommt niemand auf den Gedanken zu fragen, wie ein Mensch, wie gewieft er auch gewesen sein mochte, irgendwo im fernen Arabien mit einem Konkokt von Elementen des Judentums und des Christentums eine Bewegung hat auslösen können, die sich in weniger als 100 Jahren bis zu den Pyrenäen und an die Grenzen Chinas ausdehnte und die noch heute dem Leben von fast 1 Milliarde Menschen Sinn gibt. Man fragt sich auch nicht, wie die Erlebnisse eines indischen Prinzen unter einem Baum in Nordindien das ganze Leben und die ganze Kultur des westlichen Asiens für die nächsten 25 Jahrhunderte prägen konnten. Diesen völligen Mangel von Logik seitens derjenigen, die für sich beanspruchen, völlig rationale Untersuchungsmethoden anzuwenden, hätte man immerhin im Falle der Agnostiker und Atheisten noch verstehen können, die die klare Evidenz dafür, daß am Ursprung einer jeglichen Tradition eine Offenbarung stand, nicht anders als unter Zuhilfenahme des Evolutionismus wegerklären konnten. Sie hofften dadurch, das religiöse Universum aus rein historischen Ursachen erklären zu können, ohne das Transzendente heranziehen zu müssen, wie denn der Evolutionismus auch in der Biologie »wissenschaftlich« wurde, weil sich nur so die offensichtliche Evidenz der Manifestation einer nicht-materiellen Wirklichkeit oder eines nicht-materiellen Prinzips in der Welt der Natur umgehen läßt.[9]

Schwieriger zu begreifen ist die Einnahme eines solchen Standpunkts durch nicht wenige christliche Missionare oder Gelehrte, die über die Evolution der Religion aus primitiven Anfängen bis zu ihrer vollen Entwicklung im Christentum schrieben und dann das ganze Gewicht des historischen Verfahrens einsetzten, um dem Islam die Authentizität als eine Botschaft des Himmels zu bestreiten.[10] Diese Perspektive ist der Grund dafür, daß der Islam auf dem Gebiet der Religionsgeschichte oder Vergleichenden Religionswissenschaft im Vergleich mit den anderen großen Religionen relativ schlecht abgeschnitten hat; sie ist auch der Grund dafür, daß die Gelehrten auf diesem Gebiet kaum Beiträge von Gewicht zur Disziplin der islamischen Studien geleistet haben.[11] Diese Gelehrten aber, die die Authentizität der ḥadīth auf der Grundlage fehlender historischer Evidenz[12] bestreiten oder die den Koran für eine bloße Ansammlung von jüdisch-christlichen Lehren halten, die mangels authentischer Quellen verzerrt sind, sind sich nicht im klaren darüber, daß man diese Argumente auch gegen das Christentum anwenden kann. Genau dies haben diejenigen getan, die versuchten, das Christentum oder einige seiner Kernaussagen mangels archäologischer Evidenz zu verwerfen, wie wenn der Geist eines anderen Existenzbeweises bedürfte als seiner eigenen Natur, die die Intelligenz aus ihrem eigenen Wesen erfassen kann, wenn sie nicht verstümmelt oder durch äußere Faktoren getrübt ist.

Die Exzesse des Historizismus insbesondere auf dem Gebiet des Studiums der Religionen haben das, was vom religiösen Standpunkt aus selbst innere Signifikanz besitzt, so sehr auf einen insignifikanten historischen Einfluß reduziert, daß im Umkreis des modernen Denkens selbst eine Reaktion in Form der Phänomenologie einsetzte. Diese Schule umspannt ein recht breites Spektrum, das am einen Ende sogar die traditionale Perspektive berührt¹³, aber in vielen ihrer Modalitäten in einen Fehler verfällt, der das Gegenteil des Historizismus ist, nämlich den Fehler der Mißachtung der Einmaligkeit einer jeden Manifestation des Logos, einer jeden historischen und metahistorischen Offenbarung, die aus einer solchen Öffnung des Himmels hervorgeht, zugleich mit der Tradition. Mit ihrer einseitigen Betonung des Wertes und der Bedeutung eines jeden religiösen Phänomens an sich unter Außerachtlassung seines geschichtlichen Ursprungs wurden manche Phänomenologen mehr oder weniger zu Sammlern religiöser Ideen und Symbole, wie wenn man diese in ein Museum stellen könnte, statt diese Phänomene im Licht der lebendigen Tradition zu interpretieren, der sie angehören. Darüber hinaus ist dieser Ansatz bei einer »abstrakten« Tradition wie dem Islam viel weniger fruchtbar als bei den mythologischen Traditionen. Zudem gelang es damit nicht, zwischen bedeutenden Manifestationen des Logos und weniger vollgültigen zu unterscheiden, zwischen lebendigen und entwicklungskräftigen Religionen und solchen, die im Untergang begriffen sind.¹⁴ Schließlich fehlt den meisten Religionsphänomenologen die metaphysische Basis, auf der sie die Phänomene als die Phänomene einer numinosen Wirklichkeit interpretieren könnten. Weil Phänomen nichts anderes bedeutet als Erscheinung, impliziert der Begriff sogar etymologisch eine Wirklichkeit, deren Erscheinung er ist.¹⁵ Der nachkantianische Skeptizismus der europäischen Philosophie freilich behauptete, daß die Erkenntnis des Numinosen unmöglich sei und nicht einmal als eine dem menschlichen Geist offenstehende Möglichkeit gedacht werden könnte.

Es hat Forscher gegeben, die sich Phänomenologen nannten und ihr Verfahren als den Weg zur Entschleierung der äußeren Bedeutung und zur Gewinnung der numinosen oder inneren Essenz der Formen und Phänomene bezeichneten und die sogar die phänomenologische Methode schlechthin als die »Entschleierung des Verborgenen« (oder das *kashf al-maḥjūb* der Sufis) bezeichnet haben.¹⁶ Sie waren aber eher die Ausnahme als die Regel. Im großen und ganzen hat die Phänomenologie bei der Beschreibung religiöser Riten, Symbole, Bilder und Vorstellungen den Fehler des Historizismus vermieden, ist aber dabei in einen anderen Fehler verfallen, indem sie diese Elemente aus dem speziellen Universum herauslöste, in dem sie nur sinnvoll sind. Insgesamt gesehen ist die phänomenologische Schule der vergleichenden Religionswissenschaft, insbesondere in der in Deutschland und den skandinavischen Ländern gepflegten Art der entgegengesetzte, aber komplementäre Pol des Historizismus und gehört derselben Welt entheiligter Erkenntnis an, die beides hervorbrachte.[17] Wie man die Geschichte in legitimer Weise nutzen kann, ohne in den Irrtum des Historizismus zu verfallen, und wie man einen historischen Standpunkt haben kann, der nicht historisch im beschränkten Sinne des Wortes ist, so kann man von Phänomenologie sprechen und ein Verfahren anwenden, das phänomenologisch ist, ohne in jene sterile Atmosphäre des Fossiliensammelns zu geraten, die so viele angeblich phänomenologische Werke über die Religion umgibt, Werke, die in sich keinen Hauch eines Gespürs für das Heilige mehr tragen.

Ein wiederum anderer Ansatz der Religionsbetrachtung ist derjenige, der in allen Religionen dieselbe Wahrheit erblickt, die nicht transzendenten Ranges ist, wie es die traditionale Anschauung behaupten würde, sondern von einer äußerlichen und sentimentalen Art, wodurch die Religionen zwangsläufig auf ihren kleinsten gemeinsamen Nenner reduziert werden. Dieser Ansatz, der insbesondere von gewissen Bewegungen ausgeht, die aus einem modernisierten Hinduismus hervorgegangen sind, ist typisch für viele der modernen synkretistischen und eklektischen religiösen Bewegungen sowie auch die Kongresse und Verbände, die meist mit der im Grunde begrüßenswerten Intention gegründet wurden, Verständnis zwischen den Religionen zu schaffen, denen aber die notwendige geistige Perspektive fehlt, die ein solches Verständnis erst ermöglichen würde. Charakteristisch für Ansätze dieser Art ist eine Art Sentimentalismus, der kritisch unterscheidendes Denken und das Festhalten an überlieferten Lehren als dogmatisch und »antispirituell« ablehnt, sowie ein vermeintlicher Universalismus, der die Besonderheit einer jeden Tradition auf der Ebene jener Besonderheit ablehnt und damit das Heilige auf der materiellen Ebene im Namen eines vagen und emotionalen Universalismus auslöscht, der bloß eine Parodie des Universalismus ist, um den es der Tradition geht. In seiner positivsten Form führt dieser Ansatz zu einer Art Spiritualität auf der

Grundlage der *bhakti* oder Liebe, die die Vielfalt der heiligen Formen mit Innigkeit aufnimmt, ohne die in diesen Formen liegenden Unterschiede wahrzunehmen. Im schlimmsten Fall ist es eine laue Sentimentalität ohne Richtung und Substanz. In jedem Fall aber ist dieser Ansatz ungeeignet, um in die Bedeutung heiliger Formen einzudringen, weil er nicht einmal die Signifikanz dieser Formen auf ihrer eigenen Ebene akzeptiert. In einer von Spiritualität durchdrungenen Welt wie dem traditionalen Indien konnte eine solche Perspektive als Möglichkeit existieren, die aber immer durch die Perspektive der kritischen Unterscheidung ergänzt und immer durch den formenden Rahmen der Tradition selbst geschützt war.[18] In der modernen Welt hat sie indirekt den Prozeß der Entheiligung des Wissens und die Zerstörung des Heiligen selbst gefördert, indem sie die Bedeutung sowohl der Erkenntnis wie der Formen herabmindert, auch wenn sie ihnen den heiligen Charakter beläßt.

Unnötig zu sagen, daß sich ein solcher Ansatz hauptsächlich auf die mystische Dimension der betrachteten Religionen bezieht, doch beschränkt sich seine Kenntnisnahme der Mystik im besten Falle auf die Liebesmystik. Vielfach aber widmet man sich bloß einem Mystizismus, der mehr oder weniger gleichbedeutend ist mit Unverständlichkeit, Verworrenheit, Inkohärenz und Vieldeutigkeit und der den Gegenpol zu jener Weisheitsperspektive bildet, die allein man Mystik nennen kann, wenn das Wort seinen positiven Sinn als dasjenige behalten soll, das sich mit den göttlichen Mysterien befaßt. Gegen dieses übersentimentale Studium der Religionen auf der Basis einer sogenannten universalen Spiritualität, die zwar irgendwie mit Mystik zu tun hat, aber keinen geistigen Gehalt besitzt, setzte schließlich bei vielen Religionsgelehrten eine Gegenbewegung ein, die mehr auf die Unterschiede als die Ähnlichkeiten zwischen Religionen und verschiedenen heiligen Formen hinwiesen und in kritischer Distanz zu jeglichem Anspruch blieben, daß der formalen Verschiedenheit eine Einheit zugrunde liege. Freilich waren auch diese Gelehrten meist unfähig, einen Unterschied zu machen zwischen einer Einheit, die die Formen transzendiert, und einer vorgeblichen Einheit, die keine Rücksicht auf Formen nimmt oder vielmehr versucht, sie zu einem Gemisch zu dissoziieren, dessen Niederschlag nur jene Konglomerate religiöser Ideen sein können, als die die sogenannten religiösen Synthesen der modernen Welt anzusprechen sind. Metaphysisch gesprochen liegt die Einheit am Gegenpol der Einförmigkeit[19], und die Reduktion von Religionen auf einen kleinsten gemeinsamen Nenner im Namen der religiösen Einheit der Menschheit ist bloß eine Persiflage der »transzendenten Einheit der Religionen« in der traditionalen Sichtweise.

In jüngster Zeit haben sich eine Reihe von Gelehrten mit der Mystik selbst befaßt und gezeigt, daß sogar die Mystik auf das je Spezifische einer Religion und ihre ureigensten Formen und nicht auf universale Ideen gerichtet ist, wie es die Verkünder jener Art von Universalität der Religion behaupten, die sich auf den oben erwähnten Mystizismus stützt.[20] Sie sagen, daß zum Beispiel im Judaismus die Kabbalisten den feinsten Bedeutungsnuancen des hebräischen Thora-Textes nachspüren, wie sich die Sufis ihrerseits mit dem arabischen Koran-Text befassen, d. h. es geht ihnen nicht um »abstrakte«, universale Ideen. Diese Autoren betonen die Bedeutung der heiligen Sprache und Schrift als dem Quell der mystischen Lehren und Aussagen. Sie unterstreichen die wichtige Rolle, die die Buchstaben, Worte, Phonetik, Syntax und andere Aspekte der Sprache heiliger Texte für die Mystik der jeweiligen Tradition spielen. In gewissem Sinne bekräftigen diese Kritiker wieder die Bedeutung der heiligen Form; insofern ist ihre Kritik berechtigt und stellt die notwendige Korrektur jener Ideen und Lehren dar, die die Mystik als das Formlose präsentieren, ohne die wesentliche Bedeutung der heiligen Form als dem unabdingbaren Mittel für die Verbindung mit dem Formlosen zu berücksichtigen. Was bei den meisten dieser Kritiker freilich fehlt, ist das Bewußtsein dafür, daß heilige Form nicht nur Form als Spezifikum und Beschränkung ist, sondern auch den Weg zum Unendlichen und Formlosen weist. Gewiß gehen die Kabbalisten vom Text der hebräischen Bibel und nicht von den Sanskrit-Upanishads aus; wenn sie aber vom En-Sof sprechen, befassen sie sich mit jener Wirklichkeit, die man als dieselbe Wirklichkeit erkennen kann, um die es der advaitistischen Schule der Vedanta geht. Die Opposition dieser Gelehrten zum Sentimentalismus der Synkretisten ist daher, wiewohl zum Teil richtig, ein Pendelschlag ins andere Extrem und ein weiterer Markpunkt in der Kette von

Aktionen und Gegenreaktionen, die für das geistige Leben und das gelehrte Denken in der modernen Welt so typisch sind.

Der »sentimentalistische Ansatz« bezüglich der Einheit der Religionen hat in vielen der ökumenischen Bewegungen innerhalb des Christentums, die in den letzten Jahrzehnten aufgetreten sind, eine neue Ausdrucksform gefunden. Dies gilt nicht nur für den Ökumenismus innerhalb des Christentums unter den verschiedenen Kirchen und Dimensionen, sondern auch im Hinblick auf die Beziehung des Christentums zu anderen Religionen.[21] Wiewohl meist die positive Absicht besteht, ein besseres Verständnis für andere Religionen zu schaffen, stellen viele Verfechter des Ökumenismus das gegenseitige Verstehenwollen so sehr über die Gesamtintegrität einer Tradition, daß es heute christliche Theologen gibt, die von Christen verlangen, den Glauben an die Fleischwerdung Christi aufzugeben, damit sie die Muslims verstehen und den Muslims das Verständnis ihrer Religion ermöglichen können.[22] Man muß sich dann freilich fragen, warum sie überhaupt Christen bleiben und nicht gleich zum Islam wechseln sollten. Viele Ökumenisten erwarten, daß Menschen unterschiedlichen Glaubens schon dadurch transformiert werden, daß sie einen religiösen Dialog führen, und daß die Religionen selbst durch die Kontinuität eines solchen Prozesses transformiert werden.[23] Man unterzieht sich freilich meist nicht der Mühe zu fragen, wozu sie transformiert werden, weil man die Haltung einnimmt, daß ein besseres Verständnis selbst schon das letzte Ziel ist, und nicht vielmehr ein Verständnis für eine andere Welt heiliger Formen und heiligen Sinngehalts aus der Wahrung der eigenen Tradition heraus.

Eine solche Perspektive ersetzt letztlich die göttliche Autorität durch menschliches Verstehenwollen und muß notwendigerweise in einen Humanismus geraten, der nur das verwässert, was von der Religion noch übriggeblieben ist. Sie ist, trotz der Achtung, den sie anderen Religionen entgegenbringt und trotz der Tatsache, daß sie von gläubigen Männern und Frauen getragen wird, im Grunde nur eine weitere Form des Säkularismus und Modernismus.[24] Aus diesem Grund ist meist das Interesse an demjenigen, was man heute Ökumenismus nennt, in der Regel umso geringer, je stärker die religiöse Bindung einer Gruppe von Menschen oder eines Einzelnen ist. Statt die Gesamtheit der bewohnten Welt und damit die ganze Menschheit zu umfassen, auf die der Ökumenismus sich schon seinen Namen nach (eukoumenē) richten sollte, ist der moderne Ökumenismus weitgehend zu einem Schmelztiegel geworden, in dem alle Formen zu einer amorphen Masse verschmolzen und alle Unterschiede aus verschiedenen Wirklichkeiten ausgemerzt werden sollen. Man findet in dieser gegenwärtigen Strömung des Ökumenismus dieselbe mangelnde Unterscheidung zwischen dem Supraformalen und dem Informalen, die vom Verlust einer integralen Metaphysik im modernen Westen hervorgerufen ist.

Die Schaffung einer engeren Beziehung zwischen den Religionen, die der Ökumenismus anstrebt, hatte auch ihr offenes oder getarntes politisches Gegenstück. Es hat zahlreiche Versuche gegeben, mit politischen Hintergedanken einen Dialog zwischen zwei oder mehreren Religionen in Gang zu bringen.[25] Dies gilt insbesondere für das Christentum und den Islam[26] und in jüngerer Zeit auch für den Judaismus und den Islam.[27] Ähnliches findet man auch in Indien im Hinblick auf Hindus und Muslims und in anderen Regionen der Welt. Bei aller Aufrichtigkeit dieser Versuche, mehr Verständnis zwischen den Völkern zu schaffen, und wie wichtig es auch sein mag, die Bedeutung des religiösen Elements als Hintergrund politischer und sozialer Realitäten zu erkennen, hat doch der Versuch, die Religion als Mittel zu politischen Zwecken einzuspannen, dazu geführt, daß diese Art interreligiöser Studien entweder in diplomatischen und nichtssagenden Platitüden oder falschen und übertriebenen Vereinfachungen geendet hat, die über die Unterschiede zwischen verschiedenen heiligen Formen einfach hinweggingen. Kein noch so hehres brüderliches Gefühl kann erklären, warum die Christen eine Ikonographie haben und die Muslims nicht, und warum die einen die Perspektive der anderen nicht durch Tolerierung[28], sondern durch Verständnis respektieren sollten.

Wenn man sich weigert, sich auf einen dieser Wege des Verständnisses anderer Religionen zu begeben, ist religiöser Streit, Exklusivismus, Partikularismus und schließlich Fanatismus die Folge, woran die moderne Welt gewiß keinen Mangel hat, denn diese Erscheinungen sind nicht bloß Charakterzüge des prämodernen Menschen, wie optimistische Verfechter des Fortschritts vor noch einhundert oder zweihundert Jahren behauptet hätten. Bemerkenswert ist, daß in der Regel diejenigen, die eine ausschließliche religiöse Weltsicht vertreten und andere Religionen ablehnen, selbst religiös gestimmt sind. Die Ablehnung anderer Religionen resultiert genau daraus, daß die gläubig sind und Religion ihnen etwas bedeutet. Diejenigen, die solchen Leuten Vorurteile und Fanatismus vorwerfen und von sich behaupten, nicht so zu sein, weil sie die Religion selbst nicht mehr ernst nehmen, sind freilich nicht besser als die erstere Gruppe. Nichts ist einfacher, als bezüglich einer Sache vorurteilsfrei zu sein, die einen nicht interessiert. Das Problem entsteht ja erst dann, wenn man einer bestimmten Religion zutiefst verbunden ist, an die man glaubt und in der man einen Sinn finden kann. Die Kritik, die man den religiösen Exklusivisten vorhalten kann, zielt nicht darauf, daß sie fest an ihre Religion glauben. Sie besitzen einen Glauben, aber es fehlt ihnen die prinzipielle Erkenntnis, jene Art von Erkenntnis, die sich in fremde Formuniversen vertiefen und deren innere Bedeutung zum Vorschein bringen kann.[29] Es gibt natürlich diejenigen, die, entmutigt von den ihnen unüberwindlich erscheinenden Hindernissen für das verstandesmäßige Begreifen, im interreligiösen Dialog den Nachdruck auf den Pol des Glaubens zu legen versuchen[30], doch kann auf das Element der Erkenntnis wegen der grundsätzlichen Beziehung zwischen Erkenntnis und Glauben selbst[31] sowie wegen der Rolle, die die Erkenntnis für die geistige Durchdringung einer fremden religiösen Welt spielen muß, nicht verzichtet werden.

Dieser kurze Blick auf die Landschaft der religiösen Studien heute, soweit sie sich mit der Vielfalt und Unterschiedlichkeit religiöser Universen befassen, macht die Mängel der einzelnen vorherrschenden Verfahren aus der Perspektive der Tradition und der dieser zugrunde liegenden weisheitlichen Sicht deutlich, wiewohl jeder Ansatz sicher auch einen positiven Aspekt oder Zug besitzt. Man steht heute vor der Wahl zwischen einem Exklusivismus, der der göttlichen Gerechtigkeit und Gnade jeglichen Sinn nimmt, und einem sogenannten Universalismus, der kostbare Elemente einer Religion zerstören würde, die nach Überzeugung der Gläubigen vom Himmel stammen und auch himmlischen Ursprungs *sind*. Es besteht die Wahl zwischen einem Absolutismus, der alle Manifestationen des Absoluten außer der eigenen verwirft, und einem Relativismus, der die Bedeutung des Absoluten überhaupt zerstört. Man ist vor die Entscheidung gestellt, entweder alle religiösen Realitäten auf historische Einflüsse zu reduzieren, ode sie als Realitäten zu betrachten, die für sich genommen ohne Bezug auf die historische Entfaltung einer bestimmten Manifestation des Logos zu studieren sind. Man muß entweder dem anderen aus Höflichkeit oder um des lieben Friedens willen oder bestenfalls noch aus Nächstenliebe seine Meinung lassen, oder den anderen als Gegner befehden und bekämpfen, den man in die Schranken weisen oder auch vernichten muß, weil seine Anschauungen dem Irrtum und nicht der Wahrheit verpflichtet sind. Man steht vor der Alternative, sich überhaupt nicht mit anderen Religionen zu befassen und fromme Religiosität innerhalb seiner eigenen Tradition zu pflegen (wiewohl dieser Weg für denjenigen keine echte Alternative ist, der von der Wahrheit, Gnade und Schönheit anderer Religionen berührt ist), oder aber andere Religionen zu studieren und dies mit dem Verlust des eigenen Glaubens oder bestenfalls einer Verwässerung und Erschütterung der eigenen religiösen Überzeugungen zu bezahlen.

Der moderne Mensch sieht sich in einer Zeit vor diese Alternativen gestellt, in der das Vorhandensein anderer Religionen für ihn in einer Weise zu einem existentiellen Problem wird, wie es seine Vorfahren noch nicht kannten. Wenn es überhaupt eine wirklich neue und signifikante Dimension im religiösen und spirituellen Leben des heutigen Menschen gibt, dann ist es dieses Vorhandensein anderer Welten heiliger Form und Bedeutung nicht als archäologische oder historische Fakten und Phänomene, sondern als religiöse Wirklichkeit. Es ist dieser Zwang, in einem bestimmten Sonnensystem leben und sich dessen Gesetzen unterwerfen zu müssen und doch zu wissen, daß es andere Sonnensysteme gibt, und sogar durch Teilhabe etwas von deren Rhythmen und Harmonien zu erfahren und dabei die großartige Schönheit jedes einzelnen dieser Systeme als einem Planetensystem zu erkennen, das für dessen Bewohner das Planetensystem schlechthin ist. Man wird von der Sonne des eigenen Planetensystems bestrahlt und muß doch durch die bemerkenswerte Kraft der Intelligenz, durch

Antizipation und ohne »dort zu sein« erkennen, daß jedes Sonnensystem seine eigene Sonne hat, die wiederum *eine* Sonne und *die* Sonne schlechthin zugleich ist, denn wie kann die Sonne, die jeden Morgen aufgeht und unsere Welt in ihre Strahlen taucht, etwas anderes als *die* Sonne selbst sein?

Im Lichte dieser entscheidenden Bedeutsamkeit des Studiums der Religionen innerhalb verschiedener Universen heiliger Formen wird nun dem zeitgenössischen Menschen, der sich vor ein so tiefreichendes »existentielles« Problem gestellt sieht, die Bedeutung der traditionalen Perspektive und der prinzipiellen Erkenntnis deutlich, die deren Kern bildet. Der Schlüssel, den die Tradition für das Verständnis des Vorhandenseins verschiedener Religionen ohne Relativierung der Religion als solcher bereit hält, ist das Ergebnis einer der »zeitigsten« Anwendungen jener Weisheit oder prinzipiellen Erkenntnis, die selbst zeitlos ist. Nur eine so geartete Erkenntnis kann eine solche Aufgabe leisten, weil sie zugleich Erkenntnis heiligen Charakters und letztlich heilige Erkenntnis selbst ist.

Die Tradition betrachtet Religionen aus dem Standpunkt der *scientia sacra*, die zwischen dem Urprinzip und der Manifestation, der Essenz und der Form, der Substanz und dem Akzidens, dem Inneren und dem Äußeren unterscheidet. Sie setzt die Absolutheit auf die Ebene des Absoluten und bekräftigt kategorisch, daß nur das Absolute absolut ist. Sie läßt sich nicht zu jenem Kardinalfehler zwingen, dem Relativen Absolutheit zuzuschreiben, zu jenem Fehler, der für Hinduismus und Buddhismus der Ursprung und die Wurzel aller Unwissenheit ist. Daher liegt jede Determinierung des Absoluten schon im Reich des Relativen. Die Einheit der Religionen findet man zu allererst in diesem Absoluten, das Wahrheit und Wirklichkeit zugleich und der Ursprung aller Offenbarungen und aller Wahrheiten ist. Wenn die Sufis ausrufen, daß die Lehre von der Einheit einzigartig ist (*al-tawḥīd wāḥid*), bekräftigen sie dieses fundamentale, aber häufig vergessene Prinzip. Nur auf der Ebene des Absoluten sind die Lehren der Religionen gleich. Unterhalb dieser Ebene gibt es weitestreichende Entsprechungen, aber keine Identität. Die verschiedenen Religionen sind wie die vielen Sprachen, die von jener einzigartigen Wahrheit sprechen, die sich in verschiedenen Welten nach ihren inneren archetypischen Möglichkeiten manifestiert – aber die Syntax dieser Sprachen ist nicht dieselbe. Weil aber jede Religion von der göttlichen Wahrheit stammt, ist alles an der jeweiligen Religion, die vom Logos geoffenbart wird, heilig; es muß geachtet und gehegt werden und darf nicht im Namen irgendeiner abstrakten Universalität verworfen und bis zur Bedeutungslosigkeit verkleinert werden.

Die traditionale Methode der Religionsbetrachtung, die kategorisch die »transzendente Einheit der Religion« und die Tatsache bekräftigt, daß »alle Wege zum selben Gipfel führen«, empfindet tiefste Hochachtung für jeden Schritt auf jedem einzelnen Weg, für jeden Wegweiser, der das Weiterkommen ermöglicht und ohne den der eine Gipfel niemals erreicht werden könnte. Sie versucht in die Bedeutung von Riten, Symbolen, Bildern und Lehren einzudringen, die ein bestimmtes religiöses Universum konstituieren, versucht aber nicht, diese Elemente zu verwerfen oder auf etwas anderes zu reduzieren als das, was sie in ihrem spezifischen Bedeutungsuniversum sind, das Gott durch eine bestimmte Offenbarung des Logos geschaffen hat. Sie nimmt also wie die Studien der Phänomenologen den Wert und die Bedeutung eines bestimmten Ritus oder Symbols unabhängig von dessen historischem Ursprung mit aller Deutlichkeit wahr, erkennt aber gleichzeitig die Bedeutung der Offenbarung sowohl für den zeitlichen Ursprung einer Religion wie deren weitere geschichtliche Entwicklung. Diese Perspektive nimmt wahr, was ein bestimmtes Ritual oder Symbol im Kontext einer bestimmten Tradition bedeutet, wie sie sich in der Geschichte manifestiert hat, und betrachtet diese nicht an und für sich und als etwas von einem bestimmten spirituellen Universum Abstrahiertes. Sie vermeidet sowohl den Irrtum des Historizismus als auch jene oben erwähnte Art steriler Phänomenologie, die mit dem Historizismus den unverzeihlichen Mangel gemein hat, das Heilige zu studieren, indem sie das Heilige von ihm abzieht. Sie lehnt ebenso jegliche Form von Reduktionismus oder die sentimentale Vereinheitlichung oder selbst Annäherung der Religionen ab, was ein Unrecht gegenüber bestehenden Unterschieden und dem einmaligen und spezifischen spirituellen Duft und Genius einer jeden gottgewollten Tradition wäre, eine Mißachtung der gebotenen Unterscheidung und Akzeptierung all dessen, was eine bestimmte Religion ausmacht, die von Gott kommt und daher durch keine wie auch immer geartete menschliche Begründung verworfen werden darf.

Ein Schlüsselbegriff für das Verständnis der Bedeutung der Religionsvielfalt ist derjenige des »relativen Absoluten«, der, wiewohl er manchen als widersprüchlich erscheinen mag, einen ganz wesentlichen Bedeutungsgehalt hat, wenn man ihn ganz verstanden hat. Wie schon gesagt, ist nur das Absolute absolut, doch schafft jede Manifestation des Absoluten in Form einer Offenbarung eine Welt heiliger Formen und Bedeutungsgehalte, in der gewisse Bestimmungen, Hypostasen, göttliche Personen oder der Logos in dieser jeweiligen Welt als absolut erscheinen, ohne das Absolute selbst zu sein. Innerhalb dieser Welt ist jene »relativ absolute« Wirklichkeit, sei es der Logos selbst oder eine bestimmte Ausprägung der höchsten Gottheit absolut, ohne selbst das Absolute an sich zu sein. Wenn ein Christ Gott als die Dreifaltigkeit oder Christus als den Logos betrachtet und diesem Glauben absolut anhängt, ist dies aus religiöser Sicht völlig verständlich, während metaphysisch gesprochen die Dreifaltigkeit oder Christus das relativ Absolute sind, weil nur die Gottheit in ihrer Unendlichkeit und Einmaligkeit über aller Relativität steht.

Aus prinzipieller Erkenntnis heraus kann der absolute Charakter verteidigt werden, den die Anhänger einer jeden Religion ihren Glaubensinhalten zuweisen, ohne den die Menschen nicht einer bestimmten Religion anhängen würden. Die prinzipielle Erkenntnis bekräftigt aber auch die Urwahrheit, daß nur das Absolute absolut ist und daher dasjenige, was unterhalb der Ebene des Absoluten in einer bestimmten Tradition als absolut erscheint, das »relativ« Absolute ist. Deshalb ist der Begründer einer jeden Religion eine Manifestation des Höchsten Logos und *der* Logos, ihr heiliges Buch eine bestimmte Manifestation des höchsten Buches oder was der Islam die »Mutter der Bücher« (*umn al-kitāb*) nennt, und *das* heilige Buch, ihre theologische und dogmatische Formulierung der Natur der Gottheit und die Gottheit an sich. Nur die Esoterik kann die Spur des Absoluten in den vielfältigen Universen heiliger Form und Bedeutung erkennen und dabei das Absolute jenseits dieser Formen im Reich des Formlosen erblicken.

Jede Offenbarung ist in der Tat die Manifestation eines Archetypus, der einen Aspekt der göttlichen Natur repräsentiert. Jede Religion manifestiert auf der Erde die Abspiegelung eines Archetypus, in dessen Kern die Gottheit selbst ihren Sitz hat. Die gesamte Wirklichkeit einer jeglichen Tradition wie zum Beispiel des Christentums oder des Islams ist in ihrer metahistorischen Existenz und ihrer Entfaltung in der ihr zugemessenen historischen Lebensspanne nichts anderes als das, was in jenem Archetypus beschlossen ist. Die Unterschiede in diesen Archetypen sind es, die den unterschiedlichen Charakter einer jeden Religion ausmachen. Jeder Archetypus kann mit einer regelmäßigen geometrischen Figur wie dem Quadrat oder dem Sechseck verglichen werden, die beide regelmäßige geometrische Figuren sind, aber verschiedene Merkmale und Eigenschaften haben. Trotzdem spiegeln die Archetypen einen einzigen Mittelpunkt wider und sind in einem einzigen allumfassenden Umkreis beschlossen, wie auch beliebig viele regelmäßige Vielecke einem Kreis einbeschrieben werden können. So spiegeln sie alle das Göttliche wider, das der Mittelpunkt und der allumfassende Kreis zugleich ist, und doch unterscheiden sie sich in ihren irdischen Abspiegelungen.

Es gibt darüber hinaus so etwas wie eine Umdeutung der Abspiegelung eines Archetypus in der irdischen Abspiegelung eines anderen. Wenn das Christentum einen spezifischen Archetypus und der Islam einen anderen hat, dann erscheint der Shiismus im Islam als eine rein islamische Realität, in der sich aber doch ein Typus archetypischer religiöser Wirklichkeit widerspiegelt, der mit dem Christentum verknüpft wird, während der Lutheranismus eine christliche Realität repräsentiert, die, wie man sagen könnte, ein Ergebnis der Abspiegelung des islamischen Archetypus innerhalb der christlichen Welt ist.[32] Ähnliches könnte man von der Bhakti-Bewegung im mittelalterlichen Hinduismus in bezug auf den Islam sagen. In all diesen Fällen ist das Ineinanderweben von Abspiegelungen archetypischer religiöser Wirklichkeiten völlig unabhängig von historischen Einflüssen, die einer ganz anderen Ebene der Kausalitätsbeziehung angehören. Es ist in der Tat der fehlende Zugang zu weisheitlicher oder heiliger Erkenntnis in den modernen Religionsstudien, der jedes Verständnis für die Realität der archetypischen Welt und eine vertikale Kausalitätskette ausschließt, mit der Folge, daß jedes neue Phänomen in einer religiösen Welt entweder auf historische Einflüsse oder, schlimmer noch, auf sozioökonomische Ursachen reduziert wird. Diese Anschauung, daß die Religionen selbst archetypische Wirklichkeiten mit Manifestationsebenen besitzen, die bis zum Irdischen reichen, und daß die Abspiegelungen dieser archetypischen Wirklichkeiten in den einzelnen Religionen in einem inneren Zusammenhang stehen, liefert die Erklärung dafür, warum jede Religion eine Religion und Religion an sich ist. Jede Religion beinhaltet die grundlegende Lehre über die Unterscheidung zwischen Wahrheit und Falschheit oder Wirklichkeit und Täuschung und hält für den Menschen Hilfsmittel bereit, die ihn befähigen, sich mit dem Urwirklichen zu verbinden. Darüber hinaus müssen sich in einer integralen Tradition alle Grundelemente der Religion, auch wenn die eine Religion den Nachdruck auf die Liebe, die andere auf die Erkenntnis, die eine auf die Gnade und die andere auf die Selbstopferung legt, sämtlich in der einen oder anderen Weise manifestieren. Das Christentum als ein Weg der Liebe muß in den Eckharts und Nikolaus von Kues seinen Pfad der Erkenntnis haben. Der Islam, der den direkten Zugang zu Gott betont, muß in den schiitischen Imams seine Fürsprecher haben. Selbst der Buddhismus, der so sehr das eigene Bemühen des Menschen betont, der das *nirvāna* durch das Beschreiten des achtfachen Weges erlangen soll, muß Raum für die Gnade haben, die sowohl im tibetischen Buddhismus wie im Amidhismus auftritt.[33] Dies ist der Grund, warum derjenige, der *eine* Religion ganz gelebt hat, *alle* Religionen gelebt hat, und warum man zur Realisierung all dessen, was man aus religiöser Sicht realisieren kann, in der Praxis jeder beliebigen Religion und jedem beliebigen spirituellen Pfad anhängen kann, die zugleich für den Betreffenden *die* Religion und *der* Pfad schlechthin sind.

Dies bedeutet nicht, daß alle Religionen zu jeder Zeit tatsächlich über alle Möglichkeiten verfügen, die ihnen inhärent sind. Religionen gehen nicht unter, weil ihr Archetypus seinen Sitz im Reich des Unwandelbaren hat und weil sie sämtlich Möglichkeiten der Göttlichen Vernunft sind. Ihre irdischen Ausprägungen freilich haben ihre Lebensspanne. Es gibt Religionen, von denen wir historische Nachricht haben, die aber in dem Sinne »tot« sind, daß sie nicht mehr praktiziert werden können. Ihre Formen und Symbole sind zwar geblieben, doch hat sie der Geist, der diese Formen und Symbole verlebendigte, verlassen und ist, einen Leichnam zurücklassend, in die unvergängliche Welt des Geistes zurückgekehrt. Es gibt andere Religionen, die zwar noch lebendig sind, dies aber nicht mehr in voller und integraler Weise in dem Sinne sind, daß einige ihrer Dimensionen unzugänglich geworden sind. Bei wiederum anderen Religionen ist ein Niedergang der rituellen Praktiken eingetreten, und die spirituelle Gegenwart ist einer psychischen gewichen. Deshalb ist die Behauptung, daß man alle Religionen gelebt hat, wenn man nur eine Religion voll gelebt hat, nicht gleichbedeutend damit, daß man de facto jede Religion voll leben kann, die irgendwo existiert, insbesondere, was die esoterische Dimension der Tradition betrifft. Was das Vorhandensein dieses Aspekts der Tradition heute betrifft, kann man ganz gewiß nicht sagen, daß man heute alle Religionen im selben Umfang voll leben kann.[34] Jedenfalls kann nur weisheitliche oder prinzipielle Erkenntnis den tatsächlichen Zustand einer Religion feststellen, wie es vom Hunger nach solcher Erkenntnis abhängt, welcher Religion oder welchem Weg sich ein bestimmter Mensch in der Praxis zuwenden wird, ohne daß diese Wahl in irgendeinem Widerspruch zum Prinzip der »transzendenten Einheit der Religionen« und zur Authentizität aller orthodoxen Traditionen stünde, die aus derselben Quelle abstammen und Botschaften offenbaren, deren Kern dieselbe Wahrheit bildet. Die »theoretische« (im ursprünglichen griechischen Sinne der theoria als »Betrachtung«) Anschauung der Universalität der Wahrheit, die man in den verschiedenen Welten heiliger Form findet, ist eine Sache, und die tatsächliche Verfügbarkeit von Mitteln zur Erlangung dieser Wahrheit zu einem bestimmten Zeitpunkt und an einem bestimmten Ort eine andere. Aus initiierter Sicht ist es jedenfalls der Weg, der den Menschen wählt, und nicht der Mensch, der den Weg wählt, wie auch immer dies aus der Perspektive des Suchenden aussehen mag.

Das Konzept des »relativ Absoluten« erlaubt es dem traditonalen Studium verschiedener Religionen, die Manifestation des Logos in jedem religiösen Universum sowohl als *den* Logos als auch in seiner äußeren Form als einen Aspekt des Logos zu sehen, wie dies schon vor Jahrhunderten Ibn ʿArabī in seinem *Fuṣūṣ al-ḥikam* (*Ringsteine der Weisheit*)[35] bekräftigte, in dem jeder Prophet mit einem Aspekt der aus dem Logos hervorgehenden Weisheit identifiziert wird, den der Sufismus natürlicherweise mit der »Realität Muhammads« (*al-ḥaqīqat al-muḥammadiyyah*) gleichsetzt.[36] Dieses Schlüsselkonzept erlaubt es auch, innerhalb eines jeden religiösen Universums die Art und Weise zu erkennen, in der sich die Realität des Logos im Begründer, in einem heiligen Buch, in der weiblichen Begleiterin des Göttlichen Akts widerspiegelt, oder andere theophane Realitäten einer Religion wahrzunehmen.

Im Gegensatz zu äußeren Vergleichsmethoden, die die Propheten oder Begründer, die heiligen Bücher usw. verschiedener Religionen einander gegenüberstellen, nimmt die traditionale Methode die unterschiedlichen Ebenen wahr, auf denen sich das »relative Absolute« in jeder Welt heiliger Formen findet. Sie sieht Christus nicht nur im Vergleich mit dem Propheten des Islam, sondern auch mit dem Koran, weil der Koran im Islam wie Christus im Christentum das Wort Gottes ist. Sie sieht die Ähnlichkeit zwischen der Rolle, die die Jungfrau Maria als der Boden spielt, dem das göttliche Wort entsprungen ist, mit der Seele des Propheten, die Gottes Wort in Form des Korans empfing und verkündete.[37] Sie ermöglicht das Verständnis für die Notwendigkeit der Anwesenheit des weiblichen Elementes jener Wirklichkeit, die der Logos ist, in verschiedenen Traditionen, wenn auch in unterschiedlicher Form und auf verschiedenen Manifestationsebenen. Sie sieht die Anwesenheit der Jungfrau nicht nur im Christentum, sondern auch im Islam als Manifestation einer Realität »relativ absoluten« Charakters in zwei verschwisterten Religionen und erkennt den Zusammenhang dieser Wirklichkeit mit dem weiblichen Kwan-Yin oder den verschiedenen Gemahlinnen Kṛṣṇas oder śivas in ganz unterschiedlichen spirituellen Universen. Sie erfaßt die innere Bedeutung der Ähnlichkeit zwischen śiva und Dionysos oder gewissen Aspekten Hermes' und des Buddha. Man kann natürlich sagen, daß diese Ähnlichkeiten auch von Religionsgelehrten entdeckt wurden, die in der Tat viel hierüber geschrieben haben, ohne das geringste Interesse an prinzipieller Erkenntnis zu haben oder dieses für sich zu beanspruchen. Auf der Ebene des äußeren Vergleichs mag dies zutreffen, aber nur prinzipielle Erkenntnis oder die traditionale Perspektive erlauben es, diese Vergleiche bis in die Tiefen auszuloten, sie spirituell wirksam zu machen und die Beziehung ans Licht zu fördern, die zwischen uranfänglichen und archetypischen religiösen Typen innerhalb verschiedener religiöser Universen bestehen.

Ein weiterer sehr wichtiger Punkt, der hier nochmals hervorgehoben werden muß, liegt darin, daß prinzipielle oder heilige Religionserkenntnis die Bedeutung einer jeden heiligen Form im Kontext des spirituellen Universums sieht, dem sie angehört, ohne dabei einerseits die Signifikanz solcher Formen auf ihrer eigenen Ebene zu leugnen oder andererseits der Welt der Formen an sich verhaftet zu bleiben. Sie sieht die Riten, Symbole, Lehrsätze, ethischen Vorschriften und andere Aspekte einer Religion als Teil einer Gesamtökonomie, in der allein deren Bedeutung ganz erfaßt werden kann. Weil aber im Kern eines jeden religiösen Universums der Logos seinen Sitz hat, der auch die Wurzel der Intelligenz ist, kann die menschliche Intelligenz in diese Formen eindringen und ihre Sprache wie auch die innere Signifikanz jeder einzelnen Silbe und jedes einzelnen Lautes dieser Sprache verstehen. Sie unterläßt es, einzelne heilige Symbole, Riten oder Praktiken im Namen irgendeiner abstrakten universalen Wahrheit zu leugnen oder zu verunglimpfen und zwischen verschiedenen Elementen der unterschiedlichen religiösen Universen eine simple Eins zu Eins-Beziehung herzustellen.[38] Gleichzeitig ist sie sich darüber im klaren, daß jenseits aller dieser Formen die eine formlose Essenz steht und daß man die Hauptelemente der Religion als solcher trotz dieses formalen Unterschiedes in jeder Religion findet. Die traditionale Methode des Religionsstudiums befaßt sich mit Formen, die jene Essenz offenbaren, oder mit Akzidenzien, die die Substanz widerspiegeln. Sie leugnet nicht die Signifikanz der Formen auf ihrer eigenen Wirklichkeitsebene, betrachtet aber ihre Relativität nur im Lichte der Essenz, die in den Formen aufscheint und der man sich nur dadurch annähern kann, daß man diese Formen akzeptiert und lebt.[39]

Der Begriff der Tradition selbst, wie er bereits in früheren Kapiteln beschrieben wurde, impliziert den Charakter der Totalität, sofern sich eine Tradition noch in integraler Weise erhalten hat. Die großen Wahrheiten, die etwas über Aspekte der göttlichen Natur und auch die Natur des Adressaten der Offenbarung, das heißt den Menschen aussagen, müssen sich in der einen oder anderen Weise in jeder Religion manifestieren, auch wenn jede Religion die Abspiegelung einer eigenen archetypischen Realität ist. Es gibt keine Religion, die nichts von dem Verlust der dem Ursprung und der Mitte eigentümlichen Vollkommenheit wüßte, und keine Religion, die nicht über die Mittel verfügte, diese Vollkommenheit wieder zu erlangen. Es gibt keine Religion ohne Gebet, welche Form auch immer es haben mag, einschließlich des kontemplativen Gebetes, und keine Religion, in der das Gebet nicht das Mittel wäre, den Menschen umzuschaffen. Es gibt keine Religion, in der die Wirklichkeit auf die räumliche und zeitliche Erfahrung dieser Welt beschränkt wäre, und in der es nicht ein Jenseits gäbe, das das Ziel der Reise der Menschenseele ist (was selbst für die buddhistische Lehre der Nicht-Selbstheit gilt, die einen Zustand jenseits des *saṃsāra*-Daseins und die Möglichkeit impliziert, daß der Mensch diesen Zustand erreichen kann). Es gibt zahlreiche andere fundamentale Religionselemente, die sich in irgendeiner Weise in allen Religionen manifestieren, wenn auch nicht in derselben Weise.[40] Freilich kann man in keiner Weise die fundamentalen Unterschiede außer acht lassen, die Religionsfamilien wie die abrahamischen, indischen, iranischen oder schamanischen Religionen voneinander trennt. Aber innerhalb dieser Welten mit ihren charakteristischen Unterschieden, die jeweils ihren eigenen spirituellen Genius besitzen, kann die Weisheitsperspektive des Vorhandensein gewisse fundamentaler Elemente entdecken und konzeptuelle Schlüssel anwenden, die die religiöse Wirklichkeit als solche erschließen.

So gibt es zum Beispiel drei grundlegende Wege zu Gott oder Beziehungen zwischen Mensch und Gott, von denen eine auf Furcht, einer auf Liebe und einer auf Erkenntnis beruht und die im praktischen spirituellen Leben den drei bekannten mystischen Stationen der Zusammenziehung, Ausdehnung und Vereinigung entsprechen.[41] In der einen oder anderen Weise findet man diese Elemente in allen großen Traditionen der Menschheit, auch wenn sie sich jeweils entsprechend dem Genius der jeweiligen Tradition manifestieren, und sie erscheinen sogar in der Zeit gemäß den Wesensmerkmalen der historischen Entwicklung dieser Tradition. Im Judaismus folgt der Perspektive der Furcht im Pentateuch diejenige der Liebe im Hohenlied und den Psalmen und – erst viele Jahrhunderte später – diejenige der Gnosis der Kabbalisten. Im Christentum folgt auf die asketische Haltung der Wüstenväter, der die Perspektive der Furcht zugrunde liegt, rasch die Spiritualität der Liebe; erst im ausgehenden Mittelalter folgt die wahre Blüte der Weisheitsdimension des Christentums, die durch die Empörung gegen das Christentum in der Renaissance ein abruptes Ende fand. Im Islam wiederum findet sich derselbe Zyklus, allerdings etwas beschleunigt, d. h. die auf Erkenntnis beruhende Spiritualität erscheint früher in der Tradition. Trotz aller bedeutsamer Unterschiede in der Art des Auftretens dieser grundlegenden Haltungen und Arten religiösen und spirituellen Lebens in jeder Tradition mußten doch die drei Elemente Furcht, Liebe und Erkenntnis in jeder Religion unausweichlich vorhanden sein, wiewohl jede Religion ein anderes Element stärker betont hat, der Judaismus die Furcht, das Christentum die Liebe, der Islam die Erkenntnis. Auch im Hinduismus fehlen diese Elemente nicht, wo sie klar als *karma-*, *bhakti-* und *jñāni-*Yoga charakterisiert werden, oder im Buddhismus, wo sie in verschiedenen Kombinationen und Beziehungen in der Theravada-, der Vajrayana- und der Mahayana-Schule zu finden sind, auch wenn die Perspektive des Buddhismus eine nontheistische ist.

Ein weiteres Beispiel für diese Art der Anwendung metaphysischer Konzepte als Schlüssel für das Verständnis verschiedener religiöser Phänomene findet man in den Elementen der Wahrheit und der Gegenwärtigkeit, die das Merkmal jeglicher Religion sind. Jede integrale Religion muß beide Elemente aufweisen. Sie muß eine Wahrheit besitzen, die erlöst und rettet, und eine göttliche Gegenwart, die anzieht, transformiert und das Mittel zur Erlösung und zum Heil ist.[42] Diese fundamentalen Bausteine der Religion finden sich freilich nicht in jeder Tradition in derselben Weise. So betont zum Beispiel innerhalb der abrahamischen Familie das Christentum in gewisser Weise mehr die Gegenwart, der Islam mehr die Wahrheit, wobei natürlich die Wahrheit für das Christentum ebenso unverzichtbar ist wie die Gegenwart für den Islam. Innerhalb der islamischen Tradition wiederum legt der Sunnismus den Nachdruck auf die Wahrheit, der Shīismus auf die

Gegenwart. Dieselben beiden Elemente findet man im Hinduismus und Buddhismus, wo wiederum manche Schulen die eine, manche Schulen die andere dieser fundamentalen Komponenten desjenigen betonen, was die Realität der Religion konstituiert. Die prinzipielle Erkenntnis bezieht diese Schlüssel aus der »unsichtbaren Schatzkammer« der Vernunft und wendet sie auf die verschiedenen Welten heiliger Form in der Weise an, daß diese Welten intelligibel werden, ohne einerseits ihrem besonderen Genius Gewalt anzutun oder sie andererseits als undurchsichtige Fakten erscheinen zu lassen, die man entweder als Phänomene oder als historische Einflüsse studieren muß.

Einzig und allein diese Art von Erkenntnis kann der erstaunlichen Vielfalt heiliger Formen und Sinngehalte gerecht werden, ohne sich einerseits in diesem Dschungel der Vielfältigkeit zu verirren oder andererseits diese Vielfältigkeit auf etwas anderes als das Heilige zurückzuführen und damit die ihm innewohnende Bedeutung zu zerstören. Nur prinzipieller oder heiliger Erkenntnis gelingt auch die Synthese einer der Vision einer metahistorischen Wirklichkeit verpflichteten Perspektive mit einer Perspektive, die ihr Augenmerk auf die Entfaltung und Entwicklung dieser Wirklichkeit in der Matrix der Zeit und Geschichte richtet. Nur diese Art der Religionsbetrachtung erhält sich die Achtung vor all demjenigen, was historisch festgestellt – aber natürlich nicht aus einer historizistischen Sicht interpretiert – wird, ohne das, was von Natur aus vom Ewigen herkommt und der Anruf des Ewigen ist, auf ein Zeitliches und dem Wandel Unterworfenes zu reduzieren.

Unnötig zu sagen, daß ein so geartetes Studium anderer Religionen einen grundsätzlich esoterischen Charakter hat. Ein Eindringen in die innere Bedeutung einer Form ist nur mittels innerer oder esoterischer Kenntnis möglich. Prinzipielle Erkenntnis ist nur durch eine im obigen Sinne definierte und verstandene Esoterik möglich. Man könnte in der Tat sagen, daß nur ernsthafte Esoteriker interreligiöse Studien auf der höchsten Ebene betreiben können, ohne sowohl die Esoterik als auch die Gewißheit und »Absolutheit« einer bestimmten religiösen Welt zu opfern. Weise und Gnostiker wären die idealen Gesprächspartner für einen wirklich inter- und intrareligiösen Dialog – wenn es sie nur gäbe.

Man könnte sagen, daß das totale religiöse Verständnis und die vollkommene Harmonie und Einheit der Religionen – um mit Schuon zu reden – nur in der göttlichen Stratosphäre, nicht in der menschlichen Atmosphäre zu finden sind. Natürlich können nicht alle Gläubigen oder die Gelehrten, die eine andere Religion erforschen, Esoteriker oder Heilige und Weise sein; weil aber der Mensch die Stratosphäre braucht, um in der Atmosphäre überleben zu können, kommt es heute mehr denn je entscheidend darauf an, in der Frage, ob religiöser Dialog oder Konfrontation, diese Sichtweise aus der göttlichen Stratosphäre mit einzubeziehen. In diesem wie in verschiedenen anderen Bereichen ist das Vorhandensein der esoterischen Dimension einer Tradition unabdingbar für die Erhaltung des Gleichgewichts der jeweiligen Tradition, denn nur diese Dimension gibt sichere Antworten auf Fragen von entscheidender Bedeutung, von denen eine der wichtigsten in der modernen Welt die Vielfalt religiöser Universen heiliger Formen betrifft.

Wenn man die Signifikanz prinzipieller oder heiliger Erkenntnis für das Verständnis religiöser Vielfalt verstehen will, kann ein Blick auf diejenigen Fälle religiöser Begegnung lehrreich sein, die nicht der modernen Epoche angehören und in denen sich exemplarisch eine Erkenntnis heiligen und nicht profanen Charakters äußert. Einige dieser Begegnungen waren von polemischer, theologischer Natur, wofür es viele Beispiele insbesondere aus jüdischen, christlichen und islamischen Quellen gibt, wobei man in der arabischen Literatur eine ganze Kategorie von Schriften dieser Art findet.[43] Es geht uns hier weniger um diese Schriften und ihren Inhalt, wiewohl sich an ihnen exemplarisch zeigen läßt, wie sehr die Intensität des Glaubens in einer von der Anwesenheit des Heiligen durchdrungenen Welt die Verstandesfähigkeiten veritabler Theologen im Vergleich zu so manchem säkularisierten Geist beeinflussen kann, der sich heute für theologisch hält. Es geht uns mehr um diejenigen Fälle, in denen ein Weiser, der über prinzipielle Erkenntnis verfügte und in einer Weisheitstradition stand, sich mit einem anderen religiösen Universum auseinandersetzte, wie es etwa bei einem Nikolaus von Kues, einem Jalāl al-Dīn Rūmī und natürlich in der indischen Welt bei den zahlreichen Sufis der Fall ist, die sich um ein direktes Verständnis des Hinduismus bemühten, und umgekehrt. Die Übersetzung heiliger Texte aus dem Sanskrit in das Persische durch Gestalten wie im Darā Shukūh oder die Kommentare, die ein muslimischer Weiser wie Mīr Findiriskī zu einem grundlegenden Werk des Hinduismus wie dem *Yoga Vaiṣiśtha*[44] geschrieben hat, sind kulturelle Phänomene von keineswegs ephemeren Interesse. Sie sind Episoden der Menschheitsgeschichte, die für den zeitgenössischen Menschen von großer Bedeutung sind, weil hier, weit entfernt vom säkularistischen Kontext der modernen Welt, gläubige Männer den Versuch unternommen haben, andere Religionen trotz der hohen Schranken zu begreifen, die etwa die abrahamische Welt von der indischen trennen. Hier weist insbesondere die islamische Tradition ein reiches Erbe auf, das nicht nur für die zeitgenössischen Muslims, die sich früher oder später ernsthafter, als sie es heute tun, mit der sogenannten vergleichenden Religionswissenschaft befassen werden müssen, sondern auch für den Westen von Bedeutung ist.[45] Solche Beispiele können westlichen Gelehrten helfen – was ihren eigenen Studien anderer Religionen nur zugute kommt – zu unterscheiden zwischen Elementen, die die unausweichlich schwierige Aufgabe der Überschreitung religiöser Grenzen betreffen, und denjenigen, in denen sich ein säkularisiertes Denken und ein entheiligter Erkenntnisbegriff äußern, mit deren Hilfe nicht wenige moderne Gelehrte versuchen, den gleichen Weg nicht selten unter »dringlicheren« Umständen zurückzulegen. Diese Fälle sind auch Beispiele dafür, wie eine von der Empfindung des Heiligen durchdrungene Intelligenz sich dem Vorhandensein anderer Welten heiliger Form von einem Ausgangspunkt aus genähert hat, der ein ganz anderer ist als derjenige der meisten modernen vergleichenden Religionswissenschaftler, ob sie nun selbst Theologen oder durch und durch weltliche Gelehrte sind.

Aber auch wenn man diese viel zu sehr vernachlässigten Fälle ausführlich studiert, kann es doch keinen Zweifel geben, daß erst in der modernen Welt prinzipielle Erkenntnis im Detail auf die Welten heiliger Form angewandt wurde, insofern diese Welten den zeitgenössischen Menschen als religiöses Wesen angehen. Weil eine solche Unternehmung in normalen Zeiten nicht notwendig gewesen wäre, begann man erst dann, als sich die Abenddämmerung über die Tradition legte, die Sprachen verschiedener Religionen, die in Wirklichkeit unterschiedliche Sprechweisen über dieselbe Wahrheit oder auch Idiome derselben göttlichen Sprache sind, prinzipiell und im Detail zu entschlüsseln. Damit wird der Boden für den Wiederaufgang der Sonne bereitet, der nach den Eschatologien verschiedener Traditionen einschließlich des Islams[46] die Entschleierung der inneren Bedeutung aller heiligen Formen und ihrer inneren Einheit und die Realisierung der religiösen Einheit der Menschheit bringen wird.

Die Aufgabe, die die Tradition für das Studium der verschiedenen Religionen leistet, ist daher insofern ein unverzichtbares Element des religiösen Lebens selbst, als der zeitgenössische Mensch sowohl den säkularisierenden Einflüssen der modernen Welt als auch dem Hereinwirken anderer religiöser Universen ausgesetzt ist. Nur das traditionale Verfahren der Religionsbetrachtung kann auf der Basis eines heiligen Erkenntnisbegriffs über nichtssagende Platitüden und fanatische Rechthaberei hinausgelangen. Nur durch eine Intelligenz, die im Heiligen wurzelt, und eine Erkenntnis, die prinzipiellen Ranges und dem Heiligen verpflichtet ist, kann das Heilige erkundet werden, ohne es dabei zu entheiligen.

Eine unmittelbare Frucht der Resakralisierung der Erkenntnis wäre die vermehrte Anwendung jenes Typs religiöser Studien, wie er bereits von den Meistern der traditionalen Lehre betrieben wird, so daß das Studium verschiedener Religionen nicht bloß ein Relativierungsprozeß und per se eine antireligiöse Aktivität wäre. Nur eine *scientia sacra* der Religion und nicht die Religionswissenschaft im üblichen Sinne kann dem zeitgenössischen Menschen die unfaßliche Schönheit und den Reichtum anderer Welten heiliger Form und heiligen Sinngehalts nahebringen, ohne dadurch den heiligen Charakter der Welt zu zerstören, der man selbst angehört.

Heiliger Erkenntis, die von dem Einen ausgeht, gelingt es, in verschiedene Welten der Vielfalt einzudringen, die ebenfalls aus dem Einen hervorgegangen sind, und in diesen nicht eine Negation des eigenen Ausgangspunkts, der eigenen traditionalen Basis, sondern die Bekräftigung der transzendenten Wahrheit zu finden, die in verschiedenen Universen heiliger Form aufleuchtet, die diese Wahrheit geschaffen hat. In dieser Weise wird heilige Erkenntnis zum kostbarsten Balsam in einer Welt, deren Lebensnerv durch die Extirpation des Heiligen aus allem Handeln und Denken bedroht ist, ein Balsam, den die göttliche Gnade selbst spendet.

ANMERKUNGEN

1 Man konnte sagen, daß, wenn eine solche Weisheitstraditon überlebt hätte, die moderne Welt nicht entstanden wäre, die Homogenität der westlichen Tradition nicht aufgelöst und das Vorhandensein anderer Religionen nicht einer Betrachtungsweise unterzogen worden wäre, die in anderen geschichtlichen Epochen ohne Parallele ist. Es kann keinen Zweifel geben, daß das Vorhandensein anderer Traditionen heute als einer Realität, die den Menschen »existentiell« betrifft, in einem tiefinneren Zusammenhang mit der besonderen Daseinsverfassung des modernen Menschen steht. Wir fügen daher diese Konditionalaussage nur rhetorisch ein, um auf den fundamentalen Unterschied zwischen der Bewertung des Heiligen durch einen geheiligten und derjenigen durch einen säkularisierten Verstand hinzuweisen.
2 Die Bedeutung dieses Themas in den Schriften traditionaler Autoren geht bereits aus der Definition von Tradition hervor, die mit ewiger Wahrheit oder Weisheit an sich befaßt ist. Die Vielzahl der Artikel und Arbeiten traditionaler Autoren zum Studium der Religionen und deren »Vergleich« belegt ebenfalls die zentrale Stellung dieses Themas, was die Tradition betrifft. Siehe z. B. Guénon, *Introduction to the Study of Hindu Doctrines*, Coomaraswamy, »Paths that Lead to the Same Summit,« in *The Bugbear of Literacy*, und insbesondere die zahlreichen Arbeiten Schuons, u. a. sein *De l'unité transcendante des religions* und *Formes et substances dans les religions*. Siehe auch M. Pallis »On Crossing Religious Frontiers«, in *The Way and the Mountain*, S. 62–78.
3 Die Frontstellung der objektiven Erkenntnis gegenüber dem Heiligen und die Zerstörung der heiligen Qualität der Religion unter dem Vorwand der Objektivität und Wissenschaftlichkeit sind die Wurzeln jenes Irrtum, der original für die Verkurzung der Vernunft auf bloßen Verstand der Physik auf eine rein menschliche Form der Erkenntnis verantwortlich ist, die letztlich das Subhumane bedeutet.
4 In eben diesem Sinne des »esoterischem Ökumenismus« befaßt sich Schuon in seinem neuesten Buch Christianisme/Islam, Visons d'œucuménisme ésotérique (im Druck) mit der christlichen und islamischen Tradition.
5 Diese Begegnung ist trotz ihres Ausnahmecharakters von großer Bedeutung für die gegenwärtigen Diskussionen zwischen Religionen der Abrahamischen Familie und denjenigen Indiens, auch wenn sie seitens derjenigen, die sich mit den theologischen und philosophischen Implikationen der Beziehungen zwischen den heutigen Religionen beschäftigen, nicht in dem Maße gewürdigt wurde, wie man es erwarten könnte.
6 Dieses Phänomen kann man in Europa selbst beobachten, wo in Ländern wie Spanien das Interesse an deren Religionen so sehr zugenommen hat, daß der Einfluß des Christentums im Volk bereits zu schwinden beginnt. In ähnlicher Weise hat in der islamischen Welt das Studium der verglei-

chenden Religionswissenschaft in Ländern wie der Türkei das größte Interesse gefunden, wo die stärkste Entwicklung moderner Bildungseinrichtungen stattgefunden hat und es ein recht großes Lesepublikum gibt, das bereits in gewissem Grade modernisiert und nicht mehr so streng in den traditionalen islamischen Rahmen eingebunden ist.

7 Im Deutschen auch nur als Religionswissenschaft bezeichnet.

8 Die geeignete Methodologie für die Religionsbetrachtung hat die meisten führenden westlichen Religionswissenschaftler beschäftigt, u. a. J. Wach, M. Eliade, H. Smith und W. C. Smith. Letzterer hat sich insbesondere mit der geeigneten Methode zum Studium anderer Religionen im Lichte ihrer Bedeutung als religiöse Aktivität befaßt. Siehe u. a. W. C. Smith, *The Meaning and End of Religion: A New Approach to the Religious Traditions of Mankind*, New York 1963; *The Faith of Other Men*, New York 1963; und *Towards a World Theology*, Philadelphia 1981, insbesondere Teil 3, der sich mit der theologischen und »existentiellen« Bedeutung des Studiums der Religionen aus der Sicht nicht nur des Christentums, sondern auch anderer Glaubensrichtungen beschäftigt.

9 Die Anwendung von Methoden und Philosophien bei der Religionsbetrachtung in einer Weise, die der Vorgehensweise in der Naturwissenschaft ähnelt, läßt sich schon seit dem 19. Jahrhundert und der Begründung der sogenannten Religionswissenschaft feststellen, die mit demselben Positivismus durchtränkt ist, der die herrschenden wissenschaftlichen Philosophien unserer Zeit prägt. Dasselbe gilt für die Rolle evolutionärer Konzepte im Studium der Religion wie der Natur.

10 Mit dem Aufkommen der evolutionären Philosophie und ihrer Anwendung auf das Studium der Religionen glaubten viele Christen, diese Methode zu ihrem eigenen Vorteil anwenden zu können, indem sie andere Religionen als Stufen in der allmählichen Vervollkommnung und Entwicklung der Religion betrachteten, die ihren Höhepunkt und Abschluß im Christentum fand. Diese Vorgehensweise hatte nur den Schönheitsfehler, daß der Islam nach derselben Logik als die jüngste der größeren Religionen vollkommener sein müßte als das Christentum.

Dieser rein historische und evolutionistische Ansatz ist natürlich ungeeignet für die Verteidigung einer jeden Religion einschließlich des Islams, wobei manche moderne Apologeten sich mehr oder weniger auf die gleichen Argumente stützten wie die christlichen Apologeten des 19. Jahrhunderts im Hinblick auf andere Religionen. Dies liegt daran, daß ein rein historisches Argument, das auf die Vervollkommnung der Religion in der Zeit abhebt, denjenigen das Wort redet, die behaupten, daß im Verlauf der Zeit neuere religiöse Botschaften auftauchen müssen, die zeitgemäßer sind und über den Islam »hinausgehen«, oder daß der Islam selbst sich in eine höhere Form entwickeln muß. Die traditionale islamische Lehre von der Endgültigkeit und Vollkommenheit des Islams als der letzten Religion dieses Menschheitszyklus darf nicht mit diesem Evolutionismus des 19. Jahrhunderts verwechselt werden, der das Denken vie-

ler muslimischer Modernisten infiziert hat, die es sich zur Aufgabe gemacht haben, den Islam vor den Attacken westlicher Orientalisten oder den Angriffen gewisser christlicher Missionare zu schützen.
11 Mit diesem Thema hat sich bereits Ch. Adams in seinem »The History of Religions and the Study of Islam«, *American Council of Learned Societies Newsletter*, Nr. 25, III–IV (1974): 1–10 auseinandergesetzt.
12 Es gibt ein Prinzip in der islamischen Philosophie, nach dem ein fehlendes Bewußtsein oder Wissen von einer Sache nicht der Beweis für die Nichtexistenz dieser Sache sein kann (ʿ*adam al-wujdān lā yadullu ʿalā ʿadam al-wujūd*).
Viele moderne Gelehrte scheinen dieses Prinzip völlig zu ignorieren und in der Tat seine Aussage umzukehren, indem sie behaupten, daß das, was nicht historisch belegbar ist, nicht existiert haben kann, wobei sie die mündliche Tradition und die ganze Frage der Weitergabe von Wissen und Autorität, die das Kernstück einer jeden Tradition sind, völlig vernachlässigen.
13 Die Interpretation der Phänomenologie von H. Corbin als die Entschleierung der inneren Bedeutung der Wahrheit (das *ta'wīl* der islamischen Quellen) und einige der früheren Arbeiten Eliades liegen der traditionalen Perspektive recht nahe, während es eine Reihe skandinavischer Religionsgelehrter gibt, die sich Phänomenologen nennen, deren Perspektive aber, vorsichtig ausgedrückt, von derjenigen der Tradition sehr weit entfernt ist, die die Wirklichkeit der Offenbarung und das jeweilige Universum im Blick hat, das jede einzelne Offenbarung hervorbringt.
14 Diese mangelnde Unterscheidung zwischen vollgültigen und geringeren Manifestationen des Geistes und den verschiedenen aktuellen Zustandsstufen verschiedener Religionen kennzeichnet selbst das Werk eines so großen Gelehrten wie Eliade, der interessanterweise Beiträge zu fast jedem Bereich der religiösen Studien geliefert hat, aber nicht zum Islam.
15 Der zeitgenössische Philosoph O. Barfield hat dieses traditionale Thema in seinem *Saving the Appearances; a Study in Idolatry*, London 1957, wieder aufgegriffen, jedoch behandelt er es in einem evolutionären Kontext, der die durchgängige Beziehung zerstört, die zwischen den Erscheinungen und ihrer numinosen Wirklichkeit besteht, ungeachtet dessen, was Barfield die Transformation des menschlichen Bewußtseins von der ursprünglichen Teilhabe zur endgültigen Teilhabe nennt. Siehe dort, Kap. 21.
16 So charakterisiert Corbin die Phänomenologie. Siehe sein *En Islam iranien*, Band 1, S. XX.
17 Der Strukturalismus, der auf die anthropologischen Arbeiten von C. Lévi-Strauss zurückgeht, jetzt aber auch in die Gebiete der Philosophie, Literaturkritik, Geschichte usw. vorgedrungen ist, basiert auf der These, daß alle Gesellschaften und Kulturen eine dauerhafte, unveränderliche und gemeinsame Struktur besitzen. Nach Auffassung mancher steht diese Anschauung im Einklang mit der traditionalen Perspektive und im

Gegensatz zu dem antitraditionalen Historizismus, der die Sozialwissenschaften so lange Zeit beherrscht hat. Während der zweite Teil dieser Auffassung zutrifft, gibt es keinerlei Gewähr dafür, daß der Strukturalismus mit größerer Wahrscheinlichkeit zu den traditionalen Lehren hinführt als die Phänomenologie, wenn das entsprechende metaphysische Wissen fehlt. Man kann andererseits sagen, daß, wenn ein solches Wissen vorhanden ist, gewisse Intuitionen des Strukturalismus in den Rahmen dieses Wissens ebenso eingegliedert werden können wie diejenigen der Phänomenologie.

18 Für die hinduistischen *bhaktis* lieferte die Tradition den notwendigen geistigen Rahmen, und die Tradition »dachte« gewissermaßen für sie. Aus diesem Grund kann diese Art der bhakti-Spiritualität, wenn sie von diesem grundlegenden Rahmen und seiner schützenden Umhüllung abgeschnitten ist, zu gefährlichen Abirrungen auf der geistigen Ebene und letztlich zu jener Art Perversion der Tradition im Namen der Einheit der Religionen führen, die heute so weitverbreitet ist und besonders häufig bei Bewegungen indischer Herkunft zu finden ist.

19 Über den fundamentalen Unterschied zwischen Einheit und Einförmigkeit siehe R. Guénon, *The Reign of Quantitiy*, S. 63—69.

20 Siehe z. B. S. Katz, *Language, Epistemology, and Mysticism*, und ders., *Models, Modeling und Religious Traditions*.

21 Obwohl anfänglich viele von denjenigen, die im Dunstkreis des Christentums den ökumenischen Gedanken aufgriffen, wie z. B. L. Massignon, ein echtes Interesse an der spirituellen Bedeutung anderer Religionen hatten, war der Ökumenismus bald praktisch gleichbedeutend mit einem Modernismus innerhalb der Kirche. Vielfach ist in den letzten beiden Jahrzehnten der Ökumenismus zu einem Zerrbild der Bemühungen der Tradition um die transzendente Einheit der Religionen geworden.

22 Siehe z. B. J. Hick, »Whatever Path Men Choose is Mine«, in Hick und B. Hebblethwaite (Hrsg.), *Christianity and Other Religions*, Philadelphia 1980, S. 171—90.

23 L. Swidler, der Herausgeber des *Journal of Ecumenical Studies*, einer der führenden Zeitschriften der Vereinigten Staaten zur Frage des Dialogs zwischen den Religionen, und eine Persönlichkeit, der es ernsthaft um ein besseres Verständnis zwischen den Religionen zu tun ist, schreibt:
Mit Dialog meinen wir hier ein Gespräch über ein gemeinsames Thema zwischen zwei oder mehr Personen mit unterschiedlichen Anschauungen. Das Hauptziel des Dialogs ist für jeden Teilnehmer, vom anderen zu lernen... Jeder Partner muß dem anderen so offen und teilnehmend zuhören, wie er es vermag, um die Haltung des anderen so gut wie möglich und gewissermaßen von Innen heraus zu verstehen. Eine solche Einstellung schließt zwangsläufig die Möglichkeit ein, daß wir an einem bestimmten Punkt die Auffassung unseres Gesprächspartners so überzeugend finden, daß wir, wenn wir aufrichtig sein wollen, unsere eigene

Auffassung korrigieren müßten. Das bedeutet, daß ein Dialog immer ein Risiko beinhaltet: es könnte sein, daß wir umdenken müssen, und umdenken kann störend sein. Das ist aber gerade das Entscheidende am Dialog: Wandel und Entwicklung... Lassen Sie mich also zusammenfassend sagen, daß es mindestens drei Phasen im interreligiösen Dialog gibt. In der ersten Phase räumen wir Mißverständnisse bezüglich des jeweils anderen aus und lernen uns so kennen, wie wir wirklich sind. In der zweiten Phase beginnen wir, Vorzüge in der Tradition des Gesprächspartners zu erkennen, die wir gerne in unsere eigene Tradition übernehmen möchten. So haben z. B. im Dialog zwischen Katholiken und Protestanten die Katholiken gelernt, die Bibel stärker zu berücksichtigen, während die Protestanten nunmehr die sakramentale Haltung im christlichen Leben höher veranschlagen, wobei beide Haltungen traditionell mit der jeweils anderen religiösen Gemeinschaft verknüpft sind. Wenn wir bei diesem Dialog genügend Ernsthaftigkeit, Durchhaltewillen und Empfänglichkeit aufbringen, können wir vielleicht in die dritte Phase eintreten. Hier beginnen wir gemeinsam neue Wirklichkeiten, neue Sinngehalte, neue Wahrheiten zu entdecken, von denen beide bisher nicht einmal etwas ahnten. Wir blicken dieser neuen, uns bisher unbekannten Dimension der Wirklichkeit einfach auf Grund der Fragen, Erkenntnisse und Denkanstöße aus diesem Dialog ins Antlitz. Wir dürfen daher sagen, daß ein beharrlich geführter Dialog zum Instrument neuer Offenbarung werden kann.

Aus dem Vorwort von Swidler zu P. Lapide und J. Moltmann, *Jewish Monotheism and Christian Trinitarian Doctrine*, Philadelphia 1981, S. 7–15.

24 Wir möchten damit nicht implizieren, daß alle Bewegungen zur Annäherung der Religionen, die in einem etymologischen Sinne ökumenisch sind, dieser Art von Ökumenismus zuzuordnen sind, der eine ganz bestimmte Bewegung innerhalb der katholischen und der protestantischen Kirche umfaßt.

25 Dies ist nicht abwertend gemeint, weil es völlig legitim ist, mit jedem erdenklichen Mittel Frieden unter den Völkern zu schaffen, aber es darf bei diesem Prozeß die religiöse Wahrheit nicht geopfert werden. Die Wahrheit darf selbst um des Friedens willen nicht geopfert werden, denn ein auf der Falschheit basierender Friede kann kein ehrlicher oder dauerhafter Friede sein.

26 Was das Christentum und den Islam betrifft, gab es förmliche und offizielle Begegnungen und Konferenzen, an denen die katholische Kirche, der Weltkirchenrat und einzelne protestantische Kirchen außerhalb des Weltkirchenrats teilnahmen.
Siehe hierzu u. a. die vom Pontifico Instituto di Studi Arabi in Rom herausgegebene Zeitschrift *Islamochristiana*, in der sich erschöpfende Informationen über christlichislamische Konferenzen und Gespräche sowie einige wissenschaftlich interessante Beiträge zum Thema finden. Zum Weltkirchenrat und seinen Aktivitäten auf diesem Gebiet siehe

S. Samartha und J. B. Taylor (Hrsg.), *Christian-Muslim Dialogue*, Genf 1973 sowie *Christians Meet Muslims: Ten Years of Christian-Muslim Dialogue*, Genf 1977. Es gibt viele weitere Arbeiten von diesem Thema verpflichteten Gelehrten wie K. Cragg, der das *City of Wrong: A Friday in Jerusalem* von Kamel Hussein, Amsterdam 1959, in das Englische übersetzt und viele Arbeiten über islamisch-christliche Themen geschrieben hat, u. a. *Alive to God: Muslim and Christian Prayer*, New York 1970, und *The Call of the Minaret*, New York 1965, sowie D. Brown, *Christianity and Islam*, 5 Bde., 1967–70, sowie von der islamischen Seite H. Askari, *Inter-Religion*, Aligarh 1977. M. Talbi, M. Arkoun und verschiedene andere muslimische Gelehrte haben jedenfalls in den letzten Jahren aktiv an diesem Prozeß mitgewirkt, jedoch bediente man sich auf beiden Seiten erstaunlich wenig der Weisheitsperspektive, um ein inneres Verständnis der jeweils anderen Religion zu ermöglichen.

Einer der aufrichtigsten Katholiken und gleichzeitig größten Islamgelehrten, dessen Bemühungen um das christlichislamische Verständnis späteren katholischen Gelehrten als leuchtendes Beispiel hätten dienen können, der indes nicht die Nachfolge fand, die man hätte erwarten können, war L. Massignon. Siehe G. Bassetti-Sani, *Louis Massignon-Christian Ecumenist*, Chicago 1974, sowie Y. Moubarak (Hrsg.), *Verse et controverse*, Paris 1971 (der Herausgeber, der hier Fragen und Antworten im Gespräch muslimischen Gelehrten vorlegt, ist ein ehemaliger Schüler Massignons und versucht hier, einige der Anliegen seines Lehrers im Hinblick auf das islamisch-christliche Verständnis aufzugreifen.

27 Zu einem ernsthaften religiösen Dialog zwischen Islam und Judaimus ohne Einschluß des Christentums ist es wegen der herrschenden politischen Bedingungen im Nahen Osten erst in jüngster Zeit gekommen. Es kommt ihm aber größte Bedeutung zu, wenn er ernsthaft und im Kontext des traditionalen Rahmens beider Traditionen in Angriff genommen wird.

28 Wiewohl Toleranz besser ist als Intoleranz, was andere Religionen als unsere eigene betrifft, ist sie keineswegs ausreichend, denn sie impliziert, daß die andere Religion falsch ist und nur toleriert wird. Ein Verständnis für verschiedene Universen heiliger Form zu haben bedeutet, andere Religionen nicht deshalb zu akzeptieren, weil wir unsere Mitmenschen tolerieren wollen, sondern deshalb, weil diese anderen Religionen wahr sind und von Gott stammen. Diese Perspektive bedeutet natürlich nicht, daß man Falsches mit der Begründung hinnehmen soll, daß jemand oder eine Gruppe daran glaubt.

29 In »normalen« Zeiten, als jede Menschheit in einer eigenen Welt lebte, war eine solche Erkenntnis natürlich höchstens in außergewöhnlichen Umständen notwendig. Die Notwendigkeit eines solchen Eindringens in andere Welten heiliger Form und Bedeutung steigt in dem Maße, wie die moderne Welt die religiöse Homogenität einer menschlichen Kollektivität zerstört.

30 Unter den westlichen Religionswissenschaftlern ist insbesondere W. C. Smith als einer derjenigen zu nennen, die die Bedeutung des Glaubens für das Studium der Religionen am stärksten betont haben. Siehe z. B. sein *Faith of Other Men, Belief and History*, Charlottesville, Va. 1977, und *Faith and Belief.*
31 Über das Verhältnis zwischen Glauben und Wissen siehe Schuon, *Les Stations de la sagesse*, Kap. 2, »Natur und Argument des Glaubens,« und sein *Logique et transcendence*, Kap. 13, »Verstehen und Glauben«.
32 Diese Frage behandelt Schuon in einigen seiner jüngsten Arbeiten, u. a. *Formes et substance dans les religions.*
33 Zu dieser schwierigen Frage siehe M. Pallis, »Is There Room for ›Grace‹ in Buddism?« in seinem *Buddhist Spectrum*, Kap. 4, S. 52–71.
34 Es gibt natürlich viele Faktoren, die einen so schwerwiegenden Schritt wie denjenigen der Konversion begründen, doch ist vom Standpunkt der Universalität der Tradition zu sagen, daß Konversion für einen Menschen völlig legitim sein kann, der auf der Suche nach einer weisheitlichen und esoterischen Lehre oder spirituellen Anleitung ist, die ihm in seiner eigenen Tradition nicht verfügbar ist. In einem solchen Fall vollzieht der Betreffende die Konversion, ohne die Wahrheit der Tradition, die er verläßt, zu verwerfen, sondern vielmehr in der Hoffnung, diese Tradition sogar noch besser kennenzulernen als zuvor. In jedem Fall hat Konversion aus dem Weisheitsstandpunkt niemals etwas mit Proselytismus zu tun, ohne daß dieser Standpunkt die Realität der Dynamik von Missionstätigkeit, religiöser Propaganda und Konversion auf der esoterischen Ebene bestritte.
35 Siehe Ibn al-ʿArabī, *Bezels of Wisdom*, insbesondere Kap. 15. Zu seiner Logoslehre siehe Burckhardt, *Introduction to Sufi Doctrine*, S. 70ff. und seine Einleitung zu *De l'Homme universel* von al-Jīlī.
36 Zur »Realität Muhammads« siehe Ibn al-ʿArabī, a. a. O. S. 272ff.
37 Solche tiefen morphologischen und metaphysischen Vergleiche finden sich in allen traditionalen Schriften zur vergleichenden Religionswissenschaft, insbesondere aber in den Arbeiten von F. Schuon, insbesondere seinem *De l'unité transcendante des religions, Dimensions of Islam* und *Formes et substance dans les religions.*
38 So ist z. B. die Orientierung in einem heiligen Raum ein wesentlicher Bestandteil religiöser Riten, jedoch bedeutet dies nicht, daß sie z. B. in den Riten der Indianer und in der christlichen Messe die gleiche oder auch nur eine vergleichbare Bedeutung hat.
39 Zu diesem Thema siehe Schuon, Formes et substance dans les religions, insbesondere s. 19ff.
40 Damit soll natürlich nicht gesagt sein, daß alle Elemente in allen Religionen vorkommen oder daß zum Beispiel Zeit, Schöpfung oder auch eschatologische Realitäten in jeder Religion dieselben sind.
41 Im Hinblick auf die christliche Mystik werden diese Phasen im allgemeinen Sinne behandelt bei E. Underhill in ihrem *Mysticism, A Study in the*

Nature and Development of Man's Spiritual Consciousness, New York 1960, Teil 2.
42 Siehe Schuon, *Islam and the Perennial Philosophy*, Kap. 1, »Wahrheit und Gegenwart«.
43 Die im arabischen *al-Milal wa' l-niḥal* heißen, wovon das Werk von al-Shahristānī am berühmtesten ist. *Milal* ist der Plural von *millah* und bezeichnet hier die theologischen Anschauungen verschiedener religiöser Gemeinschaften; *niḥlah* ist der Plural von *niḥlah*, was philosophische Schule oder Perspektive bedeutet.
44 Der Fall des Mīr Findiriskī, der Avicenna's *Shifā'* und *Qānūn* in Isfahan lehrte, ein bedeutendes Werk über die Alchemie verfaßte, ein vollendeter metaphysischer Dichter war und einen größeren Kommentar zum *Yoga Vaiṣiṣṭha* schrieb, ist für die Begegnung zwischen der islamischen und hinduistischen geistigen Tradition von besonderer Bedeutung und hätte größere Beachtung in akademischen Kreisen verdient. Über Mīr Findiriskī siehe Nasr, »The School of Isfahan« in *A History of Muslim Philosophy*, Band 2, S. 922 ff. F. Mojtabā' ī hat an der Harvard-Universität eine sehr interessante Doktorarbeit über Mīr Findiriskī und dessen Kommentar zu diesem Sanskrit-Werk in Angriff genommen, jedoch ist dieses Werk unseres Wissens bis heute nicht veröffentlicht.
45 Siehe S. H. Nasr »Islam and the Encounter of Religions«, in *Sufi Essays*, New York 1975, S. 106–34.
46 Nach islamischer Lehre wird der Mahdī, wenn er am Ende der Zeiten auftreten wird, nicht nur den Frieden wiederherstellen, sondern auch die äußeren religiösen Formen aufheben, um ihre innere Bedeutung und ihre essentielle Einheit zu enthüllen, wodurch er alle Religionen vereinigen wird. Ähnliche Berichte finden sich in anderen Traditionen wie z. B. dem Hinduismus, in dem die eschatologischen Ereignisse am Ende des historischen Zyklus ebenfalls mit einer Zusammenführung verschiedener religiöser Formen einhergehen.

X
DIE ERKENNTNIS DES HEILIGEN ALS ERLÖSUNG

Wie man mit Krug den Ton meint und mit Kleid die Fäden,
aus denen es gewoben ist,
so wird mit dem Namen der Welt das Bewußtsein bezeichnet;
leugne die Welt und erkenne sie.
ŚANKARA, APAROKSHANUBHUTI[1]

Und ihr werdet die Wahrheit erkennen,
und die Wahrheit wird euch frei machen.
JOHANNES-EVANGELIUM

Erkenntnis des Heiligen führt zu Freiheit und Erlösung von aller Knechtschaft und Beschränkung, weil das Heilige nichts anderes als das grenzenlose Unendliche und das Ewige ist, während alle Knechtschaft aus der Unwissenheit entspringt, die demjenigen endgültige und unbedingte Wirklichkeit zuschreibt, was keine Wirklichkeit in sich hat, weil die Wirklichkeit in ihrem tiefsten Sinne nur dem Wirklichen allein zugehört. Deshalb erblickt die Weisheitsperspektive in der Erkenntnis das Mittel zur Erlösung und Freiheit oder demjenigen, was Hinduismus *moksa* nennt. Erkennen heißt erlöst werden. Traditionale Erkenntnis ist in der Tat immer auf der Suche nach der Wiederentdeckung dessen, was schon immer bekannt war, aber in Vergessenheit geraten ist. Der Logos, der im Anfang war, hat die Urgründe aller Erkenntnis in sich, und dieser Erkenntnisschatz liegt in der Seele des Menschen verborgen und kann durch Rückerinnerung wiedergewonnen werden.[2] Das Unbekannte liegt nicht irgendwo jenseits der heutigen Erkenntnisgrenzen, sondern im Hier und Jetzt in der Mitte des Menschenwesens, wo es immer war und ist. Unbekannt ist es nur, weil wir seiner Gegenwart nicht gedenken. Es ist eine Sonne, die nie zu scheinen aufgehört hat; nur unsere Blindheit hat uns für ihr Licht unempfänglich gemacht.

Der traditionale Erkenntnisbegriff hat gerade deshalb mit Freiheit und Erlösung zu tun, weil er prinzipielle Er-kenntnis in eine Beziehung zur Vernunft setzt, nicht bloß zum Verstand, und heilige Erkenntnis in einem Zusammenhang mit einer allgegenwärtigen göttlichen Wirklichkeit sieht, die Sein und Erkenntnis zugleich ist, nicht mit einem Prozeß der Anhäufung von Fakten und Konzepten in der Zeit und auf der Grundlage einer allmählichen Weiterentwicklung. Ohne diesem letzteren Erkenntnistyp seine Berechtigung bestreiten zu wollen, den es auch in allen traditionalen Zivilisationen gab[3], betont die Tradition doch jene zentrale Erkenntnis des Heiligen und heilige Erkenntnis, die der Königsweg zur Erlösung von der Knechtschaft aller Beschränkung und Unkenntnis ist, von dem Joch der äußeren Welt, die uns physisch beschränkt, und der menschlichen Psyche, die die unsterbliche Seele in uns gefesselt hält.

Während die Tradition der normalen Erkenntnisfunktion des Geistes ihren Rang beläßt, die auf dasjenige geht, das wir durch die Sinne und die verstandesmäßige Analyse dieser empirischen Daten empfangen[4], läßt sie sich doch nicht herbei, die Rolle der Erkenntnis auf diese Ebene oder die Rolle der Intelligenz auf ihre analytische Funktion zu beschränken. Sie erblickt den Adel der menschlichen Vernunft in ihrer Fähigkeit, jenes Wissen zu erlangen, das jenseits der Zeit und des Werdens ist, das den Menschen, statt ihn immer mehr in die Anhäufung von Einzelheiten und Fakten zu verstricken, zur Ebene jenes unbeschränkbaren Seins erhebt, das die Quelle alles Seienden und doch jenseits desselben ist. Dieses Sein erkennen heißt grundsätzlich alles Seiende erkennen und daher von der Knechtschaft alles beschränkenden Daseins frei zu werden.[5] Gewöhnliche Erkenntnis geht auf Eigenschaften und Zustände existierender Dinge. Sie ist zwar auf ihrer eigenen Ebene legitim, führt aber nicht zur Freiheit und Erlösung. Im Gegenteil: Wenn noch die Leidenschaft hinzukommt, kann sie den Menschen in das Spinnennetz der māyā verstricken und ihn, während sie ihn zu immer mehr Wissen von Einzelheiten und Fakten führt, das ihm als Erweiterung seines Erkenntnishorizonts erscheint, in Wirklichkeit immer mehr den Beschränkungen einer bestimmten Erkenntnis und auch Daseinsebene unterwirft. Die Erkenntnis, die erlöst, geht aber auf die Wurzel des Daseins selbst. Sie beruht auf der fundamentalen Unterscheidung zwischen Ātman und māyā und der Erkenntnis der māyā im Lichte des Ātman. Es ist prinzipielle Erkenntnis, das *Lā ilāha illa' Llāh*, die alle Wahrheit und alle Erkenntnis in sich birgt und von aller Beschränkung erlöst. Das Dasein im hellen Licht der Vernunft zu erkennen heißt, dem Bann jener beschränkten Erkenntnis zu entgehen, die den Geist fesselt, und dies durchaus im wörtlichen Sinne.

Damit die Erkenntnis erlösen kann, muß sie vom ganzen Menschen realisiert werden und alles erfassen, was den menschlichen Mikrokosmos konstituiert. Die geistige Intuition ist zwar ein kostbares Geschenk des Himmels, aber sie ist noch keine realisierte Erkenntnis. Die geistig erfaßte Wahrheit ist, wiewohl sie die Wahrheit und daher von höchstem Wert ist, das eine, ihre Realisierung ein anderes.[6] Realisierte Erkenntnis berührt nicht nur die Intelligenz, die das Erkenntnisinstrument par excellence ist, sondern auch den Willen und die Psyche. Sie erfordert den Erwerb spiritueller Tugenden, denn dies ist die Art und Weise, in der der Mensch an jener Wahrheit teilhat, die selbst übermenschlich ist. Realisierte Erkenntnis wirkt sich selbst auf den körperlichen Bereich aus und transformiert diesen. Die physische Ausstrahlung des Weisen, des durch die Gnosis erlösten, ist eine Abspiegelung des Lichtes der Heiligen Erkenntnis selbst auf der physischen Ebene. Realisierte Erkenntnis hat ihren Sitz im Herzen, das die Seinsgrundlage sowohl des Geistes wie auch des Körper ist und daher notwendigerweise sowohl den Geist als auch den Körper transformiert. Sie ist ein Licht, in das das ganze Sein des Menschen gebadet ist, weil es den Schleier der Unkenntnis von ihm nimmt und ihn in das Kleid einer glanzvollen Helle hüllt, die die Substanz jener Erkenntnis selbst ist. Der Prophet sagt: »Erkenntnis ist Licht« (al-'ilmu^u nūr^{um}). Realisierte Erkenntnis kann nur die Realisierung jenes Lichtes sein, das nicht nur den Geist erleuchtet, sondern auch die Seele verschönt und den Körper durchstrahlt, während auf der praktischen Ebene die Realisierung selbst die Schulung von Leib und Seele zur notwendigen Vorbedingung hat, eine Schulung, die den menschlichen Mikrokosmos für den Empfang des »sieghaften Lichtes«[7] heiliger Erkenntnis vorbereitet.

Der Mensch ist der Gefangene seiner eigenen Leidenschaften, die in der Regel die »normale« Funktion der ihm innewohnenden Intelligenz im Einklang mit der Urnatur des Menschen oder demjenigen verhindern, was der Islam *al-fiṭrah*[8] nennt.

Gebrechen wie Stolz, Kleinmütigkeit und Falschheit sind Deformationen der Seele, die der Realisierung der Erkenntnis hinderlich sind. Die Weisheitsperspektive sieht diese Übel oder Sünden nicht nur aus moralischer Sicht, soweit sie mit dem Willen des Menschen zu tun haben, sondern auch aus ontologischer Sicht, soweit sie in einem Zusammenhang mit Sein und Erkenntnis stehen. Dem Menschen gebührt nicht Stolz, sondern Bescheidenheit, denn Gott ist, während wir nicht sind, und der Nachbar besitzt gewisse Vollkommenheiten, die wir nicht haben. Die Bescheidenheit hat daher eine vernünftige, nicht eine gefühlsmäßige Begründung.[9] Dasselbe gilt für Nächstenliebe, Wahrhaftigkeit und die anderen Kardinaltugenden, deren Abwesenheit oder Inversion die Verformung der Seele ausmacht und theologisch gesprochen zur Sündhaftigkeit führen. Zur Realisierung der Erkenntnis muß der Mensch diese Tugenden pflegen und die Seele in der Weise schön machen, daß sie der Heimsuchung durch den Engel der Erkenntnis würdig wird. Von heiliger Erkenntnis zu sprechen, ohne die entscheidende Bedeutung der Tugenden als die conditio sine qua non für die Realisierung dieser Erkenntnis mit einzubeziehen, heißt die traditionale Weisheitsperspektive völlig verkennen.[10] Die Tugenden sind so wichtig, daß viele Sufi-Traktate, die sich mit Gnosis befassen, hauptsächlich von den Tugenden und nicht von reiner Erkenntnis selbst handeln[11] und damit die Seele für den Empfang reiner Gnosis vorbereiten wollen, die dann als Einheitserlebnis oder *tawḥīd* beschrieben wird.

Die Weisheitsperspektive führt alle Sünden oder Verformungen der Seele auf die eine oder andere Unwissenheit oder Falschauffassung zurück, die durch Erkenntnis zu heilen ist, was freilich nicht bedeutet, daß die Krankheit nicht vorläge und daß die Therapie nicht angewandt werden müßte. Die Tatsache, daß aus der Sicht der Weisheitsperspektive die Wurzel unseres Stolzes unsere Unkenntnis der Wahrheit ist, daß Gott alles ist und wir nichts sind, bedeutet nicht, daß wir diese theoretische Erkenntnis im Bewußtsein haben und trotzdem stolz bleiben können. Dies ist nicht anders, als wenn man bloß in einem Buch läse, daß eine bestimmte Arznei das Heilmittel für eine bestimmte Krankheit ist. Dieses Wissen alleine würde die Krankheit nicht heilen. Irgendwann einmal muß die Medizin geschluckt werden, wie bitter sie auch schmecken mag. Ebenso muß der Mensch die Tugend der Bescheidenheit wirklich kultivieren, auch wenn er theoretisch erkannt hat, daß ihre Bedeutung eine geistige, nicht eine gefühlsmäßige ist. Nur wenn der Mensch wirklich bescheiden wird, erkennt er in seinem eigenen Wesen die Wirklichkeit, die der Bescheidenheit zugrundeliegt und diese notwendig macht. Dies gilt ebenso für die anderen Tugenden. Auf welchen Tugenden jeweils der Nachdruck liegt, hängt natürlich von der Struktur jeder einzelnen Tradition und der spirituellen Realität des Begründers ab, der immer in der einen oder anderen Weise als Muster und Modell nachgeahmt wird. Die Kardinaltugenden wie Demut, Nächstenliebe und Wahrhaftigkeit aber sind immer vorhanden, weil sie dem tiefsten Wesenskern der menschlichen Verfassung entsprechen und Stufen der spirituellen Realisierung sind.[12]

Die Tugenden sind unsere Art der Teilhabe an der Wahrheit. Wie schon gesagt, fordert das Heilige den ganzen Menschen. Dies gilt ganz besonders für die heilige Erkenntnis. Hierin ist die Notwendigkeit der Tugenden begründet, die die Verschönerung der Seele nach dem Bilde der Wahrheit sind. Unnötig zu sagen, daß – metaphysisch gesprochen – die Erlangung höchster, zur Erlösung führender Erkenntnis die Erkenntnis der Relativität alles Relativen einschließlich der Seele und der Tugenden bedeutet und die Hingabe der Seele als ein Geschenk an Gott beinhaltet. Dieses Hinausgehen über das Reich der Seele ist aber nur auf dem Wege der Transformation der Seele selbst möglich, denn man kann Gott kein Geschenk anbieten, das seiner Erhabenheit unwürdig ist und seine Schönheit nicht widerspiegelt. Das Heilige, das die göttliche Gegenwart selbst ist, transmutiert die Seele und verleiht ihr Schönheit, Kraft und Intelligenz; dann aber, und nur dann, nimmt sie diese Geschenke an und öffnet die Tür zu den inneren Gemächern des Heiligen selbst, in denen der Mensch jene erleuchtende und vereinigende Gnosis empfängt, die alle Andersheit und Trennung aufhebt. Die Bedeutung der Tugenden im Namen der Höchsten Identität zu übersehen oder herabzumindern ist ebenso eine Frucht der Ignoranz oder *avidyā* wie die Ablehnung der Formen auf ihrer eigenen Ebene im Namen des Formlosen, als könnte man jemals etwas von sich werfen, was man nicht besitzt, oder über einen Ort hinausgelangen, an dem man sich noch nicht einmal befindet.

Die Verknüpfung realisierter Erkenntnis mit den spirituellen Tugenden macht deutlich, wie weit diese Erkenntnis von dem rein geistigen Erfassen von Konzepten und Urteilen über diese Tugenden entfernt ist. Dieser Unterschied scheint auch in dem organischen und unverbrüchlichen Zusammenhang auf, der zwischen Erkenntnis im hier gemeinten Sinne und Liebe im Gegensatz zur rein mentalen Erkenntnis besteht, die ohne jede Beziehung zu Liebe oder zu Eigenschaften desjenigen bestehen kann und auch besteht, der eine solche Erkenntnis hat. Bei der Erlangung heiliger Erkenntnis muß das Element der Liebe vorhanden sein, weil das Ziel dieser Erkenntnis Vereinigung ist und sie das ganze Wesen des Menschen einschließlich der Kraft der Liebe in der menschlichen Seele umfaßt. Wiewohl der Pfad der Liebe und derjenige der Erkenntnis sich stark voneinander unterscheiden, kann der Gnostiker, der *jñāni* oder *al-'ārif bi'-Llāh* nicht ohne das sein, was Liebe impliziert, auch wenn sich sein Pfad nicht auf die Ich-Du-Dualität beschränkt, die den spirituellen Weg kennzeichnet, der nur auf der Liebe oder *bhakti* beruht. Die christliche Mystik ist größtenteils eine Liebesmystik[13], doch fehlte innerhalb der christlichen Tradition wie auch anderswo auch in der gnostischen Perspektive, wo es sie gab, niemals die Dimension der Liebe, wie sich am Beispiel eines Dionysius oder Eckhart aufzeigen läßt.

In denjenigen Traditionen, deren Spiritualität – wie im Islam – überwiegend gnostisch ist, ist das Element der Liebe ständig anwesend, wie die Werke eines Ibn 'Arabī oder Rūmī belegen. Das Element der Liebe wiederum ist sogar in der Weisheitsperspektive einer Tradition wie dem Hinduismus gegenwärtig, in dem der Pfad der Erkenntnis schärfer abgegrenzt und von demjenigen der Liebe getrennt ist. Man darf ja nicht vergessen, daß Śaṅkara, der höchste Meister hinduistischer Gnosis, der der Vater der Advaita Vedanta-Schule ist, für die nur Ātman letztlich wirklich ist und alles andere māyā, die durch das Licht der Erkenntnis und Unterscheidung durchschaut werden kann, Andachtshymnen an Śiva verfaßte. Im Islam hat ein Ibn ʿArabī, der die Lehre von der transzendenten Einheit des Seins (waḥdat al-wujūd) formulierte, in der Sprache der Liebe geschriebene Werke verfaßt, die von der Kraft des Liebessehnens nach dem Geliebten durchdrungen sind, wie etwa sein *Tarjumān al-ashwāq* (Dolmetscher der Sehnsüchte) belegt. Außerdem bekräftigt er, daß letztlich nach Erlangung des höchsten Zustandes der Realisierung »der Herr der Herr und der Knecht der Knecht bleibt«.[14] Der Pol der Vereinigung, der die Realisierung des Einen durch Erkenntnis und das Durchschreiten der Pforte der Vernichtung und des Nichts beinhaltet, schließt den anderen Pol nicht aus, der auf der Beziehung zwischen dem Liebenden und dem Geliebten oder dem Knecht und dem Herrn beruht, um mit Ibn ʿArabī zu sprechen. Nur durch realisierte Erkenntnis kann der Mensch diese Wahrheit erreichen und die aktuelle Erfahrung des Einen kosten, die es doch dem Knecht erlaubt, das Bewußtsein seines eigenen Nichts im Lichte des Einen zu haben.[15] Nur die Gnosis kann die Erlangung jener heiligen Erkenntnis ermöglichen, und doch ist reine Erkenntnis untrennbar mit Liebe verbunden, wie die Strahlen der Sonne selbst Licht und lebensspendende Wärme zugleich aussenden. Es gibt keine gemeinsame Basis zwischen der Erkenntnis der letzten Wirklichkeit, die der Gnostiker meint, und dem philosophischen Monismus, der das Eine auf eine begriffliche Vorstellung reduzieren möchte, die logisch der Ich-Du-Dualität und all den anderen prinzipiellen Differentiationen entgegengesetzt ist, von denen die scientia sacra spricht, wie es auch keinen inneren Zusammenhang zwischen der Realisierung der Wahrheit und der intellektuellen Auseinandersetzung mit dieser gibt.

Die Beziehung zwischen Erkenntnis und Liebe und die Unterscheidung zwischen theoretischer Erkenntnis auch traditionalen Charakters und realisierter Erkenntnis kommen im Sufismus in der Art und Weise zum Ausdruck, die Meister wie Rūmī, ʿAṭṭār oder Najm al-Dīn Rāzī[16] von Erkenntnis oder »Vernunft« (ʿaql) und Liebe (ʿishq) sprechen. Auf den ersten Blick scheint es, daß sie lediglich vom Pfad der Liebe sprechen, daß es ihnen um eine Art Liebesmystik geht, bis wir im Mathnawī einem Vers wie dem folgenden begegnen:

Wir sind nichtseiend im Anschein des Daseins;
Du bist das Absolute Sein, unser wirkliches Sein.[17]

Dann erkennen wir, daß solche Sufis, wenn sie die »Erkenntnis« im Namen der »Liebe« verwerfen, nur auf die entscheidende Bedeutung der Erkenntnisrealisierung und das Fehlen eines gemeinsamen Nenners zwischen theoretischer und realisierter Erkenntnis hinweisen wollen. Für sie gibt es die Stufe theoretischer Erkenntnis, dann die Liebe, und dann die realisierte Erkenntnis, die das Element der Liebe einschließt und die sie ʿishq oder Liebe selbst nennen, um sie von der theoretischen Erkenntnis oder ʿaql zu unterscheiden. Ihre Perspektive bestreitet daher keineswegs den hohen Rang der Erkenntnis, sondern basiert gerade auf einer Erkenntnis, die aktualisiert ist und die Gesamtheit des menschlichen Seins aufgesogen hat. Den ganzen Zusammenhang zwischen traditionaler Erkenntnis theoretischer Art – freilich im positiven Sinne der Theorie als *theōria* oder geistige Schau – und realisierter Erkenntnis, den die Sufis dieser Schule ʿishq nennen, hat Ḥafiẓ in einem einzigen Vers zusammengefaßt:

Die mit »Vernunft« [ʿāqilān] Begabten sind der Drehpunkt des Kompasses des Daseins,
aber die Liebe [ʿishq] weiß, daß sie in diesem Kreis in Verwirrung wandeln.[18]

Traditionale Erkenntnis auch theoretischer Art ist auf die Mitte des Daseins und nicht auf einen Randpunkt bezogen, doch weiß nur realisierte Erkenntnis um die Relativität jeder Begriffsbildung und jeder gedanklichen Formulierung gegenüber dem Absoluten und von jener Verwirrung, die nicht das Ergebnis der Unkenntnis, sondern der Erschütterung vor der Göttlichen Wirklichkeit ist. Diese Verwirrung ist keine andere als diejenige, die der Prophet des Islams meinte, als er betete: »O Herr, mehre unsere Verwirrung in Dir.«[19]

Heilige Erkenntnis steht auch nicht im Gegensatz zum Handeln, sondern schließt es auf der höchsten Ebene ein, weil sie die Dimension der Liebe umfaßt. Heute erblickt man vielfach einen Widerspruch zwischen Vita activa und Vita contemplativa. In der modernen Welt, in der die Kontemplation fast ganz einem Leben völlig veräußerlichten Handelns geopfert wurde, muß man freilich auch die Unabhängigkeit und sogar den Gegensatz der Kontemplation zum Handeln betonen, wie man es heute versteht. Trotzdem besteht kein innerer Widerspruch zwischen beidem. Die höchste Form des Handelns ist die Anrufung des göttlichen Namens im Gebet des Herzens, die vom Menschen die volle Beteiligung seines Willens und die Konzentration seines Geistes verlangt und es ihm ermöglicht, die vollkommenste und mächtigste Handlung überhaupt zu vollbringen, eine Handlung, deren letztes Agens Gott ist.[20] Diese Handlung ist aber auch die Quelle der Erkenntnis und mit der Kontemplation untrennbar verbunden.[21] Auf der höchsten Ebene begegnen sich also Erkenntnis und Handeln, während auf der Ebene des Handelns selbst Gnostiker und Kontemplative gewaltige Taten vollbracht haben, vom Verfassen umfangreicher Werke bis zur Schaffung großer Kunstwerke, ganz zu schweigen von der Gründung von Institutionen sozialer und politischer Art. Der Prototyp dieser Vermählung von Erkenntnis und Handeln erscheint freilich in jenen vollgültigen Manifestationen des Logos, nämlich den großen Propheten und *avatārs*, die sowohl vollkommene und totale Erkenntnis haben als auch das Leben einer ganzen menschlichen Gesellschaft transformieren. Der Pfad des Handelns oder das, was die Hindus *karmayoga* nennen, kann nicht denjenigen der Erkenntnis in sich schließen, weil das Geringere niemals das Größere umfassen kann. Weil vielmehr die Erkenntnis das höchste Instrument spirituellen Fortschritts ist, schließt sie den Pfad des Handelns wie denjenigen der Liebe ein und erlöst den Menschen von den Beschränkungen sowohl des schematischen Agierens und Reagierens als auch von der Dualität, die mit der als Gefühl verstandenen Liebe verknüpft ist; sie vereinigt alles auf sich, was positiv ist an der Fähigkeit zur Liebe wie zum Handeln, die beide, wie die Erkenntnis, Merkmale jenes theomorphen Wesens sind, das man den Menschen nennt.

Nach diesen Anmerkungen zur Struktur und zum Inhalt heiliger Erkenntnis in ihrer Beziehung zur Gesamtheit der menschlichen Verfassung sind noch einige Worte darüber zu sagen, wie solche Erkenntnis erlangt werden kann, wenn auch die ausführliche Behandlung eines solchen Themas eine umfassende eigene Studie erfordern würde. Wie erlangt man Zugang zu jener Erkenntnis, die heiligt und erlöst? Auf der Grundlage all dessen, was bisher gesagt wurde, kann die Antwort nur lauten: durch Tradition. Diese Antwort ist freilich notwendig, aber für sich genommen noch nicht hinreichend, weil sich heilige Erkenntnis mit Dingen einer wahrhaft esoterischen Natur befaßt, die auch im traditionalen Zusammenhang nicht jedem gelehrt werden und sogar schädlich sein können, wenn sie an Unvorbereitete weitergegeben werden. Weiterhin steht eine solche Erkenntnis immer in einem Zusammenhang mit der Ethik. Es müssen moralische Anforderungen an denjenigen gestellt werden, der unterrichtet werden soll; dies ganz im Gegensatz zu der Situation in der modernen Welt, in der die Weitergabe von Wissen mit der moralischen Qualifikation des Empfängers solchen Wissens nichts zu tun hat. Die traditionale Anschauung ist hier eine ganz andere, und zwar nicht nur was Weisheit betrifft, sondern jegliche Art von Erkenntnis überhaupt. Man sieht dies schon im Bereich der Unterweisung in künstlerischen und handwerklichen Fähigkeiten, wo die Ausbildung eine ethische wie eine technische ist. Niemand kann in einer bestimmten handwerklichen Fähigkeit unterwiesen werden, ohne die notwendigen moralischen Qualifikationen zu besitzen und ohne auch zur Einhaltung gewisser ethischer Tugenden angehalten zu werden. Wenn die Unterweisung in handwerklichen Techniken von der moralischen Qualifikation des Schülers abhängt, den der Meister für geeignet hält oder nicht, wieviel mehr gilt dies dann für Wissenschaften, die letztlich göttlichen Charakters sind und die dem Menschen nicht einfach zur beliebigen Verfügung gegeben sind! Wenn diese Art von Erkenntnis wirksam gelehrt werden soll, müssen gewisse Potentialitäten und Energien im Menschenwesen aktualisiert werden, zu denen der gewöhnliche Mensch keinen Zugang hat und die nur erreicht werden können, wenn mit Hilfe bestimmter Schlüssel die Türen zu den inneren Gemächern der Seele und zu den höheren Ebenen des Seins und Bewußtseins geöffnet werden.

Alle diese und viele ähnliche Überlegungen, die in der Natur der Dinge selbst liegen, münden innerhalb derjenigen Traditionen, die die Mittel zur Erlangung heiliger Erkenntnis besaßen, in die Notwendigkeit, diese Mittel in Personen, Orden und Organisationen von esoterischem und Initiationscharakter zu kanalisieren. Es besteht eine Notwendigkeit spiritueller Schulung; daher der Meister, der das Wissen hat und andere lehren kann, der Meister, der den gefährlichen Pfad des kosmischen Berges bis zum Gipfel erklommen hat und andere anleiten kann, es ihm nachzutun. Es besteht die unverzichtbare Notwendigkeit einer speziellen Befähigung oder Gnade, die nur von der Quelle der jeweiligen Tradition kommen und die nur gültig bleiben kann, wenn die Kette der Überlieferung nicht unterbrochen wurde oder jedenfalls Zugang zur Quelle der Tradition besteht.[22] Es besteht die Notwendigkeit, eine Lehre zu erhalten und zu schützen, die nicht jedem gelehrt werden kann und die, wie dargelegt, denjenigen zum Schaden gereichen kann, die nicht berufen sind sie zu empfangen. Es besteht die Notwendigkeit, diese Art von Erkenntnis vor der Profanisierung zu schützen. Alle diese Gründe haben innerhalb von Traditionen, die dem geschichtlichen Zeitraum angehören, in dem kosmische Bedingungen die Trennung exoterischer und esoterischer Anschauungen notwendig machen[23], die Schaffung geeigneter Initiationseinrichtungen innerhalb dieser Traditionen, von Mitteln zur Weitergabe, Unterweisung usw. notwendig gemacht, was man auch heute noch in Welten beobachten kann, die so weit voneinander entfernt sind wie diejenige des japanischen Zen und des marokkanischen Sufismus.

In normalen Zeiten wurde heilige Erkenntnis nicht in Büchern weitergegeben, und wenn, dann lag sie dort in einer Form vor, die des traditionalen mündlichen Kommentars bedurfte, um ihren wahren Gehalt zu offenbaren.[24] Wie Plato, selbst ein Meister der Gnosis sagte, findet man die ernsthaften Dinge nicht in den Büchern. Über die Jahrtausende hin hat heilige Erkenntnis nicht deshalb überlebt, weil die Handschriften der Meister in sorgfältig unterhaltenen Büchereien aufbewahrt wurden, sondern weil es mündliche Überlieferung und eine lebendige spirituelle Gegenwart gab, weil in jeder traditionalen Welt, in der eine solche Erkenntnis überlebte, der Logos den Geist und in der Tat das ganze Sein mancher Menschen erleuchtete, die mit ihren ganzen Herzen und ihrer ganzen Seele der Religion angehörten, die den Kern dieser traditionalen Welt bildete. Die Realisierung heiliger Erkenntnis mußte notwendigerweise nach einer strengen Praxis erfolgen, die verborgen gehalten wurde, um sowohl jene Erkenntnis als auch diejenigen zu schützen, die, unvorbereitet für ihren Empfang, durch sie hätten Schaden erleiden können, wie für ein kleines Kind die Aufnahme einer Speise, von der sich ein Erwachsener täglich ernährt, tödlich sein kann.

Die Realisierung heiliger Erkenntnis war und ist daher immer an die Möglichkeiten gebunden, die die Tradition bereithält. Wenn man also heilige Erkenntnis in ihrer Essenz und in ihrem Vorhandensein in der menschlichen Geschichte ernst nimmt, ist sie von Offenbarung, Religion, Tradition und Orthodoxie nicht zu trennen. Die Heerscharen von Pseudomeistern, die heute über die Erde pilgern, können keine Pflanze zum Blühen bringen, deren Wurzeln abgerissen wurden, wieviele schöne Worte oder Ideen sie auch aus dem unerschöpflichen Weisheitsschatz zu extrahieren versuchen, der in Ost und West zu finden ist. Die Möglichkeiten des menschlichen Intellekts, die aktualisiert werden müssen, damit der Mensch wirklich und dauerhaft heilige Erkenntnis erlangt, können nur von der göttlichen Vernunft aktualisiert werden, dem Logos, und jenen objektiven Logosmanifestationen, die die verschiedenen Religionen sind. Jeder, der den Anspruch erhebt, selbst und unabhängig von einer lebendigen Tradition eine solche Funktion zu erfüllen, maßt sich in Wirklichkeit an, selbst der Logos oder die Manifestation des Logos zu sein, was angesichts dessen, was sich heute auf diesem Gebiet abspielt, ebenso absurd ist wie die Behauptung, der Blitz zu sein, ohne über die Lichterscheinung oder den Donner zu verfügen, der mit ihm einhergehen muß. Ein Baum ist immer nach den Früchten zu beurteilen, die er trägt. Die *scientia sacra*, die aus der Tradition hervorgegangen ist und die die Frucht der Realisierung ist, ist mit dem Duft der Gnade imprägniert und in Formen himmlischer Schönheit gekleidet – ganz im Gegensatz zu jenem anmaßenden »esoterischen« und okkultistischen Wildwuchs unserer Zeit, der, auch wenn er sich aus einer bunten Vielfalt von Quellen traditionales Teilwissen zusammengebettelt hat, völlig jener Gnade und Schönheit entbehrt, die befreit und von allen authentischen Äußerungen des Geistes nicht zu trennen ist.

Die Tatsache, daß heilige Erkenntnis per definitionem für eine kleine Schar Auserwählter bestimmt ist, bedeutet weder, daß andere Menschen von der Heilserwartung im religiösen Sinne ausgeschlossen sind, noch daß die Bedeutung und der Sinngehalt einer solchen Erkenntnis deshalb auf diese Wenigen beschränkt bleibt. In allen Traditionen ist das Leben und Sterben in einer Weise geregelt, die für jeden in dieser Tradition stehenden gilt und es jedem Menschen erlaubt, ein Leben zu führen, das entweder in die jenseitige Glückseligkeit oder Verdammung, in einen paradiesischen oder höllischen Zustand führt. Die Wege des Handelns und der Liebe sind allen zugänglich. In Religionen mit einem göttlichen Gesetz wie dem Islam kennt dieses Gesetz oder die *Sharīʿah* keine Ausnahme und muß von jedem im rechten Geiste befolgt werden, von den Gnostikern und Weisen wie Junayd und Ḥallāj bis hin zu dem einfachen Bauern im Felde oder dem Flickschuster im Basar. Es steht daher in keinerlei Widerspruch zur göttlichen Gerechtigkeit, wenn der Weisheitspfad einer intellektuellen Elite vorbehalten bleibt, weil denjenigen andere Wege offen stehen, deren Natur das Rüstzeug für den Pfad der Erkenntnis versagt geblieben ist.[25]

Ebensowenig wird die Bedeutung heiliger Erkenntnis dadurch geschmälert, daß nur wenige ihrem Ruf folgen können. Dies gilt schließlich für alle Erkenntnis, auch diejenige profaner Art. Wieviele Physiker gibt es in der Welt, und wieviele Menschen können verstehen, was an der Front der Physik heute geschieht? Und doch hat das, was diese wenigen Pioniere der Physik theoretisch postulieren, entwickeln und entdecken, weitreichende Auswirkungen auf das Leben auf unserem Planeten. In den zwanziger und dreißiger Jahren, als im Grunde alle Physiker, die auf ihrem Gebiet bahnbrechendes leisteten, leicht in einem einzigen Auditorium oder einem großen Vorlesungssaal Platz gehabt hätten, wurden neue Theorien und Techniken entwickelt, die die Welt bald im wörtlichen wie im übertragenen Sinne erschütterten. Im Falle der heiligen Erkenntnis war der Einfluß des Wissens der Wenigen auf das Leben der Vielen seit jeher aus einer Vielzahl von Gründen noch größer, deren geringster gewiß nicht die Tatsache ist, daß die moderne Physik nichts mit Ethik zu tun hat, während heilige Erkenntnis immer in einem Bezug zu den ethischen Fundamenten der Religion stand, in der die jeweilige Weisheitsform zur Blüte kam. Die Esoterik war in jeder Tradition immer die esoterische Dimension eben dieser Tradition und keiner anderen. Aus diesem

Grund ist der Beziehungszusammenhang des taoistischen Weisen mit dem Leben der chinesischen Gesellschaft insgesamt oder eines Clemens von Alexandrien mit der christlichen Gemeinde oder eines Sufi-Heiligen und -Gnostikers wie Shaykh Abu l-Hasan al-Shadhili mit der islamischen Welt viel tiefreichender und ihr Einfluß viel umfassender und nachhaltiger als derjenige der zeitgenössischen Wissenschaftler zur modernen Gesellschaft. Von den modernen Philosophen braucht man hier gar nicht zu reden, deren Einfluß auf die sie umgebende Welt praktisch gleich Null ist, sofern sie nicht zu Vertretern pseudoreligiöser Ideologien wie dem Marxismus werden, die die Stelle der Religion selbst einnehmen wollen. In letzterem Falle haben wir es nicht mehr mit Wissenschaft oder Philosophie im üblichen Sinne des Wortes zu tun, sondern mit Massenideologien, die gerade wegen ihrer Popularität nicht mehr von streng »geistiger« Natur oder dem reinen Reich der Erkenntnis zugewandt sein können.

Die quantitativ begrenzte Ausdehnung des Reiches der heiligen Erkenntnis und die Tatsache, daß ihre Verkünder immer nur eine kleine Zahl waren, impliziert also in keiner Weise eine Beschränkung ihres Einflusses innerhalb einer ganzen Welt. Eine einzelne Lampe kann einen großen Bereich ihrer Umgebung erhellen. Ebenso ermöglicht die bloße Existenz heiliger Erkenntnis denjenigen, die ihren Anforderungen genügen und einen weisheitlichen Pfad einschlagen können, nicht nur die umfassende Befreiung und Erlösung, sondern hält auch Schlüssel und Antworten bereit, die jede religiöse Gemeinschaft braucht, um ihr Gleichgewicht erhalten zu können. Eine solche Erkenntnis liefert gewisse geistige Stützen für den Glauben und hilft auch denjenigen, die ihrem Anruf nicht direkt folgen können, in einer religiösen Welt zu leben, die gegen die Zweifel und den Skeptizismus gefeit ist, die sich letztlich gegen den Glauben selbst wenden. Nur solche Erkenntnis kann den Geist umfassend ergreifen und den Verstand wieder mit dem Glauben zusammenführen und verhindern, daß der Geist und seine rationalen Fähigkeiten sich jenem unersättlichen und fressenden Rationalismus unterwerfen, der wie eine Säure das lebendige Gewebe der Welt des Menschen und der Natur verätzt. Die bitteren Erfahrungen der modernen Welt sind ein kategorischer Beweis dafür, wenn denn ein solcher notwendig ist, was mit einer Welt geschieht, in der heilige Erkenntnis so verfinstert wird, daß sie praktisch unzugänglich und jedenfalls zu so marginaler Bedeutung herabgemindert wird, daß sie im sogenannten geistigen Leben einerseits oder sogar dem religiösen Leben einer Gemeinschaft keine Rolle mehr spielen kann.

Doch kehren wir zur Frage der Realisierung heiliger Erkenntnis selbst zurück. Das Ziel dieser Erkenntnis ist die letzte Wirklichkeit, die Substanz über allen Akzidenzien, die Essenz über allen Formen. Weil aber der Mensch in der Welt der Formen lebt, sind auch für den Weisheitspfad, der nach der Höchsten Wirklichkeit strebt, die Formen von größter Bedeutung, und letztlich kann, wie schon erwähnt, nur die Weisheitsperspektive den Schlüssel zu der wahren Bedeutung der Formen und Symbole liefern. Wer Gott in Liebe zugewandt ist, kann in seinem Zustand der spirituellen Trunkenheit die Gleichgültigkeit der Formen behaupten; der Gnostiker aber, dessen Ziel Erkenntnis ist, muß in die Bedeutung der Formen eindringen, um über diese hinauszugelangen. Dies ist der Grund, warum in verschiedenen Traditionen die Metaphysik der Kunst von einem Platon, Plotin, Dionysos, Shih-T'ao und anderen erläutert wurde, die sämtlich der Weisheitsperspektive ihrer Tradition angehören. Metaphysisch gesprochen ist das Verständnis der Formen ein Aspekt der intellektuellen Reise des Gnostikers zum Formlosen, während initiatorisch und auch operativ Formen als Wegzehrung für diese Reise eine entscheidende Rolle spielen. Ob es nun ein bestimmtes Symbol, das durch die Tradition geheiligt ist, der der Gnostiker jeweils angehört, oder ein bestimmtes Werk heiliger Kunst, oder ein Landschaftselement wie ein Berg, ein Baum oder ein See ist, mit dem er sich »identifiziert« – Formen spielen eine zentrale Rolle im Leben derjenigen, die am klangvollsten das Formlose besungen haben. Śrī Ramana Maharshi, der sehr jñāni-haft einfach fragte: »Wer bin ich?«, »identifizierte« sich mit dem heiligen Berg Arunachala[26], während Ibn ʿArabī zu einem seiner großartigsten Werke über die Gnosis durch den Anblick des Antlitzes einer jungen Perserin inspiriert wurde, die die *Kaʿbah* umschritt.[27] Jene Meister der Weisheit, die das andere Ufer erreicht haben, die Gestade des Formlosen, taten dies auf den Schwingen der Formen, von welcher Art diese Formen auch immer waren. Sie waren meist auch von jenem Typus spiritueller Persönlichkeit, der besonders empfänglich für Formen war, und sie schufen bei ihrer Darlegung der Erkenntnis des Formlosen Werke von großer Schönheit, wie wenn sie durch ihr eigenes Wesen der sie umgebenden Welt das metaphysische Prinzip beweisen wollten, daß Schönheit der Abglanz der Wahrheit ist.

Die grundlegende Form, die den Gnostiker an die Gestade jenseits aller Formen trägt, ist natürlich jene zentrale Theophanie im Mittelpunkt der Offenbarung, die das Gebet in seinem innersten und universalsten Sinne bildet. Der Aspirant heiliger Erkenntnis betet wie alle Menschen, die sich ihrer menschlichen Berufung bewußt sind. Er vollzieht aber auch jenes quintessentielle Gebet, welches das Gebet des Herzens ist, die Anrufung des göttlichen Namens mit den entsprechenden meditativen und kontemplativen Techniken. Wiewohl es gewiß auch andere Wege der spirituellen Realisierung auf der Grundlage anderer Formen als Bilder und Symbole gibt, ist in dieser Epoche des kosmischen Zyklus die meditative Anrufung des Namens der Gottheit, wie sie im Gebet des Herzens der Orthodoxie, dem *nimbutsu* Jodo-Shin-Buddhismus, dem *japa yoga* im Hinduismus oder im *dhikr* des Sufismus zu finden ist, der primäre Weg der spirituellen Realisierung und das Mittel der Wahl für die Erlangung jener heiligen und heiligenden Erkenntnis.[28] Dieses quintessentielle Gebet, das das Gebet des Gnostikers ist, ist nicht wirklich das Gebet des Menschen zu Gott; vielmehr »betet« Gott selbst im Menschen. Die Anrufung des göttlichen Namens geschieht nicht durch den Menschen als solchen, sondern durch die Gottheit, die ihren eigenen Namen im Tempel des gereinigten Leibes und der gereinigten Seele ihres themorphen Geschöpfs anruft. Ebenso wird die heilige Erkenntnis Gottes nicht vom Menschen als solchem erlangt: der Mensch erkennt Gott durch Gott, er ist der Erkennende (oder Gnostiker) mittels und durch die Gottheit und nicht der Erkennende der Gottheit (der *al-ʿārif biʾ Llāh* des Islam).[29]

Das große Mysterium des operativen Aspektes des Erkenntnispfades wie im Grunde aller Spiritualität ist die Kraft der heiligen Form, den Mensch zur Erlangung des Formlosen zu befähigen, und dieses Mysterium manifestiert sich nirgendwo direkter und kraftvoller als bei jener höchsten heiligen Form, die der Name der

Gottheit ist, der sich durch Offenbarung in einer bestimmten heiligen oder manchmal liturgischen Sprache manifestiert. Hier verbinden sich ein Klangsystem oder *mantra* und eine Buchstabenkombination zu einer klanglich-visuellen Form, die zwar in ihrem äußeren Aspekt der Welt der Vielfalt und Formen angehört, aber eine Gegenwart enthält, die das Wesen des Menschen umgestaltet und eine Kraft besitzt, die den Menschen über die Ebene des Formalen hinausführt. In gewissem Sinne kann man sagen, daß Gott in seinem heiligen Namen inmitten der Wellen des Meeres der Formen das Schifflein zur Verfügung stellt, das es dem Menschen ermöglicht, über das Meer aller Formen und allen Werdens hinauszugelangen. Die formlose Essenz »wird« Form, damit die Form die formlose Essenz »werden« kann. Der Gnostiker sucht das Formlose, aber das Tor zum unendlichen Imperium des Formlosen ist heilige Form, in deren Kern das quintessentielle Gebet liegt, das in der Anrufung des göttlichen Namens im zugehörigen traditionalen und liturgischen Rahmen besteht.[30] Der Name Gottes ist sowohl das Mittel zur Erkenntnis als auch die Erkenntnis selbst; er ist das Tor, das sich zum Reich der Wahrheit in ihrem letzten Sinne und zur göttlichen Wahrheit selbst öffnet. Durch dieses innere Mysterium der Vereinigung des Namens und des Genannten, Gottes und seines heiligen Namens ist die Erlangung der heiligen Form die Erlangung des Formlosen, denn immerdar im göttlichen Namen zu leben, ist in Gott leben und alle Dinge in ihm so sehen, wie sie wirklich sind. Heilige Form, insbesondere der göttliche Name, ist daher nicht nur die Stütze des Suchenden nach heiliger Erkenntnis, sondern auch sein Ziel. Weil sie die unmittelbare »Form des Formlosen« ist, führt sie nicht nur über das Reich der Formen hinaus, sondern ist selbst in ihrer inneren Unendlichkeit das jenseits dem Hier und Jetzt Liegende. In ihr entdeckt der Gnostiker seine ursprüngliche Heimstatt, der alle Geschöpfe auf ihrer langen kosmischen Reise entgegenwandern, die aber nur das realisierte menschliche Wesen schon in diesem Leben erreicht.

Wegen dieses Bewußtseins von seinem Ursprung und seiner Heimat ist derjenige, in dem das Feuer der heiligen Erkenntnis entzündet wurde und dem die Suche und das Streben nach der Erkenntnis des Heiligen ein zentrales Anliegen geworden ist, schon ein Fremder in dieser Welt. Er ist ein Verbannter auf der Suche nach jenem Land Nirgendwo, das doch die allgegenwärtige Mitte und seine ursprüngliche Heimat ist. Das Thema des Fremden oder Heimatlosen zieht sich wie ein goldener Faden durch die weisheitliche und gnostische Literatur aller Traditionen hin.[31] Wie beim hermetischen *Poimandres* oder dem avicennischen *ḥayy ibn Yaqẓān* begegnet der jeweilige Adept auf der Suche nach Erkenntnis einem Lichtwesen, der Weltvernunft, die ihn auf seinen eigenen Ursprung zurückruft und an seine Entfremdung in einer Welt erinnert, die nicht die seinige ist und in der er nur ein Fremder und Heimatloser sein kann.[32] Deshalb muß er die Quelle des Lebens suchen, wobei ihn jene Gestalt führt, die die islamische Esoterik *Khiḍr* nennt, der Führer auf dem spirituellen Pfad, der Repräsentant und das Symbol der Eliasfunktion[33], die notwendigerweise immer gegenwärtig ist. Nachdem er vom Wasser der Unsterblichkeit getrunken hat, das auch das Elixier der göttlichen Erkenntnis ist, gewinnt der Mensch sein ursprüngliches Bewußtsein und seine Urheimat zurück. Seine Wanderschaft hat ein Ende und er gelangt nach seiner langen kosmischen Fahrt wieder in jene Heimat, die sein wahres Selbst niemals verlassen hat. Die Heimat des Gnostikers ist für alle Zeiten jenes spirituelle Land, das nirgendwo und überall ist, das Land, von dem Rūmī sagt:

Jene Heimat ist nicht Ägypten, Irak oder Syrien,
jene Heimat ist der Ort, der keinen Namen hat.[34]

Wenn der Mensch in dieser Welt zum Heimatlosen wird, ist dies bereits ein Zeichen spiritueller Erweckung. Das Gefängnis der Beschränkung zu verlassen, das diese Welt im Vergleich mit den unermeßlichen Weiten der spirituellen Welt und letztlich der göttlichen Unendlichkeit ist, bedeutet Erlösung durch spirituelle Erkenntnis.

Das Thema der Heimatlosigkeit des kontemplativen und spirituellen Menschen in dieser Welt ist zusammen mit dem Thema des Orients und Okzidents ausführlich dargestellt in der berühmten Abhandlung *Qiṣṣat al-ghurbat al-gharbiy-yah* (Die Geschichte von der westlichen Verbannung)[35] von Suhrawardī, dem Meister der Schule der Erleuchtung (*al-ishrāq*) im Islam. Der Held dieser bemerkenswerten Initiationserzählung, der der Gnostiker ist, stammt aus dem Jemen, dem Land zur Rechten, d. h. also aus dem Osten und dem Ort der aufgehenden Sonne oder des Lichtes, das auch das Sein ist.[36] Er ist aber in einem Brunnen in Qayrawān am westlichen Ende der islamischen Welt gefangen, in der Welt der untergehenden Sonne und der Schatten. Erst als der Wiedehopf, der Vogel, der die Offenbarung symbolisiert, ihm Nachricht von seinem Vater, dem König von Jemen bringt, wird der Held zu seiner Berufung erweckt, und es gelingt ihm, durch zahlreiche Gefahren seine ursprüngliche Heimat zu erreichen.

Die Geschichte vom »Westlichen Exil« ist diejenige eines jeden Kontemplativen, der in der beschränkten Welt der Sinne und der physischen Formen gefangen ist. Die Seele des Menschen und die Vernunft, die das Licht in der Mitte seines Wesens ist, kommen vom Orient des Universums, d. h. aus der spirituellen Welt.[37] In diesem Sinne sind alle Menschen Orientalen; nur der Gnostiker ist sich seines orientalischen Ursprungs bewußt und ist daher heimatlos in einer Welt, die nicht die seinige ist, in jenem Okzident, der die Dunkelheit des materiellen Daseins in ihrem Aspekt der Opazität symbolisiert. Der Prophet des Islam spricht: »Die Welt ist das Gefängnis der Gläubigen und das Paradies der Ungläubigen.«[38] Die weisheitliche Interpretation dieses bekannten ḥadīth lautet, daß derjenige, der geistige Intuition besitzt, die ihn zur Schau der höchsten Wirklichkeit befähigt, in einer Welt ein Fremder sein muß, in der Verdichtung, Zusammenziehung, Trennung und vor allem Täuschung herrschen. Für ihn ist Erkenntnis das Mittel, von dieser Welt zu dem Reich zu gelangen, das seiner inneren Wirklichkeit entspricht und daher seine Heimat ist, als auch das Mittel, diese Welt nicht als Schleier, sondern als Theophanie, nicht als Opazität, sondern als Transparenz zu erkennen. Ob der Gnostiker von der Reise zur jenseitigen Wirklichkeit oder vom Leben in dieser Wirklichkeit im Hier und Jetzt spricht, ändert nichts an dem Verbanntsein des spirituellen Menschen in dieser Welt, denn er ist ein Verbannter, solange er ist, was er ist, und solange die Welt ist, was sie ist. Durch Erkenntnis kann er entweder über den Kosmos hinaus zu jener metakosmischen Wirklichkeit gelangen, in deren Licht nichts anderes ein getrenntes Dasein hat, oder er kann hier und jetzt erkennen, daß die Welt als Getrenntsein und Schleier keine unabhängige Wirklichkeit hat und daß die Erfahrung der Welt als Gefängnis selbst das Ergebnis der Unkenntnis und falscher Deutung war. In beiden Fällen erlöst die Realisierung heiliger oder prinzipieller Erkenntnis den Menschen von der Knechtschaft jener Beschränkung, die das irdische Dasein des Menschen charakterisiert und ihn zu einem Heimatlosen macht, der von seiner ursprünglichen Heimat und seinem wahren Selbst getrennt ist.

Der Weg zum spirituellen Orient, den der Sucher nach heiliger Erkenntnis geht, ist der Weg zum Baum des Lebens, zu jenem Baum, dessen Frucht dem Menschen die vereinigende Erkenntnis spendete, die ihm nach dem Genuß der Frucht vom Baum der Erkenntnis von Gut und Böse, d.h. der trennenden Erkenntnis, genommen wurde. Daher identifiziert die lurianische Kabbala den Orient mit dem Baum des Lebens selbst.[39] Die Frucht von diesem Baum genießen, die der gefallene Mensch infolge einer Reihe von Herabstiegen aus der ursprünglichen Vollkommenheit vergessen hat, die seinen Ursprung markieren, heißt jene Erkenntnis erfahren, die »verkostete Erkenntnis«, sapientia (entsprechend der Grundbedeutung des lateinischen sapere, »schmecken«) ist, die hikmah dhawqiyyah (die »verkostete Erkenntnis«) der muslimischen Weisen wie Suhrawardi. Die Reise in diesen Orient ist eine Rückkehr zum Ursprung, zum Orient in seinem metaphysischen Sinne, der nichts anderes als der göttliche Ursprung ist.[40]

Weiterhin ist die Erkenntnis dieses Orients selbst »orientalische« Erkenntnis, d.h. eine Erkenntnis auf der Grundlage der sakramentalen Funktion des Intellekts und seiner erleuchtenden Kraft. Solche Erkenntnis zu erlangen, heißt Gewißheit erlangen, von dem Zweifel erlöst werden, der zur Verirrung des Geistes und Zerstörung des inneren Friedens führt. Heilige Erkenntnis basiert auf der Gewißheit und führt zu dieser hin, weil sie nicht auf Konjekturen oder mentalen Konzepten beruht, sondern das ganze Wesen des Menschen umfaßt. Selbst wenn eine solche Erkenntnis als Theorie erscheint, ist sie dies nicht im modernen Sinne einer Theorie, sondern in ihrem etymologischen Sinne als geistige Schau. Sie tritt mit unzweifelhafter Klarheit im Geiste des Menschen auf, dem die Möglichkeit einer solchen Schau durch intellektuelle Intuition gegeben ist. Wenn dann der Prozeß der Realisierung solcher Erkenntnis in Gang kommt, umfaßt er den ganzen Menschen und verzehrt ihn, so daß kein Ort mehr bleibt, an dem der Zweifel nisten könnte. Deshalb betrachtet die islamische Gnosis, die sich selbst direkt auf die Botschaft und Terminologie des Korans stützt, der so häufig von der Gewißheit (al-yaqīn) spricht, alle Stufen des Erwerbs heiliger Erkenntnis als Schritte zur Vertiefung der Gewißheit im Menschen. Sie spricht von der »Wissenschaft von der Gewißheit« (ʿilm al-yaqīn), »der Schau der Gewißheit« (ʿayn al-yaqīn) und der »Wahrheit der Gewißheit« (ḥaqq al-yaqīn), die mit dem Hören einer Beschreibung des Feuers, dem Sehen des Feuers und dem Verzehrtwerden vom Feuer verglichen werden.[41] Natürlich weiß nur der, der vom Feuer verzehrt wurde, im endgültigen Sinne, was Feuer ist, aber auch die Beschreibung des Feuers vermittelt ihm eine gewisse Kenntnis davon, die, weil sie von der Quelle der traditionalen Autorität kommt, schon ein Element der Gewißheit an sich trägt. Deshalb ist bereits vom Anbeginn des Erwerbs heiliger Kenntnis Gewißheit vorhanden.

Diese Erkenntnis umgreift durch ihre ureigenste Natur alles, was der Mensch ist, und kann weder die Liebe noch den Glauben ausschließen, die die Teilhabe des Menschen an demjenigen sind, was er zwar nicht unmittelbar erkennt, aber mit seinem Herzen und seinem Geist akzeptiert. Die Erkenntnis, die den Schleier der Trennung wegnimmt, hebt diesen Glauben nicht auf, sondern schließt ihn ein und verleiht ihm eine kontemplative Qualität.[42] Wer heilige Erkenntnis realisiert und Gewißheit erlangt hat, ist mit seinem ganzen Wesen des Glaubens und all desjenigen teilhaftig, was Glauben im religiösen Sinne beinhaltet und impliziert. Weit davon entfernt, in einem Gegensatz zum Glauben zu stehen, ist heilige Erkenntnis vielmehr dessen Stütze und Schutz vor jenem zweiflerischen Denken, das, von der göttlichen Vernunft und der Offenbarung abgeschnitten, die Sicherheit und den Frieden der Gewißheit verliert und sich bei dem Versuch, alles in den Pferch seines richtungslosen Agierens zu sperren, gegen den Glauben selbst wendet.

Wenn heilige Erkenntnis das ganze Wesen des Menschen umfaßt, so zielt sie auch auf die Aufgabe dieses Wesens, denn ihr Ziel ist Vereinigung. Das Wunder des menschlichen Daseins liegt darin, daß der Mensch den existentialisierenden und kosmogonischen Prozeß innerlich ungeschehen machen kann, so daß er aufhört zu existieren[43]; der Mensch kann jenes »Entwerden« (das *fanā'* der Sufis) erleben, das ihn die Vereinigung in ihrem letzten Sinne erleben läßt. Wiewohl die Liebe als Kraft, »die den Himmel und die Sterne bewegt,« eine Hauptrolle dabei spielt, den Menschen zum »Reich des Geliebten« hinzuziehen und realisierte Erkenntnis niemals der Wärme ihrer Strahlen entbehrt, ist es nur die prinzipielle Erkenntnis, die alleine *neti neti* sagen kann, bis der Intellekt im Menschen, der göttliche Funke in der Mitte seines Seins, die Einheit der göttlichen Wirklichkeit erkennt, die alleine ist, die Wirklichkeit, vor deren »Antlitz« alle Dinge gemäß dem Koranvers vergehen: »Alle Dinge vergehen außer seinem Antlitz.«[44] Diese Erkenntnis ist, wie bereits festgestellt, streng genommen keine menschliche. Der Mensch als solcher kann sich nicht mit Gott vereinigen. Der Mensch kann aber durch spirituelle Realisierung und mit der Hilfe des Himmels an der Lüftung jenes Schleiers der Trennung teilhaben, so daß die immanente Gottheit in ihm »Ich« sagen kann und die Illusion eines getrennten Selbst, das das Echo und der Nachhall prinzipieller, in der Quelle beschlossener Möglichkeiten auf den Ebenen des kosmischen Daseins ist, sich nicht mehr als ein anderes unabhängiges »Ich« behauptet, wobei natürlich die essentielle Wirklichkeit der Person, deren Wurzeln in der göttlichen Unendlichkeit gründen, niemals vernichtet wird.

Zwischen Mir und Dir ist meine Ichheit die Quelle der Qual.
Hebe durch Deine Ichheit meine Ichheit zwischen uns fort.[45]

Ḥallāj

Das Ziel heiliger Erkenntnis ist Erlösung und Vereinigung, ihr Instrument das ganze Wesen des Menschen, und ihr Sinn die Erfüllung des Zwecks, zu dem der Mensch und der ganze Kosmos geschaffen wurden. In den langen Jahrtausenden der Menschheitsgeschichte, in denen der Mensch überall nach der Richtschnur der Tradition lebte, war diese Erkenntnis als ein allgegenwärtiges Licht in der inneren Dimension verschiedener Religionen neben den geeigneten Mitteln der Realisierung vorhanden und durch deren Lehre, Symbole, formale Homogenität und vor allem die Gnade mit der Quelle der jeweiligen Offenbarung verknüpft. Im geschichtlichen Entwicklungsgang der Welt mußte es symbolisch gesprochen im geographischen Westen geschehen, daß diese Erkenntnis zuerst verlorenging, was zur Entheiligung der Erkenntnis und letztlich allen Lebens einschließlich bestimmter theologischer Schulen führen. Die Schatten, die der Untergang dieser Sonne der Gnosis warf, reichten in Umkehrung der kosmischen Sonnenbewegung von Ost nach West bis zum geographischen Orient selbst und schwächten, zerstörten aber nicht die Quellen einer solchen Erkenntnis auch in denjenigen traditionalen Welten des Ostens, die sich bis heute erhalten haben.

Vor dem völligen Untergang der Sonne mußte jedoch der Same dieses Lebensbaums, der der spirituelle Lebensbaum ist, notwendigerweise vom geographischen Orient in den Boden des Landes eingepflanzt werden, von dem die Entheiligung der Erkenntnis ausgegangen war. So mußte paradoxerweise etwas von dieser orientalischen Erkenntnis, als jene Länder des Orients, die geographisch wie symbolisch orientalisch waren, von dem vom Land der untergehenden Sonne ausgehenden Schatten vollständig überdeckt wurden, im Okzident selbst wiedergeboren werden. Als Länder und Gebiete des Ostens, die verschiedenen Traditionen als heilig galten, in der einen oder anderen Weise mehr und mehr entheiligt wurden, mußte das heilige Land und die spirituelle Heimat mehr und mehr in die Herzen und Seelen von Menschen einziehen. Die Wiedereinsetzung des traditionalen Erkenntnisbegriffs, der mit dem Heiligen verknüpft ist, kann nur ein erster Schritt zur Wiederentdeckung des Orients sein, der als definierbares geographisches Gebiet zwar immer unzugänglicher wird, in der Welt des Geistes aber eine machtvolle Realität bleibt.[46] In diesem Sinne sind alle, die eine solche Erkenntnis suchen, Pilger auf dem Weg in den Orient, einen Orient, der immer mehr Pilger aus dem Okzident selbst anziehen wird, Pilger, die durch ihren Aufbruch zu einer solchen Reise zugleich die »orientalische Erkenntnis« oder Weisheitsdimension der westlichen Tradition selbst in all ihrer Tiefe und ihrem Reichtum wiedererwecken.

Während nun die Schatten einer Welt, der die Empfindung für das Heilige verlorengegangen ist, auch Länder jenseits des Okzidents erreichen und aus dem universell existierenden Orient stammende Erkenntnis in authentischer Weise und trotz zahlloser Verirrungen dem Westen und selbst dem »Fernen Westen« wieder eingepflanzt wird, erlangt das koranische Bild des gesegneten Ölbaums, der weder östlich noch westlich ist, besondere Bedeutung.[47] Wie der Koran bekräftigt, ist es das vom Öl dieses himmlischen Ölbaums ausgehende Licht, das weder dem Osten noch dem Westen zugehörig ist und das Licht Gottes ist, das alle Reiche des Daseins erleuchtet. Dieses Licht ist den Menschen trotz seiner scheinbaren Verdunkelung nach wie vor zugänglich. Die Erkenntnis, die dieses Licht ermöglicht, kann nach wie vor realisiert werden und durch sie die Summe der Irrtümer beseitigt werden, die das moderne Denken ergriffen haben und zu jenem nie dagewesenen Ungleichgewicht geführt haben, das die moderne Welt charakterisiert und verschwinden muß, wie die Sonne den Morgennebel zum Verschwinden bringt. Es ist nach wie vor möglich, dieses Wissen zu realisieren, das nicht nur unser Denken wiedererwecken kann und wiedererweckt, sondern auch unser Wesen transformiert und uns schließlich von unseren eigenen Beschränkungen und denjenigen der Welt erlöst. Durch solche heilige Erkenntnis wird der Mensch nicht mehr sein, was er zu sein scheint, und zu demjenigen werden, was er im ewigen Jetzt wirklich ist und was er zu sein nie aufgehört hat. Durch diese heilige Erkenntnis wird dem Menschen wieder bewußt, wozu er geschaffen ist; er gewinnt jene unbegrenzbare spirituelle Freiheit, die allein des Menschen würdig ist, wenn er nur erkennen wollte, wer er ist.

Qūlū lā ilāha illaʾ Llāh wa tuflihū

Sprich: Es gibt keine Göttlichkeit außer dem Göttlichen, und sei erlöst.

Hadīth des Propheten des Islam
waʾ Llāh a ʿlam

ANMERKUNGEN

1 *Direct Experience of Reality*, Übers. Hari Prasad Shastri London 1975, S. 51.

2 Prinzipielle Erkenntnis bezieht sich auf diesen immanenten Logos, im Gegensatz zur äußeren, kumulativen Erkenntnis, die weitgehend mit der heutigen Naturwissenschaft gleichzusetzen ist. Darüber hinaus ist erstere insoweit die Wurzel der letzteren, als diese ein gewisses Maß authentischer Erkenntnis besitzt. Die Wurzel erkennen heißt das Ganze im Prinzip, d. h. nicht im Detail erkennen und daher von dem unaufhörlichen Prozeß der Anhäufung von Details erlöst zu werden, von der Erkenntnis von Einzelheiten oder den verschiedenen Anwendungen von Prinzipien auf die unbegrenzten Abspiegelungen des Einen im kosmischen Labyrinth.

3 Es ist zu beachten, daß es jene Art von Erkenntnis, die man heute (Natur)Wissenschaft nennt, neben den traditionalen Wissenschaften im eigentlichen Sinne, deren Bedeutung heute in der Regel nicht mehr verstanden wird, auch in traditionalen Gesellschaften gab, wobei freilich diese »profanen« Wissenschaften sich niemals in den Mittelpunkt des geistigen Geschehens drängen konnten. Trotzdem muß gerechterweise gesagt werden, daß nicht alle Wissenschaften, die in traditionalen Zivilisationen gepflegt wurden, traditional und kosmologische Wissenschaften mit symbolischer und metaphysischer Signifikanz waren. Einige waren bloße geistige Spekulation oder unvollkommenes empirisches Wissen, das durch genauere Beobachtungen und Studien in späteren Jahrhunderten berichtigt wurde. Man darf die Messung der Entfernung zwischen Erde und Sonne durch alexandrinische Astronomen, die von späteren Astronomen verbessert wurden, nicht mit der symbolischen Bedeutung der Geometrie und Arithmetik verwechseln, wie sie Proclus oder Nicomachus darlegten.

4 Wie schon im ersten Kapitel erwähnt, hat auch diese Funktion des Geistes einen göttlichen Aspekt, weil die Logik eine Einspiegelung des Logos in den Geist und ihre Kategorien keineswegs willkürlich, sondern ontologisch sind.

5 ʿUmār Khayyām, der Mathematiker und Dichter zugleich und im Gegensatz zu dem, wie er im Westen gesehen wird, Gnostiker und Nichthedonist war, setzte sich mit verschiedenen Typen von Erkenntnissuchenden und Erkenntnismodi auseinander. Er kam zu dem Schluß, daß der beste Weg zur Erkenntnis, da das Leben kurz und die Erkenntnis aufwendig ist, in der inneren Selbstreinigung liegt, so daß das Herz selbst zum Spiegel aller Erkenntnis wird. Nachdem er noch andere Klassen von Erkennenden beschrieben hat, fügt er an: »Die Sufis suchen Erkenntnis nicht durch Meditation oder diskursives Denken, sondern durch die Säuberung ihres inneren Wesens und die Reinigung ihrer Dispositionen. Sie befreien die rationale Seele von den Unreinheiten der Natur und der

körperlichen Form, bis sie reine Substanz wird. Dann steht sie der spirituellen Welt unmittelbar gegenüber, so daß die Formen dieser Welt sich wahrhaftig, ohne Zweifel oder Zweideutigkeit in ihr spiegeln. Dies ist der beste aller Wege, weil so keine der Vollkommenheiten Gottes von ihr ferngehalten werden und keine Hindernisse oder Schleier ihr im Wege sind.« Nasr, *Science and Civilization in Islam*, S. 33—34. Der Text stammt aus der Abhandlung des Khayyām über das Sein (Risāla-yi wujūd); Übers. vom Verfasser.

6 »Metaphysische Erkenntnis ist eines; ihre Aktualisierung im Geist etwas ganz anderes. Alle Erkenntnis, die das Gehirn fassen kann, auch wenn sie aus menschlicher Sicht unermeßlich reich ist, ist nichts im Angesicht der Wahrheit.« Schuon, *Perspectives spirituelles et faits humains*, S. 9.

7 Der Ausdruck ist der außerordentlich suggestiven Terminologie Suhrawardī entnommen, der von den göttlichen Lichtern spricht, die den Geist des Menschen als *al-anwār al-qāhirah* (die »sieghaften Lichter«) erleuchten, und von der Seele des Menschen selbst, die als *al-nūr al-isbahbadī* (das »herrschaftliche Licht«) erleuchtet wird. Siehe Suhrawardī, *Opera metaphysica et mystica*, Band 2, herausgegeben von H. Corbin, Teheran-Paris 1977, Prolegomena Teil 3, und Corbin, *En Islam iranien*, Band 2, S. 64—65.

8 Wir haben bereits in früheren Kapiteln auf dieses grundlegende Konzept hingewiesen, das den Kern der islamischen Lehre vom Menschen bildet. Fiṭrah meint dasjenige, was im Menschen essentiell und ursprünglich ist und was dauerhaft und unveränderlich bleibt, auch wenn sich auf Grund des allmählichen Herausfallens des Menschen aus dieser Vollkommenheit, die er freilich nach wie vor in sich trägt, verschiedene Schleier über diese Urnatur gelegt haben.

9 Über das weisheitliche Verständnis der Tugenden siehe Schuon, *Perspectives spirituelles et faits humains*, S. 171 ff.

10 Wenn in der vorliegenden Studie nicht mehr Gewicht auf dieses Element gelegt wurde, dann deshalb, weil unser Thema die Erkenntnis in ihrer Beziehung zum Heiligen ist. Dadurch soll jedoch keineswegs der Eindruck erweckt werden, daß diese Erkenntnis in irgendeiner Weise von den moralischen und spirituellen Tugenden zu trennen wäre, auf die die traditionalen Texte unermüdlich hinweisen.

11 Ein bekanntes Bespiel eines solchen Sufi-Traktats ist das *Maḥāsin al-majālis* von Ibn al-ʿArīf. Es gehören aber auch viele frühe Abhandlungen wie zum Beispiel das *Kitāb al-lumaʿ* des Abū Naṣr al-Sarrāj, das *Qūt al-qulūb* des Abū Turāb al-Makkī und das berühmte *Risālat al-qushayriyyah* des Imām Abuʾl-Qāsim al-Qushayrī in diese Kategorie.

12 Trotz der ganz unterschiedlichen Techniken und Ansätze bei verschiedenen Wegen spiritueller Realisierung sind in jedem Realisierungsprozeß die drei großen Stufen der Reinigung, Ausdehnung und Vereinigung vorhanden. Etwas im Menschen muß sterben, etwas muß sich ausdeh-

nen, und nur dann kann die Essenz des Menschen jene Vereinigung erlangen, über die Hallaj sagt (*Dīwān*, S. 46):

وفي فنائي فنا فنائي وفي فنائي وجدت انت

In meiner Vernichtung wurde meine Vernichtung vernichtet
und in meiner Vernichtung fand ich dich.

Diese drei universalen Stufen spiritueller Realisierung entsprechen der Demut, Nächstenliebe und Wahrhaftigkeit, wenn man diese Tugenden im metaphysischen und nicht bloß im moralischen Sinne auffaßt. Siehe Schuon, *Perspektives spirituelles et faits humains*, Teil 5.

13 Der besondere Nachdruck auf der Liebe als dem zentralen Weg zur Mystik im Christentum macht es gerade so schwierig, den Ausdruck »Mystik« in orientalische Sprachen zu übersetzen; im Arabischen zum Beispiel bedeuten weder *maʿrifah* noch *taṣawwuf* genau »Mystik«, wenn auch Mystik im universalsten Sinne so verstanden werden kann, daß sie jene Wirklichkeit umschließt, die das *taṣawwuf* ist.

14 Über Ibn ʿArabīs Vereinigungslehre siehe Nasr, *Three Muslim Sages*, S. 114–16, Burckhardt, *Introduction to Sufi Doctrine*, S. 79 ff.; und Ibn al-ʿArabī, *Bezels of Wisdom*, insb. S. 272 ff. Siehe auch H. Corbin, *Creative Imagination in the Sufism of Ibnʿ Arabī*, Teil I, Kap. I.

15 Über diese schwierige metaphysische Frage siehe Schuon, *Logique et transcendence*, Kap. 14, »Der Knecht und die Vereinigung.«

16 Der Autor des berühmten *Mirsād al-ʿibad*, einem der Meisterwerke des Sufismus. Bekannt ist auch seine Abhandlung *ʿAql wa ʿishq*, die sich direkt mit der Beziehung zwischen Liebe und Erkenntnis befaßt.

17

ماعدم هائيم وهستي هانا تو وجود مطلق وهستي ما

18

عاقلان نكتۀ پرگار وجود بدولي عشق داند كه دراين دايره سرگرداند

19

يا رب بندنا تحيّر امّت

Klassische Sufi-Abhandlungen, die sich mit spirituellen Zuständen und Stufen befassen, sprechen häufig von dem Zustand der Verwirrung oder Ḥayrah, den der Adept auf den fortgeschrittenen Stufen des Weges erlebt.

20 Die Weisheitslehren aller Traditionen, in denen das Gebet des Herzens oder quintessentielle Gebet praktiziert wird, betonen, daß es letztlich

Gott selbst ist, der seinen Namen im Herzen des Menschen und durch seine Zunge anruft.

21 Über das kontemplative aktive Leben im traditionalen Kontext und in der Betrachtungsweise der verschiedenen Religionen siehe Y. K. Ibish und P. Wilson (Hrsg.), Traditional Modes of Contemplation and Action.

22 Dies betonen insbesondere die Sufi-Orden, die alle auf der *silsilah* basieren, einer Art geistigem Stammbaum, der bis zum Propheten des Islam zurückführt. Siehe J. Spencer Trimingham, *The Sufi Orders in Islam*, Oxford 1971, das trotz des historischen, d. h. nicht traditionalen Ansatzes eine Fülle von Informationen über die Sufi-Orden und ihre geistigen Stammbäume enthält. Über die traditionale Bedeutung der sufischen *silsilah* siehe M. Lings, *A Sufi Saint of the Twentieth Century*, Los Angeles 1971, Kap. 3, »Von innen gesehen.«

23 Der Fall des Christentums ist insofern ein Sonderfall, als es ursprünglich eine esoterische Lehre war, die sich externalisieren mußte, um zur Religion einer ganzen Zivilisation zu werden und dabei sich zu einer Eso-Exoterik entwickelte. Was könnte esoterischer sein, als den Leib und das Blut des Gottmenschen zu genießen, wie es die Eucharistie für traditionale Christen bedeutet! Trotz dieser speziellen Situation bildeten sich aber von Zeit zu Zeit aus Elementen ausgesprochen esoterischer Natur eigene Organisationen heraus, wie es etwa bei den Templern, Fedeli d'amore, den christlichen Rosenkreuzern, Kabbalisten, Hermetikern usw. der Fall ist. Solche Gruppierungen fristeten freilich immer ein riskantes Dasein, wie die Geschichte des Christentums zur Genüge belegt. Die esoterische Dimension hat sich allerdings auch im Korpus der christlichen Theologie und Philosophie manifestiert, wie wir in Kap. 1 dargelegt haben.

24 In der modernen Welt, in der die normalen Kanäle der Überlieferung esoterischen Wissens vielen Menschen verschlossen sind, spielen Bücher eine ganz andere Rolle, als sie ihnen einst unter normalen Verhältnissen zukam, und manche Lehren, die sich auf mündlichem Wege erhalten haben, erscheinen jetzt in Schriftform, um diejenigen anzuleiten, denen keine andere Möglichkeit zur Verfügung steht. Diese Art der Weitergabe ist ein Ausgleich für die traditionale Überlieferung des Wissens vom Heiligen, zumindest in seinem theoretischen Aspekt, wobei keineswegs gesagt ist, daß alle traditionale Erkenntnis irgendwie in Büchern in einer Form erscheint, die allen ohne weiteres zugänglich ist.

25 Es ist eigentümlich, daß in der modernen Welt, die dem Würgegriff einer nivellierenden Gleichmacherei ausgesetzt ist, auch auf der geistigen Ebene, die Menschen es nicht als eine Verletzung der Gleichheit und Gerechtigkeit empfinden, wenn jemand ein guter Mathematiker oder Musiker ist und ein anderer auf diesen Gebieten völlig unbegabt ist; wenn es aber um Metaphysik geht, wird jede Art von Erkenntnis mit Geringschätzung behandelt, die nicht jedem verständlich ist, wobei man übersieht, daß im Reich der Erkenntnis, auch der profanen, immer ein Selektionsprinzip herrscht. Es gibt nun einmal Wissende und Unwissende,

was nicht bedeutet, daß die Tür zur göttlichen Gegenwart nicht jedem zugänglich wäre, der in das menschliche Dasein hineingeboren ist.

26 Über die Beziehung dieses großen Weisen zum heiligen Berg siehe A. Osborne, *Ramana Maharshi and the Path of Self-Knowledge*, London 1970.

27 Es heißt, daß Ibn ʿArabī sein *Tarjumān al-ashwāq* niederschrieb, nachdem er das schöne Antlitz der Tochter des Abū Shajā Zāhir ibn Rustam erblickt hatte, über die er schreibt: »Dieser Scheich hatte eine jungfräuliche Tochter, ein schlankes Kind, das alle gefangennahm, die sie erblickten, deren Anwesenheit allen Gesellschaften Glanz gab, die alle erstaunte, mit denen sie war, und allen die Sinne raubte, die sie erblickten... Sie war eine Weise unter den Weisen der heiligen Orte.« Aus dem *Tarjumān al-ashwāq*, zitiert von E. Austin in seiner Einleitung zu *Bezels of Wisdom*, S. 7—8.

28 Im Sufismus, der der letzten Religion dieses Menschheitszyklus angehört, nämlich dem Islam, ist die Technik des *dhikr* das zentrale Mittel der spirituellen Realisierung, und ihre Bedeutung wird in vielen Versen des Koran und *Ḥadīths* betont, auch in so klassischen Abhandlungen wie dem *Miftaḥ al-falāḥ* des Ibn ʿAṭāʾ allāh al-Iskandarī, während es im Vishnu-Dharma-Uttara ausdrücklich heißt, daß am Ende des Kali-Yuga die Anrufung das geeignetste Mittel der spirituellen Realisierung ist. Dieselbe Wahrheit findet sich in manchen Bibelpassagen. Siehe Schuon, *De l'unité transcendante des religions*, S. 145—49, wo viele einschlägige Zitate aus vielen verschiedenen Traditionen zusammengetragen sind.

29 Wie bereits erwähnt, bedeutet *al-ʿārif biʾ Llāh* wörtlich »der durch Gott erkennt« und nicht »der Gott erkennt«.

30 Kein göttlicher Name kann angerufen werden, der nicht schon vom Logos als dem Begründer einer Religion angerufen und von der Gnade geheiligt wurde, die die jeweilige Offenbarung spendet. Ebenso kann das quintessentielle Gebet nur unter der Anleitung eines Meisters und in einem traditionalen Rahmen praktiziert werden, der letztlich bis zum Begründer der Tradition zurückreicht. Dies ist eine metaphysische Notwendigkeit, die jedem einsichtig ist, der etwas von der Natur des spirituellen Lebens weiß, und es spielt überhaupt keine Rolle, ob es historische Nachweise für eine solche Übertragungskette gibt, die zeitlich bis zum Ursprung der jeweiligen Tradition zurückreicht.

31 Wir meinen hier mit Gnostizismus nicht eine bestimmte sektiererische Bewegung im frühen Christentum, in der dieses Thema allerdings ebenfalls eine wichtige Rolle spielt. Siehe H. Jonas, *Gnosis und spätantiker Geist*, 2 Bände, Göttingen 1954, und sein *The Gnostic Religion, the Message of the Alien God and the Beginnings of Christianity*, Boston 1970.

32 Siehe Corbin, *Avicenna and the Visionary Recital*, S. 123 ff.

33 Über die Bedeutung der Eliasfunktion für die Erhaltung und Weitergabe heiliger Erkenntnis siehe L. Schaya, »The Eliatic Function«, *Studies in Comparative Religion*, Winter-Frühjahr 1979, S. 31—40.

34

آن وطن مصر و عراق و شام نیست   آن وطن آنجاست کانرا نام نیست

35 Siehe *Suhrawardī, Œuvres philosophiques et mystiques*, Band 2 (mit einem Abdruck des arabischen Textes) und die Analyse der Abhandlung durch Corbin in der französischen Vorrede; außerdem Corbin, *En Islam iranien*, S. 258 ff., wo er die gnostische Bedeutung der Abhandlung unter dem Titel »Le récit de l'exit occidental et la geste gnostique« umfassend abhandelt.

36 Da im Arabischen die Wurzel des Wortes Jemen mit der rechten Hand zu tun hat, bezeichnet dieses Land symbolisch das Land des Lichtes, und wenn man in Richtung Norden steht, ist in der Tat die rechte Hand (al-yamīn) die Richtung der aufgehenden Sonne, während die Hand, wenn man in Richtung der Sonne selbst steht, in Richtung des Jemen zeigt (natürlich von Arabien aus gesehen). Diese offensichtliche geographische Symbolik hat dazu geführt, daß die islamische Esoterik den Jemen symbolisch mit dem »Orient des Lichts« identifiziert, während dieses Land historisch bis in die jüngste Zeit ein Zentrum der islamischen Tradition und vieler ihrer authentischsten und kostbarsten spirituellen und künstlerischen Aspekte war.

37 Zur Symbolik dieses Orients in den Schriften Suhrawardīs siehe Nasr, *Three Muslim Sages*, Kap. 2, und Corbin, *En Islam iranien*, Band 2, Teil 2 und Teil 8.

38

الدنيا سجن المؤمن و جنّة الكافر

39 Mit diesem Thema befaßt sich Ezra ben Salomon von Verona in seinem *Mystery of the Tree of Knowledge*, in dem er den Baum des Lebens mit dem Orient identifiziert. Siehe G. Scholem, *Von der mystischen Gestalt der Gottheit*, Studien zu Grundbegriffen der Kabbala, Frankfurt 1973, S. 59 ff.

40 Die beiden Wörter haben dieselbe Wurzel.

41 Diese Lehre ist in großer Schönheit dargestellt bei Abū Bakr Sirāj al-Dīn, *The Book of Certainty*, New York 1974.

42 In islamischen Quellen wird diese Erkenntnis häufig »Die Theosophie auf der Basis des Glaubens (al-ḥikmat al-īmāniyyah)« genannt und der rationalistischen Philosophie gegenübergestellt, die manche Quellen mit dem griechischen Rationalismus (al-ḥikmat al-yūnāniyyah) gleichsetzen. Außerdem wird die īmāniyyah häufig phonetisch zu »yemeni« (yamāniyyah) assimiliert und damit identifiziert.

43 Im Sinne des ex-sistere, der Trennung vom Seinsgrund.

44 Weisheitskommentare zum Koran interpretieren üblicherweise den Koranausdruck »Antlitz Gottes« (wajhallāh) so, daß er die göttlichen

Namen und Qualitäten bezeichnet, deren Externalisierung auf verschiedenen Daseinsebenen das Universum konstituiert.

45

بيني وبينك أنت تزاحمني   فارفع بأنك أنّي من البين

Siehe L. Massignon (Hrsg.) *Le Dîvân d'Al-Hallâj*, Paris 1955, S. 90.
Dieses Thema, das in den Werken vieler Sufis einschließlich Ibn al-Fāriḍ (in seinem *Naẓm al-sulūk*) Widerhall fand, taucht auch in dem berühmten Gedicht Ḥāfiẓ' auf:

میان عاشق و معشوق هیچ حائل نیست
تو خود حجاب خودی حافظ از میان برخیز

Es gibt keinen Schleier zwischen dem Liebenden und dem Geliebten;
Du bis Dein eigener Schleier – o Ḥāfiẓ, nimm dich fort.

46 Heilige Erkenntnis hat bis auf den heutigen Tag in den verschiedenen orientalischen Traditionen trotz der Wechselfälle der Geschichte überlebt, die die verschiedenen traditionalen Zivilisationen des Ostens geschwächt, vernichtet oder verstümmelt haben. Wiewohl der Orient offenkundig nicht der immerwährende traditionale Orient ist, der er über die Jahrtausende hin war, ist auch heute noch im geographischen Orient etwas von jenem Orient erhalten, der weitgehend in das lichterfüllte Empyreum zurückgekehrt ist, aus dem er zur Erde herniedergestiegen ist.

47 Siehe Kap. 2, Anm. 56.